MICRO ECONOMICS

ミクロ経済学の力

神取道宏 KANDORI, Michihiro

日本評論社　　Nippon Hyoron Sha Co.,Ltd.

はじめに

　経済、価格、利潤、税金、保険……。こう言うと、「退屈で汚れたお金もうけの話か……**できたら聞きたくないな**」と思わないでしょうか。しかし、われわれが生活する上で日々当たり前と思って接している手垢にまみれたこうしたことがらを深く深く掘ってゆくと、クリスタルの結晶にも似た**驚くべきメカニズム**（＝社会を動かす仕組み）が発掘できるのです。それを見てみたいと思いませんか。

　実際、社会人1000人が考える「今、学ぶべき教養」ランキングを見ると、

1位　日本史全般

2位　経済学

3位　日本文化の知識

4位　世界史全般

5位　現代文学全般

となっています[1]。実社会で活躍する人々が経済学を「今、学ぶべき」と感じているということは、日々の実務経験だけではわからない、社会を動かしている**何かがありそうだ**、それを体系的な知識として身につけてみたい、と痛感しているということでしょう。こう聞くと、学生諸君も、今のうちから社会を見る力を体系的に身につけておきたい、と思うのではないでしょうか。

　私にまかせなさい。本書は、経済学の予備知識を全く前提とせず、経済学の本質的な内容を「**一から、かなり高度な内容まで、これだけ読めば必ずわかる**」ように特別に工夫して書かれたもので、想定する読者は

1　『日経ビジネスアソシエ』2013年2月号より。

・経済学を学ぶ大学生・大学院生

のみならず、つぎのような人たちも含みます：

・**経済政策を担当**するために最低限必要な**技術と知識**を身につけようという**官僚**や**政治家**

・経済を担当する**マスコミ**関係者で、国際標準の経済知識をきちんと持っておきたいと思っている人

・もういちど経済学を体系的に学びたいと思っている**ビジネス・パーソン**

・時事問題や日本の進路など「**天下国家を論じてみたい**、そのためには経済の基本的な仕組みをしっかり知っておきたい」と思っている人

・シンクタンクや官庁で**経済分析**を担当する**エコノミスト**で、経済学の基本を押さえるハンドブックが必要であると思っている人

・**経済学専攻ではない**（なかった）が、経済学を知ってみたいという人

・知的好奇心にあふれた**高校2・3年生**

　このような一般の読者にも読めるようになっていますが、本書はお手軽なハウツーものではなく、**経済学の標準的な内容をきっちりと網羅**したものになっています。具体的には、本書は私が長年にわたって行ってきた、東京大学経済学部の基本科目であるミクロ経済学の講義をもとにしたものです。講義の対象は**これから経済学を専攻することが決まった学部の2年生**ですが、「比較的進んだ内容まで、一からわかりやすく」教えることが伝統となっており、学部の中・上級から**大学院初級**くらいまでの内容をカバーしています。

　2年生向けに初めから比較的高度な内容を教える伝統がわれわれにあるのには、理由があります。それは、経済学的な考え方を身につけ、その本当の面白さと有用性を体感するには、ある程度進んだ内容までをしっかり理解することがたいへん有効だからです。経済学は100年以上の試行錯誤の末、「混とんとしているように見える現実の一面が、理論モデルを使って明快にとらえることができる」ということを明らかにしました。ミクロ経済学の醍醐味は、「こんなもの（理論モデル）を使ってあんなこと（現実）がわかるのか！」

という、めまいがするような発見です。こうした醍醐味を味わってもらうために、本書ではつぎの点に特別の工夫が凝らしてあります。

・経済学の中核にある理論モデルをがっつりと正面から学びますが、**この本だけをじっくり読めば必ず理解できるように徹底的にわかりやすく**解説します。予備知識についても、文科系の高校2年の数学で習った内容をぼんやりと覚えていればわかるように、必要な数学は**「その都度、その場で、一から」**解説するように心がけました。

・これまでのミクロ経済学の教科書が、理論モデルの解説に終始して現実との関係を軽視してきたことに対し、本書ではミクロ経済学の理論モデルにあてはまる**現実の事例をたくさん、そして詳しく紹介します**。現実の企業（東北電力）の限界費用と平均費用、ピグー税の実例としてのロンドン混雑税、ナッシュ均衡の実例としての浜松市周辺の交通量、囚人のジレンマの実例としてのリニエンシー制度……などです（p.xiiの「事例一覧」を見てください）。

・「グローバリズムはなぜ起こるのか」、「TPPに参加することの利点と問題点とは何なのか」、「新自由主義と反グローバリズムの思想的対立をどう見たらよいか」などの、**時事問題や社会思想の問題に、経済理論が鋭い洞察を与えることを**示します。

・書き方としては、「**読んでいてドライブ感があるもの**」を目指しました。プロの学者は(しちめんどうくさい)自分の専門分野のこまごまとした事項をしっかり身につけるために、自分なりのストーリーのようなものを組み立てて理解しています。こうしたストーリー性があってはじめて、集中力を要求するめんどうくさいことがすっきりと頭に入るわけです。著者がこれまでに学んだいくつかの優れた教科書は、おしなべて書き手が教える内容を理解する際のストーリーの展開が見えてくるものでした。まるでストーリーがあるようにどんどん話が展開していって、読み出すと止まらなくなる——こういったものを目標にしてみましたが、はたしてどれだけ成功しているでしょうか。

　本書を読んで、一人でも多くの人が「経済学の考え方を身につけて、世界の見方が変わった！」と実感できるようになることを願ってやみません。また、わが国ではさまざまな事情から、経済政策を担当する政治家や官僚、そ

してそれを評価するマスコミが、経済学の正確な知識を持っていないのが現状です。経済学の正確な理解をもとに、社会問題を考えることを、「**エコノミック・リテラシーを持つ**」といいます。多くの市民がエコノミック・リテラシーを持つきっかけを本書が作ることができれば、著者としてはうれしい限りです。

本書を使われる先生方へ（あるいは、経済学を学ぶ上での本書の位置づけを知りたい読者へ）

　大学1年生向けの経済学入門や初級ミクロ経済学に続いて、経済学部生が卒業までに学ぶべき中級・上級向けの教科書（すなわち、経済学で本質的な役割を果たす数理モデルをきちんと説明したもの）には、大きな問題があると著者は感じており、それを乗り越えるための**新しいスタイル**の教科書を書きたいというのが本書執筆の動機である。このことを、料理に例えてわかりやすく述べてみよう。

料理と包丁　経済分析とは、切れ味のするどい包丁で現実をみごとにさばいて料理を作り上げることに似ている。この「包丁」にあたるのが経済理論であり、「料理」が現実の経済現象の説明や経済予測・経済政策の立案や評価である。

　経済学部生や、経済学の考え方を身につけたいと思っている一般の人たちが一番知りたいと思うのは、経済理論という包丁を使えば「どんなにすばらしい料理ができるのか」ということであろう。ところが、現状の多くの中・上級の教科書の問題点は、それらが

「ずらりと並んだ包丁（＝理論モデル）のカタログと使い方マニュアル」

になってしまっており、肝心の「どんな料理ができるのか」がほとんど書かれていないということである。

　こうなってしまった理由は、「中・上級の教科書の究極の目的は、その内容を大学院で教えるミクロ経済学になるべく近づけることである」という**とんでもない誤解**である。大学院の目的は研究者の養成であるので、そこで要求されるのは各種理論モデルを論文の中で正確に操作する技術を身につけ、さらには新たなモデルを開発することである。このため、大学院1年目のミクロ経済学では、まさに「包丁（＝理論モデル）のカタログと使い方マニュアル」を徹底して学ぶことになる。それはそれでよい。

しかしながら、学部レベルでの究極の目的は全く違う。学部生や、経済学に興味を持つ一般の人は、プロの料理人（経済学者）になるのではなく、お客さんとして「さあ、どんなにすばらしい料理（経済学の成果）が出てくるのかな」と期待しているのだ。そんな人たちに向かって「こんな包丁もあります、これは最新式でこんな風に切れます」などと、包丁の説明ばかり延々とやっていたのでは、一部の包丁マニア（理論好きの少数の学生たち）以外のまっとうな人たちは失望するばかりである。残念ながら多くの中・上級向けの教科書は、まさにそのような場違いな説明をするものになってしまっている。

ストロボ写真を経済学にも　そこで、本書がとったイノベーションとはつぎのようなことである。初級の学習が終わってつぎの段階に進むためには、これまでの中・上級の教科書がカバーしているようなプロ仕様に近い包丁（進んだ理論）の説明はどうしても必要である。したがって、**カバーする内容はこれまでと同じきわめて標準的な**ものを踏襲する。しかし、各種の包丁＝理論を説明する際には、「それを使うとどんな料理ができるか」ということを、理論とよく合致することが**十分納得できるような現実の事例**を提示することによって明らかにする、ということである。例をあげてみよう。

・U字型の平均費用と右上がりの限界費用の図をさっと書いて終わり、ではなく、東北電力のプラントレベルのデータから積み上げて計算した限界費用曲線の実例を見せる（第 2 章 2.2 節(d)項）。

・需要曲線と供給曲線を適当に描いて「この三角形の部分が死荷重です」という、いまひとつ現実感をともなわない経済政策の分析ではなく、各種のデータからどうやって死荷重の大きさを割り出すことができるかがわかるようにして、TPPとコメの自由化を評価する。つまり、部分均衡分析を使った本格的な経済分析の実例を見せる（第 3 章 3.2 節）。

・ゲーム理論では仮想的な数値例を出すばかりの教科書がほとんどであったのに対し、浜松市周辺の交通量や、プロスポーツのデータがナッシュ均衡で説明できるということを見せる（第 6 章 6.2 節、6.7 節）。

要は、落体の法則を説明する**物理学の教科書が、数式と並んで理論通りにきれいに放物線を描いて飛ぶボールのストロボ写真を載せるのと同じようなことを経済学**

でもやってみよう、ということである（こうしたストロボ写真があるからこそ理論を信頼しよう、学んでみようという気が起こるのである）。これは、「言うは易し、行うは難し」で、納得のゆく実例を蓄積するまでに長い時間がかかってしまった。しかし、このたび満足のゆく実例がようやく出そろったので、本書の刊行に至ったのである。このことによって、数学モデルと**現実の接点を見失うことなく学んでゆける**ものが初めてできた、と自負している。

市場理論とゲーム理論のバランスについて　「大学院のミクロ経済学と学部のミクロ経済学では、その究極の目的が全く違う」ということは、内容の取捨選択についても言えることである。伝統的なミクロ経済学の内容であった「市場メカニズムの理論」は、研究分野としては成熟しており、最新の研究の多くはゲーム理論や情報の経済学によって生み出されているのが現状である。したがって、最新の研究成果を生み出すことを目指す欧米の主要な大学院のミクロ経済学では、市場メカニズムの理論は簡単に終わらせて、半分から2/3をいまや情報の経済学やゲーム理論にあてている。そうした大学院教育を受けた若い研究者はやがて、学部のミクロ経済学にもこの潮流を輸入しようとするかもしれない。私はこれに大きな危惧を抱いている。というのは、人類が長い時間をかけて築いてきた「市場」という制度の機能を正しく理解することこそが、経済現象を理解したり、正しい経済政策を立案したりするために最も必要なことだからである。最近の研究のトレンドに合わせて市場メカニズムの説明を学部の教科書から大幅に減らすというのは、言ってみれば物理学の基礎教育でニュートン力学を教えるのをはしょって素粒子理論をたくさん教えるようなものである。

　そこで、私の講義では**全体の約7〜8割を伝統的な市場メカニズムの解説にあて**、残りを情報の経済学とゲーム理論の基礎の解説にあてている。私は、この程度のバランスのとり方が、学部のミクロ経済学のあるべき姿だと考えている。経済学の新しい成果であるゲーム理論については、市場メカニズムの理論と並んで非常に重要なものであるので（私は、何を隠そうゲーム理論の研究者である）、ミクロ経済学とは別建てのゲーム理論のコースを必修科目の一部として詳しく教えるのが適当であろう（実際、平成27年度からの東京大学経済学部のカリキュラムは、このようになっている）。

謝辞

　本書は、雑誌『経済セミナー』に2013年4・5月号から2014年4・5月号にわたって連載された「あなたを変えるミクロ経済学」に加筆したものです。編集部の小西ふき子さんと吉田素規さんには、いつも適切なアドバイスとフィードバックをいただいたことに感謝します。また、本書のもとになった駒場「ミクロ経済学」の多くの受講者、神取ゼミのゼミ生諸君、私の学部授業「ゲーム理論」の受講者たちは、さまざまな段階で草稿に目を通し、多くの誤りを指摘するとともに、有益なコメントをしていただきました。同僚の尾山大輔氏からは、補論の「厚生経済学の第2基本定理の証明」について大変貴重なアドバイスをいただきました。これらの方々がいなければ本書はこのような形でまとまることはなかったと思います。最後に、著者としては初めての単行本である本書を、いつも家族を優しく見守ってくれる妻早苗と、元気いっぱいの子供たち、幸声と大智に捧げます。

2014年 盛夏
神取道宏

目　次

はじめに…i

序　章　経済学の目的と方法…1

0.1　ミクロ経済学の方法…1
0.2　事実解明的な問いとミクロ経済学…3
0.3　規範的な問いとミクロ経済学…6

第Ⅰ部　価格理論
市場メカニズムの特長と問題点

第1章　消費者行動の理論…10

1.1　合理的行動：選好と効用関数…10
1.2　消費者の選好と無差別曲線…17
1.3　最適消費：図解による分析…24
1.4　重要な補論：数理モデルと現実の関係、およびミクロ経済学の考え方について…26
1.5　限界分析入門…35
　　（a）　限界効用…36
　　（b）　消費の微調整と効用の変化…38
　　（c）　限界代替率と限界効用の関係…42
　　（d）　最適消費の条件…44
1.6　最適消費の性質…49
　　附論　無差別曲線は原点に向かって凸であると考えてよいか…53
1.7　代替と補完の程度を測る分析道具：補償需要関数…55
1.8　支出関数…62
1.9　所得効果と代替効果…66
　　（a）　消費の二面性…66
　　（b）　価格の上昇による所得の実質的な減少…67
　　（c）　価格変化と需要の変化（スルツキー分解）…69
1.10　価格弾力性…76
例題ゼミナール1　効用最大化から需要量を導く…81

第2章　企業行動の理論…85

2.1　経済学における企業のとらえ方…85
2.2　生産要素が一つ（労働）の場合の企業行動…87
　　（a）　生産関数…88
　　（b）　利潤最大化…92
　　（c）　費用関数と供給曲線…98
　　（d）　費用曲線の実例…112

2.3 生産要素が二つ（労働と資本）の場合の企業行動…**116**
 （a）　規模に対する収穫…**117**
 （b）　生産要素間の代替と技術的限界代替率…**119**
 （c）　利潤最大化…**122**
 （d）　長期の費用関数と供給曲線…**136**
2.4 生産要素と生産物がともに多数あってもよい、一般的な場合の企業行動…**142**
2.5 利潤と所得分配：なぜ所得格差が生まれるのか…**147**
例題ゼミナール2　生産関数と労働者の取り分…**152**

第3章　市場均衡…**157**

3.1 部分均衡分析…**157**
 （a）　市場需要と市場供給…**157**
 （b）　産業の長期均衡…**163**
 （c）　消費者余剰…**168**
 （d）　部分均衡分析の応用例…**174**
3.2 TPPについて、これだけは知っておこう：TPPとコメの輸入自由化…**180**
 （ⅰ）　コメの供給曲線はどうすればわかるのか…**180**
 （ⅱ）　米作農家とはどのような人たちなのか…**184**
 （ⅲ）　コメの供給曲線を推計する…**186**
 （ⅳ）　自由化前のコメ市場の均衡…**187**
 （ⅴ）　自由化でコメの値段はどのくらい下がるのか…**188**
 （ⅵ）　自由化でコメの国内生産はどうなるのか…**189**
 （ⅶ）　自由化で得をするのは誰か…**190**
 （ⅷ）　コメは自由化すべきか…**193**
3.3 一般均衡分析…**197**
 （a）　経済の全体像を見る：一般均衡モデル…**197**
 （b）　労働供給…**201**
 （c）　一般均衡モデル（つづき）…**205**
 （d）　超過需要関数の性質…**207**
 （e）　均衡の存在…**212**
 （f）　交換経済の分析：エッジワースの箱…**219**
 （g）　市場メカニズムの効率性の論証：厚生経済学の第1基本定理…**230**
 （h）　グローバリズムはなぜ起こるのか？：市場均衡とコア…**234**
 （ⅰ）　厚生経済学の第2基本定理と効率性のための条件…**238**
 （ｊ）　厚生経済学の第2基本定理と経済政策…**247**
 （k）　市場メカニズムの特長とは？：分権的意思決定と情報・誘因…**254**

第4章　市場の失敗…**257**

4.1 外部性…**257**
 （a）　外部不経済下の市場均衡…**258**
 （b）　ピグー税…**260**
 （c）　ピグー補助金…**262**

(d)　課税か補助金か？…**263**
　　　(e)　いくつかのコメント…**268**
　　　(f)　交渉による外部性の解決とコースの定理…**269**
4.2　公共財…**274**
　　　(a)　公共財の最適供給：部分均衡分析…**275**
　　　(b)　リンダール均衡…**278**
　　　(c)　公共財の最適供給：一般均衡分析…**283**

第5章　独占…**288**

5.1　独占企業の行動…**288**
5.2　独占の弊害…**293**
5.3　自然独占と価格規制…**297**

第Ⅱ部　ゲーム理論と情報の経済学
経済理論の新しい流れ

イントロダクション　なぜゲーム理論が必要なのか…**304**

第6章　同時手番のゲームとナッシュ均衡…**308**

6.1　ゲームとは？…**308**
6.2　ナッシュ均衡…**309**
6.3　ナッシュ均衡が実現する理由…**327**
6.4　個人の利益追求と社会全体の利益の関係…**333**
6.5　寡占への応用（Ⅰ）：数量競争と価格競争…**335**
　　　(a)　数量競争（クールノー・モデル）…**336**
　　　(b)　価格競争（ベルトラン・モデル）…**340**
6.6　不確実性と期待効用…**343**
6.7　混合戦略均衡とナッシュ均衡の存在…**352**

第7章　時間を通じたゲームと戦略の信頼性…**358**

7.1　例：銀行の破綻処理…**358**
7.2　部分ゲーム完全均衡…**364**
　　　(a)　展開型と時間を通じたゲームの戦略…**364**
　　　(b)　部分ゲーム完全均衡とは？…**368**
7.3　寡占への応用（Ⅱ）：シュタッケルベルク・モデル…**374**
7.4　コミットメント…**380**
7.5　長期的関係と協調…**390**

第 8 章　保険とモラル・ハザード…**399**

8.1　効率的な危険分担と保険の役割…**399**
8.2　モラル・ハザードとその対策…**403**

第 9 章　逆淘汰とシグナリング…**418**

9.1　逆淘汰とは？…**418**
9.2　シグナリングの原理…**421**
9.3　労働市場のシグナリング均衡…**431**

終　章　最後に、社会思想（イデオロギー）の話をしよう…**447**

10.1　社会問題に対する意見の対立の根本にあるもの：共同体の論理 対 市場の論理…**447**
　　　（1）　共同体の論理とは…**449**
　　　（2）　市場の論理とは…**451**
　　　（3）　社会主義の失敗と共同体の論理の限界…**454**
　　　（4）　二つの論理の役割…**457**
10.2　市場の恩恵を受けるのは誰か：補償原理と社会正義…**460**

補論 A　最小限必要な数学の解説…**474**

A.1　関数…**474**
A.2　直線の傾き…**475**
A.3　微分…**476**
A.4　多変数の関数の微分…**478**
A.5　確認の練習問題…**483**

補論 B　条件付最大化問題とラグランジュの未定乗数法…**484**

B.1　内点解の場合…**484**
B.2　内点解でない場合…**491**
B.3　凹関数と準凹関数…**492**

補論 C　補償変分と等価変分
　　　　　価格変化が消費者に与える損害や利益を、需要曲線から推定する…**495**

C.1　補償変分…**495**
C.2　等価変分…**499**
C.3　まとめ…**501**

補論 D　厚生経済学の第 2 基本定理の証明は難しくない…**502**

D.1　まずは、いくつかの準備をしよう…**503**

D.2 証明の大筋…**510**
D.3 一目でわかる証明の流れ…**518**
D.4 細かい注意…**520**
D.5 定理の正確な記述…**525**
D.6 多数の消費者と生産者がいるなら、厚生経済学の第2基本定理はほぼ成り立つ…**527**
　　附論　補題の証明…**531**

索引…**533**

> 経済学でよく使う数理の道具箱

凸集合…**22**
凹関数と凸関数…**124**
凹関数の式による定義…**129**
集合の足し算 $A+B$…**504**

事例一覧

事例0.1　価格転嫁と常識的議論の問題点…**4**
事例1.1　政策評価：老人医療費補助制度の問題点…**27**
事例1.2　TPPと農家への所得補償…**63**
事例2.1　部品組み立て工場…**87**
事例2.2　東北電力の費用曲線…**113**
事例2.3　要素価格の国際比較…**134**
事例2.4　日本の所得分配…**151**
事例3.1　自社ビルでのレストラン経営…**165**
事例4.1　ピグー税の実例　ロンドン混雑税…**265**
事例4.2　地球温暖化と排出権取引市場…**269**
事例4.3　公共財の実例としての街灯…**279**
事例5.1　原油価格の高騰と価格転嫁　再考…**294**
事例5.2　東北電力の規制価格…**301**
事例6.1　リニエンシー制度…**315**
事例6.2　新技術の業界標準…**319**
事例6.3　二大政党のマニュフェスト…**323**
事例6.4　道路交通量の予測…**325**
事例6.5　エスカレーターの右空け…**330**
事例6.6　サッカーのペナルティ・キック…**354**
事例7.1　金融危機と銀行破綻処理…**380**
事例7.2　ユーロ危機…**385**
事例7.3　ガソリンスタンドの協調…**391**
事例8.1　保険における「免責」の役割…**414**
事例9.1　MBA…**445**

0 経済学の目的と方法

0.1 ミクロ経済学の方法

どんな社会でも必ず解決しなければならない基本問題として、つぎのものが挙げられる。

1) 誰が
2) 何を
3) どれだけ
4) どうやって作るか？
5) 誰が
6) 何を
7) どれだけもらうか？

経済学では普通1）から7）まですべてをまとめて**資源配分（resource allocation）**の問題といい、そのうち5）から7）をとくに**分配（distribution）**の問題と呼んでいる。さまざまな社会は、こうした事柄を決めるためにさまざまな社会制度・ルールを採用している。封建制、計画経済、市場経済等はその例である。

経済学が答えるべき基本問題とは、それぞれの制度・ルールの下で、

（ⅰ）どんな結果がもたらされるか

また、

（ⅱ）その結果が良いか悪いか

を判断することである。このうち（ⅰ）を**事実解明的（positive）**な問題、

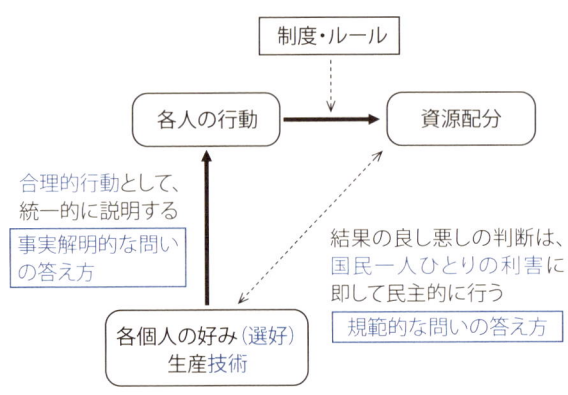

図0.1 ミクロ経済学の方法

（ⅱ）を **規範的（normative）** な問題という。ミクロ経済学は、これらの問題につぎのような特別な方法で取り組むところに大きな特徴がある。図0.1を見てほしい。

① そもそもどんな資源配分が物理的に可能か、つまり社会の生産能力（**技術**）をきちんと定式化する。
② 社会を構成する一人ひとりの個人が持つ利害関係を明らかにする。異なった人々は異なったニーズ（好み）を持っているはずで、こうした個人の好み（これをミクロ経済学ではちょっと気取って **選好**（preferences）という）をきちんと定式化する。
③ 資源配分を決めるための制度・ルールをきちんと定式化する[1]。
④ その制度・ルールの下で人々がどう行動するかについては、上の①と②をもとにして、「各人は、自分にとって可能な行動の中で最も好ましいものを取る」という、多くの経済問題において最も重要と思われる行動原理（これを **合理的行動** という）に基づいて、統一的に説明する。

---

[1] 図0.1の「各人の行動」から「資源配分」に向かう矢印が、制度・ルールを表しているということが、ちょっとわかりにくいかもしれないので、例を使って説明しよう。制度やルールは、そもそも人々が「どんな行動を取ることが許されているか」と、「どんな行動を取ったらどんな資源配分が実現するか」を定めるものである。例えば、市場経済では、消費者には「選択の自由」が与えられ、予算が許す限りどんなものを買ってもよい。一方、計画経済では、消費者が取りうる行動は「政府のアンケート調査に答える」ことや「政治家に陳情する」ことであり、これによって何が消費できるかが決まるわけである。

⑤ その結果実現する資源配分の良し悪しの判断も、やはり社会を構成する一人ひとりの好み（選好）に基づいて、民主的に行う[2]。

つまり、個々の経済主体（消費者、企業）の経済行動を律する動機・誘因（インセンティブ）を解明し、また結果の良し悪しを国民一人ひとりの利害関係をもとに判断するということである。「ミクロ＝微視的」経済学という名前がついているのは、このように経済を構成する個々の経済主体を詳しく分析するからである。

やや抽象的でわかりにくいと思うので、「日本は米の輸入を自由化すべきか？」という具体的な経済問題を例にとって、上で挙げたミクロ経済学の方法をごく大雑把に説明してみよう。まず、この問題は、

- 「自由化したらどうなるか？」という事実解明的な問いと
- 「その結果が良いか悪いか？」という規範的な問い

に分けられる。前者は事実関係についての問いだから、真実は一つのはずで、白黒の決着が付けやすい。これに対して後者は価値判断の問題なので、さまざまな人が異なった意見を持ちうる。このように問題を性格の異なる二つの部分に分けるのは、建設的な議論を進めるのに大いに役立つはずである。

0.2　事実解明的な問いとミクロ経済学

さて、自由化はコメの値段や生産量を変え、他の産業にもさまざまな波及効果を生むはずだが、これを分析するのに、「自由化というのは米の値段を下げるものだ」とか「コメが安くなればパンが売れなくなるはずだ」とかの**常識を使った議論をその場その場で考えるのではなく**、ミクロ経済学では自由化の効果を農民・消費者・他の生産者などが一定の技術の下で**合理的に行動する結果として統一的に説明**する（具体的にどうやるのかは本論でのお楽しみとしよう）。合理的行動というと、血も涙もない話のように聞こえるが、これは「各人は自らの利益に従って行動する」という、経済問題において最も重要と思われる要因をはっきりとらえるということである。言い方を変えれ

---

[2] どのようにやるのかは、後で順次詳しく解説してゆきます。また、この章でもごく簡単に概要をお話しします。

ば、経済を運営するには各人に**適切な動機付け**をすること（**インセンティブを与えること**）が欠かせないことをはっきり理解するということである。

ミクロ経済学が（合理的行動の原理や数学モデルを使って）導き出す結論の多くは、例えば「価格が上がると、供給が増える」というような、常識でも十分理解できるものが多い。物理学のように「光速に近いロケットに乗ると時間の進み方が遅くなる」などというアッと驚く結論がつぎつぎに出てくるわけではない。ではなぜ、数理モデルなどわざわざ使って持って回った分析をするのか、はじめから常識をなぜ使わないのかというと、それはわれわれの議論に「大きな見落としや、論理の穴」がないかをチェックする有効な方法だからである。

われわれが常識として持っている知識はきわめて断片的であいまいなもので、ときとして全く正反対の結論をもたらすことすらある。例を一つ挙げてみよう。

事例0.1　価格転嫁と常識的議論の問題点：原油価格が近年高騰していますが（図0.2）、とくにそれが激しく上がり始めた2005〜2006年に、「燃料費が上がったとき、製品を値上げしてコスト上昇のツケを消費者に回すことができるのは誰か？」ということがさかんに議論されました（これを「価格転嫁」といいます）。

出所）独立行政法人石油天然ガス・金属鉱物資源機構資料より作成
http://www.jogmec.go.jp/recommend_library/value_oil/index.html

図0.2　原油価格の推移

マスコミやインターネット上での大多数の意見は、

- 大企業は、その強い力にものを言わせて値上げをし、燃料費の上昇のツケを弱者である消費者に回しているが、
- 激しい競争にさらされている中小企業は力が弱く、価格転嫁ができずに困っている

というものでした。

しかし、少数ながら逆の意見もありました。『読売新聞』北海道版は、つぎのように述べています：

> ……［ガソリンスタンド］35店が値上げに踏み切った。価格競争が激しい石油業界では、スタンドが卸値の上昇分を吸収する余力はほとんどなく、小売価格に転嫁せざるを得ない状況となっている。
>
> （読売オンライン 2005年5月3日）

この事例からわかるのは、つぎの二つのことです。

1）社会問題に関する常識的議論は、なんでも「当たり前」に思えてしまう。

「激しい競争にさらされている中小企業は力が弱く、価格転嫁ができずに困っている」と言われれば、「そんなの当たり前だ」と思えるし、また「激しい競争にさらされている中小企業は余力がほとんどなく、小売価格に転嫁せざるを得ない」と言われればやはり「そんなの当たり前だ」と思えてしまうのではないでしょうか。しかし、よく考えるとこれらは全く逆のことを言っているのであり、両方が正しいはずがありません。したがってわれわれは二つ目の教訓を得ます：

2）常識的議論は、時として全く正反対の結論を導く。

このような問題をはらんだ常識的判断によって人々の利害に密接にかかわる経済問題を論ずると、往々にして議論が感情的になり「声の大きいほうが勝ち」という野蛮な状態に陥りやすい。議論を生産的にするには「各人は自らの利益に従って行動する」というような、経済問題において最も重要と思

われる原理から出発して、議論の論理的な道筋を注意深くチェックしていくのがきわめて有効である。ミクロ経済学が合理的行動や数学モデルを使って注意深く議論を進める理由はまさにここにある。上の事例からわかる通り、**常識的議論が100あったら、そのうち90はどこかおかしいものと思って差し支えない**。ミクロ経済学の一つの大きな役割は、こうしたさまざまな常識的な議論の中から本当に筋の通ったものを発見するための道具を提供する、ということなのである。

> **コメント 0.1** ところで、価格転嫁に関する上の二つの意見のうち、本当に筋が通っているのはどちらでしょうか？ このことは、本書を読み進めると明らかになるのでお楽しみに。
>
> また、「ミクロ経済学の一つの役割は、常識的な議論の中から本当に筋の通ったものを発見することである」ということが納得できるような具体例を、第1章の事例1.1でお見せします。

0.3 規範的な問いとミクロ経済学

さて、話を米の自由化に戻そう。事実解明的な分析で自由化の影響が明らかにされたら、つぎにいよいよそれが望ましいかどうかを判断することになる。ミクロ経済学の特徴を浮き彫りにするために、これを古い考え方と対比してみよう。例えば、かなり古い経済思想である「重商主義」は、なるべく貿易黒字を出したほうが一国のためになると主張し（1990年代の日米貿易摩擦でもこの考えが復活した）、自由化による外国米の流入は貿易赤字を増やすので望ましくない、と結論するだろう。また、農業を国の基本と考える「重農主義」は、自由化による国内農業の衰退に断固反対するだろう。これに対し、ミクロ経済学は**「貿易黒字は国のため」とか、「農業は国の基本」というような大雑把な形の価値判断をせずに、社会を構成するのは結局は個人なのだから、国民一人ひとりの利害に即してものの良し悪しを判断すべきだ**と説く。つまり、自由化によって誰が得をし、誰が損をするのか、また得をする人は損をする人に十分な補償を与えることができるのか、などを考慮して自

由化の是非を論ずるのである（これをどうやるかは、第3章で「市場均衡」を説明する際に明らかになります）。

　以下では、こうしたミクロ経済学の方法とは具体的にどんなものなのかを、その考え方と使い方に重点を置きながら、順次詳しく学んでいく。第Ⅰ部は本書の主要部分をなすもので、市場の機能を理解することにあてられる。とくに、多数の消費者と多数の生産者が市場で活発に競争する場合（これを「**完全競争状態**」という）に何が起こるかが明らかにされる。これは、「価格理論」と呼ばれ、伝統的なミクロ経済学の主要部分をなすものであった。本書ではこれにとどまらず、最近の理論経済学の進展に従って、完全競争的な市場の枠に収まらないさまざまな経済問題を分析するための基礎理論、すなわち**情報の経済学とゲームの理論**について、第Ⅱ部で入門的な解説を行う。

　すぐわかるように、これから学ぶことは数式やグラフを使った技術的なものになっている。それはひとえに経済・社会の問題を議論する際に使う言葉の意味をはっきりさせ、議論の道筋が合っているかを「多数の人間が共通の理解の下にチェックできるようにする」ために必要となるものなのである。冒頭にも述べたように、数式やグラフを使うといっても、一からていねいに解説してゆくので、どうかご心配なく。そして、これまで数学がどうも苦手だった人も、「**数理モデルを使えば経済や社会現象のこんなことがわかるんだ！**」と関心を持っていただけるような、さまざまな興味深い結果を解説してゆくことにしたい。

第 I 部

価格理論
市場メカニズムの特長と問題点

現代社会では、食べ物や住まい、音楽まで、あらゆるものに価格と呼ばれる数字がつけられ取引されている。ふだんはあまり意識されることこそないが、考えてみればこれはかなり不思議な制度ではないだろうか。第 I 部の目的は、こうした市場の基本的な機能と、その限界を理解することにある。そのため、消費者行動と企業行動をまず理解し、それらが市場で出会うとどうなるかを、つぎに検討することにする。

1 消費者行動の理論

　序章で見たように、ミクロ経済学では経済現象を「各人は、自分にとってなるべく得な行動を選ぶ」という「合理的行動」から首尾一貫したやり方で説明し、また結果の良し悪しを、やはり国民一人ひとりの損得（利害関係）に即して民主的に判断する。このことは、経済行動を律する誘因（インセンティブ）を理解し、また一部の者の利益代表者に堕することなく、国民一人ひとりの幸福に目を配るために必要不可欠のことである。この章では、こうした経済分析の土台となる「個人の損得の判断＝個人の好み（選好）」や「合理的行動」とは何かをきちんと定義する。そしてこのことを消費者の行動にあてはめて、さまざまな商品に対する需要がどのように決まるのかを解明することにする。

1.1 合理的行動：選好と効用関数

　まず、個々人の「好み」をどうやって表現したらよいかを考えよう。具体例として、ウーロン茶（一杯）、ビール（一杯）、ワイン（一杯）を考えてみよう。もし、「ウーロン茶のほうがビールより好き」ならば、

$$\text{ウーロン茶} \succ \text{ビール}$$

と書く約束にする。この記号≻は数学の不等号＞に似ているが、不等号は数の大小を表すのに対し、≻は**より好ましい**という個人の好みを表すものである（両者を区別するために、不等号をちょっと曲げた記号≻を使うのである）。
　また、「ビールとワインは同じくらい好き」ならば、

$$\text{ビール} \sim \text{ワイン}$$

と書き、このとき「ビールとワインは無差別である」という約束にしよう。

さらに、上の二つの記号を組み合わせて、「同等以上に好ましい」という記号を作っておくと便利である。つまり、二つの選択肢aとbがあったとき、

$$a > b \quad (a は b より好ましい)$$

または

$$a \sim b \quad (a は b と同じくらい好ましい（無差別）)$$

のどちらかが成り立っているとき、

$$a \gtrsim b$$

と書いて、「aはbに比べて同等以上に好ましい」ということにする。数学の弱い不等号≧のようなものと考えればよい。

直感的には＞と～を使って考えたほうがわかりやすいのに、わざわざ≳という記号を導入したのには理由がある。それは、**個人の好みを表現するには≳だけ考えれば十分**だからである。なぜなら、「＞（好ましい）」や「～（無差別である）」はつぎのようにして「≳（同等以上に好ましい）」から導くことができるからである：

（ⅰ） a～bとは、「a≳bとb≳aの両方が成り立つ」ことである。
（ⅱ） a＞bとは、「a≳bだがb≳aではない」ことである[1]。

以上で説明した記号≳で表される個人の好みを、経済学ではちょっと気取って「**選好**」と呼ぶ。

個人はさまざまな好みを持っているが、それがどんなものであれ、ある程度の首尾一貫性はあると考えるのが妥当だろう。これを説明する準備として、「比較の対象になるもの全体の集合（つまり選好≳が定義される領域）」を X と書くことにする。X は考える問題によってさまざまに異なる。

---

[1] これは、つぎのように考えれば理解しやすい。もしも、「a≳bでb≳aである」なら、（ⅰ）によってa～bとなってしまう。したがって、「a≳bだがb≳aではない」ということは、実は

$$a \gtrsim b だが b \sim a ではない$$

ことを意味しているので、a＞bが成り立つのである。

例1.1 例えば前述の例では、比較の対象になるもの全体とは、ある居酒屋のドリンクメニューに載っているもので、

$$X = \{ウーロン茶、ビール、ワイン\}$$

であると考えることができるだろう。

個人の好みが「首尾一貫している」ためには、つぎの二つの条件が成り立つことが最低必要であると考えられる。

個人の判断（選好）が首尾一貫しているための条件

条件1 どんな選択対象 x, y についても（つまり、X に属するどんな x と y に対しても）、$x \succsim y$ か $y \succsim x$ の少なくとも一方が成り立つ（これを**完備性**という）。

これは、一見難しそうに見えるが、実は「どんなものもきちんと比較できる」という簡単なことを意味しているにすぎない。上の例でいうと、「ウーロン茶とビール、どっちがいいですか？」と聞かれたら、「こっちが好き」とか、「両方同じくらい好き」などとはっきりと答えられて、「わかりません」となることはない、ということである。

条件2 $x \succsim y$ かつ $y \succsim z$ なら $x \succsim z$ が成り立つ（これを**推移性**という）。

この条件も簡単で、ウーロン茶はビール以上に好きで、ビールはワイン以上に好きなら、当然ウーロン茶はワイン以上に好きなはずである、ということを意味している。

この二つの条件の意味するところは、つまるところ（選択対象の数が有限のときは）**選択対象を一番良いものから一番悪いものまで（同点（無差別）を許しつつ）1列に並べることができる**、ということにほかならない。

こうした二つの意味で首尾一貫した好みを持った個人は、さまざまな状況の下ではっきりとした意思決定ができることになる。まず、比較の対象になりうるもの全体の集合を X で表したことを思い出してみよう。通常は X の

中の何でも自由に選んでよい、ということは少なく、自分が実際に選ぶことができるものの範囲は X より狭いことが多い。これを、ここでは S と書くことにしよう。一例を挙げると、

$$X＝居酒屋のドリンクメニューにある飲み物全体$$

$$S＝予算内で買えるドリンク$$

である。何が S になるかは時と場合によって異なるが、いずれにしても、選択できるものの範囲 S が与えられると、この人は

S の中で選好 $\succsim$ に照らして最も好ましいものを選ぶ
（すなわち S 内のどんな x に対しても、$x^* \succsim x$ となるような x^* を選ぶ）
(1)

はずで、これを「合理的行動」というのである。

例 1.2 先に登場した「ウーロン茶 $\succ$ ビール」で「ビール $\sim$ ワイン」であるような人が予算内で買えるものが $S＝\{$ウーロン茶, ビール$\}$ の二つだけであるとき、合理的行動とは S の中で最も好ましいもの、つまり $x^*＝$ウーロン茶を選ぶことである。

以上をまとめると、つぎのようになる。

「首尾一貫した好み（条件1と2を満たす選好 $\succsim$）の下で、
最も望ましいものをつねに選択する」ことを、合理的行動という。

コメント 1.1 どうですか？ 経済問題で最も重要と思われる「なるべく得なほうを取る」という行動原理と、経済問題の評価に欠かせない「一人ひとりの利害関係」を明確に記述するために、きちんとした記号を使って議論をしましたが、**はっきりいってわかりにくい**と思いませんか。もっとわかりやすくする工夫はないでしょうか？ この要請に答えるのが「効用関数」という分析道具なのです。

効用関数：効用関数の基本的なアイデアは、選好関係 $\succsim$ を数字を使って見やすく表現するということである。いま、それぞれの選択対象 x に、数字 $u(x)$ を、**より好ましいものほど大きな数字を持つように割り当ててみよう**（このようなことができるのは条件1、2のおかげであることに注意！）[2]。つまり、

$$x \succsim y \text{ なら } u(x) \geq u(y)$$

であるような u を、**選好 $\succsim$ を表現する効用関数**と呼ぶことにする。

より好ましいものにより大きな数字をあてはめさえすれば、数字のあてはめ方は何でもよいので、**ある人の好みを表現する効用関数はたくさんある**。例えば、上の議論に登場した「ウーロン茶≻ビールであり、ビール〜ワインである」という人の効用関数は、

$$u(ウーロン茶) = 10,$$
$$u(ビール) = u(ワイン) = 5$$

としてもよいし、

$$u(ウーロン茶) = 100,$$
$$u(ビール) = u(ワイン) = 0$$

としてもよい。これらに限らず、とにかく**どちらでもよいと思っているビールとワインに同じ数字をあてはめ、より好ましいウーロン茶にはより大きな数字をあてはめれば何でもよいわけである**[3]。ではどれを使ったらいいのだ

---

[2] 条件1と2が成り立っていて、選択対象の数が有限ならば、選択対象を一番いいものから悪いものへ（同点（無差別）を許しつつ）順番に並べることができるので、確かにいいものほど高い数字を（そして同点（無差別）のものには同じ数字を）割り当てることができる。ただし、選択対象が無限にたくさんあると、首尾一貫性の条件1、2を満たしていてもこうした数字の割り当てができない変わった例を作ることができる。こうした病理的な例を排除する条件については、つぎの1.2節で説明する（注4を見られたい）。

[3] ある人の選好を表現する効用関数 $u(x)$ があったとき、それを増加関数 $f(f(a) > f(b)$ が $a > b$ のとき成り立つようなもの）で変換し、新たな関数 $v(x) = f(u(x))$ を作ってみよう。すると、この $v(x)$ も、より好ましいものにより大きい数字をあてはめるので、同じ人の選好を表す効用関数となる。つまり、**ある人の選好を表現する効用関数を増加関数で変換したものもまた、同じ人の選好を表現する効用関数になっている**のである。

ということになりそうだが、ミクロ経済学では、このうち**どれを使っても結論が変わらない**ように注意して効用関数を使うのである（これがどうしてかは、以下で説明する）。

効用関数を用いると、

合理的行動＝効用を最大化する行動

というすっきりとした形に書ける。上で述べた居酒屋のドリンクの選択行動は、予算内で買えるドリンクの集合を S とすると

$$S \text{の中で、効用 } u(x) \text{ を最大にする } x^* \text{ を選ぶ} \tag{2}$$

ということになる。(1)に比べると、格段に見やすくなっていることがわかるだろう。ある人の好み $\succsim$ を表す効用関数 u はたくさんあるが、そのどれもが「より好ましいものにより大きな数字をあてはめたもの」になっている。したがって、どの効用関数を使っても(2)の効用最大化の結果選ばれるものは結局（$\succsim$ によると）最も好ましいもの（つまり13ページで説明した(1)を満たす x^*）なのである。これが、「**ある人の好みを表す効用関数はたくさんあるが、そのどれを使っても結果として出てくる（合理的）行動は変わらない**」という理由である。

コメント 1.2 よくある誤解：ウーロン茶のほうがビールより好きなので、ウーロン茶を飲んでいる消費者に向かって、「あなたのウーロン茶の効用は 2、ビールの効用は 1 で、あなたは効用最大化をしています」と経済学者が言ったとしましょう。すると、「そんな数字は見たことも聞いたこともない。そんなものを俺が最大化しているというのはインチキだ」と言いたくなるのはもっともです。しかし、こうした理由で「経済学は現実離れしている」と考えるのは誤りです。正しい理解は、つぎのようなことです：「あなたがビールよりウーロン茶が好きだということをきちんと記録して、これからの議論に間違いなく使うために私（経済学者）が工夫して2や1などの数字をあてはめました。それが効用なのです。そして、あなたが効用最大化をしているというのは、あなたがそういった数字を実際に意識して最大化しているということではなく、『あなたが自分の好きなウーロン茶を飲んでいる』ということを、私（経済学者）が間違いなく記述するために、こうして作った数字を使って記録したものなのです」。

この点、くれぐれも誤解のないようにお願いします。

コメント 1.3 学説史：(コメント1.2の議論の続き) つまり、より好ましいウーロン茶により大きな数字をあてはめたものはどんなものでもこの人の好みを表す効用なので、**重要なのは効用の大小であり、効用の絶対的な大きさには意味がありません**。上のように

$$u(ウーロン茶)=2,$$
$$u(ビール)=1$$

であると経済学者がいうとき、これが意味するのは、ウーロン茶の満足度はビールの満足度の**2倍であるということではなく、単にウーロン茶のほうがビールより好きだということ**なのです。別に

$$u(ウーロン茶)=1000000000000,$$
$$u(ビール)=1$$

としてもよいわけです。注意してほしいのは、「満足の大きさ」は、温度や物価水準のように客観的に計ることは不可能だが、**「どちらが好きか」という選好 $\succsim$ は調べることができる**ということです（ウーロン茶とビールのどちらが好きか聞けばよい。あるいは、実際に二つのうちどちらを選ぶかを見ればよい）。このように、効用を、(原理的には測定できる) 人々の好み $\succsim$ を表す便利な工夫とみなす考えを「**序数的効用理論**」といい、現代の経済学はこの考えに従っています。

これに対し、19世紀の経済学では効用を「満足の大きさ」と考え、その大小関係だけでなく本来は測定できないはずの絶対的な大きさにも意味があると考えていました。こうした、今では過去のものとなった考え方を「**基数的効用理論**」といいます。

コメント 1.4 「論より証拠」の選好の計測：選好 $\succsim$ を計測するには**「どちらが好きか」を聞くよりも「実際にどちらを選ぶか」を見るほうが確実**です。

いま、難解な文学書とマンガがあったとして、学生A君に
- 「どちらが好きか」を聞くと、「いや、マンガは楽しくていいですが、やっぱり文学書も深みがあっていいですよね」などと言ってさっぱり要領を得ないが、
- 実際にどちらかを選ばせてみるとサッとマンガを取った

としましょう。この場合、結局A君はマンガが好きなのだと考えるのが妥当です。別の例を挙げると、「この株は必ずもうかる！」と言っている経済評論家がその株

を買っていなかったら、買うのをやめたほうが賢明です。このように、経済学ではアンケート調査よりも実際の行動のほうが本人の選好を確実に表すと考えることが多いのです。

「実際の選択行動が、直接は見えない選好を明らかにする」という、「論より証拠」の考え方は、経済学の重要な分析用具の一つであり、観察できる行動から背後にある消費者の好み（選好）を推定する方法を体系的に取り扱う研究分野を顕示選好の理論といいます。

1.2 消費者の選好と無差別曲線

ではさっそく、上で学んだ合理的行動の原理を使って消費者の行動を分析してみよう。まず言葉の定義だが、商品として取引されるもののうち、形のないものを「サービス」といい、形のあるものを経済学では「財」という。場合によっては、両者を含めて商品一般をすべて「財」ということもある。いま社会に財・サービスが N 個あるとすると、ある消費者の消費のパターンは、第 i 番目の財の消費量を x_i として、

$$x = (x_1, x_2, \cdots, x_N)$$

で表され、これをその消費者の消費計画という。消費者はさまざまな消費計画に対して一定の好み $\succsim$ を持っているはずで、これからこうした好みをもとにして、消費者の需要がどのように決まるかを見ることにする[4]。さて、消費者行動を理解するには

---

[4] 数学的なことが気になる人への、やや細かい注：各財の消費量 x_i は、ガソリンのように連続な値を取ることもあるし、ノートのように1冊、2冊、…というとびとびの値を取ることもある。価格理論では、議論を見やすくするために、各財の消費量は連続な値を取ると考える。すると、消費者が直面するさまざまな消費計画は無限にたくさんあることになる。こうしたときに、消費者の好みが効用関数で表現できるためには、前節で述べた首尾一貫性の二つの条件（「完備性」と「推移性」）のほかに、つぎの条件が成り立てばよい、ということがわかっている。
［連続性］：どんな消費計画を取ってきても、「それ以上に好ましい消費計画全体の集合」と、「それ以下に好ましい消費計画全体の集合」が、両方とも閉集合（境界を含む集合）になっている。
　証明は例えば、G. Debreu (1972) *Theory of Value*, Yale University Press, 4.6.(1)に載っている。

同じ効用を与えるさまざまな消費計画

を考えるのが役に立つ。同じ効用を与えるというのは、1.1節で定義した言葉で言うと「無差別」ということであり、またこうした「無差別であるさまざまな消費計画」は財が二つの場合には通常は曲線の形をしているので、これを**無差別曲線**と呼ぶ。ちょうど地図の等高線が等しい高さのさまざまな点の集まりを表すように、無差別曲線は同じ効用を与えるさまざまな点の集まりを表すわけである。

ミクロ経済学で（数学モデルがとくに好きでない普通の人が）最初に戸惑うのはこの概念で、「ふだん消費する際にこんなものを意識したこともない」「したがってどうも現実感がわかない」という（当然の）疑念がわいてくるであろう。そこで、確かに無差別曲線なるものがあり、それが財の性質をうまく表すことが十分納得できるような、特殊な例からまず見てみよう。

例1.3 キリンビールとアサヒビールの消費で、「ビールなら何でもよい」人の場合。キリンビールとアサヒビールの消費量をそれぞれ x_1, x_2 とすると、飲んだビールの総量（つまり x_1+x_2）が同じなら効用は同じである。ビールの量は多ければ多いほど良いとすると、合計の消費量が大きいほど効用は大きくなる。つまり、無差別曲線は「$x_1+x_2=$ 一定」という右下がりの直線になり、右上にあるものほど効用は大きいことになる（図1.1）。この例のキリンとアサヒのように、消費者にとって完全に同じ財とみなされるものを**完全代替財**という。

例1.4 右目と左目で視力の違う人の使い捨てコンタクトレンズを考えよう。視力が違うのだから、右レンズと左レンズは（度数の違う）別の財であり、これらをかならず１：１の割合で使う必要がある。このとき、無差別曲線は図1.2のように、L字型になる。図の点線は、右用レンズと左用レンズを１：１で使っている状態である。無差別曲線が、この点線上で曲がったL字型になる理由は、つぎのように注意深く考えればわかる。右レンズと左レンズを１：１で使っていない点、例えば（A点から右にずれた）B点では、使いみちのない右レンズが余っている。余ったレンズは使わないものと考えると、B点で得られる効用は結局A点と同じである。したがって、無差別曲線はL

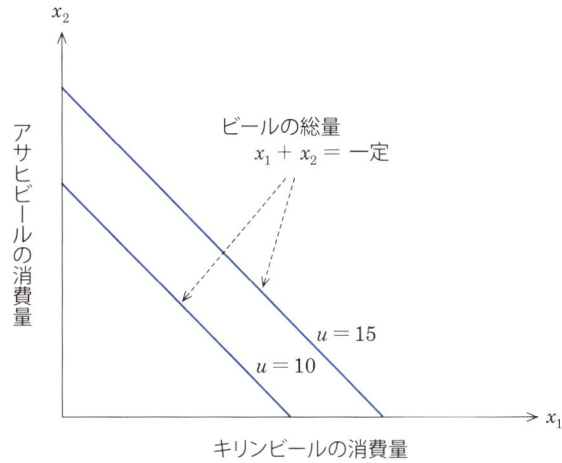

図1.1 完全代替財の無差別曲線

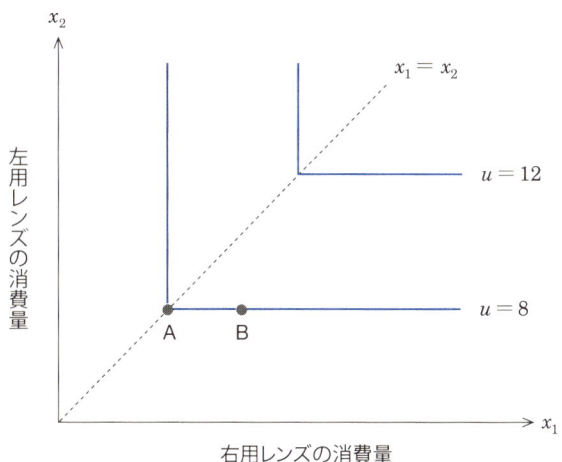

図1.2 完全補完財の無差別曲線

字型になるのである。

　この例の右レンズと左レンズのように、つねに一定割合で消費される財を**完全補完財**という。ボルトとナット、パソコンとOS（ウィンドウズなどの、パソコンを動かすための基本ソフト）、パスポートと証明写真なども完全補完財の一例である。

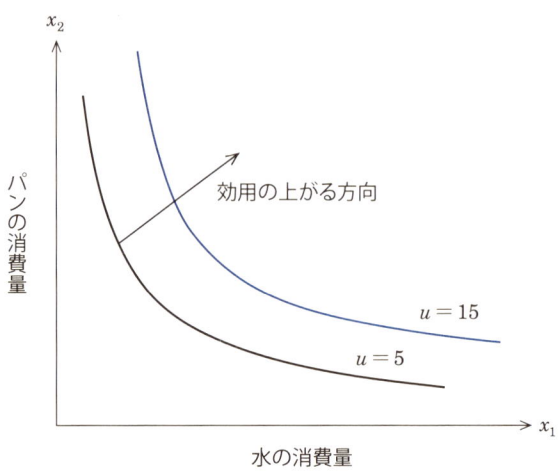

図1.3 一般的な無差別曲線

　一般には、無差別曲線はこのような極端な例の中間になると考えられる。いま、水とパンの消費を考えると、「水でもパンでも腹の足しになれば何でも良い」人の無差別曲線は図1.1のようだし、「水とパンを1：1の割合で食べないと気がすまない」人の無差別曲線は図1.2のようになるが、実際はこの中間のようになっていると考えるのが妥当であろう。つまり、コンタクトレンズの右と左ほどでないにせよ、水とパンもある程度の割合で消費したほうが良さそうだし、また、「ビールなら何でも良い人」が、「キリンが飲めないならアサヒを飲んでおこう」と思うのと同様に、「パンがないなら水でがまんしておくか」という考えがある程度働くはずである。このことから考えると、多くの場合、無差別曲線は図1.1と図1.2の中間（図1.3）のようになっていると考えるのが妥当だろう。

　さて、多くの財について無差別曲線が図1.3のような形をしていると考えられる理由をもっときちんと考えてみよう。通常、**財のありがたみはその消費量が増えるにつれて薄まっていく**と考えるのが自然である。例えば、1杯目の水はおいしいが、2杯目はそこそこで、3杯目はそうでもない。実は、図1.3のような原点に向かって凸の形をした無差別曲線は、「たくさんあるもののありがたみは薄れる」という、消費の一般的な特性を表しているのである。これがなぜかを、以下で詳しく説明しよう。

　原点に向かって凸な無差別曲線（図1.4）を左上から見ていくと、水を飲ん

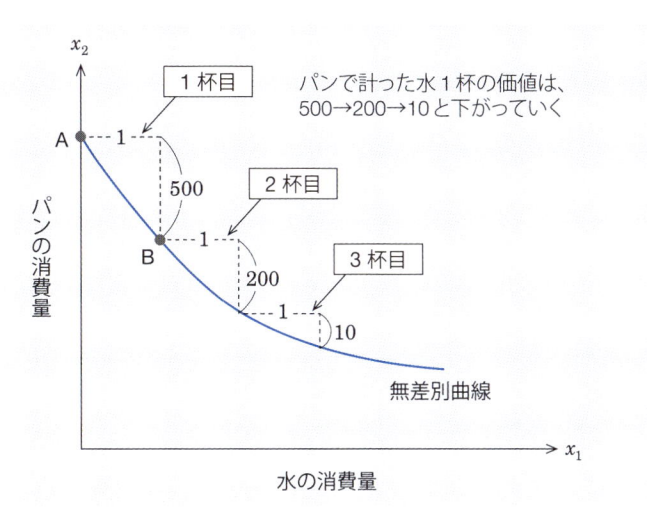

図1.4 限界代替率逓減の法則

でいないA点から出発して、水を1杯もらってパンの消費量を500g減らすとB点に移り、(AもBも同じ無差別曲線の上にあるのだから) どちらも満足の度合いは同じである。つまり、1杯の水を手に入れて、パンの消費量を500g減らしても満足は変わらない。

言い方を変えると、
- 1杯目の水を手に入れるためにはパンを500gまで手放してもよい (1杯目は貴重なので、大量のパンを手放してもよい)

ということである。同様に、
- 2杯目の水を手に入れるには、パンを200gまで手放してもよい (2杯目はそこそこなので、手放してもよいパンの量は減る)
- 3杯目の水を手に入れるには、パンを10gまで手放してもよい (3杯目の価値はほとんどない)

ということが見て取れる。このように、1杯の水と等しい満足を与えるパンの量、つまり**パンで計った水の価値**は水の消費量が増えるにつれて減っていく。これが、無差別曲線が原点に向かって凸の形をしているということの意味なのである。

このことを一般化してみよう。**無差別曲線の傾き**は、

「第1財(水)の消費量を1単位増やすために支払ってもよい第2財(パン)の最大量」、

つまりざっくり言うと、

「第2財(パン)で計った第1財(水)の価値」

を表している。(ここ、重要なところなので図1.4を見ながらよーく確認してください!)これを、第1財の第2財に対する限界代替率(Marginal Rate of Substitution)といって、MRS_{12}で表す。1杯の水のありがたみがだんだん薄れていくというのは、無差別曲線の傾き(限界代替率)が右にいくほど小さくなる、つまり無差別曲線が原点に向かって凸の形をしていることとして表現できる。これを、「**限界代替率逓減の法則**」という。限界代替率に関するより正確な議論は、つぎの節で詳しく解説する。

コメント 1.5 無差別曲線がこのように原点に向かって凸の形をしているのはある程度もっともらしいわけですが、**いつでも必ずそうなっている**と考えてよいかどうかは、**ちょっと怪しい**ような気がします。消費者の需要行動を見るときに、ミクロ経済学の教科書ではこのような場合だけを考えて、そうでない場合は無視していますが、こんなことをして本当に大丈夫なのでしょうか。このことについては、後に1.6節の附論で詳しく検討することにします。(結論を先取りして言うと、意外に大丈夫なのです。)

ここで、以上のことをより見やすいかたちで定式化しておこう。限界代替率逓減の法則は、つまるところ無差別曲線が原点に向かって凸の形をしているということである。そこで一般に、「凸の形」をつぎのようにきちんと定義しておくと便利である。

経済学でよく使う数理の道具箱	凸集合
ある集合 A が凸であるとは、「へこんでいない」ことで、これは「最適	

化」（効用の最大化や利潤の最大化）を通じて経済主体の行動を理解するうえで大変に役に立つ概念である。さて、ある集合 A が凸である＝「へこんでいない」ということを正確に言うと

「A の中のどんな 2 点 a と b をとってきても、その間にある点はすべて A に含まれている」

ことである。

言葉ではわかりにくいので図1.5を見てほしい。

Aは凸集合　　　凸でない集合

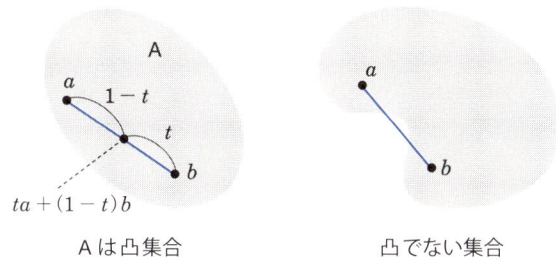

図1.5

図1.5は凸な集合と凸でない集合を描いているのだが、たしかに上の条件が「へこんでいない」ことを表していることがわかるだろう。ところで、「a と b の間にある点」は、$0 \leq t \leq 1$ を満たす数 t を使って、一般的に a と b の加重平均

$$ta+(1-t)b$$

として表される。例えば、$t=1/2$ ならこれは a と b のちょうど中間の点を表し、t が大きいとより a に近い点、t が小さければより b に近い点を表す。このことを使って、A が凸集合であることを数学的にきちんと定義すると、

すべての $a, b \in A$ とすべての $0 \leq t \leq 1$ に対して、

$ta+(1-t)b \in A$ である

ということである[5]。

5　$x \in A$ とは「x が集合 A に入っている」ということを表す表記法である。

上のような概念を導入すると、限界代替率逓減の法則は、

$$\text{無差別曲線の上側は凸集合である}$$

ときわめて簡単に表すことができる。これを、**選好の凸性**ということがある。

いきなり凸集合などというものが出てきて面食らったかもしれないが、これが、

$$\text{「たくさん消費する財のありがたみはだんだん薄れていく」}$$

という、多くの消費財が持つ特性をうまく表していることに注意されたい。経済学は、長い歴史の中で、経済のさまざまな現象の重要な一面が、いくつかの数理的な概念でうまくとらえられることを発見してきた。凸性というのもその一つである。これから見るように、凸性という概念は、生産の理論や市場の効率性の論証でも大活躍することになる。

1.3 最適消費：図解による分析

ではつぎに、最適な消費計画がどう決まるかを見てみよう。まずは簡単化のため、財が二つしかないケースを考え、図解を使って分析を行うことにする。いま、ある消費者の所得を I、第1財と第2財の価格をそれぞれ p_1, p_2 と書き、これらの価格をひとまとめにして

$$p = (p_1, p_2)$$

と書く。この価格の組 p を**価格体系**と本書では呼ぶことにしよう。この価格体系の下で消費計画 $x = (x_1, x_2)$ を買うと、x_i が i 財の消費量を表すのだから、$p_1 x_1 + p_2 x_2$ 円を支払う必要がある。したがって、所得 I でちょうど買える消費計画とは、

$$p_1 x_1 + p_2 x_2 = I$$

を満たすものということになる。この式を、**予算制約式**と呼ぶ。式を見やすくするため、つぎのような約束をしよう。価格体系 $p = (p_1, p_2)$ と消費計画 $x = (x_1, x_2)$ があるとき、

$$p_1 x_1 + p_2 x_2 \text{ を } px \text{ と表記する}^6。$$

このとき、合理的に行動する消費者の消費行動は、

$$\text{予算制約 } px=I \text{ を満たす消費計画 } x \text{ の中で、}$$
$$\text{効用 } u(x) \text{ を最大にするものを選ぶ}$$

ことである、と表すことができる。これをいちいち書くのは長くて大変なので、もっと簡潔に

$$\max_x u(x)$$
$$\text{s.t.} \quad px = I$$

最適消費計画問題

と書くことにする。ここで、

$$\max_x u(x)$$

というのは、「$u(x)$ という関数を、x をうまく選んで最大化せよ」ということを意味し、また「s.t. 〜」というのは英語の"subject to"の省略で「〜の制約の下で」という意味である。

つぎに、この最適消費計画問題を図を使って解いてみよう。まず、予算制約式を満たすさまざまな消費計画は、$p_1x_1+p_2x_2=I$ が表す直線で示される（これを**予算線**という）。この式を変形すると、

$$x_2 = -\boxed{\frac{p_1}{p_2}}x_1 + \frac{I}{p_2}$$
$$\underset{\text{傾き}}{}$$

となることからわかるように、**予算線の傾きは価格の比率** $\dfrac{p_1}{p_2}$ **である**。このことは、これから重要な役割をはたすのでよく理解しておこう。

6　**記号の約束**：財の数が多い時も同様に、$p=(p_1,\cdots,p_N)$ と $x=(x_1,\cdots,x_N)$ に対して、
$$px=p_1x_1+\cdots+p_Nx_N$$
と書くことにする。（数学が好きな人へのコメント：px のことを、数学では p と x という二つのベクトルの「内積」と呼びます。）

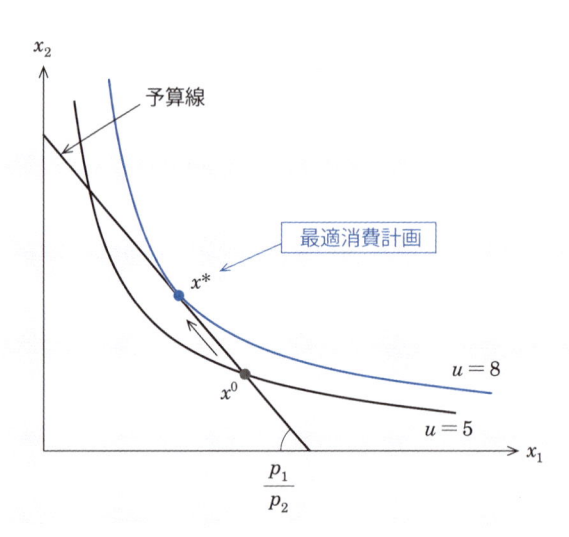

図1.6　最適消費計画

　さて、最適消費計画の問題は、この予算線の上で効用を最大化する点を探すことである。これを表したのが図1.6である。

　この図には2本の無差別曲線が描いてあるが、右上のほうがより大きい効用を与えるものであることに注意しよう（左下の無差別曲線での効用は$u=5$、右上の無差別曲線の効用は$u=8$）。まず、図の点x^0を見てみると、ここでは予算線と無差別曲線が交わっており、図の矢印の方向に動いていくと、効用を改善する余地がまだあることがわかる。すなわち、x^0からx^*のほうに動いていくと、効用は5から8へと上がっていく。一方x^*では、予算線と**無差別曲線は接して**おり、どちらに動いてももはや**効用改善の余地はない**。そこで、最適消費はつぎのようにして決まることがわかる。

　　　最適消費計画x^*は、予算線と無差別曲線が接する点である。

1.4　重要な補論：数理モデルと現実の関係、およびミクロ経済学の考え方について

　「以上が最適消費の理論です。どうですか！」と言われたときに、「**おいおい、なんだこれは、くだらねぇー！**」と思うのが、まっとうな人間

の反応ではないでしょうか。「消費の理論」というからには、奥深い消費者心理の秘密がわかるのかと思いきや、結局、単に「自分の好きなものを選ぶ」ということを、無差別曲線や効用などという現実ばなれした概念を用いて述べた、内容空疎なものに見えませんか。

ところが、たったこれだけのことから経済分析や政策評価ができるのです。**「各人は自らの利益にかなう行動をする」という、経済問題で一番重要な行動原理をはっきりと明確な形でモデル化することの意義**と威力を理解できるような事例を一つ、ここで挙げておきましょう。これから数理モデルを使った分析がつぎつぎに出てきますが、そうしたモデル分析をする意味がわからないままにあれよあれよと内容が先走っていくことがないように、この一つの事例に即して、これから学ぶ数理モデルを使って現実を見ることの意味と、ミクロ経済学の分析の特徴をじっくり解説しましょう。とても重要な論点なので、飛ばさずにぜひ読んでいただきたいと思います。

事例1.1　政策評価：老人医療費補助制度の問題点：2011年時点では、70歳以上の老人の医療費の本人負担は実際にかかった医療費の1割です（図1.7）。残りの9割は政府（納税者）が負担しています。

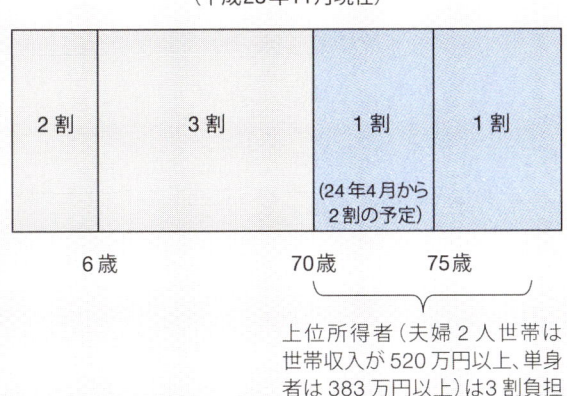

（平成23年11月現在）

2割	3割	1割 (24年4月から 2割の予定)	1割
6歳		70歳	75歳

上位所得者（夫婦2人世帯は世帯収入が520万円以上、単身者は383万円以上）は3割負担

図1.7　医療費の自己負担割合

この政策を評価するために、医療消費を第1財 (x_1)、その他の消費（例えば食料）を第2財 (x_2) で表すことにしましょう。いま、医療消費1単

位当たり、政府が S 円補助金を出しているとすると、医療費補助制度下の老人の予算制約式は

$$(p_1-S)x_1 + p_2 x_2 = I$$

となります。補助金が出ているので、医療費が補助金 S の分だけ安くなっている (p_1-S) ことに注意しましょう。すると、補助金制度の下での老人の最適消費は図1.8の x^* のようになります。

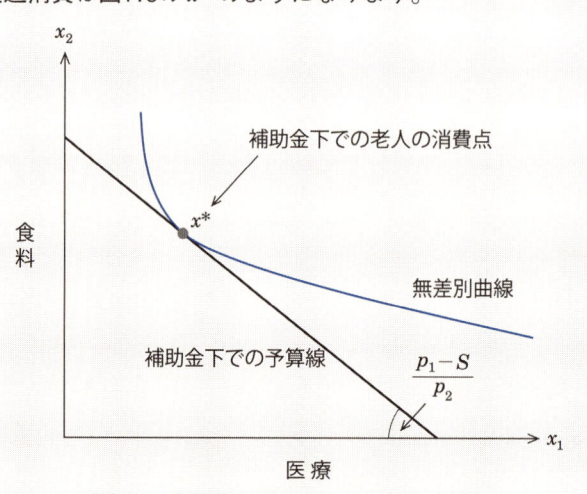

図1.8 医療補助制度の下での老人の消費

この最適消費点 x^* は予算制約を満たすので、当然のことながら

$$(p_1-S)x_1^* + p_2 x_2^* = I \tag{3}$$

が成り立ちます。ここで、政府が補助金制度をやめたと考えてみましょう。すると、この老人が補助金を受けていたときと同じ消費 x^* を行うためには、もっとお金が必要になります。この必要な金額を Y で表すと、Y は

$$p_1 x_1^* + p_2 x_2^* = I + Y \tag{4}$$

で決まることになります。最初の式(3)の Sx_1^* を右辺に移して(4)と見比べるとわかる通り、実は $Y=Sx_1^*$ です。つまり、補助金制度をやめて、医療補助金として出していた金額（Sx_1^*）を一括して老人に現金で支給する（年金を増額する）と、老人は補助金制度があるときと同じ消費 x^*

ができるのです。このとき、何が起こるでしょうか。

補助金制度を廃止し、年金を増額したときの予算制約式は

$$p_1 x_1 + p_2 x_2 = I + S x_1^*$$

です。これを図に描くと、傾きが（補助金のない）価格比 p_1/p_2 で、しかも以前の消費点 x^* を通る直線になります（新しい予算線）。この新しい予算線が以前の消費点 x^* を通るのは、（上で確認したように）新しい制度の下でも前と同じ消費 x^* ができるからです。したがって、新しい制度の下での最適消費は図1.9のようになります。

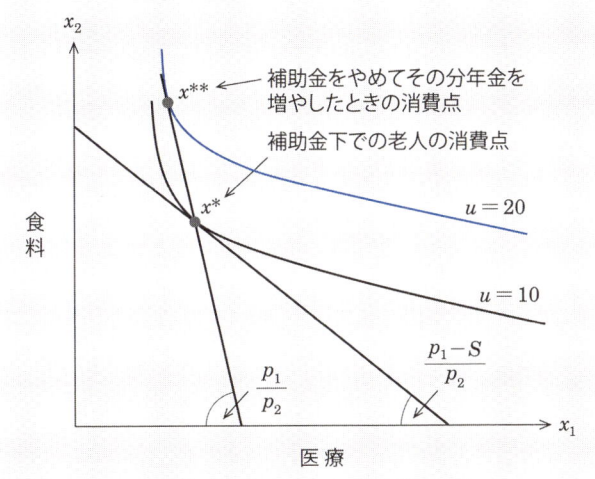

図1.9 補助金を廃止し年金を増やすと…

最適消費点は x^{**} に移動して、老人は医療消費を減らし、かつ老人の効用は上がることになります。つまり、**補助金制度を廃止し、補助金として出していた分をそっくり年金の増額にすれば、政府の支出（納税者の負担）は全く同じなのに、老人の満足を上げることができる**のです。このような意味で、補助制度は大きなムダ（非効率性）をかかえるものなのです[7]。

この事例に沿って、数理モデルを使って経済の現実を説明することの意味と、ミクロ経済学による経済分析の特徴を詳しく説明してみよう。つぎの三つのコメントを見てほしい。

コメント 1.6 **モデルと現実**：モデルは現実と似ている部分もあれば似ていない部分もあります。したがって、モデル分析の結果の中には、たしかに現実の本質をとらえた部分と、モデルの非現実的な側面から出てくる信頼性のない部分があるでしょう。結論がたしかに現実の重要な一面をとらえているかどうかをチェックするためには、**モデル分析の結果を日常の言葉で解釈し直してみる**ことが有効です。

> **経済分析のコツ**：モデルを正確に理解して使うだけでなく、モデルが導いた結論を日常の言葉で言い直してみて、確かにそれが現実の重要な一面をとらえているかどうかをはっきり理解する。

実は、これをやるか否か（あるいはこれができるか否か）が、一流の経済学者・エコノミストとそうでない人を分けるものであり、**経済学を学んで使う上で最も大切な注意点**なのです。こうしたことをする技術を、われわれの業界では「**経済学的な直感を養う**」と呼んでいます。ちょっと抽象的でわかりにくいと思うので、先の事例についてさっそくこれをやってみましょう。無差別曲線の理論モデルが明らかにしたことを、わかりやすい日常の言葉で言うと、つぎのようになります。

(1) 医療補助をやめて、補助金として支出していた分だけ年金を増やすと、
(2) 老人は（やろうと思えば）前と同じだけ病院に通院できるが、
(3) 通院を減らせば（補助金がかかっていない）高額の医療費を節約できるため、
(4) 通院を減らすほうを選ぶ。
(5) 「以前と同じことができるのに、そうしない方を選ぶ」のだから、以前より満足が上がっているはずである[8]。

---

7 では、そもそも医療補助制度があるのはなぜだろう。この制度の目的は、病気で困っている人を助けるということである。これをここで述べたような、ムダのないやり方で実現するには、年金の額を医療の必要性に応じて調整しなければならないが、誰がどれだけ医療を必要としているかを個別に調べることは困難だ。一方、医療費に補助金をつければ、医療を受ける人に自動的に補助ができる。医療補助制度が現実に使われているのはこうした理由によるものだが、実はそれには大きな非効率性を生む負の側面もある、というのが上の分析の結論である。では、この利点と欠点のバランスを取るためにはどうしたらいいか？——より良い制度を設計するには、こうした視点が不可欠である。

8 これは、「行動を見れば、その人の隠された好み・利害がわかる」という、ミクロ経済学において重要な考え方（コメント1.4で述べた「顕示選好」）に基づくものである。

後半の(3)〜(5)の部分はちょっとわかりにくいので、「生活実感としてはどんな感じ」か考えてみましょう。老人医療費の自己負担率が1割ということは、1回の通院で500円を払っているなら、実際の医療費は5000円ということになります。医療費補助をやめて年金を増やすと、以前と同じ回数だけ病院に行けるのですが、1回病院へ行くのをやめるとなんと実費である5000円も節約できるわけです。5000円というのはかなり大きい額なので

(4)′ では、病院に行くのを1回減らして、浮いた5000円でおいしいものでも食べよう
(5)′ 5000円分も豪遊できてたいへん得をした

と思うのではないでしょうか。政府の支出は全く変わらないのに、医療補助でなく年金の増額を使うと、このように老人は「豪遊できてたいへん得した」と思うわけで、この「豪遊」できる分だけ、補助制度にはムダ（非効率性）があったということなのです。（これって、かなり大きいと思いませんか？）

どうでしょうか？　何のリアリティも感じられなかった無差別曲線の図1.9が明らかにした制度変更の効果(1)〜(5)は、実はきわめて現実的で生活実感にかなったものといえるのではないでしょうか。ここで注意してほしいのは、

> ミクロ経済学の数理モデルが導いた結論を日常の言葉で言いなおしたもの(1)〜(5)は**常識でも十分理解・納得できるが、モデルの力を借りずにこれを一発で思いつくのは難しい**

ということです。序章で、「常識的議論はあいまいで正反対の結論を導くことが多々ある。こうした常識的な議論の中から本当に筋の通ったものを発見することが、ミクロ経済分析のひとつの目的である」と説明しましたが、この事例はこのことをよく表していると思いませんか。

さらに、この事例に基づいて、**ミクロ経済学に対するよくある（もっともな）批判**を検討してみましょう。確かに、図1.9のような無差別曲線のグラフを見せられると強い違和感を感じ、つぎのように考えるのが普通の人の反応というものでしょう。

（批判１）非現実的な仮定をたくさん置くのはよくない

（批判 2）そうした仮定がちょっと崩れただけで結論はがらっと変わるので、結果は信用できない

（批判 3）老人一人ひとりの無差別曲線を実測し、老人の行動が確かにこの図の通りであることが、(物理学のように) 高い精度で確証されなければ、モデルを使う意味はない

　一方、モデル分析が明らかにしたのは結局、生活実感にもかなったきわめて現実性の高い、日常の言葉で理解できる (1)～(5) という結論であり、普通の言葉で書かれたこの結論を読み返してみると、それは
・財が二つしかない
・無差別曲線がきれいな形をしている
・老人が完璧な効用最大化をしている
などの、この結論を発見するために使ったモデルの細かい仮定には依存していないことがわかるでしょう。つまり、ここで言いたいことの要点は

> **数理モデルの意味**：経済学の数理モデルを使った分析は、物理学並みの精度で人間行動をぴたりと表すものではないが、単純化の仮定を置いて議論を見やすくし、結果として**現実問題の本質的な一面を見抜く**ために役に立つ

ということです。この文章は抽象的でわかりにくいかもしれませんが、抽象的なレベルでこの文章を理解・判断するのでなく、上の医療費補助の事例に即してみれば、「確かにそういうこともあるな」ということが納得していただけるのではないでしょうか。このことから、**少なくともこの事例に関して言うと**、経済学に対する上のような批判 1～3 はあまり当たっていないのではないかと私は考えます。もちろん、ミクロ経済学から導かれるさまざまな結果の中にはこうした批判が当てはまるものも確かにあるでしょう。しかし、一見すると説得力のある批判 1～3 にもかかわらず、モデルが現実の重要な一面をとらえ、ミクロ経済学が確かに役に立つことがあることを、この事例を通じて理解していただければ幸いです。

コメント 1.7　市場メカニズムと社会全体のパイの大きさ：事例 1.1 には、ミクロ経済学がこれから明らかにする重要なテーマが隠れています。補助金制度を廃止すると、納税者の負担を変えることなく、老人の満足を上げられました。つまり、補

助金制度をやめると、あたかも国民が分け合って食べているパイのサイズが大きくなるような効果があるのです。

逆に言うと、医療費補助のように市場が決める価格を人為的に安く抑えるようなことをすると、社会全体のパイが小さくなってしまいます。このように、

市場メカニズムは社会全体のパイを大きくする。市場メカニズムで決まる価格をゆがめると、パイが小さくなってしまう。

ということが、この事例にかぎらずきわめて一般的に起こることを明らかにすることが、これから学ぶミクロ経済学の重要な内容となります。

「納税者の負担を変えることなく、老人の満足を上げる」ことは、「誰の満足も下げずに誰かの満足を上げること」を意味するわけで、これをパレート改善と言います。(パレートというのはこの原理を考えた経済学者の名前で、パレート改善の詳しい議論は第3章の「市場均衡」のところ (3.3節 (f) 項) で行います。)**社会全体のパイが大きくなれば、それをうまく分けることによって必ずパレート改善ができます。**「社会全体のパイが大きくなっているかどうか」「パレート改善できるかどうか」を、経済学では「効率性の問題」と呼んでいます。全体のパイを大きくして、パレート改善をすることが望ましいというのは、確かに一つの価値判断ではあります。しかしながら、パレート改善とはつまるところ「当事者が全員一致で良いということを実施する」ことなので、どのような立場を取るにせよ、これが望ましいことは多くの人が認めるでしょう。

効率性と並んで、もう一つ考えなければならない大きな問題は、「パイをどう分けるか」ということです。図1.10のように増加したパイを、老人と納税者でどう分けるのが良いでしょうか？ これは、「公平性の問題」で、こちらに関しては人によって意見が大きく異なるでしょう。**ミクロ経済学が主に扱うのは、多くの人によって共通の理解が得やすい効率性の問題で、パイをどう分けるかという公平性の問題は、国民一人ひとりの価値判断にまかせる**という立場を取るのです。

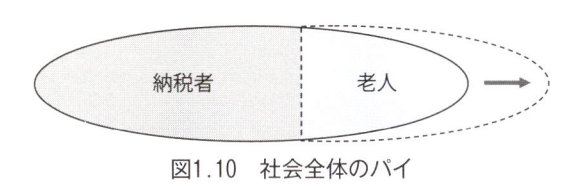

図1.10 社会全体のパイ

では、効率性の問題と公平性の問題はどちらがより重要なのでしょうか？　補助制度を廃止すればたしかにパイは数%増えるだろうが、そんなことよりもパイをどう分けるか、とくに社会の弱者を救済することこそ重要なのではないでしょうか。確かにこうした考えには一理あり、そのため一般人や評論家、マスコミなどが経済の問題を論ずるときには「パイの大きさがどのくらい増えるか」などという矮小な（ように見える）効率性問題は無視して、公平性・社会正義の問題にもっぱら集中してしまいがちです。しかし、20世紀の歴史を振り返ってみると、ささいなことのように思える効率性の問題が、長い目で見ればかなり重要であることがわかります。図1.11は、隣接した地域・同じ民族でありながら、市場経済と計画経済という二つの異なる経済制度を採用した韓国と北朝鮮の国民1人当たりのパイの大きさ（1人当たりの国民総生産）の推移を表したものです。

　これをみると、**社会全体のパイの大きさをひき上げる市場メカニズムの働きが、国民の生活水準を改善する上で実際上無視できないほど重要である**ことがわかるでしょう。どのような立場に立つにせよ、望ましい社会を作っていくには、多かれ少なかれ市場と付き合っていかざるを得ない——このことは、20世紀の歴史を通じてわれわれが学んだおそらく最も重要な事実の一つです。こうした市場のメカニズムの働きを明らかにすることが、ミクロ経済学の重要な課題なのです。

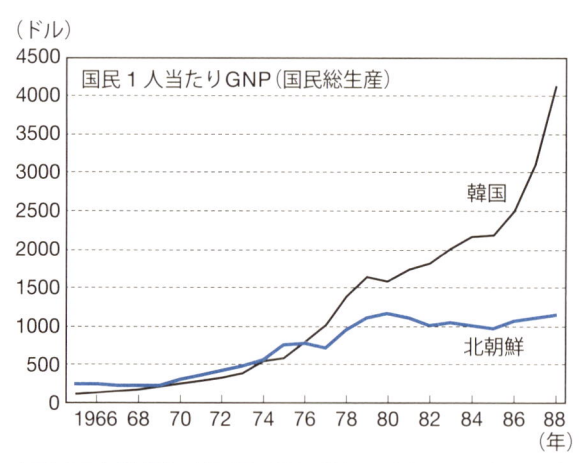

出所）金向東「北朝鮮の経済成長に関する論争の一考察——1965年から80年代までを中心に」『立命館国際地域研究』第24号、2006年3月、pp.131-141より作成

図1.11　市場とパイの大きさ

コメント 1.8 制度的知識と理論的理解：「医療費の自己負担は70歳以上75歳未満は１割だが、これは当面の特別措置であり、平成24年４月からは２割に引き上げられる予定である。さらに、高額所得者については…」という事柄を、「**制度的知識**」といいます。高校までの社会科で学ぶのは主にこうした制度知識の暗記であり、また世間では、経済学・経済学部（あるいはミクロ経済学の教科書）はこうした「実務で役立つ制度的知識を教えてくれるものなのだ」と思われているフシがあります。このような実用的な知識をたくさん得ることを期待して（ミクロ）経済学を学ぶと、「なんだ、ちっとも実務で役立つことがわからないじゃないか」と思ってしまうかもしれません。もちろん、こうした制度的知識は大切ですが、大学で習うワンランク上の社会科（社会科学）の大きな役割は、上で見たような理論モデルを使って現実の裏で働いているメカニズムを理解することなのです。本当に社会の仕組みをよりよく理解するためには、**制度的知識と理論的理解の両方をしっかりと身につける**必要があることを、先の事例をもう一度見返して確認してください。このうち制度的知識は、社会に出てから必要に応じて自分で身につけることができますが、理論的理解のほうはそうはいきません。ミクロ経済学の教科書が重きを置くのは、**社会に出てから一人で身につけることができない、先人の知恵＝理論的理解を授ける**ことなのです。

1.5 限界分析入門

　財が二つしかない場合は、1.3節のように図で理解できたが、現実の経済には非常にたくさんの財がある。こうしたより現実的な状況を理解するには（財がたくさんありすぎてもはや図が描けないので）、数式の力を借りることが有効であり、わけても「いろいろな財の消費量を微調整して満足を改善できるかどうか」を考えることが理解のカギとなる。経済学では、こうした微調整のことを「限界」というあまりなじみのない言葉で表現する。これは英語のmarginalの訳語であり、marginというのは境界線のことなので、言葉のイメージとしては「境界線上にあるものをいじる」というようなことである。例えば、前に出てきた水のパンに対する「限界」代替率というのは、現在飲んでいる水の量とそうでない量を分ける境界線上の最後の１杯をいじる（微調整する）ときの話である。

さて、微調整するというのは、数学の言葉で言うと「微分する」ということであり、微調整（微分）を通じて消費者や生産者の経済合理的な行動を理解することを「限界分析」という。この節では、限界分析の基本的な考え方と手法を学ぶことにする。前提とする知識は、文科系の高校2年までの数学で、

・微分というのはグラフの接線の傾きのことで
・x^2 を微分すると $2x$ になる

という程度のことを（なんとなく）覚えていればわかるように、ていねいに説明していきたい。数学の復習をざっとやっておきたい読者は補論Aを見られたい。

（a）限界効用

ある財の限界効用とは、その財の消費量を微調整したときの満足の変化を表すものであり、これから行う限界分析の主役を果たすものとなる。いま、財が全部で N 個あるとして、第 i 番目の財（$i=1,\cdots,N$）の**限界効用**（Marginal Utility；頭文字をとって MU_i という記号で表すことにする）を、図1.12のように定義しよう。

図の左にある

$$\text{第}i\text{財の限界効用}\ MU_i = \frac{i\text{財の消費を1単位増やしたときの効用の増分}}{}$$

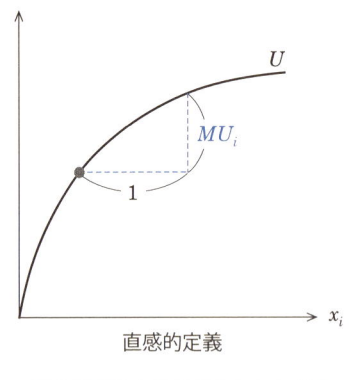

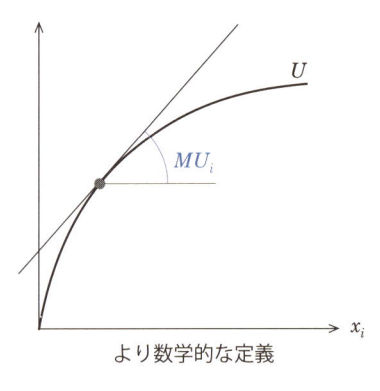

図1.12　限界効用 MU_i の定義

というのが、限界効用の直感的な定義で、多くの初級向けの教科書はこれを採用している。しかし、数学を使った分析で活躍するのは図1.12の右にある定義で、（本書を含めた）上級向けの教科書はこの定義に従う。ここで、図1.12は、**ほかの財の消費量は止めて**財 i の消費量だけを動かしたときのグラフであることに注意されたい。「グラフの接線の傾きが微分」なのだから、このグラフの接線の傾き（＝限界効用 MU_i）とは、

たくさんの財の消費量に依存する効用関数 $u(x_1, \cdots, x_i, \cdots, x_N)$ を、他の財の消費量は止めて、**第 i 財の消費量 x_i だけの関数だと思って微分**したもの

のことである。数学ではこれを「偏微分」といい、

$$\frac{\partial u}{\partial x_i}$$

と書く。∂ は「丸まった d」なので、「ラウンド・ディー」と読む。上級向けの教科書では、これが第 i 財の限界効用であると定義するのである。

$$\text{第 } i \text{ 財の限界効用 } MU_i = \frac{\partial u}{\partial x_i}$$

コメント 1.9 こんな記号と「偏微分」という言葉を聞くと、何かとんでもなく難しいことをやっているように思えますが、実際は高校の数学の簡単な延長です。計算も、高校の知識で十分にできます。

計算例：いま、$u = x_1^2 x_2^3$ という効用関数を考えると、第 1 財の限界効用 $MU_1 = \partial u / \partial x_1$ は、x_2^3 を定数だと思って u を x_1 について微分したものです。x_1^2 を微分すると $2x_1$ になるので、第 1 財の限界効用は

$$MU_1 = \frac{\partial u}{\partial x_1} = 2x_1 \boxed{x_2^3}$$
_{この部分は、定数だと思う}

です。このように高校 2 年の微分を思い出せば「偏微分、恐れるに足らず」です。

偏微分を使った分析をする意味:「ここで急にわけがわからなくなった」と感じる読者も多いと思います。その理由は、「**私は消費者ですが自分の効用を偏微分したことなんてないです。ですから、偏微分を使った分析などまるで現実離れして信用ができないし学ぶ気も起こりません（しかも嫌いな数学が出てくるし）**」ということでしょう。しかし、誰でも物を買うときには「なるべくいいもの（自分の好きなもの）を、安く買いたい」と思うのではないでしょうか。人間は直感に従ってこういったことをしているのですが、この、「**自分にとってなるべく得なことをしたい**」という**人間の経済行動を律する基本原則を、ざっくりとした形で、しかも誰でもわかるように明確な形で表したのがこれから学ぶ数学を使ったモデルなのです**。決して、ミクロ経済学は「人間が本当に（これから紹介するモデルのように）自分の効用を偏微分したりして消費計画を立てている」と主張しているのではありません。そして、「自分にとってなるべく得なことをしたい」という経済行動の大原則をうまく抽出した、これから紹介するようなモデルを使うことによって、市場がどのような働きをするのかということがかなりよく理解できるのです。

さらに、見慣れない数式については、「ここに書かれていることだけをじっくり読めば必ずわかる」ように解説していくので、「妙な数式が出たからここで読むのをやめよう」と思わずに進んでみましょう！

なぜ、こんな面倒な概念を使うのだろうか？　それは、このように数学の力を借りた限界効用の定義を活用すると、さまざまな財の消費量を微調整したときの効果が簡単にわかるからなのである。このことを、つぎに説明しよう。

（b）消費の微調整と効用の変化

まずは、一つの財の消費量だけをちょっと変えたときの効用の変化と限界効用の関係をきちんと理解しよう。

（i）一つの財の消費量だけを微調整したときの効用の変化

いま、ある財の消費量 x_i だけがわずかに変化したとしよう。この変化量を、Δx_i で表す。例えば $\Delta x_i = 2$ なら第 i 財の消費量が 2 だけ変化したということである。このときの効用の変化分を Δu と書くと、両者の関係は図1.13のよ

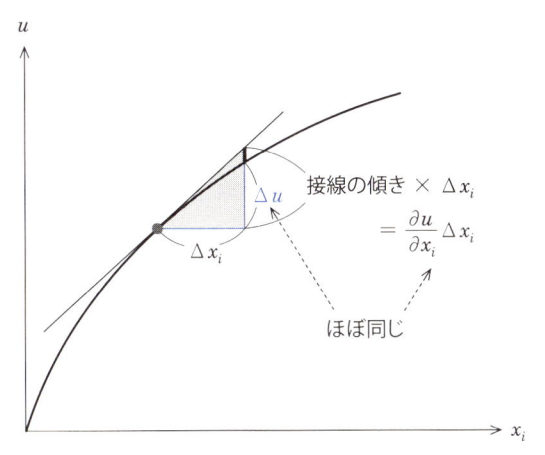

図1.13 限界効用と効用の変化

うになっている。

まず、図の灰色の三角形に注目すると、その高さは「斜辺（接線）の傾き × 底辺の長さ（Δx_i）」である。そして、この接線の傾きが限界効用 $\partial u / \partial x_i$ なのだから、この三角形の高さは $(\partial u / \partial x_i) \Delta x_i$ である。これと実際の効用の変化 Δu を見比べると、両者の間には少々ギャップがある（Δu の方がこの図では小さい）が、このギャップは Δx_i が小さいときは（Δx_i に比べて）かなり小さくなることが図から見て取れるだろう。つまり、

「消費の変化 Δx_i が小さいなら、効用の増加分 Δu は、ほぼ

$$\Delta u = \frac{\partial u}{\partial x_i} \Delta x_i$$

効用の変化 ＝ 限界効用 × 消費量の変化

となる」 ･･･（∗）

ことがわかる。

このようなことをいちいち書くのは面倒なので、「きわめて小さい変化」を表す du と dx_i という記号を導入し、

$$du = \frac{\partial u}{\partial x_i} dx_i$$

と書く。この記号の意味は（＊）なのである。重要なポイントなので、（＊）をわかりやすく言い換えてみよう。（＊）の等式がほぼ成り立つのは i 財の消費量の変化 Δx_i が十分小さいときである。財の量を測る単位をあらかじめ十分小さく取っておくと（例えばガソリンの量をリットルではなくミリリットルで測ると）「消費量1単位の変化」は十分小さくなる。すると、（＊）はつぎのように言い換えられる

$$\underbrace{\frac{\partial u}{\partial x_i}}_{i\text{財の限界効用}} \doteqdot \begin{array}{l}\text{（財の単位を十分小さく取った上で）} i \text{ 財の消費を}\\ \text{1 単位増やしたとき、効用がどれだけ増えるか}\end{array}$$

（※）

ところで、このようなことをいちいち言うのは面倒なので、

「財の量を測る単位を十分小さく取ったうえで、財の量を1単位増やす」
ということを、「i 財の量を**限界的に1単位増やす**」という

約束にしよう。この用語法を使うと、限界効用の意味はつぎのように簡潔にわかりやすく書くことができる。

$$\underbrace{\frac{\partial u}{\partial x_i}}_{i\text{財の限界効用}} = \begin{array}{l} i \text{ 財の消費量を**限界的に1単位**増やしたとき、}\\ \text{効用がどれだけ増えるか}\end{array}$$

このことの意味は（※）と同じである。「限界的に1単位増やす」という用語法を覚えておくと、これから出てくるさまざまな数式を直感的に理解するのに大変役に立つので、ここでしっかりその意味を覚えておこう。

(ii) **すべての財の消費量を同時に微調整したときの効用の変化**

では、すべての財の消費量をいっせいに調整したらどうなるであろうか。一般にこれはたいへん複雑な問題になるが、仮に効用が単純な1次式

$$u = a_1 x_1 + \cdots + a_N x_N + c$$

の形をしていれば、効用の増加は簡単に調べることができる。こんな効用関数を持っている人はあまりいないだろうが、より一般的な場合を理解する重要なヒントを含んでいるので、ていねいに見てみよう。効用が上のような1

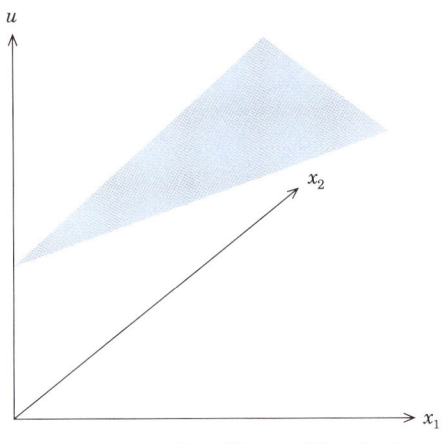

図1.14　1次式のグラフは平面である

次式のときには、効用のグラフはどんな形をしているのだろうか。財の数が二つなら図を描けるので、この場合の1次式の効用のグラフを描いてみると、それは図1.14のような平面になる。

また、**効用が1次式**なら、すべての財の消費量がいっせいに $\Delta x_1, \cdots, \Delta x_N$ だけ変化したときの効用の変化は、

$$\Delta u = a_1 \Delta x_1 + \cdots + a_N \Delta x_N$$
$$= \begin{pmatrix} x_1 \text{だけを動かし} \\ \text{たときの効果} \end{pmatrix} + \cdots + \begin{pmatrix} x_N \text{だけを動か} \\ \text{したときの効果} \end{pmatrix}$$

という、**個別の効果の和**の形になる。こうした意味で、1次式はとても簡単で使いやすいのである（ここ、重要なポイントなのでよく理解してください）。

つぎに、一般の（1次式ではない）効用関数を考えよう。効用関数のグラフの一部をぐーんと拡大してみると、通常の場合、図1.15のようにそれはほぼ平らになっている[9]。つまり、どんな効用関数も（それが滑らかなら）、**部分的に拡大するとほぼ1次式とみてよい**。1次式のときの効用の変化は、上で見たような**個別の効果の和**の形になるので、

---

[9] 「通常の場合」というのは、グラフがギザギザにとがっておらず、滑らかになっているということである。効用関数がとがっていることはもちろんあるかもしれないが、このようなケースがとくに重要である理由は見当たらないので、分析のしやすい滑らかなケースを考える、ということである。

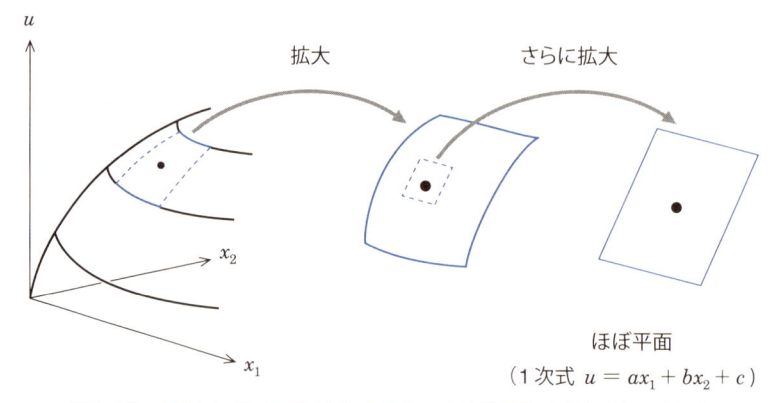

図1.15 効用のグラフを拡大すると、ほぼ平面（1次式）である

「各財の消費量の変化 $\Delta x_1, \cdots, \Delta x_N$ が小さいときの効用の変化 Δu は、ほぼ

$$\Delta u = \begin{pmatrix} x_1 \text{だけを動かし} \\ \text{たときの効果} \end{pmatrix} + \cdots + \begin{pmatrix} x_N \text{だけを動かし} \\ \text{たときの効果} \end{pmatrix}$$

$$= \frac{\partial u}{\partial x_1}\Delta x_1 + \cdots + \frac{\partial u}{\partial x_N}\Delta x_N$$

という、個別の効果の和の形になる」……………………………………（＊＊）

このことを、前の（ⅰ）と同様に

$$du = \frac{\partial u}{\partial x_1}dx_1 + \cdots + \frac{\partial u}{\partial x_N}dx_N$$

と表そう[10]。この式の意味は、上で述べた（＊＊）ということである。このように、微分を使って消費の微調整をきちんと調べてみると、多くの財の消費量をいっせいに調整したときの効果が、簡単な和の形で表される。つまり、**微分がモデル分析で役立つのは、複雑な関数を部分的に拡大して（とても簡単で扱いやすい）1次式で近似するからなのであり**、これが、たいへん多くの財の生産や消費を考える際の強力な武器となるわけである。

（c）限界代替率と限界効用の関係

つぎに、上で学んだ手法を使って、限界代替率と効用の変化の関係を調べてみよう。これは、のちに最適消費のための一般的条件を導く際に役に立つ。

10　これを、全微分の式ということがある。

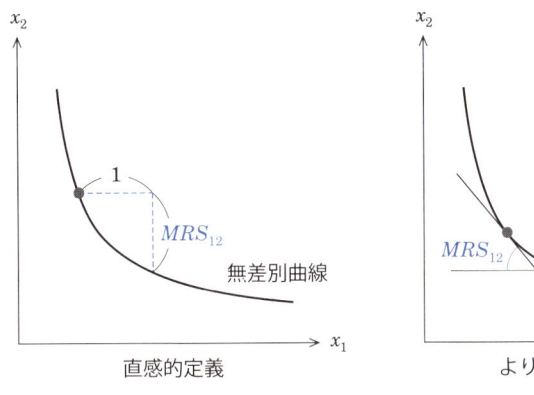

1.5節 限界分析入門

図1.16 限界代替率 MRS_{12} の定義

（左図）直感的定義：1財の消費を1単位増やすために支払ってもよい2財の量

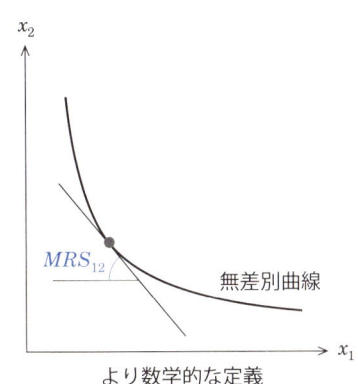

（右図）より数学的な定義：無差別曲線の接線の傾き

限界代替率は前の1.2節で「水をもう1杯もらうために支払ってもいいと思うパンの量」として説明したが、こうした直感的にわかりやすい定義よりも数学的な分析に適した定義を図1.16で導入しよう。

図1.16の右の図にあるように、上級向けの教科書では**限界代替率は無差別曲線の接線の傾き**として定義するわけである。ただし、無差別曲線の傾きはマイナスなので、符号をプラスに変えたもの（傾きの大きさ（絶対値））のことを限界代替率という。これを計算するために、前の項で学んだ効用の変化の調べ方をさっそく使ってみよう。いま、第1財（水）の消費を少しだけ増やし（$dx_1 > 0$）、代わりに第2財（パン）の消費を少しだけ減らした（$dx_2 < 0$）としよう。このときの効用の変化は、前項で見たように

$$du = \frac{\partial u}{\partial x_1}dx_1 + \frac{\partial u}{\partial x_2}dx_2$$

という個別の効果の和の形になる。両者の効果がちょうど打ち消し合って効用が変わらないときは

$$0 = \frac{\partial u}{\partial x_1}dx_1 + \frac{\partial u}{\partial x_2}dx_2$$

なので、これを変形すると

となる。こうして求めた dx_2/dx_1 は「効用を一定に保つような dx_1 と dx_2 の比率」なので、このことを

$$\left.\frac{dx_2}{dx_1}\right|_{u=一定}$$

という記号で表そう。「効用を一定に保つような dx_1 と dx_2 の比率」とは、言葉を変えて言うと「無差別曲線の傾き」であり、(無差別曲線は右下がりなので) これはマイナスの値を持つ。いちいちマイナスをつけて考えるのはめんどうなので、符号をプラスにして (つまり、「無差別曲線の傾きの大きさ」を考えると)、

$$\underset{\substack{1財の2財に\\対する^{11}\\限界代替率}}{MRS_{12}} = \underset{\substack{無差別曲線の\\接線の傾きの\\大きさ (+)}}{-\left.\frac{dx_2}{dx_1}\right|_{u=一定}} = \underset{限界効用の比}{\frac{\partial u/\partial x_1}{\partial u/\partial x_2}} \tag{5}$$

を得る。これが、上級向けの教科書が採用する限界代替率のより数学的な定義である。

(d) 最適消費の条件

以上の準備をもとに、いよいよ最適消費の一般的条件を数学の力を借りて求めてみよう。1.3節で見たように、財が二つの場合の最適消費は、図1.6のように無差別曲線と予算線が接する点で決まった。

無差別曲線と予算線が接するということは両者の傾きが等しくなっているということである。無差別曲線と予算線の傾きはそれぞれ「限界代替率 MRS_{12}」と「価格の比率 p_1/p_2」なので、最適消費の条件は数式を使うと

---

[11] これを、「1財の2財に対する」と呼ぶか「2財の1財に対する」と呼ぶか、いつも混乱するのだが、私はつぎのように覚えている。「〇〇の限界××」というのは、「〇〇で××を微分したもの」だというのが一般的な呼び方のルールである (例えば「水の限界効用」というのは、水の消費量で効用を微分したものでしょう)。上の式(5)を見ると、2財の量を1財の量で微分しているので、これは「1財の…限界代替率」なのである。

図1.17 最適消費の条件

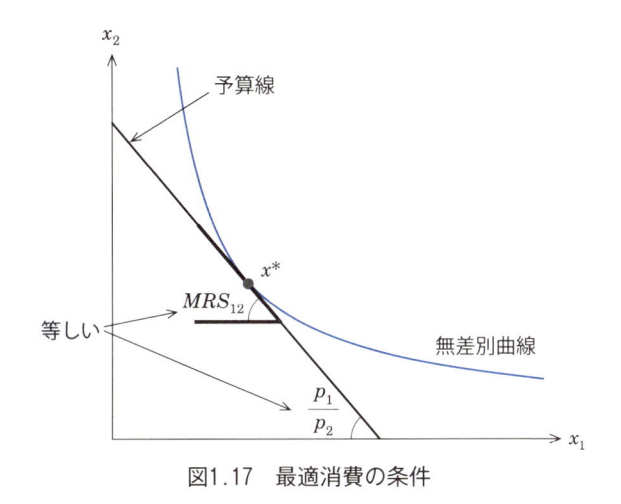

$$MRS_{12} = \frac{p_1}{p_2} \qquad (6)$$

限界代替率　　　価格比

最適消費の条件その1

と書ける。これを図示すると図1.17のようになる。

ところで、前項で調べた通り、限界代替率は限界効用の比に等しい（式(5)）。つまり、$MRS_{12}=(\partial u/\partial x_1)/(\partial u/\partial x_2)$ なので、これを使って上の最適条件を書き直すと

$$\frac{\partial u/\partial x_1}{p_1} = \frac{\partial u/\partial x_2}{p_2} \qquad (7)$$

となる。この式はいったい何を表しているかを、じっくり考えてみよう。

実は、この式に出てくる $(\partial u/\partial x_i)/p_i$ というのは、第 i 財の消費を1円分だけ微調整した時の効用の変化に（ほぼ）等しいのである。このことを理解するために、まず、1円で買える第 i 財の量は $1/p_i$ であることに注意しよう（なぜなら $(1/p_i) \times p_i = 1$ 円だから）。したがって、第 i 財に対する支出を1円分

だけ増やしたり減らしたりすると、効用は（ほぼ）

$$\frac{\partial u}{\partial x_i} \times \boxed{\frac{1}{p_i}}$$

（1円で買える i 財の量）

だけ増えたり減ったりするのである。

　このことをもとにして、もし先の条件(7)が成り立っていないとどうなるかを考えてみよう。例えば

$$\frac{\partial u/\partial x_1}{p_1} > \frac{\partial u/\partial x_2}{p_2}$$

であったとすると、第2財の支出を1円だけ減らすとこの式の右辺の分だけ効用が下がり、その1円で第1財を買えば左辺の分だけ効用が上がる。差し引きすると

$$左辺 - 右辺 > 0$$

だけ効用が上がることになる。

　つまり、条件(7)は、このような支出額の微調整をして効用を改善することがもはやできない状態、つまり最適消費を表すものなのである。言葉を変えて言うと、この条件(7)は、

「所得の最後の1円を、どの財の支出に振り向けても満足の度合いは変わらない」

ということを表しているので、（1円当たりの）限界効用均等の法則と呼ばれる。

　以上のことは財の数が何個でも成り立つ。財が100個ある場合でも、最適に消費をしていれば、所得の最後の1円を100個のどの財に振り向けても、満足の度合いは変わらないはずである。もしそうでなければ、満足の増加が低い財の支出を1円減らして、満足の増加が高い財を買えば、効用が上がるわけである。まとめると、財の数が多数（N 個）であるときの最適条件は、つぎのようになる。

$$\frac{\partial u/\partial x_1}{p_1} = \cdots = \frac{\partial u/\partial x_N}{p_N} \tag{8}$$

最適消費の条件その2
（1円当たりの）限界効用均等の法則

これによると、**限界効用を価格で割ったものはどの財についても同じ大きさになっている**ので、これを

$$\frac{\partial u/\partial x_1}{p_1} = \cdots = \frac{\partial u/\partial x_N}{p_N} = \lambda$$

で表そう。λ はギリシャ文字の「ラムダ」で、**所得が1円増えたときの効用の増加分**を表す。この λ を、<u>所得の限界効用</u>ということがある。この条件を書き換えると、最適消費の条件は

$$\begin{cases} \dfrac{\partial u}{\partial x_1} = \lambda p_1 \\ \quad\vdots \\ \dfrac{\partial u}{\partial x_N} = \lambda p_N \end{cases} \tag{9}$$

とも書ける。

以上のように直感的な意味づけを丁寧に考えながら導いた**最適条件を、マニュアル的にぱっと導く方法**をこれから説明しよう。これは、以上と**全く同じこと**を導く別の（もっと数学的にスマートな）方法なので、とくに数学に興味のない読者はスキップしても失うものはない。数学に興味のある読者や、モデルを使って経済分析をする専門のエコノミストになろうという人は、経済のモデルを解く際に大変よく使う手法なので、ここでその概要と使い方を見ておくとよいだろう。

最適消費というのは予算制約の下で効用を最大化するものなので、**条件付の最大化問題を解くための一般的な数学の手法**を使えば、簡単な手続きで求めることができる。条件付の最大化問題とは、ある関数 $f(x_1, \cdots, x_N)$ を、制約条件 $g(x_1, \cdots, x_N) = 0$ の下で最大化することである。いま、見やすくするため $x = (x_1, \cdots, x_N)$ と書くと、これは

$$\max_{x} f(x)$$
$$\text{s.t. } g(x) = 0$$

という問題である。これを解くには、まず目的関数 f と制約条件 g から

$$L(x) = f(x) + \lambda g(x)$$

という新しい関数をつくる。ここで使う λ という係数は、これから計算してその値を決めるものなので「未定乗数」と呼ばれる。一定の条件の下では[12]、条件付最大化の解は

$$\begin{cases} \dfrac{\partial L}{\partial x_1} = 0 \\ \quad\vdots \\ \dfrac{\partial L}{\partial x_N} = 0 \end{cases} \tag{10}$$

で決まることがわかっている。これらの N 個の式と制約式 $g(x_1, \cdots, x_N) = 0$ を合わせると $N+1$ 本の式があり、これから $N+1$ 個の未知数 $x_1, \cdots, x_N, \lambda$ が決まるのである。こうしたやり方で条件付最大化問題を一般的に解く方法を、ラグランジュの未定乗数法という。より詳しい説明を見たい人は、補論 B を参照されたい。

このやり方で、われわれが導いた最適消費の条件が確かに出ることを確認しておこう。効用関数 $u(x_1, \cdots, x_N)$ を、制約条件 $I - p_1 x_1 - \cdots - p_N x_N = 0$ の下で最大化するために、

$$L = u + \lambda (I - p_1 x_1 - \cdots - p_N x_N)$$

という新しい関数をつくり、(10)を計算すると、

---

[12] われわれが仮定しているように「無差別曲線の上側が凸集合」で、消費量がゼロの財がないならば、最適解は必ず以下に述べる条件を満たすことがわかっている。

$$\begin{cases} \dfrac{\partial L}{\partial x_1} = \dfrac{\partial u}{\partial x_1} - \lambda p_1 = 0 \\ \qquad \vdots \\ \dfrac{\partial L}{\partial x_N} = \dfrac{\partial u}{\partial x_N} - \lambda p_N = 0 \end{cases}$$

となり、確かにわれわれが導いた最適消費の条件(9)が出るのである。

効用最大化の計算例については、第1章の最後でわかりやすく解説することにする（例題ゼミナール1）。

1.6 最適消費の性質

最適消費計画 x^* は、価格体系 p や所得 I に依存して決まる。この関係を $x^* = x(p, I)$ と表し、$x(p, I)$ を本書では需要関数と呼ぶことにしよう。では、価格体系 p や所得 I が変わると、消費はどのように変化するだろうか。

まず、**所得の変化**を見てみよう。所得が増えると、より多くのものが買えるようになるため、予算線が右上に移動する。予算線の傾きは価格の比率なので、価格が変わらないなら新しい予算線ともとの予算線の傾きは同じである。つまり、予算が増えると予算線は**右上に平行移動**するわけである。このときの最適消費（無差別曲線と予算線が接する点）の変化を描いたのが図1.18である。

図1.18では、第1財の消費量は、所得が増えたことによって増加している。このように、所得が増えると消費量が増える財を、正常財または上級財という。しかし、世の中のものはすべて上級財とは限らない。場合によっては図1.19のように、所得が増えると消費量が減るものもある。

所得が増えると消費量が減る財を、下級財という。多くの人にとって、ビールを模した発泡酒は下級財で、ビールは上級財であろう（所得が増えれば発泡酒をやめてビールにする）。

つぎに、**価格の変化**を見てみよう。第1財の価格が上昇したら、予算線はどうなるかは、以下の2点に注目するとわかりやすい。

・予算線の傾きは価格の比率 p_1/p_2 なので、価格 p_1 が上昇すると予算線の**傾きが急になる**。

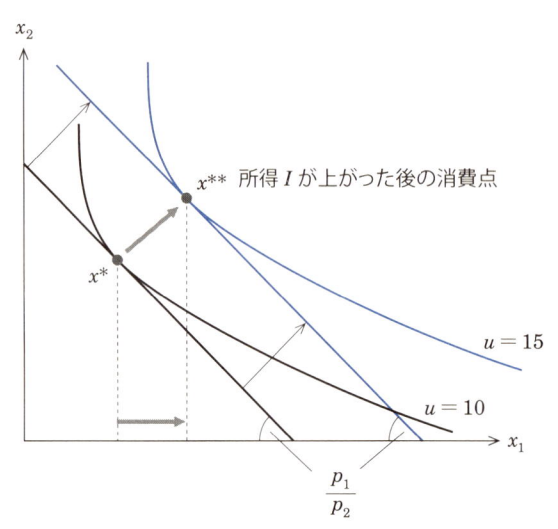

図1.18　所得の変化と消費の変化

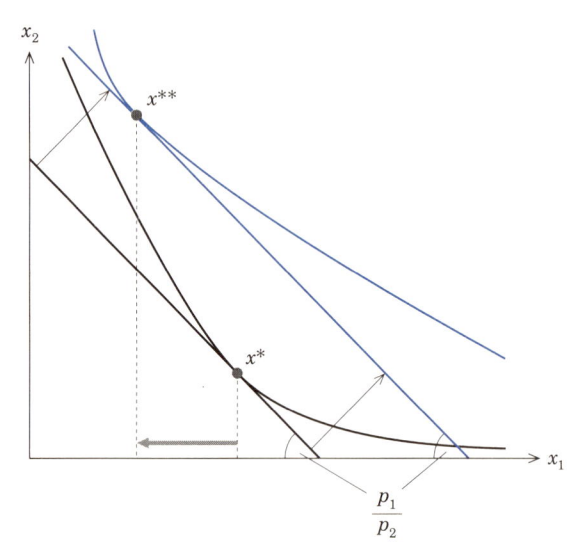

図1.19　第1財が下級財であるケース

・また、予算線が縦軸と交わる点は、「所得 I すべてを使って買える第2財の量」を表す。これは I/p_2 なので、第1財の価格 p_1 が動いても変化しない。したがって、第1財の価格が上昇しても、予算線が**縦軸と交わる点は変化し**

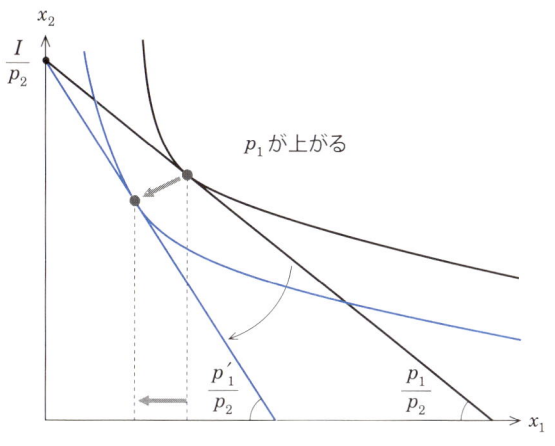

図1.20　価格の変化と消費点の変化

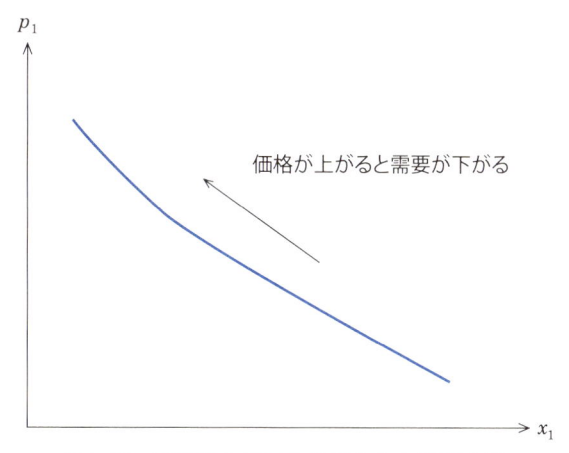

図1.21　無差別曲線図から導かれた需要曲線

ない。

　以上のことを使って第1財の価格 p_1 が上がったときの予算線の変化を描き、最適消費点の変化を描いたのが図1.20である。

　この図の場合、第1財の消費量は下がっている。このようにして、第1財の価格がさまざまに変わったときの第1財の最適消費量を、無差別曲線を使った図（つまり効用の最大化）から求めることができる。両者の関係を描いたグラフが、高校の教科書でおなじみの（第1財の）**需要曲線**である（図1.21）。

このように「**無差別曲線から需要曲線を導出する**」「**効用最大化から需要曲線を導出する**」ことが、消費者理論の大きな目的である。もっぱら需要曲線を使って議論を進める高校教科書や初級の経済学教科書と違って、(中・上級の)ミクロ経済学では、市場で観察されるこうした需要曲線の背後で消費者がどのように意思決定を行っているのか、そしてまた市場取引の結果消費者がどれだけ得をするのかを、消費者の最適化行動から明らかにするのである。

さて、図1.21では第1財の価格が上がれば第1財の需要は下がった。ある財の価格が上がると、その財の需要が減ることは需要法則と呼ばれ、ほとんどの財ではこれが成り立っている。しかし、実は消費者の最適化行動からこのことが必ず出てくるわけではない。図1.22のように、価格が上がればかえって需要が増える例を作ることができる。

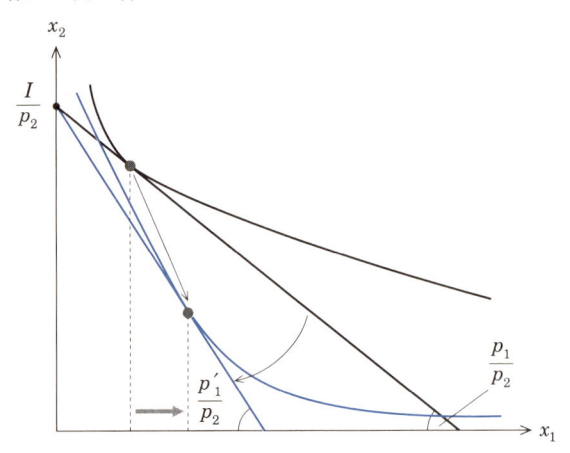

図1.22 価格が上がるとかえって需要が増えるケース

このように、価格が上がると需要が上がる財を、ギッフェン財ということがある。

コメント 1.10 **ヴィトンのバッグはギッフェン財か？**：何十万円もするブランド物のバッグは、値段が高いからこそ価値があります。何十万円もするからこそ人に自慢できるのであって、これが5千円くらいだったらかえって売れないでしょう。こうしてみると、世の中のブランド物はギッフェン財のような気がしますが、正確に言うとこれはまちがいです。

いま、第1財をヴィトンのバッグだとして、これが「高いからかえって売れる」のは、図1.22のような事情によるものかどうかを考えてみましょう。ヴィトンのバッグ（第1財）は「値段が高いからこそ価値がある」ので、消費者の効用を見ると、

$$u = u(x_1, x_2, p_1)$$

というふうに、効用が価格に直接依存していることになります。同じ量のヴィトンのバッグ x_1 から得られる満足が、その価格 p_1 によって変わるわけです。つまり、ブランド物が高いからかえってたくさん売れるのは、無差別曲線が図1.22のようになっているからではなく、効用関数に価格が入っているからなのです。

ギッフェン財とは、効用が価格に依存していなくても、なおかつ需要曲線が右上がりになるもののことであり、理論的にはありえるけれども、実際にはあまり観察されたことがないと言われています。

附論　無差別曲線は原点に向かって凸であると考えてよいか

ミクロ経済学を学んで違和感を感じることの一つは、無差別曲線が原点に向かって凸の形をしているという仮定であろう。なにか、**無理な仮定をおいて強引に議論を進めている**ように思えてならない。1.2節で見たように、無差別曲線が原点に向かって凸であるというのは、「たくさんあるもののありがたみは薄れる」という、わりともっともらしい経験則を表したもの（限界代替率逓減の法則）であるが、これが「いつでも」成り立っているかどうかは怪しいように思われる。そこで、この仮定を、ここできちんと詳しく検討しておこう。

もし、無差別曲線が原点に向かって凸でないと何が起こるであろうか。このような場合の最適消費が、第1財の価格の変化に従ってどう変わるかを表したのが図1.23である。この図から、第1財の需要曲線を描いてみると、図1.24のようにある点で需要がジャンプすることになる。

需要がジャンプする価格は、図1.23の(b)のような状態をもたらす価格である。逆に言うと、ミクロ経済学の「**無差別曲線が原点に向かって凸である**」**という仮定は、わずかに価格が変わったときに需要が不連続にジャンプしたりしない、ということを保証するものなのである。**もし、価格がわずかに変わっただけで需要が大きくジャンプするようなことが現実問題において重要

p_1 が下がると…

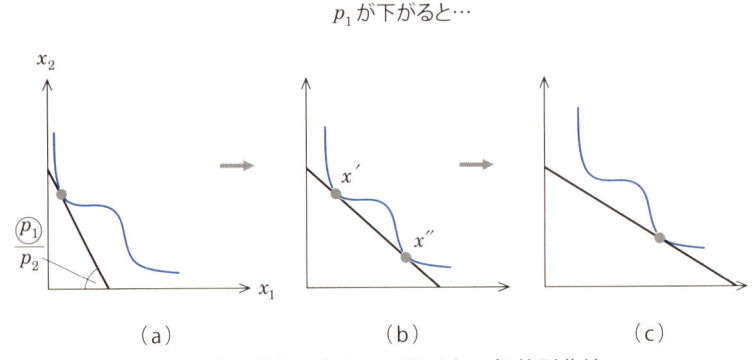

(a) (b) (c)

図1.23 原点に向かって凸でない無差別曲線

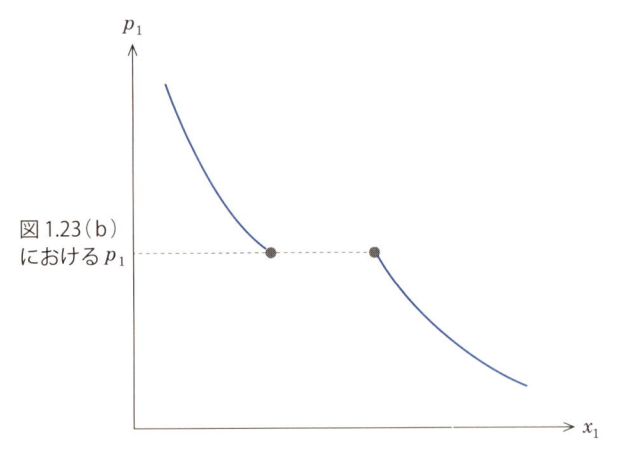

図1.24 無差別曲線が原点に向かって凸でないと、需要がジャンプする

で、非常にしばしば観察されるなら、そのような状況を表現する「原点に向かって凸でない無差別曲線」を考える必要があるだろう。そうではなくて、価格がわずかに変わっても通常は需要は大きくジャンプしないのならば、原点に向かって凸な無差別曲線を使ったモデルで現実をおおむね描写できることになる。

こう言われても、なにかまだだまされているような気分が残るかもしれない（私には残りますね）。そこで、さらに詳しく考えてみよう。図1.23で見た消費者の無差別曲線を、原点に向かって凸になるように修正したモデルを考えると、需要はどう変わるであろうか。これを示したのが図1.25である。

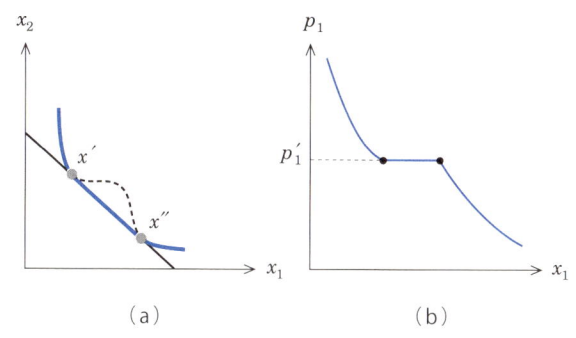

図1.25　無差別曲線を原点に向かって凸になるように修正した場合

これからわかるように、**無差別曲線が原点に向かって凸になるように修正したモデルの需要曲線は、真の需要曲線とほとんど同じである**。違いは、需要がジャンプするところが、直線でつながっただけである。これは、図1.25（a）のx'とx''の間がすべて最適消費であることから来る。需要がジャンプする価格水準は全体の中でごくわずかなことに注意すれば、原点に向かって凸である無差別曲線をもつモデルで、現実のほとんどのケースがうまく表現できるのである。

このようにきちんと考えてみると、「無差別曲線は原点に向かっていつでも凸である保証はないが、原点に向かって凸の無差別曲線を使ったモデルで現実を十分よく表現できる」ことがわかるだろう。

1.7　代替と補完の程度を測る分析道具：補償需要関数

1.2節で無差別曲線を説明したときに引き合いに出した、完全代替財と完全補完財を思い出してみよう。完全代替財とは、ビールの銘柄にこだわらない人にとってのキリンとアサヒのように、その人にとって全く同じ財とみなせるものであり、その無差別曲線は直線であった。また、完全補完財とは、コンタクトレンズの右と左のように、必ず一定の割合（コンタクトレンズの場合1対1）で消費しなければならないもので、その無差別曲線はL字型をしていた。現実の多くの財はこの中間であり、無差別曲線が曲がっていれば補完性が強く、無差別曲線があまり曲がっていなければ代替性が高いはずである（図1.26）。

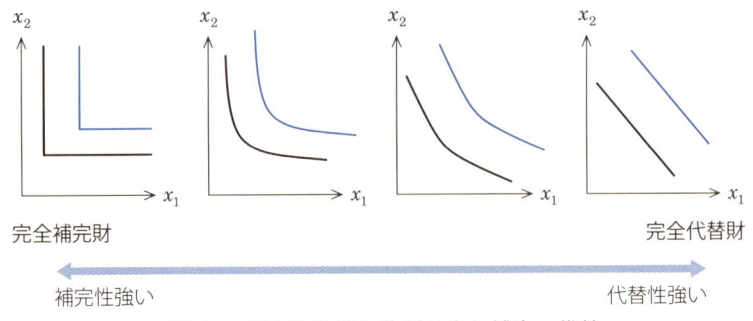

図1.26　無差別曲線の曲がり方と補完・代替

（左から）完全補完財　←補完性強い　　代替性強い→　完全代替財

　このことから考えると、われわれがさまざまな財の**代替性**や**補完性**として（なんとなく）**認識しているものは、実は無差別曲線の曲がり方に関係している**ものと思われる。それでは、無差別曲線の曲がり具合をどのように測ったらよいであろうか？　数学の本に書いてある「曲率」のようなものを使うこともできるかもしれないが、もうすこし経済学的な意味をもった概念で曲がり具合を表したほうがよい。そのようなものとして役に立つのが

「一定の効用を達成する、最も安上がりな消費計画」

で、これを補償需要（関数）と呼ぶ。これがなぜ無差別曲線の曲がり具合（代替と補完の程度）を測るのに役立つのかは、ぱっと定義を見ただけではぜんぜんわからないと思うので、これから詳しく説明することにする。

　数式で書くと、補償需要関数 $\bar{x}(p, u)$ は、つぎの支出最小化問題の解のことである。

$$\min_{x} px$$
$$\text{s.t.} \quad u(x) = u$$

これは、一定の効用 u を与えるさまざまな消費計画 x の中で、支出額 $px = p_1 x_1 + \cdots + p_N x_N$ を最小化するものを見つけよ、ということである。

　財が二つの場合について、図解を使ってこの問題を解いてみよう。支出額が一定（$=c$）であるようなさまざまな消費計画 (x_1, x_2) は

$$p_1 x_1 + p_2 x_2 = c$$

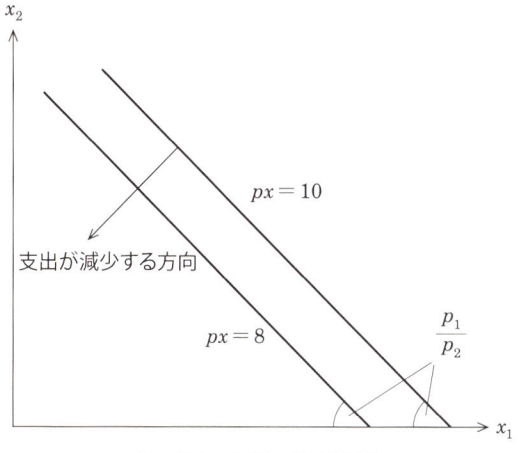

図1.27 支出一定の直線

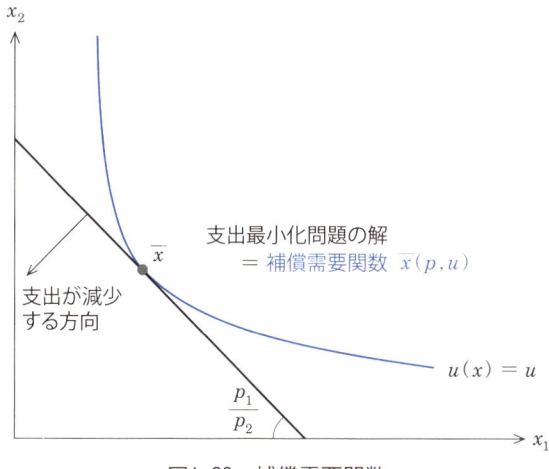

図1.28 補償需要関数

を満たす。これをグラフにしてみると、傾きが価格比 p_1/p_2 の右下がりの直線になる（図1.27）。

図の左下に行くほど、つまり二つの財の消費量を減らすほど、支出額は下がる。このことを使うと、費用最小化問題の解 $\bar{x}$ は図1.28のようにして決まることになる。

このようにして決まる費用最小点 $\bar{x}$ は、達成すべき効用 u と価格体系 p に依存する。両者の関係を $\bar{x}=\bar{x}(p,u)$ と書き、$\bar{x}(p,u)$ を補償需要関数と呼ぶの

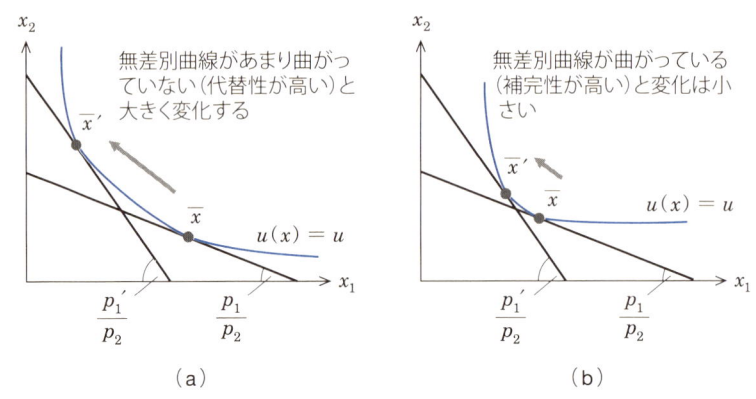

図1.29 価格変化に対する補償需要の反応

(a) 無差別曲線があまり曲がっていない（代替性が高い）と大きく変化する

(b) 無差別曲線が曲がっている（補完性が高い）と変化は小さい

である。

　無差別曲線の曲がり具合は、この補償需要関数が価格の変化に対してどのように反応するかで測ることができる。図1.29(a)は無差別曲線があまり曲がっていない（代替性が強い）ケースであり、価格がわずかに変化しただけで補償需要は大きく動く。一方、図1.29(b)では無差別曲線がかなり曲がっており（補完性が強いケース）、こうした場合は価格が変わっても補償需要はあまり変化しない。

　以上のことから、一定の効用を達成する最も安上がりな消費（補償需要）が価格にどう反応するかを見ると、無差別曲線の曲がり具合＝財の間の代替・補完関係を知ることができる、ということが理解できただろう。「補償需要が価格にどう反応するか」は、価格がわずかに変化したときの補償需要の変化を表す（偏）微分

$$\frac{\partial \bar{x}_i}{\partial p_j}$$

で表すことができるので、結局ミクロ経済学ではこれを使って代替・補完を定義するのである[13]。

---

[13] 財が二つの場合、代替・補完の関係を表すのは $\frac{\partial \bar{x}_i}{\partial p_j}$ の大きさであるが、多数の財がある場合は $\frac{\partial \bar{x}_i}{\partial p_j}$ の符号が代替・補完の関係を表すことになる。詳しいことは以下で説明する。

さて、図1.29の矢印は、第1財の価格が上がったときの補償需要の変化の方向を表している。この図からわかる通り、財の数が二つだと、第1財の価格が上がれば第1財の補償需要は減少する。このことは、財の数がもっと多い場合も同様に成り立つのだろうか。たとえば、財が三つなら、図1.29の図を3次元の空間で考える必要があり、そのときの図がどうなっているかを考えるのはちょっと面倒だ。さらに、財の数がもっと多いと、図を使って考えることはもはやできない。すると、多数の財があるときに

「ある財の価格が上がると、その財の補償需要は減少する（より正確には、増加しない）」………………………………………………………………………(☆)

ということを論証するのは、たいへん難しい問題であるように見える。しかし、うまい見方をすれば、このことはいたって簡単に証明できるのである。

(☆)を証明する：

いま、財の数はいくつでもよいとしてみよう。そして、二つの価格体系 p^0 と p^1 を考え（p^0 と p^1 はなんでもよい）、それぞれの下で効用 u を達成する最も安上がりな消費計画が $\bar{x}^0$ と $\bar{x}^1$ であったとしよう。

価格体系	p^0	p^1
	↓	↓
補償需要	$\bar{x}^0$	$\bar{x}^1$

（最も安上がりに一定の効用 u を達成する方法）

$\bar{x}^0$ と $\bar{x}^1$ のどちらも同じ効用 u を達成するものだということに注意しておこう。いま、p^1 の下で一定の効用 u を達成することを考えよう。もしも、

$$p^1 \bar{x}^1 > p^1 \bar{x}^0$$

ならば、効用 u を p^1 の下で達成するには、$\bar{x}^1$ ではなくて $\bar{x}^0$ を選んだほうが安上がりであることになってしまう。これではおかしいので、「効用 u を p^1 の下で最も安上がりに達成する消費計画が $\bar{x}^1$ である」ならば、

$$p^1 \bar{x}^1 \leq p^1 \bar{x}^0 \tag{11}$$

が成り立っていなくてはならない。わかってしまえば簡単なことだが、飲み込むのに時間がかかる人が多いところなので、上の説明をもう一度読んでよく理解してほしい。（本を閉じて、式を書いて自分で自分に説明してみるとよい。これができればOKです！）

まったく同じ理由によって、価格体系 p^0 の下では、

$$p^0 \bar{x}^1 \geq p^0 \bar{x}^0 \tag{12}$$

が成り立つ。これらの二つの不等式(11)と(12)を辺々差し引くと、

・もともと左辺のほうが小さかった(11)の左辺から、

・より大きな(12)の左辺を引くことになるので、

結果として左辺のほうがますます小さい

$$(p^1 - p^0)\bar{x}^1 \leq (p^1 - p^0)\bar{x}^0$$

という不等式を得る。これから、

$$(p^1 - p^0)(\bar{x}^1 - \bar{x}^0) \leq 0 \tag{13}$$

という、**たいへん重要な関係式**が得られる。ここで、価格体系とは $p = (p_1, \cdots, p_N)$、消費計画とは $x = (x_1, \cdots, x_N)$ であって、px というのは二つの数のかけ算ではなく $px = p_1 x_1 + \cdots + p_N x_N$ のことであったことを思い出そう。このことを使って上の不等式(13)をていねいに書きなおすと、

$$(p_1^1 - p_1^0)(\bar{x}_1^1 - \bar{x}_1^0) + \cdots + (p_N^1 - p_N^0)(\bar{x}_N^1 - \bar{x}_N^0) \leq 0$$

となる。いま、p^0 から出発して、第 i 財の価格だけが上がった状態が p^1 であったとしよう。すると、上の不等式の左辺の i 番目以外の項はゼロとなって、

$$(p_i^1 - p_i^0)(\bar{x}_i^1 - \bar{x}_i^0) \leq 0 \tag{14}$$

　　　　　　　　↑　　　↑
　　　　　　　プラス　マイナス
　　　　　　　　　　　またはゼロ

となる。つまり、第 i 財の価格が上がると、その財の補償需要は下がる（$(\bar{x}_i^1 - \bar{x}_i^0) < 0$）か、または一定（$(\bar{x}_i^1 - \bar{x}_i^0) = 0$）であることが証明できた。

(14)式の意味するところ（i 財の価格が上がると、その財の補償需要は下がるか、一定であるかのどちらかである）を微分を使って言いかえると

$$\frac{\partial \bar{x}_i}{\partial p_i} \leq 0 \tag{15}$$

自己代替効果は非正である

となる[14]。「ある財の補償需要は、その財の価格が上がると、決して上がることはない」という重要な事実（(14)と(15)）のことを、「**自己代替効果は非正である**」ということにしよう[15]。

このことをもとにして、財の代替と補完を定義してみよう。以下では、財の価格が上がるとその財の補償需要が下がるケース（$\frac{\partial \bar{x}_i}{\partial p_i} < 0$）をまず考える。定義の意味を理解するために、簡単な例から出発しよう。

例 1.5 スパゲッティ（第 1 財）、ミートソース（第 2 財）、パン（第 3 財）の三つの財しかないときの補償需要（一定の効用を達成する最も安上がりな消費）を考えよう。いま、スパゲッティの価格が上がったとすると、自己代替効果は非正なので、スパゲッティの補償需要は上がることはない。とくに、これが下がるケースを考えると、**一定の効用を保つにはミートソースかパンのどちらかの消費を上げる必要がある**。この場合、ミートソースの消費はスパゲッティの消費とともに減少し（$\frac{\partial \bar{x}_2}{\partial p_1} < 0$）、パンの消費が上がる（$\frac{\partial \bar{x}_3}{\partial p_1} > 0$）と考えるのが自然だろう。このとき、スパゲッティとミートソースは**補完財**で、スパゲッティとパンは**代替財**であるという。

---

[14] 数学的には、$\Delta p_i = p_i^1 - p_i^0$, $\Delta \bar{x}_i = \bar{x}_i^1 - \bar{x}_i^0$ とすれば、(14)より

$$\frac{\Delta \bar{x}_i}{\Delta p_i} \leq 0$$

なので、$\Delta p_i \to 0$ とすれば(15)を得る。

[15] ある財の需要関数は、その財の価格が上がるとかえって上がる可能性があることを前の節で見た（ギッフェン財）。しかし、一定の効用を達成する最も安上がりな消費量を表す補償需要関数では、このようなことは起こらないのである。

以上のことをまとめてみよう。一定の効用を最も安上がりに達成する消費計画を補償需要といい、これを $\bar{x}=(\bar{x}_1,\cdots,\bar{x}_N)$ と書く。ある財（第 i 財）の価格が上がると、その財の補償需要 $\bar{x}_i$ は下がるか、一定であるかのどちらかであることがわかっている。通常はこれが下がる場合（$\frac{\partial \bar{x}_i}{\partial p_i}<0$ のとき）が多く、このときの代替財と補完財はつぎのように定義される。

代替財と補完財の定義

（自己代替効果が負 $\frac{\partial \bar{x}_i}{\partial p_i}<0$ のとき）

$\bar{x}_i(p,u)$ を補償需要関数として、

$$\frac{\partial \bar{x}_j}{\partial p_i}<0 \quad \text{なら第 i 財と第 j 財は}\textbf{補完財}$$

$$\frac{\partial \bar{x}_j}{\partial p_i}>0 \quad \text{なら第 i 財と第 j 財は}\textbf{代替財}$$

コメント 1.11 **財が二つのときの補完財**：財が二つのときの完全補完財のケース（コンタクトレンズの右と左）は、上の定義には含まれていません。このケースでは無差別曲線がL字型をして角ばっているせいで、第1財（右レンズ）の価格が上がっても「一定の効用を達成する最も安上がりな点」（補償需要）は変化しないからです。より詳しく言うと、第1財の補償需要が変わらないので、自己代替効果がゼロのケース（$\frac{\partial \bar{x}_i}{\partial p_i}=0$）にあたり、さらに第2財（左レンズ）の補償需要も変わらないケースにあたります。一般に、「第 i 財の価格が変わったとき、第 i 財の補償需要と**同じ方向に変化するものを補完財**」というのが自然なので、**自己代替効果がゼロのとき**（$\frac{\partial \bar{x}_i}{\partial p_i}=0$）**には**、$\frac{\partial \bar{x}_j}{\partial p_i}=0$ **となるような財 j を i 財の補完財**と呼ぶことにすれば、財が二つのときも含めた補完財の定義ができます。

1.8 支出関数

与えられた価格体系 p の下で、一定の効用 u を達成する最も安上がりな消費計画（支出最小化問題の解）が補償需要関数 $\bar{x}(p,u)$ なのだから、$p\bar{x}(p,u)$

は「価格体系 p の下で、効用 u を達成するために最低限必要な金額」である。これを、

$$I(p, u) = p\bar{x}(p, u)$$

と書いて、(最小)支出関数と呼ぶ。

支出関数の性質を詳しく調べる前に、これがどんな経済問題を考える上で役に立つかを見てみよう。

事例1.2　TPPと農家への所得補償：TPP（環太平洋戦略的経済連携協定）への参加を見据えて、日本政府は農家への直接補償を検討しています。TPPは参加国が農産品の関税を撤廃すること（農産物の自由化）をうたっており、自由化がされれば農産物の価格は大幅に下がり、消費者は利益を得るが、国内農家は損害を受けます。では、消費者が、農家に支払ってもよいと考える補償金は最大限でいくらでしょうか？

いま、自由化前の価格体系を p とし、ある消費者の自由化前の効用水準を u として、農産物の価格が自由化によって下落することにより、この消費者の支出関数 $I(p, u)$ の値が8万円下がったとしましょう。これは、農産物の価格が自由化により下がるので、この消費者は「自由化した後8万円を支払っても、自由化前と同じ効用を得られる」ということを意味します。つまり、この消費者が農家に支払う補償金が8万円未満なら、この消費者は補償金を支払ってもなお自由化の利益を享受できることになります。

この例が示すように、**支出関数は価格の下落や上昇が消費者にもたらす利益や損害を金額で表すものであり**、国民の経済厚生を考える上で重要な役割を果たす。ただ、一つの問題は、効用水準 u というものは通常観察できないので、$I(p, u)$ をなんらかの観察できるものと関係付けなければ、これを実際に活用するのは難しくなる。これから本節と次の1.9節（a）項で数学のモデルを使った議論が展開されるが、これは**支出関数を観測できる消費量と関係付ける**ための重要なステップなのである。そのために、価格が変わると支出関数 $I(p, u)$ がどう変化するかを調べてみよう。

価格が変化すると支出関数 $I(p,u)$ はどう変わるか：

いま、価格体系を一つとってきて、これを p^0 と呼ぼう（p^0 は何でもよい）。このとき、効用水準 u を達成するための支出関数は、定義によって

$$I(p^0, u) = p^0 \bar{x}(p^0, u) \tag{16}$$

である。また、p^0 とは異なるどんな価格体系 p についても、

$$I(p, u) \leq p\bar{x}(p^0, u) \tag{17}$$

となる。これは、支出関数の定義から成り立つ式で、その理由を説明するとつぎのようになる。定義を思い出してみると、$\bar{x}(p^0, u)$ は**価格 p^0 の下**で効用 u を達成する最も安上がりなやり方であったので、**価格が p に変わった後では**、もっと安上がりに u を達成する別の方法があるかもしれない。そのようなもの（つまり新しい価格 p の下で最も安上がりな消費）をしたときの支出額が $I(p,u)$ なので、(17)が成り立つ。

これからわかることはつぎのようなことである。一定の効用水準 u を達成する最も安上がりな消費計画は、価格が変わると変化する。これに従い、価格に応じて消費パターンをうまく変化させた時の支出額が $I(p, u)$ である。一方、価格 p が変化しても消費パターンを変えず、効用 u を達成する一つのやり方である $\bar{x}(p^0, u)$ をがんこに取り続けた時の支出額が $p\bar{x}(p^0, u)$ である。当然前者は後者より小さい（式(17)）。ただし、価格が p^0 であるときには、$\bar{x}(p^0, u)$ が効用 u を達成する一番安上がりなやり方であるので、両者は一致するのである（式(16)）。

いま、第1財の価格だけが p_1^0 から p_1 に変化した状態が p であると考えて、これらのことを図示してみよう。横軸に新たに変化したあとの価格 p_1 を取り、縦軸に支出額を取って、まず(17)の右辺（つまり、「$\bar{x}(p^0, u)$ をがんこに取り続けた時の支出額」$= p\bar{x}(p^0, u)$）のグラフを描いてみよう。ここで

$$p\bar{x}(p^0, u)$$
$$= p_1 \underbrace{\bar{x}_1(p^0, u)}_{\text{傾き}}$$
$$+ \underbrace{p_2^0 \bar{x}_2(p^0, u) + \cdots + p_N^0 \bar{x}_N(p^0, u)}_{p_1 \text{とは無関係な部分（定数）}}$$

であることに注意しよう。つまり、「がんこな支出額」=$p\bar{x}(p^0,u)$は、よく見ると

$$「がんこな支出額」=(傾き)p_1+(定数)$$

という簡単な直線を表す式になっており、その傾きが補償需要$\bar{x}_1(p^0,u)$なのである。これをグラフにしたのが図1.30の直線Lである。

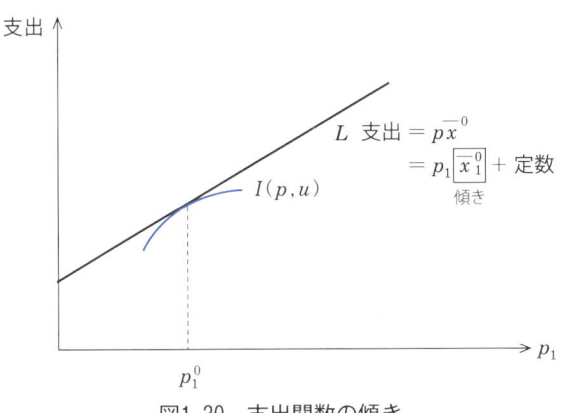

図1.30 支出関数の傾き

一方、支出関数$I(p,u)$の動きを見ると、(16)からp_1^0では直線L（支出$=p\bar{x}(p^0,u)$）と同じ点を通り、(17)からそれ以外のp_1では直線Lの下に来る。つまり、**支出関数Iのグラフはp_1^0で直線L（支出$=p\bar{x}(p^0,u)$）と接している**。これから、

$$I(p,u) のグラフの接線の傾き = L の傾き = \bar{x}_1(p^0,u)$$

である。グラフの接線の傾きは（偏）微分なのだから、上の関係から

$$\frac{\partial I(p^0,u)}{\partial p_1} = \bar{x}_1(p^0,u) \tag{†}$$

となることがわかった。

上の式(†)は、第1財に限らずすべての財と、すべての点p^0で成り立つので、上の議論をまとめると、

$$\underset{\substack{\text{支出関数の第}i\text{財の}\\\text{価格での微分}}}{\frac{\partial I(p,u)}{\partial p_i}} = \underset{\text{第}i\text{財の補償需要}}{\bar{x}_i(p,u)} \tag{18}$$

となる。「支出関数を価格で微分すると、補償需要量が出る」というこの事実を、シェファードの補題という。これが、直接観察しがたい支出関数と観察できる需要行動をつなぐ第一歩となる。続く1.9節では、上の関係式の右辺を現実の需要と関係付けることにする。

1.9 所得効果と代替効果

　この節で、いよいよ消費理論で最も大切なことを説明する。これまで補償需要関数・代替と補完の関係・支出関数などを学んできたのは、実はこれから説明する「所得効果」と「代替効果」を理解するための準備だったのである。

　消費者がどんなものを買うかを理解するカギは、ある財の価格が上がったときにその財の消費にどのような影響があるかを正しく理解することである。ある財の価格が上がると、その財の代わりになるような代替財に消費の乗り換えが起こる。密接な代替財があるほど、この効果が大きい。例えばビールの値段が上がると、密接な代替財である発泡酒へ乗り換えが起こるであろう。このような効果を「代替効果」といい、その性質を調べるのには、これまで苦労して学んできた代替・補完関係を表す補償需要関数が役に立つ。

　一方で、ある財の価格が上がると買えるものが減るので、自分が貧乏になった気分がする。言い換えると、価格が上がると、所得の金額が変わらなくても実質的に所得が目減りしている（所得で買えるものが減る）わけである。したがって、ある財の価格が上がったときには、所得が実質的に目減りすることによる効果がその財の消費に及ぼされる。これを、「所得効果」という。さまざまな財の需要量が価格にどう反応するかを理解するには、この「所得効果」と「代替効果」に分けて考えることが大変役に立つのである。

　以下では、まずいくつかの準備（（a）（b）項）をして、（c）項でいよいよ所得効果と代替効果とは何かを説明しよう。

（a）消費の二面性

　まず、図1.31を見てほしい。これは何の図に見えるだろうか。無論これは効用最大化による最適消費を表す図に見える。しかし、1.7節を思い出してみると、これは一定の効用を達成するものの中で、最も安上がりな消費点を

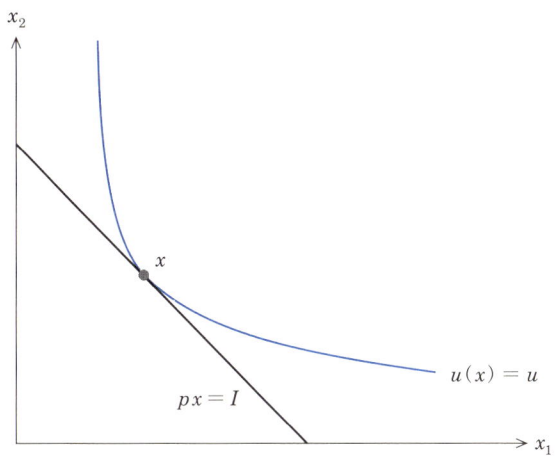

図1.31　消費の二面性（双対性）

見つける図にも見えるだろう。つまり、消費者が合理的に行動していると、現実の消費（図の x）は、つぎのように二通りに解釈できるのである。いま、ある時点（これをここでは「現在」と呼ぼう）の所得、価格、効用を I, p, u と書くと、

$$x(p, I) = x = \bar{x}(p, u) \tag{19}$$

現在の所得 I と価　　現在の消費　　現在の効用 u を
格 p の下で効用を　　　　　　　　　現在の価格 p の下で
最大にするやり方　　　　　　　　　最も安上がりに
　　　　　　　　　　　　　　　　　達成するやり方

消費の二面性（双対性）

が成り立つ。このように、**現実の消費が、効用最大化問題の解と見ることもできるし、支出最小化問題の解と見ることもできる**ことを、**双対性**（そうつい）という。

（b）価格の上昇による所得の実質的な減少

いま、第 i 財の値上げ前の消費量を x_i、値上げ前の効用を u としよう。第 i 財の価格がわずかに上がったとき、値上げ前と同じ効用 u を維持するには、いったいいくら必要だろうか？　1.8節で取り上げたシェファードの補題と（a）項でみた消費の二面性を組み合わせると、このために必要な金額はつぎのようになることがわかる。

$$\frac{\partial I(p, u)}{\partial p_i} = x_i \tag{20}$$

第 i 財の価格がわずかに上がると、前と同じ効用 u を維持するのにいくら余計にお金が必要か　　値上げ前の第 i 財の消費量

これが成り立つ理由はつぎの二つである。

・シェファードの補題(18)により、上の式の左辺は補償需要 $\bar{x}_i(p, u)$ に等しい
・さらに、(a)項で説明した消費の二面性により、(値上げ前の価格と効用の下での)補償需要 $\bar{x}_i(p, u)$ は値上げ前の現実の消費 x_i に等しい。

　上の式(20)を見ると、**左辺は金額なのに、右辺は消費量なのが奇異**に思われるかもしれないが、これはこの式をつぎのように書き換えればわかりやすい。いま、第 i 財の値段が Δp_i だけ上がったとしよう。式(20)が意味するところは、この値段の上昇がわずかなら、値上げ前の効用を維持するのに必要な追加的な金額 ΔI は、ほぼ $\Delta I / \Delta p_i = x_i$、つまり、つぎのようになる、ということである。

第 i 財の値上がり p_i が小さいと、ほぼつぎのことが成り立つ。

$$\Delta I = x_i \Delta p_i \tag{21}$$

第 i 財の価格が上がった後で、前と同じ効用 u を維持するのにいくら余計にお金が必要か　　(値上げ前の第 i 財の消費量) × (第 i 財がいくら値上がりしたか)

つまり、**財が値上がりすると、実質的に所得が目減りする**わけであるが、**この所得の目減りが $x_i \Delta p_i$ である**と考えることができるわけである。

> **例1.6** ビールを月に4本飲んでいる人がおり ($x_i = 4$)、いまビール1本当たり10円値上げした ($\Delta p_i = 10$円) とすると、この人が値上げ前の効用を維持するには、ほぼ
>
> $$x_i \Delta p_i = 4 \times 10 = 40 \text{円}$$
>
> 余計にお金が必要である、ということが(21)の意味である。40円余計にお金をもらえば、値上げ後にも前と同じ消費ができる(ビールを前と同じ4本飲

める)。したがって、40円もらえば、少なくとも前と同じ効用は達成できるのである。さらに、

「いまや10円高くなったビールを飲む量を減らして、他のものに乗り換えると、もっと効用が上がるかもしれない」

(追加的効果(*))

という可能性がある。すると、40円もらったら「前よりもわずかに高い」効用を達成することができるかもしれず、したがって「前とぴったり同じ」効用を達成するのに必要な金額は40円よりわずかに低くなる可能性もある。しかし、(20)式や(21)式が示すのは、ビールの値上げ幅($\Delta p_i = 10$円)が小さいと、このような追加的効果(*)は小さく、ほぼ無視してもよい、ということである。

(c) 価格変化と需要の変化 (スルツキー分解)

以上のことを使って、価格の変化に需要がどう反応するかを、詳しく分析してみよう。(a)項で学んだ消費の二面性を今一度詳しく見てみよう。いま、現在の所得、価格、効用を I, p, u と書くと、

$$\bar{x}(p, u) \quad = \quad x \quad = \quad x(p, I)$$

現在の効用 u を現在の　　　　現実の消費　　　　現在の所得 I と価格 p の
価格 p の下で最も安上　　　　　　　　　　　　　下で効用を最大にするや
がりに達成するやり方　　　　　　　　　　　　　　り方

というのが、消費の二面性 (双対性) であった ((19))。これを説明する図をもう一度思い出そう (図1.32)。

とくに、この図1.32の消費点 x を支出最小化問題の解とみると、**現在の所得 I は、現在の価格 p の下で現在の効用 u を達成するために最低限必要な金額 ($I = I(p, u)$)** であることがわかる。この関係 $I = I(p, u)$ を上の消費の二面性の関係式に代入すると、

$$\bar{x}(p, u) = x(p, I(p, u)) \tag{22}$$

が成り立つ。とくに、第 i 財の需要量についてみると、

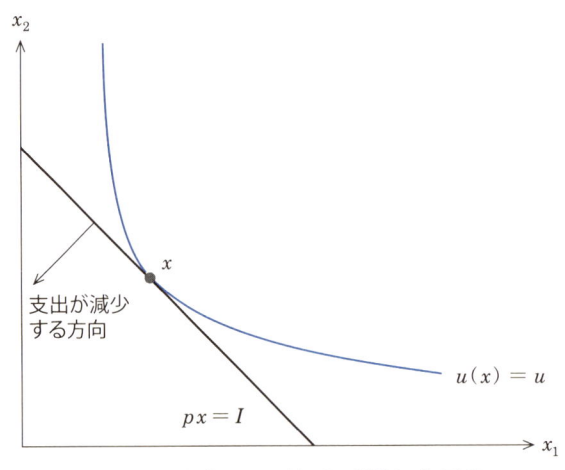

図1.32 消費の二面性（双対性）と所得

$$\bar{x}_i(p,u) = x_i(p, I(p,u)) \tag{23}$$

である。この式の意味するところは、つぎの通りである。いま、ある財の価格が上がったとすると、所得 I が一定のままでは前と同じ効用 u を維持できない。前と同じ効用を維持するためには、価格上昇によって実質的に目減りした所得を価格に応じて上げてやる（補償する）必要がある。この、必要な補償額を与えるのが、支出関数 $I(p,u)$ にほかならない。つまり、上の式(23)が示しているのは、

価格上昇による所得の実質的な目減りを補償するように所得を上げたときの需要量＝補償需要 $\bar{x}_i(p,u)$

ということである。「一定の効用を得る一番安上がりな消費量」である $\bar{x}_i(p,u)$ が、補償需要関数と呼ばれるのは以上のような理由によるのである。

以上の関係を使うと、補償需要の価格に対する反応が簡単に調べられる。上の式(23)は、すべての p について成り立つので、この式の「左辺を p_i で微分したもの」は「右辺を p_i で微分したもの」に等しくなるはずである。そこで、微分を実行してみよう。微分のやり方がわからない人は、つぎのコメント1.12を見てほしい。知っている人はコメントを飛ばしてけっこうである。

1.9節 所得効果と代替効果

コメント 1.12 **微分の公式**：(23)を微分するために使える公式を紹介しよう。いま、$a(y)=x(y,z(y))$ という関数を y で微分することを考えると、つぎの公式が成り立つ。

$$\frac{da}{dy} = \underbrace{\frac{\partial x}{\partial y}}_{\substack{y\text{からの}\\\text{直接効果}}} + \underbrace{\frac{\partial x}{\partial z}\frac{dz}{dy}}_{\substack{z\text{を通じた}\\\text{間接効果}}}$$

つまり、y がちょっと増えたら $a=x(y,z(y))$ がどれだけ増えるか（つまり da/dy）は、y が x を動かす「直接効果」($\partial x/\partial y$) と、まず y が増えるので z が増え (dz/dy)、つぎに z が増えたので x が増える効果 ($\partial x/\partial z$) を合わせた「z を通じた間接効果」($\frac{\partial x}{\partial z}\frac{dz}{dy}$) の合計になるのである。

ここで、y を第 i 財の価格 p_i だと思い、
- z を I と思い
- a を $\bar{x}_i$ だと思う

と、(23)を上の公式に従って微分することができ、その結果がつぎに述べる(24)になることがわかるだろう。

そこで、式(23)を微分すると、

$$\frac{\partial \bar{x}_i}{\partial p_i} = \frac{\partial x_i}{\partial p_i} + \frac{\partial x_i}{\partial I}\frac{\partial I}{\partial p_i} \tag{24}$$

となる。ここで、「価格の上昇による所得の実質的な減少」を検討した本節（b）項で導いた関係式(20)（シェファードの補題による）を思い出すと、$\partial I/\partial p_i = x_i$ となる。これを(24)に代入し、整理するとつぎのようになる。この関係式を**スルツキー分解**という[16]。

---

[16] これは、i 財の価格変化が i 財自身の需要に与える影響を表したものであるが、i 財の需要が別の財（j 財）の価格にどう反応するかをスルツキー分解で表すこともできる。(23)を p_j で偏微分すると、ある財（j）の価格変化が別の財（i）の需要をどう変化させるかを表すスルツキー分解式

$$\frac{\partial x_i}{\partial p_j} = \frac{\partial \bar{x}_i}{\partial p_j} - \frac{\partial x_i}{\partial I}x_j$$

を得る。

$$\underset{\substack{\text{需要が価格に}\\\text{どう反応するか}}}{\frac{\partial x_i}{\partial p_i}} = \underset{\text{代替効果}}{\frac{\partial \bar{x}_i}{\partial p_i}} - \underset{\text{所得効果}}{\frac{\partial x_i}{\partial I} x_i} \tag{25}$$

スルツキー分解

つまり、需要が価格にどう反応するかは、二つの効果に分解できる。一つは、価格が上がったので、最も安上がりに（値上げ前とおなじ）効用を達成する方法が変わる効果で、これをとらえたのが右辺の第1項である補償需要関数の動き $\frac{\partial \bar{x}_i}{\partial p_i}$ である。1.7節で詳しく見たように、補償需要関数が価格にどのように反応するかは、財の間の代替や補完の関係を表すものであった。とくに、価格が上がった財からは、ほかの財への代替が起こるので、$\frac{\partial \bar{x}_i}{\partial p_i}$ は負またはゼロであったことを思い出そう（式(15)＝「自己代替効果は非正」）。この $\frac{\partial \bar{x}_i}{\partial p_i}$ を代替効果とよぶ。**代替効果は必ずマイナスまたはゼロ**である。

　第2の効果は、価格が上がったために実質的に所得が目減りして貧乏になった気分になるための効果である。これを表すのが(25)の右辺第2項で、これを所得効果と呼ぶ。所得効果を理解するには、スルツキー分解をつぎのように書き換えるとわかりやすい。いま、第 i 財が Δp_i だけ値上がりし、それにともなって第 i 財の需要が Δx_i だけ変化したとすると、スルツキー分解は、つぎの式が（Δp_i が小さいなら）ほぼ成り立つことを示している。

$$\Delta x_i = \frac{\partial \bar{x}_i}{\partial p_i} \Delta p_i - \frac{\partial x_i}{\partial I}(x_i \Delta p_i)$$

右辺の第1項が、先に説明した代替効果で、第2項が所得効果に当たる。所得効果の一部を構成する $(x_i \Delta p_i)$ は、第 i 財の値上げによる所得の実質的な目減りを表すものである。つまり、第 i 財をビールだとして、値上げ前にビールを4本飲んでいた（$x_i=4$）人が、ビール1本当たり10円の値上げ（$\Delta p_i=10$）に直面すると、**実質的に所得が** $x_i \Delta p_i=$**40円目減りしたと感じるのである**。これは、（b）項で詳しく説明したことなので、今一度思い出してほ

1.9節 所得効果と代替効果

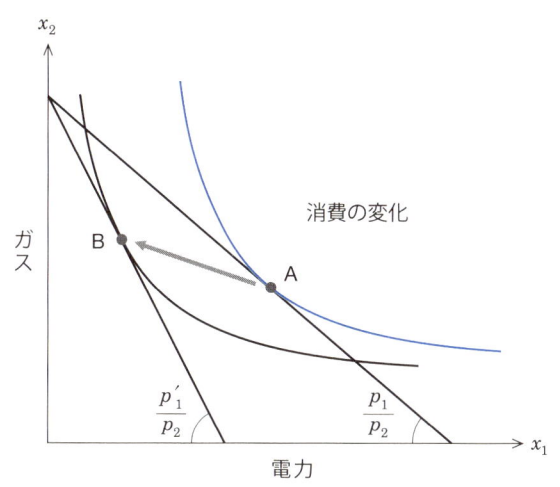

図1.33 電力料金の値上げと消費の変化

しい。所得が目減りしたときに消費が減るのが正常財で、逆に消費が増えるのが下級財であったことから**所得効果**（$-\frac{\partial x_i}{\partial I} x_i$）**は正常財ならマイナス、下級財ならプラス**となる[17]。

つぎに、このスルツキー分解を図で表してみよう[18]。理解を助けるために、つぎのようなストーリーを考えることにする。いま、大地震によって発電所が破壊され、突然電力が足りなくなったとしよう。電力需要を抑制し停電を避けるため、東京電力は大幅な電力料金の値上げに踏み切った。すると、消費点は図1.33のAからBへ変化する。

当然のことながら、値上げによって消費者は損をするので、「発電所の耐震設計が甘かったので値上げせざるをえなくなったのだ。これは政府・東電の責任だから、値上げによる損害を補償してほしい」という声があがった。このとき、いったい政府・東電はいくらの賠償金を払う必要があるだろうか。

17　所得が上がると消費が増える $\frac{\partial x_i}{\partial I}>0$ のが正常財、減る $\frac{\partial x_i}{\partial I}<0$ のが下級財である。

18　スルツキー分解は、微分を使った式なので、それが表すのは価格の変化が無限に小さいときの話である。図解できるのは価格の変化が無限に小さいのでは**ない**ときなので、以下に述べる図解はスルツキー分解をおおざっぱに表したものである。スルツキー分解を図でおおざっぱに表すのにはいくつかの異なった方法があるのだが、ここではそのうちの代表的なものを一つだけ述べておいた。

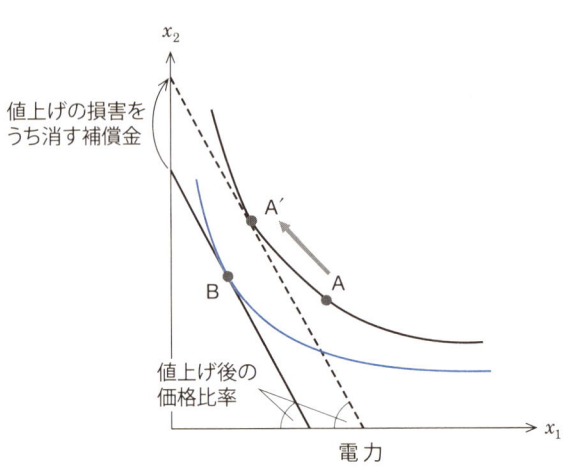

図1.34 補償金と代替効果

　その答えが図1.34で、予算線がこの図の点線になるような金額を賠償金として支払えば、消費者はA′点の消費ができて、値上げ前と同じ効用を維持できる。

　もとの消費点Aと補償金をもらったときの消費点A′はおなじ効用を与えるものであるが、電力料金が大幅に上がった後の消費点A′では電気の消費が減ってガスの消費が増えている（電気からガスへの代替）。これは、同じ効用をもたらす最も安上がりな消費方法＝補償需要の変化である。このAからA′への変化が**代替効果**である。

　ところで、現実の多くの商品の値段が上がったときは、このストーリーにあるような補償金はもらわない。そこで、補償金がもらえなかったとすると、値上げ後の消費点はBとなる（図1.35）。補償金をもらったときの消費点A′と現実の（補償金をもらえないときの）消費点Bを比べると、Bでは補償金がもらえない分だけ貧乏になっている。つまり、A′からBへの変化は、電力料金によって実質的に所得が目減りした（＝値上げの損害を補償する金額がもらえなかった）効果を表す。これが**所得効果**である。以上をまとめると、スルツキー分解は図1.36のように図示できる。

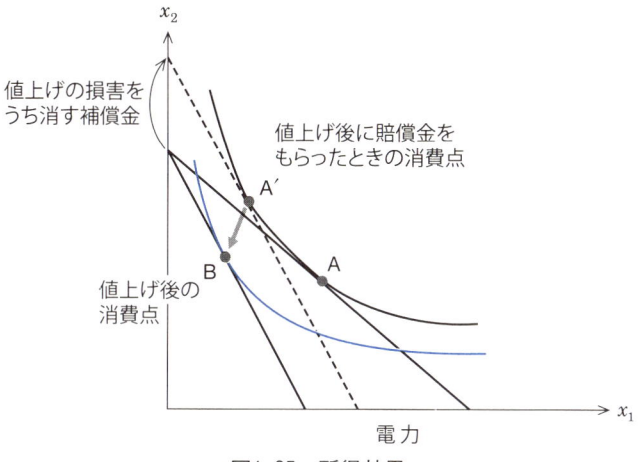

図1.35　所得効果

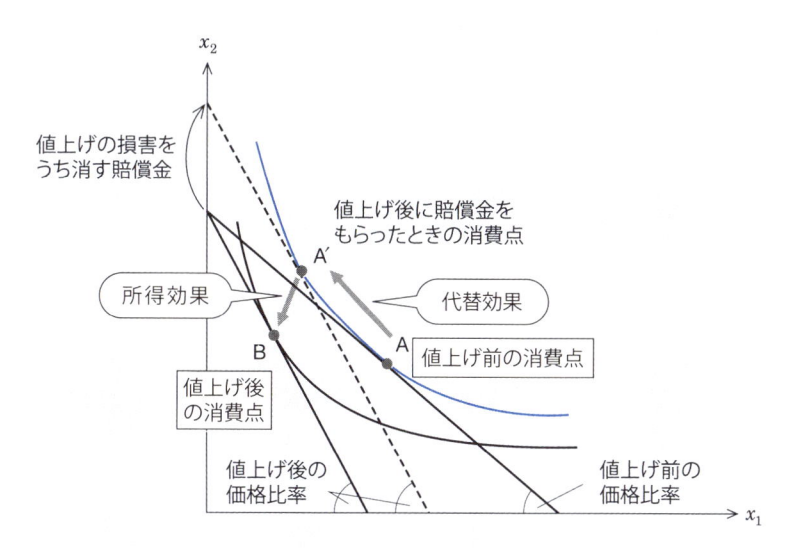

図1.36　スルツキー分解の図解

ここで、上で行ったスルツキー分解を、言葉でまとめておこう。

スルツキー分解の言葉による理解

電力料金の値上げの後、**仮に値上げ前とおなじ効用を維持するための補償金をもらったとすると**
・電力料金が上がったので、電気から他の財（ガスなど）に代替が起こる（代替効果）
・実際には補償金はもらえないので、ここからさらに所得が補償金の分だけ下がったときの消費が、実際の消費になる（所得効果）

コメント **1.13** なぜスルツキー分解をするのか：ミクロ経済学をはじめて学ぶときに戸惑うことの一つは、このスルツキー分解で、**何のためにそんな分解をするのかさっぱりわからない**というのが初学者の正直な感想ではないでしょうか。この疑問に対する答えは、大きく言って三つあります。
① 需要が価格にどう反応するかに対する理解が深まる
② 現実の需要データが、効用最大化から出たものかどうかをテストするのに使える
③ 価格の変化が消費者に与える利益や損失（支出関数の値の変化）を、観察できる需要量からどうやって推定したらよいか、という問題を考えるのに役に立つ

②③はやや細かい話なので、ここでは①について1.10節で説明することにします。③は、さまざまな経済政策を立案、評価する際の重要な論点です。ちょっと上級の内容になるので、この点については巻末の補論Cにまとめておきました。

1.10 価格弾力性

需要がどれだけ価格の変化に敏感に反応するかを調べるには、どうしたらよいであろうか。単純に考えると、需要曲線の傾きを見ればよいように思われる。例えば、コーヒーの需要が図1.37のようになっているなら、コーヒー需要は価格に「まあまあ反応する」と言えそうである。

しかし、需要曲線の傾きはコーヒーを測る単位を変えると変わってしまう。

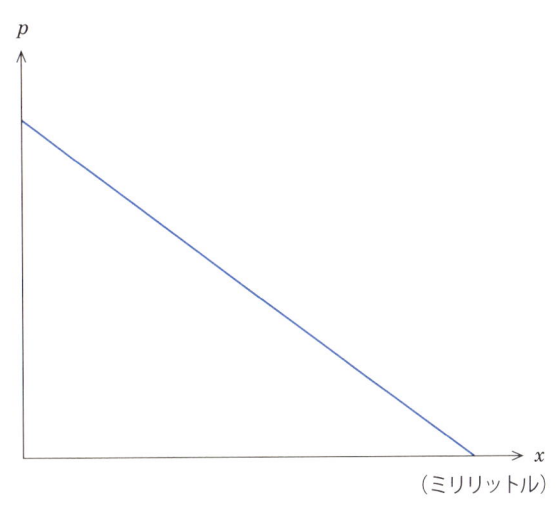

図1.37　コーヒーの需要曲線

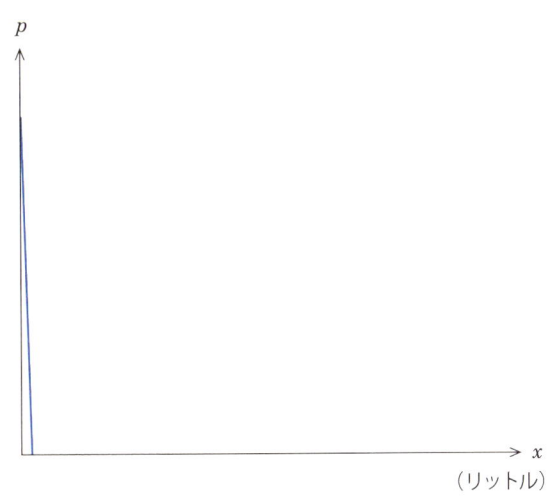

図1.38　単位を変えたコーヒーの需要曲線

図1.37のコーヒーはミリリットル（ml）で測られていたとして、いま同じコーヒー需要をリットルで表示すると、横軸は1000分の1に縮むので図1.38のようになる。今度は、傾きを見るとコーヒー需要は価格に「ほとんど反応しない」ことになってしまう。これでは困るので、**単位の取り方によらない需要の価格感応度の測り方**はないかどうかを考えてみよう。

そこで、%の変化（変化率）は、単位の取り方によらないことに注目する。いま、コーヒーの量をリットルで表示して、現在の消費量 x から消費量が Δx だけ増えたとしよう。このとき、コーヒーの消費量の**変化率**は

$$\frac{\Delta x}{x}$$

である。これに、100をかけたものが、日常でよく使う**%の変化**である（たとえば、$\Delta x / x = 0.5$ なら50%の変化）。ここで、コーヒーの量をミリリットルで表示しよう。すると、変化率は

$$\frac{1000\Delta x}{1000 x} = \frac{\Delta x}{x}$$

で前と同じである。つまり、**変化率は単位の取り方によらない**のである。

いま、価格が $\Delta p / p (\times 100)$ % 上昇したときに、需要が $\Delta x / x (\times 100)$ % 変化したとしよう。価格が上がると通常、需要は減るので、Δx はマイナスの値をとる。そこで、これをプラスの数字に直して

$$\frac{\left(\frac{-\Delta x}{x}\right)}{\left(\frac{\Delta p}{p}\right)} = -\frac{\Delta x}{\Delta p}\frac{p}{x}$$

を考えてみると、これは**価格が1%上がると、需要が何%減少するか**を表すものとなる。価格の変化が微小なときを取り扱うほうが、数学を使ったモデル分析で役に立つことが多いので、Δp をゼロに近づけたときの値を考え、これを、需要の価格弾力性と呼ぶ。

$$需要の価格弾力性 = -\frac{dx}{dp}\frac{p}{x}$$

これは、需要量や価格を測る**単位に影響されない需要の価格感応度の測り方**であり、さまざまな経済分析で活躍する概念である。ここで、需要の価格弾力性の、日本における測定値を挙げておこう[19]。

ガス	牛肉	外食
0.205	0.944	1.318

この数字の読み方であるが、ガスについてみると、価格が1％上がるとガス需要が（ほぼ）0.205％減るということである。ガスの需要はかなり非弾力的である（需要があまり価格に反応しない）ことがわかる。

　需要の価格弾力性は、**価格の変化が売上高に与える影響**を調べる際にとくに役に立つ。売上高は $px(p)$ なので、これを価格で微分してみよう[20]。

$$\frac{dpx}{dp} = x + p\frac{dx}{dp} = x\left(1 - \left(-\frac{dx}{dp}\frac{p}{x}\right)\right)$$
弾力性

例えば、価格弾力性が1より小さいと、$dpx/dp > 0$、つまり価格を上げると売り上げが上がる。この関係を整理すると、つぎのようになる。

需要の価格弾力性が1より小さい
　⇒　価格を上げると**売り上げが上がる**

需要の価格弾力性が1
　⇒　価格を上げても**売り上げは変わらない**

需要の価格弾力性が1より大きい
　⇒　価格を上げると**売り上げが下がる**

弾力性と売り上げの関係

そこで、前に述べた弾力性の実測値を見ると、つぎのことがわかる。ガスは弾力性が1より小さいので、価格を上げても需要があまり減らず、売上高が伸びる。このような場合売り上げを伸ばそうと思うなら、販売量を制限して

---

[19] 出典はつぎの通り。ガス：村越千春、中上英俊、高野路子、室田泰弘、村関不三夫「東京都における家庭用都市ガスの価格弾性値の分析」『エネルギーシステム経済コンファレンス講演論文集』（vol.12、1996年）、牛肉：有路昌彦、嘉田良平、千田良仁「BSEに起因する米国産牛肉輸入停止の経済的影響の試算」（UFJ総合研究所記者発表資料、2004年）、外食：牧厚志『消費選好と需要測定――習慣形成と保有量調整を含む線形支出体系による接近』（有斐閣、1983年）

[20] 二つの関数 f と g の積 $f \times g$ を微分するときの「積の公式」$\frac{dfg}{dx} = \frac{df}{dx}g + f\frac{dg}{dx}$ を使えばよい。

価格を吊り上げるのが効果的なのである。牛肉は弾力性がほぼ1なので、価格を上げても売り上げはほぼ一定である。外食は、価格弾力性が1より大きく、価格を上げると需要が大きく落ち込んで、売り上げは落ちてしまう。このような場合には、ガスの場合のように価格を吊り上げるのではなく、価格を下げて販売量を大きく伸ばす「薄利多売」の戦略が威力を発揮することになる。

さて、需要の価格弾力性はどのような要因で決まってくるのであろうか。これを理解するのに、スルツキー分解が役に立つ。スルツキー分解は

$$\underset{\substack{第i財の需要が\\価格にどう反応するか}}{\frac{\partial x_i}{\partial p_i}} = \underset{代替効果}{\frac{\partial \bar{x}_i}{\partial p_i}} - \underset{所得効果}{\frac{\partial x_i}{\partial I} x_i}$$

であったが、この左辺を弾力性の形にするために、両辺に$(-p_i/x_i)$をかけると、

$$\underset{価格弾力性}{-\frac{\partial x_i}{\partial p_i}\frac{p_i}{x_i}} = \underset{\substack{補償需要の\\価格弾力性}}{-\frac{\partial \bar{x}_i}{\partial p_i}\frac{p_i}{\bar{x}_i}} + \underset{所得弾力性 \times 支出シェア}{\left(\frac{\partial x_i}{\partial I}\frac{I}{x_i}\right)\left(\frac{p_i x_i}{I}\right)}$$

となる[21]。右辺の第2項に出てくる$\left(\frac{\partial x_i}{\partial I}\frac{I}{x_i}\right)$は、第$i$財の需要の**所得弾力性**といわれるもので、所得が1％上昇するときi財の消費量が何％上がるかを示すものである。同じ項に出てくる支出シェア$\left(\frac{p_i x_i}{I}\right)$は、$i$財に対する支出$(p_i x_i)$が所得$(I)$に占める割合である。

このことから、つぎのような場合に需要の価格弾力性が高くなることがわかる。

・密接な代替財がある(補償需要の価格弾力性が大きい)
・需要の所得弾力性が大きい[22]
・その財への支出額が、所得の大きなシェアを占めている

---

[21] 右辺第1項に$(-p_i/x_i)$をかける際には、消費の二面性$x_i=\bar{x}_i$(現実の消費は支出最小化点とみなすことができる)を使って$(-p_i/\bar{x}_i)$をかける。

[22] 所得弾力性が1より大きい財を、奢侈品ということがある。

これらの要因が価格弾力性を決める直感的な理由はつぎの通りである。ある財に密接な代替財があれば、その財の値上げが需要を大きく減らすことは理解できるだろう（アサヒビールが値上げすれば需要はキリンビールに流れる）。また、価格の上昇は実質的な所得の目減りをもたらすので、所得が減ったときに大きく消費が減る財（所得弾力性の高い財）の消費は減りやすい。最後の、支出シェアが価格弾力性に影響するというのは、スルツキー分解をしないとなかなか気づかない点である。これは、支出シェアが大きな財の価格が1％上がると、前と同じ満足を維持するにはたくさんのお金が要る。つまり、支出シェアの大きな財の価格が1％上がると、実質的な所得が大きく減るのである。したがって支出シェアが大きい財ほど所得効果を通じた需要の減少が大きくなるわけである。

先に挙げたガス、牛肉、外食についてこの三つの要因をチェックしてみると表1.1のようになり、確かにガス、牛肉、外食の順に弾力性が高くなりそうであることがわかる。

		密接な代替財がある	所得弾力性が高い（ゼイタク品）	支出シェアが大きい
ガス	0.205	×	×	△
牛肉	0.944	○	○	×
外食	1.318	○	○	○

表1.1 価格弾力性を高める要因

例題ゼミナール1 効用最大化から需要量を導く

問題 二つの財の消費量を x, y、それぞれの価格を p_x, p_y、所得を I と書く。このとき、効用関数

$$u(x, y) = x^a y^b$$

（a, b は正の定数）を持つ消費者の各財の需要量を求めよ。

学生：ちょっと待ってください先生。こんな効用関数を持った人間なんているわけないでしょう。まったくやる気も起こりませんね。

教授：そう言いたくなるのはもっともだが、まあ聞いてほしい。本文でも説明した通り、ミクロ経済学のモデルは人間の経済行動のエッセンスをざっくりとした形でとらえるためのものなんだよ。確かに、こんな効用関数を意識して最大化している人なんていないけど、実はこの効用関数は**消費者のよくある行動パターンをうまく再現する**ものなんだ。

学生：ほんとですか。

教授：では、問題を解いてみよう。要するに、予算制約 $p_x x + p_y y = I$ の下で効用 $u(x,y) = x^a y^b$ を最大化するような最適な消費量 x と y を求めればよいわけだ。最適を計算するために、本文で学んだ「消費の最適条件」を思い出してみよう。

学生：えーと、無差別曲線と予算線が接しているというやつですか？

教授：そう、それを計算で使えるように言い換えると

$$\underset{\text{無差別曲線の(接線の)傾き}}{\text{限界代替率}} \;=\; \underset{\text{予算線の傾き}}{\text{価格の比率}}$$

ということだね。限界代替率は限界効用の比率だったので（1.5 節 (c) 項を見返してみよう）、上の関係を数式できちんと書くと

$$\frac{\dfrac{\partial u}{\partial x}}{\dfrac{\partial u}{\partial y}} = \frac{p_x}{p_y} \tag{26}$$

だ。左辺の偏微分 $\dfrac{\partial u}{\partial x}$ を計算しなくてはいけないが、これは $u(x,y) = x^a y^b$ を（y^b を定数だと思って）x で微分したものだよね。計算できるかな。

学生：えーと、x^a の微分はたしか ax^{a-1} だったからこれに定数 y^b をくっつけて……、$\dfrac{\partial u}{\partial x} = ax^{a-1} y^b$ ですね。

教授：その通り。まったく同様に $\dfrac{\partial u}{\partial y} = bx^a y^{b-1}$ と計算できる。すると、最適条件式(26)の左辺は

$$\frac{\frac{\partial u}{\partial x}}{\frac{\partial u}{\partial y}} = \frac{ax^{a-1}y^b}{bx^a y^{b-1}} = \frac{ay}{bx}$$

というたいへん簡単な形になるぞ。つまり、最適条件(26)は

$$\frac{ay}{bx} = \frac{p_x}{p_y} \tag{27}$$

となるわけだ。

学生：これから、どうやって最適な x と y を求めたらいいのかな？

教授：もう一つ、予算制約式 $p_x x + p_y y = I$ があるだろう。**これと(27)の二本の式があるから、二つの未知数 x と y を計算できる**わけだ。ごりごり計算してもいいが、(27)をちょっと変形すると

$$\frac{a}{b} = \frac{p_x x}{p_y y} \tag{28}$$

となることに注目しよう。これは、「**X財への支出額 $p_x x$**」と「**Y財への支出額 $p_y y$**」**の比率が、ちょうど $\dfrac{a}{b}$ になっている**ということを意味している。したがって、所得を a 対 b の比率、つまり $\dfrac{a}{a+b}I$ と $\dfrac{b}{a+b}I$ に分けて、前者を X 財の支出にあて、後者を Y 財の支出にあてると、最適条件(28)と予算制約式が両方きちんと満たされるわけだ。つまり、最適消費は

$$\frac{a}{a+b}I = p_x x, \quad \frac{b}{a+b}I = p_y y$$

を満たすはずだ。あとはこれを x と y について解けば、最適消費量がつぎのように求まる。

> **答え**
>
> $$x = \left(\frac{a}{a+b}\right)\frac{I}{p_x}, \quad y = \left(\frac{b}{a+b}\right)\frac{I}{p_y}$$

学生：最初の疑問にもどりますが、このモデルのどこが現実の消費をうまく表しているんですか？

教授：君は下宿しているから知っているだろうが、よく「家賃は月収の3割が目安です」なんていうアドバイスを聞くだろう。世の中の多くの人は、**所**

得の一定割合（3割）を家賃にあてているわけだ。こういう人たちの消費行動は、X 財を住宅賃貸、Y 財をその他の財として、この例題にあるような

$$u(x, y) = x^a y^b$$

という効用関数のうち、a と b の比率が 3 対 7 のもの（$a/b = 3/7$）を最大化しているようなモデルでよく近似できるわけなんだ（すると、所得の 3 割を住宅（X 財）にあてることになる）。

学生：まだなんかだまされているような気がするんだけど……。要するに、「人間はミクロ経済学の数学モデルを解いたりしていないけど、人間の現実の行動はそうしたモデルでざっくりと近似できる」ということですね。

教授：その通り。では、最後にちょっと数学が好きな人のために、同じ問題を「ラグランジュの未定乗数法」を使って解いてみよう。

学生：条件付の最大化問題を解くマニュアルですね。たしか、まず最大化する関数（効用関数）と、制約条件（予算制約式）に定数 λ をかけたものを足して、

$$L = x^a y^b + \lambda(I - p_x x - p_y y)$$

というものを作るんですよね。

教授：そう。そしてこれを x と y で微分してゼロとおけばいい。

$$\frac{\partial L}{\partial x} = ax^{a-1}y^b - \lambda p_x = 0$$

$$\frac{\partial L}{\partial y} = bx^a y^{b-1} - \lambda p_y = 0$$

この二つから、

$$ax^{a-1}y^b = \lambda p_x$$
$$bx^a y^{b-1} = \lambda p_y$$

なので、両辺を割ると

$$\frac{ay}{bx} = \frac{p_x}{p_y}$$

という (27) と同じ式が出る。あとの計算は前に行ったのと同じだ。

2 企業行動の理論

2.1 経済学における企業のとらえ方

　日本にはさまざまな企業があり、従業員が数人の零細企業もあれば、何万人もの従業員を抱える大企業もある。その内部には経理、営業などのさまざまな部局があり、また製造業の企業はたくさんの工場を抱える。こうした企業が市場の中で果たす中心的な役割を明確にとらえるために、伝統的なミクロ経済学（価格理論）では、企業の内部で起こっていることは思い切って詳しく見ずに、**生産要素を投入すると生産物を生み出すブラックボックス**のように企業をあつかうのである（図2.1）。

　企業の内部でもさまざまな経済活動（資源配分）が行われているが、それは価格メカニズムを使わずに遂行されていることに注意しよう。例えば、トヨタが工場Aで作った部品を工場Bで使うとき、工場Aは工場Bに市場価格で部品を売っているのではなく、会議や上司の命令でどれだけの部品をいつまで納入するかが決められる。このように、企業内部の経済活動は、制度や規則、慣習などの下で遂行されているのであり、価格メカニズムとは本質的

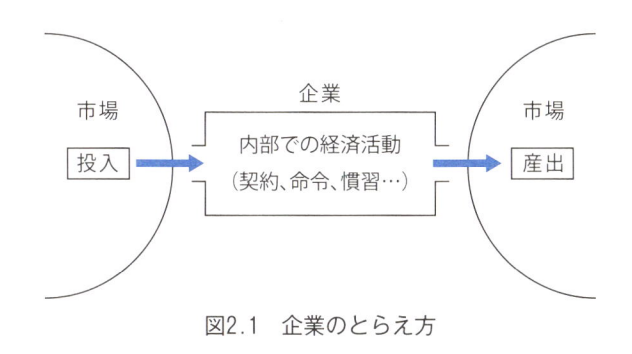

図2.1　企業のとらえ方

に異なる力が働いている。こうした組織内部の活動を分析することは、伝統的には経営学の守備範囲であったが、近年ではゲーム理論と情報の経済学の進展によって、経済分析の光がある程度あたるようになった。組織内部の経済活動を分析するための基礎的な分析道具、ゲーム理論と情報の経済学に関しては、第Ⅱ部であつかうことにする。

　このように考えると、市場経済の働きに関してつぎのような興味深い疑問がわいてくる。車や食品から音楽まで、あらゆるものに価格がついて取引されている高度に発達した市場経済においては、一見すると資源配分がすべて市場で決まっているように見えるが、実はそうではない。資源配分のかなりの部分は、企業という組織の内部で、市場メカニズムとは異なったやり方でなされているのである。このことに気づいた経済学者のロナルド・コースは、1937年に有名な「企業の本質」という論文で、つぎのような問題を提起した[1]。

「なぜ資源配分のある部分は市場で行われ、また別の部分は企業内部の非市場的な活動を通じて行われるのか？」

言葉を変えて言うと、「企業と市場の境界線はどこで引かれるのか、また一つの企業と別の企業の境界線はどこで引かれるのか」ということであり、これは、経済学全体の根底にかかわる非常に重要な問題である。これに対して、コースはつぎのような暫定的な答えを用意した。つまり、市場で行ったほうが取引コストが低いものは市場で行われ、また企業内部で行ったほうが取引コストが低いような資源配分は、企業内部で行われる、というのである。この、取引コストに基づいた説明は、資源配分の遂行方法について鋭い洞察を与えるものであるが、そもそも「取引コスト」とはいったい何なのかが明確にされないと、本当に満足のいく答えにはなっていない。ゲーム理論と情報の経済学の進展によって、資源配分メカニズムの最適設計(デザイン)が部分的に議論できるようになってきているが、はたして「取引コスト」の正体は何であり、資源配分のどの部分が一つの企業の内部で行われるのかを満足のいく形で説明することは、未だ解決されていない経済学の大問題である。われこそはと思う読者は、ぜひこの重要な難問にアタックしてみてほしい。

---

[1] R. Coase（1937）"The Nature of the Firm," *Economica*, 4(16), pp.386-405.

2.2 生産要素が一つ（労働）の場合の企業行動

通常は一つの生産物をつくるのにもたくさんの投入物を必要とする。このような一般的なケースを分析する準備として、まずは一つの投入物（労働）だけで生産ができるケースを考えて、これを順次一般化してゆくことにしよう。これから展開される数学モデルを使った企業行動の分析の意義を理解するために、まずはつぎのような、簡単であるが、そこそこ現実味のある例を考えてみよう。

事例2.1　部品組み立て工場：みなさんが、下請けの部品組み立て工場の社長であったとしましょう。部品は親会社が提供してくれて、これを組み立てると製品1個当たり10円を親会社が払ってくれます。つまり、一つの投入物（労働）だけを使って製品ができるわけです。会社には性能の異なる3台の組み立て機械があります（図2.2）。

それぞれの機械は1人の労働者が使い、労働者の時給は700円です。1日の労働時間は1人当たり8時間以内にせよ、と法律で決まっています。このとき、何人の労働者を雇ってそれぞれ何時間働かせるのがよいでしょうか？

とりあえず、一番性能のよい機械Aを使うことを考えてみましょう。これを1時間使うと100個部品ができ、10円×100＝1000円が親会社から

（それぞれの機械は1人が使う）

機械A　　　　　　機械B　　　　　　機械C
新品　　　　　　　旧式　　　　　　　ボロ

1時間当たり　　　1時間当たり　　　1時間当たり
製品を100個　　　50個　　　　　　20個
作れる

図2.2　部品組み立て工場

もらえます。一方、労働者には1時間で700円の労賃を払うので、1時間当たり差し引き300円もうかります。したがって、とりあえず機械Aは1日8時間フル稼働させるのがよいでしょう。

つぎに性能のよい機械Bを1時間使うと、50個部品ができ、10円×50＝500円が親会社からもらえますが、これは労働者に払う時給700円より低いので、機械Bを使うと赤字になってしまいます。さらに性能の悪い機械Cも同様で、使ったら損です。

というわけで、この場合1日当たり1人の労働者を目いっぱい（8時間）雇い、機械Aで部品を組み立てるのが最適な生産方法である、ということになります。この事例を導きの糸として、生産の理論を学んでみましょう。

(a) 生産関数

いま、労働 L だけを使って生産物 y を作る企業を考えてみよう。この企業にとって、現在の技術を使って達成できることとそうでないことが確かにあるはずである。そこで、この企業が達成できる投入 L と産出 y の組み合わせをすべて洗い出して図にしてみよう。これがどのような形をしているかはケースバイケースだが、ここではそれが図2.3の灰色の部分のような比較的きれいな形をしている場合をまず考えよう。この図の灰色の部分、すなわちその企業が達成できる投入と産出の組み合わせ全体の集まりを**生産可能性集合**という。

この中の点Aは、例えば労働者がなまけているような状態で、同じ労働時間 $L=8$ を使ってもっとまじめに働けばより多くの生産物ができる。これに対して、同じ労働時間を使って労働者が目いっぱいきちんと働いている状態がB点である。このように、投入物を最も効率的に使ったときの産出物を表しているのが灰色の部分の境界線で、この境界線を表す関数 $y=f(L)$ を**生産関数**という。生産関数 $f(L)$ は労働投入 L から得られる産出物の最大量を表すもので、企業のもつ技術を表している。2.1節で述べたように、伝統的なミクロ経済学（価格理論）は簡単化のため「企業を、投入を産出に変換するブラックボックスと見る」のだが、これは**企業を生産関数としてざっくりととらえる**、ということなのである。

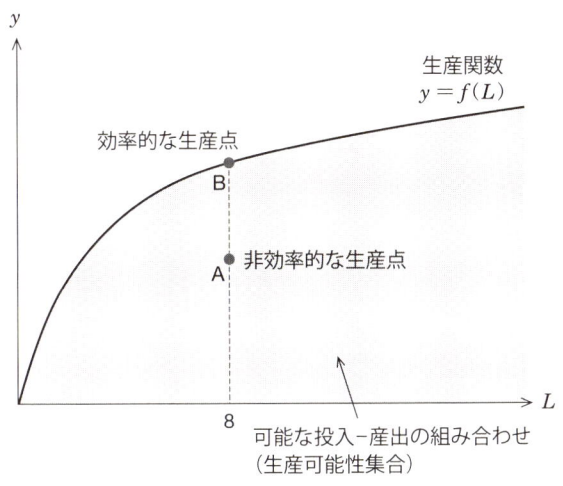

図2.3 生産関数

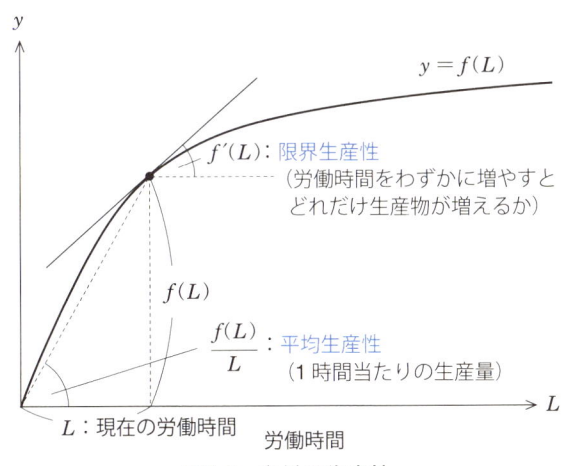

- 生産関数 $y = f(L)$
- 効率的な生産点 B
- 非効率的な生産点 A
- 可能な投入−産出の組み合わせ（生産可能性集合）

図2.4 労働の生産性

- $y = f(L)$
- $f'(L)$：限界生産性（労働時間をわずかに増やすとどれだけ生産物が増えるか）
- $f(L)$
- $\dfrac{f(L)}{L}$：平均生産性（1時間当たりの生産量）
- L：現在の労働時間
- 労働時間

　生産関数から、労働の生産性をつぎのように測ることができる。日常的な実務でよく用いられるのは、産出物の総量を労働投入の総量で割った**労働の平均生産性** $f(L)/L$ である。これは、平均すると労働1単位当たり（労働時間1時間当たり）どれだけ生産物ができるかを示すもので、図2.4の左下の角度がこれを表す。

　これに対して、ミクロ経済学の分析でより役に立つのは、「労働をわずかに

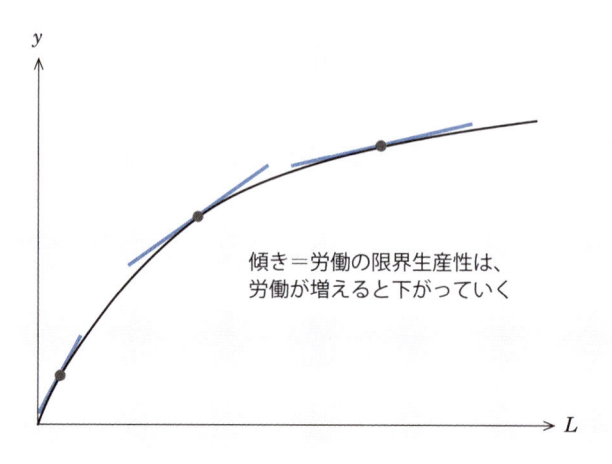

図2.5　限界生産性逓減の法則

(あと1単位)**増やしたら、産出物はいくら増えるか**」ということで、これを
労働の限界生産性という。労働の限界生産性は、数学的には生産関数の（グ
ラフの接線の）傾き $f'(L)$（f の微分）で表されることに注意しよう。これを、
限界分析入門のところ（第1章1.5節(b)項）で学んだ用語法を使って述べる
と

$$\begin{matrix}労働の\\限界生産性\end{matrix} = f'(L) = \begin{matrix}労働を限界的に1単位増やしたとき、\\生産がいくら増えるか\end{matrix}$$

となる。「限界的に労働を1単位増やす」とは、労働の量を測る単位を十分小
さく取っておいて、労働を1単位（つまりごくわずかに）増やす、というこ
とである（第1章1.5節(b)項を見返してみましょう）。

通常は、労働投入が少ないときは労働の限界生産性は高いが、労働をどん
どん増やしてゆくと効率が落ちて労働の限界生産性は下がってゆく場合が多
いだろう。このように、投入物を増やすとその限界生産性が減ることを、限
界生産性逓減の法則という（図2.5）。

さて、この生産関数 $y=f(L)$ は二通りの解釈ができる。
1) 本当に労働だけで生産ができるケースと、
2) 労働のほかに生産要素（例えば機械）があるが、その量は短期的には変
　　えられないというケース

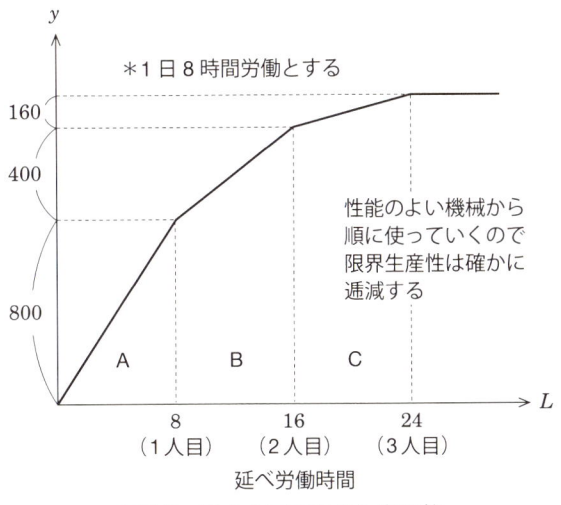

図2.6 組み立て工場の生産関数

(図中のラベル: y軸に 160, 400, 800 の区間、*1日8時間労働とする、「性能のよい機械から順に使っていくので限界生産性は確かに逓減する」、区間 A, B, C、横軸 L: 8（1人目）, 16（2人目）, 24（3人目）、延べ労働時間)

である。ミクロ経済学では、

> すべての生産要素の量を変えることができる期間を<u>長期</u>といい、一部の生産要素の量が固定されているような期間を<u>短期</u>という。

ミクロ経済学における短期と長期

ここで考えている生産関数 $y = f(L)$ の一つの解釈は、労働以外の生産要素（例えば機械）の量が固定されている<u>短期の生産関数</u>として $f(L)$ を見る、ということである。

　以上がミクロ経済学の教科書に出てくる生産のモデルだが、このモデルと現実の関係はどうなっているのだろうか。これを考えるために、非常に簡単だが現実にあってもおかしくない、われわれの部品組み立て工場の1日の生産関数を考えてみよう（事例2.1）。まず、**1日という短い期間では機械の台数は固定されているので、これから考えるのは「短期の生産関数」にあたる**ことに注意しよう。これを図示するために、横軸に1日当たりの延べ労働投入時間を取り、縦軸に製品の量を取ると、短期の生産関数は図2.6のようになる。その理由はつぎの通りである。

・まず、最初に雇う労働者は最も性能のよい機械Ａで働かせるのがよい。１日８時間労働だから、最初の労働者が働く L（労働時間）＝ 8 までは非常に生産性が高いことになる（１時間当たり100個できる）。

・２人目を雇うならつぎに性能のよい機械Ｂで働かせるのがよく、生産性は１時間当たり50個と半減する。

・さらに３人目を雇うと、最もボロい機械Ｃを使わざるを得ず、生産性は微々たるものである。

・さらに４人以上労働者を雇っても、もはや使う機械がないので、生産性はまったく上がらず、３人が延べ３人×８時間＝24時間働いた後の生産関数のグラフは水平になる。

このように、Ａ→Ｂ→Ｃと、性能のよい機械から順に使ってゆくので、組み立て工場の例では確かに**限界生産性は逓減する**ことになる。

(b) 利潤最大化

つぎに、利潤を最大にする生産のやり方を求めてみよう。ここでは、市場全体の大きさに比べて生産者が小さく、生産者が労働投入量や産出量を変えても市場で与えられる生産物の価格 p や賃金 w が変化しないケースをまず考えよう。このような場合を、完全競争のケースという。「完全競争」という言葉は、さまざまな意味に使われることが多いのだが、ミクロ経済学ではこれを、つぎのように明確なかたちで定義する。

> 完全競争とは、市場に多数の生産者と消費者がいるため、個々の生産者や消費者が生産や消費を変えても、市場で成立している価格には影響がないような状態のことである。

完全競争の定義

個々の生産者や消費者が**市場価格を一定と見て行動する**ことを、「プライステイカーの仮定」ということがある。完全競争とは、すべての生産者や消費者がプライステイカーである状態のことである[2]。このことに注意すると、完

全競争的な企業の利潤最大化問題は、つぎのようになることがわかる。

$$\max_L pf(L) - wL$$

ここでは、価格 p と労賃 w は一定として利潤が最大化されていることに注意しよう（プライステイカーの仮定）。

では、利潤最大化点はどのようにして見つけ出すことができるのだろうか。この準備として、一定の利潤 π を与えるさまざまな投入 L と産出 y の組み合わせを図示してみよう。これは、

$$\pi = py - wL$$

を満たす直線で表される。これを、等利潤線と呼ぼう。この式を

$$y = \boxed{\frac{w}{p}} L + \boxed{\frac{\pi}{p}}$$
$$\quad\quad\quad\quad\text{傾き}\quad\text{切片}$$

と変形するとわかるように、等利潤線のグラフは図2.7のような切片と傾きをもった直線となる。さらに、左上に行けば行くほど、（つまり投入を減らして産出を増やすほど）利潤は高くなることに注意しよう。

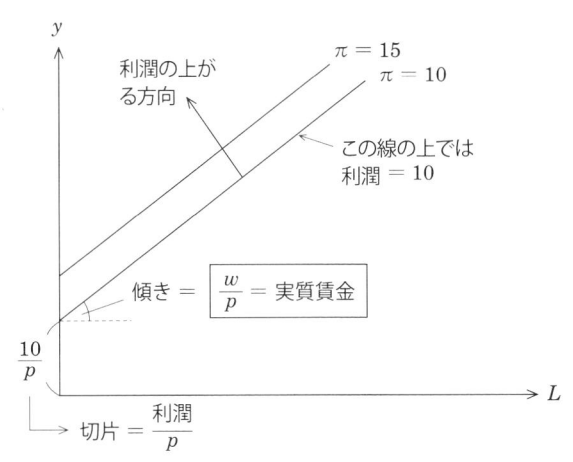

図2.7　等利潤線

2　企業が大きく、価格支配力があるケースは、後に独占や寡占の理論として取り扱う（第5章）。

等利潤線の傾きが w/p となることは、これからの分析で重要になるのでしっかり理解しておこう。ミクロ経済学では、w/p を**実質賃金**と呼んでいる。

例2.1 マクドナルドでのアルバイトを考える。産出物（ハンバーガー）の価格が $p=100$ 円で、アルバイト代が時給 $w=800$ 円なら、実質賃金は $w/p=8$ である。つまり、**実質賃金とは、産出物の単位で測った労賃**であり、この例で実質賃金が8であるということは、「労賃はハンバーガー8個分に当たる」ということである。

等利潤線は左上に行くほど高い利潤に対応するので、生産関数のグラフの上で最も利潤が高い点は、図2.8のように等利潤線と生産関数のグラフが接する点である。これが、利潤最大点にほかならない。

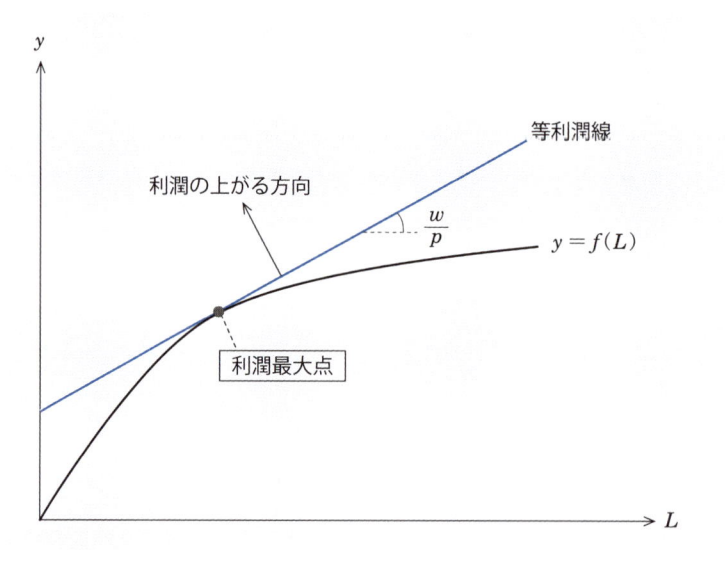

図2.8 利潤最大点

生産関数の傾きが労働の限界生産性で、等利潤線の傾きが実質賃金 w/p だったのだから、生産関数のグラフと等利潤線が接する最適生産点では両者は等しくなる。つまり、利潤最大化条件はつぎのようになる。

$$f'(L) \quad = \quad \frac{w}{p}$$

労働の限界生産性　　実質賃金

利潤最大化条件(1)

　では、われわれが考えた（現実的な）組み立て工場では、利潤最大点がどうなっているか図にしてみよう（図2.9）。図を描くには、つぎの点を確認していけばよい。

・等利潤線の傾きである実質賃金は $w/p=700/10=70$ で、

・生産関数の傾きは
　　　最初が100（＝機械Aの生産性）、
　　　つぎが50（＝機械Bの生産性）、
　　　つぎが20（＝機械Cの生産性）となる。

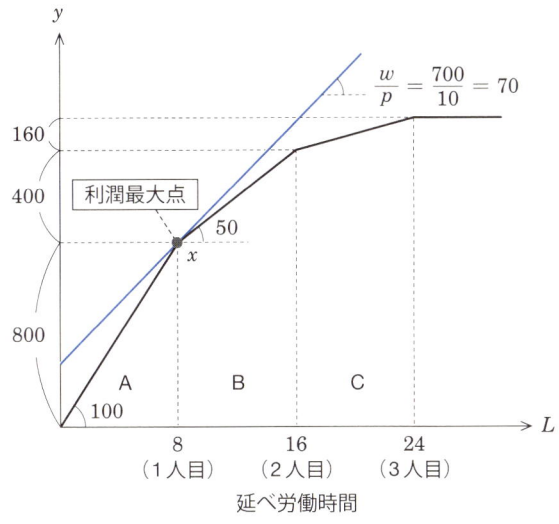

図2.9　組み立て工場の利潤最大点

したがって、生産関数のグラフと等利潤線は図の x で接しており、**これは確かに事例2.1で求めた最適な生産計画（機械Aで8時間労働をさせる）になっ**

ていることに注意しよう。

　さて、事例2.1で考察した組み立て工場の実務的な生産技術の説明は、現実的ではあるのだが、「なんだかごちゃごちゃして考えるのが面倒くさいな」と思えないだろうか（自分でこんな例を出しておいて言うのも何だが、私にはそう思えてならない）。これに比べて、ミクロ経済学の滑らかな生産関数を使った生産者行動の理論（図2.8の利潤最大化や利潤最大化条件(1)）は、現実味こそ感じられないが、ずっとすっきりして使いやすい。では、両者の関係をどう考えればいいだろうか。

　組み立て工場の利潤最大点では生産関数が角ばっていて微分できないので、微分を使った利潤最大化条件はあてはまらない。しかし、この組み立て工場の生産関数の図2.9をわずかに修正して生産関数の角ばっているところをちょっと丸めてやれば、微分を使った利潤最大条件（$f'(L)=w/p$）が成り立つ。つまり、**滑らかな生産関数を使ったミクロ経済学の生産モデルは、現実的な部品組み立て工場の生産技術（図2.9）をうまく近似することができる**ものなのである。これから、より複雑なケースに分析を進めるためには、組み立て工場のような複雑な現実を、扱いやすい形で近似することがぜひ必要になる。この要請に答えるのが、ミクロ経済学の生産のモデルなのである。

コメント 2.1　**モデルと当事者の意識**：ミクロ経済学の生産理論は実務家に評判が悪い。ほとんどの会社経営者は、微分を使った利潤最大化条件(1)に違和感をおぼえるでしょう。例えば、事例2.1の部品組み立て工場の社長さんは、長年のカンと経験によって、時給がいくらで組み立て代がいくらなら、どの機械を稼動させたらよいか、たちどころにわかると思います。そのとき、社長は生産関数のグラフなど念頭にないし、生産関数を微分したりしていないでしょう。しかし、この社長は実際のところ、図2.9のように生産関数のグラフが等利潤線に接している点を選んでいるのです。この図を、より分析しやすい滑らかな（微分できる）モデルで近似したのが経済学の生産理論なのです（図2.8）。つまり、ミクロ経済学の生産のモデルは、現実の企業家の行動を、経済学者がざっくりとした形で記述するために発明したものであり、当事者である経営者がこのモデルをそのまま解いていると経済学者が主張しているのではありません。

　一つたとえ話をすると、サルを訓練すると2本足で歩けるようになります。とこ

$$\tilde{x}_Z = (q+1)\left(x + f(\zeta)\frac{\dot{x}}{\omega}\right) \qquad (3)$$

$$x_Z = \begin{cases} x_{Zmax} & (S1:\tilde{x}_Z > x_{Zmax}) \\ \tilde{x}_Z & (S2:x_{Zmin} \leq \tilde{x}_Z \leq x_{Zmax}) \\ x_{Zmin} & (S3:\tilde{x}_Z < x_{Zmin}) \end{cases} \qquad (4)$$

$$f(\zeta) \equiv 1 - \rho\exp\left\{1 - \frac{(q+1)^2\zeta^2}{r^2}\right\}, \qquad (5)$$

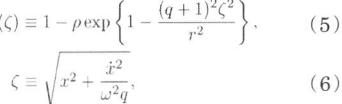

$$\zeta \equiv \sqrt{x^2 + \frac{\dot{x}^2}{\omega^2 q}}, \qquad (6)$$

2足歩行の制御式

出所）2足歩行の制御式：T. Sugihara（2010）Proceedings of the 2010 IEEE International Conference on Robotics and Automation, pp.4224-4229.
写真：京都大学霊長類研究所 平崎鋭矢氏提供

図2.10　モデルと現実

ろが、2足歩行するというのは結構微妙なバランス感覚が必要で、ロボットを2足歩行させようとするとその制御式は複雑になります。図2.10は、2足歩行ロボットの制御式ですが、サルは長年のカンと経験であたかもこの制御式（またはこれと類似の式）[3]を解いているように振舞うわけです。

　この制御式は、サルの行動を研究者が数理的に記述するために使える道具なのであって、もちろん当事者であるサルがこの数式を解いて歩いているわけではありません。同様に、微分を使ったミクロ経済学の生産モデルは、組み立て工場の社長さんの行動を経済学者が記述するための道具なのであり、長年のカンと経験によって機械をうまく選んで稼動させている社長さんは、**ミクロ経済学の数理モデルを実際に解いているわけではないが、あたかもそのモデルを解いているように振舞う**わけです。このことを抽象的・一般的に考えると、なにかだまされているような気分になりますが、最初に考えた部品組み立て工場を思い出してください（事例2.1）。「組み立て賃10円、時給700円なら、どのくらい人を働かせますか？」という質問に正解した人は、無意識のうちに、あたかも「図2.9の生産関数と等利潤線が接するところを計算している」ようにふるまったわけです。人間が「理論モデルを解いているわけではないが、あたかもそのように振る舞う」ということが、少なくともこの事例については確かにあるな、ということを確認してください。

---

[3] 人やサルの2足歩行が正確にどのような原理に基づいた制御なのかについては、まだ決定版といえるものはわかっていません。したがってこのロボットの制御式は、サルの歩行を表すものとしては、ある程度の妥当性と不完全さを備えていることに注意してください。

このように、当事者の意識からすると現実離れして見えるようなモデルが、たしかに現実の行動をうまく表すことがあるのです。しかし、もちろん現実離れしたモデルが現実の行動を全く表さないこともあります（むしろ、そのほうが多いでしょう）。ミクロ経済学のさまざまなモデルはどちらなのか、批判精神を持って（しかし現実離れしたモデルが即役に立たないという先入観を持たずに）判断していただきたいと思います。

ここでさらに、利潤最大化の条件(1)を書き換えておこう。両辺に p をかけると、つぎの条件が得られる。

$$\underset{\text{労働の限界生産物の価値}}{pf'(L)} = \underset{\text{賃金}}{w}$$

利潤最大化条件(1)′

このように書いたほうが、利潤最大化条件の意味がわかりやすい。この式の左辺は労働をわずかに（限界的に 1 単位）増やすと売り上げがどれだけ増えるかを表すもので、労働の限界生産物の価値と呼ばれる。一方、右辺は労働をわずかに（限界的に 1 単位）追加するためのコストである。そこで、もしも左辺が右辺より大きいなら、労働 L をわずかに増やすと、追加的に得られる売り上げが追加的に必要なコストを上回って利潤が上がる。逆に右辺のほうが大きければ、労働をわずかに減らせば利潤が上がる。利潤最大点ではこのような微調整によって利潤をもはやそれ以上あげられないので、等式 $pf'(L)=w$（利潤最大化の条件(1)′）が成り立っているはずなのである。

（c）費用関数と供給曲線

つぎに、費用と利潤最大化の関係を見てみよう。費用は企業の実務で重要であるのみならず、これを詳しく調べることによって、供給曲線がどのように決まるかを理解することができる。

まず生産物 y を作るのに必要な総費用を $C(y)$ で表し、これを（総）費用関数と呼ぼう。総費用の中身は、可変的な（つまりその大きさを自由に変えられる）生産要素にかかる可変費用と、固定的な生産要素にかかる固定費用からなる。何が可変費用で何が固定費用かは、考えている期間の長さによって

変わってくる。例えば、工場の大きさが固定されている短期では、工場にかかる費用は固定費用であり、自由に雇用量を変えられる労働は可変費用である。一方、すべての生産要素の大きさを変えられる長期では、すべての費用は可変費用となる。

さらに、固定費用は2種類に分類される。いま、工場の大きさが固定されている短期を考え、固定費用は工場の建設費がF円であるケースを考えよう。すると、もう工場を作ってしまっているので、建設費Fはどうしても支払う必要がある。ただ、生産をすることをあきらめて工場を売却したり処分したりすれば、Fの一部は回収できるかもしれない。このようにして回収できる部分が全くないとき、工場の建設費（固定費用）Fは**サンク・コスト**であるという。

サンク・コストとは：「サンク」というのは英語で「埋没している」という意味で、回収不可能な（つまり絶対に支払う必要がある）費用をサンク・コストという。

いっぽう、工場の売却あるいは処分でA円を受け取ることができる場合は、固定費用Fのうち回収できる部分がA、回収不可能な部分が$F-A$である。したがってこの場合、サンクされた固定費用は$F-A$、サンクされていない固定費用はAである。

以上のことをもとにして、**費用と供給量の関係**を見てみよう。まずは、両者の基本的な関係を理解しやすい「標準的なケース」を説明し、つぎにより複雑なケースを考えることにする。

① 標準的なケース

本書では、つぎのようなケースを「標準的なケース」と呼ぶことにする。
つまり、生産関数のグラフが図2.11の(a)のように上に凸（「生産関数の下側＝生産可能性集合」が凸）で、固定費用がすべてサンク・コストであるケースである。

生産関数のグラフの縦横をひっくりかえすと、産出量yを作り出すために必要な労働の総量$L(y)$が求まる（図2.11(b)）。これをさらに縦方向にw倍すると、産出量yを作り出すために必要な労働費用（$wL(y)$）が求まる。さら

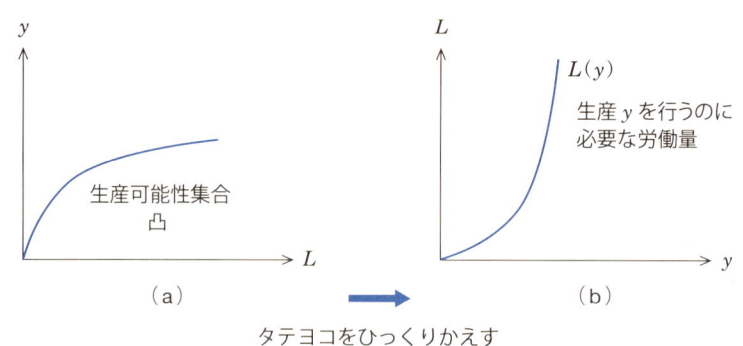

図2.11 標準的なケースの生産技術

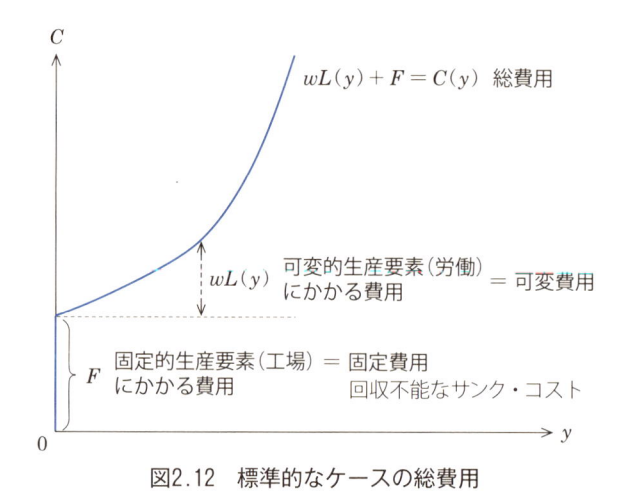

(a) 生産可能性集合 凸（縦軸 y、横軸 L）

タテヨコをひっくりかえす

(b) $L(y)$ 生産 y を行うのに必要な労働量（縦軸 L、横軸 y）

図2.12 標準的なケースの総費用

- $wL(y) + F = C(y)$ 総費用
- $wL(y)$：可変的生産要素（労働）にかかる費用 = 可変費用
- F：固定的生産要素（工場）にかかる費用 = 固定費用（回収不能なサンク・コスト）

に、工場の建設費（サンク・コストであるとする）を F とすると、総費用関数のグラフが図2.12のように得られる。

つぎに、経済分析において重要な役割をはたす平均費用と限界費用を定義しよう。

・生産物1単位当たりの費用、つまり $C(y)/y$ を**平均費用**（average cost）という。頭文字を取って **AC** と書く。

・**生産物をわずかに（限界的に1単位）増やすのに必要な費用を限界費用**（marginal cost：**MC**）といい、これは費用関数の微分 $C'(y)$ に等しい。

2.2節 生産要素が一つ（労働）の場合の企業行動

図2.13 平均費用と限界費用

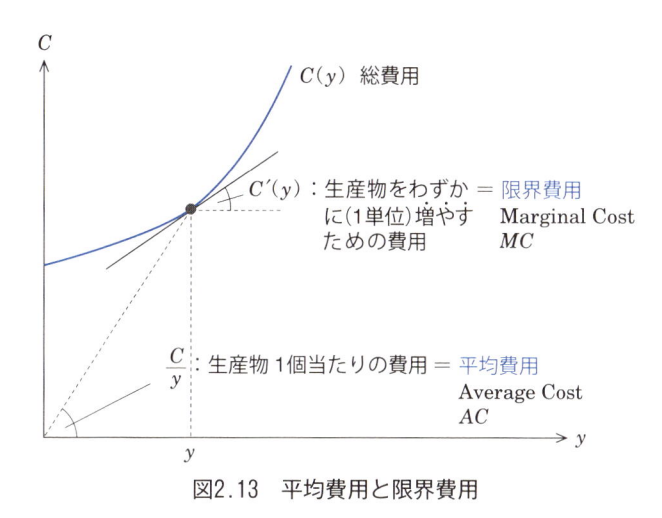

では、標準的なケースでは、平均費用と限界費用がどのような関係になっているかを見てみよう。総費用のグラフを使うと、平均費用と限界費用は図2.13のように表される。

総費用の接線の傾きが限界費用 $C'(y) = MC$ であることに注意しよう。図2.13のように、生産量 y が比較的小さいときは、図からわかるように AC のほうが MC より大きくなっている。それでは、産出量 y がさまざまに変わるとき、両者の関係はどうなるであろうか。

まず、MC の動きだけを見てみよう。図2.13からわかるように、総費用は下に向かって凸の形をしているので、生産量を上げると総費用の傾きである MC は上がっていく。つまり、**限界費用 MC は生産量が上がると上昇する**。これは、労働の限界生産性が逓減することからきている。労働の限界生産性が逓減するということは、労働投入を増やすに従って（つまり生産を増やすに従って）、追加的な労働の生産性は低くなるということである。言葉を変えて言うと、生産を1単位ずつ上げるに従って、追加的に必要な（労働）費用（＝この例での限界費用）はどんどん上がっていくのである。

つぎに、AC の動きを見てみよう（図2.14）。まず図2.14の（a）を見てみよう。生産量 y をゼロから増やしていくと

（ⅰ）AC はまずは下がっていき、

図2.14　平均費用の動き

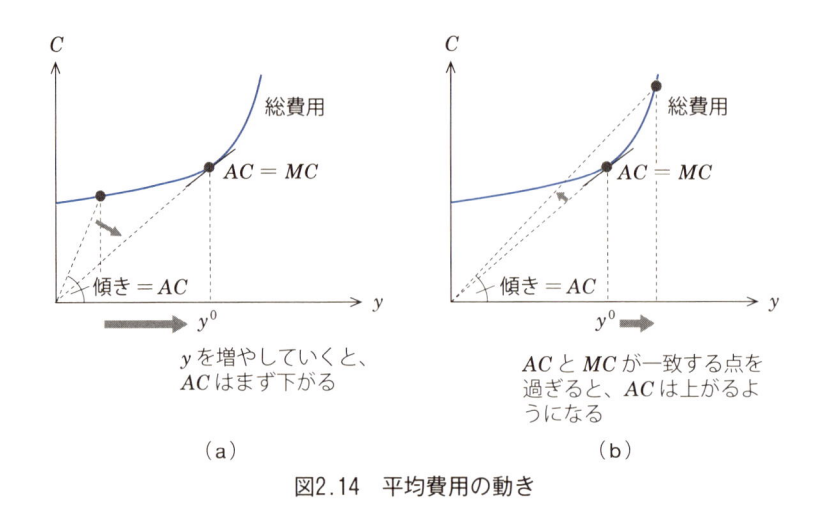

(a) y を増やしていくと、AC はまず下がる

(b) AC と MC が一致する点を過ぎると、AC は上がるようになる

(ⅱ) ある生産量 y^0 で AC と総費用の傾きである MC がちょうど同じになる

ことがわかる。この生産量 y^0 よりもさらに生産を増やした場合を表したのが図2.14の(b)で、その後は

(ⅲ) AC は生産量の増加とともに上がっていく。

(ⅰ)-(ⅲ)から、**AC はU字型をしており、その最低点をMCが通る**ことがわかる。以上をまとめると、標準的なケースにおいては、平均費用と限界費用は図2.15のような形をしていることになる。

注意：生産関数や固定費用が変わると、AC と MC の形は変わってきます。図2.15は典型的な AC と MC の形ですが、いつでも必ずこのようになるわけではありません。図2.15を暗記するのではなく、総費用のグラフからどのようにして AC と MC のグラフを導いたかをよく理解しておきましょう。

つぎに、供給曲線がどのような形をしているかを見てみよう。「価格が上がると供給が増える」という市場で観察される企業の行動を表すものが供給関数であるが、この項の目標はこれがどのような要因によって決まるのかを

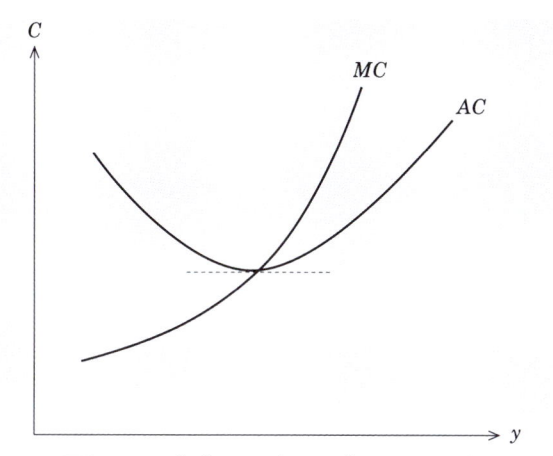

図2.15 平均費用ACと限界費用MCの関係

理解することである。まず、利潤最大化問題を、費用関数を使って表してみよう。利潤は「売り上げ−(総)費用」なので、$py-C(y)$ と書ける。したがって、利潤最大化問題は

$$\max_y py - C(y)$$

と書くことができる。この解 y^*(利潤を最大化する生産量)は、生産物の価格 p に依存するので、両者の関係を $y^*=S(p)$ と書こう。$S(p)$ を**供給関数**といい、そのグラフが**供給曲線**である。

では、最適な供給量 $y^*=S(p)$ はどのように決まるのであろうか。限界費用 MC を描いた図2.16を見てほしい。図の y' のような生産量では、限界費用が価格より低いので、生産物をわずかに(1単位)増やすと、売り上げが p だけ増えるが、そのためにかかる追加的なコストは $MC(y')$ なので、差し引き $p-MC(y')>0$ だけ利潤が上がる。一方 y'' では、限界費用のほうが価格より大きいので、今度は逆に生産量をわずかに(1単位)減らせば利潤が上がることになる。したがって、標準的なケースでは、**価格が限界費用に等しくなるような生産水準** $y^*(p=MC(y^*))$ **が、最適な供給量**なのである[4]。

---

[4] このことは、つぎのように計算でも確かめられる。利潤を $\pi(y)=py-C(y)$ とすれば、利潤最大点では利潤の傾き(π の微分 $\pi'(y)$)はゼロになっているはずである。微分を実行すると、$p-C'(y)=0$ である。$C'(y)=MC(y)$ なので、最適生産量は $p=MC(y^*)$ を満たす。

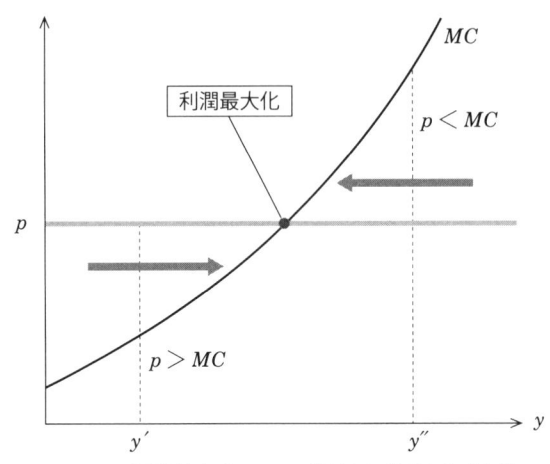

図2.16 標準的なケースの供給量（最適生産量）

このことに注意して図2.16を見返してみればわかる通り、

標準的なケースでは供給曲線は限界費用曲線に等しい

のである。

さらに、供給曲線と利潤の関係を見てみよう。生産物の最初の1単位を作るために、固定費用に追加して支払う必要があるのは可変費用（最初の1単位を作るための労賃や原材料費）である。定義によって、これは限界費用 $MC(1)$ に（ほぼ）等しい。同様に、2単位目の生産物を作るために必要な追加的費用（可変費用）はほぼ $MC(2)$ である（図2.17の(a)）。したがって、生産量 y' を作るのに必要な可変費用は図2.17の(b)のように限界費用曲線の下側の面積で表される[5]。

限界費用は供給曲線なので、価格 p の下で供給 y' をしたときの収入は

---

5 このことは、数式を使えばつぎのように説明できる。グラフの下側の面積を表すのが積分であったことを思い出すと、限界費用 $MC=C'$ の下側の面積は、$\int_0^{y'} C'(y)dy = C(y') - C(0)$ である。$C(0)$ は生産量 0 でも払う必要のある費用、つまり固定費用である。y' を作る総費用 $C(y')$ から固定費用 $C(0)$ を差し引いたものは、y' を作るための可変費用なので、確かに MC のグラフの下側の面積は可変費用を表している。

図2.17　限界費用と可変費用

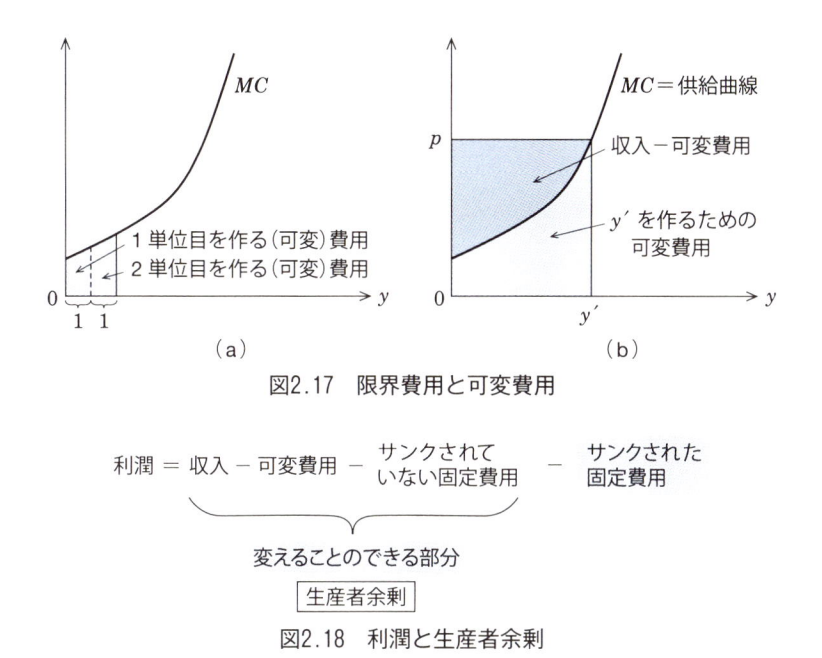

図2.18　利潤と生産者余剰

$p \times y'$ で、これは図2.17（b）の四角形の面積に等しい。これから可変費用を引くと、供給曲線の左側の水色の部分となる。ここで、標準的なケースではサンクされた固定費用 F が存在することを思い出そう。もし、固定費用がないならば、この水色部分が利潤そのものである。一方、F がゼロでないならば、この水色部分からサンクされた固定費用 F を差し引いたものが利潤となる。この水色の部分、つまり供給曲線の左側の領域（標準的なケースでは、収入－可変費用）を、生産者余剰という。

より一般的には、生産者余剰とは**サンクされた固定費用を差し引く前の利潤**である。利潤の内訳を見てみると、変えることのできる部分と、どうしても変えることのできない部分（サンクされた固定費用）に分かれる（図2.18）。市場取引から生産者が得る利益や損害を分析する際には、「いずれにしても必ず払わなければならないサンクされた固定費用」以外の部分がどうなるかが重要である。そこで、この部分をとくに取り出して「生産者余剰」というのである。

以上で明らかになった、費用と供給の関係をまとめておこう。

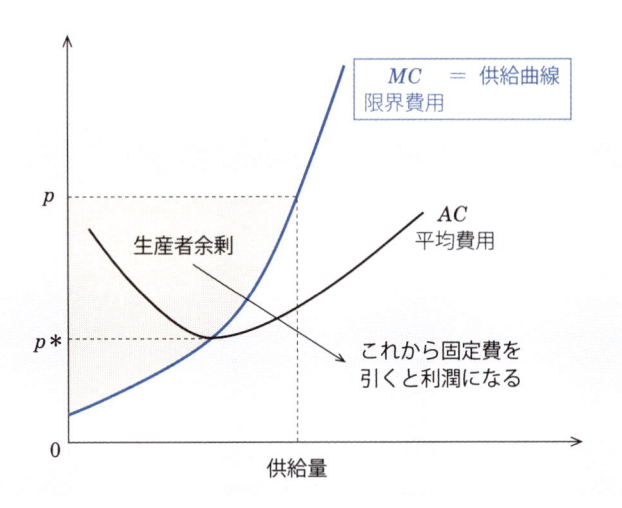

図2.19 標準的なケースの供給曲線と生産者余剰・利潤

　生産関数のグラフが上に凸（「生産関数の下側＝生産可能性集合」が凸）で、固定費用がすべてサンク・コストである標準的なケースでは、限界費用曲線が供給曲線になる（図2.19）。

コメント 2.2　赤字でも操業したほうがいいときがある：価格が図2.19の p^* 以下である場合には、どんな生産量を選んでも平均費用は価格より大きくなってしまうことが図からわかるでしょう。したがって生産を行うと、かならず（生産物1単位当たり 価格－平均費用＜0だけの）赤字になります。しかし、図2.19によると、価格が p^* 以下の赤字状態でも供給量はゼロになっていないので、これは不思議なことのように見えます。ここで起こっているのは「どうしても払わなければならない（サンクされた）固定費用があるため赤字は避けられないが、操業すればその赤字が少しでも減る」ということなのです。図2.19の価格 p^*（平均費用の最低値）は、赤字と黒字を分ける価格なので、損益分岐価格といいます。上で見たように、損益分岐価格を下回ったら生産をやめるとは限りません。価格が損益分岐価格を下回っても、生産することによって赤字を減らすことができれば、操業を続けたほうがよいのです。

　このケースをしっかり理解した上で、より複雑なケースを考えてみよう。

② より複雑なケース

つぎに、生産の準備（セットアップ）のために労働を使うことが必要であったり、固定費用の一部がサンクされていないようなケースを考えてみよう。このような場合には、供給曲線は限界費用とは完全には一致しない。

いま、生産を始める前に工場の整備などの準備に5時間かかる場合を考えてみよう。このように、可変費用（この場合労働）の一部がセットアップコストであると、生産関数は図2.20のようになり、グラフの下側（生産可能性集合）は凸になっていない。

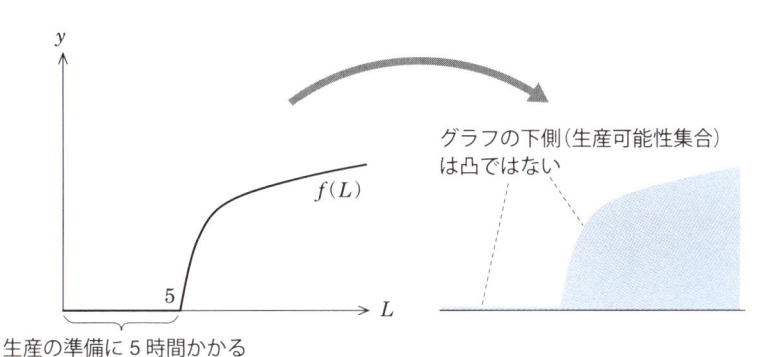

図2.20 セットアップが必要なケース

さらに、工場の建設費（固定費用）の一部は工場の売却や処分によって回収できるので、固定費用の一部はサンクされていない（＝回収可能である）としよう。このときの総費用は図2.21の（a）のようになる。

サンクされていない固定費用は、企業がその大きさを変えることができるという点では可変費用と似ている。そこで、サンクされていない固定費用と可変費用を合わせたものを、本書では広義の可変費用と呼ぶことにする。

セットアップコストやサンクされていない固定費があるようなより複雑なケースでは、広義の可変費用を生産量で割ったもの、つまり広義の平均可変費用が重要な役割を果たす。これを AVC（average variable cost）と表そう。このグラフはどのような形をしているのだろうか。そこで、図2.21の（b）を見てみると、AVC と MC の関係は基本的に前の①項で見た AC と MC の関係と同じであることがわかる。つまり、AVC は標準的なケースで見た平均費用曲線のようにU字型をしていて、その最低点を MC が通るのである。広義の平均可変費用 AVC は固定費用が入っていない分だけ平均（総）費用

(a)

図の説明: 縦軸 C、横軸 y。総費用曲線。$5w$ = 可変的生産要素（労働）の費用 = 可変費用、=サンクされていない固定費用、=サンクされた固定費用。可変費用＋サンクされていない固定費用＝広義の可変費用。

(b)

図の説明: （広義の）可変費用曲線、接線の傾き＝限界費用 MC、原点からの直線の傾き＝（広義の）平均可変費用 AVC、横軸：生産量。

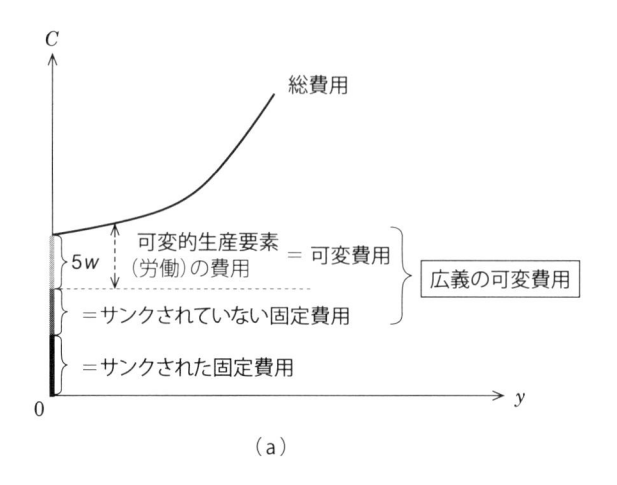

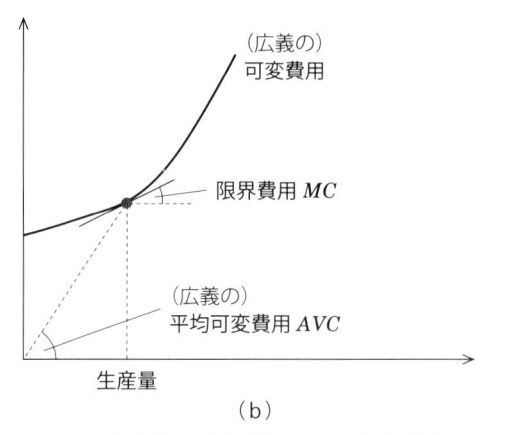

図2.21　より複雑なケースの費用

AC よりも低いので、すべてを合わせると図2.22のようになる。

このような費用関数の下で、供給曲線がどのような形をしているかを見てみよう。まず、そもそも生産をしたほうがよいかどうかを検討しよう。利潤の内訳を見ると、図2.23のようになっている。

つまり、収入（売り上げ）−広義の可変費用がプラスになる限り、生産をしたほうがよいことになる。収入（売り上げ）−広義の可変費用＞0という条件を、収入（売り上げ）が py に等しいことに注意して変形すると

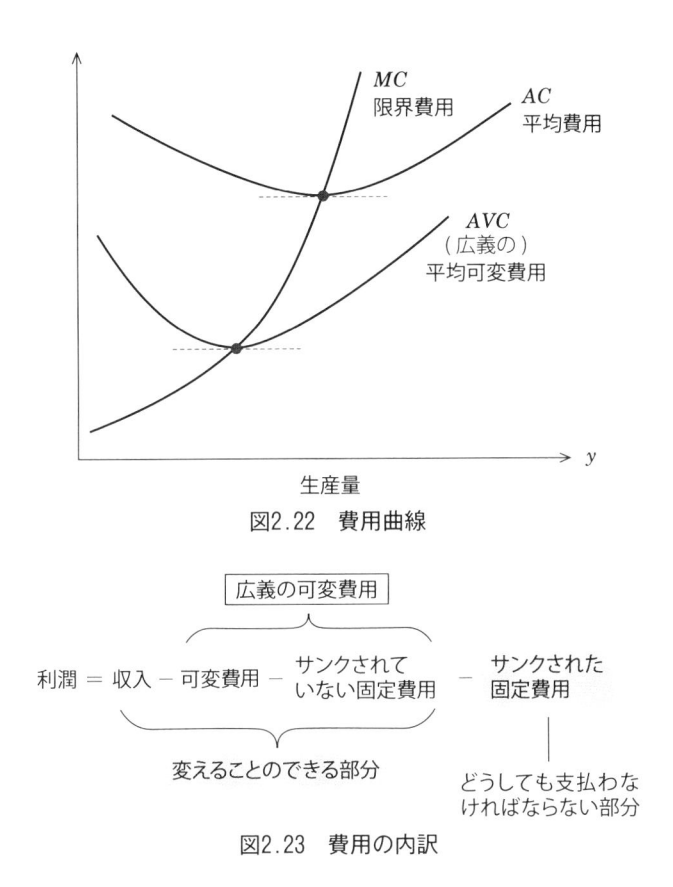

2.2節 生産要素が一つ（労働）の場合の企業行動

図2.22　費用曲線

図2.23　費用の内訳

$$p > 広義の可変費用/y = AVC \text{（広義の平均可変費用）} \tag{1}$$

となる。つまり、**価格が（広義の）平均可変費用を上回る限り、操業したほうがよい**のである。逆に、価格が平均可変費用を上回ることができなければ、生産しないほうがよい。このことを使うと、供給曲線が図2.24のようになることがわかる。図2.24の X のような低い範囲に価格があると、どのような生産量を行っても AVC は価格より高くなってしまう。つまり、操業するための条件(1)が満たされない。したがって、価格がこのような低い範囲にあるときは供給量はゼロとなる。一方、生産するほうが得な場合（つまり価格が X の範囲より高いとき）には、前項で見たように、価格と限界費用が一致する水準に生産量を定めるのが最適である。つまり、**より複雑なケースでも**

図2.24 供給曲線

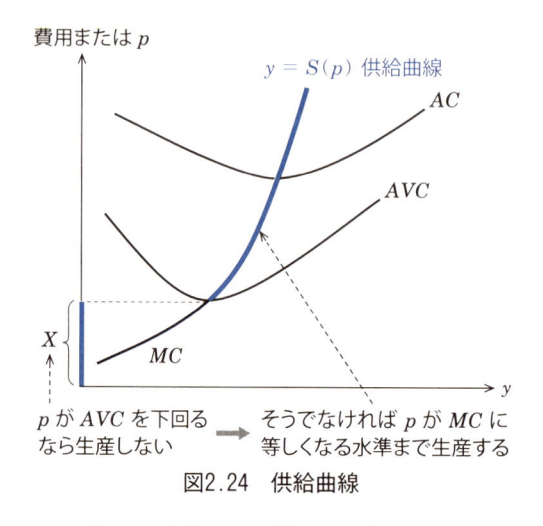

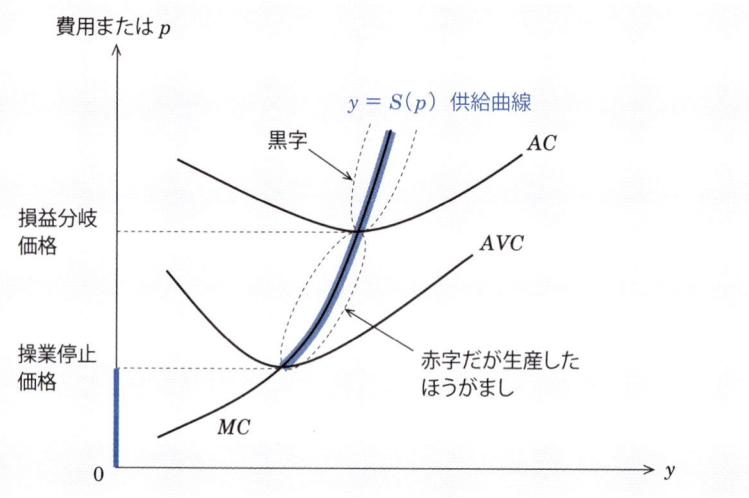

図2.25 費用曲線と供給関数の関係

基本的に供給曲線は限界費用曲線に等しいが、価格があまりに低い場合はこの関係が崩れて生産量ゼロが最適になるわけである。

さらに、図2.24に赤字と黒字の分かれ目を書き加えてみよう。黒字になるのは価格が平均（総）費用ACを上回る場合である。したがって、すべてを書き込んでみると、より複雑なケースでは供給曲線と費用関数の関係は図2.25のようになる。ACの最低値が赤字と黒字を分ける価格で、これが①項です

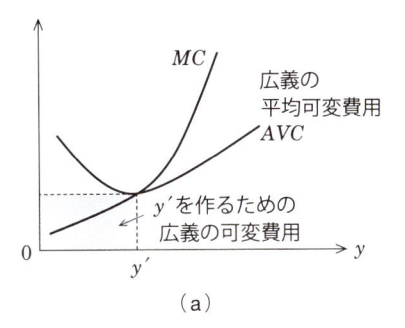

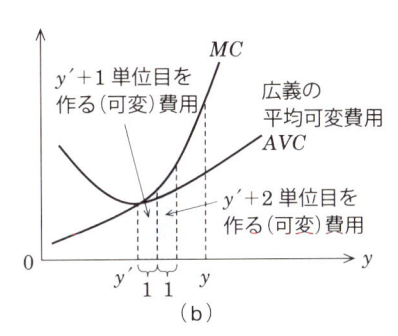

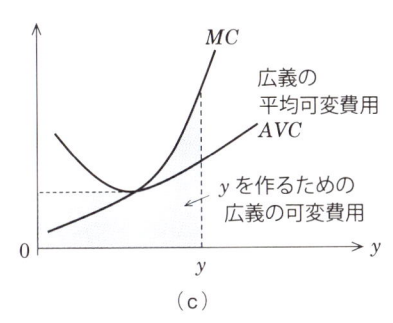

2.2節 生産要素が一つ（労働）の場合の企業行動

図2.26 広義の可変費用と供給関数

でに説明した損益分岐価格である。一方 AVC の最低値は、操業をするか否かを決める価格なので、操業停止価格と呼ばれる。

最後に、より複雑なケースで供給曲線と利潤の関係を見てみよう。まず、ある生産量 y を作るためにかかる広義の可変費用（可変費＋サンクされていない固定費）と供給曲線の関係を見てみよう（図2.26）。

まず、y' だけの生産量を作るのに必要な広義の可変費用は、

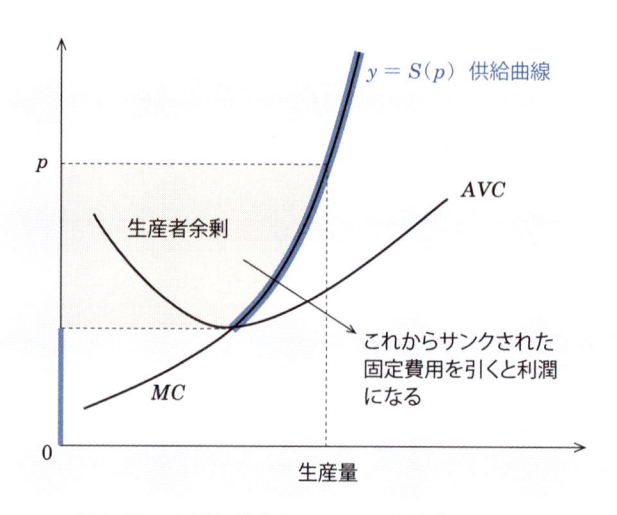

図2.27　より複雑なケースでの供給曲線と利潤

$$AVC \times y' = 図2.26の(a)の四角形の面積$$

で表される。ここからさらに生産を増やして、生産量が y に達するまでに追加的に必要な可変費用を供給曲線から求めるには、供給曲線が限界費用に等しいことを使えばよい。つまり、生産を y' から1単位、2単位…と増やしてゆくと、限界費用曲線の下側の面積だけ費用がかかってゆく（図2.26の(b)）。以上をまとめると、生産量 y を作るのに必要な広義の可変費用（可変費用＋サンクされていない固定費用）は図2.26の(c)のようになる。この広義の可変費用を、売り上げから差し引いたものが生産者余剰で、これは図2.27の灰色の領域になる。これからさらにサンクされた固定費用を差し引けば、利潤が求まるわけである。

つまり、セットアップのための可変費用が必要で生産可能性集合が凸でない場合や、固定費用の一部がサンクされていないようなケースでも、**供給曲線の左側の面積が生産者余剰になる**わけである。

（d）費用曲線の実例

限界費用曲線と平均費用曲線を図示したミクロ経済学の教科書は星の数ほどあるが、現実の企業の費用曲線が載っているものを著者は見たことがない。

ふつう例えば物理の教科書であれば、ニュートンの運動法則の説明の後で、放り投げたボールが法則通りにきれいな放物線を描いて落ちていくストロボ写真が載っている。このような現実例が教科書にあまりに載っていないことが、「経済学は現実離れしたモデルを使う机上の空論である」という誤解を生む原因ではないであろうか。そこで、ここでは東北電力の費用構造を詳しく調べ、その費用曲線を示すことにする。

事例2.2　東北電力の費用曲線[6]：電力会社の短期（数時間～数カ月）の可変費用は、ほぼ燃料費と見てよいでしょう。その他の費用（労務費、修繕費、設備費）などは、数時間～数カ月の短期ではほぼ固定費とみなすことができます。さて、東北電力は多数の発電所（プラント）を持っており、その燃料費はプラントによって異なります。まず、水力発電所については、放水すれば発電できるので燃料費（可変費用）はほぼゼロです。原子力発電所も、ひとたび臨界反応が起こるとあとは放っておいても発電が続くので、やはり短期の可変費用はほぼゼロです。いっぽう火力発電所では、電力量の単位である１キロワットアワー（kWh）当たりほぼ一定の燃料費で発電できるので、各火力発電所においては、限界費用が図2.28のように発電能力の限界（キャパシティ）に達するまでは一定で、キャパシティに達するとそれ以上発電できなくなります。

　この、各火力発電所の１kWh当たりの燃料費とキャパシティは、公表データから計算できます。さて、東北電力は、効率のよい（発電費用の安い）プラントから先に使っていくはずです。そこで、**個別の発電所の限界費用を低いほうから順番に並べてゆけば、東北電力全体での限界費用が求まります**。これをまとめたのが表2.1です。各プラントの利用率を見ると、確かに限界費用が低いものほど利用率が高くなっています。

　鋭い読者はもう気が付いたかもしれませんが、東北電力で起こっていることは事例2.1で見た部品組み立て工場で起こっていることと同じです。われわれの組み立て工場には、生産性の高いほうから機械Ａ（新品）、Ｂ（旧式）、Ｃ（ボロ）の三つがありました。生産性が高いということは、限界費用が低いということで、われわれの組み立て工場では価格が低い

---

[6] この事例の作成にあたって、野村総合研究所の蓮池勝人氏に全面的にご協力いただきました。

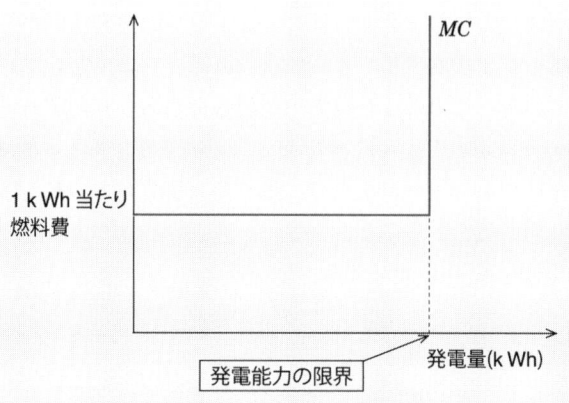

図2.28 各火力発電所の限界費用

発電方式	発電所	発電能力 千kWh	累積発電能力 千kWh	限界費用 円/kWh	暦時間 利用率%
原子力		2,077	2,077	0	
水力		2,896	4,973	0	
石炭火力	原町	1,896	6,869	1.6	81.4
石炭火力	能代	1,134	8,003	1.7	77.9
石炭火力	仙台	476	8,479	1.8	69.5
LNG火力	東新潟	3,717	12,195	5.1	63.3
LNG火力	新仙台	578	12,773	6.3	45.6
LNG火力	新潟	477	13,250	6.9	34.5
石油等火力	新仙台	328	13,578	7.1	19.3
石油等火力	八戸	457	14,034	7.9	19.5
石油等火力	秋田	1,495	15,529	8.3	10.9

データ出所）資源エネルギー庁『電力需給の概要』2002年、有価証券報告書

表2.1 東北電力の費用構造（2001年度）

ときは限界費用の低い機械Aを使い、価格が上がっていくに従ってより限界費用の高いBやCも稼働されることになります。われわれの見た組み立て工場で、機械がA→B→Cの順に稼働されていくのと同じように、東北電力ではさまざまな発電所（プラント）が限界費用の低い順に稼働されていくわけです（表2.1の稼働率と限界費用の関係を見返してみると、たしかにこうなっていることがわかります）。

さて、表2.1にある東北電力の限界費用をグラフにすると、図2.29のよ

うになります。

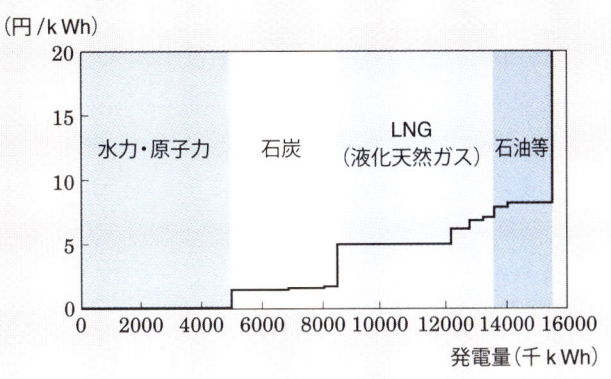

図2.29　東北電力の限界費用曲線

では、平均費用曲線はどうなっているのでしょうか。2001年度では、1時間当たりの平均発電量は876万5千kWhで、プラントから出力される1kWh当たりの平均費用は12.3円でした。このことから推計した平均費用曲線を書き加えてみると、図2.30のようになります[7]。

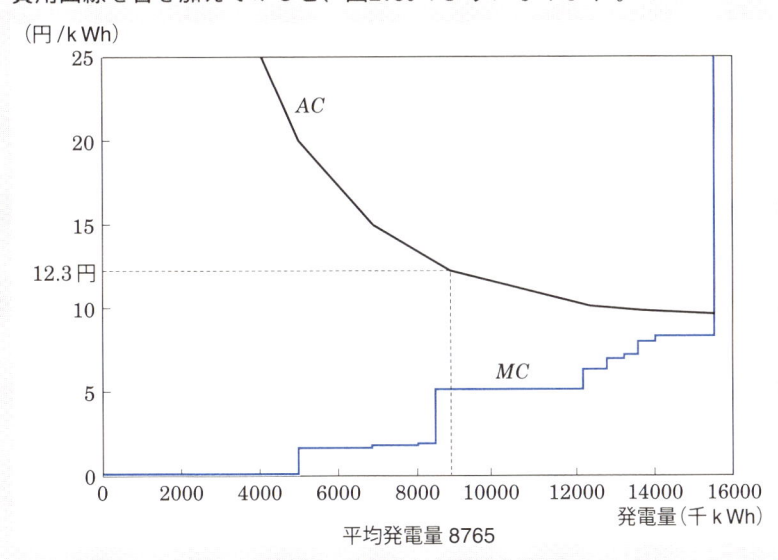

図2.30　東北電力の費用曲線

これが、平均費用と限界費用の実例です。発電所では巨大な固定費用がかかるので、平均費用ACがかなり高い位置に来ていることに注意してください。

2.3　生産要素が二つ（労働と資本）の場合の企業行動

つぎに、二つの生産要素、労働（L）と資本（K）を使って生産物 y を作るケースを考えよう。**資本**とは、工場・機械・運送トラックなどの固定的な生産設備、つまり一度購入すれば多期間にわたって生産に使えるような財をさす。この場合の生産関数を $y=F(L,K)$ と書こう。例えば、この企業は引越し業者であり、労働 L と資本 K（運送トラック）を使って引越しサービス y を提供すると考えると、イメージがつかみやすいだろう。図2.31は典型的な生産関数の形状を示したものである。

生産関数のグラフの下側を、**生産可能性集合**という。ここで、生産の理論ではすべての生産要素の量を自由に変えられるのを「長期」、一部の生産要素が固定されているのを「短期」と呼んだことを思い出そう。もし生産に必要な要素が L と K だけだとすると、$y=F(L,K)$ が表すのは資本と労働の両方の量を自由に調整できる**長期の生産関数**ということになる。これに対して、資本の量がある水準 $\bar{K}$ に固定されている**短期の生産関数**は、$f(L)=F(L,\bar{K})$ と表される。

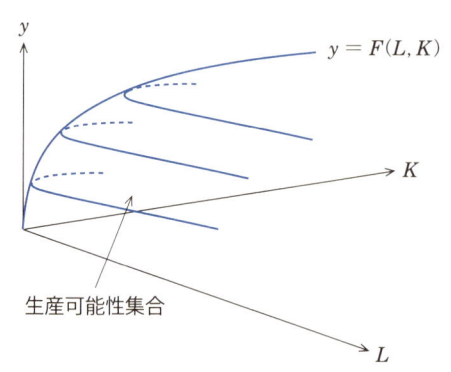

図2.31　生産要素が二つのときの生産関数

7　賢い読者は、価格12.3円と限界費用が一致するところよりはるかに小さい生産量が平均生産量になっており、東北電力は完全競争企業のようにふるまっていないことに気が付くかもしれません。その理由は、電力産業が政府によって規制されているからです。これについては、第5章で詳しく説明します。

(a) 規模に対する収穫

いま、すべての生産要素の量が調整できる長期を考えて、すべての生産要素の量を2倍にしたらどうなるかを考えよう。はたして、生産量も2倍になるだろうか？　答えは、その企業が持っている生産技術の特色によって決まる。このことを調べるために、一般にすべての生産要素が $t>1$ 倍に増えたときの生産量の動きを見てみよう（生産要素が増えるときを考えるので、t が1より大きい場合を見るのである）。

すべての生産要素の量が $t>1$ 倍になったとき、
- 生産物もちょうど t 倍増えるなら、
  収穫一定（constant returns to scale）
- 生産物が t 倍より多く増えるなら、
  収穫逓増（increasing returns to scale）
- 生産物が t 倍未満しか増えないなら、
  収穫逓減（decreasing returns to scale）

という。

どのケースに当たるのかを調べるには、図2.32が示すように、(L, K) 平面で原点を通る直線を考え、この線の上の生産関数の動きを見ればよい。

　すべての**生産要素が本当にあますところなく生産関数に入っていれば、収穫逓減はあり得ない**。例えば、まったく同じ工場を二つ作り、まったく同じ労働者と設備、原料を用意すれば、生産は2倍にはなるはずである。2倍にならないとすれば、2倍になっていない隠れた生産要素（経営者の能力など）があることになる。一方、場合によっては生産要素を2倍にしなくても、生産物が2倍になることがある。例えば、先に考えた二つの工場をくっつけて建てれば、二つの工場を隔てる壁を作る必要がないので、工場の建設費を節約できるだろう。このように、規模を拡大すればコストを削減できるのが収穫逓増の場合である。収穫逓増が強く働く場合には、規模を拡大するほどコスト条件が有利になるので、大きな企業はライバルに勝ってますます大きくなり、市場は独占化に向かうだろう。したがって、収穫逓増は完全競争とは両立しないことになる。

(a) 収穫一定

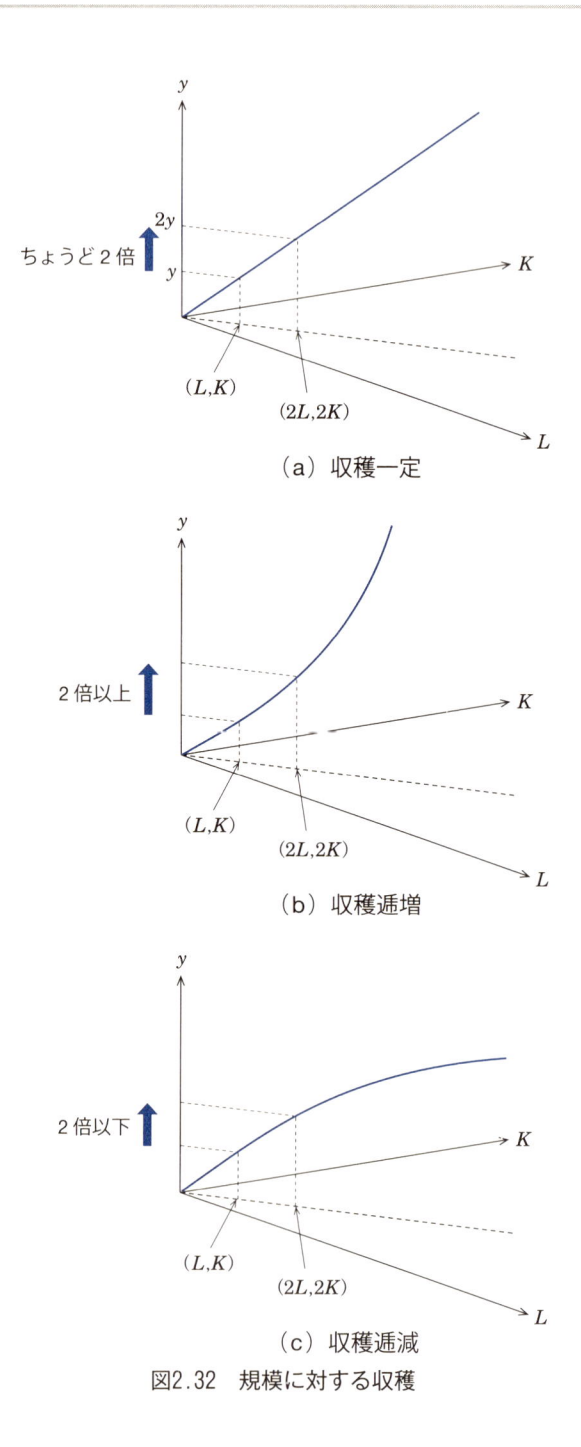

(b) 収穫逓増

(c) 収穫逓減

図2.32　規模に対する収穫

(b) 生産要素間の代替と技術的限界代替率

生産関数の等高線に当たるものを見ると、その企業がもっている技術の特色がよくわかる。図2.33の左下のグラフは、同じ生産量 $y=10$ を達成するさまざまな生産要素の組み合わせを表すもので、**等量曲線（isoquant）** と呼ばれる。

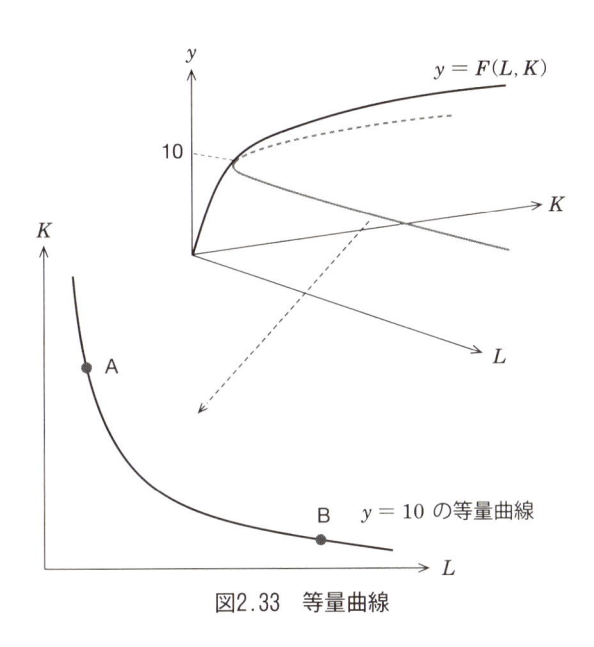

図2.33　等量曲線

引越し業を例にとると、$y=10$ 件の引越しをするためには、図2.33のA点のように K（トラック）をたくさん使ってやる方法（資本集約的な生産方法）もあれば、B点のようにトラックはあまり使わず L（労働）をたくさん使う人海戦術（労働集約的な生産方法）もある。AからBへ生産のやり方を変えることは、労働を増やして資本（トラック）を節約することであり、経済学の言葉でいえば、これは**「資本を労働で代替する」** ことなのである。こうした生産要素間の代替関係を詳しく調べたのが図2.34である。図のA点で労働を1単位増やすと、前と同じ生産量 $y=10$ を達成するのにトラック K を節約できる[8]。その量を示したのが図2.34の a である。

この a の大きさは、**労働を1単位増やすことで節約できる資本の量**を表し、労働の資本に対する**（技術的）限界代替率**といい、MRS_{LK} と表記する[9]。図

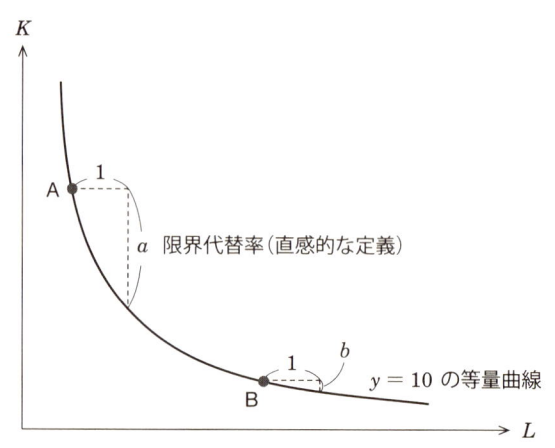

図2.34 （技術的）限界代替率逓減の法則

2.34の a を限界代替率とするのは直感的な定義であり、数学モデルの分析でより使いやすい限界代替率の数学的な定義はこのあとで述べる。A点は、トラックがたくさんある割には人手が足りない状態なので、労働者が1人増えれば引越しが大変はかどる。したがって、トラックの使用量をたくさん減らせることになる（$a = $ 限界代替率は大きい）。一方、B点は人手は十分足りている状態なので、あと1人労働者を増やしても、あまりトラックは節約できない。つまり、ここでは限界代替率(b)は低くなっている。このように、労働の投入量が増えるに従って労働の資本に対する限界代替率が減ること（つまり等量曲線が原点に向かって凸の形をしていること）を、**（技術的）限界代替率逓減の法則**という。

つぎに、数学を使ったモデル分析をする際により使いやすい形で、限界代替率を定義しなおしておこう。数学的には、

---

8 トラックの量は1台、2台と大きく飛び飛びに変化するのでこのような微調整を考えるのには向かないように見えるが、K をトラックの使用時間と考えれば（トラックをレンタカー会社から借りることをイメージするとよい）、ここでの議論で仮定しているように K は連続的に変化し得るものとなる。

9 「技術的」という言葉をつけることがあるのは、無差別曲線の傾きを表す限界代替率と区別するためである。

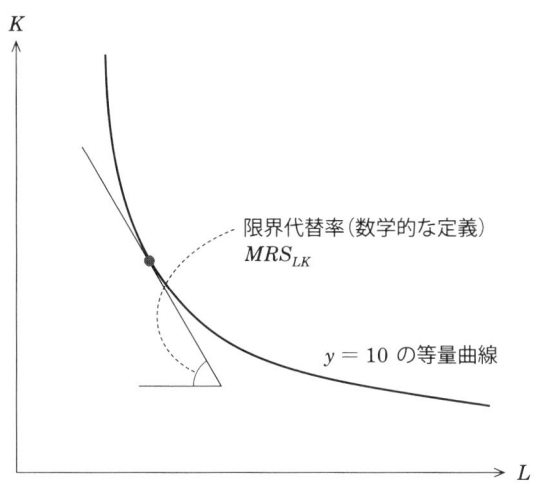

図2.35 （技術的）限界代替率の数学的な定義

$$\text{等量曲線の（接線の）傾きの大きさ} = \text{（技術的）限界代替率}$$

と定義する（図2.35）。（接線の傾きは負ですが、ここではマイナスの符号を取り除いてその大きさ（絶対値）を考えます。）

これは、消費の限界代替率と同じく、つぎのようにして計算できる。いま、労働をわずかに増やし（$dL>0$）、資本をわずかに減らした（$dK<0$）ときの生産の変化は

$$dy = \frac{\partial F}{\partial L}dL + \frac{\partial F}{\partial K}dK$$

である。労働の増加の効果と資本の節約の効果がちょうど打ち消し合って生産量が変わらないような場合（$dy=0$）を考えると、

$$0 = \frac{\partial F}{\partial L}dL + \frac{\partial F}{\partial K}dK$$

となり、これを変形すると

$$-\frac{dK}{dL} = \frac{\partial F/\partial L}{\partial F/\partial K}$$

となる。左辺は y を一定に保つような K の変化と L の変化の比なので、これを

$$-\left.\frac{dK}{dL}\right|_{y=\text{一定}}$$

と書くことにしよう。これは等量曲線の傾きの大きさ、つまり限界代替率にほかならない。したがって、つぎの関係が成り立つことがわかった。

$$MRS_{LK} = -\left.\frac{dK}{dL}\right|_{y=\text{一定}} = \frac{\partial F/\partial L}{\partial F/\partial K}$$

（技術的）限界代替率 　　　　限界生産性の比

(c) 利潤最大化

労働と資本が生産要素の場合について、利潤最大化の条件を求めてみよう。この場合の利潤 π は、つぎのように表される。

$$\text{利潤}\ \pi = py - wL - rK$$

ここで、p は生産物価格、w は賃金である。少し注意を要するのは、「資本 K の価格」に当たる r である。例えば上の式の利潤が引越し業者の1日の利潤を表し、K がトラックだとすると、r はトラックの購入代金のように思われるが、そのように考えるのは適当ではない。というのは、購入したトラックは今日1日だけでなく将来長く使えるので、r はトラックの購入費用を適当な方法で1日当たりに日割りしたものとするのが妥当だろう。よりすっきりした解釈ができるのは、トラックをレンタカー会社から借りている場合である。この場合 r は、トラックを1日借りるときのレンタカー代である[10]。いずれにしても、1期間の利潤計算で使う r とは、資本の購入代金そのものではなく、**資本 K を1期間使用するための費用**であり、これを資本の**レンタルプライス**という。

すると、完全競争的な企業の利潤最大化問題はつぎのようになる。

$$\max_{L,K}\ pF(L,K) - wL - rK$$

---

10 あるいは、自分のトラックを貸し出した際に得られるレンタカー代と思ってもよい。これは、「機会費用」という考え方で、詳しい説明は第3章3.1節(b)項で行う。

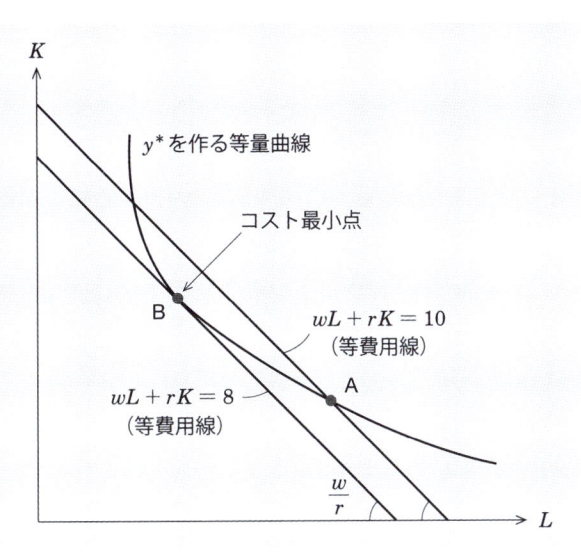

2.3節 生産要素が二つ（労働と資本）の場合の企業行動

図2.36 コスト最小化

この利潤最大化問題の解を、$L^*, K^*, y^* = F(L^*, K^*)$ と書くことにする。このとき、利潤最大化の条件がどのようになるのかを、詳しく調べてみよう。

まず、利潤最大化をしているなら、(L^*, K^*) は生産量 y^* を作るのに最もコストの低い生産方法になっているはずである。そこで、y^* を生産するためのコスト最小化問題を考えよう。図2.36には、一定の生産量 y^* を達成するさまざまな L と K の組み合わせである等量曲線が描かれている。この曲線の上でコストが一番低い点はどこだろうか。

図2.36のA点での生産コストは10である。等しい生産コスト10を与えるさまざまな L と K の組み合わせは、$wL + rK = 10$ という**等費用線**で表される。これを

$$K = -\underbrace{\frac{w}{r}}_{\text{傾き}} L + \frac{10}{r}$$

と変形してみるとわかる通り、**等費用線の傾きの大きさは要素価格比 w/r**である。

さて、図のA点からB点に移ると、生産コストは10から8まで下がる。B点では、等量曲線と等費用線が接しているので、等量曲線上をどちらに動いてももはやコストをそれ以上下げることができない。つまり、Bがコスト最

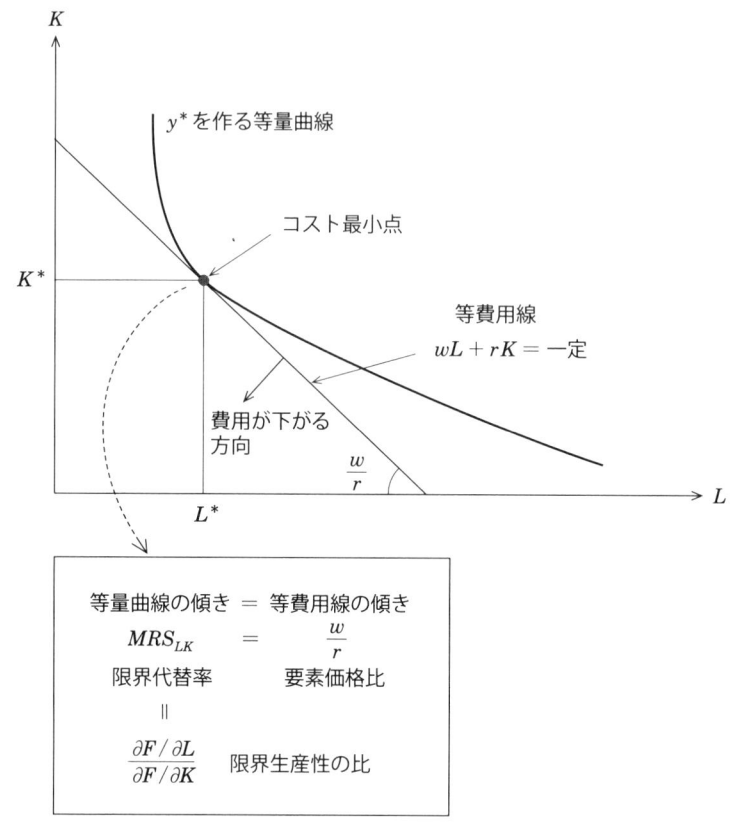

図2.37 利潤最大化条件(2)（コスト最小化）

等量曲線の傾き ＝ 等費用線の傾き
$$MRS_{LK} = \frac{w}{r}$$
限界代替率　　　要素価格比
$$\| $$
$$\frac{\partial F/\partial L}{\partial F/\partial K}$$　限界生産性の比

小点なのである。以上をまとめると、利潤最大化条件の一部である費用最小化条件は、図2.37のように書ける。

さらに、生産技術と利潤最大化条件の関係をより詳しく調べるために役に立つ、数学的手法の準備をしよう。

経済学でよく使う数理の道具箱	凹関数と凸関数
	経済モデルでは、つぎの図2.38のような形の関数がしばしば登場する。これは、xが増えると急激にその値$f(x)$が上昇するような関数で、たと

えば2.2節で考察した（総）費用関数 C はこの形をしていた。こうした関数の特徴は、グラフの上側が「へこんでいない集合」になっていることであり、このような集合を「凸集合」と呼んだことを思い出そう[11]。図2.38のように、**グラフの上側が凸集合になっているものを凸関数**という。これとは逆に、図2.39のように**グラフの下側が凸集合になっているものを、凹関数**という。このような関数も経済分析で頻繁に登場する。例えば、2.2節でみた短期の生産関数 $y = f(L)$ はこのような形をしていたことを思い出してほしい。やや細かい注意であるが、定義から1次式の関数は凸関数でもあり、凹関数でもある（図2.40：あとでこのことをちょっと使います）。

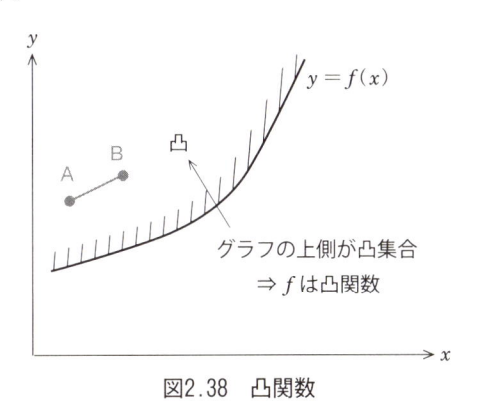

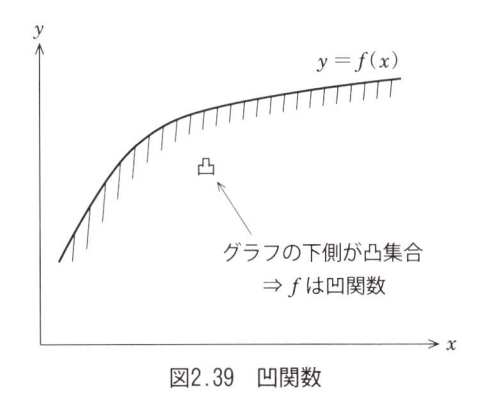

図2.38　凸関数

図2.39　凹関数

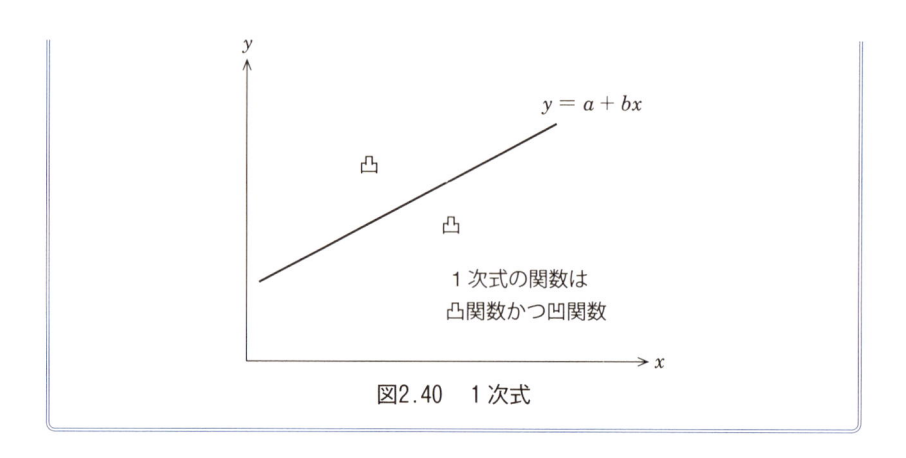

```
         y
         │                    y = a + bx
         │              ╱
         │        凸 ╱
         │        ╱
         │      ╱  凸
         │    ╱
         │  ╱       1次式の関数は
         │╱        凸関数かつ凹関数
         └──────────────────── x
              図2.40  1次式
```

ミクロ経済学では、

生産関数は凹関数である

(つまり、生産関数のグラフの下側である**生産可能性集合は凸集合**である)

と考えることが多い（図2.41）。このように考える理由は、これまでに紹介した**生産技術が通常満たすであろうさまざまな性質が、生産関数が凹関数であることから導かれる**からである。

①まず、生産関数のグラフを L 軸と平行な平面で切り取ってみると、資本の量 K を一定にしたときの L と y との関係、つまり短期生産関数のグラフが得られる（図2.42）。

　生産関数が凹関数だと、この短期生産関数のグラフも上に凸の形になる。これはすなわち、労働の**限界生産性が逓減**する（または一定である）ことを表す。

②また、生産関数 F が長期の生産関数であると考えて、そのグラフを原点を

11　凸集合は第1章で学んだが、その定義を復習しておこう。集合のなかの任意の2点A，Bを取ったとき、その加重平均（＝AとBの中間にある点）$tA+(1-t)B$ $(0\leq t\leq 1)$ もかならずその集合に含まれているようなものを、凸集合というのである。図2.38のグラフの上側は、この条件を満たしていることがわかるだろう（図のAとBを見てください）。

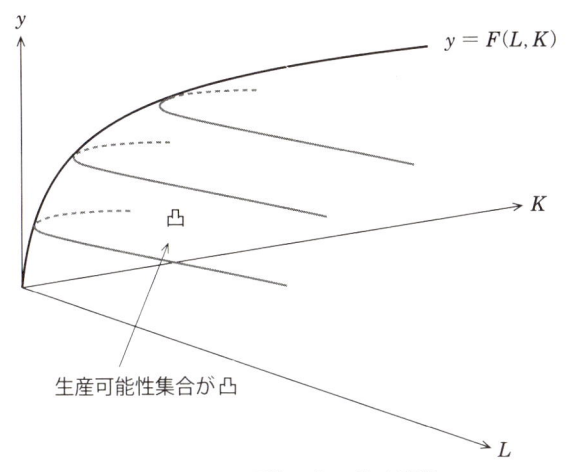

figure2.41の説明の後、

図2.41　凹関数である生産関数

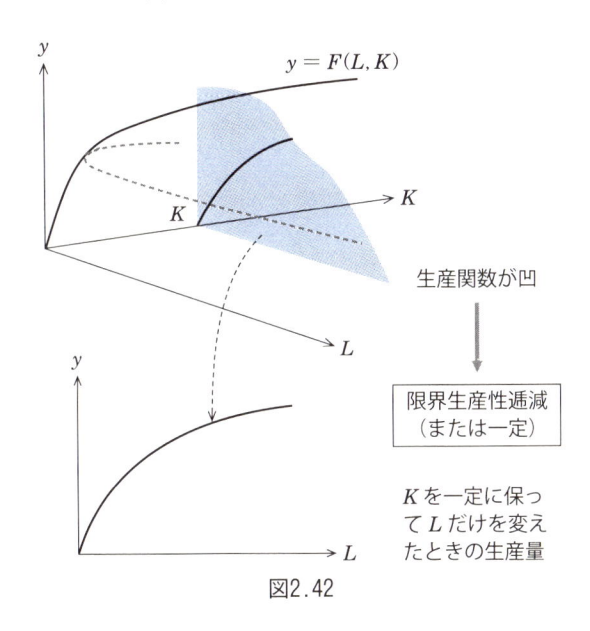

図2.42

- 生産可能性集合が凸
- 生産関数が凹
- 限界生産性逓減（または一定）
- Kを一定に保ってLだけを変えたときの生産量

通る直線に沿って切ってみると、生産関数が凹ということは**収穫逓減または一定**を意味することがわかる（図2.43）。本節(a)項で見たように、収穫逓増は完全競争と両立しないので、完全競争分析で扱う生産関数は収穫一定か逓減である。さらに、生産関数に本当にすべての生産要素が入っていれば、収穫逓減はあり得ないので、**ミクロ経済学で使う長期の生産関数は収穫一定と**

図2.43

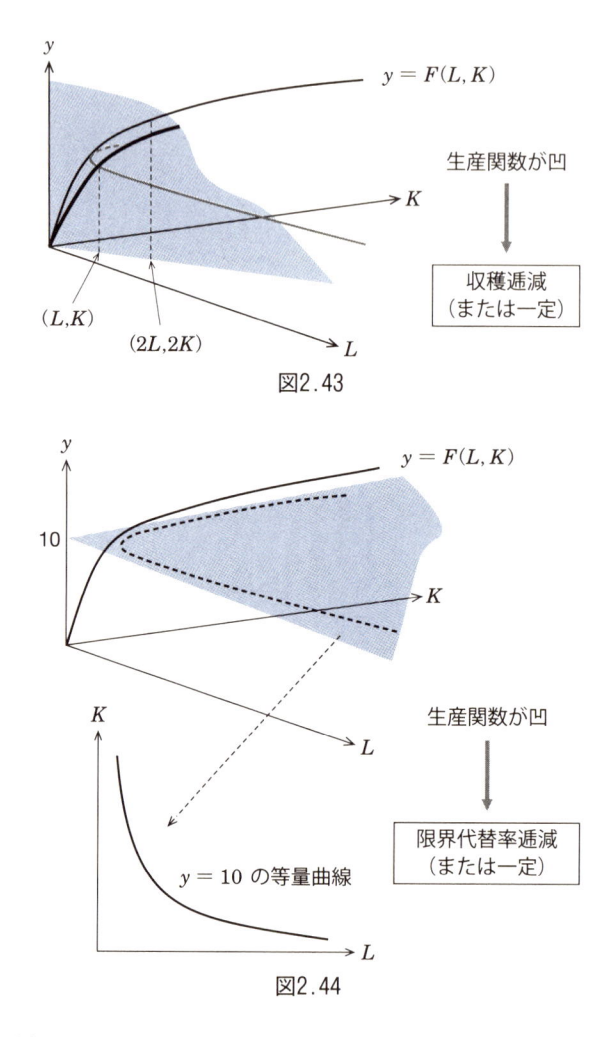

図2.44

することが多い。

③最後に、生産関数のグラフを $y=10$ の高さの水平面で切り取ってみると、$y=10$ を生産する等量曲線が得られ、生産関数が凹ならば等量曲線は原点に向かって凸の形になる。これは、**限界代替率逓減の法則**を表している（図2.44）。

経済学でよく使う 数理の道具箱	凹関数の式による定義

つぎに、凹関数を数式を使って定義してみよう。これは、ある関数が凹関数であるかどうかを判定するときに役に立つ（つぎに議論する利潤最大化条件でさっそくこれを使います）。関数 f が凹関数なら、そのグラフは上に向かって凸の形をしている（図2.45）。

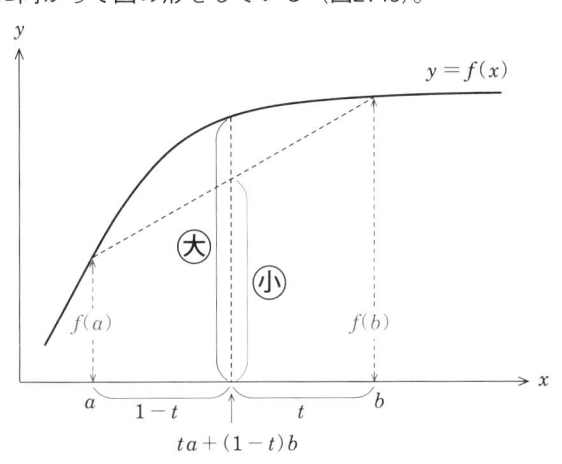

図2.45 凹関数の式による定義

この図で、㊐と書いてあるのは、$x = ta+(1-t)b$ での f の値だから、
$$㊐ = f(ta+(1-t)b)$$
である。また、㊦は、図の $f(a)$ と $f(b)$ の加重平均なので
$$㊦ = tf(a)+(1-t)f(b)$$
である。㊐ ≥ ㊦ なので、以上をまとめると、つぎのようになる。

すべての a、b と $0 \leq t \leq 1$ を満たすすべての t について
$$f(ta+(1-t)b) \geq tf(a)+(1-t)f(b)$$
が成り立つような関数 $f(x)$ を、凹関数という。

このことから、

f と g が凹関数なら、$f+g$ も凹関数である   (2)

ことがただちにわかる（練習問題として、やってみましょう）。

図2.46　利潤最大点

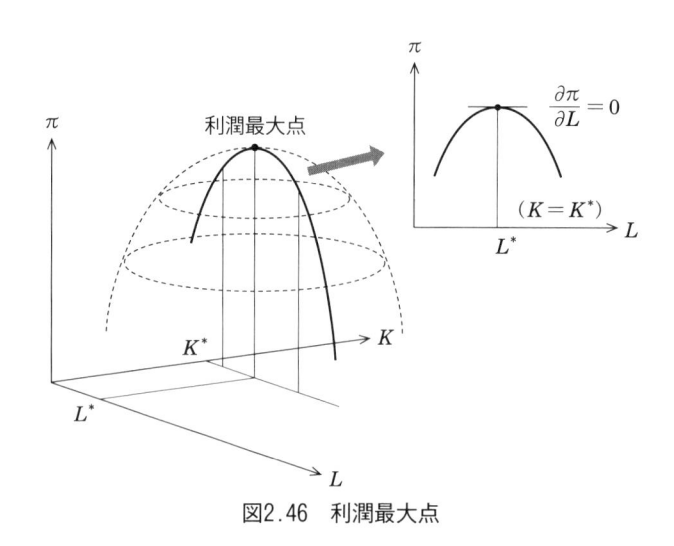

以上をふまえて、利潤最大化条件を求めてみよう。生産関数が凹関数だとすると、

$$\text{利潤 } pF(L, K) - wL - rK$$

は凹関数になる。その理由は、$pF(L, K)$ は凹関数であり、$-wL - rK$ も1次式つまり凹関数なので、両者の和である利潤は(2)より凹関数になるわけである。したがって、利潤のグラフは上に凸形のきれいな形をしていることになる[12]（図2.46）。

利潤のグラフの頂点はどのような特徴を持っているであろうか。利潤のグラフを、図2.46にあるような平面で切りとると、資本を K^* に止めたときの利潤 π と L の関係を表すグラフが得られる（図2.46の右上の小さなグラフ）。このグラフの頂点が利潤最大点に当たる。グラフの頂点の条件は、接線の傾きがゼロということであり、このグラフの接線の傾きは（偏）微分 $\partial \pi / \partial L$ な

---

[12] **非常に細かい注意**：生産物の価格 p があまりに高いと、作れば作るほど**利潤が無限に増えて**いって、利潤最大点がないこともあり得る。しかしそのような場合には、生産物市場は財があふれ出した超過供給状態になるため、いずれ p は下がり、「作れば作るほど無限に利潤が上がる」ような異常な状態はなくなるだろう（利潤最大点がちゃんとあるようになる）。このように、均衡状態では必ず利潤最大点があるように価格が調整されるのである（そのような均衡価格が本当にあるかどうかは、第3章で解説します）。

ので、利潤の頂点の条件の一つは $\partial \pi/\partial L = 0$ である。同様のことを労働を L^* の水準に止めたときの K と利潤 π の関係を表すグラフで考えると、利潤最大化のもう一つの条件 $\partial \pi/\partial K = 0$ が得られる。つまり、利潤最大化の条件は

$$\begin{cases} \dfrac{\partial \pi}{\partial L} = 0 \\ \dfrac{\partial \pi}{\partial K} = 0 \end{cases} \tag{3}$$

となる。ここで、厳密性にこだわる人のために、やや細かい注意をしておこう。

コメント 2.3 **最大化条件についての注意**：上で述べた利潤最大化条件(3)式の、より正確な理解のために、数学的に細かい注意を二つ挙げておきましょう。

① **端点解**　いま、レンタカー代があまりに高く、トラック (K) を使わないのが最適であったとしましょう。すると、最適点 ($K^* = 0$) では利潤の頂点であるという条件（＝利潤のグラフの接線が水平であるという条件　$\partial \pi/\partial K = 0$）が一般には成り立ちません。このような場合を**端点解**といいます（図2.47）。

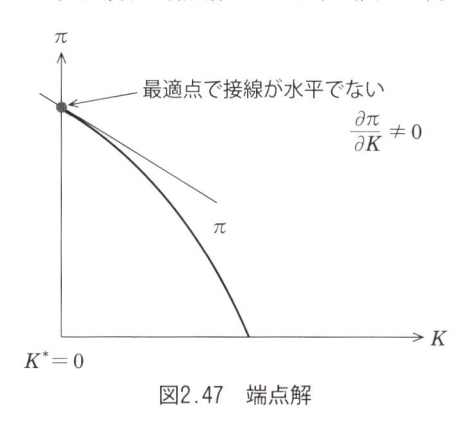

図2.47　端点解

端点解ではなく、K も L も両方使っている場合を**内点解**といいます。したがって、利潤最大化条件(3)式は、正確にいうと内点解の条件です。

② **必要条件と十分条件**　図2.46を見ればわかる通り、**生産関数 F が凹関数**なら、利潤も凹関数なので、そのグラフは上に凸の形をしています。したがって、**頂点は一つしかない**ので、山の頂点である（条件(3)式が成り立つ）ということと利潤最大化する内点解であることは同じです。

$$\text{利潤最大化の内点解} \Leftrightarrow \text{頂点の条件(3)}$$

上の関係が成り立つとき、「条件(3)式は利潤最大化する内点解の**必要十分条件**である」といいます。

　しかし、生産関数が凹でなく、利潤のグラフが上に凸にならない場合は、図2.48のように山の頂点が複数あることがあります。この場合は、内点解の最適点は頂点（のうちの一つ）である（条件(3)式が成り立つ）が、山の頂点であるからといって利潤最大点であるとは限りません。

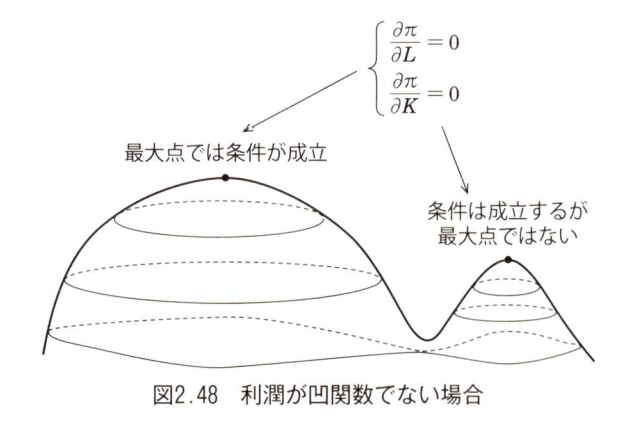

$$\begin{cases} \frac{\partial \pi}{\partial L} = 0 \\ \frac{\partial \pi}{\partial K} = 0 \end{cases}$$

最大点では条件が成立

条件は成立するが最大点ではない

図2.48　利潤が凹関数でない場合

つまり、生産関数が凹でなく、利潤が凹関数でない場合には

$$\text{利潤最大化の内点解} \Rightarrow \text{頂点の条件(3)} \quad (\text{A})$$

は成り立ちますが

$$\text{利潤最大化の内点解} \Leftarrow \text{頂点の条件(3)} \quad (\text{B})$$

は必ずしも正しくありません。関係(A)が成り立つとき、「条件(3)式は利潤最大化

する内点解の**必要条件**である」といいます。これに対して、(B)の場合を**十分条件**といいます。

以上をまとめると、つぎのようになります。

・生産関数が凹関数の場合は、

$$\begin{cases} \dfrac{\partial \pi}{\partial L} = 0 \\ \dfrac{\partial \pi}{\partial K} = 0 \end{cases}$$

は利潤最大化する内点解の**必要十分条件**である。

・生産関数が凹関数でないときは、上の条件は利潤最大化する内点解の**必要条件であるが、十分条件ではない。**

さて、もとに戻って利潤の頂点を表す条件(3)式の微分を計算すると、$\pi = pF(L, K) - wL - rK$ なので、

$$\begin{cases} 0 = \dfrac{\partial \pi}{\partial L} = p\dfrac{\partial F}{\partial L} - w \\ 0 = \dfrac{\partial \pi}{\partial K} = p\dfrac{\partial F}{\partial K} - r \end{cases}$$

となる。これを整理すると、つぎのような利潤最大化の条件が得られる。

$$\begin{cases} p\dfrac{\partial F}{\partial L} = w \\ p\dfrac{\partial F}{\partial K} = r \end{cases} \tag{4}$$

限界生産物の価値　　要素価格

利潤最大化条件（３）

この式の意味を直感的に理解しておこう。ある生産要素（例えば L）の量をわずかに（１単位）増やすと、売り上げは限界生産物の価値だけ増える（＝ $p \times$ 産出物の増加 ＝ $p(\partial F/\partial L)$）。一方、そのためには生産要素の価格（w）だ

けコストが増える。したがってもし、前者が後者を上回れば、その生産要素を増やすと利潤が増えることになる。逆の場合は、その生産要素を減らせば利潤が増える。利潤最大点ではこのような調整の余地がもはやないはずなので、両者（限界生産物の価値と要素価格）は一致しなければならない。

ここで、利潤最大化条件(3)の上の式の両辺を下の式の両辺で割ってみると、

$$\frac{\partial F/\partial L}{\partial F/\partial K} = \frac{w}{r} \tag{5}$$

という、p.124で見た利潤最大化条件(2)（＝コスト最小化条件）が出る。つまり、利潤最大化条件は(3)がすべてであり、コスト最小化の条件はこれから導けるのである。その理由は簡単で、「利潤を最大化していれば、当然コストを最小化しているから」なのである。

では、こうして導いた利潤最大化の条件は、現実の経済について何かを教えてくれるのであろうか？　応用例として、要素価格の国際比較を考えてみよう。

> **事例2.3　要素価格の国際比較**：利潤最大化条件(3)やそれから導かれる(5)式によると、生産要素の価格はその生産要素の限界生産性に比例します。さらに、ある生産要素の限界生産性は、それが他の生産要素に比べて比較的豊富にあるときに低くなります。例えば、資本設備が一定の場合、労働の量を増やしていくと労働の限界生産性は低下するわけです（これが、2.2節で学んだ限界生産性逓減の法則です）。
>
> このことから考えると、資本設備に比べて労働が豊富な国（発展途上国）は、賃金 w が資本のレンタルプライス r に比べて低くなっていると予想されます。図2.49は、この予想がおおむね正しいことを示しています[13]。

---

[13] ただし、自由貿易が理想的に行われ、いくつかの条件が満たされると要素価格は均等化することが知られています。興味のある人は貿易理論の教科書を見てください。

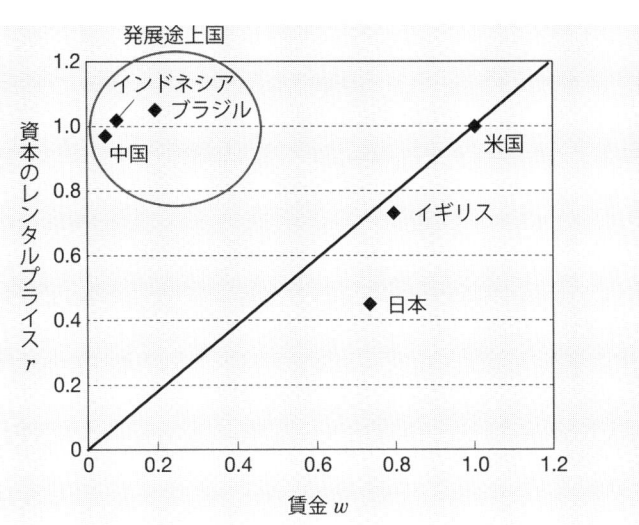

注）米国を1と基準化。2000年前後のデータによる。
出所）Marshall, Kathryn G. (2012) "International Productivity and Factor Price Comparisons," *Journal of International Economics*, 87 (2), pp.386-390, Table 3より作成。

図2.49 要素価格の国際比較

最後に、利潤最大化条件を、生産要素が多数ある場合にも拡張しておこう。一般に、生産要素は労働と資本のほかにも、土地や原材料などたくさんのものがあるだろう。これらを、$x_1, \cdots, x_M$ で表し、それぞれの生産要素の価格を $w_1, \cdots, w_M$ で表そう。生産関数を

$$y = F(x_1, \cdots, x_M)$$

とすると、利潤最大化条件は、生産要素の数が二つのときと同様に、つぎのようになる。

$$\underbrace{p \frac{\partial F}{\partial x_m}}_{\text{限界生産物の価値}} = \underbrace{w_m}_{\text{要素価格}}, \quad m = 1, \ldots, M$$

利潤最大化条件（3）′

コメント2.3で説明した通り、生産関数 F が凹関数のときに、これは利潤最大化する内点解の必要十分条件である。

労働と資本を使う生産関数 $F(L,K)$ の下での利潤最大化の計算例は、第2章の最後で詳しく解説しよう（例題ゼミナール2）。

(d) 長期の費用関数と供給曲線

長期にはすべての生産要素の量を調整できる。そこで、短期的には資本（工場）の規模 K は変えられないが、長期的にはこれを変えられるような会社があったとして、工場の最適規模がどのような事情で決まるかを考えてみよう。まず、簡単化のため工場規模が大小二つの選択肢しかない場合を考え、これをのちに一般化してみよう。

① 小工場（$K = 10$）か大工場（$K = 20$）の二つの選択肢しかない場合

小工場を作った場合は、工場の建築単価を r とすると、固定費に当たる rK は少なくてすむが、生産量を上げるに従って工場の狭さが制約となって生産効率が急激に落ちる。したがって、大量に生産しようとすると大きな追加的コストがかかることになる（図2.50の(a)）。逆に、大工場は固定費はかさむが、少ない追加的コストでたくさんの生産ができる利点がある（図2.50の(b)）。

どちらの工場規模を選ぶべきかは、この二つのグラフを重ね合わせてみればわかる。これを示したのが図2.51で、長期的な生産量が図の $\bar{y}$ より少ないならば小工場を建てたほうが得であり（小工場のほうが総コストがより低くなる）、逆に長期的な生産量が $\bar{y}$ より多いなら大工場を建てたほうがよいこ

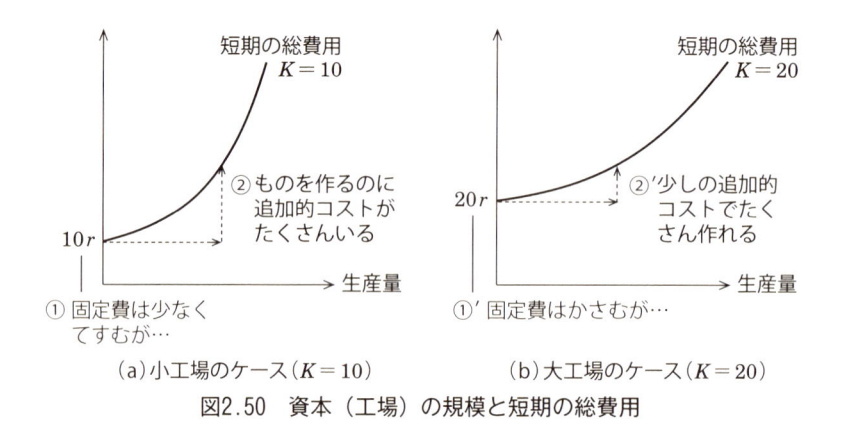

図2.50　資本（工場）の規模と短期の総費用

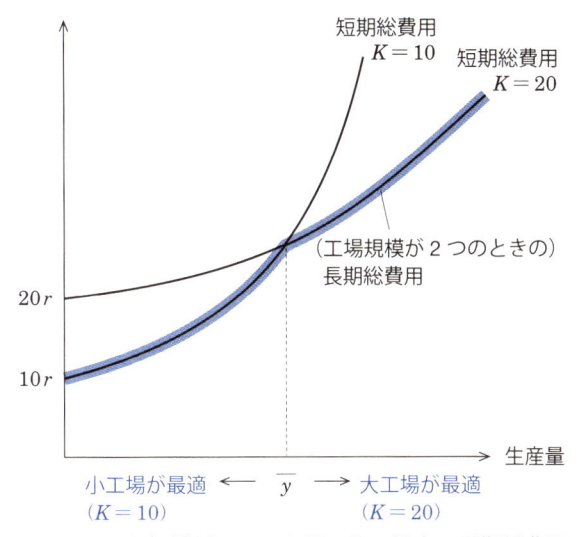

図2.51　工場規模が二つしか選べない場合の長期総費用

とになる。

　長期においては工場規模が最適に選べるので、長期の総費用は二つの短期総費用の低いほう、すなわち二つの短期総費用グラフの下側をなぞった青い太線のようになる。

② 工場規模 K が連続に変化するとき

　以上のことをよく理解した上で、工場の大きさ K を自由に選べる場合を考えよう。図2.51と同様に、この場合も短期総費用曲線の下側をなぞったものが長期総費用曲線となる（図2.52）。この図では、工場があまりに小さいと生産ができないため、工場の最小の大きさは $K=5$ であると仮定している。長期総費用曲線は、図2.52のように、さまざまな短期総費用の下側が形づくる曲線となるわけである。このとき、長期総費用曲線は短期総費用曲線の包絡線であるという。つぎに、図2.52をもとにして、短期と長期の平均費用の図を描いてみよう。

注意（総費用の図から短期と長期の平均費用の図を導くには）：短期と長期の平均費用の図を描くには、つぎの点を注意すればよい。

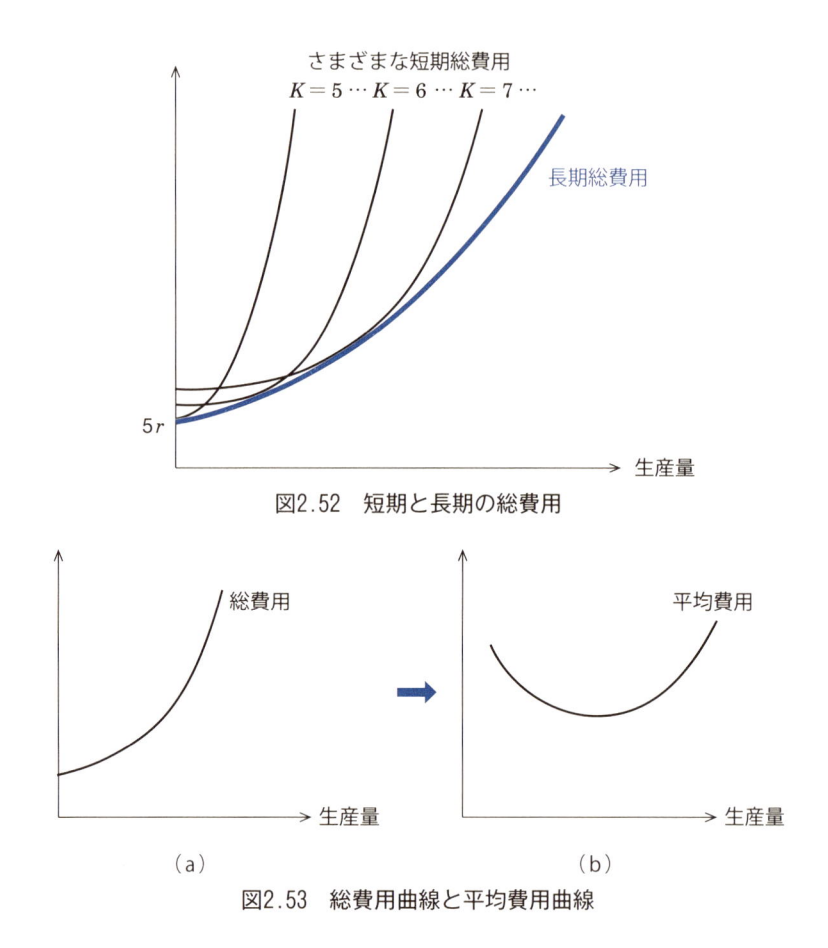

さまざまな短期総費用
$K=5 \cdots K=6 \cdots K=7 \cdots$

長期総費用

$5r$

生産量

図2.52　短期と長期の総費用

総費用

生産量

(a)

平均費用

生産量

(b)

図2.53　総費用曲線と平均費用曲線

・費用関数の説明をした2.2節で見た通り、総費用が図2.53(a)のような形をしている場合の平均費用曲線はU字型をしている。

　図2.52を見返してみると、短期も長期も総費用はこの図の(a)のような形をしているので、つぎのことがわかる。

（ⅰ）短期と長期の平均費用曲線は両方ともU字型をしている

・また、短期の総費用≧長期の総費用なので（工場規模を最適に調整できる長期のほうがコストを安くできる）、両辺を生産量で割ることにより、短期の平均費用≧長期の平均費用を得る。つまり、

（ⅱ）短期の平均費用曲線は長期の平均費用曲線の上側に来る

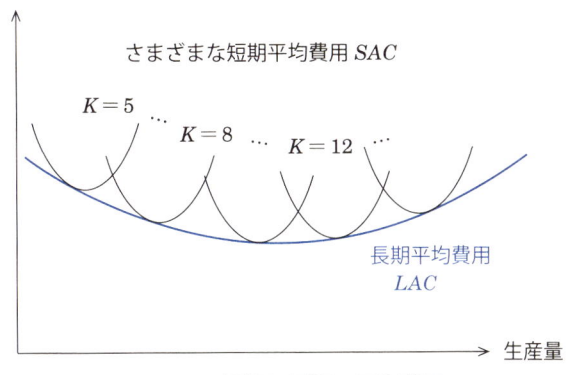

図2.54 短期と長期の平均費用

とくに、
(ⅲ) 短期と長期の総費用が等しくなるような生産量では、短期と長期の平均費用曲線は接する

以上の（ⅰ）〜（ⅲ）に注意して図を描くと、**短期平均費用（SAC）** と **長期平均費用（LAC）**[14]の関係は図2.54のようになる。

つまり、総費用の場合と同様に、**長期平均費用曲線は短期平均費用曲線の包絡線になっている**のである。

つぎに、短期と長期の限界費用の関係を見てみよう。まず、限界費用の形状がどのような要因によって決まるかをよく理解しておこう。図2.55の(a)が示すように、総費用曲線が強く曲がっていると、その傾きである限界費用は生産量が増えるに従って急激に上昇する。一方、図2.55(b)のように総費用曲線があまり曲がっていないと、限界費用の上がり方はゆるやかになる。

これをもとにして、長期と短期の限界費用の関係を見てみよう。工場の大きさをある値（$K=20$）に固定したときの短期の総費用と、長期の総費用の関係を描いたのが図2.56である。この図では、工場規模が $K=20$ の水準に固定されているときの短期総費用曲線が、生産量が y' のとき、長期総費用曲線と接している。このことの意味を考えてみよう（重要なポイントです）。

これは、現在において工場の規模が $K=20$ であったとすると、「工場の大

---

14 それぞれ、Short-run Average Cost、Long-run Average Cost の略である。

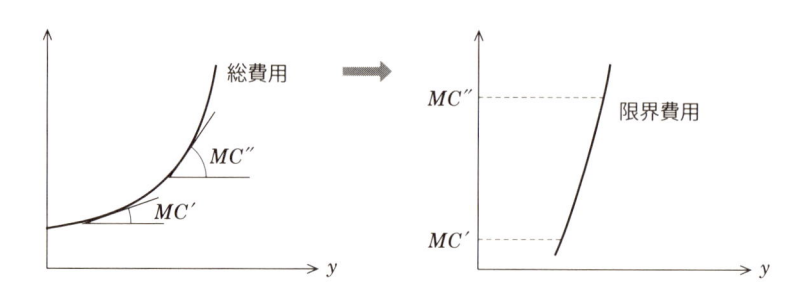

総費用が強く曲がっていると、傾き＝限界費用は急激に上がる

(a)

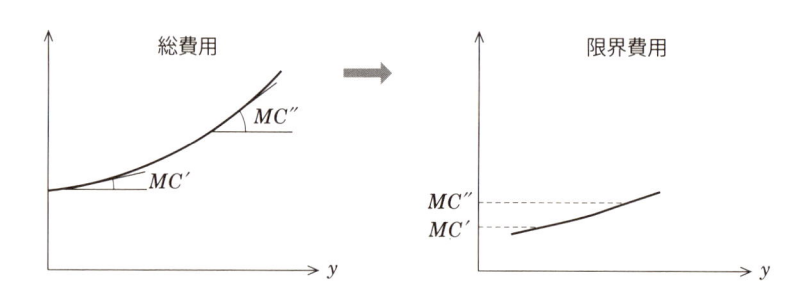

総費用があまり曲がっていないと、傾き＝限界費用はゆるやかに上がる

(b)

図2.55　総費用の曲がり方と限界費用

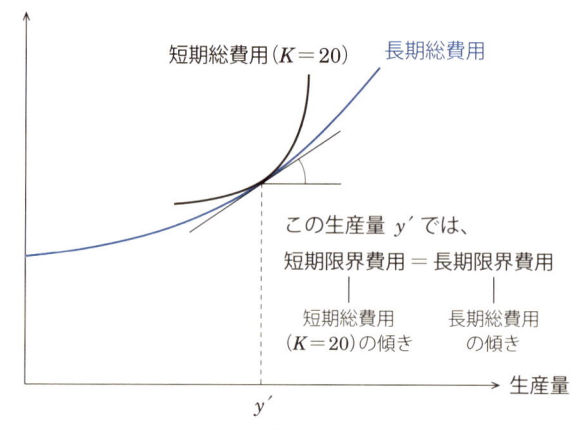

図2.56　短期と長期の限界費用

きさを自由に調整できる長期においても、y' を作るときの費用を減らすことはできない」ことを意味する。つまり、

「生産量 y' で、$K = 20$ の下での**短期**総費用と、**長期**総費用が**等しい**」

⬇

「y' の生産を行うために**最適な工場の規模は $K = 20$ である**」

ということである。

つぎに、短期と長期の費用曲線が接している点では、両者の傾きである**短期と長期の限界費用は一致する**ことを、図2.56を見て確認しよう（もう一つのポイントです）。また、長期と短期の総費用曲線の形を注意して見てみると、短期の総費用のほうが強く曲がっていることがわかる。すると、図2.55で確認した通り、**短期の限界費用のほうが長期の限界費用よりも急激に上がる（傾きが大きい）**ことになる（最後の重要なポイント）。

以上、ちょっと根気のいる議論がつづいたが、重要なポイントをまとめておこう。

① 短期総費用と長期総費用が一致する生産量では（つまり短期平均費用と長期平均費用が一致する生産量では）、短期で固定されている工場規模 K が長期的に見てその生産量をつくるための最適な水準になっている。
② このような生産量では、短期限界費用と長期限界費用が等しく、
③ また、短期限界費用曲線のほうが長期限界費用曲線より傾きが大きい。

これをもとにして、**短期限界費用（SMC）**と**長期限界費用（LMC）**[15]の関係を描いたのが、図2.57の重要なグラフである。

さらに、図2.57の限界費用に着目してみよう。2.2節(c)項で詳しく見たように、**基本的に限界費用曲線は供給曲線に等しい**。したがって、図2.57の二つの限界費用（LMC と SMC）は、**長期と短期の供給曲線**とみなすことができる。これを取り出して描いたのが図2.58である。

これからわかるように、**長期の供給曲線のほうが短期の供給曲線より価格によく反応する（傾きが緩い）**。これを、**ル・シャトリエの原理**という。直感

---

15 それぞれ、Short-run Marginal Cost、Long-run Marginal Cost の略である。

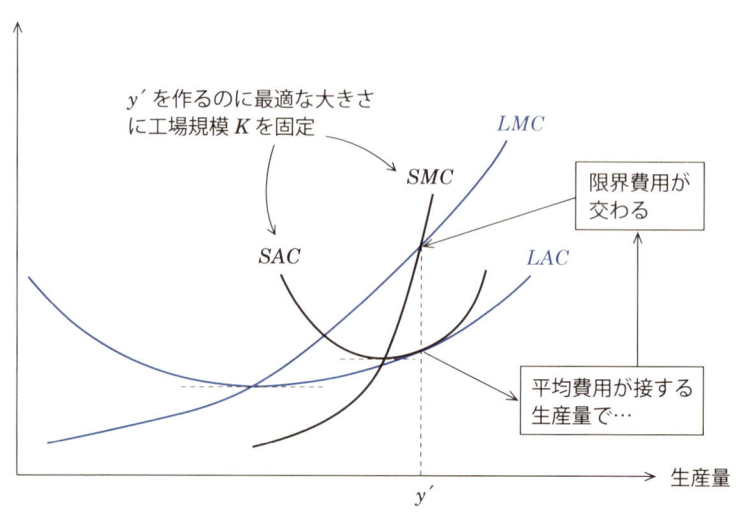

図2.57 短期と長期の費用曲線

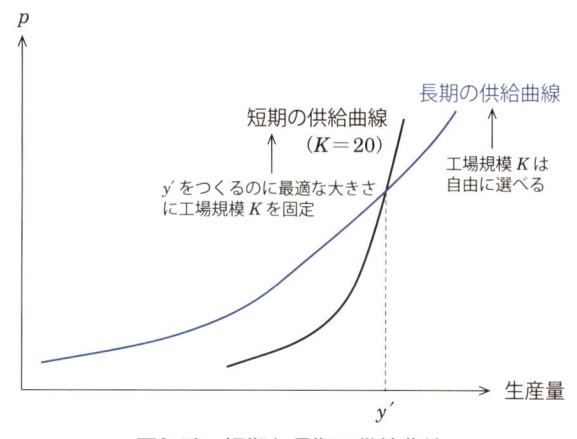

図2.58 短期と長期の供給曲線

的には、長期においては工場（資本K）の大きさを自由に変えられるので、短期より柔軟な供給ができる、ということである。

2.4 生産要素と生産物がともに多数あってもよい、一般的な場合の企業行動

最後に、生産要素がいくつでもよく、また同時に複数のものを生産しても

よいような、完全に一般的なケースを分析しよう。このような場合には、産出と投入をつぎのような「**生産計画**」で表すとすっきりと分析できる。

$$\text{生産計画} \quad y = (y_1, ..., \boxed{y_k}, ..., y_N)$$

プラスなら k 財を産出している
マイナスなら k 財を投入している

例2.2 （第1財、第2財、第3財）を（ガソリン、重油、原油）とする。ガソリン10リットルと重油5リットルを原油20リットルから生産できるなら、これを

$$y = (10, 5, -20)$$

という生産計画で表すことができる。

この例のように、複数の財を同時に生産することを**結合生産**という。さて、生産計画 $y = (y_1, \cdots, y_N)$ から得られる利潤は、価格体系を $p = (p_1, \cdots, p_N)$ とすると、

$$py = p_1 y_1 + \cdots + p_N y_N$$

というように、これまた非常にすっきりと書ける。「py」というのは p と y という二つの数のかけ算ではなく、上の式のような意味[16]であることに注意しよう。

例2.3 上の精油業の利潤は、

$$py = \underbrace{p_1 \times 10 + p_2 \times 5}_{\text{売上}} - \underbrace{p_3 \times 20}_{\text{コスト}}$$

である。

産出物が多数ある可能性のある一般的なケースでは、生産関数ではなくつ

---

16 py は、p と y という二つのベクトルの「内積」を表す、ということである。

ぎのような生産可能性集合で企業の技術を表すほうが便利である。

生産可能性集合 $Y = $ 企業が実行できる生産計画全体の集合

このとき、完全競争的な企業の利潤最大化問題は、つぎのようになる。

$$\max_{y} py$$
$$\text{s.t. } y \in Y$$

利潤最大化をもたらす解は p に依存して決まるので、これを $y^*(p)$ と書いて、**最適生産計画**と呼ぶ。

つぎに、最適生産計画の性質を考えよう。これまでは、
（ⅰ）生産可能性集合が凸である（限界代替率逓減の法則や限界生産性逓減の法則が成り立つ）
（ⅱ）財の量は連続に変化させることができる
（ⅲ）生産関数は微分できる
などのさまざまな仮定を置いて、「現実のポイントを押さえた、扱いやすい数学モデル」を考えてきたが、これらの仮定に違和感を覚える人もいるだろう。しかし、生産の理論のかなりの部分は、このような仮定を使わなくても成り立つのである。そこで以下では（ⅰ）〜（ⅲ）などの数学的な仮定は一切置かない（したがって**現実性が十分に保証された**）分析を行うことにする。いま、二つの価格体系 p^0 と p^1 を考えよう（p^0 と p^1 は何でもよい）。これらは、数ではなくて各財の価格を並べたベクトルであることに注意しよう。そして、これらの下で最大の利潤を与える最適生産計画が y^0, y^1 であったとしよう[17]。

価格体系　　　p^0　p^1
　　　　　　　　↓　↓
最適生産計画　y^0　y^1

p^1 の下で利潤を最大化する生産計画が y^1 なのだから、

---

[17] 以下の議論の進め方は、補償需要関数の性質を調べたときのもの（第1章1.7節）と同じである。

が成り立つ。同様に、p^0 の下で利潤を最大化する生産計画が y^0 なのだから、

$$p^1 y^1 \geq p^1 y^0 \tag{6}$$

$$p^0 y^1 \leq p^0 y^0 \tag{7}$$

が成り立つ。上の不等式(6)から下の不等式(7)の辺々を差し引くと、もともと左辺が大きかった(6)から左辺のほうが小さい(7)を引くのだから、結果として左辺のほうがますます大きくなる。つまり、

$$(p^1 - p^0) y^1 \geq (p^1 - p^0) y^0$$

である。さらに、右辺を左辺に移項すると、

$$(p^1 - p^0)(y^1 - y^0) \geq 0$$

という**大変重要な関係式**を得る。ここで、価格体系とは $p = (p_1, \cdots, p_N)$、生産計画とは $y = (y_1, \cdots, y_N)$ であって、py というのは $py = p_1 y_1 + \cdots + p_N y_N$ を意味することを思い出そう。これを使って上の不等式をていねいに書き直してみると、

$$(p_1^1 - p_1^0)(y_1^1 - y_1^0) + \cdots + (p_N^1 - p_N^0)(y_N^1 - y_N^0) \geq 0 \tag{8}$$

である。いま、p^0 から p^1 へ移るとき、第 k 番目の財の価格だけが上がり、ほかの財の価格は変わらなかったとしよう。すると、上の式(8)の第 k 番目以外の項はすべてゼロになって、

$$\underbrace{(p_k^1 - p_k^0)}_{プラス}(y_k^1 - y_k^0) \geq 0$$

が得られる。よって、$y_k^1 - y_k^0 \geq 0$ であり、これは

p_k が上がると y_k が上がる（または一定）

ことを示している。

このことは、第 k 財が生産物であるか生産要素であるかによって、二通りに解釈できる。

① 第 k 財が生産物である場合（$y_k > 0$）

この場合、先に述べた関係を図示すると（図2.59）、供給曲線は必ず右上が

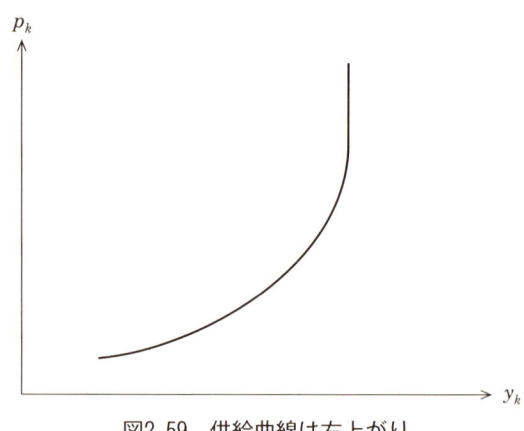

図2.59　供給曲線は右上がり

りである（価格が上がっても供給が一定である、垂直な部分もあるかもしれない）。このことは、**供給法則**とよばれる。

> **供給曲線はかならず右上がり**である（生産物の価格が上がると、生産は増えるか一定であるかのどちらかである）
>
> 供給法則

② 第 k 財が生産要素である場合（$y_k<0$）

　この場合、先ほどの関係を図示すると、図2.60の(a)のようになる。これを、生産要素需要量を横軸の正の方向にとって描きなおすと、右下がりの要素需要曲線（図2.60(b)）が得られる。このことを、**要素需要法則**という。

> **要素需要曲線はかならず右下がり**である（生産要素の価格が上がると、要素需要は減るか一定であるかのどちらかである）
>
> 要素需要法則

消費者需要の理論を思い出してみると、消費者の需要曲線は右上りになる可能性もあった（ギッフェン財）。しかし、生産者の要素需要に関してはこのよ

図2.60 要素需要は右下がり

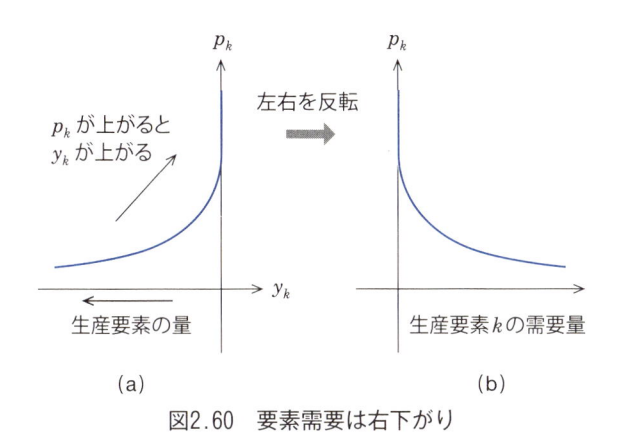

(a) p_k が上がると y_k が上がる / 生産要素の量
(b) 生産要素 k の需要量

うなことは起こらず、要素需要は必ず右下がり（または一定）になるのである。

最後に、供給法則と要素需要法則は、生産関数の微分可能性や生産可能性集合の凸性（限界代替率逓減の法則や限界生産性逓減の法則）などを全く仮定しなくても導くことのできる、非常に一般性（現実性）の高い法則であることに注意しよう。

2.5 利潤と所得分配：なぜ所得格差が生まれるのか

以上で学んだ生産の理論は、市場メカニズムの下で、

・利潤はなぜ生まれるのか
・高い所得を得るのはどんな人か

ということに関して、興味深い洞察を与えてくれる。

まず、利潤の大きさが何で決まるのかを調べるために、労働と資本だけを使って生産ができる場合を例にとって考えてみよう。この場合の生産関数は

$$y = F(L, K)$$

である。ここで、「規模に対する収穫」の定義を思い出してみよう。すべての生産要素の量（L と K）を t 倍にしたときに、ちょうど生産物が t 倍になる場合が規模に対する収穫一定である。また、生産物が t 倍より大きくなる場合が収穫逓増、t 倍より小さくなるのが収穫逓減である。収穫逓増があると、

規模が大きくなるほどコストが下がるため、市場は独占化されやすい。したがって、完全競争と両立するのは収穫一定か逓減のときである。さらに、生産に必要な要素が本当に労働 L と資本（工場）K だけであるならば、収穫逓減はあり得ない。というのは、まったく同じ工場をもう一つ作り、同じ量の労働を雇えば、生産量は必ず2倍になるはずだからである（もし2倍にならないのなら、生産関数に明示的に入っていない隠れた固定的な生産要素、例えば経営者の能力などがあることになる）。ここでは生産要素は L と K のみと考え、収穫一定の場合を分析しよう。

収穫一定の条件を書いてみると、任意の投入量 (L^0, K^0) を t 倍すると生産量も t 倍になるので、

$$F(tL^0, tK^0) = tF(L^0, K^0) \tag{9}$$

が成り立つ。この関係(9)が成り立つ関数 F を、**1次同次関数**という。収穫一定の生産関数は1次同次なのである。この両辺を t で微分すると、所得分配と利潤に関する興味深い洞察が得られる。微分の公式

$$\frac{d}{dt}F(L(t), K(t)) = \frac{\partial F}{\partial L}L'(t) + \frac{\partial F}{\partial K}K'(t)$$

を思い出して、$L(t) = tL^0, K(t) = tK^0$ に上の公式を $t = 1$ の点であてはめると、(9)の左辺の微分は

$$\frac{\partial F(L^0, K^0)}{\partial L}L^0 + \frac{\partial F(L^0, K^0)}{\partial K}K^0$$

となり、これが、(9)の右辺の t による微分 $F(L^0, K^0)$ に等しいことになる。これは、どんな (L^0, K^0) でも成り立つので、L と K の右肩の ^{0} をとってもよい。そこで、以上をまとめるとつぎのようになる。

規模に対する**収穫一定**
$$\Leftrightarrow \quad F(L, K) \text{ が1次同次関数}$$

このとき、

$$\frac{\partial F}{\partial L}L + \frac{\partial F}{\partial K}K = F(L, K)$$

が成り立つ。

この関係式は、1次同次関数に関する**オイラーの定理**と呼ばれるものである。この式の両辺に生産物価格 p をかけると、所得分配に関する基本的な定理（**完全分配定理**）が得られる。

収穫一定の下では、

$$\left(p\frac{\partial F}{\partial L}\right)L + \left(p\frac{\partial F}{\partial K}\right)K = py$$

　　　　　労働の限界　　　資本の限界
　　　　　生産物の価値　　生産物の価値

が成り立つ。したがって、

$$\begin{array}{c}\text{各生産要素}\\ \text{1 単位への支払}\end{array} = \begin{array}{c}\text{その生産要素の}\\ \text{限界生産物の価値}\end{array}$$

とすると、売り上げがすべて分配しつくされる。

完全分配定理

完全分配定理を応用して、利潤がなぜ生まれるかを考察してみよう。いま、資本設備 K が固定されている短期について考える。資本設備は誰かから借りているのではなく、企業オーナーが所有しているとすると、売り上げから労賃を引いた分がそっくり利潤になるので、

$$\text{労賃 } wL + \text{利潤} = \text{売上 } py \qquad (10)$$

が成り立つ。この利潤の大きさは、いったい何によって決まっているのだろうか。完全競争状態の利潤最大化条件を思い出してみると、

$$w = p\frac{\partial F}{\partial L}$$

という関係がある。つまり、完全競争の下では、要素価格はその要素の限界生産物の価値に等しい（p.133 で学んだ条件(3)である）。これを上の関係式(10)に代入し、完全分配定理を見比べると、利潤の正体がわかる。

$$wL + \left(p\frac{\partial F}{\partial K}\right)K = py$$

なので、利潤 $py - wL$ とは $\left(p\dfrac{\partial F}{\partial K}\right)K$ に等しいのである。つまり、

短期の利潤 =（短期で固定されている生産要素の限界生産物の価値）
　　　　　×（固定された生産要素の量）

なのである。企業のオーナーが所有する固定的生産要素の限界生産性が高ければ利潤は高く、またそうでなければ利潤は低いのである。
　このことから、市場メカニズムの下での所得分配を、つぎのようにまとめることができよう。

　完全競争的な市場では、各人は自分の所有する生産要素の限界生産物の価値に従って所得の分配を受ける。

市場メカニズムの下での所得分配

労働者の所得はその労働者の限界生産物の価値によって決まり、企業のオーナーが得る利潤はオーナーが所有する固定的生産要素の限界生産物の価値によって決まるわけである。限界生産物の価値は、生産物の価格×限界生産性である。したがって、**市場経済で高い所得を得るのは、**

① **市場で高い価格がつくものを生産するのに役立つ生産要素**を持ち、
② その生産要素を**持っている人が少ない**

ような人たちであるということになる。市場経済で金持ちになりたければ、この条件を満たすようにすればよい。逆に、この条件が満たされない人は、市場経済で貧乏になってしまう。貧富の差は「親からもらう資産（遺産や教育投資）が違う」ことも重要だが、こうした「スタートラインに立った時の差」を除くと、市場経済で**格差が生まれる根本的な原因**は上の条件①②なのである。
　②の条件がつくのは、生産要素には通常「限界生産性逓減の法則」が働くため、ある生産要素の存在量が増えるとその限界生産性は小さくなるためである。医者、弁護士、タレントなどのいわゆるプロフェッショナルや、銀座や青山などの一等地の土地の所有者など、市場経済の「**勝ち組**」と呼ばれている人たちはいずれもこのような**希少な（限界生産物の価値の高い）資源を持った人たち**である。

事例 2.4 **日本の所得分配**：図2.61は、2011年の日本の所得分配を表している。

　ミクロ経済学の分析によると、相対的に希少な生産資源を持つ者に富が集中するので、所得分配についてつぎのような予想がつく。まず、多くの人が所有する希少性の薄い生産資源（例えば単純労働）を持つ、低い所得を得る人の大きな集団があるため、所得分布のグラフは左（所得の低いほう）に大きな山があり、一方で、希少な資源（特殊技能や一等地）を持つ少数の集団がいるため、右（所得の高いほう）に長い尾が伸びるようになると思われる。図2.61は、このような傾向が実際に日本で見られることを示している。このように、市場経済はほうっておくと一部の人に富が集中する傾向がある。このことを是正し、より公平な所得分配を達成するにはどうしたらよいかについては、第3章で学ぶことにする。

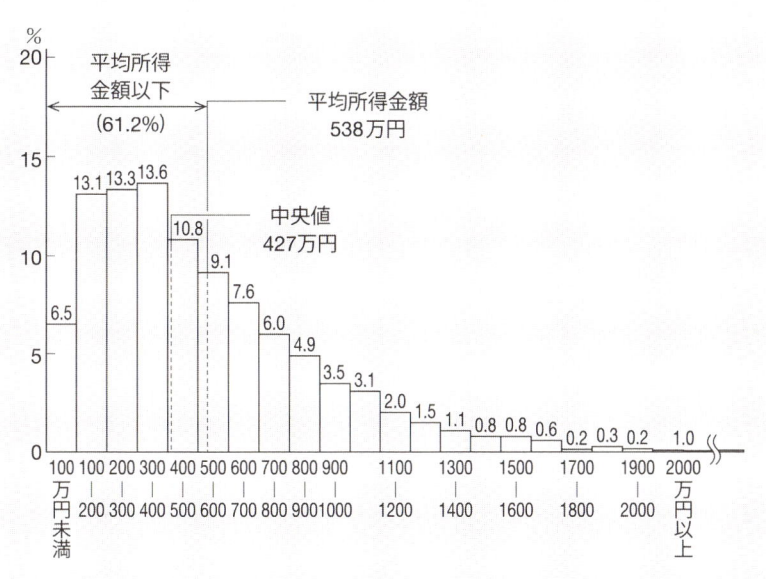

出所）厚生労働省『平成23年度国民生活基礎調査の概況』より

図2.61　日本の所得分配（2011年）

例題ゼミナール 2　生産関数と労働者の取り分

教授：今回は、問題を出す前にまずデータを見てみよう。つぎの図2.62は、さまざまな産業で売り上げのうち何割が労働者に賃金として支払われたかを表したものだ。これは「人件費率」と呼ばれるもので、数式で書くと、y を生産量、p を生産物価格、w を賃金、L を労働投入量として

$$人件費率 = \frac{wL}{py}$$

と表される。

　これを見ると、食品製造業と自動車製造業では、2005年以前は**人件費率** $\left(\frac{wL}{py}\right)$ **がきわめて安定している**（0.14くらい）ことがわかるだろう。これをうまく説明するモデルがないか、というのが今回の問題だ。話を簡単にするために、労働と資本だけで生産ができるケースを考えよう。

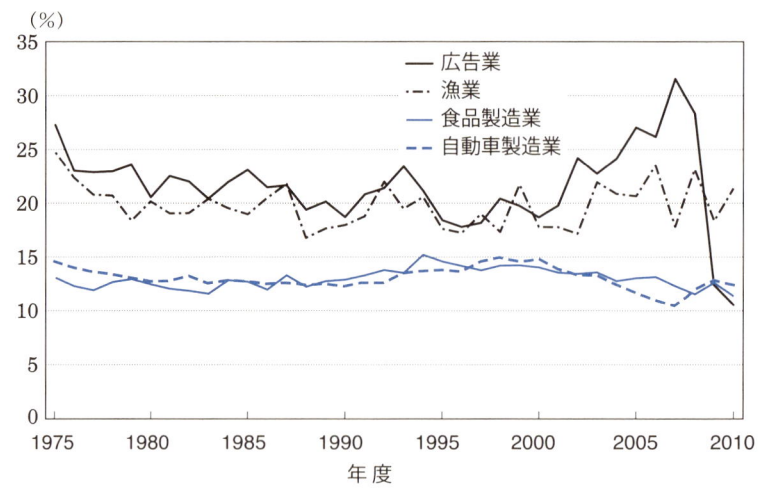

注）賃金の一部にあたる賞与（ボーナス）については直近のデータしかなかったので、ちょっと不正確だが賞与は含めずに計算した。
出所）財務省「法人企業統計」より作成。

図2.62　人件費率

問題 ▶ 労働 L と資本 K を使って生産物 y を作る企業の生産関数が

$$F(L, K) = AL^a K^{1-a}$$

（a は $0 < a < 1$ を満たす定数）で与えられている。資本 K の大きさが固定されている短期の利潤最大化条件を、生産物価格を p、賃金を w として計算せよ。また、利潤最大点での人件費率 $\dfrac{wL}{py}$ を求めよ。

学生：L の肩には a がついているのに、K の肩には $1-a$ がついているのは何か意味があるんですか。

教授：これは、収穫一定ということを意味するんだ。

学生：「すべての生産要素を t 倍すると、生産量もちょうど t 倍になる」というやつですね。

教授：そう。実際計算してみると、

$$\begin{aligned} A(tL)^a(tK)^{1-a} &= (t^a t^{1-a}) AL^a K^{1-a} \\ &= t^{a+(1-a)} AL^a K^{1-a} \\ &= t^1 AL^a K^{1-a} \end{aligned}$$

となり、$t^1 = t$ なので、確かに L と K を t 倍すると生産量はもとの生産量（$y = AL^a K^{1-a}$）の t 倍になる。

学生：じゃあ、$0 < a < 1$ でないといけないのはどうしてですか。

教授：これは、労働と資本の限界生産性が常識的な性質を持つための条件なんだ。労働の限界生産性を計算すると

$$\frac{\partial F(L, K)}{\partial L} = aAL^{a-1} K^{1-a}$$

なので、$0 < a$ なら労働の**限界生産性はプラス**になることがわかるだろう。

また、資本の量を止めて労働だけを増やすと、労働の効率が下がって労働の限界生産性は下がると考えられる。限界生産性逓減の法則というやつだ。つまり、「労働の限界生産性 $\dfrac{\partial F(L, K)}{\partial L}$ は L を増やすと減る」はずだろう。

これは、「$\frac{\partial F(L,K)}{\partial L}$ を L で微分するとマイナスになる」ということと同じだ。そこで $\frac{\partial F(L,K)}{\partial L}$ をもう1回 L で微分すると

$$\frac{\partial^2 F(L,K)}{\partial L^2} = a(a-1)AL^{a-2}K^{1-a}$$

で、$0 < a < 1$ なら確かにこれはマイナスになる（労働の限界生産性は逓減する）。資本の限界生産性についても同様だ。

学生：なるほど。これで生産関数がなぜそんな式になっているかがちょっとわかってきました。じゃあ短期の利潤最大化を解いてみると……短期では K が固定されているので、L を最適に選んで利潤

$$\pi = py - wL = pF(L,K) - wL$$

を最大にすればよいわけですね。

教授：その通り。横軸に L、縦軸に π を取って描いた利潤のグラフの頂点が利潤最大点で、頂点ではグラフの傾きがゼロだ。このことを使って利潤最大点を計算すると……。

学生：グラフの傾きは π を L で微分したものだから

$$\frac{\partial \pi}{\partial L} = p\frac{\partial F}{\partial L} - w = 0$$

ですね。実際に計算すると $\frac{\partial F}{\partial L} = aAL^{a-1}K^{1-a}$ だから、

$$paAL^{a-1}K^{1-a} = w \tag{11}$$

という利潤最大化の条件が出ました。これから人件費率 $\frac{wL}{py}$ を計算するにはどうしたらいいんだろう……。

教授：(11)の左辺は人件費率の分母である $py = pAL^a K^{1-a}$ に似ていないかね。

学生：そうか、(11)の左辺は $py = pAL^a K^{1-a}$ を L で割ったものに……よく見ると a をかけたものですね！　だから(11)を書きなおすと

$$a\frac{py}{L} = w$$

で、人件費率は $a = \dfrac{wL}{py}$ だ！

答え 利潤最大化条件は

$$p\frac{\partial F}{\partial L} = paAL^{a-1}K^{1-a} = w$$

人件費率は

$$\frac{wL}{py} = a$$

学生：このモデルでは、生産物価格 p や賃金 w が変わっても、人件費率は動かない（いつも定数 a に等しい）わけですね。つまり、最初に見たデータに戻ってみると、人件費率が安定している食品製造業や自動車製造業の行動は、この問題に出てきた生産関数のモデルでうまく近似できるわけですね。

教授：そう。しかも、生産関数のパラメータ a の値もデータからわかるかね。

学生：図2.62を見返してみると、食品や自動車の製造業の人件費率はだいたい0.14なので、$a = 0.14$ ということですか！

教授：ざっくりいうとそういうことだ[18]。この問題にある

$$F(L, K) = AL^a K^{1-a}$$

というのは、**コブ・ダグラス生産関数**と呼ばれているもので、$L^a K^{1-a}$ の前についている係数の A のことを、全要素生産性（TFP：Total Factor Productivity）という。L の肩についている a は完全競争市場（利潤最大化点）での

---

18 より本格的にデータにあてはめるには、労働と資本以外に原材料などの生産要素を考慮しなくてはならない。この問題を通じて「一見奇妙にみえる数学モデルも、データにあてはめることで意外な現実妥当性が見えてきたり、よりデータにフィットするように改良していけるんだな」ということがわかって、モデルを使った実証分析に読者諸君の興味を開くきっかけになれば幸いである。

労働に対する報酬のシェア $\left(\dfrac{wL}{py}\right)$ に等しく、K の肩についている $1-a$ は完全競争市場における資本に対する報酬のシェアに等しい[19]。これは、現実の一面をよくとらえた分析しやすいモデルとして、マクロ経済学や貿易論などをはじめとして、経済分析全般でたいへんよく使われるので、その扱い方を覚えておくといい。実際このモデルは、アメリカ経済全体の人件費率にあたる労働所得/国内総生産（これを**労働分配率**という）が非常に安定しているのを発見した経済学者のP. ダグラスが、同僚の数学者C. コブにそのことを説明するモデルはないかと相談した結果、発見されたものなんだよ。

---

[19] 問題を解いて確認したように、売上のうち a の割合が労働者に支払われるので、残りの $1-a$ の割合は企業（資本）の所有者の利潤（＝資本に対する報酬）になるわけである。

3 市場均衡

3.1 部分均衡分析

　これまでに学んだ消費者と生産者が市場で出会うとどのようなことが起こるであろうか。このことを理解するために、まずは一つの市場だけに注目し、**他の事情**（他の市場の価格、所得など）**は一定**と仮定して分析しよう。このように一市場だけに注目する経済分析を部分均衡分析と呼ぶ。これをしっかり理解した後に、3.3節ですべての市場を同時に扱う「一般均衡分析」を学ぶことにする。

（a）市場需要と市場供給

　われわれは消費者行動の理論で、消費者一人ひとりの需要がどのように決まるかを学んだ。いま、消費者は全部で I 人いるとして、ある財に対する消費者 i の需要を $D^i(P)$ と書こう（$i = 1, \cdots, I$）。ここで、P はその財の価格である。市場全体の需要（市場需要）は

$$D(P) = D^1(P) + \cdots + D^I(P)$$

であり、このグラフ、つまり**市場需要曲線は各人の需要曲線をヨコ方向に足**すことによって得られる（図3.1）。

　同様に、企業が全部で J 個あり、企業 j の供給を $S^j(P)$ とすると（$j = 1, \cdots, J$）、市場全体の供給（市場供給）は

$$S(P) = S^1(P) + \cdots + S^J(P)$$

となる。このグラフ、つまり**市場供給曲線は各企業の供給曲線をヨコ方向に足すことによって得られる**（図3.2）。

158　第3章　市場均衡

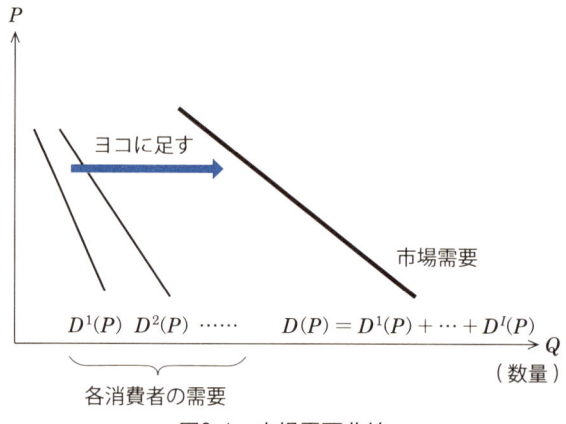

図3.1　市場需要曲線

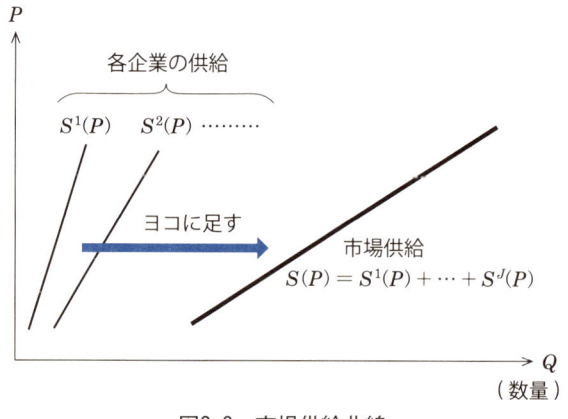

縦軸 P、横軸 Q（数量）。各消費者の需要 $D^1(P), D^2(P), \ldots$ を「ヨコに足す」ことで、市場需要 $D(P) = D^1(P) + \cdots + D^I(P)$ が得られる。

図3.2　市場供給曲線

縦軸 P、横軸 Q（数量）。各企業の供給 $S^1(P), S^2(P), \ldots$ を「ヨコに足す」ことで、市場供給 $S(P) = S^1(P) + \cdots + S^J(P)$ が得られる。

　こうして求めた市場需要曲線と市場供給曲線の交点が、需要と供給が一致する**市場均衡**である（図3.3）。

　つまり、完全競争的な市場では、需要と供給がバランスするように均衡価格 P^* と均衡取引量 Q^* が決まるのである。需要と供給がバランスするのは、つぎのような価格調整が起こるためである。もしも、市場価格が図3.3の P' のように均衡よりも高いならば、供給が需要を上回る**超過供給**の状態が起こる。すると、市場には買い手のない財があふれるので、価格は下落してゆく。逆に、価格が図3.3の P'' のように均衡よりも低いならば、需要が供給を上回る**超過需要**の状態が起こる。この場合は買い手の間の競争によって価格がせ

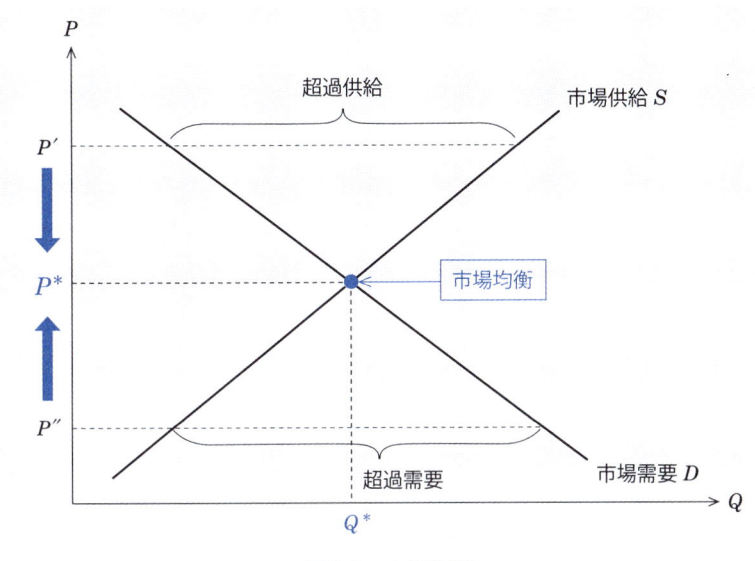

図3.3　市場均衡

り上がってゆくものと考えられる。このような価格調整の結果、需要と供給が一致する均衡点に市場は落ち着くのである。

コメント 3.1　**費用価値説と効用価値説**：経済学が形作られた19世紀には、価格が何によって決まるかについて二つの見方が対立し、大きな論争がありました。一つは、「コストがかかるものは高い」とする費用価値説で、これはリカードの古典派経済学からマルクスにいたる学説の流れです。一方、「消費者の欲しがるものは高い」とするのが効用価値説で、ゴッセン、ジェボンズからワルラスにいたる流れです。

現代の経済学は、これらの二つの見方を統合したものになっています。つまり、価格は費用価値説が注目したコストによって決まる供給と、効用価値説が注目した需要のバランスによって決定されるのです。このような形で市場価格の決定を明確な形でとらえ、これを一般に広く知らせたのが19世紀末に活躍した英国の経済学者マーシャルです。マーシャルの言葉を借りると、「価格は費用によって決まるのか効用によって決まるのか」と問うことは、「紙を切るのはハサミの上の刃か下の刃か」を問うことと同じで、ナンセンスな質問です。ハサミの両刃が紙を切るように、価格は供給（費用）と需要（効用）の両方で決まるわけです。

わかってしまえばコロンブスの卵のように簡単なことですが、このような市場の機能の基本的な理解に100年あまりを要したのは興味深い事実です。序章で述べた通り、われわれは社会の問題を日々観察しているため、それをよく理解していると自分では思っています。しかし、われわれの常識的理解は時として大きな見落としをしているのです。そして、その見落としを指摘されても、なかなか自らが常識と思っていることを修正できないのではないでしょうか。ミクロ経済学が数理的なモデルを作るのは、明確に理解できる理論モデルという枠組みを共有し、大きな見落としがないように経済のさまざまな問題を、多くの人々の分業体制で考えてみようということなのです。

つぎに、現実に観察されるのが需要と供給の交点であるということに関して、いくつか注意をしておこう。まず、つぎのような二つの主張を見てほしい。

（A）価格が上がると、供給は増える。
（B）供給が増えると、価格は下がる。

どちらの主張ももっともであり、正しいように思われるが、よく見るとこれらは正反対のことを言っているではないか！　すると、どちらかが正しく、どちらかは間違いなのであろうか？　正解は、実はこれらは「まったく違った二つのこと」を言っているものであって、「どちらも正しい」のである。図3.4を見てほしい。

（A）という主張は、図3.4(a)のような**供給曲線に沿った動き**を表しているのであり、確かに価格が上がると供給は増えている。また（B）という主張は図3.4(b)のような**供給曲線のシフト（移動）**を表したものなのである。したがって、（B）を正確に言い直すと、「供給が増え、供給曲線が右にシフトすると、価格が下がる」ということなのであり、これは供給曲線に沿った動きを表す主張（A）と矛盾するものではない。

つまり、「供給曲線に沿った動き」と「供給曲線がシフトしたときの動き」をはっきり区別することが、経済分析では重要なのである。供給曲線や需要曲線をシフトさせる、企業数、要素価格、天候、所得、他の財の価格などを、**シフト・パラメター**という。そして、シフト・パラメターの変化の前後で均

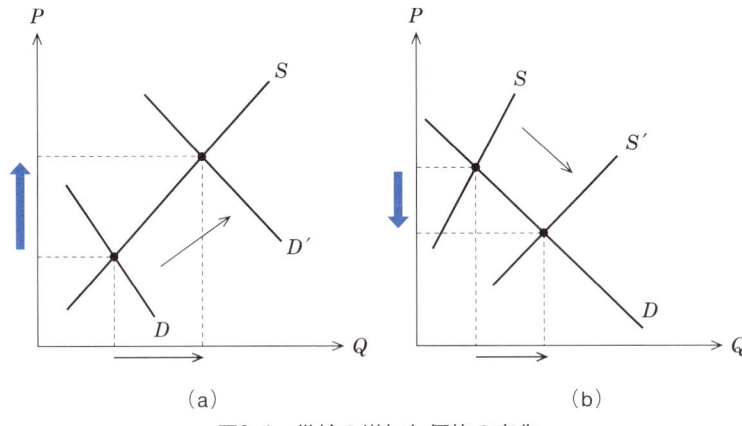

図3.4　供給の増加と価格の変化

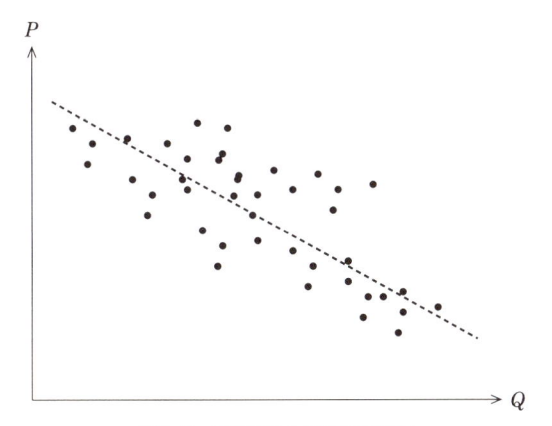

図3.5　不注意な需要の推定

衡を比較することを、比較静学という。図3.4は、最も簡単な比較静学の例である。

さて、「需要または供給曲線に沿った動き」と「需要または供給曲線がシフトしたときの動き」の区別は、データを使った実証分析できわめて重要になる。いま、ある財、例えばキャベツの価格と市場取引量を、さまざまな時点で調べて散布図を描いてみると、図3.5のようになっていたとしよう。全体として、なんとなく右下がりになっているので、これに適当な方法で（例えば統計学で習う最小2乗法などを使って）直線をあてはめて、これをキャベツの「推定された需要曲線」と言っていいであろうか？　答えは、ちょっと

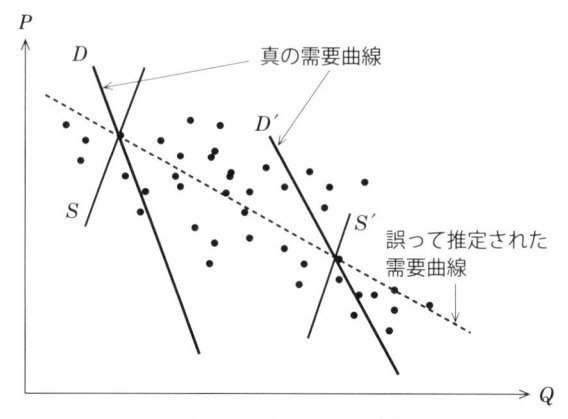

図3.6　真の需要と供給

意外なことに、否である。図3.5のように不注意に直線をあてはめると、真の需要とは異なるものを推定してしまう危険が大きい。というのは、**散布図に描かれている点は需要と供給の交点**だからである。例えば、真の需要は図3.6のように、推定された需要曲線と大きく異なっている可能性があるのである。

　では、真の需要を推定するためにはどうしたらいいであろうか。このためには、「需要曲線に沿った動き」をしていそうなデータに着目すればよい。例えば、ある年の9月、10月、11月にかけて天候不順によりキャベツ価格が急騰したとしよう。この場合、価格の急騰は天候不順によってキャベツの供給が減少したためと考えられる。一方、9月から11月という短い期間では、需要曲線を決める要因である、人々の好みや所得はほぼ一定とみてよいであろう。したがって、9月から11月のデータは同一の需要曲線上にあると考えてもよい。つまり、図3.7のように9月から11月のデータに直線をあてはめると、1本の真の需要曲線が推定できることになる。

　このようなことを手作業でいちいちやっていてはきりがないが、

・天候・原材料費のように供給曲線だけをシフトさせる変数があり、また、
・所得・人口のように需要曲線だけをシフトさせる変数がある

ならば、(基本的には上で述べたようなアイデアをもっとスマートな形で使って)需要曲線と供給曲線をデータから別々にうまく推定できることがわかっ

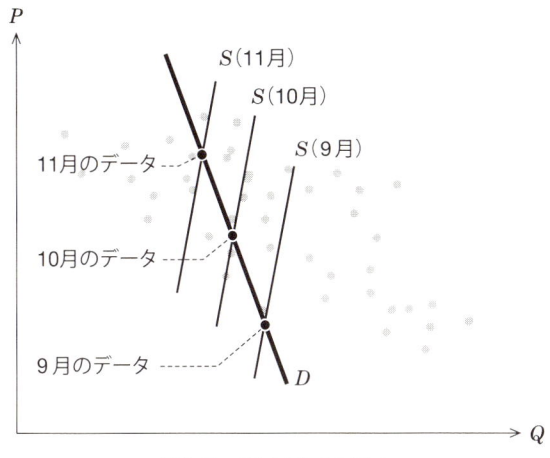

図3.7 真の需要の推定

ている。このように、経済データを使った実証分析の手法を研究する分野を**計量経済学**（エコノメトリクス）といい、ここで議論した問題を需要と供給の**識別**（identification）問題という。

(b) 産業の長期均衡

つぎに、長期における市場均衡の特徴を調べてみよう。第2章2.2節(a)項で述べたように、ミクロ経済学で「長期」というときには、すべての生産要素が可変的であるほど長い期間を指す。つまり、短期では固定されている工場や設備などの大きさも調整できる期間を考える。さらに、**産業**の長期均衡分析では、これに加えて

・参入・退出が自由
・どの企業も同一の技術を利用できる

ような状況を考える。同一の技術が使えると考える理由は、長期的には最も効率的な技術がすべての企業に知れ渡るからである。

まず、参入・退出の決定要因を考えてみよう。もし、ある産業での利潤が、長期において他の産業で得られる利潤を上回れば参入が起こり、逆の場合は退出が起こるはずである。そこで、「長期において他の産業で得られる利潤」を**正常利潤**と呼ぶと、

ある産業に参入が起こる ⇔ 売上－費用 ＞ 正常利潤　　　　(1)
　　　　　　　　　　　　　　　　その産業での利潤　　他の産業に参入
　　　　　　　　　　　　　　　　　　　　　　　　　したときの利潤

である。

　さて、ここでこの産業に参入することのコストを考えてみよう。この産業に参入するということは、自分の経営能力や企業を立ち上げるのに必要な資本金といった資源をこの産業で使うということである。このような資源を他の産業で使えば正常利潤が得られるのだから、正常利潤は、経営能力や資本金といった資源をこの産業に使うための一種のコストと見ることができる。このような費用を**機会費用**という。こうした見方を使って、上で見た「参入が起こるための条件」(1)を書き換えると、

ある産業に参入が起こる ⇔ 売上－（費用＋正常利潤）＞ 0
　　　　　　　　　　　　　　　　　　　　　　　↑
　　　　　　　　　　　　　　　　　　　　経営能力や資本金を
　　　　　　　　　　　　　　　　　　　　この産業で使うことの
　　　　　　　　　　　　　　　　　　　　機会費用

である。つまり、

ある産業に参入が起こる
⇔ 売上－**機会費用も含めた費用**＞ 0
（機会費用を含めて計算した利潤＞ 0）

となる。**産業の長期均衡分析では**、この見方に従って、会計上の費用に（経営能力や資本金の機会費用である）**正常利潤を加えたものを費用**とみなす。すると、上に述べたように、**参入が起こるための条件は**「**（機会費用を含めて計算した）利潤＞ 0**」ということになる。

　機会費用とその働きをより一般化して述べると、つぎのようになる。

① ある資源をある用途に使うための**機会費用**とは、その資源を他の用途に使ったときに得られる最大の収益のことである。

② ある資源をある用途に使ったほうがいいのは、その用途からの**便益が機会費用を上回るとき**、つまり**機会費用も含めて計算した利潤が正の**

ときである。

このことは、つぎのような具体例を見ればよく理解できるだろう。

事例3.1　自社ビルでのレストラン経営：自社ビルでレストランを経営している人がいたとして、もしおなじスペースを賃貸すれば家賃収入が60万円得られるとしましょう。すると、自社ビルのスペースを使うことの会計上の費用はゼロですが、機会費用は60万円です。したがって、**レストランからの収益が機会費用の60万円に達しないならば、レストランをたたんで**スペースは賃貸に出したほうがいいことになります。「自社ビルなのでコストはゼロだから、レストランがそんなにもうからなくても大丈夫」と思うのは大間違いで、仮に自社ビルを賃貸に出したらいくらもらえるか（＝自社ビルをレストランに使うことの機会費用）をきちんと考えて行動するほうが、利益を上げられるわけです。機会費用を含めて利潤を計算すると、

$$\text{レストランの収益} - \text{機会費用60万円} < 0$$

の赤字になっていれば、たとえレストランからそれなりの収益（50万円）が上がっていても、レストランを経営するのは損、ということになります。世の中にはこの機会費用の考え方に気付かず、せっかくのビジネスチャンスをのがしている人が結構いるように見受けられます。

以上の費用概念をもとに、産業の長期の均衡を分析してみよう。参入のための条件(1)の両辺を生産量で割ると、

$$\text{価格}\,p > \frac{\text{長期の費用（費用＋正常利潤）}}{\text{生産量}}$$

$$= \text{長期平均費用}\,LAC$$

となる。この条件が成り立っていると正常利潤以上の利潤が得られて、参入が起こるわけである。

いま、この産業は図3.8(a)のA点のような状態であったとしよう。図3.8

166 第 3 章 市場均衡

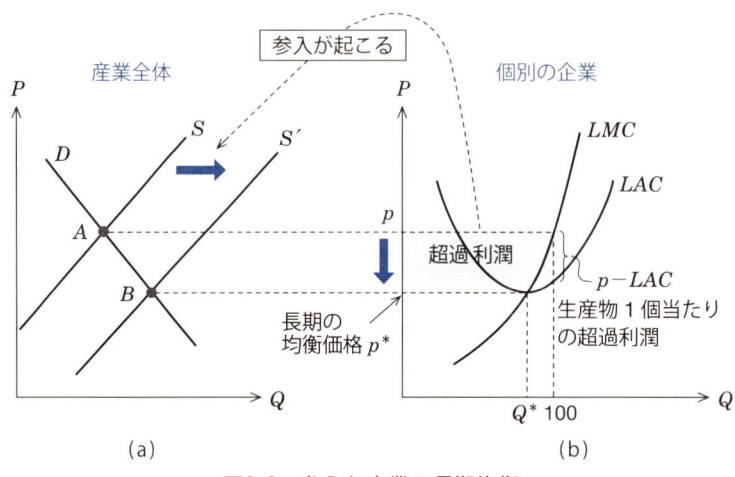

```
          産業全体                    参入が起こる         個別の企業
    P                                    P
    │     D      S    S'                 │              LMC
    │      ＼   ／   ／                   │             ／ LAC
    │       ＼ ／   ／                    │          ／ ／
    │     A ＼＼  ／                      │ p ─────────／
    │    ●───╲╲╱                        │    超過利潤  ╲／  }p−LAC
    │      ／╲╲ ＼                       │           ／   生産物1個当たり
    │    B／   ╲ ╲                       │         ／     の超過利潤
    │    ●─────╲─╲                      │
    │   ／       ＼ ＼   長期の           │
    │ ／           ＼ ＼ 均衡価格 p*      │
    │／              ＼                   │
    └──────────────────→ Q              └────────────────→ Q
              (a)                              Q* 100  (b)
```

図3.8　参入と産業の長期均衡

（b）はこのときの各企業の状況を描いたものである。

各企業は価格が長期の限界費用 LMC に等しくなる水準（図3.8（b）では、$Q = 100$）まで供給する。この生産量100における価格と長期平均費用の差 $p - LAC$ は、生産物 1 個当たりの**超過利潤**にあたる。これは、長期平均費用 LAC に正常利潤が含まれているためである。よって、図3.8（b）の水色の領域が超過利潤の大きさになる。このような超過利潤があると、この産業に参入が起こって図3.8（a）のように供給曲線が右にシフトし、それに従って価格が低下する。参入する一つひとつの企業が市場規模に比べて十分小さいと、1 社が参入するごとに価格が少しずつ下がり、超過利潤がちょうどゼロになるところで参入は止まる。図3.9はこの様子を示したものである。そして、この図の一番下が、参入が止まる**産業の長期均衡**状態である。以上から

$$産業の長期均衡価格 = 長期平均費用LACの最低値$$

という重要な関係が導かれた。

最後に、需要がさまざまに変化したときの産業の長期均衡を考えてみよう。長期には、変化した需要水準に合わせて参入・退出が起こり、調整が終わった時点では価格はつねに長期平均費用の最低値になっている。そうした調整後のさまざまな点をつなげてみると、LAC の最低値に等しい価格 p^* の水準

3.1節 部分均衡分析 **167**

参入が起こる

P ／ D S → Q

P ／ 超過利潤 供給曲線 LMC LAC 95 → Q

参入が起こる

P ／ D S → Q

P ／ 超過利潤 供給曲線 LMC LAC 90 → Q

参入が起こる

P ／ D S → Q

P ／ 超過利潤 供給曲線 LMC LAC 88 → Q

産業全体の図　　　個別の企業の図

P ／ D S → Q

P ／ 供給曲線 LMC LAC 85 → Q

産業の長期均衡価格＝長期平均費用 LAC の最低値

産業の長期均衡

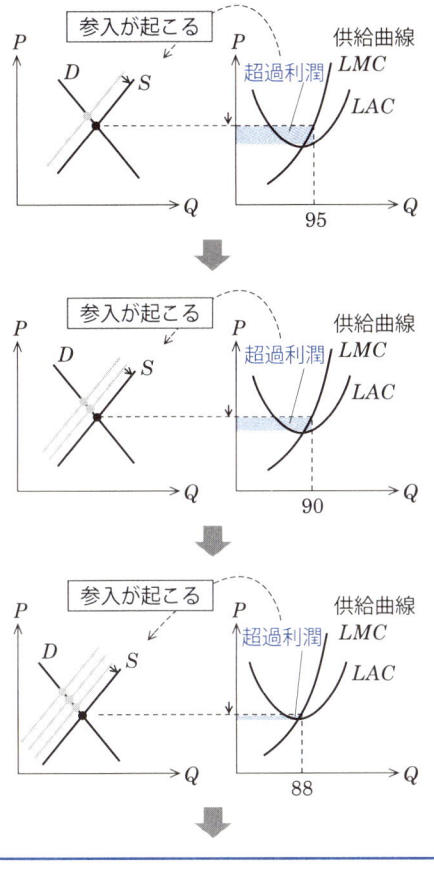

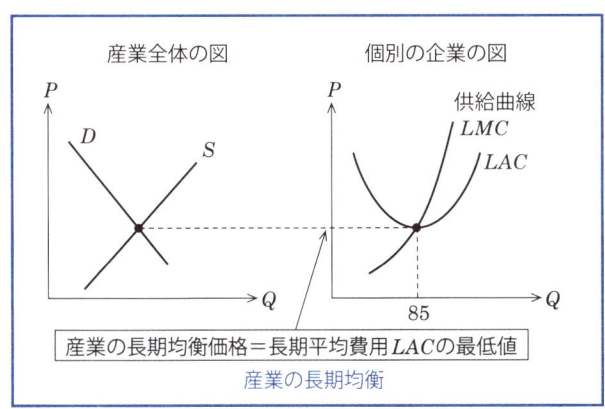

図3.9

で水平になる直線が描ける（図3.10）。これを、**産業の長期供給曲線**という。

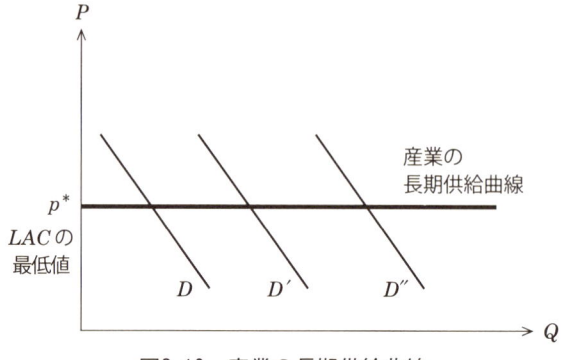

図3.10　産業の長期供給曲線

（c）消費者余剰

市場取引から消費者が得る便益を金額で表示したものを、経済学では「消費者余剰」と呼んでいる。まず、これを（厳密さをあまり追求せずに）直感的に説明し、つぎにこれを第1章で詳しく学んだ消費者行動の理論と厳密に関係付けた説明を行うことにする。

① 直感的な説明

パソコンの購入を検討しているA君が、つぎのように考えているとしよう。

・1台目のパソコンには最高で12万円まで払ってもよい。
・2台目のパソコンには最高で8万円まで払ってもよい。
・3台目のパソコンには最高で2万円まで払ってもよい。

ここで、パソコンの値段が $p=5$ 万円 ならば、

・1台目：払ってもよい金額　12万円　>　パソコン価格　5万円
　　→　買う
・2台目：払ってもよい金額　8万円　>　パソコン価格　5万円
　　→　買う
・3台目：払ってもよい金額　2万円　<　パソコン価格　5万円
　　→　買わない

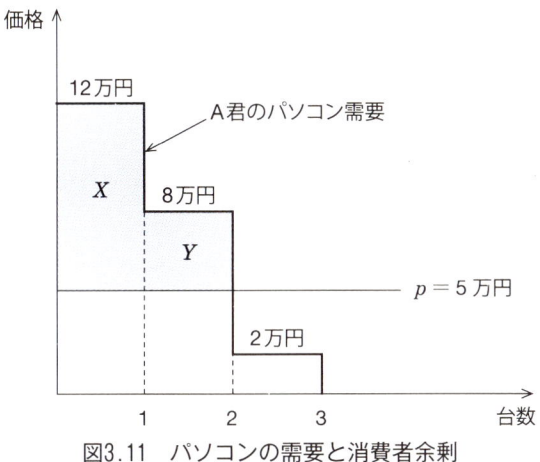

図3.11 パソコンの需要と消費者余剰

となって、A君は2台のパソコンを購入することになる。このことを図示してみると、A君は図3.11のような階段状の需要曲線を持っていることになる（需要が階段状になるのは、パソコンの消費量が1台、2台、…と飛び飛びに変化するからです。ガソリンのように消費量が連続に変化する場合はこの後に見ます）。

さて、パソコンを2台買ったことで、A君はどれだけ得をしたであろうか。1台目のパソコンには12万円も支払う用意があったのに、実際は$p=5$万円の価格しか払っていないのだから、その差額「$12-5=7$万円」が1台目のパソコン購入がもたらす得である。これは、図3.11の領域 X で表されている。つまり、

図3.11のX（$12-5=7$万円）＝ 1台目のパソコンがもたらす得

同様に、

図3.11のY（$8-5=3$万円）＝ 2台目のパソコンがもたらす得

である。つまり、パソコンの購入でA君は $X+Y$ の領域に等しい金額（$7+3=10$万円）だけ得をしたわけである。この水色の領域 $X+Y$ を、**消費者余剰**と呼ぶ。

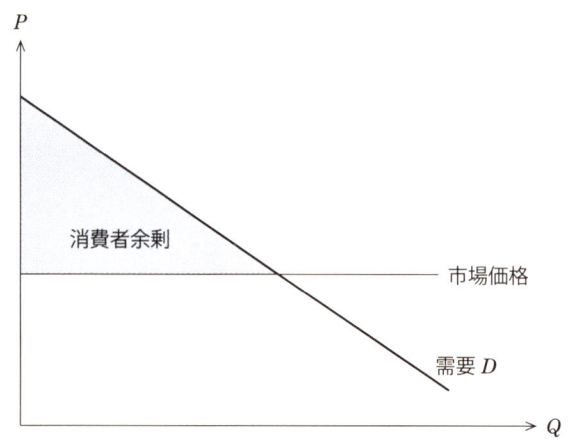

図3.12　消費量が連続な場合の消費者余剰

ガソリンのように、消費量が連続に変化する場合も同様である。図3.12のように、市場価格と需要曲線で囲まれた領域が、**消費者が市場取引から得る満足の増加を金額で表示したもの**となる。この領域を消費者余剰という。

② より厳密な説明

以上の説明は直感的なものであり、正確に言うと、**消費者が市場取引から得られる便益が図3.12のような領域（消費者余剰）で表されるためには、効用関数が特別な形をしている必要**がある。このことを説明しよう。

いま、ある財、例えばビールを Q リットル買った後に残ったお金を m として、m 円をビール以外の財の消費に最適に使ったときの効用を

$$V(Q, m)$$

と書くことにしよう。これが

$$V(Q, m) = U(Q) + m$$

という形をしているケースを考えよう。この式は、m に関してだけ1次式（線形）になっているので、準線形の効用関数と呼ばれるものである。準線形の効用を持つということの一つの意味は、効用 $U(Q)$ と金額 m を足すことができるということで、これはつまり**効用 $U(Q)$ ＝ 消費量 Q がもたらす便益を金額で表示したもの**であるということである。例えば、$U(Q) = 1000$ な

図3.13 $U(Q)$ の形

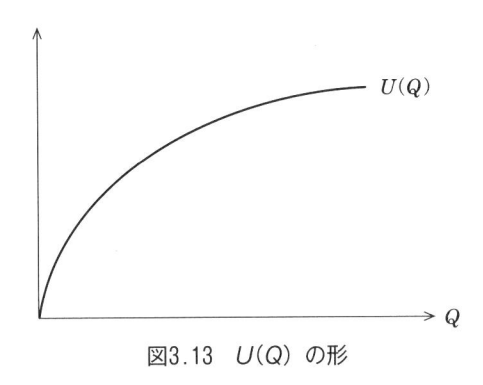

ら、ビールを Q リットル飲むことの便益（効用）は1000円分にあたる、ということである。さらに、ビールから得られる効用 $U(Q)$ が図3.13のように上に凸になっている場合を考えてみる[1]。これは、ビールの限界効用（このグラフの傾き）が、ビールの消費 Q が上がるに従って逓減することを示している。

効用関数がこのように準線形になっているときに、消費者が市場で得る便益が消費者余剰で表されるのである。このことをつぎに見てみよう。

以上の仮定の下では、需要曲線は、価格を P とすると

$$P = U'(Q)$$

で与えられることが、つぎのようにしてわかる。まず、効用が金額で表示されているので、例えば限界効用が $U'(Q) = 80$ なら、「この財（ビール）をもう1単位飲むと80円分得をした気分になる」ということであることに注意しよう。もし、ビールの価格が1単位当たり50円なら、ビールの消費を1単位増やすと差し引き $U'(Q) - P = 80 - 50$ 円分得をするわけである。よって、$U'(Q) > P$ なら消費を増やすのが良い。同様に、$U'(Q) < P$ なら消費を減らす方が良いので、最適な状態では、このような消費量の調整をもはやする余地がなく、$P = U'(Q)$ が成り立っているはずである。つまり、価格 P が与えられたとき、$U'(Q) = P$ を満たす水準 Q まで需要するのが最適になるわけである。

ここで、一つ重要な注意をしておこう。$U'(Q) = P$ を満たす水準 Q の消

---

[1] 第2章2.3節（c）項で学んだように、上に凸の形のグラフを持つ関数は、凹関数と呼ばれる。

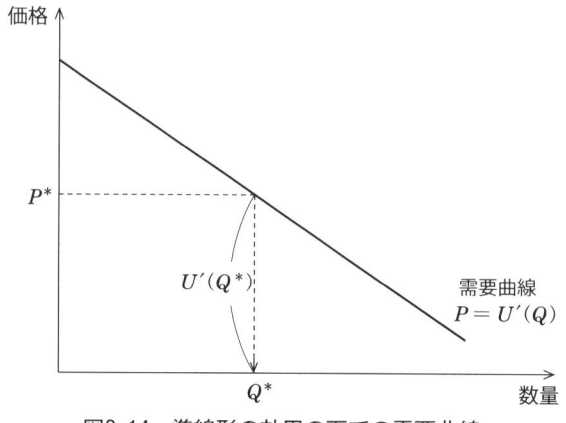

図3.14　準線形の効用の下での需要曲線

費をするためには、PQ円だけのお金が必要になるが、これが支払える、つまり

　　　所得は十分に大きく、$U'(Q) = P$ を満たす消費量 Q を購入できる

ことを、ここでは仮定する。このように所得が十分あるときは、所得の大きさが変わっても消費量は変わらない（つねに $U'(Q) = P$ を満たす水準となる）。つまり、ここで考えているモデルでは**所得効果がゼロ**になるのである。

以上のことから需要曲線を描くと、図3.14のようになる。つまり、**準線形の効用の下では、**

　　　需要曲線の高さはその財の限界効用 $U'(Q)$ を表している。

需要曲線 $P = U'(Q)$ が図3.14のように右下がりなのは、限界効用 $U'(Q)$ が逓減する（Q の増加に従って下がる）からである。また、前に見たように準線形の効用を持つ場合は、

効用は金額で表示された便益である
（$U(Q) = 100$は「Q を消費すると100円分得をする」ことを意味する）

のである。そこで、Q 以下の各需要量に対応する限界効用を足し合わせる（積分する）と、図3.15の水色の領域になり、これが**ビール Q リットルの総効用（＝金額で表示された便益）** $U(Q)$ に等しくなるわけである[2]。

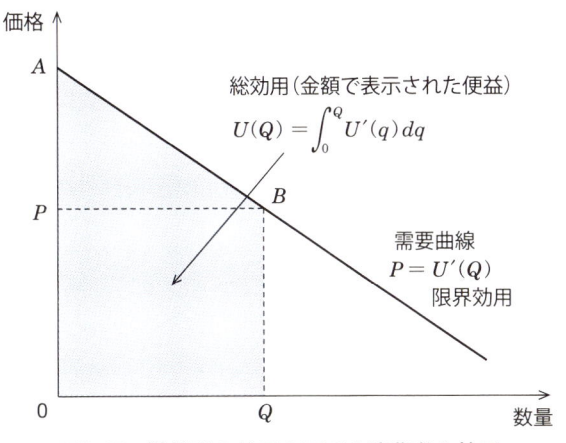

図3.15 準線形の効用の下での消費者の効用

これから、購入に要する支払額 $P \times Q$（= 図の四角形 $PBQ0$）を差し引くと、市場取引から得られる純便益が、図3.15の三角形 APB の面積として表される。これが、消費者余剰に他ならない。

以上のことをまとめると、つぎのようになる。

「**準線形の効用関数**」の下で所得が十分にある場合には、
- 消費者が市場取引から得る便益が**消費者余剰**で表され、
- 所得効果はゼロになる。

ここで、一つの重要な注意をしておこう。以上のような議論を詳しく紹介した理由は、「準線形の効用が現実的であり、この仮定が満たされていると考えても問題ない」ということ**ではない**。伝えたいメッセージはむしろ逆で、余剰分析をするには、実は効用関数が特殊な形をしているという仮定を置く必要がある、ということである。ではなぜ、そのような特殊な[3]仮定を置いて余剰分析をするのかというと、

- 余剰分析は市場メカニズムの働きを（「準線形の効用」という強い仮定を置いたおかげで）直感的にわかりやすく説明でき、

---

2 この財を買わなかったときの利得を $U(0) = 0$ と基準化しておく。

- しかも余剰分析が明らかにする事柄（市場価格をゆがめるさまざまな政策が、効率性を損ねること）は、(「準線形の効用」という強い仮定を**置かない**）一般のケースにも成り立つことが非常に多い

からなのである。つまり、ミクロ経済学では市場メカニズムの働きを、

- まず余剰分析ができる簡単な（しかしやや特殊な）ケースで確認し、
- つぎにより高度な分析手法をつかってそれがより一般的なケースでも成り立つことを確認する

わけである。余剰分析よりも一般性のある「より高度な分析手法」とは、3.3節で学ぶ一般均衡分析、とりわけ「**厚生経済学の基本定理**」と呼ばれるものである[4]。われわれはこれから、いくつかの具体例で、こうしたミクロ経済学の分析方法を確認してゆくことになる。

(d) 部分均衡分析の応用例

それでは、部分均衡分析と消費者余剰の概念の「使い方」をしっかりと学ぶために、税金が市場に非効率性をもたらすことを明らかにしてみよう。

① 間接税の非効率性

図3.16は、税金がないときのビール市場の均衡を表したものである。

前の (c) 項で見たように、ビールの消費者は消費者余剰に等しい便益を受けている。一方、生産者余剰とは、ざっくり言うと利潤のことである（正確に言うと、生産者余剰からサンクされた（＝生産を中止しても回収できない）固定費を差し引くと利潤になる[5]）。生産者余剰と消費者余剰の合計が**総**

---

[3] この特殊な仮定がどんなときに満たされていそうなのか、ということについては、つぎのように考えるとよい。上の説明からわかる通り、効用が準線形で、所得効果がない（つまり、その財の需要量が所得が変わっても変化しない）とき、余剰分析が正当化できる。上の分析からは明らかではないが、実は、所得効果がないとき、またそのときのみに消費者余剰が消費者の便益を正確に表していることが知られている。つまり、余剰分析の結果が信頼できるための特殊な前提＝所得効果がない（または小さい）と思えばよいのである。

[4] 効用が準線形であるという強い仮定が成り立たない（したがってより現実的な）場合に、消費者の得る便益を需要関数から推定するもっと厳密な手法については、巻末の補論Cにまとめておいた。

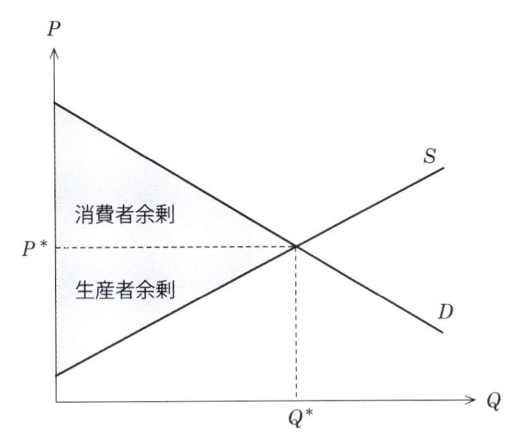

図3.16　税金のないときのビール市場の均衡

余剰で、ビール市場での取引によって国民全体が総余剰の分だけ得をしているわけである。

ここで、間接税（酒税）がかかると、**消費者が支払う価格が税金の分だけ生産者が受け取る価格より高くなる**。間接税のかけ方には2種類あって、消費者が支払う価格を P^D、生産者が受け取る価格を P^S、税率を t で表すと、

$$P^D = P^S + t$$

の形のものを従量税という。これは、「財1単位当たりいくら」という税金のかけ方で、酒税がこれにあたる。たとえば、2014年現在、ビール1缶 (350ml) 当たりには77円の税金が課せられている（上の式で $t = 77$）。一方、「売り上げ金額の一定割合を税金とする」というやり方、つまり式で書くと

$$P^D = P^S(1+t)$$

の形のものを従価税という。消費税がこの一例で、2014年から売り上げの8％が消費税となっている（上の式で $t = 0.08$）。両者の働きにはとくに大きな差はないので、ここでは従量税（酒税）を例にとって分析してみよう。

酒税の下でのビール市場の均衡は図3.17のようになる。消費者が払う価格

---

[5] サンクされた固定費、生産者余剰、利潤の関係については、第2章の2.2節（c）項で説明したので、気になる人は見返しておくとよい。

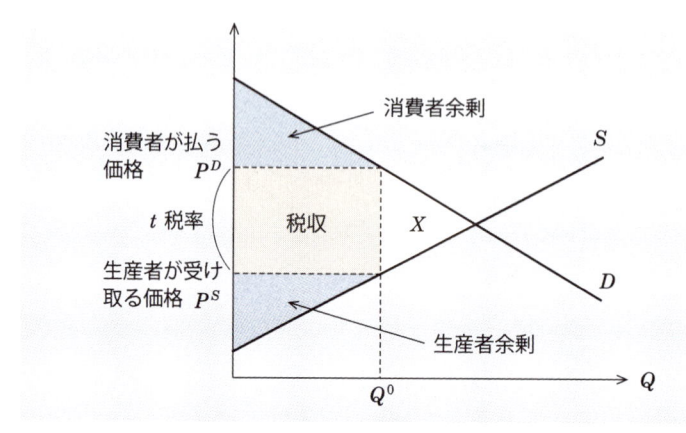

図3.17　間接税下の均衡と余剰

が P^D なので、需要量は図3.17の Q^0 である。また、生産者が受け取る価格は P^S なので、供給量もやはり Q^0 になっている。つまり、図3.17の状態でちょうど需要と供給が一致しているのである。間接税があるとき、消費者の支払う価格 P^D と、生産者が受け取る価格 P^S は、このように需要と供給が一致するような水準に決まるのである。そして、間接税下の総余剰は、消費者余剰、政府の税収、生産者余剰の合計である。図3.17で、それぞれがどの領域にあたるかを確認してほしい。これと、間接税がないときの図3.16を比較してみると、ちょうど三角形 X の分だけ総余剰が減少していることがわかる。X が表す総余剰の損失を、**死荷重**(deadweight loss)という。つまり、**間接税をかけると非効率性が起こる（余剰が減少してしまう）** のである。

ここで、間接税が非効率性を招く原因をはっきり理解しておこう。死荷重が発生している領域（間接税によって取引が行われなくなった部分）を見ると、図3.18のように「ここまでの金額（例えば100円）なら買いましょう」という人がおり、それよりも安く（例えば80円で）提供できる人がいるのに、間接税がこれらの人々の取引を妨害しているのである。

② パレート改善と一括固定税

　間接税を廃止すれば社会の総余剰が上がるのだが、そのままでは税収がゼロになってしまう欠点がある。税収は政府が必要なサービスを提供するのに必要なので、これを何とかしなくてはならない。効率性を損なうことなく、

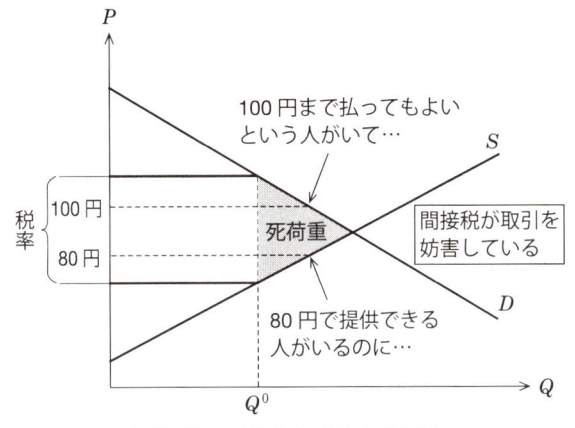

図3.18 死荷重が発生する理由

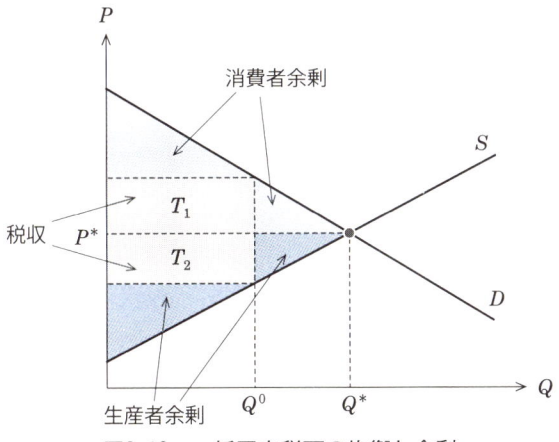

図3.19 一括固定税下の均衡と余剰

税収を確保するにはどうしたらよいだろうか？

答えは、ビール市場の価格はいじらずに、ビールの**消費量や供給量とは無関係に固定された金額を、一括して税金として徴収**すればよいのである。このような税金を、一括固定税という。図3.19を見てほしい。

酒税を廃止すれば均衡価格と数量は図3.19の P^*, Q^* のように決まる。ここで、図3.19の T_1 を消費者から、また T_2 を生産者から一括して徴収すれば、政府は余剰の損失を被ることなく、間接税下とおなじ税収を得られるのである。さらにこれを図3.17と比べると、間接税下に比べて、消費者余剰も生産

者余剰も増えていることがわかる。つまり、間接税から一括固定税に切り替えると、政府の税収を変えることなく、消費者と生産者の満足を同時に上げることができるのである。このように、「誰の満足も下げることなく、誰かの満足を上げること」を**パレート改善**[6]という。

> **コメント 3.2** 　**固定税を取られると需要が減るのでは？**：図3.19のように、消費者から一括して税金 T_1 を徴収すると、所得が減って需要が減るのではないでしょうか？　確かにこれはもっともな疑問で、消費者行動のところで学んだように、ビールが「正常財」なら所得が減ればビールの需要は減る、つまり需要曲線が左下に移動するはずです。しかし、前の(c)項を思い出してもらうと、余剰分析をしているときは、消費者の効用が準線形という特別な形をしていることを仮定しているので、そこで学んだように所得効果はゼロになります。つまり、**余剰分析をするときは、（準線形の効用を仮定しているので）所得の移転によって需要曲線が移動することは考えません**。しかし所得の移転による需要の増減を考慮に入れても、「間接税を廃止して一括固定税に切り替えればパレート改善できる」という結論は変わりません。このことは一般均衡分析のところ（3.3節(j)項）で説明します。

ここで、以上の余剰分析から得られた重要な結論をまとめておこう。

・**市場均衡は、総余剰を最大化する**（図3.20）

・間接税は非効率性（余剰の損失）をもたらす。

・消費量や生産量などの経済活動の水準とは無関係に、固定された金額を徴収する**一括固定税**は、非効率性（余剰の損失）をもたらさない。

では、一括固定税とは、具体例でいうとどのような税金なのであろうか。所得税や法人税は一括固定税だろうか？　答えは否である。所得税額は労働所得に応じて決まるので、労働需要・供給といった経済活動の水準が変われば税額も変わるものである。したがって、所得税は一括固定税ではない。同

6　パレート改善については3.3節(f)項で詳しく解説する。

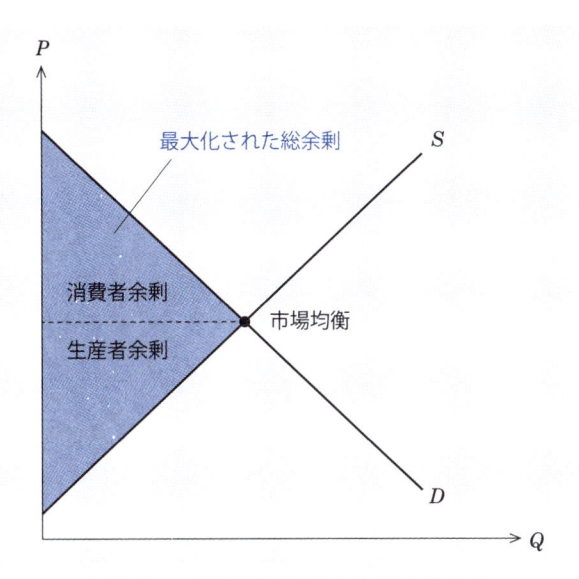

図3.20　市場均衡は総余剰を最大化する

様に法人税もその金額が利潤の大きさによって決まるので、一括固定税ではない。現実に観察された税金の中で一括固定税に一番近いのは、人頭税であろう。これは、「人間1人当たりいくら」という形で税金を徴収するもので、古代から中世までにさまざまな地域で行われていた。理論的に見ると、一括固定税は効率性の観点から優れたものであるが、現実にはあまり使われていない。その理由はつぎの通りである。

・各人や各企業が支払うことのできる税金の額は、経済活動の水準（所得や利潤など）に依存するので、経済活動の水準と無関係な税額を課すと払えない人や企業が出る恐れがある。
・経済的な変化（例えば政策の変更）が起こると、各個人や企業にはさまざまな大きさの損害や利益が生ずる。このようなとき、一括固定税を使ってパレート改善をするには、人や企業によって異なる税額を課す必要がある。しかしながら、そのような税額を調べるのは難しく、また、ある人には高く、別の人には低いような税金を課すのには政治的な困難を伴う。

このような実務上の問題があるにもかかわらず、一括固定税を使ってより効率的な配分を実現できることをはっきり理解することは、現状が**どのような**

意味で潜在的に改善できるかを知ることにつながり、望ましい政策を考えるために役に立つのである（つぎの節で、このことが実感できるような実例を紹介します）。

3.2 TPPについて、これだけは知っておこう：TPPとコメの輸入自由化

　部分均衡分析と経済学的な考え方は、さまざまな時事問題を考えたり、政策評価をしたりする上で大いに役に立つ。そこで、賛否両論が入り乱れるTPP問題を取り上げ、**部分均衡分析を使った本格的な経済分析の実例**をお見せしよう。とくに、ミクロ経済学の考え方を使うことによって、調べなければならないデータが明らかになり、それを調べることで国民の一人ひとりにどのような自由化の影響がもたらされるのかが、次第に明らかになってゆく様子をご覧ください！

　TPPとは、環太平洋戦略的経済連携協定（Trans-Pacific Partnership）の略称であり、太平洋を囲む国々の間で関税を撤廃した**自由貿易圏を作るための協定**です。その起源は、シンガポール、ニュージーランド、ブルネイ、チリで結ばれた自由貿易圏協定（2006年発効）で、2014年現在ではアメリカ、オーストラリア、ペルー、ベトナム、マレーシア、日本、カナダ、メキシコがTPP参加を表明し、協定の内容について交渉を行っています。TPPの理念は、基本的にあらゆる品目で参加国間の関税を撤廃することですが、交渉の過程で例外品目が加わる可能性もあります。そこで、**自由貿易をする利点とは何なのか、またそれがどのような問題をはらんでいるのかを**、コメの関税撤廃を例にとって、ミクロ経済学の考え方（部分均衡分析）を使って詳しく検討してみましょう。

(i) コメの供給曲線はどうすればわかるのか

　「自由化で農家はどれだけの打撃を受けるのか」を知ることは、TPPの是非を知る上で重要です。これは、「自由化でコメの価格が下がったら国内のコメ供給はどれだけ減るのか」ということと密接に関係しているので、コメの供給曲線を調べることがポイントになります。

　しかしながら、コメの価格が、自由化後に実現すると思われるほど低い水

準になったことはないので、「仮に価格がこれだけ下がったら供給はどれだけ減るのか」を知ることは不可能のように思われます。ここであきらめず、生産の理論で習ったことを思い出すと、「供給曲線とは限界費用に等しい」ので、このことを使って供給曲線を推定できないか考えてみましょう。しかし、限界費用とは「費用を生産量で微分したもの」なので、**そんなものはますますわかるわけがない**ように思われます。

ここでまだあきらめずに、図3.21のように考えたらどうでしょうか。

各農家はだいたい1kg当たり一定の費用でコメを作れるとみても大きな間違いはないでしょう。1kg当たりの費用は、

①苗・肥料の代金、田植えの手伝いの委託料など、**他人に支払う必要のある費用**

②**自分が所有する生産要素**（自家労働、自分の農地など）**への対価**

からなります（この区別が以下で重要になるので、よく理解しておいてください）。この費用で決まる各農家の供給曲線を低い方から並べると、図3.21（b）にある国全体の供給曲線になるのです。これが、国全体の供給曲線になるのはつぎのような理由からです。

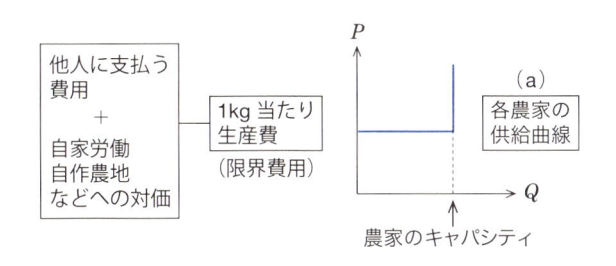

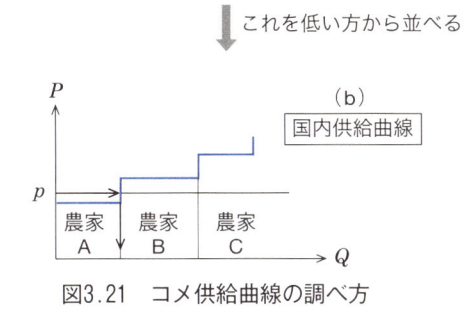

図3.21　コメ供給曲線の調べ方

いま、図3.21（b）において価格 p が与えられたとすると、これは「農家Aの原材料費と自家労働などへの対価（上の①＋②）」より大きいので、農家Aはコメを作ります。しかし、農家B・Cにとっては、「原材料費と自家労働などへの対価」より価格は低く、これではペイしないので、B・Cはコメを作りません。これから、コメの供給量は（b）のごとく、供給曲線によって決まることがわかるでしょう[7]。

ほんとうは、一つひとつの農家の費用がわかればよいのですが、もちろんそんなデータはありません。ところが、コメの生産費用は、農地の大きさによることがわかっています。大規模な水田で効率よく生産するほうが、費用が安くなるわけです。実は、このことを示す統計データがあり、農水省は、「15ヘクタール以上」「10〜15ヘクタール」などのいくつかの規模別クラスに農地を分け、それぞれのクラスでの平均の生産費用を公表しています。2010年について公表されたこうしたデータをプロットしたものが、図3.22の（a）です。

本来なら、図3.22（a）にある8つの作付規模のクラス（「15ha以上」、「10〜15ha」…など）に対応して、8段の階段状のグラフになるところですが、各クラス内（たとえば「15ha以上」）にも大きな農家と小さな農家があり、実際には費用は階段状ではなく連続に近い形で変化すると思われるので、階段状のグラフを適当にならして右上がりの曲線にしています。また、各クラスの生産キャパシティの統計は見当たりませんでしたが、各クラスの作付面積はわかるので[8]、これを生産キャパシティとして見てグラフ（a）が描かれています[9]。

さて、ここが重要な点ですが、農水省統計では、自己所有する生産要素への対価はつぎのように市場価格をもとに計算されています。

---

[7] これはちょうど、東北電力の限界費用曲線を、各発電プラントの発電費用から求めたのとおなじ考え方です（第2章、事例2.2）。

[8] 作付面積の統計は『2010年世界農業センサス』第4巻第1集より。これと『農業経営統計調査 平成22年産米及び麦類の生産費』による費用データに合うように、規模別階層を集計しなおしました。

[9] 実際には、大規模農園のほうが同じ面積でも収穫量が大きいと思われるので、図3.22（a）は大規模農家の生産キャパシティを過少評価しているかもしれません。

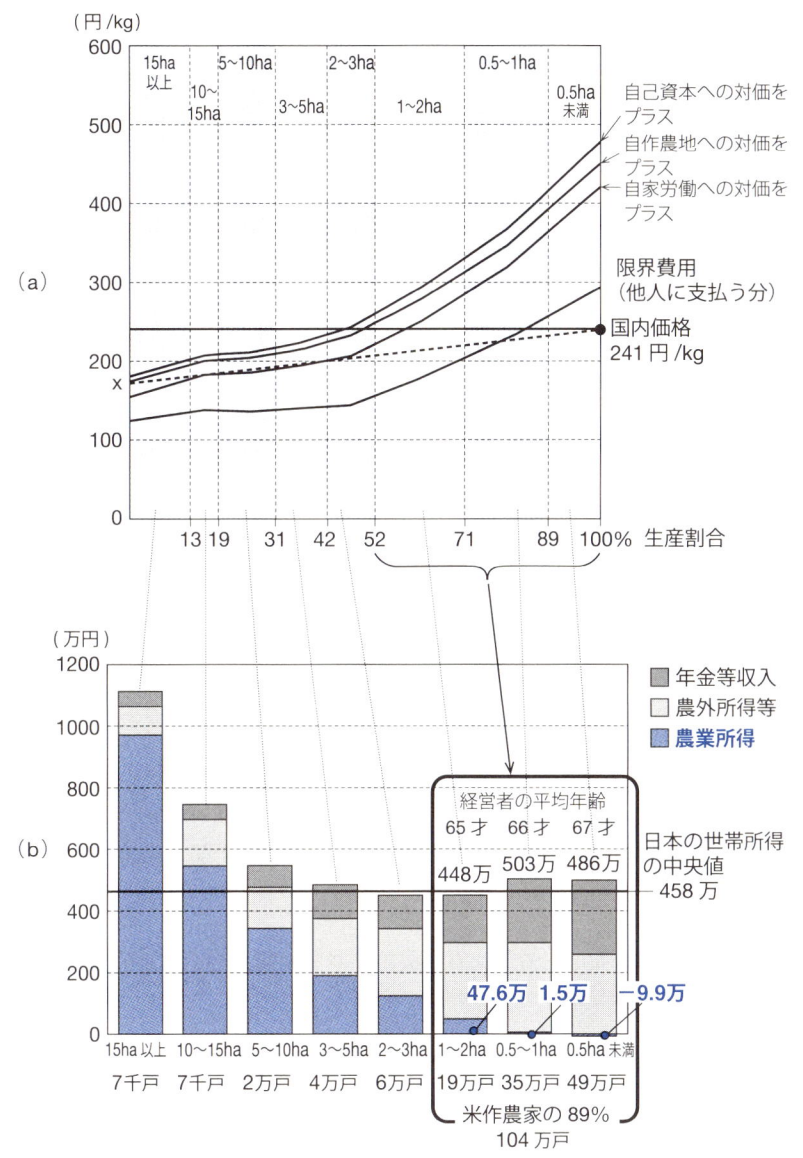

3.2節 TPPについて、これだけは知っておこう 183

図3.22 米作農家の費用構造（2010年）：（a）と所得（2006年）：（b）

自家労働への対価	中小企業(製造業)での賃金
自作農地への対価	同様の土地を小作人に貸したときの土地賃貸料
自己資本への対価	年利4％

すべての人がこの対価を求めるなら、供給曲線は図3.22（a）の一番上の曲線で与えられることになります。逆に、上で述べたものより少ない対価しかもらえなくてもコメを作ろうと思う人がいれば、供給曲線の位置はもっと下になります。

実際にコメを作る人々は自家労働や自分の農地に対してどのような対価を求めているのでしょうか？　グラフをよく見ると、ちょっと驚くようなことがわかります。グラフ（a）には、コメの国内価格[10]が描かれていますが、これはコストにくらべてかなり低い水準になっています。それでも、すべての規模の農家はコメを供給したのです。そこで、供給曲線の推定の話はひとまずおいて、この費用構造をもとに米作農家の所得の実情を調べてみましょう。

（ⅱ）米作農家とはどのような人たちなのか

図3.22（a）の右半分にいる2 ha以下の小規模農家の費用とコメ価格の関係を見ると、

・1 ha～2 haの水田を持つ人は、価格がほぼ「農水省統計が定める自家労働への対価＋他人に支払う費用」なので、**中小企業なみの労働所得を得られるが、自作農地や自己資本への対価はもらえない**

・0.5ha～1 haの人は、**労働に対するわずかな対価がもらえるのみ**

・0.5ha未満の人に至っては、（価格＜他人に支払う費用なので）コメをつくればお金が出てゆく**完全な赤字状態**

となっています。いずれの人たちも、市場価格で評価した値よりも大幅に低い対価しかもらえない状態でも、コメを供給しているのです。そして、国内で供給される**コメの約半分は、このようにほとんど採算がとれないような厳**

10　米の価格は、卸売業者が仕入れる玄米の価格で、毎年の変動が大きいので2006年から2011年までの平均を取りました（全銘柄相対取引価格、農林水産省『米穀の取引に関する報告』）。

しい状況に置かれた人たちによって作られているのです。このことから、「米作農民は手厚い保護政策によって、ラクをして暮らしている」と考えたら大間違いであることがわかります。しかし、データをよく調べると、ちょっと意外な事実がわかってきます。

　上のことから考えると、米作農家の大部分を占める作付面積2ha以下の零細農民は、日本のなかでも最も所得の低い人たちであるように思われますが、実際はどうなのでしょうか。そこで、データはやや古くなりますが、2006年の米作農家の所得の詳細を公表したものがあるので、それを見てみましょう（p.183の図3.22（b）を見てください）[11]。意外なことに、**こうした零細農家は、日本の中流家計とおなじくらいの所得を得ている**のです[12]。その理由は、図3.22（b）の所得の内訳を見れば明らかで、こうした農家は専業農家ではなく、**所得の大部分を農業外所得と年金収入によっている**のです。そして、こうした兼業が可能なのは、機械化によっていまや1haくらいであれば**わずかな年間労働時間でコメが作れる**からなのです。また、図3.22（b）で注目してほしいのはこうした農家の経営主の平均年齢で、かなりの高齢化が進んでいます。つまり、こうした零細農家でのコメ作りは、かなりの程度引退世代の労働によっているものと思われます。最後に、もう一つ驚くべきことは、こうした零細農家の数で、生産量では全体の約半分を作っているこうした**零細農家は、米作農家の大部分（89%）を占めている**のです。

　以上の統計データから見えてきた米作農家の平均像をまとめると、つぎのようになります。図3.22（b）の四角で囲んだ部分を見ながら確認してください。

米作農家全体のほぼ9割（104万戸）を占めるのは、平均するとつぎのような人たちです。

- **1ha**（＝100m×100mなので、小学校くらいの広さ）ほどの小規模の

11　『平成19年食料・農業・農村白書』1章1節のデータから著者が作成したもので、2006年の数字です。ただし、農家の戸数は、図3.22（a）と合わせるため、2010年のものを使っています（出所：『2010年世界農業センサス』第4巻第1集）。

12　図3.22（b）にあるのは同じ年（2006年）の世帯所得の中央値です。これは、日本の家計を最も貧しいものから最も裕福なものまで1列にならべたとき、ちょうど真ん中にくる中流家計の所得のことです（出所：厚生労働省『平成18年度国民生活基礎調査』）。

水田を持つ
・**農業が主業ではなく**、休日の労働や引退世代の労働でコメを作っている（機械化のおかげでわずかな年間労働時間でコメはできる）
・平均すると、年収は日本の中流とほぼ同じであり、**農業収入は所得のごく一部（年間、マイナス10万円（赤字）から50万円くらい）**
・米作の採算性は悪いが、何らかの理由（例えば先祖から受け継いだ水田を守る）でコメを作っている
・**経営主は高齢**で、引退世代が年金をもらうかたわら米作をしているところが多い

(ⅲ) コメの供給曲線を推計する

では、話をコメの供給曲線の推定に戻しましょう。図3.22（a）にあるすべての生産者は価格241円/kgの下で供給していたので、供給曲線はグラフ（a）の右はしの黒丸の点を通る右上がりの曲線になるはずです。また、農業収入が年収のごくわずかな割合しかない最も小規模な農家を別にすれば、①他人に支払う費用はカバーできて、②自家労働や自作農地への対価を相当程度得られること、の二つを農家は要求すると考えられるので、供給曲線は図3.22（a）の一番下の曲線と一番上の曲線の間に来るものと思われます。その形状はよくわからないので、思い切ってここでは図3.22（a）の点線で表したような直線の供給曲線を想定しましょう。

さて、自由化を議論する際に重要なのは**供給曲線の最低点**（図3.22（a）の点線の左端の「x」）です。たとえば x = 190円なら、自由化でコメの価格が190円以下になれば日本の米作農家は全滅ということになります。これは大変重要な数値なので、ある程度根拠のある数字を見つける必要があります。この図の作成に使った統計によると、最も生産性の高いクラスである「15ha以上」の農家の平均の総費用（自己所有する生産要素に対する対価をすべて含む）は192円/kgです。しかし、15ha以上の農家の中にも生産性が高いものと低いものがあるはずで、最も生産性の高い農家の費用はどのくらいで、そうした農家がどの程度の生産能力を持っているかを知る必要があります。

幸い、そのような詳しい費用の分布統計があります[13]。それによると、最も競争力のある農家の総コスト（自己所有する生産要素に対する対価をすべて

含む）は132円/kgであり、**総コストが168円/kg以下の農家が米生産の5％を担っています**。そこで、ここでは供給曲線の最低点の値（図3.22（a）の「x」）を、170円/kgと推定することにします。

（iv）自由化前のコメ市場の均衡

では、以上で推計した供給関数をもとに、自由化前の国内コメ市場の状況をグラフにしてみましょう。そのためには、**コメの需要関数を推定する必要**があります。先行研究によると、コメ需要の価格弾力性はきわめて低く、推定された弾力性は0.13くらいです[14]。これは、コメ価格が1％下がっても、需要は0.13％くらいしか伸びないということです。そこで、コメ需要は価格弾力性が一定（＝推定値0.13）で、現実の消費点を通る曲線であるとします。

以上をもとにして、現実のデータをなるべく反映するようにして自由化前のコメ市場の均衡を描いたのが図3.23です。2010年のコメ生産量は約850万トンでした[15]。図3.23の「生産調整の下での供給曲線」とは、これまで説明したやり方で、この850万トンのコメを供給した農家の実際の費用データから推計したものです。

ここで、一つ重要な注意点があります。コメの国内価格は自由市場で決まっていますが、コメの高価格を維持するために農水省は<ruby>減反<rt>げんたん</rt></ruby>と呼ばれる生産調整を行い、生産量を抑えて価格をつり上げています。生産調整の割合ははっきりとはわかりませんが、だいたい40％くらいであると思われます[16]。大まかにいうと、全国のコメ生産者は一律、水田の4割を他の作物に転作するように要請を受けているのです。これは強制ではありませんが、減反に応じると補助金がもらえます。そこで、（ii）（iii）項で推計した「生産調整の下での供給」は、減反がないときの真の供給を4割削減したものである[17]と、ここでは考えます。こうして描かれたのが図3.23の「供給」です。

13　農林水産省『農業経営統計』平成22年産米及び麦類の生産費　米生産費（1）度数分布　ア　60kg当たり全算入生産費階層別分布。

14　T. Kato, M. Gemma, and S. Ito（1997）"Implications of the Minimum Access Rice Import on Supply and Demand of Rice in Japan," *Agricultural Economics*, 16, pp.193-204.

15　農林水産省『作物統計』の「水稲」の「全国・収穫期」という欄にある収穫量です。

16　2003年までは農水省は減反面積の割合を公表していましたが、その後作付面積の削減から生産量の削減に生産調整のやり方が変わり、減反面積割合の公表値はなくなりました。最後の年（2003年）に公表された減反面積割合は、40％でした。（なお、減反は2018年度に廃止された。）

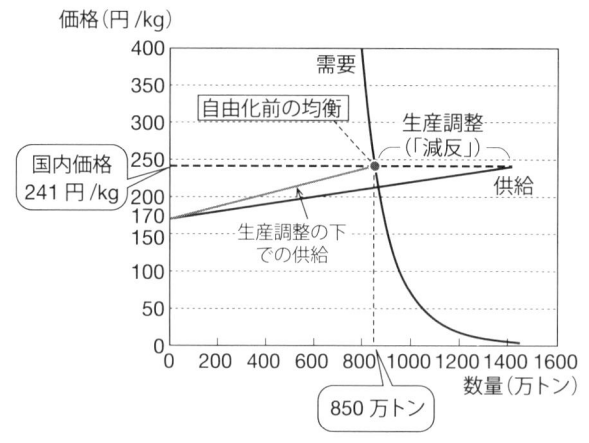

図3.23　自由化前のコメ市場

（v）自由化でコメの値段はどのくらい下がるのか

　では、いよいよつぎに自由化の影響を見るために、コメの価格について調べてみましょう。現在、コメの輸入には**1 kg当たり341円の関税**がかかっています[18]。よく、コメの「関税率は778％」と言われることがありますが、実際は「輸出価格の何％」という課税の仕方（従価税）ではなく、コメ関税は1 kg当たり何円という「従量税」です。コメ1 kg当たりにかかる関税（341円）は国内価格（241円程度）のはるか上なので、**たとえコメの輸出価格がゼロ円であってもまったく輸入が起こらない水準になっています（禁止的高関税）**。

　では、関税がTPPにより撤廃されたらコメの価格はいくらまで下がるのでしょうか。コメにはさまざまな種類や品質があるので、これは簡単な問題ではありません。一つの目安として、コメに関税がほとんどかかっていないアメリカに滞在している日本人が、どのようなコメを選んでいるかを見てみましょう。私の滞在経験からすると、現地の日本人が買うコメで有名なのは

17　つまり、各農家は本来の供給能力の6割の生産をしていると仮定するわけです。実際には減反に応じない方がペイするので応じない生産者もいます。もし生産性の高い大規模農家が減反に応じていないとすると、図3.23の「供給」は大規模農家の供給能力を過大に評価しているおそれがあります。

18　その額は、「財務省貿易統計」輸入統計品目表（実行関税率表）に出ています。ちょっとわかりにくいのですが、「玄米」のなかで、政府が特別な理由で輸入するのではない「その他のもの」で、WTO加盟国に適応される「WTO協定」の関税率がそれに当たります。

「錦」と「田牧米」でしょう。どちらも日本のコメとおなじ短粒米です。錦は値段は安いのですが、日本米に味が近いのは田牧米のほうです。留学生が食べるのが錦、駐在員の奥さんが買うのが田牧米という感じです。また、これよりも安い短粒米を食べている日本人は私の周りにはいませんでした。そこで、現在のこれらのコメの値段を日本のスーパーでよく売っているコメと比較すると、おおむねつぎのようになります。これは1kg当たりの小売価格です[19]。

・錦価格／日本の安めのコメ価格 ＝ 237円／400円 ＝ 59％
・田牧米価格／日本の安めのコメ価格 ＝ 349円／400円 ＝ 87％
・田牧米価格／日本の普通のコメ価格 ＝ 349円／500円 ＝ 70％

農林水産省は、TPPの影響を試算した資料[20]で、中国短粒米の価格を根拠に「自由化するとコメ価格は1/4になる」としていますが、これは価格の下落を過大に見積もっているように思われます。ここでは、以上の価格比較をもとにして、**自由化後に価格は25％下落する（241円→181円）**と想定することにします。

(vi) 自由化でコメの国内生産はどうなるのか

以上の想定の下で、自由化後のコメ市場の均衡を描いたのが図3.24です。自由化後は外国からコメが自由に入ってくるので、生産調整をして高価格を維持することはできなくなります。したがって、**自由化すると減反制度は撤廃するほかなく**、コメは図3.23で描いた（生産調整のない時の）供給曲線によって生産されることになります。自由化後の状態を理解するには、つぎのポイントを押さえてください。

・自由化後の消費量は、自由化後の価格181円と、需要曲線で決まる（図3.24

---

[19] カリフォルニアのスーパーマーケット・ミツワのホームページでは、錦16.88ドル／ポンド、田牧米ゴールド24.99ドル／ポンドでした。これを1ドル95円で換算しています。
　　また、ここで見ている小売価格(400-500円)がこれまでの議論で出てきたコメの国内価格(241円)より大きいのは、後者が精米する前の玄米の卸価格だからです。精米によってコメが削られるため、1kg当たりの価格が大きく変わります。

[20] 国家戦略室「包括的経済連携に関する資料・資料3：農林水産省試算」（平成22年10月27日）」
http://www.cas.go.jp/jp/tpp/pdf/2012/1/siryou3.pdf

図3.24 自由化後のコメ市場

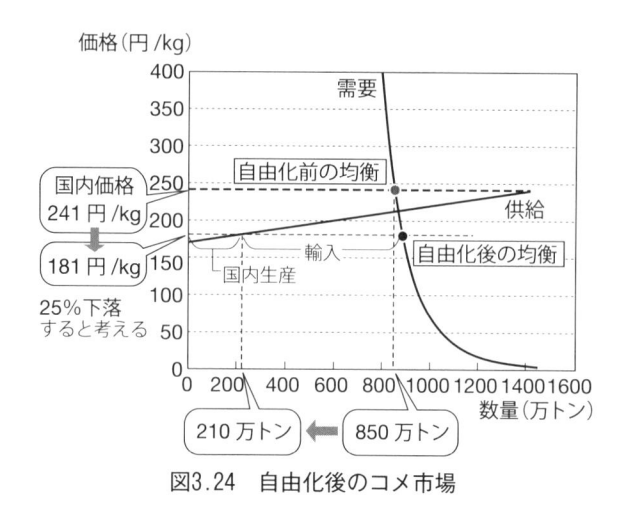

の「自由化後の均衡」と書いてある黒丸の点)
・自由化後の価格の下での国内生産量は、供給曲線によって決まる(図3.24の「国内生産」と書かれた部分)
・消費量と国内生産量の差が、輸入量になる(図3.24で「輸入」と書かれた部分)

自由化後の国内供給は210万トンで、もしここで想定したことが仮に正しければ、自由化によってコメの国内生産は1/4まで激減するということになります。自由化後の生産量は、15ha以上の大規模農家が生産する部分にほぼ相当します。自由化後の国内生産量は、図3.24を見ればわかる通り、かなり水平に近い供給曲線の形状をちょっと変えただけで大きく変わるので、「1/4まで減る」ことの信頼性はそれほど高くないことに注意しましょう。しかし、(iii)でその詳細を見た、**本業のかたわらコメを作っている小規模農家＝日本の米作農家の9割**」は、自由化前の価格の下ですら採算性がきわめて厳しかったことを考えると、こうした農家が**自由化によって大きな影響を受けることは確実**であると思われます。

(vii) 自由化で得をするのは誰か

つぎに、自由化がもたらす国益について考えてみましょう。自由化前と後の図(図3.23と図3.24)での、消費者の利益(消費者余剰)と米作農家の利

益(生産者余剰)を表したのが図3.25です。

自由化によって生産者余剰は大きく減りますが、それを補ってあまりある利益が消費者に発生しているのがわかるでしょう。上の図から下の図に移るときに、どれだけ灰色の部分(総余剰)が増加したかを表したのが図3.26で、これが自由化によって日本全体にもたらされる利益(総余剰の純増加分)です。

自由化の利益をよく見ると、**国際水準よりも高いコメ生産のコストを国民が負担する必要がなくなることの利益**(図の薄い灰色の部分)が圧倒的に大きく、これに「安い国際価格のせいで消費が伸びた分の利益」(右側の濃い灰色部分)と「生産調整(減反)がなくなり効率的な農地が利用できるようになったことの利益」(左側の濃い灰色部分)が加わっていることがわかるでしょう。

以上のことをわかりやすく言い換えると、つぎのようになります。

・自由化で国内生産者(農家)は損害を受けるが、消費者は利益を得る(図3.25)

・しかし、消費者の得る利益は生産者(農家)が被る損害を上回る(上回る分を表したのが図3.26)

自由貿易の利益

図3.25、3.26を見るとわかる通り、上の結論は右下がりの需要と右上がりの供給がどんな形をしていても成り立ちます。つまり、ミクロ経済学に基づいた分析が明らかにする重要なポイントは、自由化による利益は損害を必ず上回るので、損得を差し引きすると日本全体では必ず得をする、ということです。(では、損をする人を放っておいていいのか!ということになりますが、このことについては、つぎの(viii)で考察します。)

つぎに、自由化によって利益を得る人は誰なのかを見てみましょう。コメはほぼすべての人が消費するので、自由化によるコメ価格下落の恩恵は国民全体に広く行き渡ります。なかでもとりわけ影響が大きいのは、支出の大部分を食費にあてなければならないような貧しい人たちです。図3.27をご覧ください。

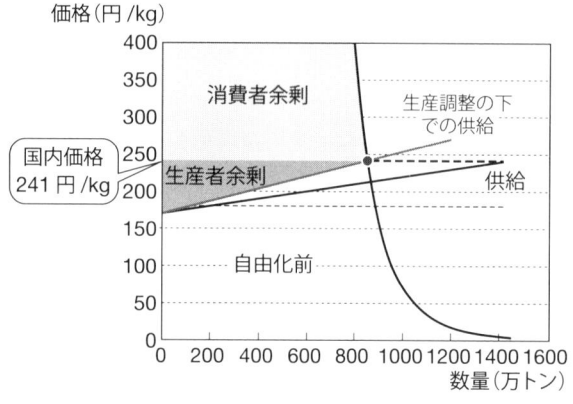

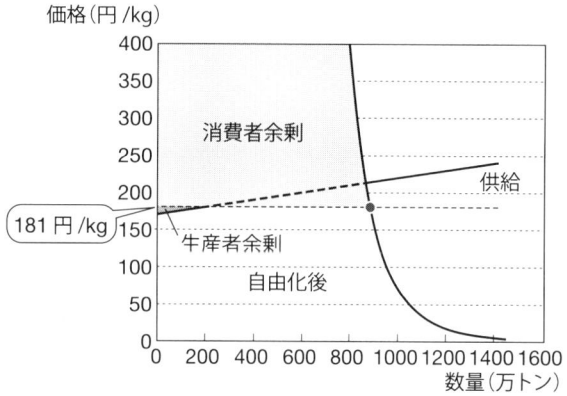

図3.25 コメ自由化による余剰の変化

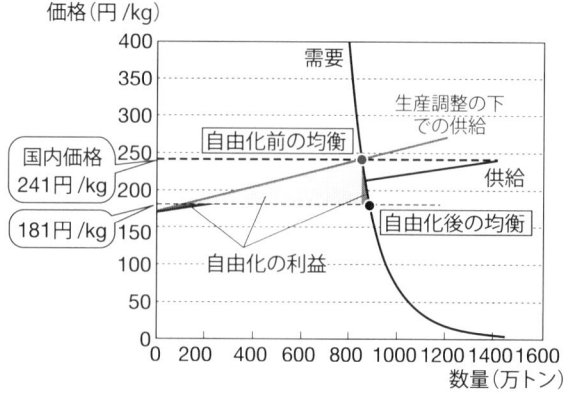

図3.26 自由化による日本全体の利益

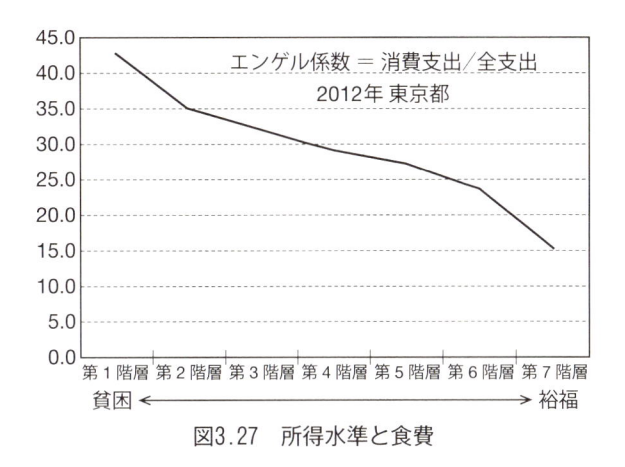

3.2節 TPPについて、これだけは知っておこう　193

```
45.0
40.0    エンゲル係数 ＝ 消費支出／全支出
35.0    2012年 東京都
30.0
25.0
20.0
15.0
10.0
 5.0
 0.0
    第1階層 第2階層 第3階層 第4階層 第5階層 第6階層 第7階層
    貧困 ←――――――――――――――――――→ 裕福
```

図3.27　所得水準と食費

　食費が支出に占める割合を**エンゲル係数**といいます。この図は、所得の一番低い人から高い人までを1列に並べ、これを7等分して7つの階層をつくり、それぞれの階層でのエンゲル係数を示したものです。所得水準が上がるほど、エンゲル係数が下がってゆく傾向が見て取れます（**エンゲルの法則**）。図3.27の下位約30％の人たち（第1・2階層）は、支出の**約4割が食費になっており、自由化の恩恵を相対的に最も受けるのはこのような貧しい人たち**なので、「自由化で得をするのは金持ちだけだ」と考えたら大きな間違いです。これはほぼ、年収が**300万円以下**の世帯に当たり、その数は2012年で**1400万戸**です[21]。これを、自由化で**最も損害を受ける小規模農家**（米作農家の9割）**104万戸**と対比すると（いま一度、図3.22（b）の四角で囲まれた部分をご覧ください）、自由化で損をするのと得をするのは、具体的にはどんな人たちなのかが把握できます。

（viii）コメは自由化すべきか

　以上が「自由化したらどうなるか」ということで、これは、序章で説明した「**事実解明的（positive）な分析**」に当たります。このことを踏まえて、「自由化すべきかどうか」という価値判断の問題、すなわち「**規範的（normative）な分析**」をしましょう。

　（vii）でわかったことは、消費者が得る利得の合計は農家が被る損害の合計

21　厚生労働省『平成23年度国民生活基礎調査』

より大きい、ということです。したがって、適当なやり方で消費者が農家に**補償金**を払えば、**農家も含めた国民一人ひとりが全員自由化の利益を受ける**ようにできるはずです。

一見すると、「理屈の上ではそうだが、そんなうまい補償のやり方を見つけるのはとうてい無理」のように思われますが、実はつぎのようにすればよいのです。

- 各消費者から
    自由化前の消費量 × 自由化による価格の下落
  を徴収し、

- 各農家に
    自由化前の生産量 × 自由化による価格の下落
  を支払う

    国民一人ひとりが自由化の利益を得られるようにする補償のやり方

なぜ、これが「国民全員を一人残らずよりハッピーにする」かを説明しましょう[22]。まず、自由化前の消費の総量 = 自由化前の生産の総量なので、消費者の支払総額が確かに農家の受取総額になっている（補償金の収支がバランスしている）ことに注意してください。

各消費者からみてみましょう。自由化によってコメは安くなるので、自由化前と同じ消費をしても上の金額だけお金があまります。したがって、この金額を払っても、**やろうと思えば自由化前と同じ消費ができる**ことになります。自由化でコメはかなり安くなるので、実際は消費者の消費パターンは変わるでしょう。すると、消費者は「やろうと思えば自由化前の消費パターンができるのだが、もっとよい別の消費パターンに移っている」ということになり、消費者は自由化の利益を確かに得ることになります。

各農家についても同様です。自由化前と同じ生産を行って、上の補償金をもらえば、**自由化前とおなじ所得を確保できる**ので、少なくとも自由化前と

---

22 重要なのは、これらが「自由化前の」消費・生産で決まるという点です。つまり、消費者から徴収する金額は、自由化後の消費行動と無関係な「**一括固定税**」で、農家が受け取るのは自由化後の生産行動とは無関係な「**一括補助金**」であることが重要なのです。3.1節(d)項で見たように、一括固定税は非効率性を生みません。一括補助金も同様です。

同等の満足度を得ることができます。自由化前の生産にとどまらず、自由化後の価格の下で最適な生産量を選べば、自由化前より満足度を上げることができます。こうして、国民の一人ひとりに自由化の利益がゆきわたるわけです。

　実際には、このようなきめの細かい補償を完全に行うことは困難です。すると、自由化で損をする人と得をする人がどうしても出てきます。そこで、「自由化をすべきか」という問題は、あなた（あるいは選挙権を持つ有権者）の価値判断次第ということになり、**ミクロ経済学は「この価値判断をしろ」という指示はしません**。ただし、どのような価値判断をするにせよ、**自由化でどんな人がどれだけ損害や利益を受けるのか、得をする人が損をする人にどの程度・どうやって補償ができるのかをきちんと考えて価値判断をすべきである**、というのがミクロ経済学のメッセージです[23]。

コメント 3.3　世間でよくある議論は何を見落としているのか：以上のようなミクロ経済学によるTPPの評価は、世間でよく目にするつぎのような議論とどこが違うのでしょうか？

・TPPはアメリカのルールを他国におしつけるものである。「日本のアメリカ化」をもたらすTPPは、日本の国益には反する。

・貿易自由化の波に乗り遅れると、国際競争に勝てない。韓国もいち早く自由化した。いまこそTPPに参加すべきだ。

　これらは一見もっともらしく聞こえますが、このままでは**国民一人ひとりの利害関係を超越した価値判断**になっている点に問題があります。そもそも、「日本のアメリカ化を避けること」や「貿易自由化の波に乗り遅れないこと」は、そうしたことそのものに価値があるのではなく、そのようにすれば国民一人ひとりが幸福になるから価値があると考えるべきでしょう。誰が得をし、誰が損をするのかをきちん

23　コメの自由化によって米作が縮小すると、以上で検討した問題のほかに、<u>治水や景観といった外部効果</u>（第4章で取り上げます）の損失と、<u>食料の自給率</u>が下がることの問題が発生します。後者は、天災や戦争などで国内での食料が足りなくなるリスクです。しかしながら、同様の問題はエネルギーについてもあてはまり、これについてはすでに自給できる石炭を捨てて輸入石油に大幅に依存しています。エネルギー自給率が低いリスクに対処するため、現在日本は石油を半年分備蓄して対処していますが、食料についても同様の半年分の備蓄で対処することが考えられます。

と考えずに議論すると、つぎのようなパターンにはまってしまいます。

> ① 国民一人ひとりの利害を考えない**おおざっぱな判断**をする
> ⇩
> ② 意見の違うものに「抵抗勢力」「市場原理主義者」などの**レッテルを貼って自分だけが正義であると言い張る**
> ⇩
> ③ たまたま自分が**最初に思いついた意見を変えようとしない**、あるいは**自分の利害関係者だけが得をする意見をゴリ押しする**

このようなレベルで話をしている限り、議論は平行線で、そのうち感情的な衝突に発展します。生産的な議論をするためには、一歩深く掘り下げて、「アメリカ化を避けたり、自由化の波に乗り遅れると、誰にどんな利害が発生するのか」を明らかにしなければなりません。ミクロ経済学は、まさにこうしたことを分析するものなのです。

コメント 3.4 日本の政策決定の問題点：先ほどの事例から、日本の経済政策決定に共通する問題点が浮かび上がってきます。経済政策にはかならず「関係省庁」があります。コメの場合は農水省です。農水省はTPPの影響について試算を行い、「TPPがあると日本にこれだけの悪影響がある」ということを主張していますが、そこではTPPによって消費者が得る利益が完全に無視されています。TPPに限らず、何か経済政策の案件が持ち上がると、関係省庁が検討委員会などを立ち上げますが、そこにずらりと顔をそろえるのは生産者を代表する人たちがほとんどです。こうした委員会も監督省庁も、ついつい生産者の立場にしか目が行きません。しかし、経済政策で一番影響を受ける消費者を無視しては、国を良くすることはできません。このように、**経済政策の現場で、消費者の利益を代表する人がいない**というのが、日本の大きな問題です。このことを是正するには、国民やマスコミが経済学の正確な知識（「**エコノミック・リテラシー**」といいます）を得て、消費者の権利を主張してゆくほかはありません。抽象的・一般的にこのことを考えると、何かだまされているような気になるかもしれませんが、もう一度先の事例を見てください。これが、経済学者の単なるセールストークでないことを実感していただけるのではないでしょうか。

3.3 一般均衡分析

一つの市場だけを取り出して見る部分均衡分析は、直感的にわかりやすいという利点があるものの、ある市場の動きが他の市場へさまざまな波及効果を及ぼす様子が見て取れないという欠点がある。そこで、より包括的な分析を行うためには、すべての市場を同時に見る手法が必要になる。この要請に応えるのがこれから説明する「一般均衡分析」である。一つの市場で起こることは、社会経験や常識を使っても理解ができるが、多数の市場の相互依存関係はわれわれの常識や直感がなかなかうまく働かない。このとき活躍するのが、数理的な経済モデルなのである。そのような経済の全体像を見渡すための手法を、現実との関係を見失わないように注意しながら、わかりやすく解説してゆこう。

(a) 経済の全体像を見る：一般均衡モデル

すべての市場を見渡すために、まず経済に存在するすべての財を、$n = 1, \cdots, N$ で表そう。それぞれの財の価格 p_n を並べて書いたもの $p = (p_1, \cdots, p_N)$ を、**価格体系**と呼ぶ。つぎに、経済を構成する企業と消費者をそれぞれモデルに組み入れよう。

企業：経済に存在するすべての企業を $j = 1, \cdots, J$ で表そう。企業数 J はどのくらいかというと、日本においては約420万ほどの企業がある[24]。これらすべてを同時に見ることができるようなモデルをこれから作るわけである。企業 j の生産活動は、第2章の2.4節で見たように、

$$\text{生産計画 } y^j = (y_1^j, \cdots, y_N^j)$$

で表すことができる。生産計画の n 番目の要素 y_n^j がプラスなら、これは企業 j による財 n の生産量を表し、マイナスなら y_n^j は企業 j による財 n の投入量を表す。例えば、$y^j = (-5, 0, 0, 1)$ という生産計画は、企業 j が第1財を5単位投入して第4財を1単位作っていることを表すものである。さらに、

---

[24] 中小企業庁統計「中小企業の企業数・事業所数」(平成24年度版) による、2009年度の非1次産業の大企業・中小企業の合計。

$$\text{企業 } j \text{ が実行できる生産計画全体の集合} = Y^j$$

を企業 j の**生産可能性集合**と呼ぶ。どんな企業にも実行できることとできないことがあるわけであり、きちんと調べればこれを生産可能性集合 Y^j という形で書けるはずである。これによって、経済に存在する多種多様な企業の生産技術をすべてモデルの中に組み込むことができるわけである。

> **例3.1** 生産可能性集合とは何かを理解するために、単純化した例を見てみよう。経済には第1財（$n=1$）である労働と、第2財（$n=2$）である生産物（例えば小麦）の二つの財があるとすると、労働を投入して小麦を作る企業 j の生産計画は

$$y^j = (\underset{(-)}{y^j_1} , \underset{(+)}{y^j_2})$$
労働投入量　小麦生産量

で表される。例えば $y^j = (-8, 2)$ なら、企業 j が労働8単位を投入して小麦を2単位作っていることを表すわけである。この企業の典型的な生産可能性集合を描いたものが図3.28であり、その境界が図のように生産関数に対応している。

さて、生産計画 y^j によって生産活動を表すと、利潤は

$$\text{利潤} = py^j$$

という非常に簡単な形で書ける。今一度、記号の意味を説明しておくと、py^j とは「p」と「y^j」という二つの数のかけ算ではなく、$p = (p_1, \cdots, p_N)$ は価格体系、$y^j = (y^j_1, \cdots, y^j_N)$ は生産計画を表し、$py^j = p_1 y^j_1 + \cdots + p_N y^j_N$ であると記号の約束をする。例えば上の例で見た $y^j = (-8, 2)$ という生産計画の下での利潤は

$$py^j = \underset{\text{労賃}}{-8p_1} + \underset{\text{売上}}{2p_2}$$

と表されるわけである。したがって、完全競争的な企業の利潤最大化問題は、

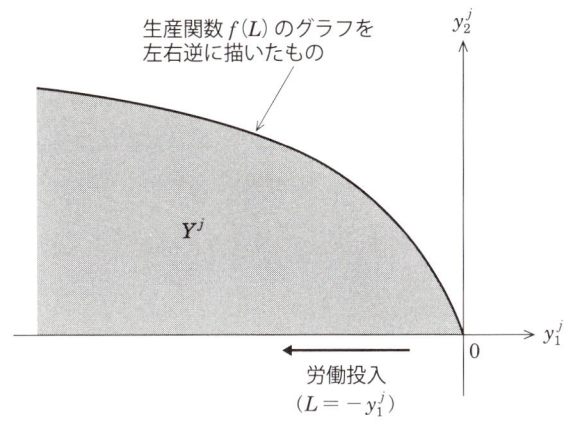

生産関数 $f(L)$ のグラフを
左右逆に描いたもの

図3.28　企業 j の生産可能性集合

$$\max_{y^j} \; py^j \\ \text{s.t.} \quad y^j \in Y^j \tag{2}$$

各企業 j の行動はこうして決まる（利潤最大化）

と表現できる。これは、「企業 j が実行できるさまざまな生産計画の中で、利潤を最大化するものを選べ」という最適化問題である[25]。経済に存在する何百万という企業のすべてを、このようなコンパクトな形で表現してモデルに組み込むことができるわけである。この利潤最大化問題(2)の解は市場価格体系 p に依存して決まるので、これを

$$y^j(p) \quad \text{企業 } j \text{ の最適生産計画}$$

と書くことにしよう。

消費者：経済に存在するすべての消費者を $i=1,\cdots,I$ で表す。1世帯を1消費者と見るならば、日本には約4800万の消費者がいることになる[26]。消費

---

[25] 今一度記号の意味を説明すると、「s.t. $y^j \in Y^j$」というのは「y^j が Y^j に入っている、という制約の下で」という意味である。
[26] 厚生労働省「国民生活基礎調査」の総世帯数（2012年）。

者 i がもともと所有している財を

$$w^i = (w^i_1, \cdots, w^i_N)$$

で表し、これを**初期保有量**という。また、企業の利潤は最終的には国民（＝消費者）の誰かに分配されるので、これを表すために

$$\theta_{ij} = \text{企業} j \text{の利潤のうち、家計} i \text{に分配される割合}$$

という記号を導入しよう。

例3.2 消費者 i が企業 j の株を10%保有していて、利潤の10%を株の配当として受け取るなら、$\theta_{ij} = 0.1$ である。

企業の利潤は余すところなく国民 $i = 1, \cdots, I$ に分配されるので、$\theta_{1j} + \cdots + \theta_{Ij} = 1$ がすべての企業 j について成り立つ。

ここで、消費者 i の**消費計画**を $x^i = (x^i_1, \cdots, x^i_N)$ とすると、**予算制約式**は

$$\underbrace{px^i}_{\text{支出}} = \underbrace{pw^i}_{\substack{\text{初期保有}\\\text{からの収入}}} + \underbrace{\sum_{j=1}^{J} \theta_{ij} py^j(p)}_{\substack{\text{企業からの}\\\text{利潤分配}}} \tag{3}$$

となる[27]（企業 j の利潤は $py^j(p)$ で表されることを思い出そう）。各消費者の行動は、この予算制約の下で最も好ましい（つまり効用を最大化する）消費計画を選ぶという、つぎのような最適化問題によって決まることになる。

$$\max_{x^i} u^i(x^i)$$
$$\text{s.t.} \quad px^i = pw^i + \sum_{j=1}^{J} \theta_{ij} py^j(p) \tag{4}$$

i 番目の消費者の行動はこうして決まる（効用最大化）

---

[27] $\sum_{j=1}^{J}$ とは、「j について、1から J まで足し合わせよ」という意味なので、$\sum_{j=1}^{J} \theta_{ij} py^j(p) = \theta_{i1} py^1(p) + \theta_{i2} py^2(p) + \cdots + \theta_{iJ} py^J(p)$ である（つまり、各企業 j からの利潤の分配 $\theta_{ij} py^j(p)$ の合計）。

この問題の解となる消費計画は、市場価格体系 p に依存して決まるので、これを

$$x^i(p) \quad 消費者 i の最適消費計画$$

と書くことにしよう。

(b) 労働供給

ところで、予算制約式(3)の右辺を見ると、初期に保有していた財からの収入と分配された利潤だけしかなく、労働所得に当たるものがどこにもないように見える。しかし、労働所得と労働供給は、上の消費者のモデルに実はちゃんと入っているということをここで説明しよう。そのためにはある財、例えば第1財を「**余暇（レジャー）**」＝労働をしていない時間、と解釈すればよい。ちょっとわかりにくいので、ゆっくり説明すると、各消費者 i についてつぎのように考えるということである。

- $w_1^i =$ 余暇の初期保有量 $= 24$ 時間（すべての人は、余暇として使うことのできる24時間を持っている、と考える）
- $x_1^i =$ 余暇の「消費量」、つまり、24時間のうち余暇として使う分
- $w_1^i - x_1^i =$ **労働供給量**（24時間のうち余暇として使わなかった分は労働時間になる）

さらに、余暇・労働供給を表す第1財の価格 p_1 を賃金と解釈する。

以上のことをもとにして、予算制約式を詳しく見直してみよう。まず、予算制約式(3)をていねいに書いてみると、

$$\boxed{p_1 x_1^i} + (p_2 x_2^i + \cdots + p_N x_N^i) = p_1 w_1^i + (p_2 w_2^i + \cdots + p_N w_N^i) + \sum_{j=1}^{J} \theta_{ij} p y^j(p)$$

となる。上のように、左辺の第1項を右辺に持ってくると、つぎのようになる。

$$\underbrace{(p_2 x_2^i + \cdots + p_N x_N^i)}_{\text{Ⓐ}} = \underbrace{p_1(w_1^i - x_1^i)}_{\text{Ⓑ}} + \underbrace{(p_2 w_2^i + \cdots + p_N w_N^i)}_{\text{Ⓒ}} + \underbrace{\sum_{j=1}^{J} \theta_{ij} p y^j(p)}_{\text{Ⓓ}}$$

Ⓑ の下部:
- $w_1^i - x_1^i$ = 24時間 − 働いていない時間
- $p_1 \times (w_1^i - x_1^i)$ = 労賃 × 労働時間 = 労働所得

したがって、一般均衡モデルの予算制約式(3)は、確かに

$$\underset{\text{支出}}{\text{Ⓐ}} = \underset{\text{労働所得}}{\text{Ⓑ}} + \underset{\substack{\text{もともと持っていた}\\\text{財からの収入}}}{\text{Ⓒ}} + \underset{\text{利潤の受け取り}}{\text{Ⓓ}}$$

というように、労働所得がきちんと入ったものであることが確認できた。

つぎに、労働供給がどのように決定されるかを見てみよう。簡単化のため、第1財 = 余暇、第2財 = 消費財、という二つの財しかなく、所得は労働所得のみの場合を考え、図を使って労働供給を決める基本的な要因を理解することにしよう。このような簡単化されたケースでの消費者の行動は、x_1 = 余暇の消費量、p_1 = 賃金として、

$$\begin{aligned} &\max_{x_1, x_2} u(x_1, x_2) \\ &\text{s.t.} \quad \underset{\text{支出}}{p_2 x_2} = \underset{\text{労働所得}}{p_1 (24 - x_1)} \end{aligned} \tag{5}$$

という問題によって決まることになる。余暇の初期保有量 $w_1 = 24$ 時間から、余暇の消費量 x_1 を引いた $24 - x_1$ が労働時間になり、これに賃金 p_1 をかけたものが労働所得になることに注意されたい。余暇の消費量は一般に多ければ多いほど好ましいので、余暇 x_1 はその他の財と同じく正の効用を与えるものであることをよく理解しておこう。また、労働供給の決定問題(5)の予算制約式を書き直すと、

$$x_2 = \frac{p_1}{p_2} 24 - \underbrace{\frac{p_1}{p_2}}_{\text{傾き}} x_1$$

となり、予算制約を表す直線(**予算線**)の傾きは価格の比率 p_1/p_2 である。

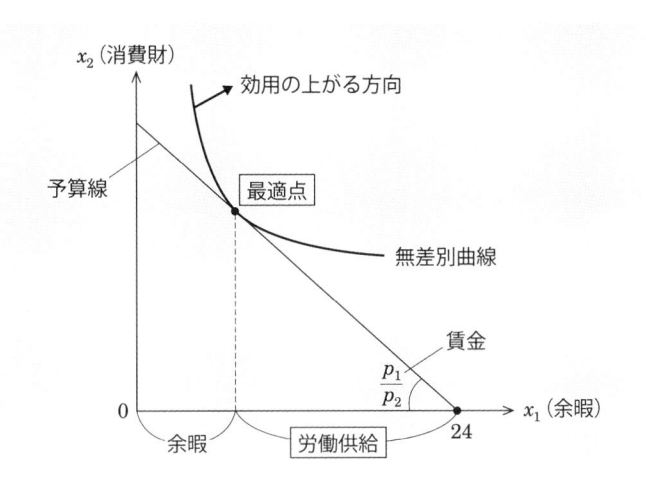

図3.29 労働供給の決定

また、この式に $x_1 = 24$ を代入すると $x_2 = 0$ となる。つまり、**予算線は図3.29において横軸上の「24」という点を通る**。これは、24時間すべてを余暇に使ってしまう（$x_1 = 24$）と収入がゼロになって、消費財が買えなくなってしまう（$x_2 = 0$）ことを表している。最適な労働の供給は、図3.29が示すように、この予算線と無差別曲線が接する点で決まる。

最適点では無差別曲線と予算線が接するので、無差別曲線の傾きと予算線の傾き（p_1/p_2）は等しくなる。消費者行動のところで学んだことを思い出してみると、無差別曲線の傾き（＝限界代替率）は限界効用の比率に等しかったので（第1章1.5節(c)項参照）、結局のところ労働供給は

$$\underset{\substack{\text{限界代替率}\\(\text{無差別曲線の傾き})}}{\frac{\partial u/\partial x_1}{\partial u/\partial x_2}} = \underset{\substack{\text{価格比}\\(\text{予算線の傾き})}}{\frac{p_1}{p_2}} \tag{6}$$

という式によって決まることになる。この式の意味を考えるためには、$\partial u/\partial x_1$ の解釈にひとひねり加えるとよりわかりやすくなる。上の式の左辺の分子である $\partial u/\partial x_1$ をそのまま素直に解釈すると、これは「余暇の限界効用」である。一方右辺の分子 p_1 は労働賃金なので、上の式を素直に読むと、「労働賃金と余暇の限界効用は比例する」ということになる。こう言われて

もピンとこないので、別の解釈をしてみよう。$\partial u/\partial x_1$ は「余暇の限界効用」なので、余暇をわずかに減らせば、満足（効用）は $\partial u/\partial x_1$ だけ減ることになる。ところで、余暇を減らすということは、労働時間を増やすということなので、$\partial u/\partial x_1$ は**労働時間をわずかに増やしたときの満足の減少**、すなわち**労働の限界不効用**を表すものと見ることができる。このことを使って先の最適性条件(6)を言葉で言いなおしてみると、つぎのようになる。

$$\frac{労働の限界不効用}{消費財の限界効用} = \frac{賃金}{消費財の価格}$$

最適労働供給の条件

つまり、労働を供給する側の行動から見ると、**賃金は労働の限界不効用（＝余暇の限界効用）に比例する**のである。このことの直感的な意味は簡単である。「もうちょっとだけ労働時間を増やしてほしい」といわれたときに、「それはたいへんしんどい（＝労働の限界不効用が高い）」というような人を働かせるには、高い賃金を支払う必要がある、ということである。逆に、「もうちょっとだけ労働時間を増やしてほしい」といわれたときに、「ぜんぜんOKです（＝労働の限界不効用が低い）」というような人を働かせるには、低い賃金で十分なのである。

　つぎに、賃金がさまざまに変化したときの労働供給量の変化を見てみよう。図3.29で、賃金 p_1 を変化させると、最適点は典型的には図3.30のように変化してゆくと考えられる。つまり、賃金が低い水準から上昇すると、はじめのうちは働きがいがあるので労働供給量は増えてゆくが、賃金があまりにも高くなると労働供給はかえって減るのが普通である。例えば時給1000円なら8時間フルに働く人でも、時給が5万円となれば、「2時間も働けば十分」と思うのではないだろうか。つまり、時給が1000円から大幅に上がって5万円になると、労働供給はかえって減ってしまうのである。この図の最適点を追跡して賃金と労働曲線の関係を図に描くと、図3.31のような**後方に屈曲した労働供給曲線**が得られることになる。多くの人の労働供給曲線は、このように後方に屈曲した形をしていると考えられる。

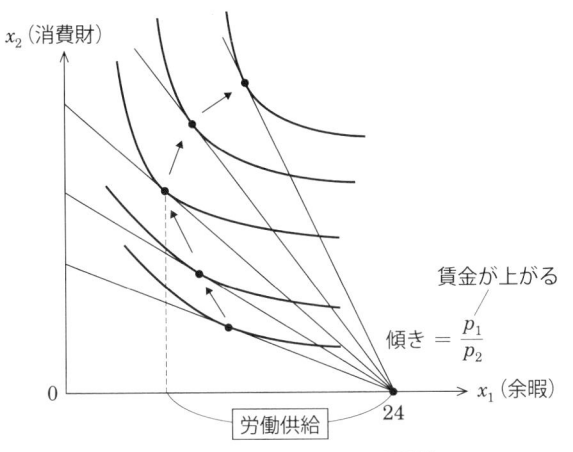

図3.30　賃金の変化と労働供給

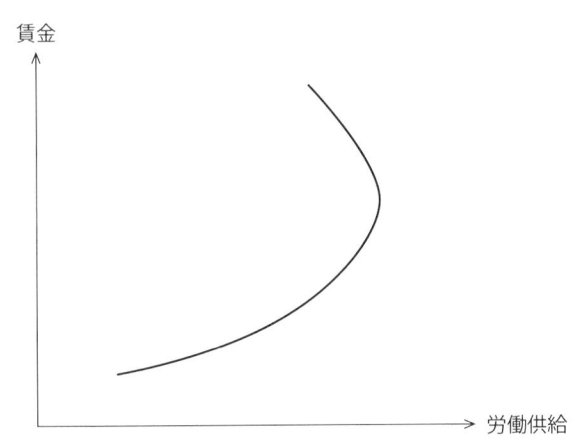

図3.31　労働供給曲線は後方屈曲的になることが多い

（c）一般均衡モデル（つづき）

以上のように企業と消費者を記述すると、経済の全体像が

$$(\underset{\text{各人の効用}}{u^i}, \underset{\text{各人の初期保有}}{w^i}, \underset{\text{各企業の生産可能性集合}}{Y^j}, \underset{\text{利潤のシェア}}{\theta_{ij}}) \begin{matrix} i=1,\cdots,I \\ j=1,\cdots,J \end{matrix}$$

によって余すところなくすべて記述できたことになる[28]。

各企業の利潤最大化から得られた最適生産計画 $y^j(p)$ と、各消費者の効用最大化から得られた最適消費計画 $x^i(p)$ をもとにして、経済全体の需要と供

給を調べるために、つぎのものを定義しよう。

$$y(p) = \sum_{j=1}^{J} y^j(p) \quad (総生産計画)$$

$$x(p) = \sum_{i=1}^{I} x^i(p) \quad (総消費計画)$$

$$w = \sum_{i=1}^{I} w^i \quad (総初期保有)$$

$y(p), x(p), w$ というのはそれぞれ一つの数ではなく、たくさんの要素を持つベクトルであることに注意されたい（例えば、$y(p) = (y_1(p), \cdots, y_N(p))$）。第 n 財の市場での需給の均衡は、

$$\underset{需要}{x_n(p)} = \underset{産出-投入}{y_n(p)} + \underset{もともとあった量}{w_n}$$

と表される。そこで、この両辺の差

$$z_n(p) = x_n(p) - y_n(p) - w_n$$

を、第 n 財の**超過需要関数**と呼ぶ。これがプラスなら（$z_n(p) > 0$）、第 n 財に超過需要がある（需要が供給を上回って品不足の状態になっている）ことを表す。逆にこれがマイナスなら、第 n 財の市場は超過供給状態になっている。そして、これがゼロなら、第 n 財の需給がバランスした均衡状態になっているわけである。最後に、記号を簡単化するために、各財の超過需要を並べたものを $z(p) = (z_1(p), \cdots, z_N(p))$ と書くことにする。

さまざまな財の価格は、すべての市場を同時に均衡させる、つまり各市場の超過需要をゼロにするという条件

$$z_n(p^*) = 0, \quad n = 1, \cdots, N$$

を満たすような水準 $p^* = (p_1^*, \cdots, p_N^*)$ に決まることになる。これにより、

28　各人の効用 u^i は各人の好み（選好関係）$\succeq^i$ を表現するものであり、同じ好み $\succeq^i$ を表現する効用関数は一つではなく、たくさんある（第1章1.1節）。そこで、より厳密には経済の全体像は $(\succeq^i, w^i, Y^j, \theta_{ij})_{j=1,\cdots,J}^{i=1,\cdots,I}$ で表されるといったほうがよいであろう。また、経済の重要な構成要素である政府部門は、簡単化のためここでは考えないことにする。

$x^1(p^*), \cdots, x^I(p^*)$　「誰が」「何を」「どれだけ」もらうか

$y^1(p^*), \cdots, y^J(p^*)$　「誰が」「何を」「どれだけ」「どうやって」作るか

という、序章の最初に説明した「資源配分」が決まることになる。アダム・スミス以来、多くの人が「市場メカニズム」「市場原理」「価格メカニズム」などと呼ばれているものをいろいろな形で考えてきたが、こうしたものを明確に記述したのが上のモデルなのである。これを、一般均衡モデルと呼ぶ。以下では、この一般均衡モデルに従って市場の機能を詳しく調べてみよう。

（d）超過需要関数の性質

超過需要関数が満たす、いくつかの重要な性質とその意味を解説しよう。

① ワルラス法則

さまざまな財の超過需要は完全にばらばらに動くことができるわけではなく、それらの間には一定の関係がある。このことは、経済全体を見渡す明確なモデルを作ってみなければ、なかなか気が付きにくいことである。こうした、さまざまな市場の間の相互依存関係は、「ワルラス法則」と呼ばれるもので表現される。以下ではこれを説明してみよう。

ワルラス法則は、各消費者の予算制約式

$$px^i(p) = pw^i + \sum_{j=1}^{J} \theta_{ij} py^j(p)$$

から導かれるものである。予算制約式をすべての消費者 $i = 1, \cdots, I$ について合計すると、

$$p\sum_{i=1}^{I} x^i(p) = p\sum_{i=1}^{I} w^i + \sum_{i=1}^{I}\sum_{j=1}^{J} \theta_{ij} py^j(p)$$

となる。右辺の最後の項は消費者が受け取る利潤の合計で、利潤は残らず消費者に分配されるのだから、これは利潤の合計に等しくなるはずである。実際に計算してこれを確かめてみよう。まず、足し算の順番を変えても結果は変わらないので

$$\sum_{i=1}^{I}\boxed{\sum_{j=1}^{J}\theta_{ij}py^{j}(p)} = \sum_{j=1}^{J}\boxed{\sum_{i=1}^{I}\theta_{ij}py^{j}(p)}$$

①まず、企業 j について足して
②つぎに消費者 i について足す

①まず、消費者 i について足して
②つぎに企業 j について足す

となる。この右辺をさらに、利潤はすべて消費者に分配される（$\sum_{i=1}^{I}\theta_{ij}=1$）ということを使って変形すると

$$= \sum_{j=1}^{J}(\sum_{i=1}^{I}\theta_{ij})py^{j}(p) = \sum_{j=1}^{J}py^{j}(p)$$

となり、確かに各企業の利潤（$py^{j}(p)$）の合計に等しくなっていることが確認できた。

よって、家計の予算制約をすべて足すと、

$$p\sum_{i=1}^{I}x^{i}(p) = p\sum_{i=1}^{I}w^{i} + p\sum_{j=1}^{J}y^{j}(p)$$

となることがわかった。前の（c）項で定義した総消費計画 x、総初期保有 w、総生産計画 y を使ってこれを表すと

$$px(p) = pw + py(p)$$

と非常にすっきりと書ける。これをさらに変形すると、

$$p(x(p) - w - y(p)) = 0$$

となる。$z(p) = x(p) - w - y(p)$ は超過需要であったことを思い出すと、つぎの重要な関係式が得られる：

すべての価格体系 p と超過需要関数 $z(p)$ について、$pz(p) = 0$、つまり

$$p_1 z_1(p) + \cdots + p_N z_N(p) = 0 \tag{7}$$

が成り立つ。

ワルラス法則

これは、「超過需要の金額を合計するとつねにゼロになる」ということを表しており、**ワルラス法則**と呼ばれる。すべての財の価格が正である（つまり、価格がゼロの財がない）場合には、ワルラス法則から次のことがわかる。

・ある市場で超過需要があれば、別の市場で必ず超過供給がある。

・N 個の市場のうち $N-1$ 個が均衡すれば、残りの 1 個の市場も必ず均衡する。

ワルラス法則はさまざまな市場の相互依存関係を表す基本式であり、マクロ経済学や貿易論で重要な役割を果たす。

例3.3 マクロ経済学では、消費財、労働、貨幣の三つの財からなる単純化されたモデルで経済全体を表します。すべての市場の均衡を見るには、このうち任意の二つの市場を選んでそれらの市場での均衡を見ればよいことになります。例えば、消費財市場と貨幣市場での均衡を求めれば、ワルラス法則によって労働市場も自動的に均衡することになります。

② ゼロ次同次性

すべての価格が t 倍になったとき、企業と消費者はどのように反応するだろうか。もとの価格体系が $p=(p_1,\cdots,p_N)$、新しい価格体系が $tp=(tp_1,\cdots,tp_N)$ である場合を考えよう。

まず、企業の行動を調べてみる。価格がすべて t 倍になった後、企業 j は、自らが実行できる生産計画 $y^j \in Y^j$ の中で、利潤 tpy^j を最大にするものを選ぶ。これが、新しい価格体系 tp の下での最適生産計画 $y^j(tp)$ である。一方、古い価格体系 p の下での最適生産計画 $y^j(p)$ は、古い価格体系の下での利潤 py^j を最大化するものである。この両者の関係を考えてみよう。

実は、tpy^j というのは py^j を t 倍にしたものなので、「tpy^j を最大にすること」と「py^j を最大化すること」は同じなのである（py^j を最大にすれば、$t \times py^j$ も最大になる）。したがって、前者を最大にするもの＝新しい最適生産計画 $y^j(tp)$ と、後者を最大にするもの＝古い最適生産計画 $y^j(p)$ は同じなのである。つまり、すべての価格が t 倍になっても、企業の最適生産計画は変わらないのである。

数式ではなく直感的にこれを理解するために、つぎのようなストーリーを考えてみよう。いま、ドルと円の価値がだいたい同じになるように、現在の100円（だいたい1ドルに等しい）を新しく「1円」と呼ぶことが決まったとしよう。このように通貨の呼び方の単位を変更することを、デノミネーションという。つまり、古い価格体系 p は、デノミネーションによって、$t = 1/100$ として新しい価格体系 tp に変化したのである（過去の100円を1円と呼びなおす）。こうした変化があっても、所詮は「1円」の呼び方を変えただけなので、最適な生産の仕方は変わらないはずである。これが、最適生産計画の特徴 $y^j(tp) = y^j(p)$ の意味である。以上をまとめると、つぎのことが成り立つ。

すべての価格が t 倍になっても、企業の最適生産計画は変わらない：すべての p と $t>0$ について、

$$y^j(tp) = y^j(p) \tag{8}$$

が、各企業 j について成り立つ。

上の関係式(8)が成り立つとき、関数 $y^j(p)$ はゼロ次同次関数であるという。

つぎに、消費者の行動を見てみよう。価格がすべて t 倍になったあとの予算制約は、

$$tpx^i = tpw^i + \sum_{j=1}^{J} \theta_{ij} tp y^j(tp)$$

である。上で確認した $y^j(tp) = y^j(p)$ という事実を使い、さらに両辺を t で割ると、下の価格体系での予算制約式

$$px^i = pw^i + \sum_{j=1}^{J} \theta_{ij} p y^j(p)$$

が得られる。つまり、価格がすべて t 倍になっても、予算制約式は変わらないのである。予算制約が変わらないので、最適な消費計画も変わらない。よって、つぎのことが成り立つ。

すべての価格が t 倍になっても、消費者の最適消費計画は変わらない：すべての p と $t>0$ について、

$$x^i(tp) = x^i(p)$$

が、各消費者 i について成り立つ。

以上のことをあわせて考えると、超過需要関数 $z(p) = x(p) - w - y(p)$ もゼロ次同次であることがわかる。

すべての p と $t>0$ について、超過需要関数 $z(p)$ は
$$z(tp) = z(p)$$
を満たす。

超過需要関数のゼロ次同次性

このことからわかるのは、p^* が均衡価格体系である（$z(p^*) = 0$）ならば、それをすべて t 倍した tp^* も均衡価格体系である（$z(tp^*) = 0$）ということである。つまり、**均衡で決まるのは価格の比率（相対価格）であり、価格の絶対水準は決まらない**のである。

このことは、物価水準が一定の値に決まっている現実と対応していないように見えるが、つぎのように考えればこの誤解は解ける。現実の経済では、**貨幣（となる財）の価格を１として、物価水準を決めている**のである。このような財を、**価値尺度財（ニュメレール）**という。

例3.4 リンゴ（第１財）と金（第２財）からなる経済の均衡では、リンゴと金の価格比率（相対価格）p_1/p_2 のみが決まる。たとえば均衡価格比率が $p_1/p_2 = 2/5$ のとき、金１グラムで金貨を作ってこれを１ドルと呼ぶならば、価格体系は $p = (2/5, 1)$ と決まることになる（リンゴの価格は $2/5 = 0.4$ ドル）。つまり、この経済では金をニュメレールとして物価水準が決まっているわけである。

これは金本位制の時代の例であるが、現在の日本では１円玉という貨幣（こ

れも一つの財である）がニュメレールとなって、物価水準が決まっているのである。このように考えると、この項で検討している「すべての価格が t 倍になる」という状況は、1円玉の値段は1円のままだが**貨幣以外**の財の価格がすべて t 倍になる「インフレーション」を表しているの**ではない**。インフレーションでは、通貨という特別な財の価値が相対的に低くなっているのである。ここで検討してきた「すべての価格が t 倍になる」という状況は、こうしたインフレーションを表すものではなく、旧1円を新たに t 円と呼びなおす「デノミネーション」＝通貨の単位の呼び方の変更、を表しているのである。デノミネーションの下では、（貨幣も含めた）すべての財の相対的な価値は変わらない。超過需要関数がゼロ次同次であるということは、「デノミをやっても実物経済には影響がない」ということで、ひとびとが錯覚に陥っていなければ当然成り立つ性質である。

（e）均衡の存在

> **コメント 3.5** この（e）項は、上級向けの話題です。しかし、この項の内容は、何か特別に高度な予備知識がなくても「これだけ読めば理解できる」ようになっています。経済問題を考えるうえで重要な論点を扱うものなので、「上級向けの話題はちょっと」という人も、その意義と議論の進め方がどうなっているかを見ておくとよいでしょう。

すべての市場を同時に均衡させるような価格体系 $p^* = (p_1^*, \cdots, p_N^*)$ は本当にあるのだろうか。これは、一見すると細かい技術的な問題のように見えるかもしれないが、そうでもない。というのは、ミクロ経済学は「もし市場が均衡するならば」、非常に望ましい結果が実現することを明らかにするのであるが、そもそもすべての市場を均衡させる価格体系がないとすれば、市場メカニズムがうまく働くかどうかはきわめて疑わしいことになるからだ。

こうした意味で、すべての市場を均衡させる価格があるかどうかは、しっかり考えておかなくてはならない重要な問題である。これは「すべての市場が均衡する」という均衡条件からなる連立方程式 $z_1(p) = 0, \cdots, z_N(p) = 0$ に解 $p^* = (p_1^*, \cdots, p_N^*)$ があるかという問題であり、はたして解があるかどうかは全く自明ではない。高校で習う2次方程式ですら、いつでも解があるわけ

ではないこと思い出すと、ましてや2次式のような簡単な式になるとは限らない多数の連立方程式に解があることは、とうてい望めないようにも思われる。

このことは、理論経済学上の大問題であったが、1950年代になって解決された。大変意外なことに、きわめて一般的な条件の下で、すべての市場を均衡させる価格は、つねに存在するのである。ここではその証明の概要をみることにしよう。

まず、市場の均衡条件を一般化しておこう。これまでは、n番目の市場が均衡するとは、需要と供給がぴったり一致して超過需要z_nがちょうどゼロになっている状態であると考えてきたが、ここでは「余っているので財がタダになっている」ような状態も均衡と呼ぶことにする。このような財、つまり

$z_n(p^*) < 0$（超過供給がある、つまり余っている）で、かつ $p_n^* = 0$ である

ような財を<u>自由財</u>という。ときどき農園の前に余った作物を「ご自由にお持ちください」といって置いてあるのは、自由財の例である。もしも空気が競争市場で売り買いされていれば、自由財になるであろう。このことをふまえると、市場の均衡はつぎのように定義することができるだろう。

定義：均衡価格体系 p^* とは、それぞれの財 n について、
$$z_n(p^*) = 0 \text{（需給の一致）か}$$
$$z_n(p^*) < 0, p_n^* = 0 \text{（自由財）}$$
のどちらかが成り立つもののことである。

このような均衡価格体系は、きわめてゆるい条件の下で必ず存在することをこれから見てゆこう。そのための条件とは、「超過需要は、価格をわずかに動かしただけでは大きくジャンプしない」ということ、つまり超過需要が価格の連続な関数である、ということである（図3.32を参照）。

<u>市場均衡の存在定理</u>：超過需要 $z(p) = (z_1(p), \cdots, z_N(p))$ が価格 p の連続な関数であるならば、すべての市場を同時に均衡させる均衡価格体系 $p^* = (p_1^*, \cdots, p_N^*)$ が必ず存在する。

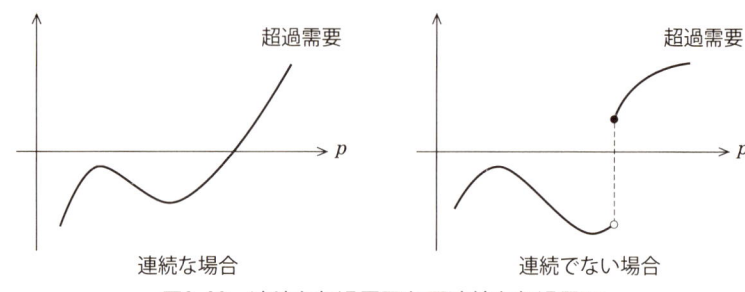

図3.32 連続な超過需要と不連続な超過需要

証明の前に、準備をいくつかしておこう。まず、前の項で見た通り、均衡で決まるのは価格の比率のみで、価格の絶対水準は決まらない。現実の経済では、貨幣となる財の価格を1として価格体系を基準化しているが、均衡の存在を証明する際には価格を $p_1+\cdots+p_N=1$ となるように基準化しておいたほうが便利である。そこで、

・$p_1+\cdots+p_N=1$ と、
・すべての n について $p_n \geq 0$

を満たす価格体系 p 全体の集合を S とおいて、S の中で均衡価格を探すことにする。財の数が二つのとき（$N=2$）の集合 S は、図3.33のようになっている。

この集合 S の中に均衡価格があるかどうかを調べるために、位相数学（トポロジー）と呼ばれる数学分野で開発された、次の定理を使う。

不動点定理：S から S への連続関数 $f(p)$ には必ず不動点
$$p^* = f(p^*)$$
が存在する。

この定理が何を述べていて、なぜ正しいのかを、簡単なケースについて直感的に理解しておこう（詳しい証明は専門書に譲ります[29]）。まず、「S から S へ

---

29 これは、「ブラウアーの不動点定理」と呼ばれるもので、証明は例えば奥野正寛・鈴村興太郎『モダン・エコノミックス2 ミクロ経済学Ⅱ』（岩波書店、1988年）の数学付録に載っている。

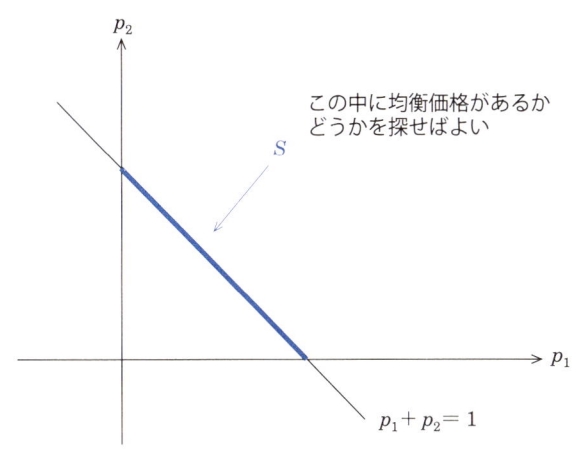

図3.33 均衡価格を探す範囲（財が二つの場合）

の関数 f」とは何かを復習しておくと、これは S の中の各点 p を、S の中の点 $f(p)$ に対応させるもの（つまり、すべての $p \in S$ について $f(p) \in S$ を定めるもの）のことである。財の数が二つのときは、図3.33でみたように、S は（長さが有限の）直線と同じ形をしているので、「S から S への関数のグラフ」は図3.34のように描ける。

このような関数のグラフが連続なら、図3.35が示すように、それは**必ず45度線と交わる**。45度線上では、元の点 p^* と写った先 $f(p^*)$ が同じなので、この点こそが不動点 $p^* = f(p^*)$ なのである。読者は、連続なグラフをいろいろ描いてみて、それらがどんなときでも必ず45度線と交わる（つまり、必ず不動点がある）ことを確認されるとよい。これが、不動点定理のエッセンスである。

以上の準備をもとにして、いよいよ均衡の存在を論証してみよう。そのためには、均衡価格が不動点になるような、うまい関数 $f(p)$ を作ってやればよいことになる。証明の直感的なアイデアは、需給のギャップに応じて価格 p に調整を加え、調整後の価格体系を $f(p) = (f_1(p), \cdots, f_N(p))$ と考えるということである。その不動点 $p^* = f(p^*)$ は、もはや需給のギャップによる価格の調整の余地のない状態なので、均衡価格体系になっているはずである。

そこで、第 n 財に超過需要 $z_n(p) > 0$ があれば（つまり、買いたいのに買えない人がいるなら）価格を上げ、超過供給 $z_n(p) < 0$ があれば（つまり、商品

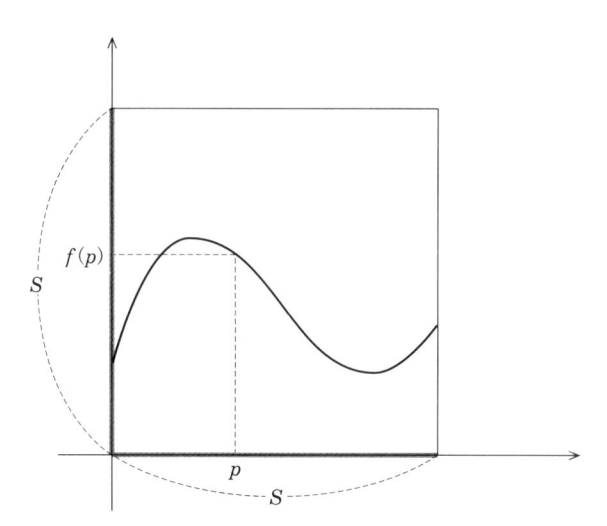

S 内の各点 p に，S 内の点 $f(p)$ を対応させるもの
図3.34　S から S への関数とは

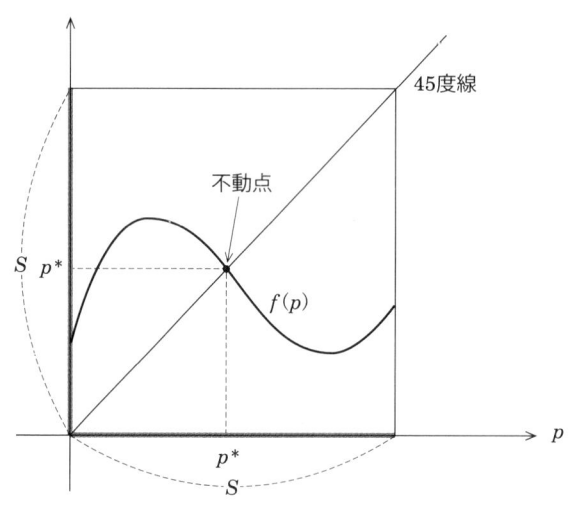

図3.35　グラフが連続ならば、不動点がある

が売れ残ってしまうなら）価格を下げる調整を考えてみよう。こうした調整を価格体系 p にほどこした後の価格体系は、例えば

$$f_n(p) = p_n + z_n(p)$$

という式で表すことができる。しかしこれでは、大きな超過供給 ($z_n(p) < 0$) があったとき調整後の価格 $f_n(p)$ がマイナスになってしまう恐れがある。そこで、価格がマイナスになることを避けるために、「超過需要がある財の価格を上げる」という調整のほうに注目することにしてみよう（これで本当にうまくいくかどうかは怪しい気がしますが、これでOKであることをこれから証明します）。

均衡の存在定理の証明：S から S への関数 $f(p)$ を、つぎのように定める。まず、

$$p'_n = p_n + \max\{z_n(p), 0\}$$

を定義する。$\max\{z_n(p), 0\}$ とは、「$z_n(p)$ と 0 の大きいほう」という意味で、これは「第 n 財に超過需要 ($z_n(p) > 0$) があれば価格を上げる」という調整を表している。ところで、価格は足すと 1 になるように基準化する必要があるのだが、調整後の価格 p'_n はそうなっていない。そこで、これを足して 1 になるように基準化しなおしたもの

$$f_n(p) = \frac{p'_n}{p'_1 + \cdots + p'_N} \tag{9}$$

を考えることにする。

　まず $f(p) = (f_1(p), \cdots, f_N(p))$ が連続な関数であることを確かめよう。ちょっと怪しいのは $\max\{z_n(p), 0\}$ という部分であるが、これは超過需要 $z_n(p)$ が連続ならば確かに連続になっている（図3.36を参照）。したがって、(9) の分子も分母も連続に動くので、$f_n(p)$ も連続である。よって、$f(p) = (f_1(p), \cdots, f_N(p))$ は確かに連続な関数である。

　そこで、不動点定理によって $p^* = f(p^*)$ となる価格体系 p^* が存在することになる。あとは、これが均衡価格になっていることを確かめればよい。いま、$f_n(p)$ の定義式(9)の分母 $p'_1 + \cdots + p'_N$ は、p によって決まるので、これを $c(p)$ と置くと、不動点 p^* では

② max$\{z_n(p), 0\}$ も連続である。

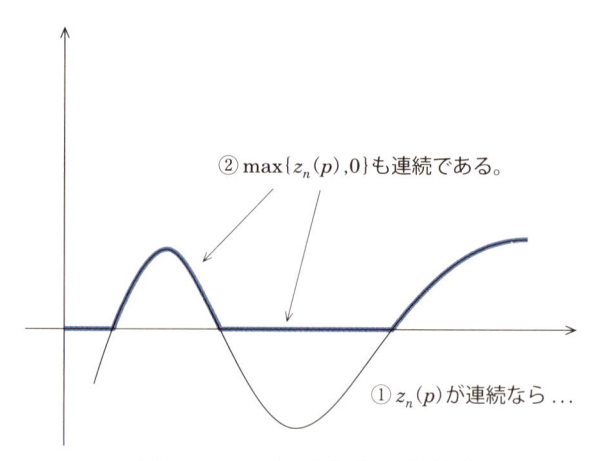

① $z_n(p)$ が連続なら …

図3.36　max $\{z_n(p), 0\}$ の連続性

$$p_n^* = \frac{1}{c(p^*)}\left(p_n^* + \max\{z_n(p^*), 0\}\right)$$

となっている。両辺に $c(p^*)z_n(p^*)$ をかけて $n = 1, \cdots, N$ について足し合わせて、ワルラス法則 $\sum_{n=1}^{N} p_n^* z_n(p^*) = 0$ を使うと、つぎの式を得る。

$$0 = \sum_{n=1}^{N} z_n(p^*)\max\{z_n(p^*), 0\}$$

右辺で足し合わされている各項 $z_n(p^*)\max\{z_n(p^*), 0\}$ は、$z_n > 0$ ならプラス、$z_n \leq 0$ ならゼロである。プラスかゼロの項を足すとゼロになるということは、各項が実はすべてゼロでなければならない。各項がゼロであるのは、

$$z_n(p^*) \leq 0, \ n = 1, \cdots, N \tag{10}$$

の場合である。

また、ワルラス法則から、

$$p_1^* z_1(p^*) + \cdots + p_N^* z_N(p^*) = 0$$

である。価格は正かゼロであり、(10)が成り立っているので、この式の左辺の各項はゼロかマイナスである。それらの和がゼロになるには、各項はすべてゼロでなければならない：

$$p_n^* z_n(p^*) = 0, \ n = 1, \cdots, N \tag{11}$$

以上で得られた、(10) ($z_n(p^*) \leq 0$) と (11) ($p_n^* z_n(p^*) = 0$) を見比べると、

$$z_n(p^*) = 0 \ （需給の一致）\ か$$
$$z_n(p^*) < 0, \ p_n^* = 0 \ （自由財）$$

のどちらかが、すべての財 n について成り立つことがわかる。すなわち p^* は均衡価格体系である。　　　　　　　　　　　　　　　　　（証明終わり）

(f) 交換経済の分析：エッジワースの箱

　ここまでの流れを振り返ると、まず経済全体を記述する一般均衡モデルを導入し、つぎにそれに均衡が存在することを論証した。そこで、ここでは、市場均衡がもたらす資源配分が、国民一人ひとりのニーズ（選好）に合ったものとなるかどうかを検討することにしよう。

　多数の企業と多数の消費者からなる一般均衡モデルをいきなり分析するのは難しいので、まずは規模の小さなモデルを解いて市場の基本的な働きを理解しよう。そのために、ここでは二つの財、二人の消費者からなる経済を考える。生産を行う企業はなく、二人の消費者が競争市場で自分の持っている財を取引することを考えるわけである。このような、生産のないモデルを、「(純粋) 交換経済」ということがある。

　いま、消費者 $i = A, B$ の初期保有量を $w^i = (w_1^i, w_2^i)$ で表そう。二人合わせて第1財が100単位、第2財が50単位あるとすると、この交換経済の資源配分は、図3.37のような100×50の大きさの「箱」の中の1点として表される。

　図の左下の角 O_A が A さんにとっての原点で、ここを基準にAさんの各財の消費量を測る。B さんにとっての原点は右上の角 O_B である。図のまん中辺りにある点 x は、A さんが第1財と第2財をそれぞれ40単位と20単位消費し、残りをBさんが消費しているという資源配分を表している。この図に、各人の無差別曲線を書き入れたものを、これを考案した経済学者 F. Y. エッジワースの名前をとってエッジワースの箱という（図3.38）。

　つぎに、エッジワースの箱を使って、交換を通じて二人の消費者にどのような利益が発生するかを見てみよう。図3.39のように、初期保有点 w において、二人の無差別曲線が交わっているとしてみよう。

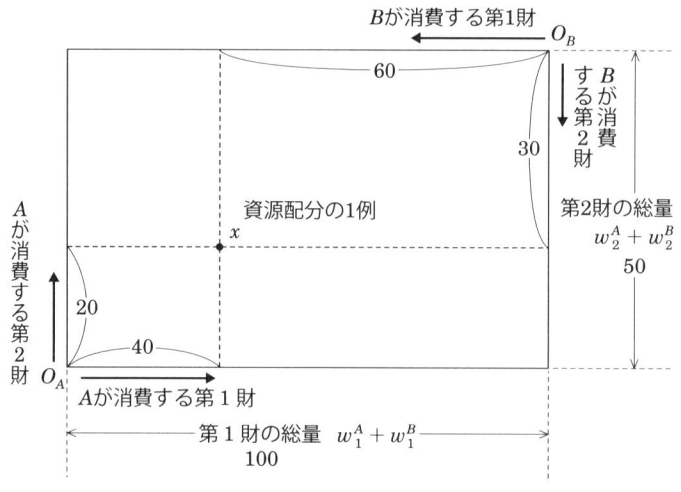

図3.37 交換経済の資源配分

図3.38 エッジワースの箱

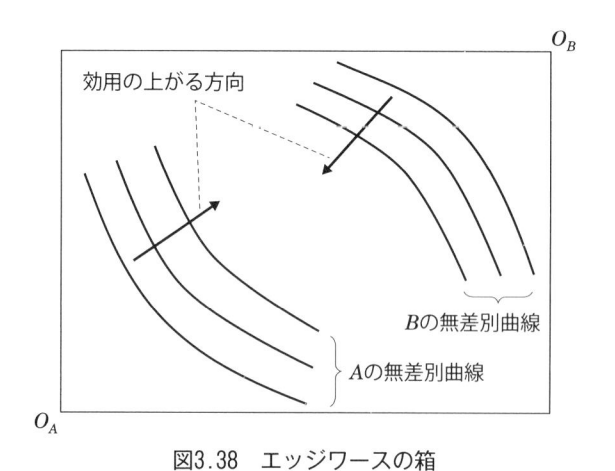

　図3.39の I は A さんの無差別曲線で、この上のどの点でも A さんは初期保有点と同じ効用を得ている。そしてこの無差別曲線よりも右上に移ると A さんは初期保有点よりも得をすることになる。一方 I' は B さんの無差別曲線で、B さんはこれより左下に移ると初期保有点より得をする。すなわち、初期保有点から出発して、二人で財を交換して灰色のレンズ型をした領域に移ると、二人とも得をすることになるのである。このように全員がよりハッピーになることを「パレート改善」と呼ぶ。より正確に定義を述べると、つぎ

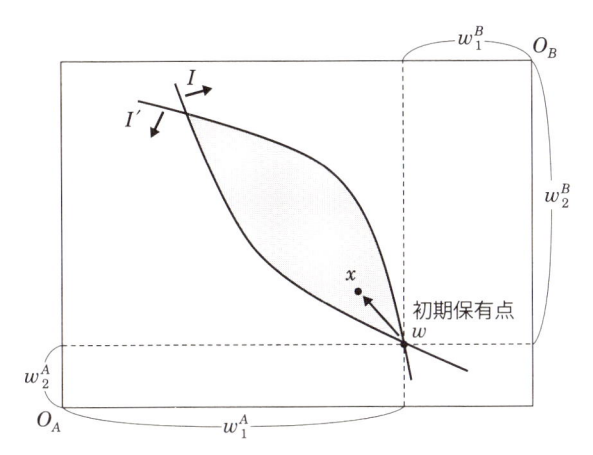

図3.39 灰色の領域に進むと、双方とも得をする

のようになる。

定義：誰の効用も下げることなく、少なくとも一人の効用を上げることを、**パレート改善**という。

パレートというのは、この概念を提唱した経済学者の名前（V. パレート）である。

さて、交換は図3.39のxで止まるだろうか。もし、交換後の点xを通る二人の無差別曲線が交わっているならば、さらに交換を進めれば二人ともさらに得をすることになる（図3.40（a））。こうして交換を進めてゆき、双方の無差別曲線が接している点x^*に到達すると、もはや交換の利益は存在しなくなる（図3.40（b））。

図3.40（b）では、もはや双方の利益となる取引（パレート改善）は存在せず、社会の資源が適材適所に配分されて無駄なく使われている状態となっている。このような状態を「パレート効率的」な状態という。

定義：パレート改善がもはやできない状態、つまり「誰の効用を下げることなく、少なくとも一人の効用を上げることがもはやできない」ような状態を、**パレート効率的**という。

(a)　　　　　　　　　(b)パレート効率的な状態

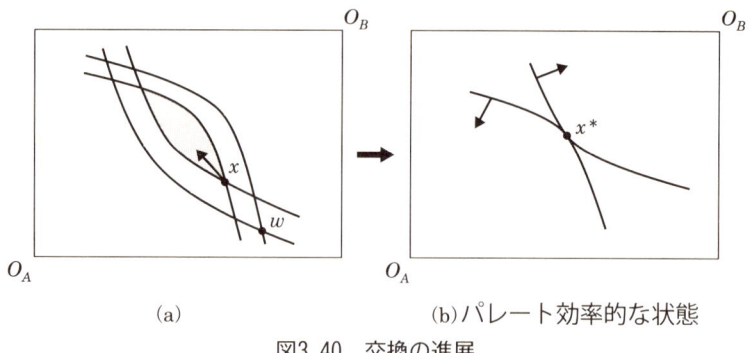

図3.40　交換の進展

　パレート効率性は、これから説明するように、さまざまな利害関係を持った人々からなる社会において、何が望ましい状態であるかを判断する際に、重要な評価基準となるものである。この概念を理解するために、図3.41を見てみよう。

　図3.41に描かれているのは、社会で達成可能な効用の集合である。図のx点では、AさんとBさんの効用を同時に上げることができる（パレート改善ができる）。また、y点でも、Bさんの効用を下げることなく、Aさんの効用を上げることができる。つまり、矢印の方向に動けば、y点でもパレート改善ができるのである。したがって、パレート効率的な状態（＝パレート改善できない状態）は、達成可能な効用の境界線のうち、右下がりになっている部分に対応しているのである。

　エッジワースの箱で表される交換経済では、**パレート効率的な配分はたくさんある**。図3.42が示すように、二人の消費者の無差別曲線が接しているような点は、すべてパレート効率的になっている。エッジワースの箱の中で無差別曲線が接する点の集合、つまりパレート効率的な配分の集合を、「契約曲線」ということがある。

　図3.42を見ると、パレート効率性をそのまま「望ましい状態」と考えるのは問題があることがわかる。例えば、図3.42のO_Bも、パレート効率的である。この点では、すべての財をAさんが独り占めしている状態であり、Bさんに財を分け与えてBさんの効用を上げようとすると、Aさんの効用は下がってしまう。つまり、この点を出発点とすると、全員をハッピーにするようなパレート改善はできないので、「すべての財をAさんがもらっている」という

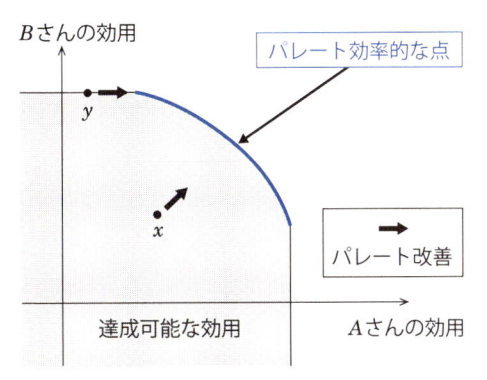

図3.41　パレート効率性とは

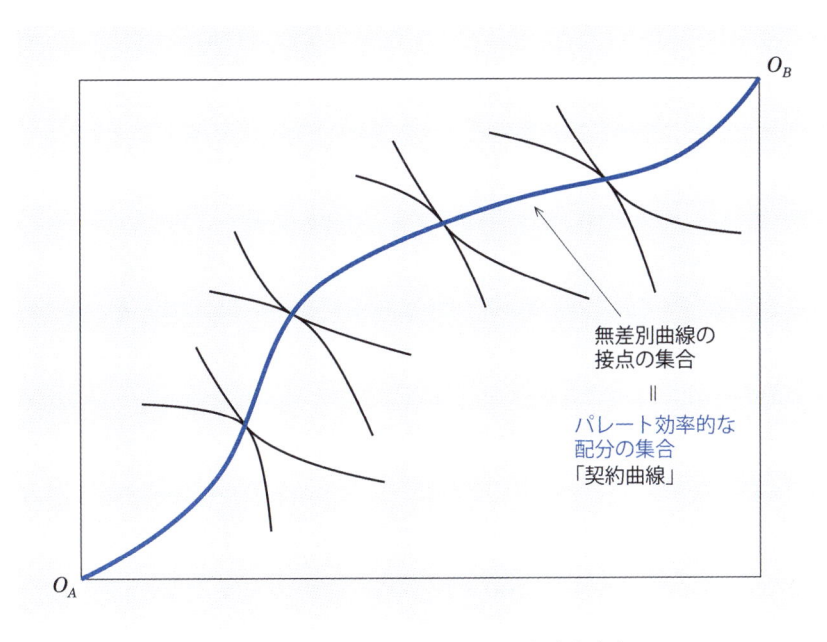

図3.42　パレート効率的な配分はたくさんある

きわめて不公平な配分であるにもかかわらず、これはパレート効率的な状態となるのである。つまり、「**パレート効率的だからといって、望ましい状態とは限らない**」わけである。

しかし一方で、国民一人ひとりの幸福をもとに望ましい状態を判断するな

らば、どのような価値基準を持った人も、「**望ましい状態はパレート効率的でなければならない**」ことに合意するだろう。というのは、パレート効率的でない状態では、定義によって「誰の効用も下げることなく、誰かの効用を上げることができる」からである。国民一人ひとりの幸福をもとに望ましい状態を判断するならば、そのような変化を容認して他の状態に移ったほうが良いということになるはずである。つまり、パレート効率的でない状態は、望ましい状態ではないわけで、逆にいうと「望ましい状態があるとすれば、それはパレート効率的になっている」はずなのである。

以上のことをまとめておこう。

- 一般に、パレート効率的な状態は一つではなくたくさんある
- パレート効率的な状態の中には、きわめて不公平なものも含まれる
- しかし、国民一人ひとりの幸福をもとにして何が望ましいかを判断するならば、**望ましい状態はパレート効率的になっていなくてはならない**

パレート効率性と望ましい状態の関係

ではつぎに、パレート効率性が達成されるための条件とは何かを、交換経済において考えてみよう。エッジワースの箱を見ればわかる通り、パレート効率性の条件とは消費者 A と B の無差別曲線が接しているということである。無差別曲線の傾きが限界代替率であったことを思い出すと、消費者の間の**財の交換に関するパレート効率性の条件**は、

$$MRS^A_{12} = MRS^B_{12}$$
Aさんの　　Bさんの
限界代替率　限界代替率

つまり、**異なる消費者の限界代替率がすべて等しい**ということである。さまざまな財が、国民一人ひとりの多様なニーズに従って無駄なく配分されている状態(パレート効率的な状態)では、この条件が成り立っていなくてはならない。これは、財の数が二つで消費者が二人のケースだけでなく、より一般的な場合にもあてはまることである。その理由は簡単で、もしこの条件が満たされていない二人の消費者と二つの財があるとすると、図3.39のように

その二人だけの間で二つの財を交換することによって双方の満足度を上げることができるので、そのような状態は（パレート）非効率的なのである。

ではつぎに、エッジワースの箱で表される交換経済に、市場が導入されたらどうなるかを見てみよう。くり返しになるが、誤解のないように注意しておくと、このことを分析する理由は、エッジワースの箱が現実的な市場のモデルであるからではなく（まったくそうではないですよね）、市場の基本的な働きを規模の小さいわかりやすいモデルで明確に理解するためである。もちろん、小さなモデルで成り立つことのすべてが、より現実に近い一般的なモデルで成り立つわけではないが、これから解説すること（市場均衡の効率性）は一般的なモデルでも成立する市場の基本的な機能なのである（以後につづく項で、一般化を行います）。

まず、市場価格が与えられたときのAさんの行動を見てみよう。Aさんの予算制約式は、Aさんの消費計画を$x^A = (x_1^A, x_2^A)$とすると、

$$p_1 x_1^A + p_2 x_2^A = p_1 w_1^A + p_2 w_2^A$$

で与えられる。左辺が支出、右辺が初期保有からの収入である。初期保有をそのまま消費することはいつでもできるので、$x^A = w^A$は予算制約を満たす。つまり、Aさんの**予算線は**Aさんの**初期保有点を通る**。また、予算制約式を

$$x_2^A = -\underbrace{\boxed{\frac{p_1}{p_2}}}_{\text{傾き}} x_1^A + \frac{p_1 w_1^A + p_2 w_2^A}{p_2}$$

と変形すればわかる通り、**予算線の傾きは価格の比率**p_1/p_2である。このことをもとに、与えられた市場価格の下でのAさんの最適消費を表したのが図3.43（a）である。また、同様にBさんの最適消費を描くと図3.43（b）のようになっていたとしよう。

この二つの図をあわせてみると、図3.44のように需給が一致していないことになる。この図の状態では需給が一致していない理由は、Aさんが希望する消費点x^Aと、Bさんが希望する消費点x^Bが、箱のなかで一致していないからである。このことをよりていねいに見てみると、つぎのようになる。いま、第1財に注目してみると、Aさんは第1財を10単位供給しているのに対して、Bさんは第1財を2単位しか需要していない。つまり、第1財の市場では超過供給が起こっているわけで、第1財の価格は下がるものと考えられ

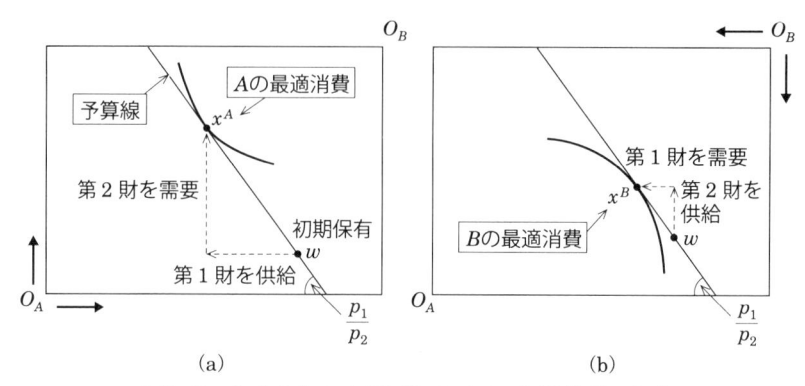

図3.43 与えられた市場価格の下での各消費者の行動

(a) (b)

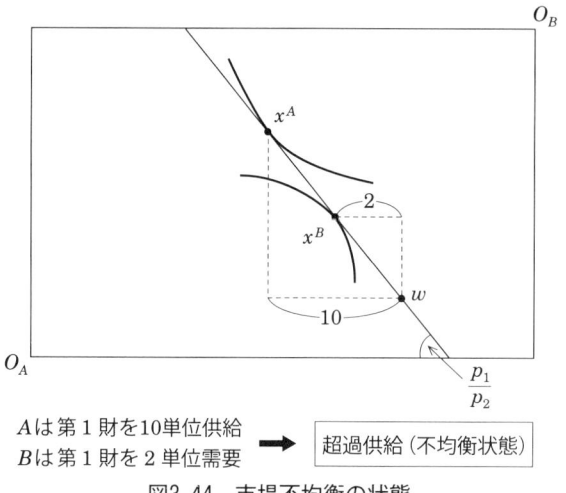

図3.44 市場不均衡の状態

Aは第1財を10単位供給
Bは第1財を2単位需要 → 超過供給（不均衡状態）

る[30]。このような価格の調整がうまく行われると、予算線の傾き（価格の比率）が変わり、最適消費点が変化して図3.45のような市場均衡が達成される。

図3.45では、二つの財（この経済でのすべての財）の市場が同時に均衡している、一般均衡状態が達成されていることに注意しよう。

---

30 以前（3.3節（d）項）に学んだワルラス法則によると、ある市場に超過供給があると別の市場に超過需要が起こる。われわれが見ているケースでは、第1財に超過供給があるのだから、第2財には超過需要があるはずである。興味のある読者は、図を見ながら、第2財の市場に超過需要があることを確かめると理解が深まるであろう。

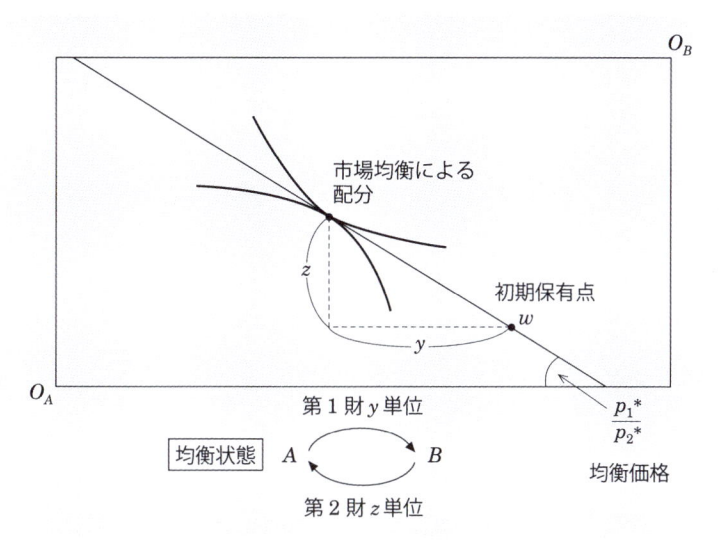

図3.45　市場均衡の状態

　このような**市場均衡では、二人の消費者の無差別曲線が接しており、パレート効率的な配分が達成されている**。ここで、なぜ市場均衡はパレート効率性をもたらすのかをよく考えてみよう。第1章1.5節（d）項の最適消費の条件のところで見たように、与えられた市場価格の下で最適消費を選ぶ（効用を最大化する）消費者の限界代替率は、価格の比率に等しくなる。すると、すべての人が等しく直面する市場価格を仲介として、交換のパレート効率性の条件である、「異なる消費者の限界代替率が等しい」ということが成立するわけである。

$$A の限界代替率 = \frac{p_1^*}{p_2^*} = B の限界代替率$$

各人の効用最大化

市場均衡がパレート効率的であるということは、2財2消費者の交換経済の場合にだけ成り立つことではなく、多数の消費者と多数の企業が存在する一般的なケースでも成り立つことがわかっている。これは、ミクロ経済学が明らかにしたもろもろの結果のうちでも、最も重要な発見であり、「厚生経済学の第1基本定理」と呼ばれている。

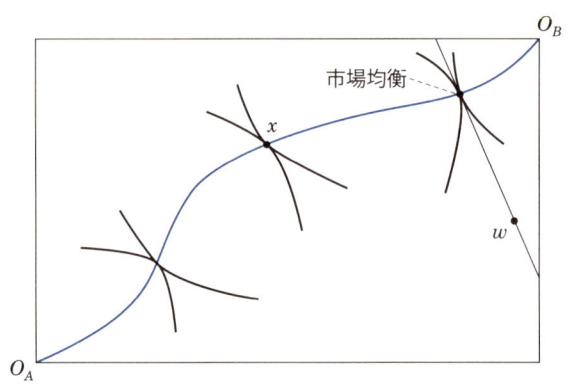

図3.46 市場均衡は金持ち（Aさん）に有利な配分をもたらす

厚生経済学の第1基本定理：完全競争市場均衡はパレート効率的である。

このことが成り立つための正確な条件と、一般的な証明はつぎの3.3節（g）項で行うことにする。ここでは図3.45を見て、この定理が簡単なケースについて成り立つことをよく理解してほしい。

さて、市場はたくさんあるパレート効率的な配分の中から、特定の点を実現することになる。たとえば、初期保有が偏っていると、図3.46のように市場は金持ち（初期保有をたくさん持っている人＝Aさん）に有利な配分を実現することになる。

そこで、図のxのような、より公平（で効率的）な点を実現するにはどうしたらよいであろうか？　この問いに答えるのが、つぎの定理である。

厚生経済学の第2基本定理：いかなるパレート効率的な配分も、一括固定税と一括補助金を使った所得再配分を行えば、完全競争市場均衡として実現できる。

これが成り立つための正確な条件と、一般的な証明は後の項（3.3節（g）、（i）項と補論D）で詳しく解説する。ここでは、この定理が2財2消費者の交換経済で成り立つことを、直感的に解説しておこう。

図3.46の市場均衡よりも、より公平で効率的な点xは、例えば図3.47のよ

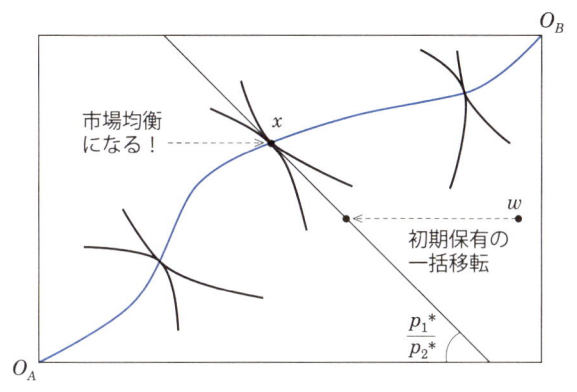

図3.47 厚生経済学の第2基本定理

うに第1財を A から B へ一括して移転した後に市場を開くことによって達成できるのである。

本項で見たように、どのような立場から価値判断をするにせよ、国民一人ひとりの幸福をもとに結果の良し悪しを考えるならば、望ましい結果はパレート効率的でなければならない。厚生経済学の第2基本定理は、**所得の再分配政策と市場を組み合わせることによって、そのような望ましい結果をすべて実現できる**ことを示すものなのである。

以上のことをまとめておこう。市場は、国民にとって望ましい資源配分を実現する上で、つぎのような働きをする。

・市場均衡は、国民にとってムダのない(つまりパレート効率的な)資源配分を実現する(厚生経済学の第1基本定理)
・しかし、パレート効率的な配分の中にはきわめて不公平なものも含まれるため、市場は「効率的だが不公平な配分」を実現する可能性がある
・そこで、効率的な配分の中でより公平なものを実現するためには、政府の介入が必要となる
・そのためには、大幅に市場に介入したり市場を否定したりするのでなく、一括補助金と一括固定税を使った所得再配分という(市場の機能を損なわないような)限定された政策を行ったのち、市場を使って資源配分をすればよい(厚生経済学の第2基本定理)

こうした市場の基本的な機能を明らかにする**厚生経済学の二つの基本定理**

は、ミクロ経済学において最も重要な結果である。以下ではこれを、より一般的な形で詳しく解説しよう。

(g) 市場メカニズムの効率性の論証：厚生経済学の第1基本定理

この項では、「競争市場均衡は効率的である」ことを示す厚生経済学の第1基本定理が成り立つための正確な条件を明らかにして、多数の消費者と企業が存在する一般的な場合にこれが成立することを論証する。「競争市場が効率的である」ということは、根拠のないイデオロギー的な思い込みであると思われることがあるのだが、実はこのことは一定の条件の下では必ず成り立つことが論理的に証明できるのである。

まず、証明のためにいくつか準備をしよう。まず、つぎのような記号の約束をしておくと、証明がとても見やすくなる。

記号の約束（ベクトルの不等式）：$b = (b_1, \cdots, b_N)$ と $c = (c_1, \cdots, c_N)$ について
$$b \geq c$$
であるとは、b の各要素が c の各要素以上であること、つまり「すべての $n = 1, \cdots, N$ について $b_n \geq c_n$」であることである。

また、「資源配分」「パレート効率性」とは何かを、記号を使ってはっきり定義しておこう。まず、**資源配分**は

$$a = (\underbrace{x^1, \cdots, x^I}_{消費計画}, \underbrace{y^1, \cdots, y^J}_{生産計画})$$

と表される。資源配分が**実現可能**であるとは、

$$\underbrace{\sum_{i=1}^{I} x^i}_{(消費)} \leq \underbrace{\sum_{i=1}^{I} w^i}_{(初期保有)} + \underbrace{\sum_{j=1}^{J} y^j}_{(産出-投入)}$$

(つまり、生産計画の下で消費計画が実行可能である)

ということと、すべての企業 $j = 1, \cdots, J$ について

$$y^j \in Y^j$$

(各企業の生産計画は実行可能)

が満たされることである。

実現可能な資源配分を $a = (x^1, \cdots, x^I, y^1, \cdots, y^J)$ から $\bar{a} = (\bar{x}^1, \cdots, \bar{x}^I, \bar{y}^1, \cdots, \bar{y}^J)$ に移すとき、誰の効用も犠牲にすることなく誰かの効用を上げることができる、つまり

$u^i(\bar{x}^i) \geq u^i(x^i)$ がすべての消費者 $i = 1, \cdots, I$ で成り立ち、かつ少なくとも一人については強い不等式（>）が成り立つ

ならば、配分 $\bar{a}$ は配分 a を**パレート改善**するという。ある配分 a が**パレート効率的**であるとは、

① a が実現可能で、
② a をパレート改善する別の実現可能な配分 $\bar{a}$ が存在しない

ことである。「なんだかめんどくさいな」と思うかも知れないが、このように記号を使って言葉の意味をはっきり定義することが、市場の効率性を論証する第一歩なのである。

以上の準備をもとにすると、つぎのことが証明できる。

厚生経済学の第 1 基本定理：つぎの条件の下では、完全競争市場均衡はつねにパレート効率的な資源配分を達成する。
条件：（水や砂糖のように）消費量を連続に変化させることができ、かつ消費量をわずかに増やすと効用が上がるような財が、各消費者について一つはある。

「市場は効率性を達成する」というこの定理が成り立つための条件は、きわめて緩いものであることに注意しよう。これまでミクロ経済学で用いてきたさまざまな議論を見やすくするための仮定、例えば効用関数や生産関数が微分できるとか、無差別曲線が原点に向かって凸の形をしているとか、すべての財の量が（1 個、2 個、…というとびとびの値ではなく）連続に変化できる、というような仮定は必要がない。必要なのは、例えば水や砂糖のようにその量が連続的に変化でき、かつ消費を増やすと効用が上がる財が各人にとって一つはあるということだけなのである[31]。

(証明)：価格体系が $p = (p_1, \cdots, p_N)$、資源配分が $a = (x^1, \cdots, x^I, y^1, \cdots, y^J)$ である完全競争均衡を考え、これがパレート効率的でないとすると矛盾が起こることを示す。もしもこの配分がパレート効率的でないと、

$u^i(\bar{x}^i) \geq u^i(x^i)$ がすべての $i = 1, \cdots, I$ で成り立ち、かつ少なくとも一人については強い不等式（＞）が成り立つ

ような、実現可能な別の資源配分 $\bar{a} = (\bar{x}^1, \cdots, \bar{x}^I, \bar{y}^1, \cdots, \bar{y}^J)$ があるはずである。このとき、つぎの①②が成り立つ。

① $u^i(\bar{x}^i) > u^i(x^i)$ となる消費者 i については、$p\bar{x}^i > px^i$ でなければならない。

(理由) この理由はとても簡単である。もしそうではなく $p\bar{x}^i \leq px^i$ ならば、消費者 i は価格体系 p の下で x^i を買うかわりにより効用の高い $\bar{x}^i$ を買うことができたはずである。これは、x^i が p の下での最適消費であることに矛盾する。

② $u^i(\bar{x}^i) = u^i(x^i)$ となる消費者 i については、$p\bar{x}^i \geq px^i$ でなければならない。

> 証明でちょっと難しいのはここだけです。注意して読んでみましょう。
>
> (理由) もしそうではなく $p\bar{x}^i < px^i$ ならば、消費者 i は価格体系 p の下で x^i を買うかわりに
> ・まず同じ効用を与える $\bar{x}^i$ を買ってから、
> ・余ったお金 $p(x^i - \bar{x}^i) > 0$ を使って条件にあるような（わずかに消費を増やせば効用が上がる）財を買い足せば、x^i と同じ支出額でより高い効用が達成できる。これは、x^i が p の下での最適消費であることに矛盾する。

以上から、つぎのことがわかる。

---

31 これを、局所非飽和の仮定と呼ぶことがある。

$$\sum_{i=1}^{I} p\bar{x}^i > \sum_{i=1}^{I} px^i$$

(①と②より)

$$= \sum_{i=1}^{I} pw^i + \sum_{j=1}^{J} py^j$$

(市場均衡条件から[32])

$$\geq \sum_{i=1}^{I} pw^i + \sum_{j=1}^{J} p\bar{y}^j$$

(y^j は p の下で利潤を最大にするので、$py^j \geq p\bar{y}^j$)

よって、この式のはじめと終わりを見比べると、

$$0 > p\left(\sum_{i=1}^{I} w^i + \sum_{j=1}^{J} \bar{y}^j - \sum_{i=1}^{I} \bar{x}^i\right)$$

となることがわかる。これは、配分 $\bar{a}$ が実現可能である ($\sum_{i=1}^{I} w^i + \sum_{j=1}^{J} \bar{y}^j - \sum_{i=1}^{I} \bar{x}^i \geq 0$) ことと $p \geq 0$ に矛盾する。　　　　**（証明終わり）**

コメント 3.6 **なぜ証明を学ぶのか**：以上の部分を見て、「うわ、抽象的な議論が続いてわかりにくいな」「何のためにこんなことをやるのかわからない」「結果だけを暗記すればいいじゃないか」と思った人も多いでしょう。こんな証明を学ぶ意味は何なのでしょうか。

　社会問題に対するさまざまな意見のなかには、根拠のない単なる思い込みによるものが多く含まれています（むしろ、ほとんどがそうだといっても過言ではないでしょう）。「市場メカニズムが効率的な資源配分を実現する」ということも、たんなるイデオロギー的な思い込みであると思っている人が多いようです。しかし、実はこのことはきわめて弱い条件の下でつねに成り立つことが、論理的に論証できるの

---

[32] 各財 n について、需給が一致する ($\sum_i x_n^i = \sum_i w_n^i + \sum_j y_n^j$) ならばこの等式が成り立つ。またこのことは、3.3節（f）項で述べたように「超過供給があるため価格がゼロになっている財（自由財）」があってもよい、というように市場均衡の条件を一般化した場合でも正しい。これは、自由財 n については $\sum_i p_n x_n^i = \sum_i p_n w_n^i + \sum_j p_n y_n^j$ が（$p_n = 0$ なので）成り立つためである。また、予算制約式が（支出≤収入という）不等式ではなく（支出＝収入という）等式で満たされることを前提とすれば、予算制約式の合計からもおなじ等式が証明できる（これは、ワルラス法則と同じことである）。

です。「社会問題という複雑でファジーな現象の中でも、論理的に必ず成り立つことが証明できる興味深い事実がある」——このことは、かなり驚くべきことであり、20世紀の社会科学が成し遂げた大きな成果のひとつなのです。また、「なぜ？」を理解することなく、偉い（ように見える）人や有名な本に出ている結果を暗記することばかりをやっていては、イデオロギー的な思い込みも「真実だ」と誤解してしまうことになります。

この項で厚生経済学の第一基本定理の証明を紹介したのは、どのような仮定の下で、またいかなる理由で市場が効率性を達成するという機能を持つのかを、はっきりと自分の頭で理解するためなのです。

コメント 3.7　**よくある誤解**：市場は効率性を達成するというこの命題は、「効率性」という言葉の響きから、多くの人に誤解されているようです。よく、「市場にまかせると**経済効率ばかりが優先**されて、手間をかけずに大量に作れる農薬づけのまずい野菜が提供される」というように、「効率性」イコール「消費者の好みを無視したコストの削減」のように言われることが非常に多いようです。しかし、市場が達成する（パレート）**効率的な状態とは、消費者の好みに合うように無駄なく資源を配分した状態**ということなのです。したがって、人々が本当に「ある程度のコストをかけてもおいしい有機野菜がほしい」と思っているならば、有機野菜は市場を通じてちゃんと供給されるはずです。厚生経済学の第1基本定理が明らかにするのは、「市場は人間の幸福よりも経済効率のみを優先する」ということではなく、「市場は消費者主権を達成する」ということにほかなりません。

（h）グローバリズムはなぜ起こるのか？：市場均衡とコア

今日、世界中が市場経済に巻き込まれる「グローバリズム」が盛んに話題になっている。一国の歴史を振り返ってみると、ばらばらだった日本各地の経済が市場によって結び付けられ一つになってきた。同じように現在では、比較的疎遠だった離れた国々の経済が市場によって統合されようとしている。

このように、市場圏は地域・国境を越えてどんどん広がってゆく傾向がある。これが、「グローバリズム」と呼ばれる現象の本質である。しかしこのことは、よく考えてみると奇妙な現象ではないだろうか。市場を社会組織の一種だと考えると、市場という組織は大きくなる一方である。だがこのことは、

他の多くの社会組織、例えば企業にはあてはまらない。一国のすべての企業が合併によって一つの巨大企業になったことはないし、大きくなりすぎた企業には「分社化」や「スピンオフ」が生まれる。では、市場圏が大きくなるにつれて同様の分離独立運動（江戸時代の日本のように鎖国をすること）が起こらないのはなぜなのだろうか。

一つのよくある考えは、グローバリズムが進むのは「勝ち組」の政治力によるものだというものである。グローバリズムで得をするのは一部の富裕層やアメリカなどの裕福な国であり、大多数の民衆はグローバリズムで損をする。にもかかわらずグローバリズムが進むのは、一部の富裕層（「勝ち組」）が大きな政治力を持って、民衆の大多数にとっては有害なグローバリズムを押し付けているからだ、という考え方はマスコミやネット上にあふれ、多くの人の共感を得ている。

しかし、ごく少数の者が持つ政治力が、国民の大多数の反対を長い間完全に抑圧することはできないであろう。したがってもし上の説明が正しいなら、長い歴史の中では、市場圏の拡大の阻止に成功した事例がいくつかは出てきたはずである。そして、このような事例では国民の大多数が「たしかに分離独立した市場圏を作ってよかった」と思うはずで、分離独立は長く続き、これを見た他の地域・国もこれに倣うものが出るはずである。しかし、市場が拡大し続けた人類の歴史で、こうしたことは見られなかった。たしかに、グローバルな市場圏からの分離独立は、江戸時代の鎖国や第二次世界大戦前の「ブロック経済」などの形で散発的に試行されたが、いずれも廃止されてしまった。また、国民の多くが「分離独立していた頃のほうが良かった、あの頃に戻りたい」とは思ったことはなかったのである。

ミクロ経済学は、このような事実とより整合的な、グローバル化が進む理由を明らかにする。これを見るために、市場に参加している消費者 $i = 1, \cdots, I$ のうち、ある地域（または国）に住む人たちが分離独立したらどうなるかを考えてみよう。分離独立する消費者の集合を S で表すことにしよう（例えば1万人いる消費者の中の最初の100人が分離独立するならば $S = \{1, \cdots, 100\}$ である）。また、企業 $j = 1, \cdots, J$ のうち、分離独立する地域にあるものの集合を T とし、これらの企業はこの地域の住民たち S によって所有されているとする[33]。

いま、分離独立が起こる前の市場価格体系を p、資源配分を

$(x^1, \cdots, x^I, y^1, \cdots, y^J)$ と書こう。そして、ある地域の住民 S が分離独立して、自分たちだけで実行できる別の配分 $(\bar{x}^i, \bar{y}^j)_{i \in S, j \in T}$ に移ったとしよう。このとき、つぎのことが成り立つ。

> **命題**：完全競争的な市場圏から、一部の地域が分離独立することで、地域住民をパレート改善することはできない。

「パレート改善」の意味を復習すると、上の命題の意味するものは、ざっくり言うと「分離独立することで地域住民を独立の前より全員ハッピーにすることはできない」ということである（より正確に言うと「地域住民の誰の効用も下げることなく誰かの効用を上げることはできない」ということである）。つまり、**分離独立するということは、あたかも地域住民全体がもらうパイの大きさが小さくなってしまうことと同じなのである**（パイが小さくなると、それをどう切り分けても住民全員をよりハッピーにできない）。

上の命題が成り立つためには、もちろん何か条件が必要である。その条件とは、厚生経済学の第 1 基本定理が成り立つための条件と同じ、「消費をわずかに増やすと効用が上がるような財が、各消費者について一つはある」という、きわめてゆるいものなのである。

（命題の証明）：分離独立が地域住民にパレート改善をもたらす、つまり

> $u^i(\bar{x}^i) \geq u^i(x^i)$ がすべての $i \in S$ で成り立ち、かつ少なくとも 1 人については強い不等式（＞）が成り立つ

としてみよう。すると、厚生経済学の第一基本定理の証明と全く同じ論法で、

$$0 > p(\sum_{i \in S} w^i + \sum_{j \in T} \bar{y}^j - \sum_{i \in S} \bar{x}^i)$$

が成り立つ。これは、分離独立したあとの配分 $(\bar{x}^i, \bar{y}^j)_{i \in S, j \in T}$ が実行可能であ

---

33 もしこれらの企業 T がよそもの（S 以外の消費者）によって所有されているなら、分離独立によって、こうしたよそ者の所有権をはく奪することができる。したがって、この「盗み」によってこの地域の国民 S は得をすることがあるだろう。そこでここでは、分離独立が「よそ者の財産を没収すること」以外にも利益をもたらすことがあるかどうかを考察することにする。

る（$\sum_{i \in S} w^i + \sum_{j \in T} \bar{y}^j \geq \sum_{i \in S} \bar{x}^i$）ことと、$p \geq 0$ に反する。　　　　　　**(証明終わり)**

　一部のグループ S が分離独立して、S だけで実現できる配分に移ることで、S 内の人にパレート改善がもたらされるとき、S は分離独立前の配分を**ブロックする**という。つまり、分離独立することで S 内の人たち全員がよりハッピーになれるとき、S はもとの配分をブロックするというのである。そして、どんなグループにもブロックされない資源配分全体の集合を、資源配分の**コア（核）**という。このことを使って上の命題を言い換えたのがつぎの定理である。

定理：完全競争均衡の資源配分はコアに属する

このことが成り立つための条件は、厚生経済学の第1基本定理が成り立つための条件と同じ、「消費をわずかに増やすと効用が上がるような財が、各消費者について一つはある」というものであり、証明も（上でみたように）**厚生経済学の第1基本定理とほとんど同じ**である。

　国境・地域を越えて市場圏がどんどん広がるグローバル化が起こるのは、勝ち組の政治力のせいであるというよりは、市場均衡がコアに属するからであることにほぼ間違いないように私には感じられるのだが、皆さんはどう思われるであろうか。

コメント 3.8　　一般にコアに属する配分は一つではなくたくさんあります。興味のある人はエッジワースの箱を描いてみて、どの部分がコアになるのかを考えてみるとよいでしょう（簡単な練習問題です）。しかし、経済にいる人の数がどんどん増えてゆくとコアは小さくなり、人数が無限になった極限ではコアは完全競争配分に収束することを示すことができます。これを、**デブルー・スカーフの極限定理**といいます。つまり、人数が多いときには、「分離独立運動が起こらない（つまりグローバル化を阻止できない）」唯一の資源配分のやり方を市場メカニズムが与えていることになります。つまり、グローバル化と市場は本質的に深い関係にあるわけなのです。

(i) 厚生経済学の第2基本定理と効率性のための条件

つぎに、「どんなパレート効率的な資源配分も、適当な所得再分配を（一括税と一括補助金を使って）行えば、完全競争市場を通じて達成できる」という、厚生経済学の第2基本定理について詳しく解説しよう。この項とつぎの項の目標は、つぎのことをしっかり学ぶことである。

①まず、競争政策の基本である第2基本定理が**成立するのための、メインの条件**を理解します。
②第2基本定理の副産物として、**効率的な配分が満たすべき一般的な条件**が明らかになります。これを使うと、「どのようなときに非効率性（資源配分の歪み）が起こるか」が統一的に理解できるようになります。
③そして、そのような歪みを除去するための**競争政策**のあり方を、余剰を使った部分均衡分析よりももっと**一般的で満足のゆく形**で明らかにします。

まず、エッジワースの箱を使って厚生経済学の第2基本定理が成り立つことを確認した、以前の議論（3.3節（f）項）を思い出してみよう。これを再現したのが図3.48（a）である。任意のパレート効率的な点 x を取ってくると、そこではAさんとBさんの無差別曲線（I_A と I_B）が接している。さらに、両者の無差別曲線がこの図3.48（a）のように原点に向かって**凸の形をしていると、両者をうまく分離する直線** l が引けて、一括所得移転によって初期保有をこの線上に移動させれば、効率的な点 x は競争均衡として達成できるのである。直線 l は A, B にとっての予算線で、両者とも点 x が予算線上の最適点になっていることに注意されたい。

しかしながら、もしAさんの無差別曲線が図3.48（b）のように原点に向かって凸でないと、パレート効率的な点 x は完全競争市場均衡として達成できない。その理由をゆっくり確認してみよう。まず、Bさんの消費を市場均衡で x 点にするためには、x 点でBさんの無差別曲線 I_B と予算線が接していないといけない。したがって、点 x を実現するような市場均衡では、予算線は l でなければならない。ここで、エッジワースの箱では、AさんとBさんの予算線は、同じ線（初期保有点 w を通り、傾きが価格の比率になっているもの）で表されることに注意しよう。このことから、Aさんにとっての予算線も l のはずである。しかし、予算線 l の下でのAさんの最適消費は x ではなく、図3.48（b）のように別の点になってしまっている。よって、市場均衡で A,

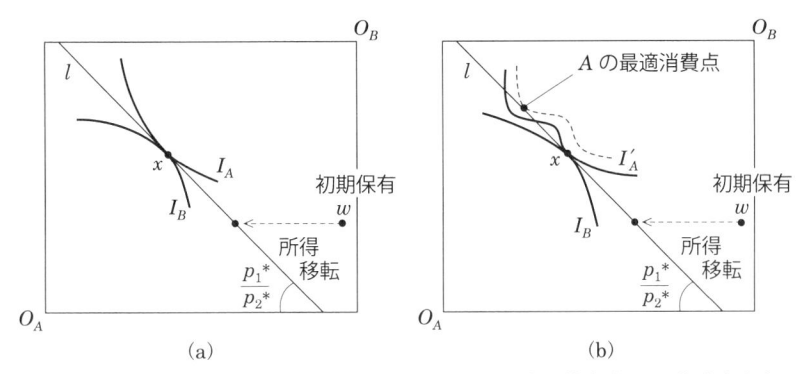

図3.48　無差別曲線が原点に向かって凸でないと、第2基本定理は成り立たない

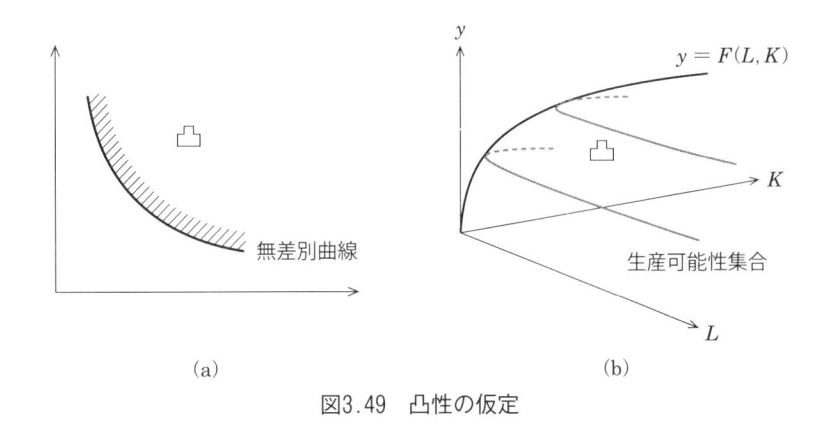

図3.49　凸性の仮定

B の両者に点 x を消費させることは不可能なのである。

　このことから、第2基本定理が成り立つには、第1基本定理よりも強いいくつかの条件が必要となることがわかるだろう。その一つは、上でみたように各消費者の無差別曲線の上側が凸集合になっているということである（図3.49（a））。また、各企業の生産可能性集合が凸集合であるという条件も必要になる（図3.49（b））。

　いずれも、これまで議論してきたように、現実の多くの例で満たされていると考えても大過ない仮定である。また、これらの仮定は多数の消費者と企業がいる大規模な経済では、かなりの程度緩めることができることが知られている（詳しくは補論D.6を見られたい）。

　これらの**凸性の仮定が、第2基本定理が成り立つためのメインの条件**であ

るが、これに付随して若干の技術的な細かい条件が必要になる。これらの条件はどれも現実において満たされてもおかしくないものだが、細かいことになるので補論D.5にまとめておいた。

以上のことをまとめて、厚生経済学の第2基本定理を述べてみよう。

厚生経済学の第2基本定理：
- 各消費者の無差別曲線の上側が凸集合で、
- 各生産者の生産可能性集合が凸集合で、
- いくつかの追加的条件[34]が満たされるならば

いかなるパレート効率的な資源配分も、適当な所得再分配を一括固定税と一括補助金を使って行えば、**完全競争市場均衡を通じて達成できる**。

証明はやや長くなるが、学部生でも十分に理解できるようにわかりやすく解説したものを補論Dにまとめておいたので、ぜひ見てほしい（証明を見ると、市場メカニズムの働きに対する理解がぐっと深まります）。

第2基本定理の意義は、もちろん政府の経済政策について最も大切な指針を与えるということである。社会にとって何が望ましいかについてはいろいろな意見があり得るが、社会を構成する一人ひとりの国民の幸福をもとに価値判断をするならば、望ましい結果は必ずパレート効率的であるはずである。そのようなものを実現するには、一括固定税と一括補助金という、市場の働きをなるべく損なわないやり方で所得を再分配し、あとは市場の自由な働きに任せればよいのである。このような、きわめて汎用性の高い経済政策の指針を与えるのが厚生経済学の第2基本定理であり、**ミクロ経済学で最も重要な結果**の一つである。

これと並んで、第2基本定理にはもう一つの隠れた意義がある。それは、**効率的な資源配分が満たすべき一般的な条件**を明らかにするということである。その条件とは、すべての消費者や生産者が同一の価格に直面するということであり、このことから、価格をゆがめるさまざまな制度や規制が効率性を損なうことがきわめて一般的に明らかになる。

このことを、詳しく説明してゆこう。第2基本定理によると、効率的な資

---

[34] 補論D.5の条件1、2、3、4a、4b、4cである。

源配分は（適当な所得再分配をすれば）完全競争市場均衡として実現できるので、効率的な配分では消費者の限界代替率や企業の限界生産性はつぎのような条件を満たす必要がある。

効率性の条件に関する命題（厚生経済学の第 2 基本定理の系）：
パレート効率的な資源配分では、つぎの条件を満たす $p_1, \cdots, p_K$ が存在する。
① どんな消費者 i と、どんな財 a, b についても、

$$\underset{\uparrow\text{限界代替率}}{MRS^i_{ab}} = \frac{p_a}{p_b}$$

② 財 h を使って財 k を作るどんな企業 j についても、

$$p_k \underset{\uparrow\text{限界生産性}}{\frac{\partial F^j}{\partial x_h}} = p_h$$

①は競争均衡での消費者の効用最大化条件に相当し、②は企業の利潤最大化条件に当たる（F^j は企業 j の生産関数である）。注意してほしいのは、ここで問題にしている「パレート効率的な配分」はどんなものでもよく、市場を通じて実現されたものでなくてもよいという点である。例えば、計画経済を通じて適材適所の配分を市場を全く使わずにスーパーコンピュータで計算して実現したとしても、そうした配分が効率的ならば必ず上で述べたような定数 $p_1, \cdots, p_K$ を見つけることができるのである。これらは効率的配分に付随する理論価格であり、「シャドープライス」と呼ばれることがある。このように、厚生経済学の第 2 基本定理は、**効率的な配分には必ず理論価格が付随していることを示すものであり、「価格」というものの本質を明らかにする重要な結果**なのである。

上の命題から、効率性に関するさまざまな条件が導かれる。これらを見ることによって、効率性と価格の本質的な関係に対する理解が深まるので、詳しく説明してみよう。やや根気のいる議論になるが、お付き合いいただきたい（このことについて、あとでコメントします）。

まず、上の命題の①からただちにつぎのことがわかる。

効率性の条件A：どの二つの財についても、(その財を消費している) すべての消費者は同じ限界代替率をもつ

エッジワースの箱を議論した3.3節 (f) 項ですでにこれを見ているが、重要な論点なのでこのことの意味と、これが効率性の条件になる理由を今一度ていねいに見てみよう。

条件Aの意味：限界代替率の意味を思い出してみると、「財 a の財 b に対する限界代替率 MRS^i_{ab}」とは、「a の消費をわずかに減らす代わりに b をどれだけもらえば同じ満足を維持できるか」を表すものである。例えば a = ビール、b = 発泡酒として、$MRS^i_{ab} = 1.5$ ならば、消費者 i さんがビールの消費をちょっと減らす代わりに (味の劣る) 発泡酒を飲んで同じ満足を得るには、ビールをちょっと減らした量の1.5倍の量の発泡酒を飲む必要があるということである。つまり、ざっくり言うと i さんにとって、ビールと発泡酒の消費量を微調整する際には、**ビールは発泡酒の1.5倍の価値がある**わけである。一般に、「ビールは発泡酒の何倍の価値があるか (ビールの発泡酒に対する限界代替率)」は人によってまちまちであるのだが、効率的な配分においてはすべての人が同じ限界代替率を持つのである。つまり、日本で効率的な配分が実現しているなら (ビールと発泡酒を両方飲む) **すべての日本人が、ビールは発泡酒の例えば1.5倍の価値があると合意している**はずなのである。そしてこの効率的な配分が市場を通じてもたらされているならば、ビールの価格は発泡酒の1.5倍になっているはずなのである。このように価格は、さまざまな消費者の財に対する評価をうまく集約して反映したものになっているのである。

条件Aの理由：もしも条件Aが成り立っておらず、限界代替率が人によってまちまちなら、ある人が貴重であると思っている財がほかの人にとっては価値が低い、ということが起こっていることになる。そうした場合には、この二人が財を交換しあうことによって、双方の満足度を上げることができるのである (3.2節 (f) 項でのエッジワースの箱、図3.39を思い出してほしい)。これが、効率的な配分が条件Aを満たさなければならない理由である。

つぎに、上の命題の②から、ただちにつぎのことがわかる。

効率性の条件B：生産要素の限界生産性は、同じ生産物を作るどの企業でも同じである

例えば、効率性が達成されているならば、労働の鉄に対する限界生産性は、どの製鉄所でも同じでなくてはならない。もしそうでなければ、たとえば限界生産性の低い製鉄所から高い製鉄所へ労働を移せば、同じ労働力の総量を使ってより多くの鉄を生産できるはずだからである。日本で効率的な配分が実現されているなら、労働の限界生産性はどの製鉄所でも同じはずで、この共通の限界生産性が鉄鋼労働者の賃金と鉄の価格に反映されるのである（命題②から、限界生産性 $\frac{\partial F^j}{\partial x_h}$ ＝鉄鋼労働者の賃金／鉄価格（＝ p_h/p_k）となる）。

上の条件Bは、同じものを作っている企業の間で効率的に生産要素を配分するための条件であるが、異なったものを作っている企業の間で効率的に生産要素を配分する方法について述べたのがつぎの条件である。この条件もやはり命題②から導かれる。

効率性の条件C：生産要素の技術的限界代替率はどの企業でも同じである

これは、命題②の式から導かれる、

$$\frac{\partial F^j/\partial x_h}{\partial F^j/\partial x_{h'}} = \frac{p_h}{p_{h'}}$$

がすべての企業 j について成り立つ、という条件を言葉で表現したものである。生産の理論のところ（第2章2.3節（b）項）で学んだように、この式の左辺は生産要素の（技術的）限界代替率を表す。例えば鉄を作っている企業 j での労働（h 財）の燃料（h' 財）に対する限界代替率 $\frac{\partial F^j/\partial x_h}{\partial F^j/\partial x_{h'}}$ が3であるということは、労働を1単位減らしても燃料を3単位増やせば同じ鉄の生産量を維持できる、ということである。条件Cは、労働と燃料を使っているすべての企業（鉄以外の製品を作っている企業も含む）が、労働と燃料につい

て同じ限界代替率を持つことが効率性の条件であることを示している[35]。そして、競争市場では、こうした各企業に共通の限界代替率が、生産要素の価格の比率 $\dfrac{p_h}{p_{h'}}$ に等しくなるのである。

　最後に、生産と消費にまたがる効率性の条件（つまり、企業が消費者のほしがるものをきちんと作っているという条件）を見てみよう。まず、同じ生産要素 h（例えば労働）を使って $k = a$ 財（ジュース）を作っている企業 α と、$k = b$ 財（牛乳）を作っている企業 β について命題②の条件を使うと、

$$\frac{p_a \dfrac{\partial F^\alpha}{\partial x_h}}{p_b \dfrac{\partial F^\beta}{\partial x_h}} = \frac{p_h}{p_h} = 1$$

を得る。これを変形すると、

$$\frac{p_a}{p_b} = \frac{\left(\dfrac{\partial F^\beta}{\partial x_h}\right)}{\left(\dfrac{\partial F^\alpha}{\partial x_h}\right)} \tag{12}$$

となる。この式の右辺を解釈してみよう。いま、ジュースを生産している企業 α から牛乳を生産している企業 β へ労働を少し（ΔL だけ）移動させたとしよう。これにより、ジュースの生産は少し減り（その量を Δy_a と書こう）、牛乳の生産は少し増える（その量を Δy_b と書こう）。このような労働の移動を通じて、ジュースの生産を少し減らせば牛乳を少し余計に作れる、つまり**ジュースを牛乳に変形できる**わけである。そこで、ジュースを減らせばどれだけ牛乳が作れるかを計算してみると、つぎのようになる。

$$\frac{牛乳の増加}{ジュースの減少} = \frac{\Delta y_b}{\Delta y_a} = \frac{\left(\dfrac{\Delta y_b}{\Delta L}\right)}{\left(\dfrac{\Delta y_a}{\Delta L}\right)} \div \frac{\left(\dfrac{\partial F^\beta}{\partial x_h}\right)}{\left(\dfrac{\partial F^\alpha}{\partial x_h}\right)}$$

つまり(12)式の右辺は、ジュース（a 財）の生産をわずかに減らすと、牛乳（b 財）の生産をどれだけ増やすことができるかを表すもので、財 a の財 b に

---

[35] その理由は、消費の効率性の条件Aとほぼ同じである。労働の燃料に対する限界代替率が製鉄所で3であるが、石油会社で5だったとすると、労働がより貴重な石油会社に製鉄所が労働を少し分け与えて、代わりに燃料をもらえば、同じ労働と燃料の総量を使いながら、鉄と石油の生産を同時に増やすことができるはずである。

対する**限界変形率**(Marginal Rate of Transformation, MRT$_{ab}$)と呼ばれるものである。

以上の議論は完全競争的な市場均衡の重要な一面を表したものであるが、まだ説明していなかったことなので、ここで簡単にまとめておこう。

完全競争均衡では、**価格の比率は限界変形率に等しい**：

$$\frac{p_a}{p_b} = MRT_{ab} = \frac{\left(\frac{\partial F^\beta}{\partial x_h}\right)}{\left(\frac{\partial F^\alpha}{\partial x_h}\right)} \tag{13}$$

この条件に現れる限界変形率の計算について、もう一度説明しておこう。ジュース(a財)と牛乳(b財)の生産に使われる共通の生産要素を何でもよいから一つ(例えば労働、これをh財と呼ぶ)考えると、ジュースの牛乳に対する限界変形率は

$$MRT_{ab} = \frac{牛乳(b)に対する労働の限界生産性\left(\frac{\partial F^\beta}{\partial x_h}\right)}{ジュース(a)に対する労働の限界生産性\left(\frac{\partial F^\alpha}{\partial x_h}\right)}$$

限界変形率の計算法

となる。ジュース会社(α)から牛乳会社(β)へ労働をわずかに移動すると、この式の右辺に等しい率でジュースを牛乳に変形できるのである。

以上で説明した限界変形率に対する効率性条件(13)と、消費者の限界代替率に関する命題①の効率性条件を合わせると、

$$MRT_{ab} = \frac{\left(\frac{\partial F^\beta}{\partial x_h}\right)}{\left(\frac{\partial F^\alpha}{\partial x_h}\right)} = \frac{p_a}{p_b} = MRS_{ab}^i \tag{14}$$

という条件を得ることができる。

この式を解釈してみよう。この式の左端は、ジュース(a財)の牛乳(b財)に対する限界変形率を表しているのだが、上の条件式の最初の等式

$$MRT_{ab} = \frac{\left(\frac{\partial F^\beta}{\partial x_h}\right)}{\left(\frac{\partial F^\alpha}{\partial x_h}\right)}$$ は、変形に使われる生産要素 h と、変形に携わる企業 α、β がどんなものであっても、限界変形率はおなじであるということを示している。つまり、効率的な資源配分がなされているなら、どのような経路[36]でジュースを牛乳に変形するにせよ、限界変形率はすべて同じでなければならない。したがって、生産が効率的に編成されている場合には、ジュースの牛乳に対する限界変形率が、社会全体でただ一つ存在することになる。これが、(14)式の左端にある MRT_{ab} なのである。

つぎに、条件式(14)の両端に注目すると、これは

すべての消費者 i について
$$MRT_{ab} = MRS^i_{ab} \tag{15}$$
限界変形率　　限界代替率

ということを示している。つまり、社会の限界変形率と、各消費者の限界代替率は等しくなくてはならないのである。もしこの条件が成り立たず、例えばジュースの牛乳に対する限界変形率が5であるのに限界代替率が2である消費者がいたとしてみよう。この消費者のジュースの消費を1単位減らして牛乳に変形すれば、牛乳は5単位増える。この消費者の限界代替率は2なので、ジュースの消費を1単位減らして牛乳の消費を2単位増やせば、もとと同じ満足がえられる。しかし、増えた牛乳の量はそれより多い5単位なので、この消費者の満足は、(経済のほかの部分に影響を与えることなく)上がることになる。効率的な状態ではこのような調整はできないはずなので、先に述べた条件(14)が成り立っているはずなのである。

以上の議論をまとめると、つぎのようになる。

効率性の条件D：二つの財の限界変形率は、どのような経路で変形を行う場合でも同じである。また、限界変形率は各消費者の限界代替率に等しい

---

[36] さらに一般的には、ジュース会社からある生産要素を企業1に移し、企業1から企業2に別の生産要素を移し、…、企業10から牛乳会社にさらに別の生産要素を移す、というような間接的な経路を通じてジュースを牛乳に変形することも考えられる。

これは、効率性の条件(14)を言葉で言い換えたものである。そして、この限界変形率＝限界代替率こそが、二つの財の価格の比率になるのである。

このように、厚生経済学の第2基本定理によって、効率的な資源配分が実現するためのさまざまな条件A～Dが明らかになった。

コメント 3.9 **価格は効率性を簡単に表現する道具である**：以上、けっこう複雑で長い議論がつづきましたね。そこで、この部分って、ものすごくわかりにくい、**効率性の条件をいちいち理解するのはけっこうめんどくさい**と思った人が多いのではないでしょうか（著者の私自身もそう思うのですから、間違いありません）。実はこの**「めんどくささ」こそが、本項で皆さんが学ぶべき一番重要なポイント**なのです。このことを説明してみましょう。

めんどくさい効率性の条件A～Dは、すべてよりすっきりした「効率性の条件に関する命題」(p.241) から導かれたものであることを思い出してみてください。この命題がよりすっきりしているのは、$p_1, \cdots, p_K$というパラメーターを使って効率性の条件A～Dを非常にコンパクトなかたちに集約して表現しているからです。そしてこのパラメーターこそが、市場均衡価格、あるいは効率的配分に付随する理論価格なのです。つまり、市場メカニズムは、「効率的な配分を探す」(＝条件A～Dをチェックする) というモノスゴク根気のいる面倒くさーい作業を、価格という便利な量を設定することによって手際よく達成する、大変うまい仕組みになっているのです。

(j) 厚生経済学の第2基本定理と経済政策

厚生経済学の第2基本定理の一番大きな意義の一つは、望ましい経済政策（規制緩和や競争政策）を行うための、汎用性のきわめて高い一般的な指針を与えることである。このことは、いくら強調しても強調しすぎることはないほど重要なことである。そこでこの項で特別にスペースを割いて、これをていねいに解説してみよう。言い換えると、この項では**第2基本定理を使って経済政策を行うためのマニュアルを提供する**ことにする。

まず出発点として、初等的な教科書によく出てくる、部分均衡分析を使った競争政策の評価を思い出してみよう（3.1節（d）項で議論しました）。そ

(a)

(b)

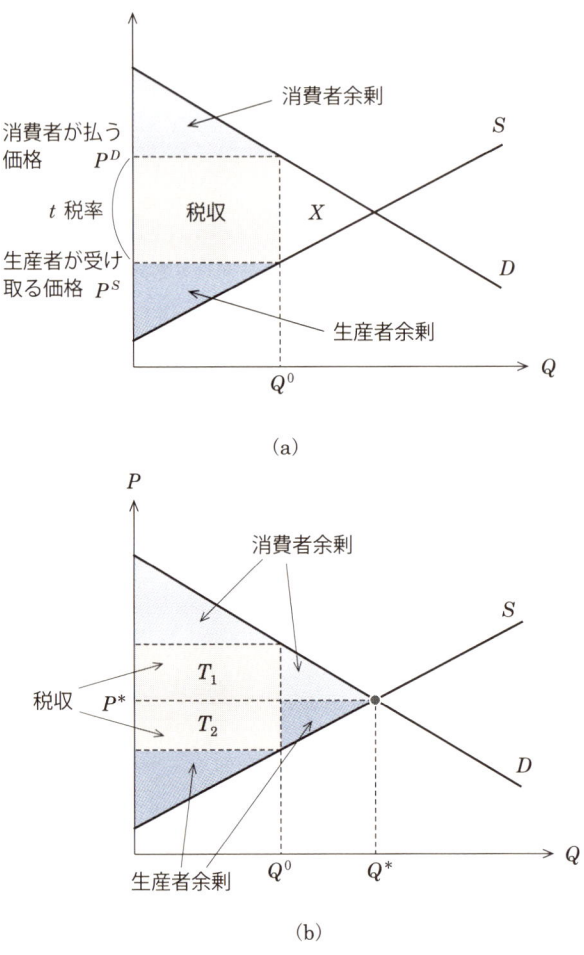

図3.50 酒税の部分均衡分析

こで取り上げた酒税の分析を再掲したのが図3.50である。

図3.50（a）は酒税の下での酒市場の均衡を表したもので、酒税をかけると白い三角形Xの面積に等しい余剰の損失（死荷重）が生まれてしまう。酒税を廃止すれば、図3.50（b）の図のように需要と供給の交点で数量と価格が決まり、この余剰の損失（死荷重）をなくすことができる。ここで、一括固定税を消費者と生産者から図3.50（b）のT_1とT_2のように徴収すると、結果として酒税と同じ税収をあげながら、消費者余剰と生産者余剰を同時に

増やすことができるのである。

こうした部分均衡分析による説明は直感的に理解しやすいが、つぎのような点で一般性を欠いたものになっている。

① 部分均衡分析では、酒税が非効率性をもたらすことが、総余剰の減少（死荷重）で説明されている。これは、消費者の満足が消費者余剰（図3.50（ a ）の水色の三角形の面積）という金額で表示できるという前提に依存しているが、実はこの前提が成り立つためには消費者の好みが特殊な性質を満たす必要があるのである[37]。消費者の満足の度合いが消費者余剰で表されるという**強い仮定を置かずに、酒税の非効率性を示すことはできるだろうか？**

② 部分均衡分析では、酒税を廃止して一括固定税に移行するのが望ましいということを、一つの市場で起こること（酒税による政府の収入、酒生産者の利潤、消費者の酒市場での余剰）のみに注目して論じているが、酒税を廃止するとほかの市場にもさまざまな波及効果がある。お酒が安くなると、レストランで我慢してウーロン茶を飲んでいた人がお酒をのむようになり、ウーロン茶生産者に損害が及ぶかもしれない。また、お酒の生産が増えれば酒生産に必要な原材料を納入している人たちに利益が及ぶはずである。こうした、部分均衡分析では無視されている**さまざまな波及効果を考慮に入れてもなおかつ酒税の廃止は望ましいといえるのだろうか？**

こうした問いに答えるために必要になるのが**一般均衡理論、特に厚生経済学の第 2 基本定理**なのである。一般均衡理論が高度な分析手法を使うのは、空虚な「理論のための理論」を追及するためではなく、このような実務的に重要な問題を満足のゆくように取り扱うためなのである。

ではまず、酒税の非効率性を、消費者の満足が消費者余剰で表示できるという（強い）仮定を置かないで説明してみよう（上の論点①）。酒税の下では、消費者の支払う価格が、生産者の得る価格より（酒税の分だけ）高くなっている。すると、効率的な配分では、すべての経済主体が同じ価格体系に直面して最適に消費や生産を行っているように行動している、という効率性の一般条件（前項（ i ）で説明した「効率性の条件に関する命題」）が成り立っていないことになる。したがって酒税は非効率性をもたらすと結論できる。

---

37 この前提が満たされるためには、効用関数が「準線形」という特別な形をしている必要がある（3.1節（ c ）項を見よ）。

理解をさらに深めるために、やや根気のいる議論になるが、酒税が非効率性を引き起こす理由をていねいに確認してみよう。この場合、「効率性の条件に関する命題」から導かれる限界変形率と限界代替率の関係（条件D）が成立しないのである。例えば、$a=$ウーロン茶、$b=$酒として、生産者が直面する価格をそれぞれ p_a, p_b とすると、式(12)で説明した通り、競争均衡では

$$\frac{p_a}{p_b} = \frac{\text{酒に対する労働の限界生産性}}{\text{ウーロン茶に対する労働の限界生産性}} = MRT_{ab}$$

が成り立つことになる。生産者が直面する（税金のかかっていない）酒価格 p_b は低いので、上の式の価格比率 $\frac{p_a}{p_b}$ は大きな値である。一方、消費者は税金がかかった酒価格に直面する。これを $(1+t)p_b$ と書こう（$t>0$ は税率）。第1章でみたように、最適消費点では消費者 i の限界代替率 MRS_{ab}^i は消費者の直面する価格比率に等しくなるので、

$$\frac{p_a}{(1+t)p_b} = MRS_{ab}^i$$

である。酒税 t が大きいと、これは小さな値である。以上をまとめると、

$$\underset{\text{限界変形率}}{MRT_{ab} = \frac{p_a}{p_b}} > \underset{\text{限界代替率}}{\frac{p_a}{(1+t)p_b} = MRS_{ab}^i}$$

となり、効率性の条件D（限界変形率＝限界代替率）が成立していないことになる。

いま、居酒屋でのウーロン茶の価格が500円（$=p_a$）、お酒が600円（$=(1+t)p_b$）だとすると、消費者の限界代替率は $500/600 \fallingdotseq 0.83$ である。つまり、消費者はウーロン茶の消費をちょっと減らす代わりにその約8割の量のお酒をもらえば満足は変わらないはずである。逆に言うと、これよりもっとたくさんお酒がもらえれば満足が上がるわけである。一方、酒税の税率を2割（$t=0.2$）とすると、生産者が直面している酒価格は $p_b=600/(1+t)=500$ 円であり、これはウーロン茶の価格と同じである。したがって限界変形率は1である（$\frac{p_a}{p_b}=\frac{500}{500}=1$）。つまり、ウーロン茶会社から酒会社に労働を（わずかに）移動すれば、ウーロン茶を酒に1対1で変形できるのである。これが、消費者の限界代替率0.83より高いということは、そのような変形を実行すれば、消費者の満足度はより上がるということであ

る。

　上のような説明を聞かされると、非現実的な数学モデルの細かいところに依存した信頼性のない議論のように見えるが、果たしてそうだろうか。多くのものに税金がかかっている社会を訪れてみると、いろいろなものが高くて暮らしにくいと感じることが多い。例えば、スウェーデンではお酒に重税がかけられていて、ウィスキー一杯飲むのにも大変なお金を取られる。日本では、輸入肉類の関税が高く、諸外国に比べて肉がえらく高い（2013年現在では、牛肉の関税率は38.5％）。こうした暮らしにくさは、どうしても仕方のないことではなく、本来もっと安くいろいろなものが手に入るはずなのを、税金という形で政府がその取引を妨害していることから来るものなのである。上で述べたモデルを使った議論は、こうしたわれわれの生活実感を、モデルの形で一般的に明らかにしたものなのである。

　以上の議論から、つぎのことがわかる。一般的にどのようなときなぜに市場で非効率性が発生するかを深く理解するには、効率性の具体的条件A～Dをチェックすることが必要であるが、これはやや根気のいる作業である。そこで、非効率性が市場で起こっているかどうかを手っ取り早くチェックするには、（理論）価格を使って条件A～Dをコンパクトにまとめた「効率性の条件に関する命題（p.241）」を見たほうがよい。この命題は、「効率的な配分では、すべての経済主体が（あたかも）**同じ価格体系**の下で**完全競争的**に行動しているようにふるまっている」ことを示している。このことから、非効率性が起こる一般的な状況がつぎのように明らかになる。

非効率性が起こる一般的原因：
①**価格の歪み**：すべての消費者と生産者が**同一の価格に直面していない**と、非効率性が起きる。
　　例：酒税などの物品税、関税、学生割引、株主優待など
②**競争の制限**：すべての消費者と生産者が同一の価格に直面していても、**完全競争的にふるまっていない**と非効率性が起こる。
　　例：独占、寡占、最低賃金保証などによる競争の制限

　寡占や独占などの状況では、企業が**価格支配力**を持つため、「市場で与えられる価格を一定とみなして利潤を最大化する」という完全競争のときとは違っ

た生産量が選ばれ、このことが非効率性を生み出す。このことは、のちの回で詳しく議論することにする。一般に非効率性が発生していることを、**資源配分の歪み**ということがある。厚生経済学の第2基本定理は、このように、資源配分に歪みを引き起こす原因を一般的に明らかにするものであり、これはミクロ経済学のなかでも最も重要なメッセージの一つである。

では、上で述べたような理由から、非効率性が起こっているとき、どのような政策をとるのが望ましいのだろうか。このことをていねいに解説してみよう。まず、（パレート）効率性の定義を思い出してみると、非効率的な状態では、「誰の満足も下げることなく、誰かの満足を上げること（＝パレート改善を行うこと）ができる」はずである。世の中には、弱者を救済して格差を是正すべきであるとか、フェアな競争に勝ったものには大きな報償を与えるべきであるとか、さまざまな価値判断があるのだが、そのどれを採用するにせよ、ものごとの良し悪しを国民一人ひとりの幸福に基づいて判断するならば、何らかのパレート改善をして、パレート効率的な点を実現するのは望ましいということになるだろう。そして、このことはすべて、**価格の歪みや競争の制限を排除して、完全競争を実現し、同時に一括固定税と一括補助金によって適当な所得分配をすること**で実現できるのである（厚生経済学の第2基本定理）。

この項の初めに議論した酒税に話をもどすと、酒税を廃止して酒市場を完全競争的にすれば、酒市場のみならず他の市場にもさまざまな波及効果がおよぶ。このような効果をすべて考慮しても、酒税を廃止して適当に所得分配を行えば、国民全員を酒税があったときよりも幸福にできることを、厚生経済学の第2基本定理が保証するわけである。以上のことをまとめると、望ましい経済政策について、つぎのような一般的な指針が得られる。これはすべて、厚生経済学の第2基本定理から得られたものである。

望ましい経済政策の一般的指針：
①どのような価値判断を取るにせよ、**非効率性を何らかのやりかたで取り除くことはつねに望ましい**
②すべての消費者と生産者が**同一の価格に直面していない**と、非効率性が起きる。また、すべての消費者と生産者が同一の価格に直面していても、**完全競争的にふるまっていない**と非効率性が起こる

> ③そのような価格の歪みや競争の制限を排除して**完全競争状態を作り出し、同時に一括固定税と一括補助金を使って適当な所得分配をすれば、国民全員をより幸福にできる**（より正確には、誰の満足も下げることなく、誰かの満足を上げることができる）

コメント 3.10 所得分配はどうやったらいいのか：上で述べた指針③にあるような所得分配のやり方が必ずあることは、厚生経済学の第2基本定理が保証します。しかし、例えば酒税が廃止されたとき、具体的に誰にどれだけ税金や補助金を適用すれば、完全競争市場の働きを通じて国民全員がハッピーになれるのでしょうか？このことを特定するには膨大な情報が必要であり、またその結果得られた望ましい税金や補助金を一人ひとりに適用するには膨大な行政コストがかかるでしょう。したがって、上の指針③にあることを完全に実行するのは難しいでしょう。このような限界を考慮したとき、上の指針の意義はいったい何なのでしょうか。

それに対する答えは、二つあります。一つは、価格の歪みや競争の制限が、潜在的には国民全員の満足を下げていることをはっきり理解することは、社会において何が望ましいかを考える際に重要な判断材料を提供してくれるということです。価格の歪みや競争の制限を取り除き、国民全員がより幸福になるようにするには、かなりきめ細かい所得の再分配をする必要があり、そのようなことは実現できないかもしれませんが、そのような可能性があることを理解することは、望ましい政策とは何であるかを議論するうえで重要です。

二つ目の、より実務上重要な答えは、指針③にあるような**所得の再分配を行わなくても**、価格の歪みや競争の制限をなくす政策は、長い目で見ると国民の多くに利益を与えるというものです。指針③にあるような所得分配を、個別のケースでいちいち実行するのはたいへんですが、そのようなことを行わなくても、価格の歪みや競争の制限を取り除く政策を**原則として採用し、多くのケースにあてはめてゆけば**、国民の多くが**長期的には利益を得る**ことができる、というのがこの考え方です。**補償原理**と呼ばれるこの考え方については、最後の章で詳しく論じます。

(k) 市場メカニズムの特長とは？：分権的意思決定と情報・誘因

　ここで、これまで学んできたミクロ経済学のモデル分析と、社会思想の関係について考えてみよう。アダム・スミス以来、市場原理を礼賛する人たちはつぎのような考え方を表明してきた。市場にはたくさんの生産者や消費者が参加しているが、それぞれの生産者や消費者は自分のことしか知らないし、自分のことしか考えずに行動している。つまり、市場にやって来る消費者や生産者は、他人の好みや生産技術を知らないまま、自分のことだけを考えて、自らの満足（効用）や利潤を最大にするのである。このように、各人はてんてんばらばらな**分権的意思決定**をしているにもかかわらず、競争市場では需給がバランスする点がうまく見つけ出され、その結果として効率的な資源配分が達成される。アダム・スミスは、勝手気ままな人々の行動をうまくまとめあげる市場の働きを、（神の）「**見えざる手**」と表現した。この考え方によると、市場メカニズムの大きな特長は、つぎの２点に集約される。

　まず、**市場価格は各人が分散して持っている情報を効率よく集約して伝達**する。これを市場メカニズムの**情報効率性**という。例えば、ノートの需要が増えて価格が上がったとしよう。するとノートの生産者は、いったい誰がどんな理由でノートをもっとほしがっているかを知ることなく（また知る必要もなく）、ノートの生産を増やすことになる。つまりノートの価格は、「社会的に見るともっとノートが必要だ、ノートをもっと作れ」という指令を非常に簡潔な形で集約して生産者に伝えているのである。

　つぎに、**市場においては、人々は終始利己的に行動しているにもかかわらず、結果として社会的に望ましい（効率的な）結果が実現する**。これを市場メカニズムの**誘因整合性**という。すぐれた経済学者であり同時に社会思想家でもあったF. ハイエクは、市場メカニズムの持つこうした二つの特長を、有名な論文 "The Use of Knowledge in Society" で詳しく論じた[38]。

　このような市場メカニズムの特色をよりはっきりと理解するために、計画経済（社会主義）と市場経済を比べてみよう。価格が必要な情報を迅速・簡潔に集約して当事者に伝える市場経済に比べて、計画経済では、計画当局は生産技術や消費者のニーズについて膨大なデータを収集し、かつ膨大な計算

---

[38] Friedrich A. Hayek (1945) "The Use of Knowledge in Society," *American Economic Review*, (35)4, pp.519-530.

をして計画を立てる必要がある。つまり、計画経済は情報効率性の面で大きな問題を抱えていたのである。また、計画経済は、誘因整合性の面でも問題があった。例えば、計画経済では人々は自分のニーズや技術を正直に計画当局に伝えないおそれがある。ジーンズがほしい人は「ジーンズがなければどうしても困る」などと大げさに言い立てるかもしれないし、楽をしたい生産者は自分の生産コストを多めに申告するかもしれない。また、人々は計画当局が作成した生産ノルマや消費の割り当てに従わないかもしれない。社会主義経済はつねに生産者のサボタージュや闇市場に悩まされてきた。つまり、計画経済は、人々に望ましい行動を取らせる適切な誘因（インセンティブ）を与えることに失敗したのである。

　以上のような考え方は、「自由主義経済思想」と呼ばれるアイデア・社会思想・イデオロギーである。ミクロ経済学のモデル分析は、この考え方の一部を定式化し、その妥当性を論証したのである。すなわち、ミクロ経済学の「競争均衡の存在定理」は、すべての市場の需給をバランスさせることが可能であることを論証し、また「厚生経済学の基本定理」は需給のバランスの結果が効率的であることを証明したのである。

　しかし、自由主義経済思想とミクロ経済学の完全競争市場モデルの間にはギャップがある。完全競争市場モデルは、すべての市場を均衡させるような状態があることを示しているが、そのような均衡価格がいったいどのようにして達成されるのかは明らかにはしていない。また、自由主義経済思想は市場メカニズムが最も優れた資源配分方式であると主張しているが、完全競争市場モデルがこれを完全に示しているとは言い難い。なぜなら、完全競争市場モデルは、市場メカニズム自体の機能を明らかにすることはできるものの、それ以外のさまざまな資源配分方式の機能を解明して、それらの優劣をはっきりと判断することはできないからである[39]。

　また、現実とミクロ経済学のモデル分析の間にもギャップがある。これまで学んだ完全競争市場モデルには、時間や不確実性が入っていなかった。また、現実の市場経済の大きな特色である貨幣を媒介にした交換・流通のプロセスも入っていないし、人々の計算能力の限界もモデルに入っていない。こ

---

[39] 第6章以降に学ぶ、ゲーム理論と情報の経済学によって、このことが少しずつできるようになってきた。

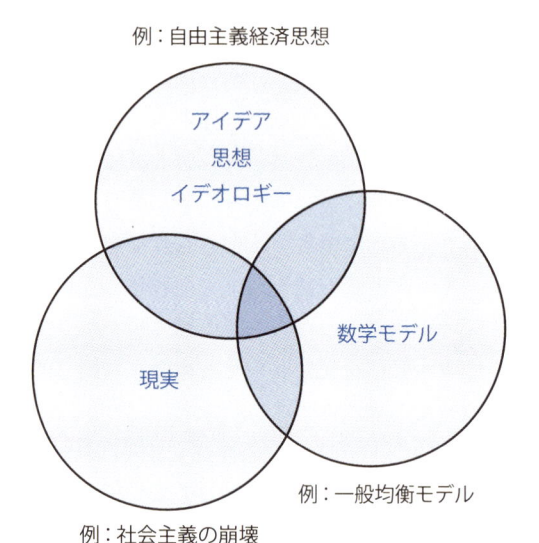

図3.51　現実・思想・モデルの関係

のうち、時間や不確実性はモデルに取り入れることは可能であり、上級向けのミクロ経済学やマクロ経済学・ファイナンスがこれらを扱う。また、貨幣の機能や計算能力の限界については、新たな研究が現在進展している。

　以上をまとめると、アイデア・思想・イデオロギーと現実とミクロ経済学の数学モデルは、図3.51が示すように、お互い重なり合うところもあればギャップもある。ぼんやりと考えているとこの三者を混同しがちだが、それらをはっきりと分けてとらえた上で、三者の関係を考えることが重要である。現代経済学の大きな貢献は、明確なモデル化と厳密な論理展開を使って、アイデア・思想・イデオロギーの一部を論証したり反駁したりできるようになったことにあるといってよいであろう。

4 市場の失敗

　これまでの議論は、市場メカニズムの長所を明らかにするものであった。すなわち、完全競争的な市場が理想的に働けば、さまざまな資源が人々のニーズに合ったやり方で（効率的に）配分されるのである。しかしながら、市場メカニズムは万能ではなく、いくつかの重大な欠点があるのである。この章では、さまざまな理由から市場メカニズムが機能不全に陥り、効率的な資源配分に失敗する代表的なケースと、その対策を学ぶ。市場が効率的な資源配分に失敗することを、経済学では**市場の失敗**と呼んでいる。具体的には、つぎの二つの事項を学ぶことになる。

・公害や騒音、日照権の問題などを、市場はうまく解決することができない（これを、「**外部性**」の問題という）。
・公園などの「**公共財**」の供給を市場はうまく行うことができないので、公共財は政府が供給する必要がある。

4.1　外部性

　この節では、公害や騒音、日照権の問題などを市場がうまく解決できないことを学ぶ。公害や騒音、日照権の侵害などは、経済学で「外部性」と呼ばれるものの例である。まずはじめに、市場の失敗を引き起こす「外部性」とは何かを説明しよう。

　経済を構成する消費者や企業は、お互いにさまざまな影響を及ぼしあっている。いま、ある経済主体（消費者または企業）の生産や消費活動が、別の経済主体の効用や利潤にどのような経路を通じて影響を与えるかを考えてみよう。こうした影響は、図4.1のように二つに分類できる。

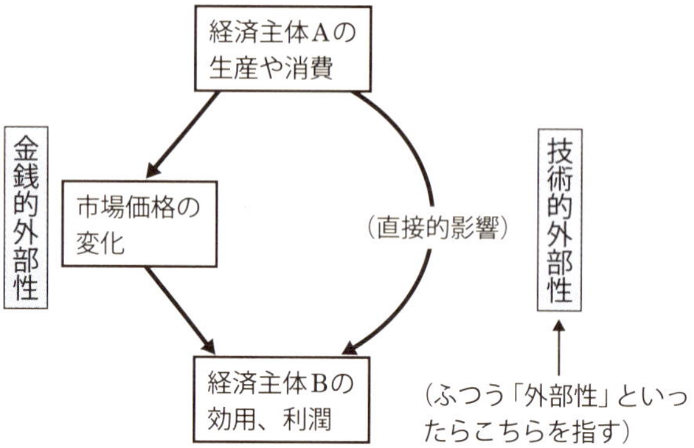

図4.1 外部性

　一つは、市場価格の変化を通じた間接的な影響である。ある企業が大量に人を解雇したので賃金相場が下がって労働者が損をしたとか、地下鉄の駅ができたので地価が上がって地主が得をした、などというのがこの例である。このような市場価格の変化を通じた間接的影響を**金銭的外部性**という。二つ目は、直接的な影響で、これを**技術的外部性**という。公害・たばこの煙・騒音などは、周りの人や企業に直接被害を及ぼすもので、いずれも技術的外部性の例である。これらは、他人に被害を及ぼすものなので、**負の外部性**あるいは**外部不経済**と呼ばれる。しかし、直接的影響（技術的外部性）のなかには、他人に利益を与えるものもある。例えば、果樹園のとなりに養蜂業者が来れば、蜂が果樹園の花に飛んできて受粉を促すので果樹園の収穫が増えるだろう。このような、他人に利益を与える技術的外部性は、**正の外部性**あるいは**外部経済**と呼ばれる。

　市場価格の変化を通じた影響である金銭的外部性は市場の失敗を引き起こさないが、これから詳しく見るように、直接的影響である技術的外部性は（負の外部性であっても正の外部性であっても）市場の失敗を引き起こすのである。そこで、経済学で「外部性」という場合は、このような問題を引き起こす技術的外部性を指すことが多い。

（a）外部不経済下の市場均衡

　技術的外部性、とくに外部不経済の例として、鉄工場が廃液を川に流しているせいで、下流で漁業を営む人たちに損害が出ているケース（公害）を考えよう。いま、鉄を生産すると廃液が流れて、鉄生産１ｔ当たり漁民に50万

円の被害がもたらされるとしよう。このとき、社会的に望ましい鉄の生産量と、市場で成立する鉄の生産量を比較してみよう。

このことを考えるために、まずは鉄工場の限界費用 $MC(Q)$ とは何であったかを思い出してみよう。$MC(Q)$ とは、鉄の生産を Q からわずかに増やすときにかかる追加的な費用である。これは、鉄工場が私的に負担する費用なので、**私的限界費用**と呼ばれることがある。しかしながらこのほかに、鉄の生産は漁民への被害という社会的費用をも生み出している。この例では、鉄1 t 当たり50（万円）の損害がもたらされるので、鉄生産の**社会的限界費用**は $MC+50$ で与えられる。このうち「50」という部分は、鉄の生産をわずかに増やしたときに他人（漁民）に発生する追加的な損失額であり、**限界損失**と呼ばれるものである。すなわち、外部不経済があるときの社会的限界費用の定義を一般的に述べると、つぎのようになる。

社会的限界費用 ＝（私的）限界費用 ＋ **限界損失**
↑
生産量をわずかに増やしたときに、
他人が被る損害額がどれだけ増えるか

この概念を使って、社会的にみて最適な鉄の生産量を求めたのが図4.2である。まず、生産量が図4.2の Q' である場合を考えてみよう。需要曲線の高さは消費者が鉄に支払ってもよいと考えている金額を表しているので、鉄の生産を Q' からわずかに増やすためには、消費者は図4.2の a だけ支払ってもよいと考えていることになる。一方、生産を Q' からわずかに増やすためには、図4.2の b に等しい費用（＝社会的限界費用）を社会は負担することになる。この場合は生産を増やす便益（a）が費用（b）より高いので、生産を増やしたほうが社会的に望ましいことになる。このように考えると、需要曲線が社会的限界費用に等しくなる点 Q^* まで、生産を増やすのが望ましいということになる。これが、社会的に最適な鉄の生産量であり、そのときに社会全体に生ずる余剰は図4.2の X で表される。

一方で、市場で成立する鉄の生産量は何であろうか。生産のところで学んだように、標準的なケースでは供給曲線は（私的）限界費用に等しい（第2章2.2節（c）項①）。したがって、競争市場での鉄生産は、私的限界費用（供

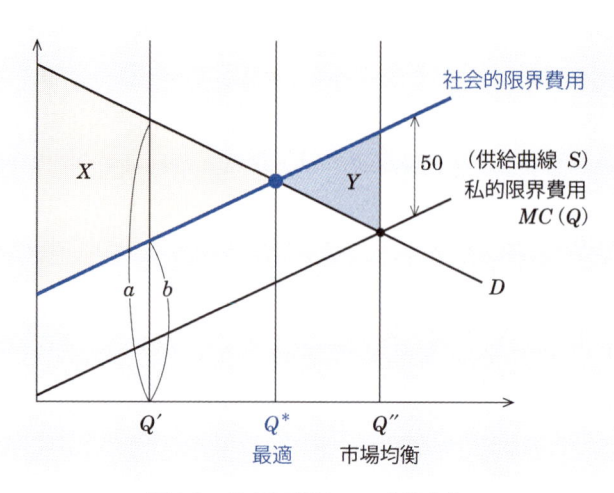

図4.2 外部不経済下の市場均衡

給曲線）と需要曲線が交わる点で決まる Q'' という過大な値になってしまう。最適な生産量 Q^* を超えて生産すると、追加的な生産量1単位ごとに、「社会的限界費用」−「需要曲線の高さ」の分だけ損失が生まれる。したがって、競争市場で決まる過大な生産 Q'' においては、これらの損失を足し合わせた図4.2の Y だけ、社会全体の余剰が最適な時に比べて減ってしまうことになる。以上のように、公害があるケースでは、市場は効率的な資源配分に失敗するのである。

このような市場の失敗が起こる理由は何であろうか。答えは、廃液が引き起こす漁民への損害という**社会的費用を、鉄工場が自らが支払うべきコストの一部として捉えていない**ことにある。そのために、鉄生産が過大になってしまうのである。こう考えると、問題解決の糸口が見えてくる。公害による市場の失敗を防ぐには、何らかの形で公害という企業の外部にかかるコストを企業の内部にかかるコストに移しかえる（つまり、**公害という外部費用を内部化する**）方策を取ればよい。つぎの項で見るように、このことは適当な税金あるいは補助金をかけることで達成できるのである。

(b) ピグー税

そこで、公害という費用を鉄生産者に内部化させるために、漁民に与える限界損失に等しい金額を鉄生産者に課税してみよう。鉄生産は1t当たり50

万円の限界損失を漁民に与えているので、課税額は 1 t 当たり50万円ということになる。このような、限界損失に等しい税金を**ピグー税**という[1]。一般的に、ある財の生産が外部不経済を引き起こしているとき、ピグー税の税率はつぎのように定義される。

ピグー税率 ＝ 限界損失
　　　　　＝ その財の生産量をわずかに増やしたときに他人が被る追加的な損害額

ここで、ピグー税の下での鉄生産者の行動がどう決まるかを考えてみよう。もしも、現在の生産量において、

$$\underset{\text{限界費用}}{MC} + \underset{\text{ピグー税率}}{50} < \underset{\text{鉄価格}}{P}$$

ならば、生産をわずかに増やす費用（$MC+50$）が生産をわずかに増やしたときの収入（P）より低いことになる。したがって、この場合は生産を増やしたほうがよい。逆に、$MC+50>P$ ならば、生産を減らしたほうがよい。したがって、最適な生産量は

$$\underset{\text{限界費用}}{MC} + \underset{\text{ピグー税率}}{50} = \underset{\text{生産物価格}}{P}$$

で決まることになる。このことを図示したのが図4.3である。

図4.3から、ピグー税の下での供給曲線は、MC＋ピグー税率で与えられることがわかる。ピグー税率は限界損失に等しいのだから、結局

ピグー税の下での供給曲線 → MC＋限界損失＝**社会的限界費用**

ということになる。したがって、**ピグー税の下での市場均衡は、需要曲線と社会的限界費用（供給曲線）の交点で与えられ、社会的に最適な生産量が達成される**のである（図4.2を今一度見返してみてほしい）。

---

[1] ピグーというのは、この税金を発明した経済学者の名前（A. C. ピグー）である。

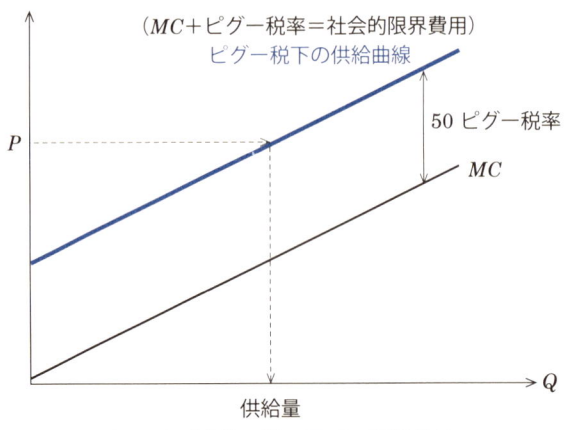

図4.3 ピグー税の下での供給曲線

(グラフ内ラベル: (MC＋ピグー税率＝社会的限界費用)、ピグー税下の供給曲線、50 ピグー税率、MC、P、供給量、Q)

(c) ピグー補助金

公害（外部不経済）を引き起こす鉄の生産が過大にならないようにするためには、鉄生産に課税することが有用であることが以上の分析によってわかったが、補助金を使って過大な生産量を抑えることもできる。つまり、**過大な生産量を減らすならば補助金を出す**、というやり方である。

今一度、図4.2を見て、政府の介入が何もないときの生産量 Q'' は最適な生産量 Q^* より多いことを確認しよう。そこで、鉄生産を過大な生産量 Q'' から1t下げるごとに、50万円の補助金を出すことを考えよう。50万円は、鉄1tの生産が漁民に与える限界損失である。これを、**ピグー補助金**と言う:

> **ピグー補助金**：最適より過大な生産量から生産量を1単位減らすごとに、限界損失に等しい補助金を与えること

いま、鉄の生産コストを $C(Q)$ と書くと、鉄生産者はつぎの式で与えられる利潤を最大化するように、生産量 Q を選ぶ。

$$\text{利潤}: \quad PQ - C(Q) + \underbrace{50(Q'' - Q)}_{\substack{\text{ピグー補助金} \\ \text{(過大な生産量 } Q'' \text{ から生産を} \\ \text{減らすともらえる補助金)}}}$$

ところで、この式の中で$50Q''$という部分は企業の生産量を変えても変化しない定数なので、上の式を最大にするように鉄生産Qを選ぶということは、この定数の部分を除いた残りの部分

$$PQ - C(Q) - 50Q \qquad (1)$$

を最大化することと同じである。これをよく見ると、ピグー税の下での利潤と同じになっている。つまり、ピグー補助金の下でもピグー税の下でも、鉄工場は結局は同じ式(1)を最大化するように生産量を決めるので、ちょっと意外な結論であるが、どちらの場合も生産量は同じなのである。したがって、ピグー補助金は、ピグー税と同様に**社会的に最適な生産量を達成する**のである。

(d) 課税か補助金か？

　以上で、鉄工場の公害を最適に抑制するには、課税と補助金の二つの方法があることがわかったが、それではいったいどちらが望ましいのかを考えてみよう。ピグー税と補助金は、4.1節(c)項で見たように、どちらも同じ最適な生産量を達成して社会全体のパイ（総余剰）を最大化するのだが、どちらを採用するかで余剰の分け方が違ってくることに注意する必要がある。これを詳しく見たのが図4.4である。

　図4.4の(a)は、ピグー税の下で社会全体のパイ（総余剰）がどのように分けられているかを示したものである。図4.4のCの部分は、生産量$(Q^*)\times 50$に等しく、50がピグー税率なのでこれはピグー税の総額に等しい。また50は鉄1単位の生産が漁民に与える損害額でもあったので、Cの部分は漁民の被害総額も表している。

　つぎに、ピグー補助金を表した図4.4(b)を見てみよう。いま、鉄生産に固定費用がないとすると、生産量Q^*を作るのに必要なコストは、限界費用を足し合わせた図4.4のXで表される白い三角形の部分になる。一方、収入は鉄の価格×生産量(Q^*)なので、これは図4.4の太い線の四角形で表される。この四角形から費用Xを差し引いたのが利潤なので、鉄工場の（補助金を除いた）利潤は$B+C$となる。一方、ピグー補助金の下で鉄工場は生産量をQ''からQ^*まで減らし、1単位生産を減らすごとに50補助金がもらえるので、鉄工場がもらうピグー補助金の総額は図4.4(b)のYで表される。

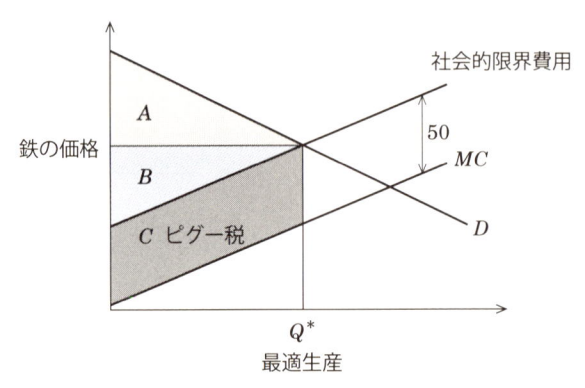

図4.4 ピグー政策と余剰の分配

(a) ピグー税下の余剰

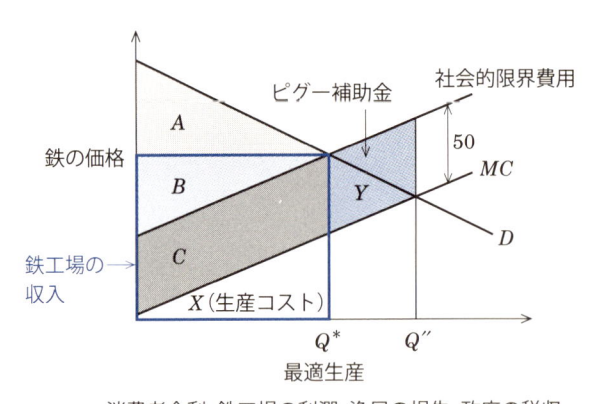

消費者余剰	鉄工場の利潤	漁民の損失	政府の税収
A	B	$-C$	C

$A + B$ （総余剰）

(b) ピグー補助金下の余剰

消費者余剰	鉄工場の利潤	漁民の損失	政府の税収
A	$B+C+Y$	$-C$	$-Y$

$A + B$ （総余剰）

ピグー税を使ってもピグー補助金を使っても、総余剰は $A+B$ で同じであるが、その分け方が違うことがこの図4.4からわかるであろう。図4.4では、漁民の損失を政府は補てんしないことになっているが、もし政府が損失 C を

漁民に支払うなら、ピグー税の下では結局公害を出している鉄工場から徴収した税金が被害者の漁民に回り、政府の収支はちょうどプラスマイナスゼロになる。これは、多くの人の公平性の観念と合致した、賛同しやすいやり方であると思われる。

一方、ピグー補助金の下で政府が漁民に損失補てんをすると、政府の赤字は合計 $Y+C$ になり、また鉄工場は大きな利潤 $B+C+Y$ を得ることになる。これは、公害の出し手を利するという点で、公平性を満たさないように見えるが、場合によってはこのような政策が理にかなっていることもある。それは、鉄工場が長い間操業していたところへ、最近になって漁民がやってきたケースである。この場合、鉄工場は以前と同じように生産を続ける権利を主張できるかもしれない。そうであるならば、政府は鉄工場に生産の抑制をお願いする立場となり、補助金を出して生産を減らしてもらうという政策はそれほどおかしなことではない。

つまり、**漁民が公害を受けない権利を持つ場合はピグー税を、また工場が公害を出す権利を主張できるような場合はピグー補助金を使うこと**が、多くの人の公平性の概念に合致するものと考えられる。

事例4.1　ピグー税の実例　ロンドン混雑税：このように説明すると、ピグー税は机上の空論のように聞こえるかもしれませんが、実際に使われている事例があります。そのよい例がロンドンの混雑税です[2]。ロンドンは交通渋滞という負の外部性（ある車が市内を走ると、ほかの車の速度が遅くなる）に長い間悩まされてきました。一時は、19世紀の馬車の速度と同じくらいのノロノロ運転が常態化していたそうです。これを緩和する目的で2003年にピグー税の一種である混雑税が、市長のケン・リヴィングストンによって導入され、現在も引き続き運用されています。これは、月曜日から金曜日の午前7時から午後6時に、市の中心部に入る車に1日当たり11.50ポンド（2014年現在、約2000円）を徴収するものです。混雑税がかかる地域は、図4.5の(a)のような道路標識で明示されています。

この区域に入るドライバーは、事前あるいは当日夜10時までに、イン

---

[2] 基本的な情報はロンドン交通局のホームページで見ることができます。

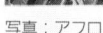

(a) (b)

図4.5 ロンドン混雑税

ターネット、コンビニ、自動支払機などで混雑税を払います。市内には図4.5(b)のような監視カメラがあちこちに備え付けられており、これが通行する車のナンバーを読み取り、支払いデータベースと自動照合することによって、混雑税をちゃんと払ったかどうかがチェックされます。違反者は罰金130ポンド（約2万1000円）を支払うことになります。こうした複雑な方式のため、徴税費用は9000万ポンド（140億円）にのぼりますが、これは混雑税や罰金からの収入2億2700万ポンド（360億円）の半分弱の額です（2011年）。

さて、混雑税の効果はどの程度あったのでしょうか。図4.6を見てください。

図4.6(a)を見ると、混雑税の導入でロンドン中心地に入る乗用車が大幅に抑制されたことがわかります。混雑の度合い（1kmを走るのに要する時間）を示した図4.6(b)を見ると、混雑税によって混雑の度合いは当初緩和されたが、その後じりじりと悪化をしています[3]。しかしながら、図4.6(a)の示す通り、交通量は混雑税導入後、継続的に抑制されているので、混雑税がなければ混雑の度合いは一層悪化したと推測できます。このことから、混雑税はロンドン市内の渋滞を実際に緩和する効果があったといえるでしょう。

3　ロンドン交通局は、渋滞悪化の原因として、水道・ガス管工事や歩行者優先の交通規則の導入を挙げています。

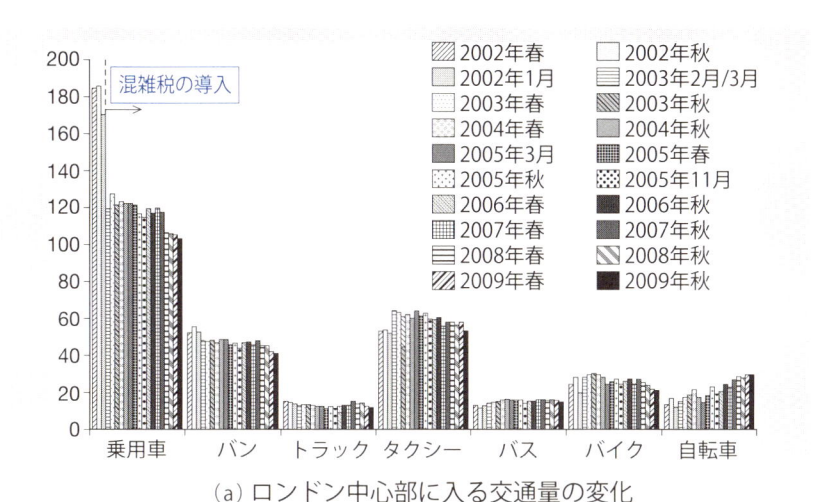

4.1節 外部性 267

(a) ロンドン中心部に入る交通量の変化

注)縦軸は混雑税が課税される時間帯の交通流入量(1000台)

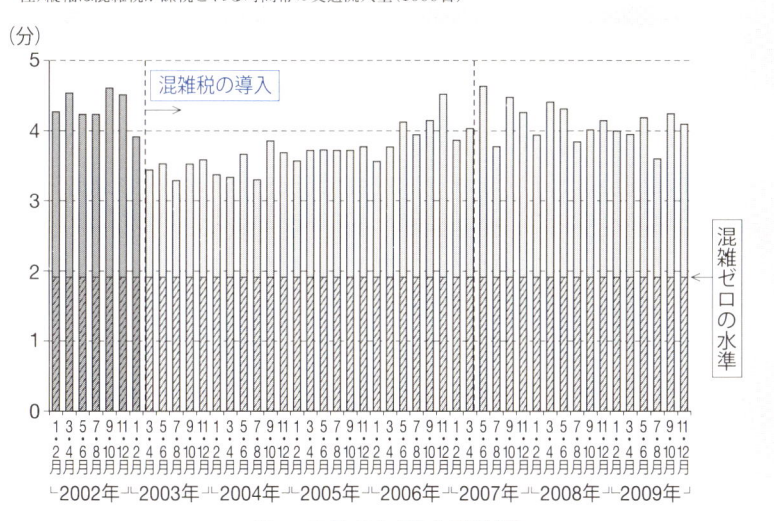

(b) 1km 走るのに要する時間

出所)Transport for London (2010) "Travel in London, Report 2," p.283 and p.286.
http://www.tfl.gov.uk/assets/downloads/Travel_in_London_Report_2.pdf

図4.6　混雑税の効果

(e) いくつかのコメント

外部性とピグー税・補助金に関して二点の補足説明をしておこう。

① ピグー税・補助金の問題点

ピグー税・補助金を使って最適な結果を達成するには、限界損失を知らなくてはならないが、多くの場合これを正確に計測するのは難しい。(a)項で考察した鉄工場と漁民の例を取ると、鉄工場の出す公害でどれだけ漁民が損失を被っているかは、正確なところは漁民本人にしかわからないであろう。もし、政府がヒアリングによって漁民の損害を聞き出そうとするならば、漁民は自分の損害を過大に言いたてるかもしれない。このように、最適なピグー税率・補助金率を計算するのに必要な**限界損失は、被害を受ける人たちだけが知っている私的情報である**ため、これをうまく引き出す工夫が必要になる。最近の経済学の進展によって、このような場合にどの程度の効率性が達成できるのか、またどのような制度を設計すればよいかについては、少しずつ研究が進んでいる[4]。

実務上は、限界損失を大雑把な形で概算してピグー税率を定めたり、あるいは過大な生産量をどれだけ減らすのが望ましいかを大まかに定めて、これを達成するのに必要と思われるピグー税率を計算したりすることになる。ロンドンの混雑税率も、このような大まかな観点から設計されたものである。このような税率は、本当の最適そのものをぴったり達成するものではないが、ピグー税・補助金をまったく用いずに外部性を野放しにするケースよりも、より良い結果を達成できるものと期待できるであろう。

② **外部性があると市場が効率的な配分に失敗するのはなぜか**

公害などの外部性があると、効率的な資源配分が達成されない理由については、すでに述べた。すなわち、公害の出し手が被害者に及ぼす限界損失を自らのコストの一部ととらえないためである。ここでは、経済理論に基づいて、外部性がなぜ市場の失敗を引き起こすかを、ちょっと別の観点から説明しよう。第3章3.3節で学んだように、厚生経済学の第1基本定理によると、

---

[4] 情報の経済学と制度設計（メカニズム・デザイン）の理論という分野がこれにあたる。続く(f)項の最後で、このような新しい研究成果の一端を紹介する。

すべての財が完全競争市場で取り引きされていれば、効率的な資源配分が達成されるはずである。外部性があると、この命題が成り立たないのはなぜであろうか？　その答えを探るために、鉄工場は、鉄のほかに公害（廃液）という、**負の効用を与える財を同時に生産している**と考えてみよう。このような見方をすると、効率的な資源配分のためには、鉄と廃液の両方について競争市場がなければならないが、残念ながら廃液という財を取り引きする市場は欠落していることがわかる。これが、市場が公害を効率的に抑制できない理由である。つまり、通常のケースでは公害などの**外部性を取り引きする市場が欠落しているために、資源配分の非効率性（市場の失敗）**が起こるのである。

事例4.2　**地球温暖化と排出権取引市場**：公害の取引市場などというものは、机上の空論であると長い間思われてきました。しかし、地球温暖化が深刻化する中で、一部の国では温暖化を引き起こす排気ガス（CO_2）の取引市場を作る動きがあります。これは、排気ガスの出し手と被害者が直接排気ガスを市場で取り引きするものとは若干異なり、まず政府が排気ガスの望ましい総量を決定し、これに対応する排気ガスを出す権利（排出権）を企業の間で売り買いするものです。これにより、排出権が市場を通じて効率的に配分されることが期待されます。現在では、ロンドンの取引所ＩＣＥ（インターコンチネンタル・エクスチェンジ）で、大規模な排出権取引が行われています。

(f)　交渉による外部性の解決とコースの定理

政府がピグー税や補助金で介入しなくても、また公害を取り引きする市場がなくても、当事者同士が交渉すれば公害などの外部性の問題は解決できる、という考え方がある。これは、政府の介入を極力嫌い、自由放任の市場競争を良しとする**シカゴ学派**の思想に基づくものである。この考え方を定式化したものを、その発案者であるR. コースの名を取って「**コースの定理**」という。

コースの定理：外部性がある場合、
(1) 交渉コストが低ければ、**当事者同士の交渉によって効率的な結果**（生

産量）が達成できる。

(2) さらに、消費者の満足が消費者余剰で表示できるときには、**外部効果に関する所有権を誰が持っているかに関わりなく、同一の生産量**が実現する。

ちょっとわかりにくいと思うので、二つの主張(1)と(2)を順番に詳しく解説しよう。

まず、前半の主張(1)はつぎのような考えに従ったものである。外部性がある状況の例として、高層ビルと近隣の住民の日照権の問題を考えてみよう。高いビルが建つと、近隣の住宅には日が当たらなくなるという外部不経済が発生する。そこで、計画されているビルが高すぎて非効率的な結果が実現しそうになっているとしてみよう。ここで（パレート）効率性の定義を思い出してみると、非効率的な状況では当事者全員の満足を上げる別の結果があることになる[5]。つまり、ビルの高さを適当に修正し、当事者同士で補償金を適当にやり取りすれば、全員がよりハッピーになれるはずである。これは、非効率性の定義そのものから言えることである。当事者が合理的であれば、このような非効率的な状態で満足しているはずはなく、全員にとってより良い状態に移行しようとするのではないだろうか。そしてもし、より良い状態へ移行するための合意を取り付ける交渉コストが低いのならば、合意はめでたく成立し、外部性による非効率性は当事者同士の交渉で解決できることになる、というのがコースの定理の前半（主張(1)）である。

> **コメント 4.1** このように説明されると、しごくもっともに聞こえますが、その後の経済学の研究の進展で、コースの定理の前半部分(1)の妥当性についてはいくつかの重要な付帯条件が必要であることがわかってきました。これについては、この項の最後で詳しく説明しましょう。

つぎに、コースの定理の後半部分(2)について解説しよう。ふたたび上の日照権を例にとると、「外部性に関する所有権」の配分に関してつぎの二つの

---

[5] より正確には、誰の満足も下げることなく、誰かの満足を上げることが可能であることになる。

4.1節 外部性

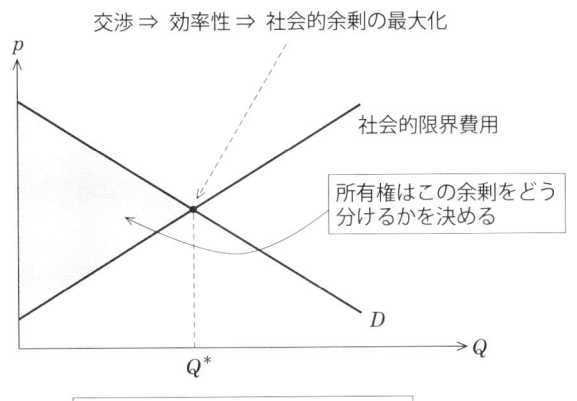

図中テキスト:
- 交渉 ⇒ 効率性 ⇒ 社会的余剰の最大化
- 社会的限界費用
- 所有権はこの余剰をどう分けるかを決める
- D
- Q^*
- 生産量は所有権にかかわりなく一定
- （総余剰を最大化する水準になる）

図4.7　コースの定理の後半部分

ケースが考えられる。すなわち、「**近隣住民が日照権を主張できるケース**」と、「**ビルのオーナーが高いビルを建てる権利を持っているケース**」である。直感的には、前者の場合は低いビルが、後者の場合高いビルが建ちそうであるが、コースの定理の驚くべき主張は、**どちらの場合でもビルの高さは同じになる**、ということである。

　これはなぜかをつぎに説明してみよう。もし、消費者の満足が消費者余剰で表されるとすると、当事者が得る満足の合計が「消費者余剰＋利潤」という金額（総余剰）で表示できることになる。すると、交渉によって効率的な結果が実現するとするなら、

・まず総余剰（パイの大きさ）を最大にして、
・つぎに最大化された余剰（パイ）を所有権に従って適当に切り分ける

ことになるはずである。つまり、**所有権の配分にかかわりなく、生産量（この例ではビルの高さ）は同一の、総余剰を最大化する水準になる**はずである（図4.7を参照）。

やや細かい注意：ここで、「消費者の満足が消費者余剰で表示できる」という仮定を解説しておこう。部分均衡分析を説明したところ（第3章3.1節(c)項）で学んだように、これが成立するためには、消費者の効用関数が「準線形」という特別な形をしている必要がある。そして、そのような特別な効用

関数の下では、所得の大小によって消費者余剰が影響を受けない（所得効果がない）ことを学んだ。つまり、「権利配分の如何にかかわらず、同じ高さのビルが建つ」という**コースの定理の後半部分の結論(2)を得るには**、マンション住人の便益や近隣住民が被る損害の大きさが、所得水準によって影響を受けない、つまり**所得効果がないというやや強い条件が成り立っている必要がある**ことに注意しよう。

　最後に、「交渉コストが低ければ交渉によって効率性が達成される」という、コースの定理の前半部分について、いくつかの注意点を挙げておこう。まず第一に、この部分は、**厳密に論証できる「定理」の形になっていない**ことに留意する必要がある。その理由は、「交渉コスト」とは何なのかが明確に定義されていないからである。もし、交渉結果が効率的なときは交渉コストが低く、非効率的なときは交渉コストが高いというように交渉コストを定義するなら、この主張は定義によって自動的に成り立つ、内容空疎なものとなってしまう[6]。コースの定理の前半部分は、論証できる「定理」ではなく、「交渉コストとは何なのか、それがどのようなときに高くなるのか」という重要な問題を提起したものである、と考える方が妥当であろう。コースが提起したこの問題については、第Ⅱ部でその基礎を説明する情報の経済学やゲーム理論という経済理論の進展によって、少しずつ解明されつつあるのが現状である。

　第二に、コースの定理の前半部分を説明するのに用いた考え方を思い出してみよう。それは、つぎのようなものであった。

素朴な自由放任主義思想：非効率的な状態では、（非効率性の定義によって）当事者全員の満足度を上げるような、別の状態が必ずある。当事者が合理的であれば、このような非効率的な状態で満足しているはずはなく、全員にとってよりよい状態へ移行するはずである。したがって、合理的な個人の自由に任せておけば、結果は必ず効率的になる。

---

[6] このような主張を、**トートロジー**（同義反復）と呼ぶことがある。このような形で交渉コストを定義すると、どんなことが起こっても説明ができてしまう。さらに、現実に起こらないことまでも「説明」できてしまうのである。このように、**何でも説明できる理論は、何も説明しない**ことを理解しておこう。

これは、少なくとも理屈の上では文句のつけようのない主張のように見えないだろうか。実際、この考えは、経済学者の間で一時は大きな影響力を持っていたが、その後の経済理論、特にゲーム理論の進展によって、このような素朴な形での自由放任主義の主張は誤りであることが、経済学者の間で広く認識されるようになった。いったい上の主張のどこが誤りで、正しい主張は何なのだろうか？　このことについては、ゲーム理論と情報の経済学を学ぶ第II部の第6章6.4節で説明するので、そのときまでのお楽しみということにしておこう。

コメント 4.2 **コースの定理の前半部分(1)が成り立たない場合**：ゲーム理論や情報の経済学の進展によって明らかになったことを一つだけ紹介しておきましょう。いま、公害の出し手の企業と被害者が、交渉をして公害の除去装置を設置しようとしているとしてみましょう。除去装置の費用はcで、これをつけると被害者の損害額がbだけ減るものとすると、便益が費用を上回る、つまり$c < b$のときに公害の除去装置をつけるのが効率的な結果です。しかし、除去装置の設置費用cは企業にしかわからないし、被害者の受ける便益bは被害者本人にしかわからないケースが多いのではないでしょうか。

このような場合、企業はなるべく公害除去装置の費用cを多めに見せようとし、また被害者は公害除去装置の本当の便益bを隠そうとして、交渉が難航すると予想されます。実際、費用cと便益bが、ある最低額（例えば0円）とある上限の値（例えば1億円）の間に連続に分布していると当事者が予想するならば、**たとえ当事者が完全に合理的であり、話し合いをするコストや契約書を書くコストがゼロであっても、絶対に効率的な結果は達成できない**ことが知られています。つまり、企業がコストを過大に見せ、被害者が除去装置の便益を隠そうとすることが災いして、どんなにうまい交渉ルールを作っても、$c < b$であるにもかかわらず除去装置が設置されないことが、一定の確率で必ず起こることになってしまうのです。

これは、**マイヤーソン・サタースウェイトの定理**と呼ばれる、ゲーム理論・情報の経済学の大きな成果で、R. マイヤーソンがノーベル経済学賞を受賞した理由の一つになっています。この定理自体は本書の内容を超えていますが[7]、このような

---

[7] 興味のある読者は、たとえばポール・ミルグロム著、川又邦雄・奥野正寛監訳、計盛英一郎・馬場弓子訳『オークション――理論とデザイン』（東洋経済新報社、2007年）第3章を見てください。

ことを分析するための基礎理論（ゲーム理論と情報の経済学の基礎）は、第Ⅱ部で学ぶことができます。

4.2 公共財

市場が効率的な資源配分に失敗する第2のケースとして、公共財を説明しよう。経済学で**公共財**というのは、つぎの二つの性質［1］、［2］を持つものである。

<u>公共財の性質［1］</u>（**消費の非競合性**）：ある人がその財を消費しても、他の人がその財を消費できる量は減らない。

普通の財については、この性質は満たされない。たとえば、リンゴを自分が食べれば、他人が消費できるリンゴの量は自分が食べた分だけ減ってしまう。リンゴのような普通の財は、**私的財**と呼ばれることがある。一方、BS放送は上の性質を満たしている。自分がBS放送を見たからといって、他人が見ることのできるBS放送の量は変わらないからである。さて、ある財が公共財であるためには、この性質と並んでつぎのことが必要になる。

<u>公共財の性質［2］</u>（**消費の非排除性**）：特定の消費者を消費から排除することが困難である。

BS放送については、利用料を払った場合のみ受信機が作動するようにしておけば、受信料を払わない消費者を受信から排除できる。一方、これが国防の問題なら、「敵が攻めてきてもあなたの家だけは守りません」ということはなかなかできないであろう。つまり、国防は消費の非排除性を満たすのである。

公共財とは、上の二つの性質を満たすものなので、数学モデルの上では公共財とは**ある量 Q を供給すると、全員が同じ Q の量を消費することになるような財**である、ということになる。世の中には、こうした条件を満たす純粋な公共財はあまり多くない。国防、外交、自然破壊がされていない山河や

美しい街並み（景観）などは、純粋な公共財の例であろう。現実に多いのは、公共財の性質をある程度もっているもので、公園、道路などは公共財に近い性質を持っているものと考えられる。これらの財についても、この節の分析はある程度当てはまるものと考えられる。

ここで注意が必要なのは、世間一般で公共財と言われているものと、経済学でいう公共財はちょっと違うということである。世間では、老人介護サービスや教育などの、公共性の高いものを公共財と呼ぶことがある。しかしこれらは、公共財の要件［1］、［2］のいずれも満たさない私的財である。経済学で［1］、［2］の性質に注目する理由は、こうした性質があると、その財を**取り引きする市場をつくることが困難**になるからである。というのは、性質［1］、［2］によって、公共財はそれを作るために誰がお金を払ったとしても、いったんできてしまえば（誰がいくら払ったかとは関係なく）誰もが等しく消費できるからで、このようなとき自由な市場取引をまねて「公共財を買うお金を各自で自由に出してください」といっても、なかなかみんなきちんとお金を払わないだろう[8]。こうした場合、政府が市場に代わって公共財を供給する必要が出てくるのである。一方、介護サービスや教育は経済学的に言うと私的財であり、公共性が高いとはいえ、「自分の消費する分は自分でお金を払ってください」という市場を利用して供給することが可能なのである。

（a） 公共財の最適供給：部分均衡分析

では、公共財をどのように供給したらよいかを考えてみよう。まずは、公共財だけに着目する部分均衡分析を使って考えてみよう。このためには、各消費者の公共財に対する「限界評価」という概念が役に立つ。

公共財に対する**限界評価** $V_i(Q)$ ＝ 消費者 i が、公共財の量を Q から（限界的に）1単位増やすのに支払ってもよいと考える金額

図4.8は、限界評価のグラフを表したものである。この図での公共財は公園であり、図によると、消費者 i は公園の現在の大きさが100m^{2}であるなら

---

[8] これは、後の(b)項で説明する「フリーライダー問題」である。

(万円)

5 ┆

消費者 i の限界評価 $V_i(Q)$

100m² 公共財の量 Q （公園）

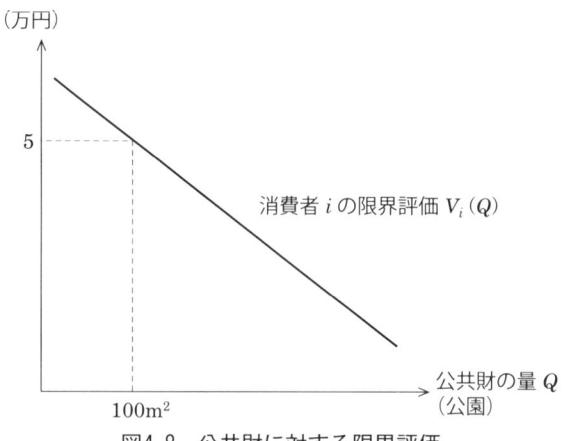

図4.8 公共財に対する限界評価

ば、公園をあと1m²拡張するのに5万円支払ってもよいと思っていることになる。公園がより大きくなると、公園をさらに拡張するためにそれほど高いお金を支払おうとは思わないであろう。したがって、一般的には限界評価は右下がりのグラフを持つものと考えられる。

つぎに、こうした各人の限界評価から、公共財に対する社会全体の限界評価（公共財に対する社会的限界評価）は、図4.9のように導くことができる。このことを説明してみよう。図4.9によると、100m²の公園をあと1m²拡張するために、消費者1は8万円を、消費者2は5万円を支払う用意がある。つまり社会全体では、公園拡張のために8＋5＝13万円だけ支払う用意があるわけである。このように、**各個人の限界評価の総和が公共財に対する社会的評価**となるので、グラフの上では個人の限界評価を**タテに足し合わせる**と社会的限界評価になるわけである[9]。

公共財の最適供給量は、この社会的限界評価と公共財供給の限界費用（MC）を使って、図4.10のように決定される。

図の Q' では、限界費用のほうが社会的限界評価より低く、公園をあと1m²拡張するためには6万円しかかからないのに（限界費用）、国民全体は拡張のために13万円支払う用意がある（社会的限界評価）。したがって、公園を

9　私的財の場合に、各個人の需要曲線を**ヨコ**に足し合わせると、市場全体の需要曲線が描けたのと対照的である。

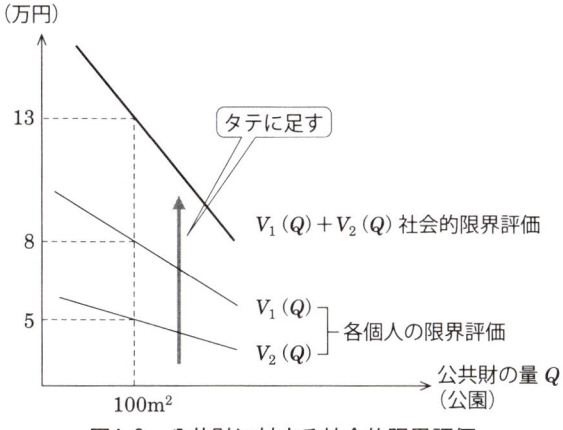

図4.9　公共財に対する社会的限界評価

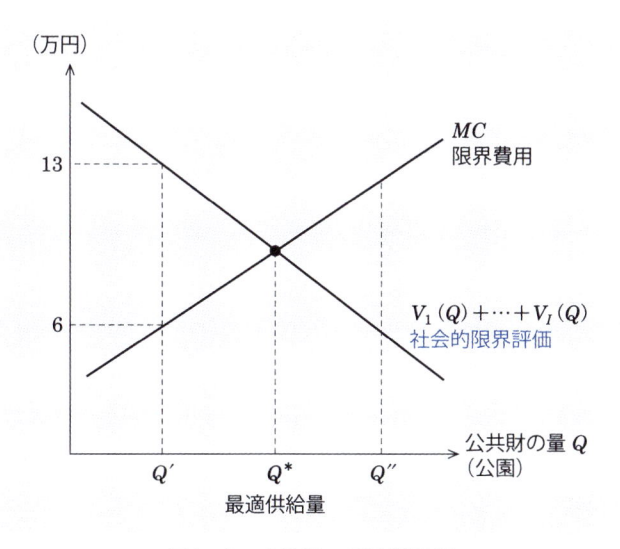

図4.10　公共財の最適供給量

もっと拡張したほうがよい。逆に、Q'' では、社会的限界評価が限界費用を下回っているので、公園を縮小したほうがよい。したがって、最適な公共財の量は、社会的限界評価と限界費用が等しくなる点で決まることになる：

公共財の最適供給条件（部分均衡分析）

各人の限界評価の和　限界費用
$$V_1(Q^*) + \cdots + V_I(Q^*) = MC(Q^*)$$

（b）　リンダール均衡

　以上で公共財の最適供給量がわかったが、この最適供給を実現するために、誰からいくらのお金を徴収し、また公共財の生産者にはいくらを支払ったらよいだろうか。引き続き、公園が公共財である例を考え、公園は建設業者が供給するものとしよう。このとき、つぎのようなやり方を考えてみよう。

ステップ 0：（準備段階としての情報収集）：政府は各人の限界評価を調査して、社会的限界評価 $V(Q) = V_1(Q) + \cdots + V_I(Q)$ と限界費用 $MC(Q)$ が等しくなる（最適）供給量 Q^* と、それに対応する社会的限界評価 $V(Q^*)$ を計算する。

ステップ 1：政府は価格 $V(Q^*)$ で公園の建設を建設会社に発注する。

すると、完全競争的な建設会社の供給曲線は限界費用 MC で与えられるので、最適な供給量 Q^* が実現することになる（図4.11）。

　このとき、政府の建設会社に対する支払い額は、図4.11の水色の部分にあたる $V(Q^*) \times Q^*$ である。これを誰に負担してもらうかを考えねばならないが、つぎのようにすれば、過不足なくちょうどこの支出を消費者に払わせることができる。

ステップ 2：各消費者 i は、自らの限界評価に比例した金額 $V_i(Q^*) \times Q^*$ を生産者に支払う。

このようにすると、支払い総額は

$$(V_1(Q^*) + \cdots + V_I(Q^*))Q^* = V(Q^*)Q^*$$

で、ちょうど建設業者に支払う必要がある金額（図4.11の水色部分）となる

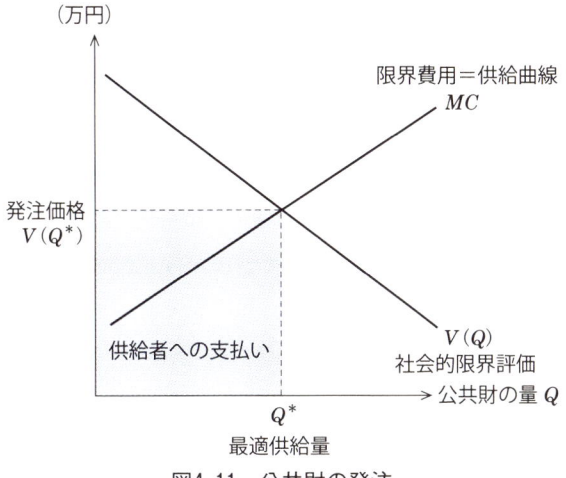

図4.11　公共財の発注

のである。このようなやり方で公共財を供給することを、その考案者（E. リンダール）の名を取って**リンダール均衡**と呼ぶ。

リンダール均衡：消費者 i の公共財に対する限界評価を $V_i(Q)$ として、

ステップ 0：政府は各人の限界評価を調査して $V(Q^*) = V_1(Q^*) + \cdots + V_I(Q^*) = MC(Q^*)$ となる（最適）供給量 Q^* と $V(Q^*)$ を計算する。

ステップ 1：政府は社会的限界評価に等しい価格 $V(Q^*)$ で公共財の生産量 Q^* を完全競争的な生産者に発注する。

ステップ 2：各消費者 i は、自らの限界評価に比例した金額 $V_i(Q^*) \times Q^*$ を生産者に支払う。

事例4.3　公共財の実例としての街灯：公共財の概念やリンダール均衡が、生活に密着した問題にも適用できることを知るために、つぎのような例を考えてみましょう。アパートの住民A，B，Cの三人は、アパートの前の路地に街灯を設置することを考えています。街灯は3本まで設置できますが、その必要度は三人三様。つぎの表4.1は、各人が街灯に最高いく

らまで支払っても良いと考えているかをまとめたものです。

	1本目	2本目	3本目
A	9万円	6万円	3万円
B	5万円	4万円	3万円
C	10万円	6万円	4万円

表4.1

例えば、表4.1によるとA氏は、1本目の街灯を設置するためには9万円、2本目には6万円、3本目には3万円まで支払う用意があります。Bさん、Cさんについても同様の見方で表をご覧ください。一方、街灯の設置費用は1本当たり15万円です。このとき、

・いったい、街灯を何本設置したらよいのか
・誰がいくら払うのか

を決めなければなりませんよね？ ミクロ経済学は、これにスカッとした解答を与えてくれます。

まず、街灯は公共財でしょうか？ Aさんが街灯の恩恵を受けたからといって、Bさんが街灯から受ける恩恵がその分減るわけではありません。したがって街灯は公共財の条件［1］（非競合性）を満たします。また、「Cさんにだけ街灯の恩恵を与えないようにする」ということはできないので、公共財の条件［2］（非排除性）も満たします。よって、街灯はかなり純粋な公共財であるとみていいでしょう。

つぎに、上の表の意味を考えてみましょう。例えば、Aさんの「2本目、6万円」という表の数字は、Aさんが街灯の2本目を追加するために支払ってもよいと考える金額なので、これはAさんの（2本目の街灯に対する）限界評価 $V_A(2)$ です。つまり、表の一番上の行はAさんの限界評価

$$V_A(1) = 9, V_A(2) = 6, V_A(3) = 3 \text{（万円）}$$

を表しているのです。

こうした限界評価をAさん、Bさん、Cさんについて足して住民全体の限界評価を表したものが、社会的限界評価です。例えば街灯1本目の社会的限界評価は、表の一番左の列をタテに足したものに等しいので、$9 + 5 + 10 = 24$万円 です。2本目、3本目も同様に、表の数字をタテ

に足せばよく、こうして計算した社会的限界評価をグラフにしたのが図4.12です。

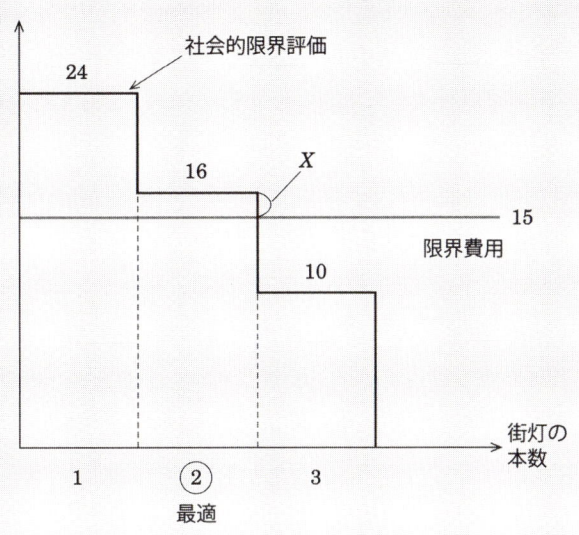

図4.12 社会的限界評価

街灯は15万円でいくらでも調達できるので、街灯を1単位調達する費用（限界費用）は15万円と考えてよいでしょう。図によると、街灯1本目の社会的限界評価（24万円）は限界費用（15万円）を上回ります。これは

- 街灯1本目に対して、住民3人は合計で24万円払ってもよいと考えているが
- 1本目の街灯を設置するコストは15万円しかかからない

ということで、それならば街灯1本目は設置したほうがよい、ということになります。同様に2本目も社会的限界評価が限界費用を上回るので設置したほうがよいのですが、3本目では限界費用が社会的限界評価より高くなってしまい、設置したら損です。

したがって、街灯（公共財）の**最適な数は2本**、ということになります（社会的限界評価と限界費用が交わる点で公共財の最適供給量が決まる）。

では、誰がいくらお金を払うべきかを、リンダール均衡の考え方で決めてみましょう。街灯の数は2本なので、2本目に対する各人の限界評

価（表の真ん中の列）を街灯 1 本当たり徴収します。つまり、各人はつぎの表のような金額を支払います（街灯は 2 本なので、各人の総支払い額はこの表の金額の 2 倍）。

	1本当たりに払う金額
A	6万円
B	4万円
C	6万円

表4.2

表4.2の数字の合計16万円は、街灯 1 本の調達コスト（15万円）をやや上回っているのでお金が余りますが（図4.12の X の部分にあたります）、余ったお金は適当なやり方で 3 人に返すことにしましょう[10]。

以上のようにリンダール均衡に従えば、公共財である街灯は最適に設置され、その費用をある意味で受益者負担（限界評価の高い人がたくさん払う）の原則にかなった形で徴収できるわけです。

最後に、リンダール均衡を使って公共財を供給することについていくつかのコメントを付け加えておこう。まず第一に、事例4.3からもわかるとおり、リンダール均衡では限界評価が高い人ほど高い金額を支払うため、受益者負担の原則が満たされるとみることができるであろう。しかし第二に、各人の限界評価は本人にしかわからない私的情報であることに注意する必要がある。もし政府が、「これからリンダール均衡に従って公共財を供給するので、みなさん限界評価額を知らせてください」と聞いてきたらどうだろうか。リンダール均衡では、限界評価額に比例して支払いが発生するので、負担を軽くするために限界評価を過小申告する人が出るであろう。これを、フリーライダー（ただ乗り）問題という。上の街灯の例では、各人が正直に限界評価を申告すると仮定して考えたが、現実には「ちょっと低めに申告して徴収されるお金を節約しよう」と思う人が出るものと思われる。とくに、消費者の数が多く、自分の申告が公共財の量にあまり影響を与えない場合には、各人は限

---

10 これは、街灯の本数が1、2、…という飛び飛びの値を取るからであり、公園の広さのように供給量が連続に変わる場合には、社会的限界費用曲線と限界費用曲線が交わる点では両者の値はぴったり一致して、このようにお金が余ることはありません。

界評価額をきわめて小さく抑えようとして、フリーライダー問題は深刻なものになる。リンダール均衡は、このような情報の非対称性がある場合には、実現することが困難になってしまうのである。

では、各人に公共財の評価額を正直に申告させて、公共財の最適供給を達成させることは可能なのであろうか？　このような問題を取り扱うのが、制度設計（メカニズム・デザイン）理論と呼ばれる情報の経済学・ゲーム理論の先端分野であり、現在も活発な研究が進んでいる。

（c）　公共財の最適供給：一般均衡分析

つぎに、経済全体での財の配分を考える一般均衡分析を使って公共財の最適供給を考えてみよう。このことはまた、前の項の分析が「消費者が公共財から得る満足を、限界評価という金額で表示できる」という仮定を置いているのに対して、そのような強い仮定[11]を置かずに分析したらどうなるかを学ぶことでもある。引き続き、公園が公共財である例を考えることにする。いま、社会全体には1万m^2の土地があって、これを公園（公共財）と宅地（私的財）に分ける問題を考えてみよう。このとき、社会全体でどのような土地利用が可能であるかを表したのが図4.13である[12]。

図4.13のA点は、すべての土地を公園として使っている状態である。またB点は、すべての土地を宅地としている状態である。1万m^2の土地を宅地と公園に分け、余った分を空き地にすると考えると、この社会で可能な土地の利用方法は、図の水色部分の一つの点として表されることがわかるだろう。簡単化のため宅地と公園（公共財）の二つの財しかない経済を考えると、この水色部分が経済全体で生産できるものの集合、すなわち**経済全体の生産可能性集合**となる。その境界線は、経済にある資源を無駄なく使って最大の生産を行っている状態を示すもので、**生産フロンティア**という。

公共財の最適供給量を決める重要な要因は、この生産フロンティアの傾き

---

[11]　前の項の部分均衡分析は、消費者余剰を学んだ時に説明した、「準線形の効用」を仮定している。これは、「所得の大きさによって公共財の望ましさが変わることはない」（所得効果がない）という強い仮定を置いていることになる。

[12]　以下の議論は、経済に宅地と公園の2財しかない一般均衡モデルを考察していると考えてもよいし、多数の財のある一般均衡モデルの中で、（他の財の配分は固定して）宅地と公園の2財のみに着目していると考えてもよい。

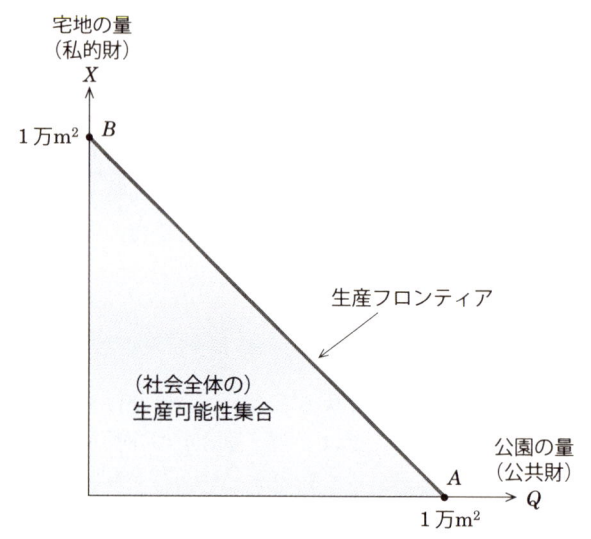

```
            宅地の量
           (私的財)
              X
      1万m² B
              |\
              | \
              |  \
              |   \ ← 生産フロンティア
              |    \
              |     \
              | (社会全体の)
              | 生産可能性集合
              |       \
              |        \           公園の量
              |         \          (公共財)
              |_____A_____→ Q
                       1万m²
```

図4.13 社会全体の生産可能性集合

である。これを、公共財の私的財に対する**限界変形率**という。上の例では、公共財（公園）を 1 m² 減らせば宅地（私的財）を 1 m² 増やせるので、限界変形率はいつでも 1 である。しかしながら、より一般的なケースでは、限界変形率は一定でないことが多い。図4.14を見てほしい。

図4.14 の水色の部分は、経済全体で生産できる自家用車（私的財）と消防車（公共財）の組み合わせを表しており、その境界線が生産フロンティアである。この図の A 点では、生産フロンティアの（接線の）傾き（すなわち限界変形率）が 2 になっている。これは、消防車の生産を 1 台増やすためには、自家用車の生産を（ほぼ）2 台減らさなければならないということである。つまり、より一般的には、限界変形率はつぎのように定義される[13]。

公共財 Q の私的財 X に対する**限界変形率**（MRT_{QX}）
＝生産フロンティアの（接線の）傾き
≒**公共財を 1 単位増やすために犠牲にしなくてはならない私的財の量**

---

13 効率性のための諸条件を議論した第 3 章 3.3 節では、数式を使って限界変形率を定義したので、そこでの議論を思い出してみると理解が深まるであろう。

図4.14　限界変形率

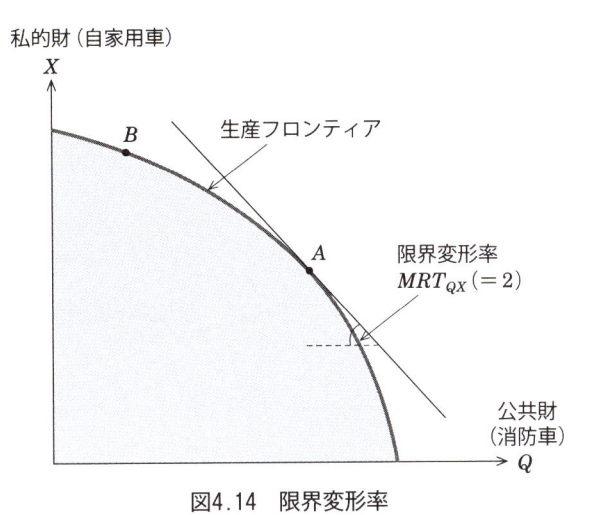

> **コメント 4.3** 　土地利用の例と違って、自動車の生産においては限界変形率は一定ではないと考えられます。図4.14の A 点では、多くの消防車が作られているので、消防車の生産はかなり無理をして資源をたくさん使っているものと思われます。したがって、消防車をあと1台追加して作るためには、自家用車の生産を大きく減らして大量の生産資源（労働や原材料など）を節約し、その資源を消防車生産に回す必要があります（したがって限界変形率は大きい）。しかし、B 点では消防車の生産量が少なく生産設備に余裕があるので、比較的少量の生産資源を自家用車生産から回してもらえば、消防車が1台増産できるわけです（したがって限界変形率は小さいはずです）。

　さて、公園の例に戻って、今度は消費者の宅地（私的財）と公園（公共財）に対する評価を見てみよう。これは、図4.15が示すように、各消費者の無差別曲線から知ることができる。

　図4.15の A 点では、無差別曲線の傾き、つまり限界代替率が0.4となっている。このことの意味はつぎのとおりである。すなわち、この消費者は、公共財を1単位増やすためには、私的財を（ほぼ）0.4単位提供してもよいと思っているのである。つまり、

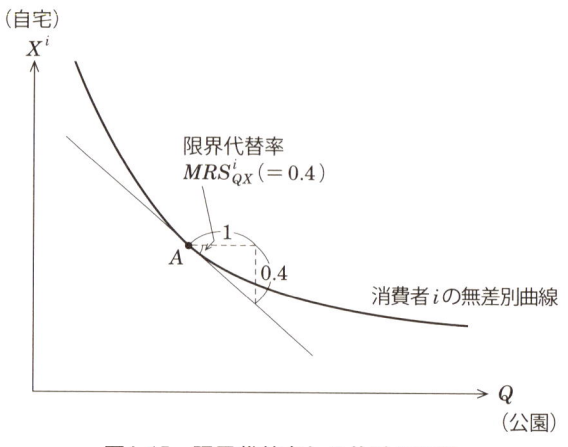

図4.15　限界代替率と公共財の評価

> 消費者 i の公共財 Q の私的財 X に対する**限界代替率**（MRS^i_{QX}）
> ≒公共財を1単位増やすために提供してもよいと思う私的財の量

なのである。

　以上で明らかになった、公共財を増やすのに必要な私的財の量（限界変形率）と、公共財を増やすために国民が提供してもよいと思う私的財の量（限界代替率）を比較すれば、公共財の最適供給のための条件は簡単にわかる。引き続き公園が公共財である例を考えて、国民（消費者）が二人（$i=1,2$）の場合を考えよう。いま、消費者1の限界代替率 MRS^1_{QX} が0.4で、消費者2の限界代替率 MRS^2_{QX} が0.8であったとしよう。すると、公園をあと $1\,\text{m}^2$ 広げるには、二人の消費者あわせて $0.4+0.8=1.2\,\text{m}^2$ だけ宅地を提供してもよいと思っていることになる。これは、公園を $1\,\text{m}^2$ 拡張するために必要な宅地の量（限界変形率（MRT_{QX}））より大きいので、公園をわずかに拡張したほうがよいことになる。つまり、

$$\underset{\substack{\text{公園を}1\,\text{m}^2\text{拡張するために国民}\\ \text{が提供してもよいと思う宅地の量}}}{\underbrace{\overset{0.4}{MRS^1_{QX}}+\overset{0.8}{MRS^2_{QX}}}} \;>\; \underset{\substack{\text{公園を}1\,\text{m}^2\text{拡張するために}\\ \text{必要な宅地の量}}}{\underbrace{\overset{1}{MRT_{QX}}}}$$

なら、公園を拡張したほうがよいことになる。逆に、$MRS_{QX}^1 + MRS_{QX}^2 < MRT_{QX}$ ならば公園を縮小したほうがよい。したがって、最適では $MRS_{QX}^1 + MRS_{QX}^2 = MRT_{QX}$ となっているはずである。消費者が二人以上いる場合も同様なので、一般的にはつぎのような公共財の最適供給の条件が導かれる。

公共財の最適供給条件（一般均衡分析）

公共財を Q、私的財を X で表すと、

各人の限界代替率の和		限界変形率
$MRS_{QX}^1 + \cdots + MRS_{QX}^I$	$=$	MRT_{QX}
公共財を1単位増やすために国民が提供してもよいと思う私的財の量		公共財を1単位増やすために減らさなければならない私的財の量

これを、発案者（P. サミュエルソン）にちなんで「公共財の最適供給に関するサミュエルソン条件」という。

最後に、この章で学んだことと、前の章で学んだ市場均衡の効率性を合わせて考えて、経済政策がどうあるべきかの一般的な原則をまとめておくと、つぎのようになる。

> **経済政策の大原則**：市場はつぎの三つの欠点がある。
> ① 相対的に希少な資源を保有する者に富が集中し、所得分配が不公平になる
> ② 公害などの外部性をうまくコントロールできない
> ③ 公共財を最適に供給できない
> 政府が市場に介入すべきなのはこの三つの欠点を補正すべきときのみであり、後は競争的な市場に任せるのがよい。

5 独占

ここまでの議論は、もっぱら完全競争的な市場を考えてきた。つまり、市場にはたくさんの生産者と消費者がいるため、個々の生産者や消費者は市場で成立している価格を動かせないような状態を考えてきたわけである。しかし、現実の市場の中には少数の生産者しかおらず、個々の生産者が**価格支配力**を持っているケースがある。これを、**不完全競争**の状態という。ここでは、この中で最も単純な、生産者が一人しかいないケースを考察する。これを、**独占**という。日常用語では、「独占企業」とは大きな力を持った大企業を指すことが多いが、経済学で「独占」というのは、本当に市場に一社しか企業がないケースである。これに対して、少数の企業による不完全競争状態を**寡占**という。寡占の分析には、ゲーム理論という新たな分析用具が必要となるので、これについては第II部で扱うことにする。

5.1 独占企業の行動

市場で与えられる価格を一定とみて行動する完全競争の場合と異なって、独占企業は生産量を変えると市場価格が変化することを見越して行動する。図5.1を見てほしい。

独占企業が生産量 Q を変えると、市場価格 P は需要曲線 D に従って変化する(これが、独占企業の**価格支配力**である:図の(a))。いま、生産量 Q を選ぶと、収入は $Q \times P$ なので、これは図5.1(b)の長方形で表される。生産量 Q を変えると図の(a)のように価格が変化し、この長方形の面積(収入)もそれに従って変化することに注意しよう。議論の簡単化のため固定費用はないとすると、生産量 Q を作るコストは図5.1(b)の白い台形の部分にあたる[1]。したがって、収入からコストを引いた残りの灰色の部分が利潤になるわ

5.1節 独占企業の行動

(a) 独占企業の価格支配力

(b)

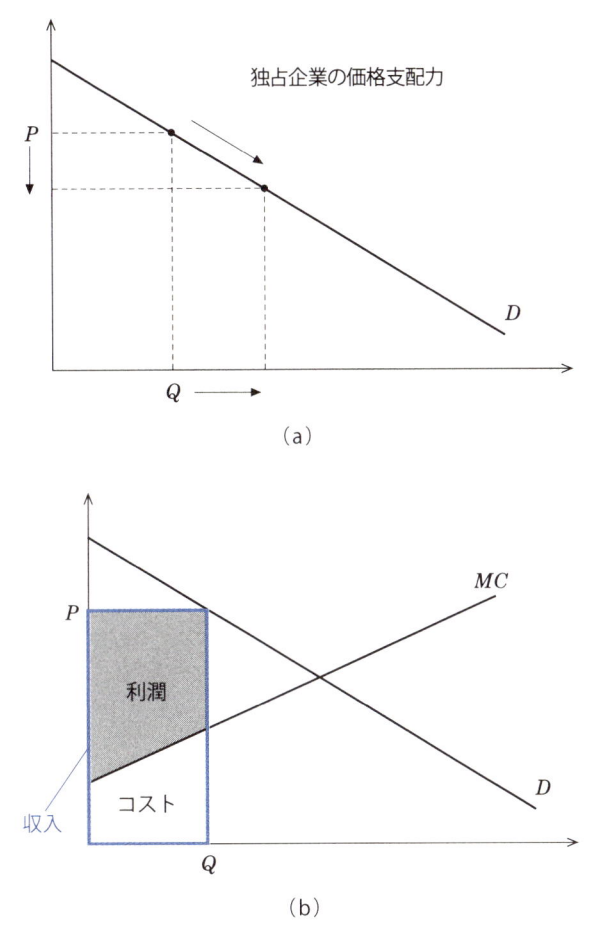

図5.1 独占企業の利潤最大化問題

けである。独占企業は、この灰色の領域が最大になるように生産量 Q を決めることになる。

独占企業にとって最適な生産量を考えるために、まずは生産量と収入の関係を見てみよう。いま、需要曲線を $P = P(Q)$ で表そう。これは、生産量 Q を増やすと価格 P が下落するという関係を表しており、独占企業はこのよう

---

1 これは、生産を 0 から Q に増やしてゆくときにかかる限界費用 (MC) の合計(より正確には、積分)である。

な関係（価格支配力）を見越して行動するのである。このとき、収入は $R(Q) =$ 価格×数量 $= P(Q)Q$ と表される。独占企業の最適な生産量を調べるには、生産量をわずかに増やしたときに収入がどれだけ増えるか、つまり $R(Q)$ の微分 $R'(Q)$ を考えると役に立つ。これを**限界収入**といい、$MR(Q)$ と書くことにする[2]。限界収入が独占企業の利潤最大化を明らかにする上で、どのように役に立つかを、つぎに説明しよう。

いま、限界収入が限界費用よりも高かったとしよう（$MR(Q) > MC(Q)$）。このときは、生産量をわずかに増やすことで得られる収入（$MR(Q)$）のほうが、生産をわずかに増やすコスト（$MC(Q)$）よりも大きいので、生産を増やせば利潤が上がることになる。逆に、$MR(Q) < MC(Q)$ ならば生産を減らせば利潤が上がる。最適な生産量では生産量をどちらの向きに変えてももはや利潤を上げることができないはずだから、そこでは限界収入と限界費用は等しくなっていなくてはならない。以上のことをまとめておこう：

独占企業の最適生産（利潤最大化）条件

$$MR \underset{\text{限界収入}}{} = MC \underset{\text{限界費用}}{}$$

以上の説明はやや抽象的でイメージがつかみにくいと思うので、需要曲線が右下がりの直線 $P = a - bQ$ で与えられるケースで具体的に考えてみよう。まず、与えられた数量 Q の下での収入 $R(Q)$ は、

$$R(Q) \underset{\text{収入}}{} = \underset{\text{価格×数量}}{P \times Q} = (a - bQ)Q = aQ - bQ^2$$

である。限界収入 MR はこれを生産量 Q で微分したものに等しいので、

$$MR(Q) \underset{\text{限界収入}}{} = \underset{\text{収入の微分}}{R'(Q)} = a - 2bQ$$

となる。これを、需要曲線 $P = a - bQ$ と比較すると、図5.2のようになる。
つまり、

---

[2] これは、限界収入（Marginal Revenue）の頭文字を取ったものである。

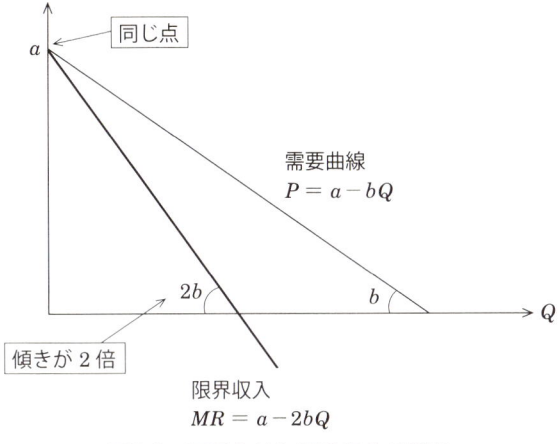

図5.2 需要曲線と限界収入の関係

需要曲線が右下がりの直線である場合には、**限界収入**のグラフは、**需要曲線と同じ点で縦軸と交わり、傾きは需要曲線の2倍**

である。つぎに、この図に限界費用のグラフを書き入れて、独占企業の最適生産量と価格を求めてみよう。図5.3を見てほしい。

図5.3からわかるように、独占の生産量と価格は、つぎの二つのステップで求めることができる。

ステップ1 図5.3(a)：まず、独占の（最適）生産量が、限界収入と限界費用の交点によって決まる。

ステップ2 図5.3(b)：ステップ1で求めた独占生産量と需要曲線から、対応する独占価格が決まる（そして、独占利潤は図の灰色の部分となる）。

今一度、Q^* が最適であることを、図5.3に即して復習しよう。生産量が Q^* より小さいときは、限界収入のほうが限界費用よりも大きくなっていることを図5.3で確認してほしい。このときは、生産をわずかに増やすときの収入（限界収入）が生産をわずかに増やす費用（限界費用）を上回るので、生産を増やすと利潤が上がる。逆に、生産量が Q^* より大きいと、限界費用のほう

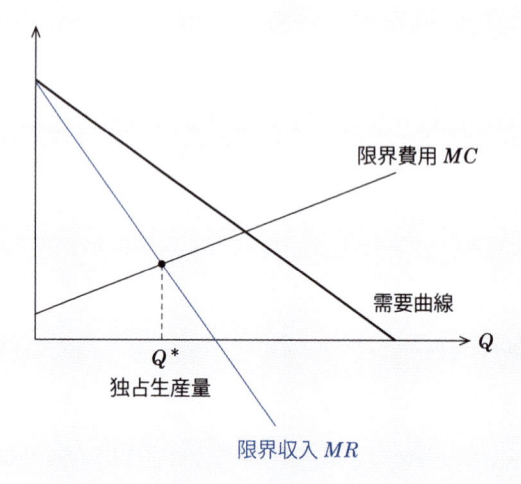

(a) ステップ1：生産量の決定

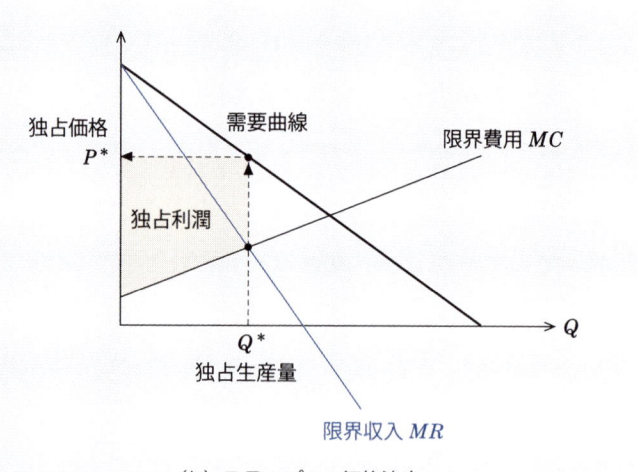

(b) ステップ2：価格決定

図5.3　独占企業の生産量と価格

が限界収入より大きくなるので、生産量を減らせば利潤が上がる。したがって、生産量を Q^* にすると独占企業の利潤が最大になるのである。

5.2 独占の弊害

では、完全競争のときと比べて、独占はどのような問題を引き起こすのであろうか。これを詳しく見たのが図5.4である。

完全競争のときは需要曲線と供給曲線の交点で生産量と価格が決まり、総余剰の大きさは需要曲線と供給曲線で囲まれた大きな三角形で表されることを思い出そう。これと比べると、独占ではつぎのようなことが起こるのがわかる。

①生産量が減少し、価格がつり上がる
②企業の利潤は上昇するが[3]、消費者余剰は減る**（分配の不平等化）**
③利潤の上昇より消費者が受ける損害（消費者余剰の減少）のほうが必ず大きく、総余剰は減少する**（配分の非効率性）**

世間一般の議論で「独占はよくない」というときには、独占企業が大もうけして、庶民（消費者）が苦しむという、分配の不平等が問題になることが多

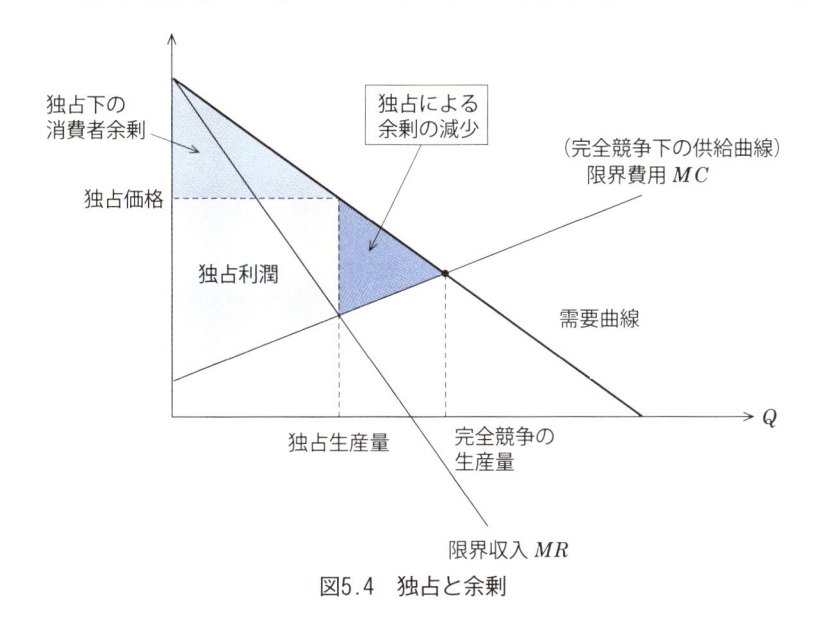

図5.4 独占と余剰

---

3 独占企業は、完全競争の生産量を取ることができるのに、それを取らない。これは、独占生産量を選んだほうが完全競争生産量を選ぶより利潤が上ることを意味している。

い。しかしながら、経済学者が独占の弊害として重視するのは、社会全体のパイの大きさが縮んでしまうという配分の非効率性のほうである。つぎのコメントを読んでほしい。

コメント 5.1 なぜ経済学者は配分の非効率性をとくに問題にするのでしょうか。理由の一つは、「独占企業は大もうけ、庶民は高値に苦しむ」という分配の不平等の問題は誰の目にも明らかですが、独占によって社会全体のパイの大きさが小さくなってしまうということは、経済分析を使わなくてはなかなかわからないからです。

　分配の問題だけに気をとられていると、自分の目についた一部の人間の利益ばかりを保護することに走ってしまいます。ある業界を監督する官庁は、その業界のことばかりを考えがちです。とくにその**業界に存在するのが業績の良い大企業ばかりでない場合には、競争を制限して独占に近い状態を作り出し、利潤を上げることが「弱者の保護」「過当競争を防ぐ」「産業の健全な育成」などの名目で政策目標となってしまうことが多い**のです。ここで見逃されているのは、監督官庁の意識の外に置かれてしまっている消費者の利益や、競争の制限によって排除された潜在的な生産者の利益です。**競争制限・規制政策は、保護された少数の企業に大きな利益をダイレクトに与えるのに比べて、消費者が受ける損失はきわめて多数の国民に広く薄くかかってきます。**こうした消費者の損失は合計すると莫大な額になる（そのために総余剰が減少する）のですが、一人ひとりの消費者が被る損失はそれほど大きくないため、**ついつい見逃されがち**です。このような競争制限の政策（規制政策）が多くの産業で取られると、じわじわと真綿で首を絞めるように、結局はモノの値段が高くて暮らしにくい社会になってしまう（つまり、社会全体のパイ＝総余剰が小さくなってしまう）わけです。

　経済学者の役割（あるいはミクロ経済学を学ぶ皆さんの役割）は、**目に付きやすい一部の利益のみを代表するのではなく、直感的にはわかりにくい国民全体の利益に、経済分析の力を使って目をくばることなのです。**

事例5.1　原油価格の高騰と価格転嫁　再考：さて、ここで独占理論の応用として、第1章の冒頭で見た価格転嫁の問題を再び考えてみましょう。「原油の価格が高騰して原材料費が上昇したとき、製品を値上げして負担を

消費者に転嫁できるのは誰か」という問題です。非常によくある意見は、「力の強い大企業は価格転嫁できるが、競争の激しい中小企業はできずに困っている」というものでした。一方で、少数ながら、「中小企業は余力がないので、価格転嫁せざるを得ない」というまったく反対の意見もありました。このように、**常識を使った議論は、一見もっともに見えても、しばしばまったく相反する結論を出してしまいます。筋の通った結論は何かを見つけるためには、きちんとした経済分析が必要になるわけ**です。

では、正しい意見はどちらなのでしょうか。いま、序章の事例0.1の新聞記事に出ていたガソリンスタンドを例に取って考えてみましょう。ガソリンスタンドの限界費用は、ガソリンを親会社から仕入れるときの卸値と考えていいでしょう。卸値がリッター当たり80円なら、限界費用は$MC = 80$です。いま原油価格が高騰して卸値が10円上がると、限界費用は図5.5のように上にシフトします。

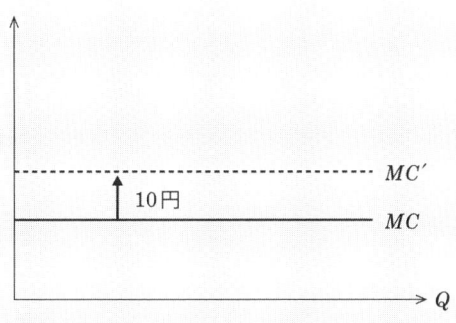

図5.5 ガソリンスタンドの限界費用の上昇

この10円の値上げ分は、ガソリンスタンドの顧客にどのように転嫁されるのでしょうか。まず、中小のガソリンスタンドがたくさんあって、完全競争的な状況を考えてみましょう。限界費用は完全競争のときの供給曲線なので、図5.6から、10円の値上げは**完全競争の場合100%消費者に転嫁される**ことがわかります。

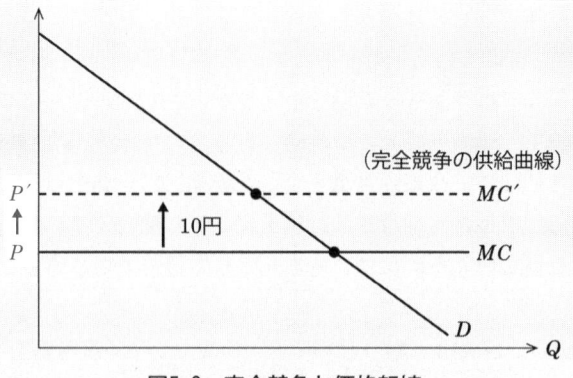

図5.6　完全競争と価格転嫁

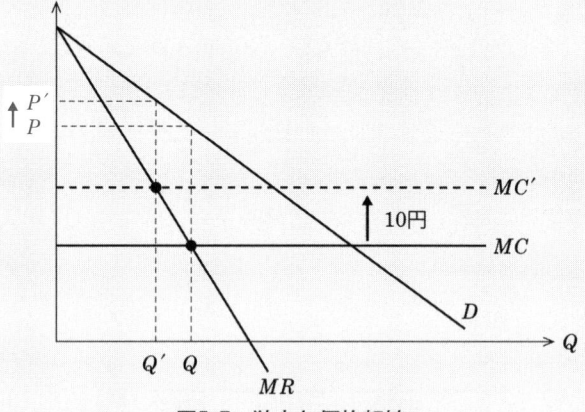

図5.7　独占と価格転嫁

　ではつぎに、すべてのガソリンスタンドを大企業が所有している独占の場合を考えましょう。図5.7を見てください。

　独占の生産量は、5.1節で学んだように、限界費用 MC と限界収入 MR の交点で決まります。図5.7を見ると、独占の場合の価格の上昇は、原材料の値上げ分（10円）よりもかなり少ないようです。そこで、独占の最適条件（限界収入＝限界費用）によって独占価格を計算すると、$P = a/2 + MC/2$ であることがわかります[4]。つまり、限界費用 MC が値

---

[4] 計算でこれを確かめてみましょう。需要曲線を $P = a - bQ$ とすると、5.1節で学んだように、限界収入は $MR = a - 2bQ$ でした。これを、独占の条件 $MR = MC$ にあてはめると、独占生産量は $Q = (a - MC)/2b$ となります。これを、需要曲線の式 $P = a - bQ$ に代入して整理すると、$P = a/2 + MC/2$ となることが確かめられます。

上がりすると、その**半分が独占価格に転嫁される**のです。

　このことから、少なくとも上で見たような場合には「力の強い大企業は消費者に価格転嫁できるが、中小企業はできない」というのは誤りで、北海道のガソリンスタンドの実際の行動に取材した読売オンラインの説明「競争の激しい中小企業は余力がないので価格転嫁せざるを得ない」が正解、ということになります。「常識を使った議論ではなかなかわからない、筋の通った議論を経済分析がもたらす」ということが、実感していただけたでしょうか。

5.3　自然独占と価格規制

　皆さんが使っている電気やガスの料金は政府が決めていることはご存知だろうか。この節では、これがなぜかを説明してみよう。

　独占状態になりやすい業種として、巨大な固定費用が必要な産業が挙げられる。例えば電力を例に取ると、水力発電所や原子力発電所を作るには巨大な固定費用が必要である。このような市場では、巨大な固定費用のために企業の新規参入が困難であるので、独占状態になりやすい。このように、**巨大な固定費用のために独占状態**になっている産業を、自然独占という。電力、ガスなどの「公益企業」に、自然独占が多いと見られている。

　このような自然独占の産業をうまく運営するには、つぎのような二つの対立する目標のあいだでうまく折り合いをつけなくてはならない。まず、技術的な効率性の観点からすると、いくつもの企業が巨大な固定費用を支払って乱立するよりも、独占のほうが望ましいだろう。例えば、ある地域で水力発電をするためには、電力会社10社が10個のダムを作る必要はなく、ダムは1個で十分なはずである。他方で、競争による効率性達成の観点からは、企業数は多いほうが望ましい。この両方を同時に満たすことは不可能なので、解決策として、**独占を許すが価格規制をする政策**が採用されることが多い。

　自然独占企業への望ましい価格規制のあり方を考えるために、自然独占企業の費用を詳しく見てみよう。いま、固定費用を F、可変費用を VC、生産量を Q で表すと、平均費用 AC は費用の合計 $F+VC$ を生産量 Q で割ったものだから、

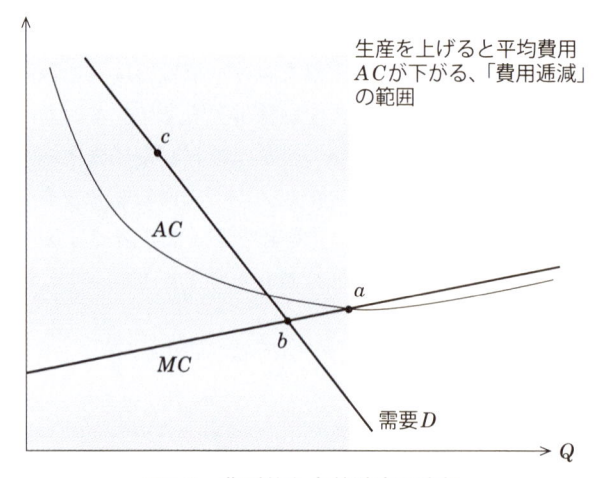

図5.8　典型的な自然独占の市場

$$AC = \frac{F}{Q} + \frac{VC}{Q}$$

である。この式の $\frac{F}{Q}$ は、生産物1単位当たりの固定費用で、これは生産量 Q を上げるほど下がってゆく。つまり、作れば作るほど生産物1単位当たりの固定費用は減ってゆくのである。固定費用 F が巨大な場合にはこの効果が非常に大きいため、**かなり広い範囲で生産量を上げれば平均費用全体が下がる**ことになる。

　このことをふまえて、典型的な自然独占の市場を描いたのが図5.8である。この図で注意してほしい点が四つあるので、順に説明しよう。まず、生産のところで学んだことを思い出してみると、平均費用 AC はU字型をしており、その最低点（図5.8の a）の左側では、平均費用のグラフは右下がりである。つまり、

（ⅰ）作れば作るほど（平均）費用が安くなる「費用逓減」の範囲は、平均費用の最低点（a 点）よりも左側の**水色の部分**である。

　また、第2章で学んだように、U字型の平均費用曲線 AC の最低点 a を右上がりの限界費用曲線 MC が通るため、

（ⅱ）図の水色の**費用逓減の領域では、AC がつねに MC より大きい**

ことを、図を見て確認しておこう。固定費用が巨大だと、費用逓減の領域はとても広く、とくに

（ⅲ）**需要と限界費用 MC が交わる点も費用逓減の範囲に入っている**

ことが多いと考えられる（図5.8の b）。最後に、この図では

（ⅳ）**需要が平均費用 AC を上回る部分（例えば図5.8の c）がある**

ことに注意しよう。自然独占の市場では、つぎのような理由でこのような点があると考えられる。自然独占産業は、ガスや電力といった必需品を作っていることが多い。必需品については、価格をつり上げても需要はあまり減らない、つまり需要曲線がかなり垂直に近い形で立っているはずである。したがって、需要が AC を上回る c のような点が存在することになるのである。

では、このような市場を規制せず、独占に任せた場合は何が起こるであろうか。これを示したのが図5.9である。

規制がない場合は独占の生産量が成立し、生産量は低く抑えられ価格がつり上がり、総余剰が $X+Y$ という小さなものとなってしまう。企業の利潤は、生産のところで学んだように（第2章2.2節）生産者余剰 X から固定費用 F を引いたものである[5]。利潤 $X-F$ が正になっているかどうかは、独占価格 p^M と平均費用 AC の関係を見ればよい。図5.9から、p^M は AC を上回っているので（上で確認した性質（ⅳ））、価格は平均費用を回収して余りある、つまり利潤は正になっていることがわかる。

つぎに、総余剰を最大化する価格規制を考えよう。総余剰を最大化するには、限界費用と需要曲線が交わるところで価格をつける、つまり限界費用と価格を等しくすればよいのである。このようなやり方を、**限界費用価格規制**という。

限界費用価格規制の下では、総余剰が最大化される（図5.10の Z）。この意味で、限界費用価格規制は最適な政策ではあるものの、つぎのような大きな欠点がある。図5.9で見たとおり、費用逓減の範囲では、MC はつねに AC より低い（性質（ⅱ））。よって、最適な生産点（需要と限界費用のグラフが

---

[5] 固定費用はサンク・コストであると考えよう。

300 第5章 独占

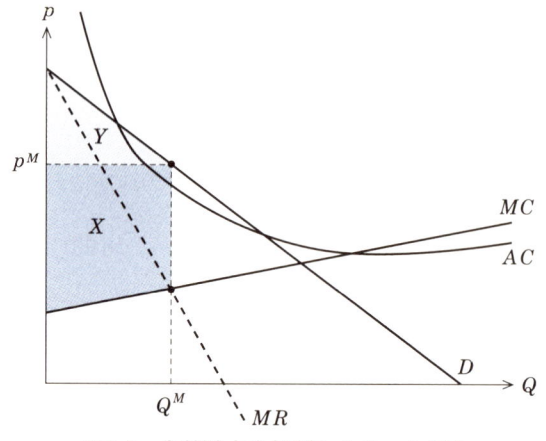

図5.9 自然独占を規制しなかった場合

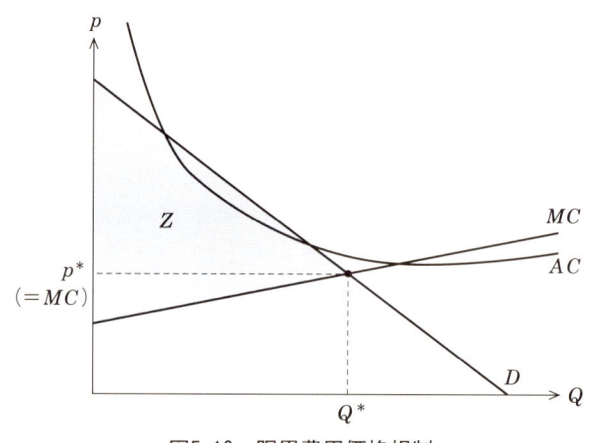

図5.10 限界費用価格規制

交わる点）が費用逓減の範囲にある（性質（iii））ときに、MC に等しい価格をつけると、価格が平均費用 AC を下回って、**赤字が出てしまう**のである。さらに、**限界費用が正確にどのような値かを、規制当局が把握するのは難しい**と考えられる。以上二つの困難から、限界費用価格規制は現実にはほとんど使われることがなかった。

そこで、限界費用価格規制の欠点を克服する妥協案として、平均費用と需要の交点で価格を決める（つまり価格を平均費用に等しくする）**平均費用価格規制**が現実にはよく使われている。このことを描いたのが図5.11である[6]。

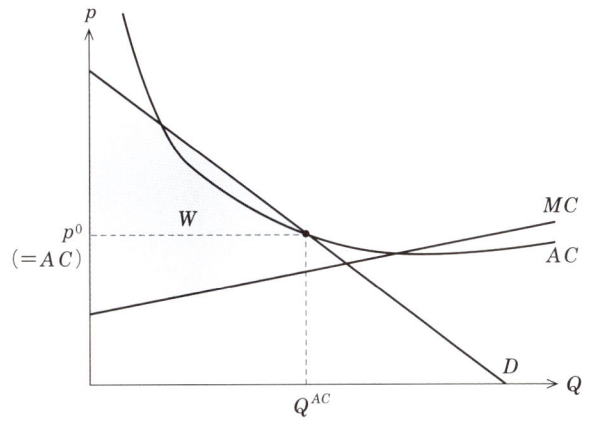

図5.11 平均費用価格規制

総余剰 W は限界費用価格規制のときよりは小さいが、独占の場合よりもかなり改善されている。また、価格が平均費用に等しいので、赤字が出ない利点がある。ただ、このままだと利益も出ないので、実務上では**正常な利潤を費用の一部と計上して AC を計算し、正常な利潤が確保**されるようにするのが普通である。正常利潤の計算には、他産業での平均の利潤率が使われることが多い。

事例5.2　東北電力の規制価格：生産のところで見た、東北電力の例（第2章2.2節（d）項）をもう一度見てみましょう。この図に描かれているのは、推計された限界費用と正常利潤を含んだ平均費用です。東北電力の電気価格は、日本の他の地域の電力価格と同様に、平均費用価格規制の考えに従って正常利潤込みの平均費用によって決まっています（図5.12の需要曲線は、平均発電量と平均価格の点を通るものを適当に描いたもので、正確な推計値ではありません）。上で説明した通り、この図での平均費用は、正常利潤を含んだ額が描かれており、したがって図示されている平均料金13.1円は平均費用に（電力1単位当たりの）正常利潤を加えたものになっています[7]。

6　需要曲線と平均費用は図5.11では二つの点で交わっているが、なるべく余剰を大きくするために、生産量が多いほうの交点を選ぶ。

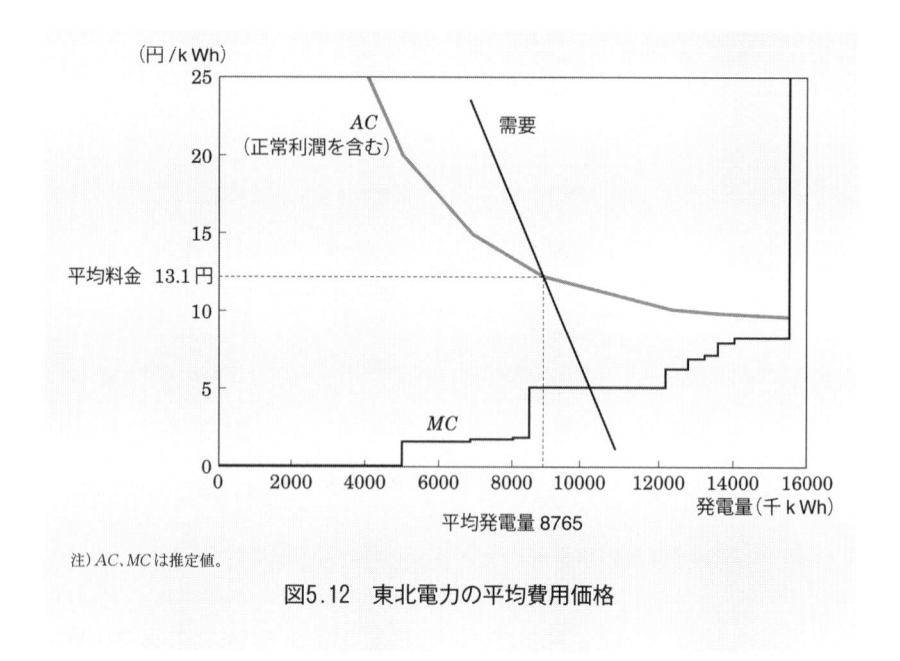

図5.12　東北電力の平均費用価格

注）AC, MC は推定値。

最後に、平均費用価格規制の利点と欠点を述べておこう。まず、利点としては、赤字が出ないことと、平均費用は（実際にかかった費用）÷（生産量）なので限界費用よりも計測がしやすいということである。欠点としては、余剰が最大化されないことと並んで、**コストを最小化する誘因（インセンティブ）を企業に与えることができない**ことが挙げられる。平均費用価格規制の下では、いつでも実際にかかったコストはカバーされてさらに正常利潤も保証されるため、企業はコストを最小化する努力をしなくなるのである。過去の経験から、このような非効率性が無視できないほど深刻なものであることが次第に明らかになってきた。加えて、技術革新の結果、発電や通信の分野で、固定費用の低い生産設備が生まれてくると、**独占を許して平均費用価格規制をするよりも、参入を促して競争を導入する**ことに、政策のトレンドが徐々に変わりつつあるのが現状である。

7　これに対して、第2章の平均費用のグラフ（図2.30）は、正常利潤を含まないものです。このため、第2章で図示した平均発電量での平均費用 AC の値は、ここで示した数値より利潤の分だけ低い値（12.3円）になっていました。

第Ⅱ部

ゲーム理論と情報の経済学
経済理論の新しい流れ

第Ⅱ部では、経済理論の新しい流れであるゲーム理論と情報の経済学について、その基礎的な部分を解説することにする。これらは、完全競争市場しか分析できなかった従来の経済学の欠点を克服するために生まれたもので、これによって完全競争以外の非常に多くの経済・社会問題がはじめて分析できるようになったのである。

イントロダクション

なぜゲーム理論が必要なのか

　第Ⅱ部では、経済理論の新しい流れであるゲーム理論と情報の経済学について、その基礎的な部分を解説することにする。まず、「ゲーム理論」という魅力的な名前のついた学問分野が何をするもので、なぜ必要なのかを説明しよう。

　第Ⅰ部で学んだ競争市場の理論の大きな特徴は、「各人は自分にとって損なものと得なものがあったら、得なほうを選ぶ」という単純な原理からすべてのことを説明してきたということである。より具体的には、企業はなるべく利潤を上げたいし、消費者は欲しい物を安く買いたいということである。もちろん、現実の人間はこのような単純な原理だけで動いているのではないが、こと経済の問題に関しては、このような「合理的行動＝人間は自分にとって希望順位の高いものを選ぶ」ということがとくに重要である。第Ⅰ部の分析は、このような説明原理によって、完全競争的な市場の働きのかなりの部分が理解できることを示すものであった。

　ここで、完全競争の理論をおさらいしてみよう。完全競争的な市場には、たくさんの消費者と企業がいるため、個々の消費者や企業は市場で成立している価格を動かすことはできない。そこで、各消費者や企業は与えられた市場価格の下で自らの利益を最大化する。すると、**競争市場での消費者や企業の行動は**、「利潤最大化」や「効用最大化」という**数学の最大化問題によって記述できる**ことになるのである。では、完全競争の世界を離れて、**より一般的な経済や社会の問題でも**、同様に「各人は自分にとって損なものと得なものがあったら、得なほうを選ぶ」という**単純だが重要な原理**（**合理的行動**、数学モデルとしては**最大化問題**）**を使って人々の行動を理解することができる**のであろうか。答えは、意外なことに「否」なのである。このことを理解するために、一つの例を考えてみよう。

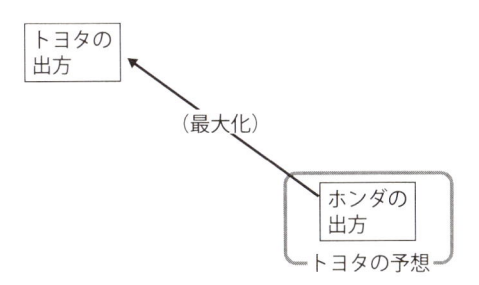

```
       ┌──────┐
       │トヨタの│
       │ 出方  │
       └──────┘↖
            （最大化）
                  ┌──────┐
                  │ホンダの│
                  │ 出方  │
                  └──────┘
                  └─トヨタの予想─┘
```

図Ⅱ.1　相手の出方の単純な読み方

　いま、トヨタとホンダが新車を開発しているとしよう。トヨタがどんな車を開発すべきかは、ライバルのホンダの出方による。相手がハイブリッド車を出してくるなら同じハイブリッド車で迎え撃つのがよいかもしれないし、またミニバンを出してくるなら自分は軽自動車を出して市場の棲み分けをしたほうがよいかもしれない。ここで問題になるのは、「ホンダの出方」は市場で成立している価格のようにあらかじめ見ることはできないため、相手の出方を読む必要がある、ということである。このような状況を「**戦略的状況**」という。

　戦略的状況とは、
- 自分にとって何が得かは**相手の出方による**。
- したがって、**相手の出方を読む必要があるような状況**である。

完全競争の問題や、孤立した一人が意思決定をする問題（独占の問題など）を除けば、**社会・経済のほとんどすべての問題はこのような戦略的状況にある**といってよいだろう。
　では、相手の出方をどう読んだらよいかを考えてみよう。ホンダの出方に関する予想がひとたび与えられれば、トヨタの行動は「与えられた予想の下で、自社の利益を最大化する」という最大化問題で分析できることになる（図Ⅱ.1を参照）。
　ところが、**ホンダはパチンコ台や天候のように一定の確率で機械的にさまざまな出方を出してくるのではなく、自分と同じような知性を持っている存在であり、したがって相手の出方をうかがって行動しているはずである**。よって、ホンダの出方を読むには、ホンダが何を考えているかを予想したほう

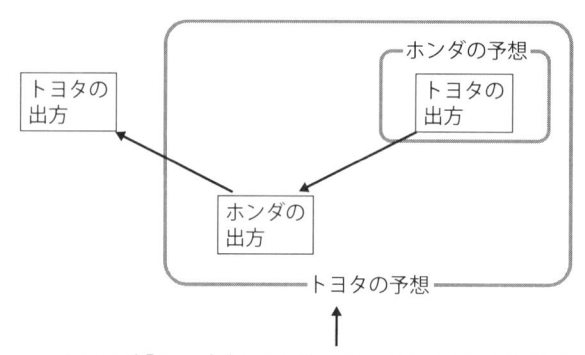

[図: トヨタの予想の中にホンダの出方とトヨタの出方、ホンダの予想の中にトヨタの出方が入れ子になっている図]

トヨタが「ホンダがトヨタがどう出るか」と思っているか
図Ⅱ.2　相手の出方をもう一歩深く読む

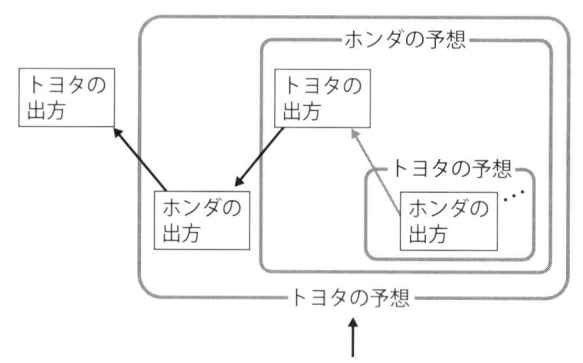

[図: さらに入れ子が深くなった図]

トヨタが「ホンダが「トヨタが「ホンダが…どう出ると思っているか」と思っているか」と思っているか
図Ⅱ.3　相手の出方をさらに深読みすると…

がよいことになる。これを示したのが図Ⅱ.2である。

　つまり、トヨタの出方を決めるには、トヨタが「ホンダがトヨタがどう出ると思っているか」と思っているか、を考える必要が出てくる。このことをさらにつきつめると、トヨタの出方を決めるにはトヨタが「ホンダが「トヨタが「ホンダが……どう出ると思っているか」と思っているか」と思っているか」と思っているか…などなどをすべて考えなくてはならないことになる（図Ⅱ.3）。

　このような「相手の出方の読み合い」は際限なくつづき、どのように相手の出方を読んだらよいのかは、「各人は自らの利益を最大にする」ということだけでは決まらないのである。つまり、完全競争の世界を離れて、**社会・経**

済の問題を一般的に分析するには、「各人は自分にとって望ましいものを選ぶ」という最大化の原理だけでは不十分で、「相手の出方をどう読むか」を考える理論を付け加える必要があるのである。このようなことに気が付いて、こうしたことを体系的に取り扱う新しい学問分野であるゲーム理論を創り出したのが、理論物理学や計算機科学で活躍したJ. フォン・ノイマンと経済学者のO. モルゲンシュテルンである。上で述べた問題は、「知性のある複数の人が相手の出方をうかがいながら行動する」という、「社会」があって初めて生ずるものであることに注意しよう。長らく経済学や社会科学は、最大化問題や確率論などの数学的な手法をいわば借用して発展してきたが、ここにおいて本質的に社会科学ならではの数学理論が生まれ、経済学から数理科学にボールを投げ返したわけである。

　ゲーム理論が必要となる分野は経済学に限ってもきわめてたくさんある。要するに、完全競争と独占以外のほとんどすべての問題を分析するためにゲーム理論が必要になるのだが、その中でもとくにゲーム理論が活躍する応用分野としてつぎのようなものがある。

- 不完全競争（寡占）の分析（産業組織理論）
- 企業内部の活動の分析（組織と契約の経済学）
- 政府や公共部門の分析（政治家や官僚はどのように行動するか？＝政治経済学）
- 情報の非対称性の分析（自分にしかわからない情報をどう戦略的に使うか？）
- 制度設計の分析（望ましい制度＝ゲームのルールをデザインするにはどうしたらよいか？）

また、経済学以外でも、経営学、政治学、社会学、生物学、コンピューターサイエンスなどでゲーム理論が用いられ、その応用範囲は経済学という狭い枠を超えてどんどん広がっている。以下では、このゲーム理論を、数式やモデルの背後にどんな考え方があるのかを重視して解説してゆくことにしよう。

6 同時手番のゲームとナッシュ均衡

　まずは、いちばん単純な、すべての人が同時に行動を取るケースを考えよう。これを「**同時手番**(てばん)」のケースという。このような状況を分析するために、まずはその状況を「ゲーム」と呼ばれるモデルで表現することから始めよう。

6.1　ゲームとは？

　複数の人間が相手の出方をうかがいながら行動する状況を表現するには、①参加者は誰か、②各人はどんな行動を取ることができるのか、③その結果、誰がどれだけ得するのかを明確に記述しなければならない。これらを正確に表したモデルを、「ゲーム」という。

　ゲームとは、つぎの三つの項目からなるモデルである。

①プレイヤー $i = 1, 2, \ldots, N$

②プレイヤー i の戦略 a_i
　プレイヤー i が取ることのできる戦略全体の集合を A_i と書く

③プレイヤー i の利得 $g_i(a_1, \ldots, a_N)$

さまざまな経済・社会の問題は、すべてこのようなゲームとして定式化できるわけである。例えば、先に挙げたトヨタとホンダの新車開発の例では、

・プレイヤーは　$i =$ トヨタ、ホンダ
・プレイヤーの戦略は新車のタイプであり、各プレイヤー i は、

$$A_i = \{ハイブリッド、ミニバン、軽乗用車、……\}$$

の中から一つの戦略、例えば $a_i =$ ミニバンを選ぶ

・各プレイヤーの利得＝利潤（利潤の大きさはトヨタとホンダが選ぶ車のタイプによって決まる）

と考えればよい。さらに具体的なさまざまな例は、つぎの節でまとめて紹介することにする。

6.2 ナッシュ均衡

　では、このようなゲームで何が起こるのであろうか。6.1節で導入した「ゲーム」によって、トヨタとホンダの競争、与党と野党の選挙戦、日米の政策協力……などなど、さまざまな社会・経済の問題を表現できる。そしてわれわれは、自らの経験と過去の事例や常識によって、例えばトヨタとホンダの競争ではこういうことが起こりそうだ、あるいは日米の政策協調ではこうなりそうだ……という**個別の事例に即した予想**を立てることができる。しかし、ここでわれわれが問題にしているのは、こうした個々の事例に即したその場その場の予想の立て方（これを、**アド・ホック**な予想という）をするのではなく、さまざまな社会・経済の問題で人々の行動を規定する何か**一般的な原理**はないか、ということなのである。

　現在のゲーム理論では、さまざまな社会経済問題においては（つまり、それを一般的に表現するゲームにおいては）、つぎに述べるナッシュ均衡と呼ばれるものが実現すると考える。

　これを説明するために、まず記号の約束を一つしておこう。いま、$a^* = (a_1^*, ..., a_N^*)$ をある特定の戦略の組として、**プレイヤー i 一人だけが戦略を a_i^* から a_i へ変えた状態を**

$$(a_{-i}^*, a_i)$$

と書くことにしよう[1]。この記号を使うと、ナッシュ均衡はつぎのように定義される。

1　つまり、$(a_{-i}^*, a_i) = (a_1^*, ..., a_{i-1}^*, a_i, a_{i+1}^*, ..., a_N^*)$ である。

定義：戦略の組 a^* が、

すべてのプレイヤー i とすべての戦略 a_i について

$$g_i(a^*) \geq g_i(a^*_{-i}, a_i)$$

を満たすとき、a^* を**ナッシュ均衡**という。

簡単な定義だが、ぱっと見その意味がつかみかねるかもしれないので、ていねいに説明しよう。この定義の中の式 $g_i(a^*) \geq g_i(a^*_{-i}, a_i)$ の意味をよく考えてみると、つぎのようなことを言っていることがわかる：

・左辺は、全員がナッシュ均衡に従っているときの i さんの利得である。
・右辺は、i さん一人だけが別の戦略 (a_i) を取ったときの利得である。

右辺のほうが小さいということは、自分一人だけが戦略を変えても i さんは得をしない、ということである。これがすべてのプレイヤー i について成り立っているのだから、

> ナッシュ均衡とは、**自分一人だけが戦略を変えても得をしない**（ということがすべての人について成り立っている）状態

に他ならないのである。また、同じことを少し言葉を変えて言うと、

> ナッシュ均衡とは、**各人の戦略がお互いに最適反応になっている状態**

である。
　現代的なゲーム理論では、**同時手番のゲームではナッシュ均衡に従って人々は行動する**と考える。いきなりこんなことを言われても戸惑うと思うので、まずは、

・ナッシュ均衡とは、いったいどんな行動に対応するのか？

を、具体的ないくつかの例を通じて見てみよう。それぞれの例においては、

数学モデルと並んで、それに対応する現実の事例を紹介する。そして、こうした具体例でナッシュ均衡に対するイメージが固まったところで、

・ではいったい、なぜ人はナッシュ均衡に従って行動すると考えてよいのか？

という決定的に重要な問題を、6.3節で詳しく説明することにする。

＊四つのゲームの均衡と現実の事例

ここでは、つぎの四つのゲーム

・囚人のジレンマ
・技術の選択
・立地ゲーム
・道路交通

を、それに対応する実例とともに紹介する。

まず最初の例として、有名な「囚人のジレンマ」を見てみよう。

例6.1　囚人のジレンマ

二人の囚人1と2が独房で別々に尋問を受けている。二人ともある犯罪に加担したことはわかっているのだが、犯行の詳細がまだ完全にはわからないので、取調べを受けているのである。各人の取る戦略は、黙秘するか告白するかのどちらかである。このように、プレイヤーの人数と戦略の数が少ない単純な場合では、「ゲーム」、つまり

・プレイヤーは誰か
・各プレイヤーはどのような戦略を取れるのか
・戦略と利得の関係はどうなっているのか

は、表6.1のような利得表で表すことができる。

表6.1の各欄の数字は（1の利得, 2の利得）である（刑期は短いほどよいので、各人の利得は刑期の長さにマイナスをつけたものと考えよう）。利得表の各欄には番号①〜③がつけてあるので、これを順番に見ながら、利得がどうなっているかを説明してみよう。

① 「$-1, -1$」のところ：両者が黙秘すると、各人とも禁固1年で済む（し

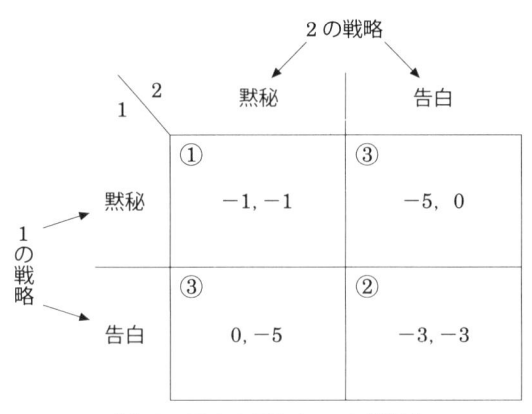

	2の戦略	
1の戦略	黙秘	告白
黙秘	① −1, −1	③ −5, 0
告白	③ 0, −5	② −3, −3

表6.1 囚人のジレンマの利得表

たがって利得は両者とも−1である)。

② 「−3, −3」のところ：両者が告白すると、凶悪な犯行の詳細がばれて両者とも禁固3年になってしまう。

以上から、囚人たちにとっては、**両方がしゃべってしまうよりも、お互い黙秘したほうがいい**ことがわかるだろう。

③ 残りのところ：一方、相手が黙秘しているのに自分ひとりが告白すると、告白したほうは「よくやった」ということで無罪放免となり、黙っていたほうはきわめて悪質であると判断され、刑期は5年というきわめて長いものになる。

このとき、二人の囚人はどのような行動を取るだろうか？

表6.1の利得表をよく見ると、このゲームでの**ナッシュ均衡は「お互いが告白する」**ということであることがわかる。これがナッシュ均衡になっていることを、利得表を見ながら確認してみよう。表6.2を見てほしい。

ナッシュ均衡は、表6.2の丸で囲まれた部分である。この点から出発して、プレイヤー1だけが戦略を変えたらどうなるであろうか。図からわかるように、1の利得は−3から−5に下がってしまう。プレイヤー2についても同様である。つまり、「お互いが告白する」という結果においては、

「自分ひとりだけが戦略を変えても得しない」

ということが、すべての人について成り立っているので、定義によってこの

①1がひとりだけ戦略を変えても…	1\2	黙秘	告白
	黙秘	−1, −1	−5, 0
	告白	0, −5	−3, −3 ←ナッシュ均衡

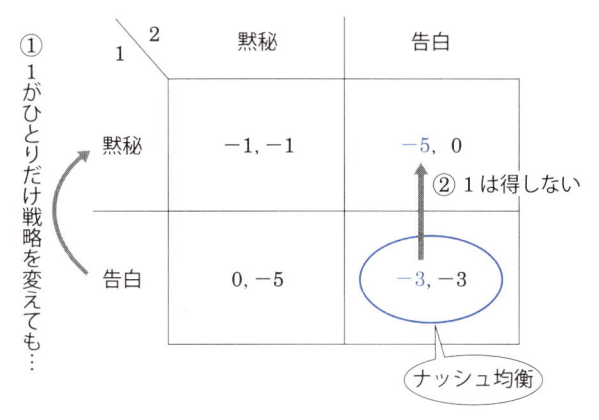

②1は得しない

表6.2　ナッシュ均衡条件のチェック

点はナッシュ均衡になっているわけである。同じことを別の言い方で述べると、

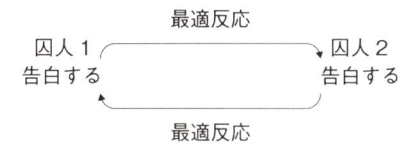

囚人1　　　最適反応　　　囚人2
告白する　　　　　　　　告白する
　　　　　　最適反応

のようになっているわけで、このような点をナッシュ均衡と呼ぶわけである。

さらに利得表をよく見ると、実は囚人のジレンマでは相手が何をやってもつねに告白するほうが得になっていることがわかる。プレイヤー1の利得に注目してこのことを確認したのが表6.3である。

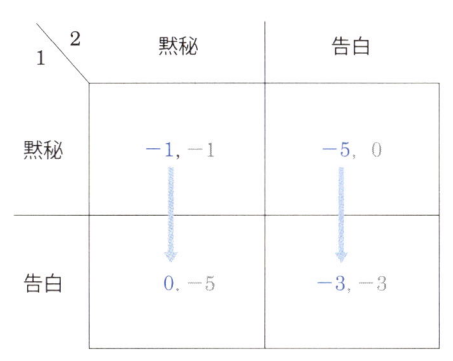

1\2	黙秘	告白
黙秘	−1, −1	−5, 0
告白	0, −5	−3, −3

表6.3　相手が何をやっても告白するのが得

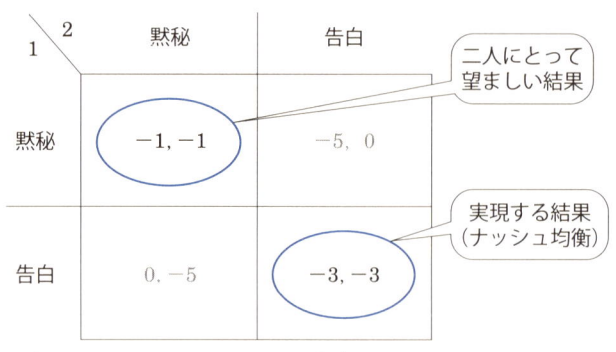

1 \ 2	黙秘	告白
黙秘	−1, −1	−5, 0
告白	0, −5	−3, −3

(−1, −1) … 二人にとって望ましい結果
(−3, −3) … 実現する結果（ナッシュ均衡）

表6.4　このゲームが囚人の「ジレンマ」と呼ばれる理由

図からわかるように、プレイヤー1は相手が黙秘していても告白していても、つねに告白すれば利得が上がるわけである。このように、**相手が何をやってもつねに最適な戦略**がある場合、そのような戦略を支配戦略と呼ぶことがある[2]。

相手が何をやっても告白するのが得なのだから、お互いが告白している状態以外はナッシュ均衡にはなっていない。とくに、「お互いが黙秘する」という点は、二人にとって非常に都合のよい状態であるにもかかわらず、ナッシュ均衡になっていないために実現が困難である。お互いが黙秘している状態では「自分一人だけが行動を変えれば得できてしまう」のである。

つまり、「お互い黙秘する」ことができれば囚人たちは得をするにもかかわらず、各人が自己利益を追求するとお互いに損をする状態（「お互い告白する」というナッシュ均衡）にはまってしまう。これが、このゲームの最も重要な特徴であり、このゲームが囚人の「ジレンマ」と呼ばれるゆえんである（表6.4）。

コメント 6.1 **ゲームの利得とは？**：上のゲームでは、「何年の刑になるか？」ということをもとに利得を作りましたが、一般的にゲームの利得はどう決めたらよいのでしょうか。答えは、

---

[2] これから見るさまざまな例からわかることだが、支配戦略はいつでもあるとは限らない。むしろ、ないような場合のほうが普通である。

不確実性が問題にならないときは、

プレイヤーの利得＝そのプレイヤーにとって**より望ましい結果により大きな数字をあてはめたもの**

（数字のあてはめ方はなんでもよい）

です。ここで、「不確実性が問題にならないとき」というのは、確率的に決まる要因（株価やサイコロの出目など）があったり、プレイヤーがランダムな行動を取ったりする（後で説明する「混合戦略」）のでないときのことです。

上で述べた利得の決め方は、消費者の「効用」と同じ考え方に基づくものです（第1章1.1節）。このようにある意味きわめてアバウトに数字をあてはめてよいのは、自分にとって得なものにより高い数字をあてはめている限り、どんな数字のあてはめ方をしてもナッシュ均衡＝「自分一人が行動を変えても得しない状態」は変わらないからです。

一方、不確実性があるような場合には、プレイヤーにとって何が望ましいかということと並んで、プレイヤーの危険に対する態度も反映するように、もっと慎重に数字を選んで利得を決定する必要があります。これについては、後に詳しく説明します（6.6節）。

事例6.1 リニエンシー制度：上で説明した囚人のジレンマのストーリーは作り話ですが、現実にこのような状況はあるのでしょうか。実は、囚人のジレンマの状況を人為的に作り出すことで、違法行為を摘発する新しい制度が日本に導入され、成果を上げています。

多くの先進国では、競争を制限して価格をつり上げる行為（談合、カルテルなど）は独占禁止法によって違法とされ、日本では公正取引委員会が摘発を担当しています。このような違法行為を犯した企業には、課徴金という罰金が科されます[3]。「リニエンシー[4]制度」とは課徴金減免制度のことで、公正取引委員会の調査前に「カルテルや談合をやった」と

---

[3] 悪質な場合には刑事告発されることもあります。
[4] リニエンシーというのは「お目こぼし」とか「情状酌量」という意味です。

告白すれば、課徴金が軽くなる仕組みです。具体的には、最初に申告した1社は課徴金全額を免除、2番目は50％免除、3番目は30％免除になります。

いま、談合をした企業1、企業2の2社を考えます。両社が黙っていても談合が発覚することがあるので、この確率を p と書きましょう。談合が発覚したときの課徴金を x として、利得表を書いてみるとどうなるでしょうか。ちょっとだけ根気のいる議論になりますが、企業1の利得に注目すると、つぎのようになっていることがわかります。

① お互いが黙秘しても確率 p で談合が見つかり、課徴金 x を取られます。したがって損失の期待値は $-px$ です。

② 自分ひとりが「談合をやった」と申告すれば、課徴金は全額免除になります。

③ 相手が申告したとき黙っていれば、談合が確率1でバレて課徴金 x を全額取られます。

④ 両方が申告したときはどうなるでしょうか。申告の順位は公正取引委員会にファクスが届いた順番で判定されるので、同点ということはなく、どちらかがはじめに申告した企業とみなされます。そこで、半々の確率で自分のファクスが先に届くとすると、確率1/2で自分が1位となりその場合は課徴金はゼロです。残りの確率1/2で自分は2位となり、課徴金は50％免除になります。したがって損失額の期待値は $1/2 \times (-x の 50\%) = -(1/4)x$ です。

表6.5をみると、「黙っていても談合が発覚する確率」$= p$ が正である限り、相手が何をしてもつねに申告するのが得になっています。さらに、$p < 1/4$（お互い黙秘したときに談合が発覚する確率が1/4より低い）であるなら、お互いに黙っていたほうがお互いに談合をやったと申告するよりも得になっています。これはまさに囚人のジレンマそのものです[5]。

---

5 実際には、相手を裏切って談合の申告をした場合には、将来相手から何らかの報復を受ける可能性があり、このような将来の利得まで含めて考えると、申告することがつねに得であるとは限りません。現実において必ずしもすべての企業が談合を申告しないのは、このような将来の報復が強く影響しているものと思われます。

1＼2	黙秘	申告
黙秘	① $-px$	③ $-x$
申告	② 0	④ $-\frac{1}{4}x$

表6.5 リニエンシー制度の下での企業1の利得

年度	カルテル・入札談合摘発件数	リニエンシーを申告した事業者数	リニエンシー適用件数*	課徴金減免を受けた事業者数*
2005	17	26	0	0
2006	9	79	6	16
2007	20	74	16	37
2008	10	85	8	21
2009	22	85	21	50
2010	10	131	7	10
2011	17	143	9	27

＊事業者が公表に同意したもののみ

表6.6 リニエンシー制度の効果

　では、リニエンシー制度の効果は実際にはどうだったのかを表6.6で見てみましょう[6]。表6.6のうち、左側の「摘発件数」と「申告した事業者数」は総数ですが、右側の「適用件数」と「減免を受けた事業者数」は事業者が公表に同意した場合のみの数字となっています。このように公表に同意した数だけで見ても、摘発された件数のうちかなりの割合でリニエンシー制度の申告が使われたことがわかります（表の水色の部分）。また、申告する事業者数も年々増えて、2011年度には143件もの申告がありました[7]。これから、リニエンシー制度が作り出す囚人のジレンマ状態が功を奏して、違法行為の自己申告がかなり促進されていることがわかるでしょう。

6　これは筆者が公正取引委員会からいただいたデータを表にしたものです。

つぎに、利得表で表現できるような簡単なゲームの例をもう一つ見てみよう。

例6.2 技術の選択

二人の学生が共同作業をするためにマックかウィンドウズかどちらかのパソコンを買おうとしている。共同作業のためには二人とも同じパソコンを買ったほうが便利であり、またマックのほうがこの学生たちがやろうとしている共同作業には向いていると考えよう。この状況を表したのが、表6.7の利得表である。

1 \ 2	マック	ウィンドウズ
マック	(3, 3)	0, 0
ウィンドウズ	0, 0	(2, 2)

表6.7 技術の選択ゲーム

このゲームでは、「二人ともマックを買う」と「二人ともウィンドウズを買う」という、二つの状態が両方ともナッシュ均衡になっている[8]。自分一人だけが違うパソコンを買うと損してしまうわけである。このように、「他人が使っているものに合わせたほうが得をする」ような状況はたくさんあり、一般的にこれをネットワーク外部性がある状況、という。このような場合、「全員が同じものを使う」という、複数の均衡が存在することが多い。現実の世界から、例を挙げてみよう。

---

7 リニエンシーを申告した事業者数のほうが、実際に課徴金減免を受けた事業者数よりかなり多いのは、(1)申告しても上位に入らなかったために課徴金が減らされなかった、(2)減免を受けたが公表に同意しなかった事業者がいた、(3)申告があったが摘発に至らなかったものがあった、などの理由が考えられます。これらの内訳は公表されていませんが、担当者へのヒアリングによると、どの理由もそれなりの数があるようです。

8 このゲームは、「コーディネーション・ゲーム」と呼ばれることもある。

事例6.2　新技術の業界標準：世の中にいままでなかった新しい技術が生まれると、いくつかの標準仕様（業界標準）が提案されることが多くみられます。例えば、動画保存にかつて使われたビデオカセットには「ベータ」と「VHS」の二つの仕様があり、市場シェアを激しく争いました。近年では動画保存の光ディスクの仕様として「ブルーレイ」と「HD DVD」の二つが提案されました。いずれのケースも、「世の中で多数の人が使っているもの」と同じものを使ったほうが、ソフトウェアもたくさんあるし、アフターサービスの点でも安心できます。すると、このような場合には全員が同じものを使う状態、たとえば**「全員がブルーレイを使う状態」と「全員がHD DVDを使う状態」という複数の均衡がある**ことになります。どちらが選ばれるかをあらかじめ予想することは難しく、現実には**たまたま市場シェアが大きくなったほうがどんどんシェアを伸ばし、最終的に業界標準となる**ことが多いでしょう。動画保存の技術では、最終的にはVHSとブルーレイが業界標準として定着し、ベータとHD DVDは姿を消しました。

図6.1は、2006年ごろの「新世代のDVDレコーダー」のマーケットシェ

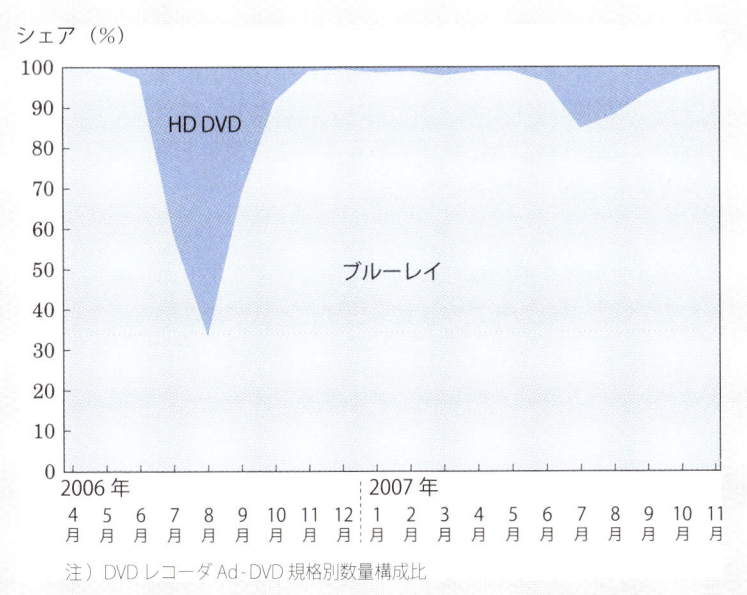

図6.1　ブルーレイとHD-DVDのシェアの推移

ア推移を示したものです。

　2006年6月にはHD DVDが市場に投入され、一時シェアを伸ばしましたが、11月に別の企業から新型ブルーレイが発売されるとHD DVDのシェアは激減し、その後は本格的に回復することがなかったことが見て取れます。こうして市場は「ブルーレイの一人勝ち」という均衡へ収束したのです。

　さて、技術の選択ゲームの重要なメッセージは、以下の通りである：

ナッシュ均衡は一つではなく、複数あることがある。さらに、**一つの均衡が別の均衡よりも全員にとって良いことがある**。

表6.7のゲームでは、マックを使う均衡のほうがウィンドウズを使う均衡よりも全員にとって望ましい。このゲームのようにプレイヤーが二人だけなら、よく話し合って良いほうの均衡（マック）を選べばよいであろうが、社会全体での技術の業界標準の選択のような場合には、**たまたまシェアの大きかったほうの技術を全員が使うようになり、良いほうの技術が定着するとは限らない**。ビデオカセットではVHSが、パソコン市場ではウィンドウズが業界標準となったが、ベータやマックのほうが優れた技術であるという意見もある。同じように、国際的なコミュニケーション言語としては英語が使われているが、合理的に設計された人工言語である「エスペラント語」のほうが優れているという人もいる。いずれにしても、

　ひとたび社会全体が**悪いほうの均衡**にはまってしまうと、個人一人ひとりの努力では**なかなかそこから抜け出すことはできない**

というのが、ゲーム理論が明らかにする重要なメッセージである。

　以上で、簡単な利得表で表示できるゲームの例を二つ見たが、ゲーム理論は利得表で表現できるような簡単な場合だけを扱うものではない。利得表で表せないようなより複雑な状況での、ナッシュ均衡の例をつぎに見てみよう。

例6.3　立地ゲーム ―――――――――――――――――――――――――

　学園祭で焼きそばの屋台を出す二人のプレイヤー A と B を考えてみよう。屋台を出せるのは学内の銀杏並木通りで、これを図6.2のような直線で表そう。

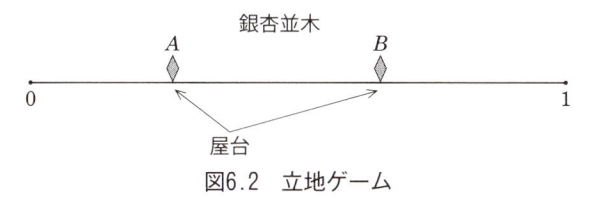

図6.2　立地ゲーム

　二人のプレイヤー A と B は同時に屋台を出す場所を決める。銀杏並木にはお客が均等に分布していて、お客は自分に近いほうの屋台に行く。もし二つの屋台が同じ場所にあるときは、お客は半々に分かれるとしよう。各プレイヤーはなるべく自分のところにたくさんお客が来るように屋台の位置を決める。

　これは、「屋台の位置＝戦略、お客の数＝利得」という同時手番のゲームである。はたしてこのゲームのナッシュ均衡はどのようなものだろうか。このことを考えるために、まず先ほどの図6.2がナッシュ均衡になっているかどうかをチェックしてみよう。図6.3を見てほしい。

　お客は自分に近いほうの屋台に行くのだから、二つの屋台のちょうど真ん中でお客が分かれ、左側は A のお客、右側は B のお客となる（図の上側）。しかしながら、この状態はナッシュ均衡ではない。というのは、自分ひとりだけが相手の屋台にもう少し近寄れば相手からお客が取れるからである（図の下側）。

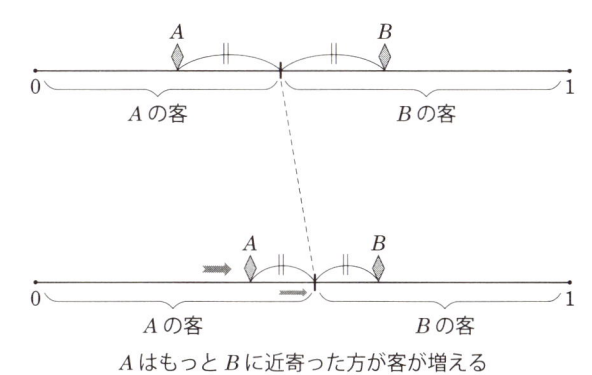

図6.3　ナッシュ均衡でない状態：その1

このように、二人が違う位置に屋台を出している状態は、相手に近づくことで自分の利得（お客）を増やせるので、ナッシュ均衡ではない。では、二人が同じ位置に屋台を出す図6.4の上側のような状態はどうだろうか。

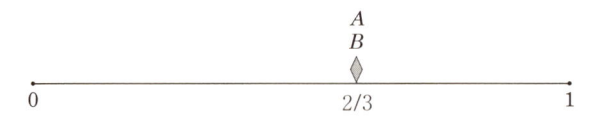

```
        A
        B
0──────◆──────1
       2/3
```

上の状態ではA、Bともお客の数は全体の1/2
しかしAがわずかに左に動くとほぼ2/3の客をとれる

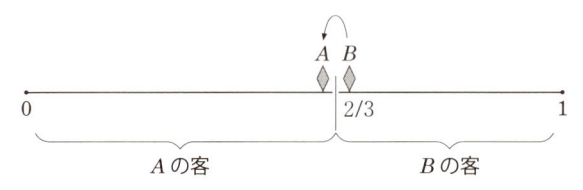

```
       A B
0─────◆◆─────1
       2/3
   ＼_＿＿／＼＿＿_／
     Aの客    Bの客
```

図6.4　ナッシュ均衡でない状態：その2

　残念ながら、これもナッシュ均衡ではない。この状態では、プレイヤーAとBはそれぞれ全体の半分のお客を得ているが、例えばA一人だけがわずかに（より広く空いている）左に動くと、半分以上（全体のほぼ2/3）のお客を得ることができるからである（図6.4の下側）。

　以上のことから考えると、このゲームのナッシュ均衡は銀杏並木のちょうど真ん中に二つの屋台が出る状態であることがわかる（図6.5）。

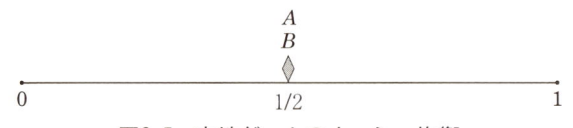

```
        A
        B
0──────◆──────1
       1/2
```

図6.5　立地ゲームのナッシュ均衡

この状態では、プレイヤーAとBはそれぞれ全体の半分の客を得ており、自分一人だけがどちら側に動いてもお客は減ってしまう。つまり、「自分一人だけが戦略を変えても得しない」という、ナッシュ均衡の条件が成り立っているのである。お客にとってはもうちょっとばらけたところに屋台があるのが便利だが、結局は同じ位置に屋台が二つ出てしまうのである。

　これは、理論経済学のパイオニアの一人、H. ホテリングが発見したもので、そのため「ホテリングの立地ゲーム」と呼ばれることがある。つぎに、これに対応する現実の事例を見てみよう。

事例6.3　**二大政党のマニフェスト**：先ほど説明した立地モデルを解釈しなおすと、政党の選挙戦のモデルになります。いま、立地ゲームにおける0から1までの直線を、政党が掲げる政策のスタンスを表すものと考えてみましょう。0に近い点は左翼的（リベラル）な政策、1に近い点は右翼的（保守的）な政策を表します。二つの政党は同時に、この直線上にマニフェストを選びます。有権者の好みはこの直線上に均等に分布しており、各人は自分の好みに近いマニフェストを掲げた政党に投票します。各政党の利得は、得票数に等しいと考えましょう。こう解釈しなおすと、立地ゲームは選挙戦のモデルとなり、そのナッシュ均衡は両方の政党がまったく同じマニフェストを中間の1/2の位置に出す、というものになります。このように、**二大政党の政策は、有権者の好みのちょうど真ん中をねらった、似通ったものになってしまう**というのがゲーム理論の予測であり、政治学ではこれを「**中位投票者の定理**」と呼んでいます。現実においても、2007年のフランス大統領選挙の決選投票で、左派のロワイヤル候補と右派のサルコジ候補が、中道票の取り込みに力を入れていることが大きく報道されています（図6.6）。

出所）「時時刻刻　中道狙い」『朝日新聞』2007年4月24日付朝刊2面

図6.6　中位投票者の定理

最後にもう一つ例を見てみよう。

例6.4　道路交通ゲーム

A市からB市へ行こうとする自動車が150台あり、図6.7のように長さの違った三つのルートのどれかを選べる。

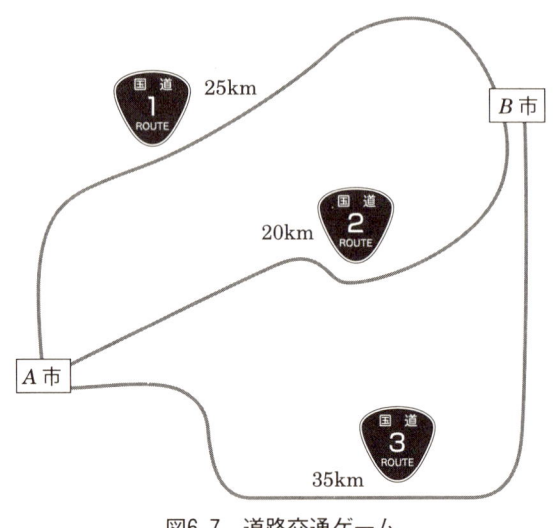

図6.7　道路交通ゲーム

ルートが短いほど早くB市に到着できるが、混雑していると到着時間は遅くなる。つまり、各ルートの通行時間は、ルートの長さと交通量の両方によって決まるわけである。交通量と通行時間の関係は複雑だが（事例6.4で実例を見せます）、ここでは簡単化のために、各ルートの通行時間（何分でB市に着けるか）は

$$(\text{ルートの長さ (km)}) + (\text{通行する車の台数}/10) \qquad (1)$$

という関係があるとしてみよう。このとき、**それぞれのルートの交通量とB市までの到着時間はどのようになるであろうか**。このような実務的に重要な問題を解くために、ナッシュ均衡を使うことができるのである。

いま、各人はなるべく早くB市に到着したいと仮定してナッシュ均衡を求めると、つぎのようになる：

- ルート1の交通量は50台で、通行時間は 25＋50/10 ＝ 30 分
- ルート2の交通量は100台で、通行時間は 20＋100/10 ＝ 30 分
- ルート3は誰も通らない

この状態をもとにすると、各人は「どの道路に迂回しても通行時間を節約できない」ことがわかるだろう。例えば、ルート1を通っているドライバーはルート2に迂回すると通行時間は30.1分に増え、また非常に長いルート3を使うと通行時間は35.1分もかかってしまう。つまり、上の状態では「各人が、自分ひとりだけが戦略を変えても得をしない」というナッシュ均衡の条件が成立しているのである。

事例6.4　道路交通量の予測：例6.4で説明した道路交通ゲームと同じ考え方に従って、静岡県浜松市周辺の道路交通量を予測した事例を紹介しましょう[9]。道路交通量を予測するには、まずどこからどこへ何台くらいの車が移動するのかを調べる必要があります。これを、道路交通センサスなどの統計を使って割り出すのが最初の作業です。つぎに、交通量と通行時間の関係を調べなくてはなりません。例6.4で説明したモデルでは、この関係を(1)式のように仮定しましたが、現実ではどうでしょうか。現実のデータを使って推計した両者の関係は図6.8のようになっています。

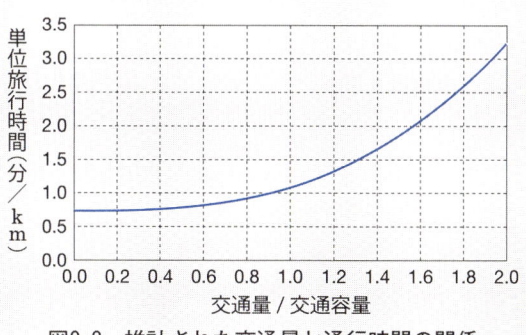

図6.8　推計された交通量と通行時間の関係

---

[9] 土木計画学研究委員会編『道路交通需要予測の理論と適用 第Ⅰ編 利用者均衡配分の適用に向けて』(土木学会、2003年8月)。図6.8～6.10は同書 (それぞれ、p.72、p.101、p.103) からの引用である。

以上の準備の下で、上の例で説明したモデルと同じような考え方に従って、ナッシュ均衡の交通量が計算できます。計算は複雑なので、専用のプログラムを使って計算機で均衡を求めます。その結果を示したのが図6.9です。太い線で描かれているものほど、交通量が多いことを示しています。

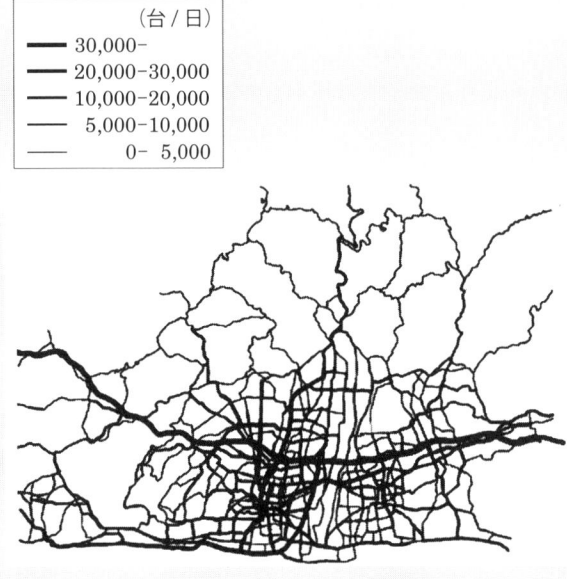

(台/日)
— 30,000-
— 20,000-30,000
— 10,000-20,000
— 5,000-10,000
— 0- 5,000

図6.9 ナッシュ均衡による交通量の予測

それでは、こうして得られたナッシュ均衡による交通量の予測は、どれほど当たっているのでしょうか。これを示したのが図6.10です。これによると、ナッシュ均衡は現実のデータのばらつきの約85％を説明しており、予測力はまずまず良好といってよいと思います。

欧米では、ナッシュ均衡を使った交通量の予測は実務において定着しており、計算のための専用のプログラムも市販されています。日本は遅れをとっていますが、首都高速道路（株）が、ナッシュ均衡を使った交通量の分析を行っています。

図6.10 ナッシュ均衡と現実の対比

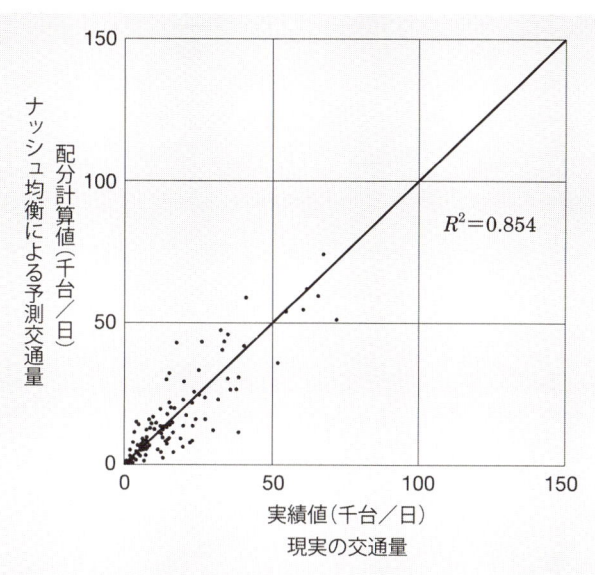

注）各点は、一つの道路区間を表す。

（グラフ：縦軸「ナッシュ均衡による予測交通量 配分計算値（千台／日）」、横軸「実績値（千台／日） 現実の交通量」、$R^2=0.854$）

　これら四つの例からわかるように、ナッシュ均衡はきわめてシンプルな概念であるにもかかわらず、それによってカルテルの摘発・技術の業界標準・選挙戦・道路の交通量など実に**さまざまな社会経済の現象が統一的に説明できる**点に注目してほしい。以上でナッシュ均衡とはどのようなものかという具体的なイメージがつかめたと思うので、つぎになぜ（あるいはどのようなときに）人はナッシュ均衡に従って行動するのかを、以上の実例を参考にしながら考えてみよう。

6.3　ナッシュ均衡が実現する理由

人々がナッシュ均衡に従って行動すると思われる理由の主なものとして、

① **合理的推論**の結果、ナッシュ均衡に行き着く
② **試行錯誤**の末、ナッシュ均衡に行き着く
③ **話し合い**の結果、ナッシュ均衡に行き着く

が挙げられる。どれがあてはまるかはケースバイケースであり、また（どの理由もあてはまらず）人間がナッシュ均衡通りに行動しないこともちろんある。まずは、それぞれの理由を順に説明してゆこう。

① 合理的推論

場合によっては、「頭のよい人間が、ゲームをプレイする前に十分に合理的に考えると、一発でナッシュ均衡が出てくる」ことがある。一つの例は、先に見た「囚人のジレンマ」であろう。このゲームでは相手が何をやってもつねに裏切る（告白する）ことが得になっているため、合理的に（自らの利得を最大にするように）戦略を選ぶ人は、ナッシュ均衡をプレイすることになる。しかしながら、合理的推論だけからはナッシュ均衡は出てこない例もある。つぎの例を見てほしい。

例6.5 **男女の戦いゲーム**：彼女と彼氏がデートをしようとしている。行き先はサッカー観戦かショッピングである。別々のところに行くとデートが成立せず、両者とも利得はゼロだが、同じところに行くとデートが成立して高い利得を得る。ただし、彼氏はサッカーに行ったほうがよりハッピーであるのに対し、彼女のほうはショッピングのほうがよい。これをまとめたのが表6.8の利得表である。

男 \ 女	サッカー	ショッピング
サッカー	(3, 2)	0, 0
ショッピング	0, 0	(2, 3)

表6.8　男女の戦いゲーム

このゲームには、〇で囲った二つのナッシュ均衡がある。つまり、「相手がサッカーに行くので、自分もサッカーに行く」という均衡と、「相手がショッピングに行くので自分もショッピングに行く」という均衡があるのだが、**各人がそれぞれ別個に頭の中で考えただけではどちらに行ったらよいかは決まらないだろう。**

この例からわかるように、ナッシュ均衡が出てくるためには、プレイヤーの合理性だけではだめで、なんらかの追加的な条件が必要になる。それは何かというと、「相手の出方の正しい予想」である。

合理性 ＋ 相手の出方の正しい予想 ⇒ ナッシュ均衡

相手の出方によらず、何が自分にとって得であるかが決まっている囚人のジレンマのような場合を除いて、ナッシュ均衡においては相手の出方を正しく予測することが重要である。これからナッシュ均衡が成立する理由をさらに二つ挙げるが（②、③）、これらはいずれも「相手の出方の正しい予想」がどのように生まれるのかを説明するものである。

② 試行錯誤の行き着いた先

人間はそれほど合理的ではないし、相手の出方を読み間違えることもある。しかしながら、**何度も同じような状況で試行錯誤の経験を積めば**、いずれ相手の出方も読めてくるし、自分にとって何が得かもわかってくるであろう。このような試行錯誤が行き着いた先がナッシュ均衡である、というのがここでの説明である。この説明がよくあてはまると思われる現実の例を二つ挙げてみよう。

一つは、前の節で見た道路の交通量である（例6.4、事例6.4）。ドライバーはそれほど合理的でないかもしれないが、試行錯誤の経験によって、混雑している道は避け、すいている道に移ってゆくだろう。こうした経験の蓄積によって、「どの道がだいたいどれくらい混んでいるか」がわかってきて（相手の出方の正しい予想）、それに基づいて一番便利な道を選べば（合理性）、「どの道に迂回してももはや得できない」というナッシュ均衡の状態に行き着くわけである。実際に事例6.4によると、浜松市周辺の交通量はナッシュ均衡によってよく説明されており、試行錯誤の結果そのような交通量が定着したと考えるのが妥当だろう。つぎに、もう一つ試行錯誤がナッシュ均衡をもたらした例を挙げてみよう。

事例6.5 **エスカレーターの右空け**：東京の鉄道の駅のエスカレーターでは、あまり急いでいない人は左側に立ち、右側を空けて急ぎの人を通すようにしています。この状態を一人だけ破って、右側にぼーっと立っていたりすると急ぎの人に怒られてしまいます。つまり、この状態は「自分ひとりだけが行動を変えると損をする」というナッシュ均衡になっていると見ていいでしょう。

ところで、ナッシュ均衡はこれ一つではなく、逆に「左側を空ける」というのも均衡です。実際、関西やイギリスでは左空けになっています。いったいこのような均衡はどのようにして生まれてきたのでしょうか。これについてはさまざまな「説明」が、都市伝説のようにテレビやイン

出所：「エスカレーター『新秩序』お急ぎの方右へ」『朝日新聞』1992年2月24日付夕刊15面

図6.11　エスカレーター右空けの発生

10　調べてくれたのは、2000年度に著者のTAであった河野敏鑑氏です。
11　これに先立ち、1989年9月2日付の読売新聞に、新御茶ノ水駅で片側空けが見られるようになった、という記事があります。まず新御茶ノ水駅で片側空けが始まり、1992年までに東京の多くの駅で定着したものと思われます。

ターネットでなされてきましたが、本当のところどうなのかを調べるために、東京大学の新聞アーカイブで「エスカレーターの右空け」に関する記述がいったいいつごろ新聞に載り始めたのかを徹底的に調べてみました[10]。すると、こうした記事が初めて新聞に載ったのは1992年で、東京での「エスカレーターの右空け」は、この頃自然発生的に定着したことがわかったのです（図6.11）[11]。

　人々が試行錯誤でいろいろやっているうちに、偶然右を空けるという状態が発生し、定着したのです。図6.11の新聞記事でJR東日本は「この一年くらいで、朝や夕方のラッシュ時に目立ちはじめました……お客様間の自然発生的な秩序でしょうか」とコメントしています。

　以上の例から、試行錯誤の結果ナッシュ均衡が現れることが確かにあることがわかるであろう。しかしながら、試行錯誤の結果、「いつでも必ずナッシュ均衡が実現する」とは言い切れない。試行錯誤の調整にたいへん長い時間がかかったり、あるいはいつまでたってもあっちへ行ったりこっちへ行ったりして永遠に人々の行動が収束しないこともあり得るだろう。それでは、どのようなときにナッシュ均衡が実現していると考えてよいのだろうか？
　一つの重要な答えは、

社会に定着した、安定した行動パターンはナッシュ均衡になっている可能性が高い

ということである。その理由は簡単で、もしナッシュ均衡でない行動が社会に定着しているとすると、（ナッシュ均衡の定義から）自分一人だけが行動を変えると得をする人がいることになる。そのような人はいずれこのことに気付いて行動を変えるはずである。つまり、ナッシュ均衡でない行動に人々が従っている状態は長続きしないのである。

　社会に定着した安定した行動は「定型化された事実（stylized fact）」と言われることがある。社会科学の大きな目的の一つは、このような定型化された事実を説明することであり、ナッシュ均衡はそのために大変有用な概念なのである。今一度、先に挙げた浜松市周辺の交通やエスカレーターの右空けの例を思い出して、このことを確認してほしい。

③ 話し合いの結果

 ナッシュ均衡が試行錯誤ではなく、当事者の意識的な話し合いによって実現する場合もある。例を使って説明してみよう。

 前に見た「男女の戦い」を思い出してみよう（例6.5）。デートの行き先として、サッカー観戦に行くかショッピングに行くかは、各人がばらばらに頭の中で考えただけでは結論が出ない。そこで、普通は何をするかというと、当然二人は事前に話し合って行き先を決める。「ショッピングに行こう」と話がまとまれば、二人はショッピングに行ってめでたくデートが成立する。

 つまり、話し合いによって、「二人ともショッピングに行く」というナッシュ均衡が実現するわけである。この例のポイントは二つあって、一つは前に説明した

$$\text{合理性} + \boxed{\text{相手の出方の正しい予想}} \Rightarrow \text{ナッシュ均衡}$$

という説明の、「相手の出方の正しい予想」が話し合いによって生まれているということである。

 もう一つのポイントは、「話し合いの結果が実際に守られる」という点である。「二人ともショッピングに行く」という話し合いの結果はナッシュ均衡なので、一人だけこれを破ると損をしてしまう。このことが、単なる口約束に過ぎない話し合いの結果が実際に守られることを保証しているのである。この点をさらに深く理解するために、「囚人のジレンマ」を思い出してみよう。

 囚人たちにとって一番良いのは「お互い黙秘する」ことである。そこで、尋問を受ける前に話し合って「お互い黙秘しよう」と合意したらどうなるであろうか。残念ながらこの状態はナッシュ均衡ではなく、相手が黙っているなら自分はしゃべってしまったほうが得をする。そこで、実際に尋問を受ける段になると、話し合いの口約束は破られて、二人ともしゃべってしまうことになる。

 囚人のジレンマで、「お互い黙秘しよう」という（ナッシュ均衡でない）約束を守らせるには、単なる口約束ではだめで、「もししゃべったら後でマフィアのボスに殺される」などの罰則が必要である。逆に、男女の戦いの「お互いショッピングに行こう」という口約束は、それがナッシュ均衡になっているため、単なる口約束だけで（罰則なしで）実現できたわけである。

以上から、

ナッシュ均衡は「**口約束だけで（つまり罰則がなくても）実現できる行動**」である

と解釈することができることがわかったであろう。このような、罰則なしで実現できる口約束のことを、**自己実現的な合意（self-enforcing agreement）** ということがある。ナッシュ均衡は、自己実現的な合意と見ることができるのである。これは、ナッシュ均衡の非常に重要な解釈である。

6.4　個人の利益追求と社会全体の利益の関係

　ナッシュ均衡を使ったゲーム理論の分析の一つの非常に大きな意義は、個人の利益追求と社会全体の利益の関係について、きわめて一般的で重要な洞察を与えてくれるということである。

　第Ⅰ部の競争市場の分析を思い出してみると、市場での競争がうまく働けば、企業や消費者が自分の利益を追求する結果、社会全体のパイが最大化されることが明らかになった。アダム・スミスはこのことを、「見えざる手」という言葉で表現した。つまり、各個人はつねに自分の自己利益だけを追求しているのだが、市場での競争を通じて、あたかも（神の）見えざる手に導かれるようにして社会全体の利益も最大になるのである。社会全体の利益（パイ）が最大になるとは、（パレート）効率性が達成されるということであり、これはざっくり言うと「全員の満足を同時に改善することが、もはやできない」ような、ムダのない状態のことである[12]。

　では、競争市場を離れたもっと一般的な経済や社会の問題においても、個人の利益追求が社会全体の利益追求に直結するのだろうか。これにイエスと答えるのが、いわゆる自由放任主義の社会思想である。公害などの「外部性」の問題は、当事者同士の合理的な話し合いがあれば解決できるとする「コースの定理」という考え方を説明した第4章4.1節（ｆ）項で挙げた、つぎのよ

---

[12] より正確には、「一部の人の満足を変えずに、残りの人の満足を上げる」こともできない状態である。

うな考え方を思い出してみよう：

> **素朴な自由放任主義思想**：非効率的な状態では、（非効率性の定義によって）当事者全員にとってもっと良い、別の状態が必ずある。当事者が合理的であれば、このような非効率的な状態で満足しているはずなく、全員にとってより良い状態へ移行するはずである。したがって、**合理的な個人の自由に任せておけば、結果は必ず効率的になる。**

一見すると、この考えは（少なくとも理屈の上では）文句のつけようのないものに見えないだろうか。事実、1970年代の後半くらいまでは、この考えかたは少なからぬ数の（主に保守的な）経済学者の間で非常に強い支持を受けてきた。

　しかし、上のような考えがもし正しいとすると、囚人のジレンマにおいても各人が合理的にふるまえば、効率的な状態（お互い黙秘する）が達成できてしまうことになる。6.2節で説明した囚人のジレンマの分析を思い出してもらうと、これは明らかにおかしなことであることがわかるだろう。ゲーム理論は、各個人の利害関係を明確・詳細に分析することによって、このような考えが誤りであることを明らかにしたのである。

　では、素朴な自由放任主義の考えの、どこが間違っていたのであろうか。「非効率な状態では、全員にとってもっと良い別の状態があり、個人が合理的ならこのことに気付くはずだ」という、最初の部分には間違いは何もない。問題はそのあとで、「したがって合理的な個人は、より効率的な状態へ移るはずだ」という部分に大きな見落とし（論理の飛躍）があったのである。

　たしかに、現状が非効率ならば、全員にとってもっと良い別の状態があるのだが、そのようなより良い状態を実現するには、**単に交渉を通じて合意するだけではだめで、そのような合意が実現することを何らかの形で保証しなければならない**。囚人のジレンマの例でこのことを説明すると、「お互い黙秘する」という合意が成立しても、それが単なる口約束なら、各人はそれを破る誘惑に駆られてしまうのである。「黙秘する」という効率的な結果が実現することを保証するには、例えば「約束を破ったら罰則を与える」というような、「合意した結果をみんなが守るための工夫」を付け加えることが必要なのである。「そんなことは簡単だ」と思うかもしれないが、要所要所ですべ

ての人に適切な行動を取らせるような工夫をすることは、一般に大変困難な問題なのである。

　以上のことをまとめてみよう。アダム・スミスが述べたような、**個人の自己利益追求が社会全体の利益を最大にすることは、競争的な市場では成り立つものの、より一般的な社会や経済の問題では成り立たない**ほうがむしろ普通である。このことを明確な分析によって明らかにし、経済学者全体がこのような考えを受け入れるようになったことが、おそらくゲーム理論が経済学や社会科学・社会思想にもたらした一番大きな成果の一つであろう。一般的な社会・経済の問題で、個人がお互いに自己利益を追求している状態はナッシュ均衡に対応する。ナッシュ均衡では、各個人は自分の利益だけを最大化しようとするので、

・「社会のためになるが、それをやるには自分にコストがかかる」ような協調的な行動は取られず、
・いわゆる「足のひっぱり合い」のような状態になってしまう

可能性が大いにあるのである。このような理由で、ナッシュ均衡は（完全競争市場均衡とはおおいに異なって）非効率的になることが多いのである。このことを改善するには、**効率的な行動を人々が取るように、適切な報償や罰則を与える、つまり正しいインセンティブ（誘因・動機づけ）を与える制度を設計することが重要になる**。ゲーム理論はこのようなことを体系的に明らかにし、「市場を通じた自由競争の促進」一辺倒だった経済学の関心を「適切なインセンティブを与える制度設計」に大きく転換させたのである。

6.5　寡占への応用（Ⅰ）：数量競争と価格競争

　それでは、ゲーム理論を使って、少数の企業が相手の出方をうかがいながら行動する**寡占（不完全競争）市場**を分析してみよう。この節では、企業が同時に戦略を決めるような簡単な場合を考えることにする。このケースはさらに、数量（生産量）を決めて競争する場合と、価格を決めて競争する場合に分けられ、それぞれで実現する結果はかなり違う。まず、数量競争のケースから見てみよう。

(a) 数量競争(クールノー・モデル)[13]

需要曲線が右下がりの直線 $P = a - bQ$ で与えられる市場に、同一で一定の限界費用 c を持つ(つまり、1 単位の生産物を作る費用が c である)二つの企業 $i = 1, 2$ がいるケースを考えよう。このように、二つの企業がいる寡占状態を、とくに<u>複占</u>ということがある。各企業は同時に生産量 q_1, q_2 を決めるものとする。このとき、各企業がお互いの出方を読みながら行動すると、何が起こるだろうか? この問いに答えるため、ゲーム理論を使って(つまりこのゲームのナッシュ均衡を求めて)分析してみよう。

まず、企業 1 の利潤と各企業の生産量の関係をみると、つぎのようになっていることがわかる。

$$\pi_1 = \underbrace{(a - b(q_1 + q_2)}_{\text{価格 } P} - c)q_1 \tag{2}$$

これは自分の生産量 (q_1) の 2 次式なので、利潤のグラフは図6.12のような上に凸な形(放物線)になっている。

ここで、ナッシュ均衡 (q_1^*, q_2^*) で何が起こっているかを詳しく考えてみよう。図6.12は、相手がナッシュ均衡の生産量 q_2^* をとっているときの、企業 1 の利潤を描いたものである。自分の生産量 q_1 をさまざまに変えると利潤 π_1 はこの図のグラフのように変化する。このグラフの頂点(利潤最大点)を与える点が、相手の生産量 q_2^* に対する<u>最適反応</u> q_1^* である(ナッシュ均衡 (q_1^*, q_2^*) ではお互いが最適に反応しているので、q_2^* に対する最適反応は q_1^* になっているはずである)。

「最適反応は利潤のグラフの頂点を与える点である」……このことを数式を用いて表してみよう。頂点ではグラフの接線の傾きはゼロになる。そして、グラフの接線の傾きは π_1 を q_1 の関数であるとみなして微分したもの、つまり $\partial \pi_1 / \partial q_1$ で与えられる。このことから、**企業 1 の最適反応を決める式**は

$$\frac{\partial \pi_1}{\partial q_1} = 0$$

であることがわかるだろう。利潤の式(2)を見ながら微分を実行すると、

---

[13] クールノーは、このモデルを考案した19世紀のフランスの経済学者である。

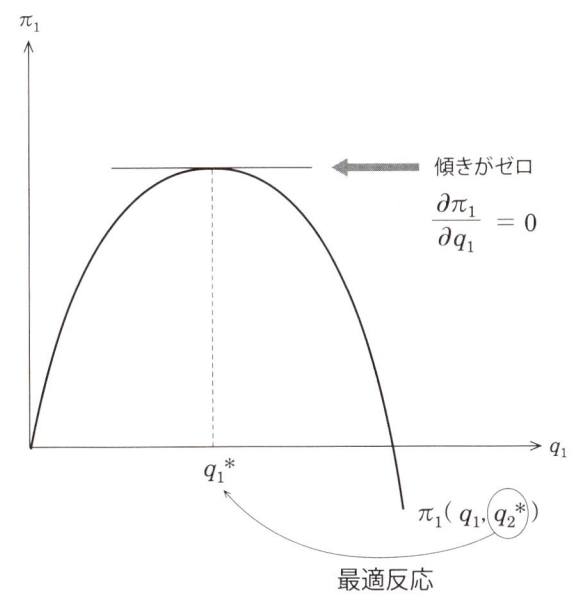

図6.12 利潤のグラフ

$$\frac{\partial \pi_1}{\partial q_1} = a - 2bq_1 - bq_2 - c = 0 \tag{3}$$

となることがわかる。これを、**最適の1階条件**ということがある。企業2についても同様なので、「お互いが最適反応し合っている」という**ナッシュ均衡の条件**は、各企業の最適の1階条件を連立させたもの

$$\begin{cases} 0 = \dfrac{\partial \pi_1}{\partial q_1} = a - 2bq_1 - bq_2 - c \\ 0 = \dfrac{\partial \pi_2}{\partial q_2} = a - 2bq_2 - bq_1 - c \end{cases}$$

ナッシュ均衡の条件（1）

で表される。この2本の式を解けば[14]、二つの企業のナッシュ均衡生産量が求められるのである。この連立方程式は企業1、2について対称的なので、解も対称的 $q_1^* = q_2^* = q^*$ で、これを(3)に代入すると $0 = a - 3bq^* - c$ とな

る。これを解けば、

$$q_1^* = q_2^* = \frac{a-c}{3b} \tag{4}$$

が、ナッシュ均衡ということがわかる。この生産量を、**クールノー・ナッシュ均衡**という。

＊図解による分析：理解をより深めるために、今度は図解を通じてナッシュ均衡をみてみよう。最適の1階条件である(3)式は、「与えられた相手の生産量 q_2 に対する、最適な生産量 q_1 を決めるもの」なので、これを q_1 について解いたもの

$$q_1 = \frac{a-c}{2b} - \frac{1}{2}q_2 = R_1(q_2)$$

は、q_2 に対する企業1の最適生産量を表すものである。これを、企業1の**最適反応関数**という。企業2の最適反応関数も全く同じ形をしているので、これは $R_2(q_1) = \frac{a-c}{2b} - \frac{1}{2}q_1$ で与えられる。ナッシュ均衡 (q_1^*, q_2^*) とは、お互いが最適に反応し合っている状態なので、最適反応関数を使ってこれを表すと

$$\begin{cases} q_1^* = R_1(q_2^*) \\ q_2^* = R_2(q_1^*) \end{cases}$$

ナッシュ均衡の条件（2）

となる。このことを描いたのが図6.13である。

企業2の最適反応は $R_2(q_1) = \frac{a-c}{2b} - \frac{1}{2}q_1$ だったので、そのグラフ（**反応**

---

14 より正確に述べると、つぎのようになる：各プレイヤーの利得 π_i を縦軸にとり、そのプレイヤーの戦略 a_i を横軸にとったときのグラフが（他人の戦略をどんな水準に固定したときでも）上に凸になっているなら（つまり π_i が a_i に関する凹関数なら）、各プレイヤーの1階条件を連立させて解くとナッシュ均衡が得られる。

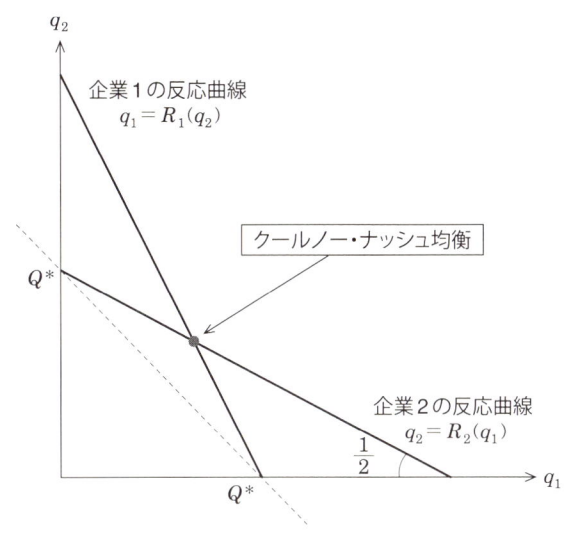

図6.13　クールノー・ナッシュ均衡

曲線ということがある）は図のような傾きが1/2の右下がりの直線である。企業1の反応曲線も同様である。これらの**反応曲線の交点が、「お互いが最適反応し合っている状態」であるナッシュ均衡**なのである。

図6.13を使って、ナッシュ均衡が企業全体の利潤を最大化しているかどうかをチェックしてみよう。二つの企業の利潤の和は、全体の生産量を $Q = q_1 + q_2$ と書くと

$$\pi_1 + \pi_2 = (P(Q)-c)q_1 + (P(Q)-c)q_2$$
$$= (P(Q)-c)Q$$

と書ける。これはちょうど、「総生産量 Q を、同じ限界費用 c を持つ独占企業が行ったときの利潤」に等しい。したがって、2つの企業全体の利益 $\pi_1 + \pi_2$ を最大化するには、総生産量 $Q = q_1 + q_2$ を「独占企業の最適生産量」にすればよい。

ここで、ちょっとしたクイズを出してみよう。独占企業の最適生産量は、よく見ると図6.13のどこかに描かれているのだが、どこだかわかるだろうか？　答えは、図の Q^* なのである。なぜなら、図6.13の Q^* は「相手の生産量がゼロのときの最適生産量」であり、これはとりもなおさず「独占企業の最適生産量」に他ならないからである。

このことから考えると、図6.13の点線においては、二つの企業の生産量の和が独占の最適生産量に等しくなっている（$q_1+q_2=Q^*$）ことがわかるだろう。つまり、この点線の上で二つの企業の利潤の和は最大になるのである。ナッシュ均衡はこの点線から右上に外れているので、二つの企業全体の利潤は最大になっていない。つまり、**寡占企業が数量競争をすると、（共同利潤を最大化する点に比べて）生産が過大になる**のである。

では、完全競争とナッシュ均衡の生産量を比べるとどうだろうか。完全競争では価格は限界費用に等しいので、$P=c$ である。このときの総生産量を Q^0 とすると、$P=a-bQ^0=c$ より

$$Q^0 = \frac{a-c}{b}$$

が完全競争下での総生産量ということになる。一方、クールノー・ナッシュ均衡での二つの企業の生産量の合計は(4)より

$$\frac{2}{3}\left(\frac{a-c}{b}\right)$$

で、これは完全競争のときの総生産量より少ない。つまり、**寡占企業が数量競争をすると、完全競争のときより生産が過小になる**わけで、その結果として完全競争のときより価格がつり上がってしまうのである。

以上をまとめると、

$$\text{独占の生産量} < \text{寡占（数量競争）の総生産量} < \text{完全競争の総生産量}$$

ということが、ゲーム理論を使った分析で明らかになったわけである。

（b）価格競争（ベルトラン・モデル）[15]

上のモデルと同じ、需要曲線 $P=a-bQ$ を持つ市場に、同一で一定の限界費用 c を持つ二つの企業 $i=1,2$ がいるケースを考え、今度は二つの企業

15　ベルトランは、クールノーのモデルを批判してこのモデルを考案した19世紀のフランスの数学者である。

が生産量ではなく価格 p_1, p_2 を同時に決める場合を考えよう。

ここで，価格競争において重要な「**製品差別化**」という概念をまず説明しておこう。スターバックスコーヒーとコンビニのコーヒーは，同じコーヒーでも味が違う。ちょっと高級なエビスビールと，普通のキリンビールも同様に味が違う[16]。このように製品差別化がある場合は，コンビニのコーヒーがスターバックスより1円安いからといって，全員がコンビニのコーヒーを買うわけではない。一方，ガソリンはどの会社のものもほとんど同じなので，同じ場所で二つの企業がガソリンを売っている場合，1円でも安いほうにすべての顧客が行くと考えられる。このような場合を「製品差別化がない」ケースという。

ベルトラン・モデルでは通常，**製品差別化がない**場合を考え，価格が低い企業がすべての需要を得るとする。また，同じ価格をつけた場合は，各企業は半々に需要を得るものとしよう。

結論を先にいうと，こうした場合の結果はつぎのようになる。

ベルトラン・モデル（価格競争）のナッシュ均衡：
$p_1^* = p_2^* = c$，利潤ゼロ

完全競争状態では価格が限界費用と一致することをわれわれはすでに学んだ。われわれの見ている市場では c が限界費用なので，**製品差別化のないベルトラン・モデル（価格競争）のナッシュ均衡は完全競争均衡と同じ**である。

では，上の状態がナッシュ均衡であることをチェックしてみよう。そのためには，

「自分ひとりだけが戦略（価格）を変えても得しない」　　（*）

というナッシュ均衡の条件が成り立っていることを示せばよい。いま，相手がコスト c に等しい価格をつけているとして，自分ひとりが価格を変えたらどうなるかチェックしてみよう。

［1］自分ひとりだけが価格を上げたとき：こうすると，お客が誰も来なくなって利潤はゼロである。均衡状態でも利潤は（コスト c に等しい価格で売っ

---

[16] と私は思う。

ているので）ゼロであるので、結論として「自分ひとりが価格を上げても得はしない」ことがわかった。

[２] 自分ひとりだけが価格を c より下げたとき：今度はお客が全員自分のほうに来るが、コスト c より低い価格で売っているため、赤字が出る。これは、均衡状態で利潤がゼロのときより損である。つまり、自分ひとりが価格を下げてもやはり得しない。

したがって、$p_1^* = p_2^* = c$ は、ナッシュ均衡の条件（＊）を満たすことが確認できた。

　より深く価格競争を理解するために、二社が共謀して価格をコストよりつり上げ、両社が正の利潤を得ている状態 $p_1^0 = p_2^0 > c$ を考えてみよう。このとき、一社がぬけがけして相手よりわずかに低い価格をつけると、相手のお客をすべて奪える。価格はほとんど変わっていないので、ぬけがけした会社は（相手の利潤を奪って）自分の利潤がほぼ２倍になる。したがって、両社が正の利潤を得ている状態 $p_1^0 = p_2^0 > c$ は、企業にとっては望ましい状態であるものの、残念ながらナッシュ均衡になっていない（上記の条件（＊）が満たされない）ため、そのままでは実現することが困難である。このような状態を達成するには、「ぬけがけした企業を罰する」何らかのメカニズムが必要になる[17]。

　さらに、他のいろいろなケースをチェックすると、先に挙げた「$p_1^* = p_2^* = c$、利潤ゼロ」以外にはナッシュ均衡はないことがわかる（読者の練習問題としよう）。

コメント 6.2　**クールノーとベルトランのどちらが「正しい寡占のモデル」なのか**：同じ市場にいる同じ企業を対象としても、数量競争（クールノー）と価格競争（ベルトラン）ではその結果はかなり違います。前者の結果は完全競争と独占の中間ですが、価格競争の結果は完全競争と同じになりました。では、どちらのモデルを信じたらよいのでしょうか？

　これは、どちらが「正しい」モデルであるというのではなく、現実の事例の中

17　価格競争においてぬけがけを阻止して高価格を維持する方法については、第７章7.5節で詳しく説明する。

には数量競争に近いケースもあれば、価格競争に近いケースもある、と考えるのが妥当でしょう。例えば、隣接したガソリンスタンドの競争を考えると、毎朝開店前に「リッター××円」という価格を提示して競争するので、現実はかなりベルトランの価格競争モデルに近い状況です。また、数量競争のクールノーモデルにかなり近い現実の状況として、地方の魚市場が挙げられます。漁船（企業に当たる）は毎朝漁に出て、魚を捕って（つまり生産量を選択して）地方の港に隣接した市場に水揚げします。水揚げされた魚は市場で（せりによって）市場価格で販売されます。これは、まさにクールノーの数量競争モデルそのものです。

では、テレビやカメラなどの家電製品の場合はどうでしょうか？　これらはかなり複雑なケースですが、生産者は末端の小売価格を指定できず、小売業者は互いに激しく競争して価格をつけているので、基本的には「企業は一定の数量の製品を出荷し、その後競争的な価格が市場でつく」という、数量競争のモデルに近いと考えてよいでしょう。

6.6　不確実性と期待効用

ここで、少し話題を変えて、不確実性を経済学やゲーム理論で取り扱う際の基本を学ぶことにしよう。これまでのところ、われわれは不確実性を考えずに議論を進めてきたが、不確実性は現実には重要である。本書も後半となった今、いよいよこれらのことを取り扱うわけである。まず、不確実性が問題となる、典型的な例をいくつか挙げてみよう。

- **環境の変動**：天候、株価、為替レートなど、企業や消費者を取り巻く環境はランダムに変動することが多い

- **相手の出方が正確には予測できないとき**：相手がどんな行動をどのような確率でとってくるかを考える必要がある

- **情報の非対称性があるとき**：相手はどんな情報をどんな確率で持っているのかを考える必要がある

このようなさまざまなことを考えてゆくには、「不確実性の下で、人はどのように行動するのか」を明らかにする必要がある。ここでは、この要請にこた

える簡単で扱いやすいモデルとして、「期待効用モデル」を紹介することにする。これは、

- リスクをきらう慎重な人
- リスクがあるとうれしい、ギャンブル好きな人
- そのちょうど中間で、リスクがあってもなくてもどちらでもいい人

などを、きわめてわかりやすく表現するモデルである。これは、不確実性の経済学の基礎になるものなので、ちょっと抽象的でやや根気のいる議論になるが、わかってしまえば「なるほど！」と思える便利な分析道具である。しばしがまんしてお付き合いいただきたい。

では、いきなりモデルを見るのではなく、まずは簡単な例を通じて、不確実性の下での人間の行動の特徴を考えてみよう。

例6.6 半々の確率で3000円か1000円のどちらかが当たるくじがあったとしよう。「このくじの、あなたにとっての価値は何か？」と言われたら、皆さんはどう答えるだろうか。考えられる一つの答えは、統計学や数学の本によく出てくる、賞金の**期待値**がこのくじの価値である、というものである。

このくじの賞金を$\tilde{x}$で表すと、$\tilde{x}$は確率1/2で3000の値をとり、また確率1/2で1000の値をとる。したがってその期待値（これを$E[\tilde{x}]$と書く）は、3000と1000にそれぞれの確率で重みをつけて平均をとったもの

$$E[\tilde{x}] = \frac{1}{2} \times 3000 + \frac{1}{2} \times 1000 = 2000$$

である。期待値が2000円であるということは、このくじを引くと、**平均すると2000円もらえる**、ということを意味するものである。

「期待値」は以下の議論で重要な役割を果たすので、ここでざっと復習しておこう。このくじの賞金のように、ランダムな値をとる変数$\tilde{x}$を確率変数という（確率変数であることを示すために、xの上に〜という記号をくっつけるのです）。この確率変数が「平均するとどういう値をとるか」を表すのが期待値で、それはつぎのように定義される：

いま、$\tilde{x}$ が $x_1, ..., x_K$ のどれかの値をとる確率変数であるとして、x_k が出る確率を p_k と書く。このとき、
$$p_1 x_1 + \cdots + p_K x_K$$
を $\tilde{x}$ の**期待値**といい、$E[\tilde{x}]$ と表す。

では、人間はつねに期待値を見て行動しているのだろうか？　これを考えるために、例6.7を見てほしい。

例6.7　**サンクトペテルブルクのパラドックス**[18]：いま、つぎのような賭けがあったとしよう。

- コインを、裏が出るまでトスし続ける
- 賞金は、$2^{(コイントスの回数)}$ 円

ちょっとわかりにくいと思うので、賞金がどんな感じで出るのかを例を挙げて説明してみよう。

- 裏（ここでトスは終わり）　→ $2^1 = 2$ 円もらえる
- 表裏　　　　　　　　　　　→ $2^2 = 4$ 円もらえる
- 表表裏　　　　　　　　　　→ $2^3 = 8$ 円もらえる
- ⋮

さて、この賭けに参加するために、あなたならいくら払うだろうか。ためしに自分でコインをトスして、いくら賞金が出るかを確かめてほしい。たいていの人は5円か10円、せいぜい行っても100円くらいまでしか払わないのではないだろうか。

では、この賭けの賞金の期待値はいくらか計算してみよう。表の出る確率を $\Pr(表)(=1/2)$ などと表すと、期待値は

$$\underbrace{\left(\frac{1}{2}\right)}_{\Pr(裏)} \times 2 + \underbrace{\left(\frac{1}{2}\right)^2}_{\Pr(表)\Pr(裏)} \times 2^2 + \underbrace{\left(\frac{1}{2}\right)^3}_{\Pr(表)\Pr(表)\Pr(裏)} \times 2^3 + \cdots = 1 + 1 + 1 + \cdots = \infty(無限大)$$

---

[18] これは数学者のD. ベルヌーイが1738年にロシアの都市サンクトペテルブルクの学術雑誌に掲載した論文に出てくる例なので、このような名前で呼ばれている。

である。つまり、この賭けの賞金の期待値はなんと無限大なのである！

もし人々が「自分が得る収入の期待値」のみを考えて行動するのなら、この賭けに参加するには100万円でも1億円でも喜んで出すことになるはずであるが、こんなことをする人はまずいない。つまり、人々はどうも収入の期待値だけを見て行動しているのではなさそうである。

以上の二つの例をもとに、不確実性下の人間の行動を表すモデルをどう作ったらよいかを考えてみよう。いま、例6.6で見た、「1000円と3000円が等確率で当たるくじ」と、このくじの賞金の期待値である2000円が確実にもらえるのと、どちらがいいかを考えてみよう。すると、人間の危険に対する態度はつぎのように大別できる。

- くじを引くよりその賞金の期待値を確実にもらったほうがよい、という人はリスクを嫌う慎重な人であり、このような人を**危険回避的**という。

- また、くじを引いたほうがその賞金の期待値をもらうよりよい、という人はギャンブル好きな人で、このような人を**危険愛好的**という。

- くじを引いても、その賞金の期待値を確実にもらってもどちらでもよい（無差別である）、という人は、期待値のみを見て行動する人であり、このような人を**危険中立的**という。

このように、人によってまちまちな**危険に対する態度をうまく表現するモデル**はないだろうか？　このような要請にこたえるのが、**期待効用モデル**であり、それはつぎのようなものである。

x　　実現する結果（くじの賞金、収入など）

$u(x)$　　結果がもたらす「効用」

結果が不確実であるとき、人は**期待効用** $E[u(\tilde{x})]$ **を最大化**するように行動する

期待効用モデル

期待効用というのは、「効用の期待値」のことである。不確実な結果を確率変数 $\tilde{x} = x_1, \cdots, x_K$ で表し、k 番目の結果 x_k が起こる確率を p_k と書くと、期待効用は

$$\mathrm{E}[u(\tilde{x})] = p_1 u(x_1) + \cdots + p_K u(x_K)$$

で与えられる。

例6.8 半々の確率で1000円と3000円が当たる例6.6のくじの期待効用は

$$\mathrm{E}[u(\tilde{x})] = \frac{1}{2} u(1000) + \frac{1}{2} u(3000)$$

である。

この期待効用モデルを使うと、危険回避、危険愛好、危険中立の違いが、「効用関数のグラフの曲り具合」でうまく表現できることがわかっている（図6.14）。それはなぜかを、これから説明しよう。

まず、図の一番上の危険回避的な人のケースから説明しよう。この人が、例6.6で見た1000円と3000円のくじを引くか、それとも賞金の期待値を確実にもらうかを、グラフを使って分析してみよう。まず、くじを引いたときの期待効用がどう決まるかをきっちり理解しよう。図6.15を見てほしい。

このくじを引くと、半々の確率で効用 $u(1000)$ と $u(3000)$ が得られるので、期待効用はそのちょうど中間である。これは、図6.15のAとBの中間点Cの高さで表される。

一方、くじの期待値2000円を確実にもらうときの効用は、図6.15の $x = 2000$ のところで効用のグラフの高さを見ればよい。これを書き込んだのが図6.16である。

これにより、効用のグラフが上に向かって凸になっているような人は、くじを引くよりその賞金の期待値を確実にもらうことを選ぶ、つまり危険回避的であることがわかるだろう。

このように、グラフが上に凸になっている（つまりグラフの下側が凸集合になっている）ような関数を凹関数と呼んだことは覚えているだろうか（生産関数について学んだ第2章2.3節(c)項）。上で議論した効用関数 u は、凹

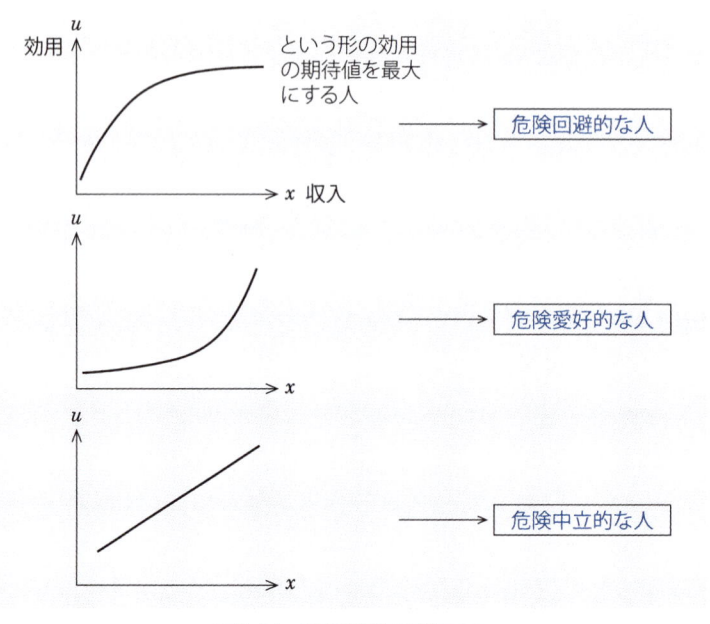

図6.14　効用関数のグラフ

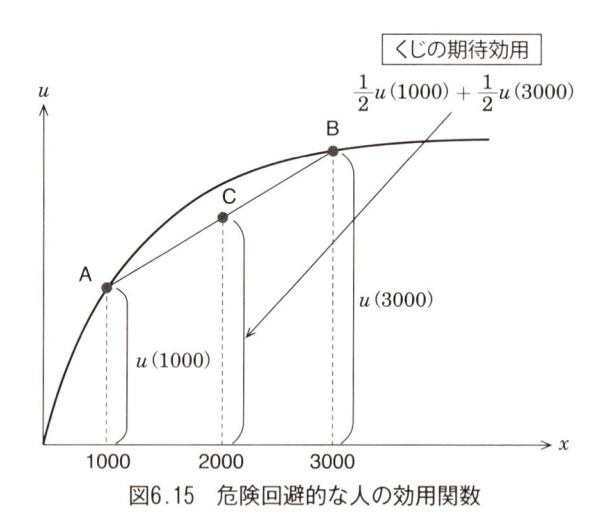

図6.15　危険回避的な人の効用関数

関数であるばかりではなく、**グラフに直線になっている部分がない**（つまりどこでも曲がっている）、というもう一つの特徴がある。このような関数を、

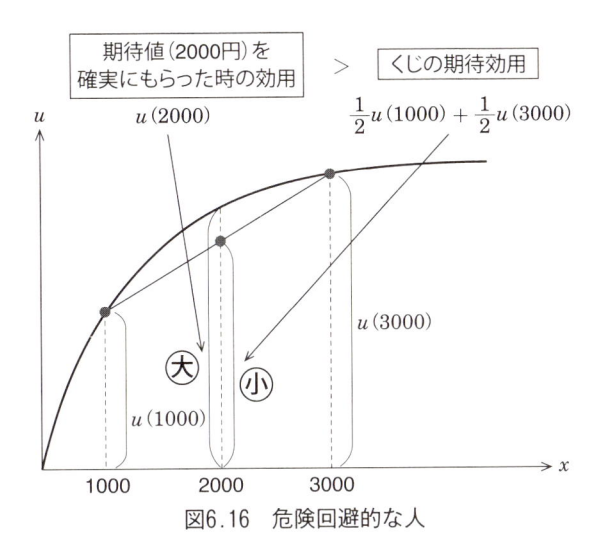

```
                    期待値(2000円)を        くじの期待効用
                    確実にもらった時の効用  >
      u             u(2000)            ½u(1000) + ½u(3000)
```

図6.16 危険回避的な人

強い凹関数という。以上の議論をまとめると、「効用関数が強い凹関数である人は、危険回避的である」ということになる。

コメント 6.3 **数式を使った説明**：第2章2.3節 (c) 項での議論を思い出すと、$u(x)$ が凹関数である条件は、$0<t<1$ を満たすどんな t と、どんな2点 $a, b (a \neq b)$ についても、

$$u(ta+(1-t)b) \geq tu(a)+(1-t)u(b)$$

であるということでした。とくに、**これが強い不等式（＞）で満たされるとき**、u **を強い凹関数**といいます。図6.16は、この強い不等式を $t = 1/2, a = 1000, b = 3000$ の場合に図示したものに他なりません。

 一般に、上の条件が強い不等号で満たされるということは、つぎのように解釈できます。いま、確率 t で a 円が当たり、確率 $1-t$ で b 円が当たるくじがあったとしましょう。上の式の左辺は、このくじの賞金の期待値を確実にもらったときの効用を表しています。一方それよりも小さい右辺は、このくじを引いたときの期待利得です。このように、数式を使った強い凹関数の定義をみれば、「効用が強い凹関数の人は、くじの賞金の期待値をもらったほうがくじを引くよりよい、つまり危険回避的である」ことがただちにわかるでしょう。

続いて、図6.14の真ん中の、危険愛好的な場合を説明しよう。この図のように、グラフが下に向かって凸で、かつグラフに直線になっている部分がないものを、**強い凸関数**という。このような効用関数を持つ人は、図6.15の大小関係が逆になるので、くじの期待値をもらうよりもくじを引くほうを好む、つまり危険愛好的であることがわかる。

また、図6.14の下のように効用のグラフが直線である場合は、図6.16の㊧㊨と書いてある部分が同じ大きさになるので、「くじの期待値をもらっても、くじを引いてもどちらでもよい」、つまり危険中立的であることがわかる。グラフが直線であるということは、効用が1次式 $u(x) = kx + c$ であるということで、とくに $u(x) = x$ の場合を考えると、期待効用を最大化するということは賞金 x の期待値を最大にすることと同じなので、ただちに危険中立的であることがわかるだろう。

以上をすべてまとめると、つぎのようになる。これは、図6.14を言葉で言い直したものである。

期待効用モデルにおいて、
- 効用関数が**強い凹関数** ⇔ **危険回避的**な人
- 効用関数が**強い凸関数** ⇔ **危険愛好的**な人
- 効用関数が**1次式** ⇔ **危険中立的**な人

以下で、ちょっと細かい注意を二つばかりしておく。

コメント 6.4 **効用の意味について**：消費者行動で使われた「ある人の好み（選好）を表す効用」（第1章を参照）と、期待効用モデルで使われる「危険に対する態度を表す効用」は、ちょっと違うものです。ここで、その違いを説明しましょう。

消費者の好みを表す効用については、「より好ましいものにより大きな数字をあてはめさえすれば、**数字のあてはめ方は何でもよい**」のです（第1章で詳しく説明しました）。一方、期待効用モデルで使われる効用は、より好ましいものにより大きな数字をあてはめるところは同じですが、数字のあてはめ方は何でもよいわけではなくて、「**その人の危険に対する態度を表すようにうまく数字をあてはめる**」ことが必要になります。期待効用モデルで使われる効用を図示した図6.14を見れば

わかるように、収入 x は大きければ大きいほど良いので、大きな収入に大きな数字をあてはめるのですが、数字のあてはめ方によって、危険に対する態度が違ってくるわけです。例えば、収入が上がるにつれ効用の上がり方が少なくなるように数字をあてはめれば（図の一番上にある）危険回避的な人になります。

このように、「ある人の好み（選好）を表す効用」と、「期待効用モデルで使われる効用」はちょっと違うものなので、期待効用モデルで使う効用のほうを（それを発明した人たちの名前をとって）ノイマン・モルゲンシュテルンの効用関数ということがあります。

コメント 6.5　ゲーム理論で使われる「利得」とは？：ゲーム理論を学んで最初に起こる疑問の一つは、「プレイヤーの利得と称していろいろ数字が出てくるけれど、そもそも利得って何だろう？」ということではないでしょうか。各人が賞金や得点、利潤などをもらう場合には、それがプレイヤーの利得であると考えてもよさそうですが、例えば囚人のジレンマで「両方が協力したときの利得は1、両方裏切ったときの利得は0」などというとき、1とか0とかの数字はどこから出てきたのでしょうか？　ここでこの疑問にお答えしましょう。

多くのゲーム理論の教科書では、このことについて何も書いていないか、あるいは「プレイヤーの利得とはノイマン・モルゲンシュテルンの効用である」と書いてあるかのどちらかです。しかし、より実用的で適切な説明はつぎのようなものです。まず、話を「不確実性を問題にする必要がある場合」と「そうでない場合」に分けます。ここで、**不確実性を問題にする必要がある場合**とは、

・プレイヤーを取り巻く環境がランダムに変動するとき（サイコロを振ったりトランプを配ったりする、株価や為替などの影響を受ける……などです）
・プレイヤーがランダムな行動をとるとき（つぎの6.7節で説明する「混合戦略均衡」のケース）

です。このような場合には、プレイヤーの危険に対する態度を考える必要があるので、「利得＝ノイマン・モルゲンシュテルンの効用」としなければなりません。

例 6.9　プレイヤーがもらう金額が、株価や為替などのランダムな影響を受けるならば、そのプレイヤーの利得は金額 x そのものではなく、金額から発生するノイマン・モルゲンシュテルンの効用 $u(x)$ とする必要がある（こうすることによって、

プレイヤーが危険を回避しようとするかどうかをモデルに組み込むことができるわけです)。

これに対して、不確実性が問題にならない場合には、プレイヤーの利得は、より好ましいものにより大きな数字をあてはめたものなら何でもよい、ということになります。「何でもよい」理由は、ゲームを分析する際に使う（不確実性がない場合の）ナッシュ均衡が、どのような数字のあてはめ方をしても変わらないからです[19]。ゲーム理論の応用のかなりの部分は、不確実性のないときのナッシュ均衡を使っています。このような応用をするときには、比較的簡単にプレイヤーの利得を決めることができるわけです。

以上をまとめておきましょう。

ゲーム理論におけるプレイヤーの「利得」とは、プレイヤーにとってよりよい結果により大きな数字をあてはめたものであるが、

・**不確実性が問題にならないとき**：数字のあてはめ方は何でもよい

・**不確実性が問題になるとき**：プレイヤーの危険に対する態度を表すように、数字をあてはめる（利得＝ノイマン・モルゲンシュテルンの効用）

6.7 混合戦略均衡とナッシュ均衡の存在

さて、ここで話をゲーム理論にもどそう。これまで見たいろいろな例では、「プレイヤーがお互いに最適に反応し合っている」ような点（ナッシュ均衡）が必ず存在した。では、本当にどんなゲームにもこんなうまい点（ナッシュ均衡）があるのだろうか？　このことを考えるために、例6.10を見てみよう。

---

[19] ナッシュ均衡とは、「自分ひとりだけが行動を変えても得しない」状態です。このとき、「より好ましいものにより高い利得をあてはめて」おけば、どんな利得を使ってもナッシュ均衡では「自分ひとりだけが行動を変えても利得は上がらない」ことが成り立ちます。つまり、そのようなどんな利得を使っても、「自分ひとりだけが行動を変えたとき利得は上がらない」状態（ナッシュ均衡）は変わらないのです。

例6.10 **じゃんけん**：じゃんけんで、勝ったら利得は1、負けたら利得は -1、引き分けなら利得はゼロと考えて、利得表で表すと表6.9のようになる。

じゃんけんでは、グーがチョキに勝ち、チョキはパーに勝ち、パーはグーに勝つのだから、「**お互いが最適に反応し合っている状態**」（ナッシュ均衡）**はないようにみえる**。実際、表6.9の利得表のどの欄もナッシュ均衡になっていない。では、人間は実際に何をやるかというと、グー・チョキ・パーをランダムに出している。しかも、特定の手、例えばグーばかり多めに出す人はあまりおらず、どの手も同じような確率で出しているようである。

このようなときに何が起こっているかを詳しくみるために、自分がプレイヤー1だと思って、相手（プレイヤー2）がグー・チョキ・パーを1/3の確率で出している状況を考えてみよう。表6.10を見てほしい。このように、相手がグー・チョキ・パーを1/3の確率で出しているとき、自分がグーを出すと、期待利得は0になる。自分がチョキを出したときもパーを出したときも、表6.10と同様で、期待利得はやはり同じ値（0）であることがわかる。

このとき、自分は何を出しても期待利得は同じなので、**プレイヤーが期待利得を最大化する**と考えると、相手がグー・チョキ・パーを1/3の確率で出しているなら

1＼2	グー	チョキ	パー
グー	0, 0	1, -1	-1, 1
チョキ	-1, 1	0, 0	1, -1
パー	1, -1	-1, 1	0, 0

表6.9　じゃんけんの利得表

1＼2	グー ($\frac{1}{3}$)	チョキ ($\frac{1}{3}$)	パー ($\frac{1}{3}$)
グー	0, 0	1, -1	-1, 1

プレイヤー1の期待利得 $\Rightarrow \frac{1}{3}\times 0 + \frac{1}{3}\times 1 + \frac{1}{3}\times (-1) = 0$

表6.10　期待利得の計算

・何を出しても最適である。

・とくに、自分も「グー・チョキ・パーを1/3の確率で出す」というのも最適の一つである。

・つまり、「お互いがグー・チョキ・パーを1/3の確率で出す」というのは、**お互いが最適反応**し合っている状態である。

その意味でこれはナッシュ均衡の一種であると考えることができる。このように、プレイヤーがランダムに行動をとることを混合戦略という。これに対し、ランダムでない行動（この例では、グー、チョキ、パーのそれぞれ）を、純粋戦略という[20]。そして、じゃんけんの例のように、お互いが最適反応になっている混合戦略をとり合っている状態を、混合戦略均衡という。混合戦略均衡とは、期待利得を最大化するプレイヤーが混合戦略をとる時のナッシュ均衡に他ならない。

　人間がランダムに行動をとるのはじゃんけんに限ったことではない。例えば税務調査を行うときには、税務署は怪しい人をランダムに選んで調査を入れる（今年はこの人、来年はあの人、と決まった人を決まった順番で調べていたのでは脱税は防げません）。これも、混合戦略均衡の一例であるとみることができるだろう。また、スポーツでも、例えばテニスのサーブは左右のどちらにくるかわからないようにランダムに打つ。サッカーのペナルティ・キックも同様である。以下では、これを詳しくみてみよう。

事例6.6　サッカーのペナルティ・キック：サッカーのゲームでは、ボールを蹴るキッカーとゴールキーパーが1対1で対決する「ペナルティ・キック」という場面が出てきます。このとき、キッカーの戦略はゴールの右に向かって蹴るか、左に向かって蹴るかの二つだと考えてよいでしょう（真ん中に蹴ることはあまりない）。プロの選手が蹴るボールは非常に速いので、キーパーはボールの来る方向を見てからそちらに移動していては間に合いません。そこで、キーパーはキッカーが蹴るのと同時に、

---

[20] より正確にいうと、混合戦略とは、それぞれの純粋戦略をどんな確率でとるかを定めた確率分布のことである。

[写真提供:AFP=時事]

図6.17　ペナルティ・キック

どちらにボールが来そうかを判断して左右どちらかにジャンプします（図6.17）。

　これを、ゲーム理論で分析してみましょう。キッカーの利得は、シュートが決まる確率だと考えてよいでしょう。ゴールキーパーはこの確率をなるべく小さくしたいので、キーパーの利得は−（シュートが決まる確率）だと思ってよいでしょう。このように、二人のプレイヤーの利害が完全に相反したゲームをゼロ和二人ゲームと言います。

　さて、これらの利得が実際にはどんな値なのかを調べるには、統計をとればよいことがわかります。例えば、キッカーが左に蹴り、キーパーが同じく左に飛んだとき、どんな割合でシュートが決まったかを、たくさんのデータを集めて計算すれば、「キッカーが左に蹴り、キーパーが同じく左に飛んだときのキッカーの利得」が推定できるわけです。

　実際に、1995年から2000年までのヨーロッパのサッカーの試合の録画を見まくって、1417本のペナルティ・キックからこうした数字を計算して分析をした人がいます[21]。こうして推計された利得表は表6.11の通りです。

キッカー ＼ ゴールキーパー	左	右
（キーパーから見て）左	58.30	94.97
右	92.92	69.92

推計されたキッカーの利得
（シュートの決まる確率(%)）

表6.11　ペナルティ・キックの利得表

では、このデータをもとに、じゃんけんの例と同様の手続きで混合戦略均衡を計算してみましょう。いま、キーパーが左に飛ぶ確率を p とすると、キッカーの期待利得は、表6.12のように計算できます。

キッカーが右と左をランダムに蹴るのが最適になるためには、左に蹴ったときの期待利得①と、右に蹴ったときの期待利得②が同じでなくてはなりません（そうでなければ、期待利得が大きいほうを確率1でとったほうがよい）。① = ②という式を解けば、p の値が決まります。同様に、キーパーの期待利得を分析すると、キッカーが左右に蹴る確率が計算できます。こうして求めた混合戦略均衡と、実際のプロサッカープレイヤーの行動を比べたのが、表6.13です。

このデータにおいては、混合戦略均衡は現実のサッカー選手の行動をかなりよく表していることがわかるでしょう。

キッカー \ ゴールキーパー	左 (p)	右 ($1-p$)	キッカーの期待利得
左	58.30	94.97	① $58.30p + 94.97(1-p)$
右	92.92	69.92	② $92.92p + 69.92(1-p)$

表6.12　キッカーの期待利得

	ゴールキーパー		キッカー	
	左	右	左	右
均衡	41.99	58.01	38.54	61.46
現実の頻度	42.31	57.69	39.98	60.02

表6.13　混合戦略均衡

以上、これまでみたすべての例において、ナッシュ均衡は存在した。じゃ

21　I. Palacios-Huerta (2003) "Professionals Play Minimax," *Review of Economic Studies*, 70, pp. 395-415.

んけんのように、一見するとナッシュ均衡がないようにみえる例でも、混合戦略の範囲で考えるとナッシュ均衡があった。これは、偶然ではない。現代的なゲーム理論の基礎を築いた天才数学者のジョン・ナッシュは、つぎのことを証明したのである。

定理（ナッシュ均衡の存在）：プレイヤーの数と（純粋）戦略の数がともに有限なら、どんなゲームにも（混合戦略の範囲で）必ずナッシュ均衡が存在する。

ナッシュはこのことを、位相数学（トポロジー）の手法を使って証明した。証明は、第3章3.3節(e)項で紹介した「完全競争均衡の存在定理の証明」とほぼ同じである。学説史的には、ナッシュの存在証明のほうが先で、その後これを参考にして競争市場均衡の存在定理がつくられたのである。

　この定理は、どんな社会・経済の問題にも、「プレイヤーがお互いに最適に反応し合っている状態」（ナッシュ均衡）があることを保証するものである。つまり、この定理は、どんな社会・経済問題も、ナッシュ均衡を使って分析できることを保証するもので、ゲーム理論の応用範囲の広さを与える重要な結果である[22]。

22　例えば、グレーヴァ香子『非協力ゲーム理論』（知泉書館、2011年）3.5節、3.6節を参照。

7 時間を通じたゲームと戦略の信頼性

　この章では、時間を通じた社会・経済問題を分析する一般的方法（時間を通じたゲームの解き方）を学ぶことにする。まずは、時間を通じたゲームを解くためのさまざまなポイントが一目でわかるような簡単な例から説明しよう。

7.1 例：銀行の破綻処理

　破綻した金融機関を政府が救済するかどうかは大きな問題である。これを考えるために、図7.1のような簡単な2段階のゲームを考えてみよう。

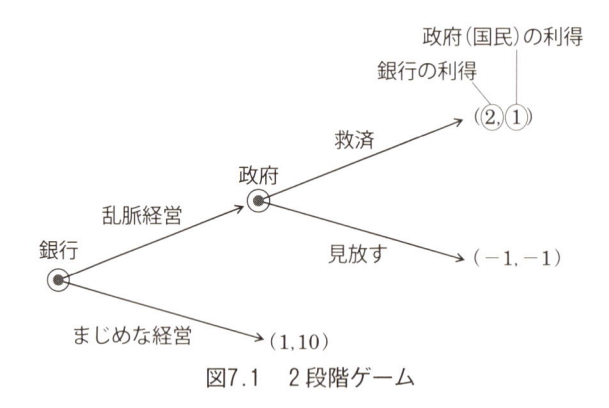

```
                                        政府(国民)の利得
                                  銀行の利得
                                        (2, 1)
                              救済
                       政府
                  乱脈経営
          銀行                  見放す    (−1, −1)

                  まじめな経営    (1, 10)
```

図7.1　2段階ゲーム

　これは、まず銀行が動き、つぎに政府が動く、時間を通じたゲームである。どんなゲームなのかを、図の利得を見ながら確認してゆこう。

・まず、銀行がまじめにやれば、銀行はそこそこの利得（1）を得、政府（国民）は大変得をする（利得は10）。

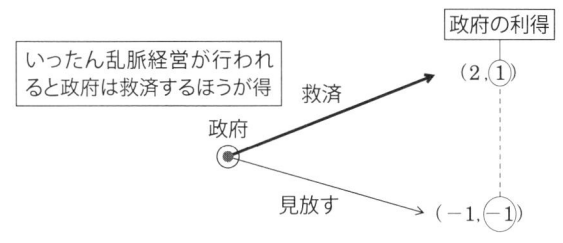

図中:
政府の利得
いったん乱脈経営が行われると政府は救済するほうが得
救済 → (2, ①)
政府
見放す → (−1, −1)

図7.2　2段階目に何が起きるか

・一方、銀行が危ない借り手に融資するような乱脈経営を行うと、経営破綻の危機が訪れ、政府の出番となる。

・このとき、政府が救済すれば銀行は大変得をするが（利得は2）、政府（国民）の利得は、銀行がまじめにやったときに比べ大変低くなってしまう（1）。

・また、政府が銀行を救済しないと、銀行は赤字となり（利得は−1）、また金融恐慌が起こって国民も大打撃を受ける（利得は−1）。

　では、このゲームで何が起こるのであろうか。まず、最初に動く銀行の行動をみてみよう。銀行が乱脈経営をするかまじめにやるかを決めるには、乱脈経営をしたとき将来どうなるかを知らなければならない。したがって、**1段階目に動く銀行の行動を決めるためには、2段階目に何が起こるのかを先に分析することが必要**となる。そこで、**まず2段階目をみてみる**と、政府は救済を選ぶことがわかる（図7.2）。銀行が、これを見越して1段階目で最適な行動をとると、結局は乱脈経営を選ぶことがわかる（図7.3）。

　このように、時間を通じたゲームを解く基本は、つぎのようにまとめられる。

ゲームの最初のほうで動くプレイヤーが何をしたらよいかは、将来何が起こるかに依存する。

⬇

そこで、プレイヤーの行動を決めるには、**ゲームを後ろから順に解くとよい。**

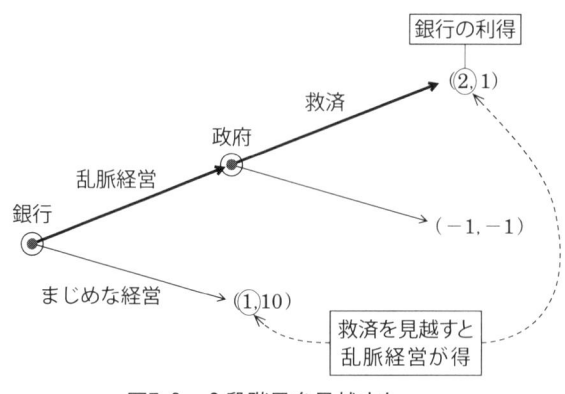

図7.3 2段階目を見越すと1段階目に何が起きるか

```
                                    銀行の利得
                        救済      ┌──────┐
                    ──────→  (2, 1)
              政府 ★
     乱脈経営 ╱        ╲
   銀行 ○              → (−1, −1)
         ╲
     まじめな経営
          ╲──→ (1, 10)       救済を見越すと
                              乱脈経営が得
```

つまり、時間を通じたゲームを解くには、時間の流れとは逆に、

- まず最後の期に各人がどう行動するかを求め
- それを見越して最後から2番目の期に各人がどう行動するかを求め
$\vdots$

というようにすればよいのである。こうして後ろからゲームを解いて得られた結果は、ナッシュ均衡になっていることに注意しよう。銀行が乱脈経営をすると、政府は救済するのが最適であり、また政府が救済するなら銀行は乱脈経営を選ぶのが最適である。つまりこれは、お互いが最適に反応し合っている状態なので、確かにナッシュ均衡になっているのである。**ゲームを後ろから解いて得られたこのナッシュ均衡は、相手の出方を正しく見越した現実的なもの**であるといってよいだろう。

ところで、先述のゲームを利得表で分析すると、実は**もう一つのナッシュ均衡がある**ことがわかる（表7.1）。

この第2の均衡（均衡②）が、確かにナッシュ均衡になっていることを確認しよう。ナッシュ均衡とは、「自分ひとりだけが行動を変えても得しない」状態である。まず、銀行についてこれを確認しよう。表7.2を見てほしい。これは、「政府が見放すなら、まじめにやるのがよい」ということで、この部分には何もおかしなところはない。

つぎに、政府の行動をチェックしよう（表7.3）。この図が示すように、政

銀行 \ 政府	もし乱脈経営が起こったら	
	救済する	見放す
乱脈経営	②2, 1	−1, −1
まじめな経営	1, 10	②1, 10

ゲームを後ろから解いて得た現実的な均衡（均衡①）　　もう一つのナッシュ均衡（均衡②）

表7.1　二つのナッシュ均衡

銀行 \ 政府	もし乱脈経営が起こったら	
	救済する	見放す
乱脈経営	2, 1	−1, −1
まじめな経営	1, 10	1, 10

銀行が自分ひとりだけ戦略を変えても得しない

表7.2

銀行 \ 政府	もし乱脈経営が起こったら	
	救済する	見放す
乱脈経営	2, 1	−1, −1
まじめな経営	1, ⑩	1, ⑩

政府も、自分ひとりだけ戦略を変えても得しない

表7.3

府も自分ひとりが戦略を変えても得しないので、均衡②は確かにナッシュ均衡の条件を満たしている。しかし、この均衡②でとられている「見放す」という計画は、いざ実行する段になると最適ではないものであり、そんなものを政府が選ぶというのはおかしな話である。このような、「いざ実行する段になると最適でない」ような計画が、「各人が最適に反応し合っている」はずのナッシュ均衡でとられるのはなぜなのだろうか？

　その答えは、つぎのようなものである。銀行がまじめにやると、政府の**出**

番はどのみちないので、救済すると計画しておいても、見放すと計画しておいても、**自分の利得は変わらない**。したがって、**いざ実現する段になると最適でない「見放す」という計画を選ぶというおかしなことが、「自分ひとりだけが戦略を変えても利得が上がらない」というナッシュ均衡条件では排除できない**のである。

　このような、「いざ実行する段になると実際にはとられないような行動計画」を普通の言葉でいうと、「**ハッタリ**」である。この均衡②では、「経営破綻したら見放す」という政府のハッタリを銀行が信じてしまっているのである。プレイヤーが本当に賢ければハッタリを見抜くはずなので、こうした均衡が実現するとは考えがたい。したがって、このゲームには①②の二つの均衡があるが、現実的なのは①のほうだということになる。

　以上のことをまとめてみよう。この例には、時間を通じたゲームを分析する際のエッセンスが詰まっている。それは、つぎのようなことである。

　[１] 時間を通じたゲームは、図7.1のような「ゲームの木」で表現できる。これを、**展開型**という。

・ゲームの木を使って時間を通じたゲームを表現する方法は、7.2節で詳しく解説する。

　[２] 時間を通じたゲームの**戦略**とは、「将来何が起こったらどう対応するか」をすべて定めた**条件付の行動計画**のことである。

・上の例での政府の戦略は、「もし乱脈経営が起こったらどうするか」という、条件付の行動計画である。

　[３] 時間を通じたゲームも、「すべてのプレイヤーが、ゲームの開始時に同時に行動計画を選ぶ」という同時手番のゲームとみなして、ナッシュ均衡を使って分析できる。

・表7.1の利得表を使った分析がこれに当たる。

7.1節　例：銀行の破綻処理　363

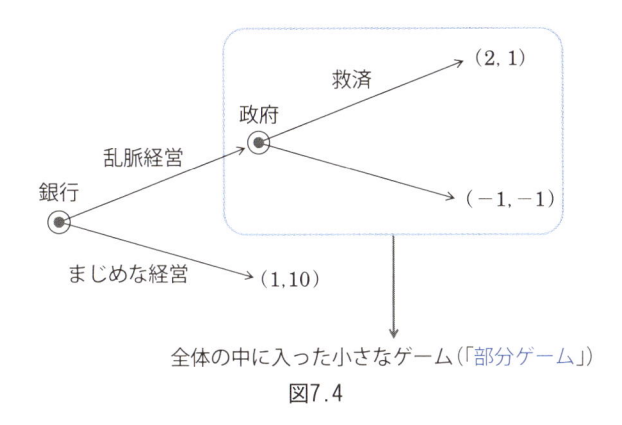

```
                            (2, 1)
                     救済 ↗
              政府 ●
        乱脈経営 ↗        ↘
銀行 ●                    (−1, −1)
        ↘
      まじめな経営 → (1, 10)

           全体の中に入った小さなゲーム（「部分ゲーム」）
                   図7.4
```

[4] **しかし、時間を通じたゲームのそうしたナッシュ均衡の中には、信頼性のない脅し（ハッタリ）が利いた、非現実的なものが含まれる。**

・先ほどの均衡②がこの一例である。

[5] **信頼性のない脅しを排除して現実的な均衡を求めるためには、ゲームを後ろから解けばよい。**

・ゲームを後ろから解くということは、図7.4の四角で囲った部分をまず解き、つぎに全体を解くということである。

　この四角で囲った部分を**部分ゲーム**といい、こうしてゲームを後ろから解いて得られるものを**部分ゲーム完全均衡**という。[1]-[5]の中で一番重要なのはこの最後の[5]の部分で、[1]-[4]はそれをしっかり理解するために必要な（重要な）注意点である。**同時手番のゲームを解くのにはナッシュ均衡を使うが、時間を通じたゲームを解くには部分ゲーム完全均衡を使う**というのが、ゲーム理論の基本的な考え方である。この、「部分ゲーム完全均衡」の詳しい説明は、7.2節で行うことにする。

7.2 部分ゲーム完全均衡

ここで、
・時間を通じたゲームを「ゲームの木」で表現するには？
・時間を通じたゲームの戦略とは？
・部分ゲーム完全均衡とは？
ということを解説しよう。ちょっと根気のいるところだが、ゲーム理論の基本的な「作法」を学ぶと思って、おつきあい願いたい。

（a）展開型と時間を通じたゲームの戦略

時間を通じたゲームを、「ゲームの木」によって表す方法を、ゲームの「展開型」表現という。部分ゲーム完全均衡を理解するにはこの展開型を理解する必要があるので、まずこれを解説しよう。例7.1を見てほしい。

例7.1　「男女の戦いゲーム」の動学版：男女がサッカーに行くか（F）、ショッピングに行くか（S）を同時に決める「男女の戦いゲーム」をちょっと変えて、まず男がどちらに行くか選び、つぎにこれを見て女が自分の行先を決めるという、時間を通じたゲームを考えてみよう。このゲームはつぎのように表現できる（図7.5）。

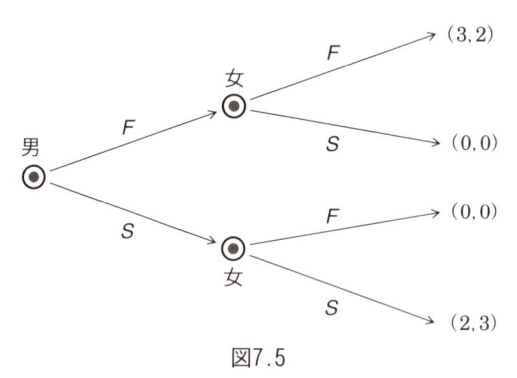

図7.5

これを例にして、展開型の描き方の要点を説明してみよう。展開型は図7.5の通り、分岐点[1]と枝からできている。分岐点はプレイヤーが行動をとる

---

[1] Decision nodeと呼ばれるものである。

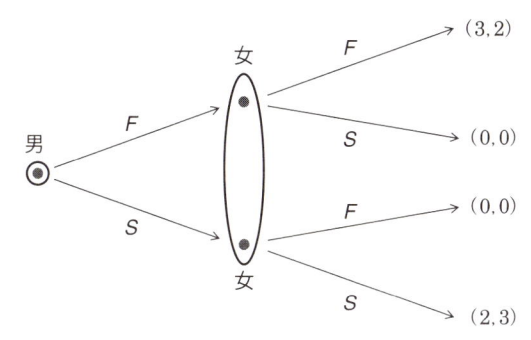

図7.6 女が男の行動を見られない場合

ところで、そこから出る**枝はその点でプレイヤーが選ぶことのできるさまざまな行動を表している**。さらに、図7.5の、「女」と書かれた二つの分岐点を見てほしい。上の点は男がサッカー（F）を選んだあとの状態で、下の点は男がショッピング（S）を選んだあとの状態である。ここの例では、女は男の選択を観察できるとしているので、女はこの二つの点を区別できるはずである。このことを表すために、展開型ではこの二つの点を別々の○で囲み、このそれぞれを女の情報集合という。もし、女が男の行動を見られないのならば、この二つの点は区別できないので、これら二つの点は同じ一つの情報集合に入る（二つの点は一つの○で囲まれる。図7.6）。

つまり、あるプレイヤーの情報集合とは、**自分が動く分岐点の集まり（集合）で、プレイヤーは情報集合の中のどの点にいるか観察できない**ことを表すものである。

ここで、細かいが重要な注意をしておこう。展開型を見やすくするために、「**一つの分岐点では一人のプレイヤーのみが動く**」という約束をする。例えば、二人のプレイヤーが同時に動くときは、

・形式的にどちらかが先に動いて、
・残りの人が先に動いた人の行動を見ずに動く

として展開型を描く。例えば、男と女が同時に行先を決めるゲームは、形式的に男が先に動く図7.6のような展開型で表すことができるのである。

以上の準備をもとにして、時間を通じたゲームの戦略とは何かを、つぎのように定義する。

定義Ⅰ：**時間を通じたゲームの戦略**とは、それぞれの情報集合でとるべき行動をすべて指定したものである。

少しわかりにくいと思うので、先に挙げた例でこの定義が何を言っているか理解してみよう。図7.7を見てほしい。

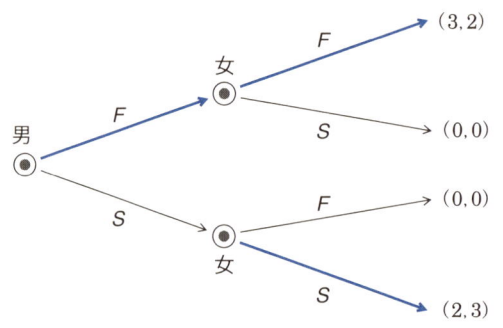

図7.7　時間を通じたゲームの戦略（太い矢印）

　図の青い矢印は、男と女の戦略を表している。女のほうについて説明すると、女は上と下の二つの情報集合（○で囲まれたもの）を持っているが、女の戦略はこのそれぞれの情報集合でとるべき行動を一つ指定するものなのである（上の情報集合ではF、下の情報集合ではS）。この戦略を言葉で言い換えると、「男がFをとれば自分もFをとり、男がSをとれば自分もSをとる」という（条件付の）行動計画になっている。つまり、わかりやすい言葉で言い換えると、

定義Ⅱ：時間を通じたゲームの**戦略**とは、「何が起こったらどう対応するか」をすべて定めた**条件付の行動計画**のことである。

さらに理解を確実にするために、「時間を通じたゲームの戦略とは何か？」の定義ⅠとⅡを、もう一つ別の形で言い換えてみよう。いま、時間を通じたゲームの、時間tにおいてプレイヤーiが行動$x_i(t)$をとる場合を考えてみよう。

定義Ⅲ：時間を通じたゲームのプレイヤーiの**戦略**とは、

$$x_i(t) = s_i(i \text{ が } t \text{ 時点までに観察したものすべて})$$

という「過去に自分が観察したものの歴史」から「自分の今期の行動」への関数 $s_i(\cdot)$ のことである。

実際に、数式を使ったモデルを理解したり自分で作ったりする際に一番役に立つのはこの最後の定義Ⅲであろう。このことを、図7.7で確認しよう。女をプレイヤー2、女の動く時点を t とすると、「女が過去に観察したものすべて」＝「男の行動」なので、女の戦略は

$$x_2(t) = s_2(\text{男の行動})$$

という関数である（$x_2(t)$ は F か S のどちらか）。とくに、図7.7に出ている戦略 s_2 は

$$F = s_2(F)$$
$$S = s_2(S)$$

である。

コメント 7.1 「**戦略＝実際にとる行動**」**ではない**：ここで、細かいけれど**重要な注意**をしておきましょう。図7.7では、各人が**実際にとる行動**は「男がサッカー（F）に行き、女もサッカー（F）に行く」です。そこで、この場合の男の戦略は「サッカーに行く」、女の戦略も「サッカーに行く」である、と言いたくなりますが、これは**初心者がよく陥りがちな間違い**です。

間違っているのは、女の戦略の部分で、「サッカーに行く」というのは実際にとられる行動であって、これは、正しくは「条件付きの行動計画」である女の戦略の一部にすぎません。正しくは、

「・男がサッカー（F）に行けば自分もサッカー（F）に行き、

・男がショッピング（S）に行けば自分もショッピング（S）に行く

という**行動計画が女の戦略**」なのです。

では、なぜこんな面倒な定義をするのでしょうか。「戦略＝実際にとる行動」と考えたほうがすっきりしていてわかりやすいのではないでしょうか。そこで、各人が実際にとる行動だけが決まっている状態を考えましょう。図7.8を見てください。

ここでは、男も女も S という行動をとっています。しかしながら、実際にとられ

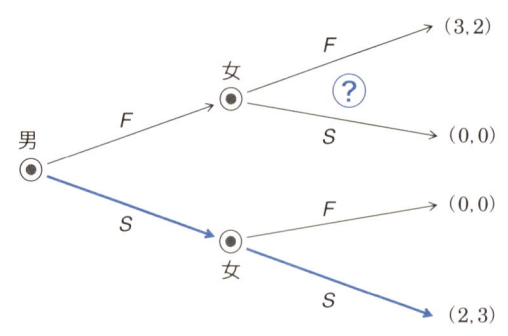

図7.8 女の戦略がきちんと記述されていないと…

る行動しか決まっていない場合は、男が仮に F をとったときに何が起こるか（女がどう反応するか）がわかりません（図7.8の⑦の部分）。したがって、はたして**男が F をとったらよいか、それとも S をとったらよいかがわからなくなってしまいます。つまり、「戦略＝何が起こったらどう対応するかをすべて定めた行動計画」と定義しなければ、「相手の戦略に対して最適に反応する」という、ゲームを分析する上できわめて重要なことがそもそも定義できなくなってしまうのです。**

（b）部分ゲーム完全均衡とは？

　以上で、時間を通じたゲームの表現法と、そこでの戦略とは何かがわかったので、いよいよ部分ゲーム完全均衡とは何かを解説しよう。「部分ゲーム」とは、大雑把に言うと、全体のゲームの中に入っている小さなゲームのことである。より正確に言うと、つぎのようになる。

言葉を使った部分ゲームの定義：時間を通じたゲームのある時点で、

・これから動くプレイヤー全員が、

・過去に起こったことをすべて見ている

とき、そこから**ゲームが終了するまで**を**部分ゲーム**（subgame）という。

これがいったい何を言っているかを理解するために、先ほど見た例をもとにして考えてみよう。まず、女が男の行き先を**見ず**に行動する場合を見てみよ

う（図7.9）。

```
            これから動くプレイヤー（女）が過去に起こったこと
            （男がFをとったかSをとったか）を見ていない
                                ・・    ・・・
   部分ゲームでない
           ↓
                      女       F  →  (3, 2)
                    ┌──┐
                F  →│ ● │
              ↗     │  │   S  →  (0, 0)
           ●        │  │
           男       │  │   F  →  (0, 0)
              ↘     │  │
                S  →│ ● │
                    └──┘
                     女      S  →  (2, 3)
```

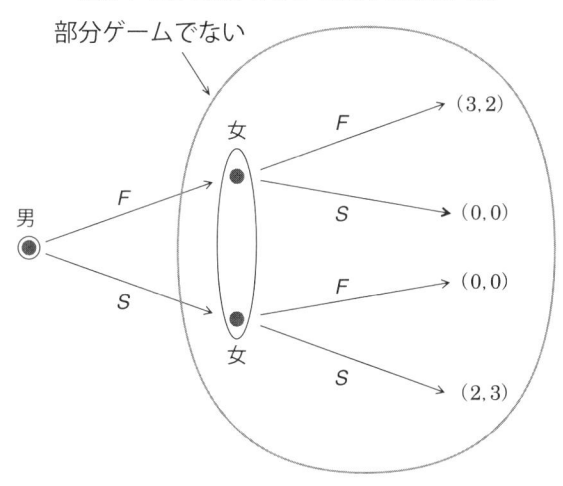

図7.9 部分ゲームでないもの

ここで考えているのは、男がまず行動をとり、つぎに女が動くという2段階のゲームであるので、なんとなく「女が動く2段階目は一つの部分ゲームである」と言いたくなるが、これは間違いである。なぜなら、そこで動くプレイヤー（女）が**過去に起こったこと（男）の行動を観察していない**からである。

なぜ、「これから動く者が過去に起こったことをすべて見て」いないといけないのだろうか？　重要なことなので、ここで丁寧に説明してみよう。

部分ゲームは、その部分だけを切り取って一つのゲームとみなせるものでなくてはならない。とくに、その部分で各人の利得がはっきり決まっている必要がある。一方、時間を通じたゲームにおいては、プレイヤーの**利得は過去に何が起こったかによって影響を受ける**可能性がある。したがって、部分ゲームに参加する人たちが、**自分の利得をはっきり知っているためには、それらの人たちが過去に起こったことを見ている必要がある**わけである。実際、図7.9では、女の利得は男が過去にとった行動によって決まっているので、男の行動がわからないまま「女が動く2段階目」だけを切り取っても、これを一つのゲームとしてみることはできないのである（女は自分の利得がわから

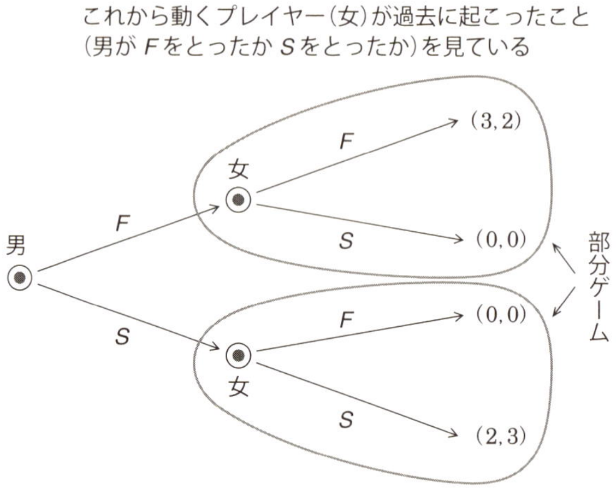

これから動くプレイヤー（女）が過去に起こったこと
（男が F をとったか S をとったか）を見ている

図7.10　部分ゲームの例

ない）。

　ではつぎに、部分ゲームになっている例を見てみよう。上の議論から予想されるように、女が**男の行動を見て**行動する場合は、図7.10のような部分ゲームが存在する。

　ここで注意してほしいのは、図7.10を見ないでぼやっと考えると、「2段階目のゲーム」という一つの部分ゲームがあるように思えるが、実は2段階目にプレイされる部分ゲームはこの例では**二つある**ということである。すなわち、「男が F をとったあとの部分ゲーム」（図7.10で上にあるもの）、「男が S をとったあとの部分ゲーム」（下にあるもの）である。これらはどちらも「2段階目のゲーム」であることには変わりはないが、そこにいくまでに何が起こったか（男が何を選んだか）が違うのである。つまり、

言葉を使ったゲームの定義（続き）：異なったことが起こったあとにプレイされるものは、別の部分ゲームとみなす。

ということである。

　以上で、日常の言葉でわかるように部分ゲームを定義したが、言葉を使った定義にはどうしてもあいまいな部分が残ってしまう。そこで、部分ゲームを、ゲームの木（展開型）を使って明確に定義してみよう。

ゲームの木（展開型）を使った部分ゲームの定義：つぎの条件を満たす展開型の一部分を、部分ゲームという。
（ⅰ）一つの分岐点から始まる
（ⅱ）その後に来る分岐点と枝をすべて含む
（ⅲ）情報集合が外にはみだしていない

ふたたび図7.10にもどってチェックすると、この図の○で囲った部分は両方とも確かに上の（ⅰ）-（ⅲ）の条件を満たしていることがわかるだろう。

注意：全体のゲームそれ自体も、（ⅰ）-（ⅲ）を満たすので、一つの部分ゲームです。ただし、教科書によっては全体のゲームそれ自体は部分ゲームとは呼ばない、と約束するものもあります。

コメント 7.2　部分ゲームはこうして見つけろ！：部分ゲームを見つけるには、最初に述べた**ことばを使った定義を使うのが簡単**です。ただし、「これって部分ゲーム？」と**判断に迷ったら、ゲームの木を描いてみて、上の条件（ⅰ）-（ⅲ）をチェックするのが確実**です。私はいつもこうやっています（あと、とにかくたくさんの例に触れるのが、部分ゲームを見つけるコツを身につける近道です）。

以上の準備をもとにして、いよいよ部分ゲーム完全均衡を定義しよう。

定義：時間を通じたゲームのナッシュ均衡の中で、すべての部分ゲームにナッシュ均衡をもたらすものを**部分ゲーム完全均衡**（Subgame Perfect Equilibrium）という。

部分ゲーム完全均衡とは、7.1節で説明した通り、**信頼性のない脅し（ハッタリ）を排除した現実的な均衡**である。7.1節で取り上げた「銀行の破綻処理」での部分ゲーム完全均衡は、図7.11の青い矢印で与えられる。

　この図の部分ゲームで動くのは政府だけなので、そこでナッシュ均衡とは政府が最適な行動をとっている状態である。図の数字は（銀行の利得，政府

図7.11 部分ゲーム完全均衡

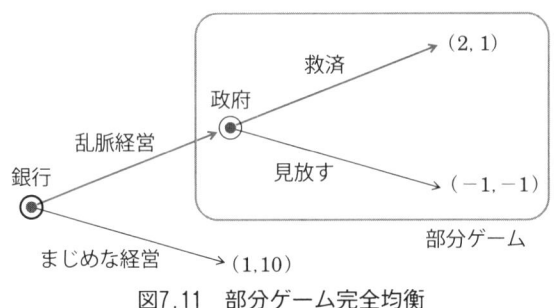

の利得）であることを思い出し、これが成り立っていることを確認してほしい。この部分ゲーム完全均衡は、「いざ破綻したら銀行を見放す」という政府のハッタリが信用されず、銀行は「破綻したら結局のところ政府は救済してくれる」ということを正しく見越したものになっているのである。

以上で、いろいろな定義が出てきたので、例題を解いて理解を深めてみよう。

例7.2 この節の最初に挙げた「男女の戦い」の動学版ゲーム（図7.5）の部分ゲーム完全均衡を求めよ。

これは、男がまずサッカー（F）かショッピング（S）に行き、つぎに女が男の行先を見た上で、自分の行先を決めるゲームである。部分ゲーム完全均衡を求めるにはつぎの二つのステップを踏めばよい。

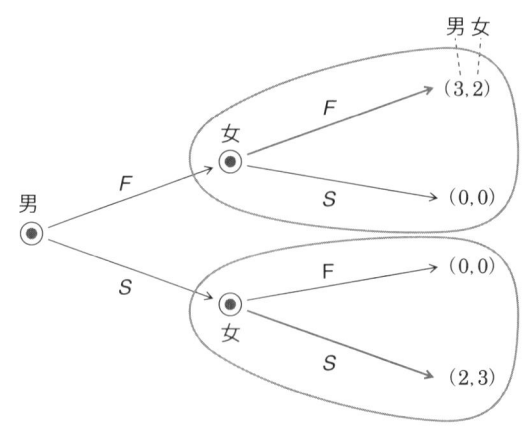

図7.12 まず、部分ゲームのナッシュ均衡を求める

ステップ1：部分ゲームを見つけ、それぞれの部分ゲームでのナッシュ均衡を求める（図7.12）。

図7.12の ⬭ で囲まれているのが部分ゲームで、青い矢印がそこでのナッシュ均衡（この場合は、そこで動くプレイヤーの最適な行動）である。

ステップ2：部分ゲームの均衡をもとにして、全体のゲームの均衡を求める。図7.12によると、結局女は男と同じところに行きたがるので、男は自分が好きなサッカー観戦（F）に行くことを選ぶことになる（図7.13）。

したがって、部分ゲーム完全均衡は図7.13の青い矢印で与えられるのである。

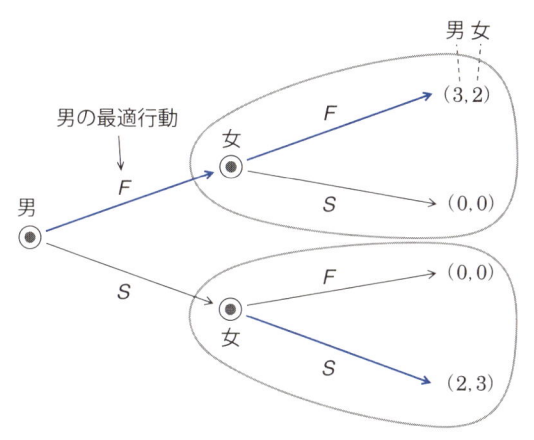

図7.13 つぎに、全体の均衡を求める

これまでの議論をまとめると、つぎのようになる。

- 時間を通じたゲームを解くには、ゲームを**後ろから解く**とよい。
- 「ゲームを後ろから解く」とは、**まず部分ゲームの均衡を求めてから**、全体のゲームを解くということである。
- これによって、**ハッタリを排除した現実的な均衡**（部分ゲーム完全均衡）が見つかる。

また、均衡概念の関係を図示すると、図7.14のようになる。

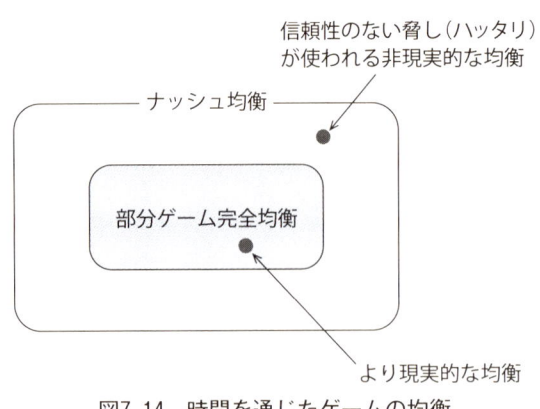

図7.14　時間を通じたゲームの均衡

7.3　寡占への応用（II）：シュタッケルベルク・モデル

いま、需要曲線が右下がりの直線 $P = a - bQ$ で与えられる市場に、同一で一定の限界費用 $MC_1 = MC_2 = c$ をもつ企業 $i = 1, 2$ がいるとしよう。これは、第6章6.5節で寡占を議論したときにみたのと同じ市場である。これまでは、企業が同時に数量を選ぶ場合（クールノー・モデル）と、同時に価格を選ぶ場合（ベルトラン・モデル）を分析したが、ここでは二つの企業が時間を通じて動く場合を考えてみよう。具体的には

・まず企業1が生産量 q_1 を選び、
・それを見て企業2が生産量 q_2 を選ぶ

という2段階の数量競争を考える。これを、**シュタッケルベルク・モデル**といい、最初に動く企業1を**リーダー**、あとに動く企業2を**フォロワー**と呼ぶ。

　これは、時間を通じたゲームなので、各人が（ハッタリを信じたりせず）相手の出方を正しく予想した結果何が起こるかを知るためには、**部分ゲーム完全均衡**を見つければよい。

　まず、部分ゲームを見つけてみよう。言葉による部分ゲームの定義を思い出すと、第2段階目では、

これから動く者（企業2）が、過去に起こったこと（企業1の生産量）を見ている

ので、**2段階目から部分ゲームが始まる**ことになる。ただし、「2段階目」と

いうのは一つの部分ゲームではなく、

> 異なったこと（企業1の生産量）が起こったあとにプレイされるものは、別の部分ゲームとみなす

ので、企業1の各生産量 q_1 の数だけ[2]の部分ゲームがあるわけである。

部分ゲーム完全均衡を求めるには、**ゲームを後ろから解く**、つまり、まず第2段階目の部分ゲームを解き、つぎに第1段階目を解けばよい：

ステップ1：企業1の生産量 q_1 が与えられたあとの部分ゲームを解く

⇒ 企業2の出方（最適反応） $q_2 = R_2(q_1)$ が決まる

ステップ2：これを見越して企業1は最適な生産量 q_1 を選ぶ。企業1の利潤を $\pi_1(q_1, q_2)$ と書くと、企業1はつぎの問題を解くことになる：

$$\max_{q_1} \pi_1(q_1, \underset{\substack{\uparrow \\ \text{企業2の出方を} \\ \text{正しく見越している}}}{R_2(q_1)})$$

これを、具体的に計算してみよう。

ステップ1：企業2の利潤は、

$$\pi_2 = \underbrace{(a - b(q_1 + q_2)}_{\text{価格 }P} - c)q_2$$

である。これは、q_2 に関する2次式なので、そのグラフは上に向かって凸の形（放物線）をしている。したがって、利潤最大点はその頂点である。頂点ではグラフの接線の傾きはゼロなので、この条件（「最適の1階条件」という）を微分を使って表すと、

$$0 = \frac{\partial \pi_2}{\partial q_2} = a - bq_1 - 2bq_2 - c$$

となる。これを解くと、企業1の生産量 q_1 に対する最適反応

$$q_2 = R_2(q_1) = \frac{a - c}{2b} - \frac{1}{2} q_1 \tag{1}$$

---

2 企業1の生産量は連続な値をとるので、このゲームには無限にたくさんの部分ゲームがある。

が得られる。これを見ると、企業 1 がたくさん作るほど、2 段階目の企業 2 の生産量は小さくなることがわかる。

ステップ 2：上で求めた企業 2 の反応を見越すと、企業 1 の利潤は

$$\pi_1(q_1, R_2(q_1)) = (a - b(q_1 + R_2(q_1)) - c)q_1$$
$$= \left(\frac{a-c}{2} - \frac{b}{2}q_1\right)q_1$$

である。ステップ 1 と同様の理由で、利潤最大化点は 1 階条件

$$0 = \frac{d\pi_1}{dq_1} = \frac{a-c}{2} - bq_1$$

で与えられる。これを解くと、部分ゲーム完全均衡での生産量[3]

$$q_1^* = \frac{a-c}{2b}$$

$$q_2^* = R_2(q_1^*) = \frac{a-c}{4b}$$

が求まる。これを、**シュタッケルベルク解**という。

ここで何が起こっているかをよりよく理解するために、以上の分析を図解してみよう。その準備として、企業 1 の**等利潤曲線**を考えてみる。等利潤曲線は企業の無差別曲線にあたるもので、等しい利潤を与える点の集まりである。これは、図7.15のような形をしている。

例えば図7.15の上の等利潤曲線の上では、どこでも利潤は100になっている（$\pi_1 = 100$）。等利潤曲線の重要な性質を説明しよう。

---

[3] **細かい注意**：部分ゲーム完全均衡は、各人がとる戦略の組であると定義されているので、この生産量は均衡によって実現する結果であって均衡そのものではない。部分ゲーム完全均衡は

$$q_1^* = \frac{a-c}{2b} \quad \text{（企業 1 の戦略）}$$
$$q_2 = R_2(q_1) = \frac{a-c}{2b} - \frac{1}{2}q_1 \quad \text{（企業 2 の戦略）}$$

である。企業 2 の戦略は、企業 1 がどう生産したらどう対応するかを示す**条件付行動計画**になっている点に注意されたい。

図7.15　等利潤曲線

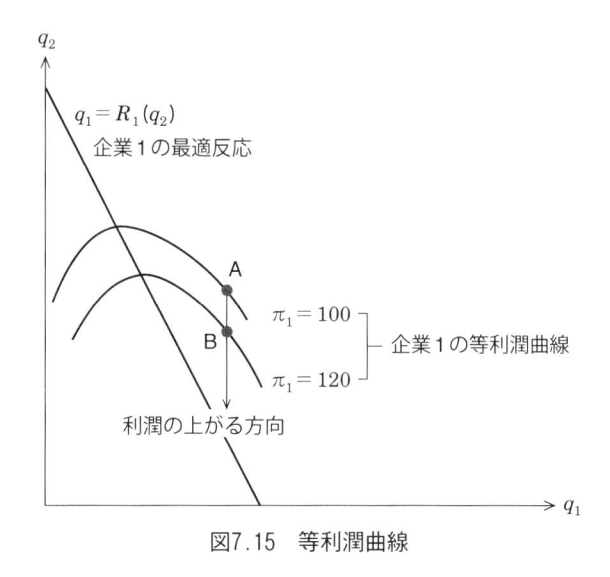

① **下にある利潤曲線ほど、大きな利潤**に対応している。
理由：図7.15のAとBを比べてみよう。BはAの真下にあるので[4]、AからBに移動すると企業1の生産量は変わらずに企業2の生産量が下がる。総生産量は下がるので、右下がりの需要曲線 $P = a - bQ$ に従って価格は上がる。企業1の生産量は変わらずに価格だけが上がっているので、企業1の利潤 $Pq_1 - cq_1$ は上がるのである。

② 等利潤曲線の**頂点は最適反応曲線の上**にくる。
理由：このことを示したのが図7.16である。

まず、図7.16(a)を見てほしい。この図を見れば「等利潤線の頂点がCである」ということは、「線 ℓ の中で、企業1にとって最適な点がC」であることを意味することがわかるだろう。ちょうど予算線と無差別曲線が接する点が消費者にとって最適な点であるのと同じように、線 ℓ と等利潤線が接する点Cが企業1にとって最適な点なのである。

4　真下にない点を比べたらどうなるか、という疑問がわくかもしれないが、定義によって、同じ等利潤曲線の上ではどこでも利潤は同じである。したがって、図にある二つの等利潤線の利潤を比較するには、それぞれの線上にある適当な2点を選んで（AとB）そこでの利潤を比べればよいのである。

(a)　　　　　　　　　　　　　　　(b)

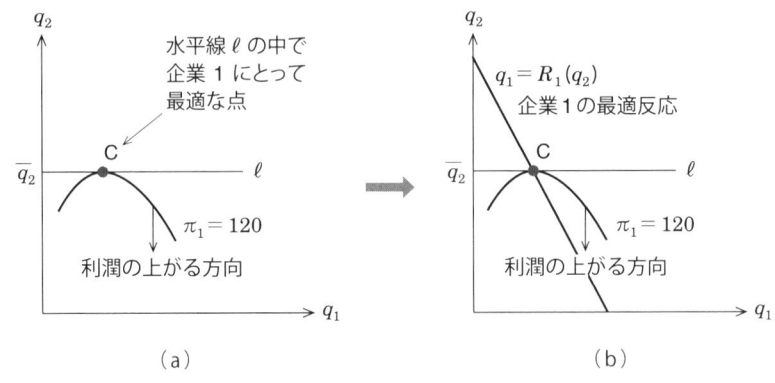

図7.16　等利潤曲線の頂点は最適反応曲線の上にくる

ではつぎに、この最適な点Cが（図7.16(b)のように）最適反応曲線の上にくることを説明しよう。そのためには、この線 ℓ は、「相手企業の生産量をある水準 $\bar{q}_2$ に固定して、自分の生産量 q_1 をさまざまに動かすことによって得られるもの」であることに気が付けばよい。この線上で、自分（企業1）にとって最適な点とは、自分が（$\bar{q}_2$ に対して）最適反応している点、つまり最適反応曲線上の点（$q_1 = R_1(\bar{q}_2)$）に他ならないのである。

以上の準備をもとに、シュタッケルベルク解を図示すると、どうなるだろうか。企業1が生産量を一つ決めると、企業2はそれに対する最適反応をとる。つまり、企業1はさまざまに生産量を選ぶことによって、図7.17の**企業2の最適反応曲線の上のどの点でも自由に選べる**のである。

最適反応曲線 R_2 の中で企業1にとって最適な点は、図のように R_2 と企業1の等利潤線が接する点で決まる。これがシュタッケルベルク解に他ならない。

では、つぎにこれを企業1、2が同時に生産量を選ぶ場合の結果（クールノー解）と比較しよう。図7.18を見てほしい。

クールノー解は、お互いが最適な生産量をとり合っている状態だから、二つの最適反応曲線 R_1 と R_2 の交点である。シュタッケルベルク解は、上で述べた通り R_2 と企業1の等利潤曲線の接点である。図7.18を見ると、つぎのことがわかる。

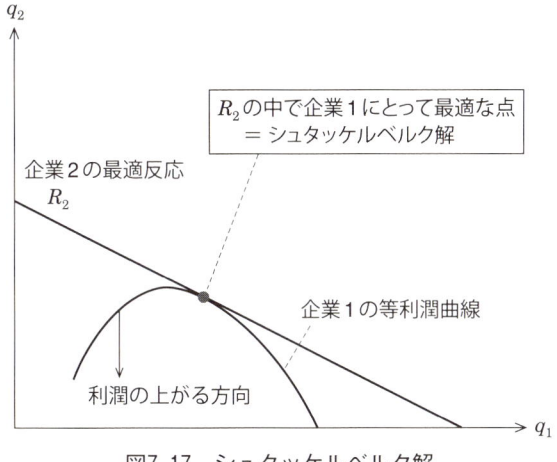

図7.17 シュタッケルベルク解

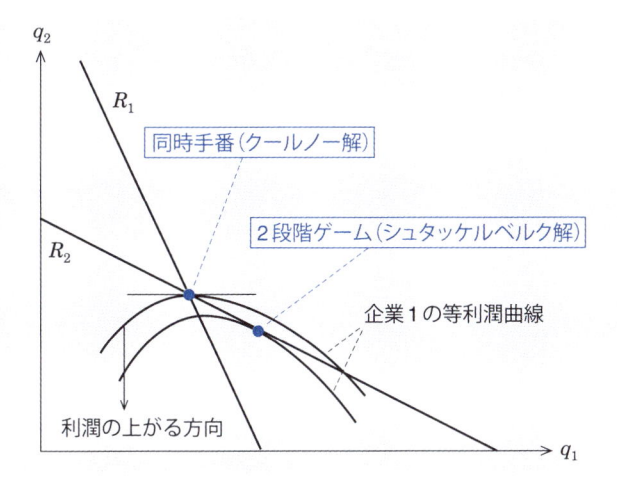

図7.18 同時手番と2段階ゲームの結果の比較

- リーダー（企業1）の生産量は、同時手番のときの生産量より大きい
- リーダー（企業1）の利潤は、同時手番のときの利潤より大きい

これは何を意味するのかをよく考えてみよう。2段階ゲームにおいて最初に動く企業（リーダー＝企業1）は、「自分はこれだけ作りました、もうこの生産量は動かせません」ということを、相手企業にはっきり見せることができ

る。これに対して、同時手番のケースでは、相手が手を選ぶ時点で、自分は自由に生産量を選べる。前者のほうが後者より利潤が高いということは、「自由に行動を選べるときよりも、特定の行動しかとれなくしておいたほうが、得な場合がある」ということを示しているのである。「特定の行動しかとれなくしておく」ことを、その行動に**コミット**するという。シュタッケルベルクのモデルは、特定の生産量に**コミットする**と、企業は利益を上げることを示しているのである。いったいなぜ、こんなことが起こるのであろうか。次節で、このことを考えてみよう。

7.4 コミットメント

　自分ひとりが意思決定をする場合には、選択の幅は広いほうがよい。そして、**各時点で最適な手を選んでゆくと、全体として最適**な結果が得られる。これは、ごく当然のことであり、何でわざわざこんなことを書いているのか、と思うかもしれない。しかし、この「きわめて当たり前」に思えることが、複数の人間や企業が相手の出方をうかがいながら意思決定をする社会的な問題では成り立たないことがある。ちょっと驚くような話だが、複数の人間がお互い相手の出方をうかがいながら行動する戦略的な状況では、自分の選択の幅を狭め、**「最適な行動がとれない」ようにしておくほうが良い**ことがある。これは、ゲーム理論が明らかにしたきわめて一般性の高い重要なポイントなので、この節で詳しく説明しよう。

　いきなり一般的・抽象的に説明するとピンと来ないかもしれないので、まずは、つぎのような具体的な例をみてみよう。

> **事例7.1　金融危機と銀行破綻処理**：日本や欧米は近年何回か大きな金融危機を経験し、多くの金融機関が破綻の危機に瀕しました。そして、金融システムや経済の安定化のために、政府は多くの金融機関を救済してきました。表7.4は、深刻な金融危機で経営が危なくなった銀行に、1999年3月のわずか1カ月の間に7兆円を超す大量の公的資金が投入されたことを示しています。
>
> 　では、どういうときに政府はつぶれかけた銀行を救済したらよいのでしょうか？　このことを考えるため、つぎのような意見を吟味してみま

みずほ FG (第一勧業銀行)	9000 億円	三菱信託銀行	3000 億円
みずほ FG (富士銀行)	1 兆円	りそな HD (大和銀行)	4080 億円
みずほ FG (日本興業銀行)	6000 億円	りそな HD (あさひ銀行)	5000 億円
三井住友 FG (さくら銀行)	8000 億円	住友信託銀行	2000 億円
三井住友 FG (住友銀行)	5010 億円	三井トラスト HD (三井信託銀行)	4003 億円
UFJ HD (三和銀行)	7000 億円	三井住友トラスト HD (中央信託銀行)	1500 億円
三菱 UFJ FG (東海銀行)	6000 億円	横浜銀行	2000 億円
三菱 UFJ FG (東洋信託銀行)	2000 億円	総計	7 兆 4593 億円

出所) 預金保険機構ホームページ「早期健全化法に基づく資本増強実績一覧」をもとに筆者作成
http://www.dic.go.jp/katsudo/shihonzokyo/jisseki-soki.html

表7.4 銀行救済のための公的資金の投入

しょう。

「金融機関が破綻すると、経済全体に悪影響を及ぼす(これは本当です)。したがって、破綻が及ぼす悪影響と救済のコストをきちんと調べ、前者が後者を上回るときに救済するのが最適な政策である」

どうですか? 「当たり前すぎるほど当たり前で、どこかおかしいところがあるとは到底思えない」ように聞こえませんか? マスコミやネット上にもこれと同様な意見が多く見られました。しかしながら、実はこの考え方には大きな見落としがあり、必ずしもこの意見は正しくないことが、ゲーム理論の知識をもった人にはただちにわかります。

なぜなのか?を考えるために、以前にみた銀行救済の例(図7.1)をもう一度みてみましょう(図7.19)。

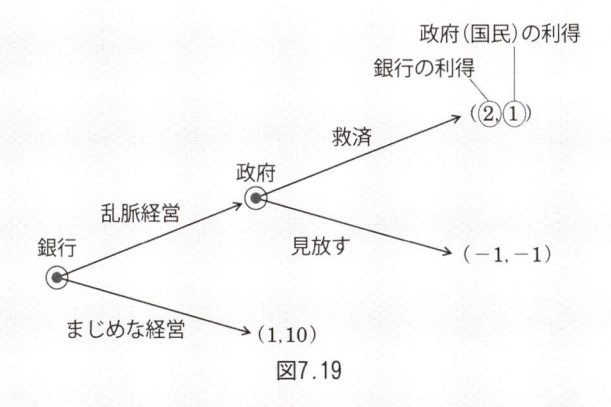

図7.19

これは、破綻した銀行の救済のエッセンスをできるだけ簡潔に表すため

につくられたゲーム理論のモデルで、言葉で説明するとつぎのようになります。まず銀行が
・きちんとした融資先のみにお金を貸し出すか（「まじめな経営」）、
・危ない融資先にもどんどんお金を貸すか（「乱脈経営」）
を決め、乱脈経営で貸出が焦げ付き、銀行が破綻しそうになると政府の出番が来ます。政府は、銀行を救済するか見放すかを決定します。

このゲームで何が起こるかを知るには、7.1節で見たように、ゲームを「後ろから解く」とわかります。そのときの説明をもう一度繰り返します。まず、いざ乱脈経営により銀行が破綻しそうになったとき、何が起こるかを考えると、図7.20のように**政府にとっては救済するのが最適**であることがわかります。銀行が破綻しそうになったとき、救済にかかるコストと救済することの利益をきちんと秤にかけると、救済したほうがいいというわけです。

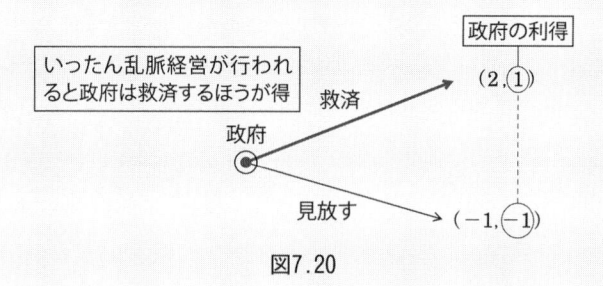

図7.20

しかし、銀行がこれを見越して1段階目で最適な行動をとると、図7.21のように結局は乱脈経営が選ばれてしまいます。

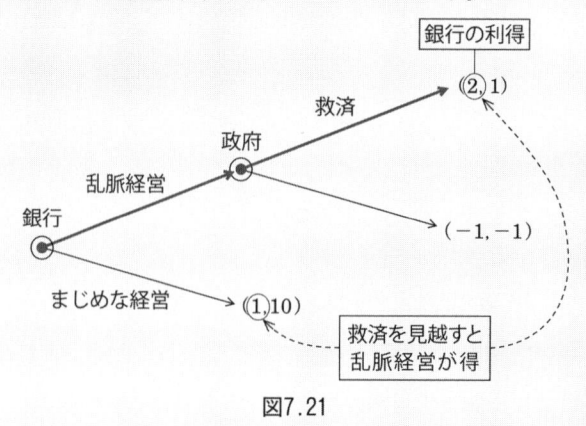

図7.21

結局、政府が将来の時点で最適な政策をとると、政府（国民）の利得が、**乱脈経営によってきわめて低い値（1）になってしまう**ことに注意しましょう。

そこで、「**破綻した銀行は救済しない**」という**法律を作って**、あらかじめ政府が**最適な行動をとれないようにしておく**とどうなるでしょうか。図7.22を見てください。

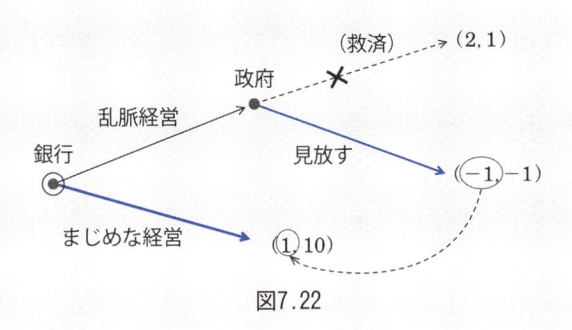

図7.22

今度は、乱脈経営をすると政府は何もしてくれないので、銀行はそのツケを自分で払わざるを得ず、まじめに経営したときよりも損します。したがって、銀行はまじめに経営し、政府（国民）は10という高い利得を得ることができます。つまり、政府（国民）は、**選択の幅を狭め、将来自分にとって最適でない行動しかとれないようにしておく**（＝つぶれかけた銀行は救済しない）と、**かえって得**をするのです[5]。

したがって、「どのようなときにつぶれかけた金融機関を救済したらよいのか」を考えるときに押さえておかなければならない一番のポイントは

・救済することで金融恐慌を現在において防ぐメリットと
・やたらに救済をすると銀行経営の規律が将来保てなくなるデメリット

の両者のバランスを考える、ということです。1999年の金融危機においては、前者が巨大であったので、後者を上回っていたと思います。しかし、いつでも銀行を救済していては規律が保てなくなるので、どこかで

---

[5] 各時点で最適な政策をとってゆくこと（つぶれかけた銀行は救済する）と、はじめの時点で見たときの最適な政策（つぶれかけた銀行は救済しない）が違うということを、**最適政策の時間不整合性（time inconsistency）**と言うことがあります。

「救済する」「しない」の線引きをしなくてはなりません。それがどこか？を考え、望ましい線引きが将来きちんと守られるような仕組みを作ることが政策担当者の一番の課題であり責任である、ということになります。長期的に真に国民のためになる政策を取るには、このようにゲーム理論の基本的な理解が必須のものになります。

以上の事例からわかることをまとめると、つぎのようになる。

- **一人だけ**が意思決定する場合には、選択の幅は**広いほどよい**のに対し、
- **複数の主体**（人・企業・政府など）が、相手の出方をうかがいながら行動する場合には、**選択の幅を狭め、自分にとって最適な行動がとれないようにする**（これを、「**コミットする**」という）と、**かえって得**をすることがある。

「自分にとって最適な行動がとれないようにする」と、なぜ得をするのだろうか？　その理由は、言われてみれば簡単で、「そうすると、**相手の行動が自分にとって有利に変化する**ことがある」からである。事例7.1では、「つぶれかけた銀行を救済しない」という、政府にとって最適でない行動しかとれないように法律を作って「コミット」しておくことで、銀行の行動が政府にとって有利に変化（＝まじめに経営するようになる）したのである。

　ここで、「コミットする」ということの意味をはっきりさせておこう。たいへん興味深いことに、「コミットする」という言葉には、ぴったり対応する日本語がない。言葉の意味としては「何らかの行動を確約する」とか「何らかの行動をとることを保証する」というようなことである。しかし、経済学やゲーム理論で「コミットする」というとき、それはつぎのような、よりはっきりした意味で使われるのである。

　ある行動に「**コミットする**」とは、

　　その行動しかとれないようにするような、**実効性のある仕組み**をつくること

　である。

つまり、単に口先で「これこれの行動にコミットします」と言うだけではだめで、「自分の行動を縛る具体的な仕組み」をつくることが不可欠なのである。この、最も重要なポイントがなかなか理解されないことが多いので、いくつかの具体例をみながら学んでみよう。

　植民地を作るためにメキシコに侵攻したスペイン軍を率いたコルテスは、1521年に現地に着いた際、**乗ってきた船を1隻だけ残してすべて焼き捨てた**という。これによってコルテスは、「相手が攻めてきても逃げないで最後まで戦う」ことにコミットしたわけで、これを知ってひるんだ相手に対して有利に戦いを進めることができた。これは「退路を断つ」「背水の陣を敷く」などというフレーズによって古今東西でよく知られた戦術上の秘訣である。ポイントは、「わがスペイン軍は最後まで戦うぞ」と口先で言うだけでは、「どうせ危なくなったら逃げるだろう」と見透かされて効果がないが、「船を焼き捨てる」＝「戦うことしかできないようにする、実効性のある仕組み」をつくる（コミットする）ことで、「なるほど、こいつらを追い込んだらとことん反撃してくるな」と相手に十分に納得させ、戦いを有利に進めることができたのである。もう一つ、現代のわれわれが直面しているきわめて重要な例を挙げてみよう。

事例7.2　**ユーロ危機**：1999年から2002年にかけて、イギリスを除くヨーロッパの主要な国々は、単一通貨である「ユーロ」を導入しましたが、その後ユーロ圏は深刻な危機に直面しています。その主な理由は、欧州中央銀行がユーロの管理を一元的に行っているのに、財政政策は各国ばらばらに行っていることにあります。

　もうすこし詳しく説明してみましょう。各国政府は選挙での人気とりのために、財政赤字を出して国民に大盤振る舞いをする誘惑にかられます。こうした赤字は政府の借金である国債の発行によってまかなわれますが、それが増えると国債の利払いや元本の支払いが危なくなります。ギリシャやイタリアで起こっているのはこういうことです。政府が破産すると経済は大混乱におちいるので、ここで何が起こるかというと、結局は中央銀行があぶない国債を買い取ることになります。ところが、欧州中央銀行はヨーロッパ全体で一つなので、ギリシャやイタリアの財政

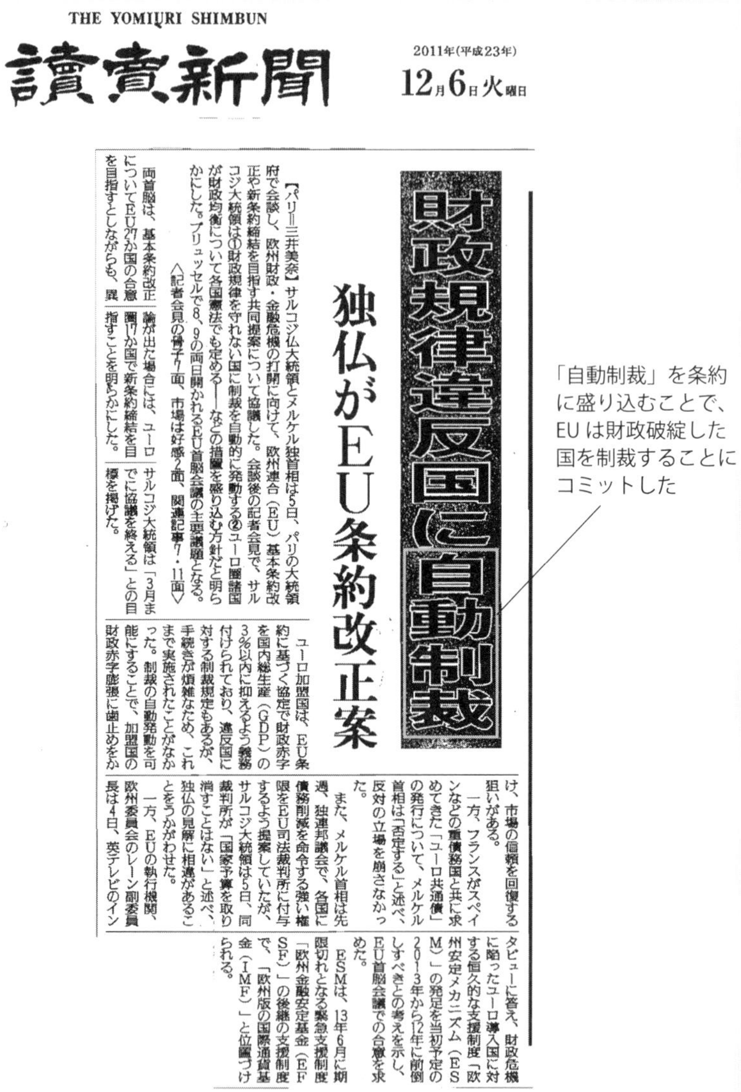

THE YOMIURI SHIMBUN
讀賣新聞
2011年(平成23年)
12月6日火曜日

財政規律違反国に自動制裁

独仏がEU条約改正案

【パリ＝三井美奈】サルコジ仏大統領とメルケル独首相は5日、パリの大統領府で会談し、欧州財政・金融危機の打開に向けて、欧州連合（EU）基本条約改正や新条約締結を目指す共同提案について協議した。会談後の記者会見で、サルコジ大統領は①財政規律を守れない国に制裁を自動的に発動する②ユーロ圏諸国が財政均衡について各国憲法でも定める――などの措置を盛り込む方針だと明らかにした。ブリュッセルで8、9の両日開かれるEU首脳会議の主要議題となる。

〈記者会見の骨子7面、市場は好感2面、関連記事7・11面〉

両首脳は、基本条約改正についてEU27か国の合意を目指すとしながらも、異論が出た場合には、ユーロ圏17か国で新条約締結を目指すことを明らかにした。サルコジ大統領は「3月までに協議を終える」との目標を掲げた。

ユーロ加盟国は、EU条約に基づく協定で財政赤字を国内総生産（GDP）の3％以内に抑えるよう義務付けられており、違反国に対する制裁規定もあるが、手続きが煩雑なため、これまで実施されたことがなかった。制裁の自動発動を可能にすることで、加盟国の財政赤字膨張に歯止めをかけ、市場の信頼を回復する狙いがある。

一方、フランスがスペインなどの重債務国と共に求めてきた「ユーロ共通債」の発行について、メルケル首相は「否定する」と述べ、反対の立場を崩さなかった。

また、メルケル首相は先週、独連邦議会で、各国に債務削減を命令する強い権限をEU司法裁判所に付与するよう提案していたが、サルコジ大統領は5日、同裁判所が「国家予算を取り消すことはない」と述べ、独仏の見解に相違があることをうかがわせた。

一方、EUの執行機関、欧州委員会のレーン副委員長は4日、英テレビのインタビューに答え、財政危機に陥ったユーロ導入国に対する恒久的な支援制度「欧州安定メカニズム（ESM）」の発足を当初予定の2013年から12年に前倒しすべきとの考えを示し、EU首脳会議での合意を求めた。

ESMは、13年6月に期限切れとなる緊急支援制度「欧州金融安定基金（EFSF）」の後継の支援制度で、「欧州版の国際通貨基金（IMF）」と位置づけられる。

出所）『読売新聞』2011年12月6日朝刊1面

図7.23　制裁に対するコミットメント

赤字のツケをヨーロッパ全体が負うことになってしまうわけです[6]。

以上をゲーム理論の言葉で整理してみると、つぎのようになります。

［1］いざ財政赤字がたまって**ある国が破産しそうになる**と、欧州全体がそのツケを払ってその国を**救済するのが最適**になる。
［2］このことを見越して各国が行動すると、「すべての国が財政規律を守り、赤字を出さない」ことが望ましいのにもかかわらず、各国は「自分だけが赤字を出すほうが得」であるという、囚人のジレンマ状態になっている。

これが、ユーロ危機の重要な原因の一つであり、これを「一発でぱっと見抜く」にはゲーム理論の知識が必要不可欠です。

では、危機の再発を防ぐにはどうしたらよいでしょうか？　ゲーム理論が与える処方箋は、「財政破綻した国はやたらに救済しない」「財政破綻した国に制裁を与える」ことにコミットすることです。「やたら救済しない」「制裁する」ということは、いざやる段になるとみな二の足を踏んで実行しにくいことなので、「そうせざるを得ない」ような仕組みを作るべし、ということです。そして実際、ユーロ圏の国々はこのような手を打っています。これを報じたのが、図7.23の新聞記事です。

具体的には、財政規律が危ない国にはGDP（国内総生産額）の0.2%に当たる預託金を出させ、赤字の削減が進まないと「預託金への利子支払いを止める」「預託金を没収する」という制裁が、（多数決で否決されない限り）自動的に発動される、という仕組みです。はたしてこの制度が本当に実効性のあるコミットメントになり、ユーロが安定するかどうか、今後の展開をわれわれは注意深く見守る必要があるでしょう。

6　欧州中央銀行が買い取った国債の分だけ貨幣（ユーロ）の供給が増え、やがてユーロの価値が下落して物価の上昇（インフレ）が起こります。すると、物価が上がった分だけ国民の資産が目減りして、結局は政府がためこんだ赤字のツケは「インフレによる資産の目減り」によって、国民全体に広く行き渡ります（これを、物価上昇による一種の課税＝「インフレ・タックス」といいます）。ユーロの主要な問題の一つは、ギリシャの赤字がユーロ圏の人々（およびユーロ建て資産を持っているユーロ圏外の人々）全体にかかる税金で支払われる可能性がある、ということなのです。

さて、何らかの仕組みを作って特定の行動にコミットしたあかつきには、その仕組みを相手にはっきり見せることが重要である。核戦争を扱った傑作映画『博士の異常な愛情』では、コミットしたことを相手に伝え損ねたためにとんでもないことが起こってしまう。アメリカと敵対していたソビエト連邦（今のロシア）は、「核攻撃を受けたら、北極海の無人島に埋めた大量の水素爆弾が自動的に爆発して全世界が破滅する」という仕掛けを作る。いざ本当にアメリカから核攻撃を受けた際、こんなばかげたことをするのはもちろん最適ではないが、「水爆で世界中を破滅させる」ということにコミットすることで、ソビエトはアメリカの攻撃を防ぐことができるのである。まことにけっこうな計画であったが、自動起爆装置が完成し、あとは全世界に向けた発表を待つばかり、という段階になって、アメリカの司令官の一人が発狂してソビエトに核攻撃をしかけてしまう。そしてほかすか水爆が爆発し、人類がみんな死んでしまう、というブラック・コメディーである[7]。

以上で学んだ「コミットすることで得をする」例は、現実の世界できわめてたくさん観察できる。その代表的なものをいくつか列挙しておこう。

[１] テロ対策

テロリストが飛行機を乗っ取る「ハイジャック」が発生すると、政府は乗客の安全を守るためテロリストの要求を呑む誘因に駆られる。しかし、いつでも政府がこのように事後的には最適な行動をとるならば、テロリストはますますたくさんのハイジャック事件を起こすであろう。このようなときには、「テロリストとは交渉しない」「ハイジャックが起こったら、乗客が犠牲になってもよいから武力突入する」ということにコミットしたほうが、長い目で見るとハイジャックが減って結局国民のためになる可能性がある。実際、欧米の国々はこのような原則にのっとって行動しているようである。

では、「武力突入すること」にどうやってコミットしたらよいのだろうか？一つは、「ハイジャックが起こったら武力突入する」という法律を作ることで

---

7 映画はリアルなドキュメンタリー・タッチで淡々と進行するので、「登場人物の名前がぜんぶ駄じゃれになっている」、「よく見ると主要な役は全部同じ俳優がやっている」などのギャグが満載であるにもかかわらず、**油断して観ていると何が面白いのかさっぱりわからない**、というところもカルト映画ならではの醍醐味である。筆者のお気に入り。1964年、スタンリー・キューブリック監督作品。

ある。より現実的で、**実際によく使われるコミットメントの方法は、テロリストには甘い顔を見せないような、タカ派の政治家を首相や大統領にしておく**、ということであろう。このような人たちは、短期的に見ると国民に犠牲を強いること（武力突入）も、自分のイデオロギーや信念に従って実施してしまう。とんでもないやつらのように見えるが、長期的に見るとそのような政治家が、コミットメントによる利益によって成果をあげることがあるのである。

先に挙げたユーロ危機の火消しに奔走したのも、ドイツのメルケル首相やフランス前大統領のサルコジといった財政規律に関してはタカ派の政治家であった。「**政治家や経営者にはあくの強いキャラが多い**」のは、よく考えるとふしぎなことであるが、その理由の一つは「あくの強いキャラを生かして**有益な行動にコミット**する」ことで成果をあげることである。このことは、気の利いたジョークや単なるたとえ話ではなく、現実の一面を鋭くとらえたものであるように私には感じられるのだが、みなさんはどう思うだろうか？

［2］最低価格の保証

大型の家電量販店に行くと「他店のほうが1円でも安かったらお知らせください。同じだけ値引きします」というお知らせが貼ってある。一見すると、競争がゆきわたって消費者にとって歓迎すべき状態のように思えるが、実はこれは価格をつり上げるきわめて巧妙な仕組みである。なぜかを説明してみよう。ある店、例えば○○カメラにとっては、「他店がどんなに値引きしても、必ず同じだけ値引きする」ということは、一般には最適ではないのだが、そのような行動にコミットすることで、他店はいくら値引きしても顧客を○○カメラから奪うことができなくなる。したがって、最低価格の保証をすべての店でしていると、どの店が値段を下げてもライバルから顧客を奪えなくなるため、かえって値崩れを防ぎ高価格が維持できるのである。

［3］画家は版画の原版を廃棄する

有名な画家の版画を見ると、下のほうに「22/100」というような番号がふってある。これは、「100枚刷ったうちの22枚目です」ということを意味するものである。ポイントは、全部で100枚しか刷っていないということで、この枚数が少ないと版画の希少価値が高いことがわかるわけである。画家が安定

した収入を確保するためには、印刷する総数を低く抑えて（例えば100枚）版画の希少価値を上げておくのがよい。しかし、いざ100枚を売り切ったあとでは、画家はもっともうけるために版画を増刷する誘惑に駆られるであろう。そこで必要なのは、「もうこれ以上増刷しない」ことにコミットすることであり、そうすることによって最初の100枚を買うコレクターは希少価値を信じて高いお金を払ってくれるのである。そこで、どのようにしてコミットするかというと、往々にして画家は規定の100枚を刷ったあとは原版を廃棄してしまうという。こんなことをするのはもちろん事後的には最適でないが、絶対に増刷をしないことにコミットすることで版画の希少価値が担保できるわけである。

　以上のことから、つぎのような教訓を得ることができる。社会には、**融通の利かないルール・法律・官僚制や、おかしな信念に基づいて行動する政治家や経営者**がいるが、ゲーム理論が明らかにするのは、こうした「一見して最適でない」ものにも**一定の合理性がある**、ということである。これらは、「事後的には最適でない行動にコミットする」ことによって、全体として最適な結果をもたらす可能性があるのである。

7.5　長期的関係と協調

　最後に、時間を通じたゲームの分析が明らかにした、きわめて一般的で重要な洞察をもう一つ紹介しよう。それは、「長い付き合いをすれば、人間はお互いを信頼して協力関係を築くことができる」ということである。

　ゲーム理論の重要なメッセージは、「各人が自己利益を追求すると、全体としてまずい結果になることが多い」ということである。例えば、囚人のジレンマでは、お互い黙秘して協調するのが望ましいにもかかわらず、各人が自己利益を追求すると黙秘せずに罪を告白してしまう（裏切りが起こる）。ゲーム理論の言葉で言うと、「ナッシュ均衡（自己利益の追求の結果）は非効率的（全体のためにならない）であることが多い」のである。

　その理由は、第6章6.4節で詳しく説明したのだが、もう一度ここで復習しておこう。全体のためを考えると、プレイヤーたちはお互い協調したほうがいいのだが、

・**協調にはコストがかかる**

ことのほうが普通である。言葉を変えると、協調はみんなのためになるが、

・**自分一人だけが裏切ったほうが得をする**

ことが多いのである。そうした場合、

・プレイヤー同士の**付き合いが１回限り**なら、「お互い足の引っ張り合い（**お互い裏切る**）」というまずい状態（１回限りのゲームのナッシュ均衡）しか実現できない

ことになる。

　しかしながら、プレイヤーの間でこれから先に長い付き合いが予想され、今回だけでなく将来も同じ顔ぶれで同様のゲームをプレイするような状況では、「今日裏切ると明日仕返しされるな」、または「今日協力してあげれば将来相手も協力してくれるな」というロジックが働いて、利己的な個人の間でも協調が達成できるのである。つまり、

・**長期的関係を結べば、利己的な個人も協調できる**

わけである。このような事情を一般的に明らかにするゲーム理論の一分野を「**くり返しゲームの理論**」という。ここでは、その概要を例とともに紹介しよう。まず、つぎのような事例を考えてみよう。

事例7.3　ガソリンスタンドの協調：まわりを見回してみると、よせばいいのに２軒のガソリンスタンドが非常に近くにあることがあります。極端な場合、２軒が隣り合わせになっていることもあります（図7.24）。
　２軒のガソリンスタンドは、毎朝「リッター当たり160円」などという価格を看板に出すので、これは価格を戦略として戦う

・「**価格競争**」

の状態です。ガソリンは、どの会社のものも同じだから、

・「**製品差別化はない**」

図7.24　2軒並んだガソリンスタンド

状態で、ドライバーは1円でも安いほうからガソリンを買うでしょう。さらに、ガソリンを提供するコストはほぼガソリンの卸値に等しいと思ってよく、どの会社の卸値も大差ないので、これは

・「すべてのプレイヤーの限界コストが一定で同一（＝卸値）」

である状態です。こう考えると、2軒のガソリンスタンドの間の競争は、同時手番のゲームのところで説明した**ベルトラン・モデルにそっくりです**（第6章6.5節 (b) 項を見返してみましょう）。そして、ベルトラン・モデルの唯一のナッシュ均衡は「**お互いが卸値に等しい値段をつけて、利潤がゼロになる**」状態です。しかしながら、このゲーム理論の予測に反して、**現実には2軒並んだガソリンスタンドは利益を出して営業を続けています**。いったい、何が起こっているのでしょうか？　以下ではこれを考察してみましょう。

　この謎を解くカギは、2軒のガソリンスタンドは価格競争を今日1回だけやるのではなく、明日も明後日も……というように将来長い間に渡ってやる、ということである。そこで、毎日の価格競争をばらばらの1回限りのゲームとして取り扱うのではなく、その全体を「時間を通じた大きな一つのゲーム」と見て分析するほうがより理にかなっている。この時間を通じたゲームは、同じ「価格競争」というゲームを、同じプレイヤー（2軒のガソリンスタンド）が時間 $t = 0, 1, 2, \cdots$（無限の将来まで）においてくり返しプレイする

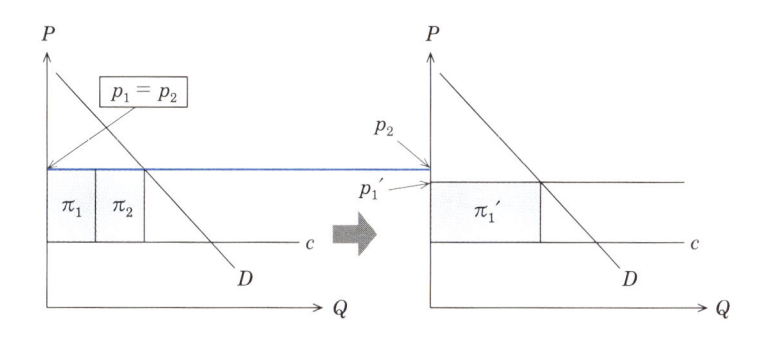

企業1がわずかに価格を下げると**利潤がほぼ2倍**になる
図7.25　協調して価格をつり上げている状態では、ぬけがけすると得をする

ものなので、「**くり返しゲーム**」と呼ばれる。そのくり返しゲームの各時点でプレイされる価格競争のことを、くり返しゲーム全体と区別する意味で、**ステージ・ゲーム**と呼ぶ。以上をちょっとまとめておくと、**くり返しゲームとは**、

・同じプレイヤーが同じステージ・ゲームを各時点 $t = 0, 1, 2, \cdots$ でくり返しプレイする

ようなゲームのことである。

　ガソリンスタンドがプレイするくり返しゲームで何が起こるかを調べる出発点として、なぜ1回限りの価格競争では正の利潤を出すことができなかったのかを復習しておこう。図7.25を見てほしい。

　2軒のガソリンスタンド（企業1、2）の限界費用は同一で一定の値 c（＝ガソリンの卸値）である。スタンドが協調して、価格をコスト c より高い水準につり上げているのが図の左側の状態である（$p_1 = p_2 > c$）。すると、両社ともに高い利益が出て、全体としてはたいへん望ましい状態なのであるが、各社はこの協調状態を破って1人だけ**ぬけがけする誘惑**に駆られる。なぜかというと、例えば企業1がわずかに相手より価格を下げると、（製品差別化がないため）相手からすべての顧客を奪うことができて、利潤が大幅に増えるからである（図の右の状態）。価格の切り下げ幅がわずかなら、売値はほとんど変わらず、かつ、もともと半々に分かれていたお客をすべて奪えるので、**ぬけがけして相手よりわずかに低い価格をつけると利潤はほぼ2倍になる**。1回限りの価格競争では、こうした事情によって、お互いがコストより高い

値段をつけて正の利潤が出ている状態を維持することはできない（ナッシュ均衡にならない）のである。

では、二つのガソリンスタンドが時間 $t = 0, 1, 2, \cdots\cdots$（無限の将来まで）においてくり返し価格競争をするような「くり返しゲーム」では何ができるかを考えてみよう。いま、二つのガソリンスタンドの利潤の合計を最大化する価格を $p_1 = p_2 = p^* > c$ と書くことにしよう。このような高価格を、長期的関係（くり返しゲーム）において実現する一つのやり方はつぎの通りである：

・はじめの期には、p^* をつける
・（つぎの期以降は）いままで全員が p^* を守ってきたなら、今期も p^* をつける
・誰かが p^* 以外の価格をつけたら、永久に価格を c にする

これに従ってガソリンスタンドが行動すると、つぎのようなことが起こる。

・均衡では、ガソリンスタンドは毎期協調して高価格 p^* をつける

・しかし、いったん誰かがこの協調行動から逸脱すると、1回限りのゲームのナッシュ均衡である裏切り状態（$p_1 = p_2 = c$ で利潤がゼロ）を毎期くり返す状態に陥ってしまう

このように、①均衡では毎期協調的な行動をとり、②協調が破られると、1回限りのゲーム（ステージ・ゲーム）のナッシュ均衡という悪い状態を永久にプレイするようなくり返しゲームの戦略を、トリガー戦略という。トリガーというのはピストルの引き金のことで、協調を破るとそれが引き金になって協調が崩れてしまうことからこの名がついたのである。言葉を変えて言うと、トリガー戦略とは、1回限りのゲームのナッシュ均衡を脅しとして、協調を達成しようとする戦略なのである。

ではつぎに、トリガー戦略が均衡になっているかどうかをチェックしよう。そのためには

	t	$t+1$	$t+2$	$\cdots$
均衡通りのときの利得	π^*	π^*	π^*	$\cdots$
t期に裏切ったときの利得の上限	$2\pi^*$	0	0	$\cdots$

表7.5 自分が先に裏切ったらどうなるか

どんなことが起こった後でも、二つのガソリンスタンドはお互いに最適に反応し合っている (*)

ことを示せばよい[8]。

まず、すでに誰かが裏切った後を考えると、自分が何をやっても相手はステージ・ゲームのナッシュ均衡である「cに等しい価格をつける」をやってくるので、自分も毎期ステージ・ゲームのナッシュ均衡に従って「cに等しい価格をつける」のが最適である（そして、**利得は毎期ゼロ**になってしまう）。したがって、すでに誰かが裏切った後は、均衡条件（*）は成り立っている。

つぎに、まだ誰も裏切っていない状態を考えよう。均衡において各ガソリンスタンドが各期に得る利潤を $\pi^* > 0$ と書こう。いま、第t期まで裏切りなしで来たときに、自分が今期相手を裏切ったら、自分の各期の利得がどうなるかをまとめたのが表7.5である。

均衡通りにやっていれば、毎期 π^* の利得が得られる。一方、第t期に裏切ると、最初に説明した通り、その期の利潤をほぼ2倍にすることができる（表7.5を見返してください）。しかし、その後は「お互い永久にcに等しい価格をつけて利潤ゼロ」という悪い状態（ステージ・ゲームのナッシュ均衡のくり返し）に陥ってしまう。

では、裏切るときと裏切らないときのどちらが得かを考えてみよう。ふつう、企業にとっては「今日もらえる1万円」のほうが、「1年後にもらえる1

---

[8] 正確に言うと、これがガソリンスタンドの例における部分ゲーム完全均衡の条件である。ガソリンスタンドは各時点で過去にお互いがどんな価格をつけたかをすべて見ているので、7.2節（b）項の定義によると「ある時点以降にプレイされるもの」はすべて部分ゲームになっている。こうした部分ゲームのすべてでナッシュ均衡が成立している状態、すなわち「どんなことが起こった後でもお互いが最適に反応し合っている」のが部分ゲーム完全均衡である。

万円」より価値が大きい。つまり、企業は**将来の利得を割り引いて考える**のである。そこで、各企業は 1 期先の利得を $0 < \delta < 1$ の割合で割り引くと考えよう。この δ (ギリシャ文字の小文字のデルタ) は、「1 期間先の 1 円の価値」を表すもので割引因子と呼ばれる。**割引因子が大きな** (1 に近い) **企業は将来のことをあまり割り引かないがまん強いプレイヤー**であり、逆に**割引因子が小さいのは今日明日のことしか考えない近視眼的なプレイヤー**である。

こう考えると、くり返しゲームにおける各プレイヤー i の利得は、各期の利得 $\pi_i(t)$ を割引因子 δ で割り引いたものの合計

$$\pi_i(0) + \pi_i(1)\delta + \pi_i(2)\delta^2 + \pi_i(3)\delta^3 + \cdots$$

になるとするのが妥当であろう。

このことに従って、自分から裏切ることの損得を勘定すると、つぎのようになる。まず

裏切ったときの今期の得（の上限） $= 2\pi^* - \pi^* = \pi^*$

である。一方、裏切るとつぎの期からずっと各期の利得 π^* が失われる。よって

将来の損失の合計 $= \pi^*\delta + \pi^*\delta^2 + \pi^*\delta^3 + \cdots$

である。この合計を X と置いてその値を計算してみよう。損失の合計 X をよく見ると

$$X = \pi^*\delta + \delta(\underbrace{\pi^*\delta + \pi^*\delta^2 + \cdots}_{X と等しい})$$

となっているので、$X = \pi^*\delta + \delta X$ である。これを X について解けば、

将来の損失の合計 $(X) = \dfrac{\delta}{1-\delta}\pi^*$

である。したがって、

$$\underset{\text{裏切った時の}\atop\text{今期の得}}{\pi^*} \leq \underset{\text{将来の損}}{\dfrac{\delta}{1-\delta}\pi^*}$$

ならば、自分から裏切ったら損、ということになる。この条件は $1-\delta \leq \delta$ と書き換えられるので、結局、**割引因子が** $\delta \geq \frac{1}{2}$ **なら、自分から裏切ったら損**ということになる。

以上をまとめると、割引因子が $\delta \geq \frac{1}{2}$ なら、トリガー戦略は「どんなことが起こった後でもお互い最適に反応し合っている」という均衡条件を満たす。よって

> 割引因子 δ が $\frac{1}{2}$ 以上なら、2 軒のガソリンスタンドはトリガー戦略によって利潤の合計を最大化する高価格を維持できる

のである。ガソリンスタンドの例では 1 期間は 1 日なので、割引因子 $\delta = 1$ 日先の 1 円の価値はほぼ 1 に近いであろう。したがって、トリガー戦略が均衡になる条件 $\delta \geq \frac{1}{2}$ は十分に満たされているものと考えられる。事例7.3 のガソリンスタンドがはたして正確にトリガー戦略に従っているのかどうかはわからないが、彼らがつぎのように考えていてもおかしくない。

「安売りを仕掛けると今日は得をするかもしれないが、将来お互いの安売り合戦を誘発してしまい、結局損をしてしまう。なので、安売りを仕掛けるのは避けて高価格を維持しておこう」

くり返しゲームのモデルは、現実の企業のこのような思惑をうまくとらえるものなのである。ガソリンスタンドの例に限らず、少数の企業しかいないような市場では、企業同士が話し合って価格をつり上げることが多い。これを、**カルテル**という。カルテルでは、つねに話し合いの結果を守らずに 1 人だけがぬけがけをして得をしようという**裏切りの誘惑**がついてまわる。こうした裏切りを封じ込めてカルテルを成功させるためには、裏切った者を罰する何らかの方策が必要である。くり返しゲームは、こうした罰則が企業の長期的関係によって与えられることを明らかにし、カルテルの構造を解明するのに役に立っている。

コメント 7.3 以上で、ゲーム理論の基本をすべて説明しました。つづいて、企業や消費者がそれぞれ自分にしかわからない**私的情報**をもっているとき、すなわち**情報の非対称性**があるとどのような問題が起こるかについて、基本的なことをお話ししましょう。こうしたことを扱うのは、「情報の経済学」といって、完全競争の理論が一通り完成したあとに、経済理論の新しい流れとして発見された重要な知見です。情報の経済学が扱う問題は、私的情報（他人にはわからない情報）の性質によって、二つに大別されます：

- 相手の**行動が観察できない**場合を、「モラル・ハザードの問題」
- 相手のもっている**情報がわからない**場合を、「逆淘汰の問題」

と呼ぶ。

例えば、所有と経営が分離した現代資本主義社会では、株主は経営者が本当にまじめに仕事をしているかどうか監視できない、という大問題が発生します。これは経営者の行動が隠された「モラル・ハザード」の問題です。また、お金を借りる企業は自分の事業の収益性とリスクを知っていますが、お金を融資する銀行にはそれはわからない、というのは「収益性とリスク」という情報が隠されている「逆淘汰」の問題です。どうですか？　これらの例をみると、情報の非対称性が引き起こす問題は、経済社会の中で大変重要であることがわかるでしょう。第8章では、それぞれのケースについて基本的なことを学んでいきましょう。

8 保険とモラル・ハザード

　株主は経営者の行動を直接監視できない。では、経営者をまじめに働かせるにはどうしたらよいか？——これが、典型的なモラル・ハザードの問題（隠された行動［経営者の努力］がある問題）である。この問題を解くカギは二つあって、一つは「株主と経営者の間での危険分担」、もう一つは「経営者の動機付け＝インセンティブの供与」である。まずは、望ましい危険分担とは何か？ということについて学んでみよう。

8.1 効率的な危険分担と保険の役割

　経済にあるさまざまな財（例えばパンやコメなどのさまざまな食品）は、消費者のニーズに応じてうまく配分する必要がある。「パンが好きな人にコメを与えてしまう」ようなのはまずい配分で、こうした場合は配分をやりなおすことによって、消費者全員の満足を上げることができる——これが、本書の前半で学んだ「効率的な財の配分」の考え方である。

　実は、コメやパンを消費者のニーズに従ってうまく配分する必要があるのと同じように、**社会に存在するさまざまなリスクも、各個人の「リスクに対する耐性」に従って効率的に配分する必要がある**のである。これが、これから学ぶ「効率的な危険分担（リスク・シェアリング）」の理論である。その基本的な考え方は簡単で、「リスクを嫌うような人」にはリスクを負わせず、「リスクをとることをいとわない人」がリスクを負うほうがよい、ということである。このことを、第6章の6.6節で学んだ「期待効用モデル」を使って説明しよう。

　世の中には、「リスクをとるのがものすごくイヤ」な人から、「リスクをとってもとらなくてもどちらでもよい」人、「むしろリスクをとったほうがうれ

しい」人など、さまざまな人がいる。こうしたことをわかりやすい形で表すのが、期待効用モデルであった。

まず、「期待値」とは何であったかを思い出そう。いま、$x_1, \cdots, x_K$ のどれかの値をとる確率変数 $\tilde{x}$ があるとして、x_k が出る確率を p_k と書く。このとき、

$$p_1 x_1 + \cdots + p_K x_K$$

を $\tilde{x}$ の**期待値**といい、$\mathrm{E}[\tilde{x}]$ と表す。これは、この確率変数 $\tilde{x}$ は平均するとどのくらいの値をとるか、ということを表すものである。**期待効用モデル**では、ある個人が得る所得が上のような確率変数 $\tilde{x}$ であるとき、その人は実現した所得 x から得られる「効用」$u(x)$ の期待値である

$$\mathrm{E}[u(\tilde{x})] = p_1 u(x_1) + \cdots + p_K u(x_K)$$

(期待効用)を最大化するように行動する、というものである。

いま、確率 p で地震が発生する状況を考えよう。地震が起こったときの所得を x_1、地震のないときの所得を x_2 で表すと、各人は自分の期待効用

$$p u(x_1) + (1-p) u(x_2)$$

を最大化するように行動する。効用が所得金額そのものである ($u(x) = x$) ような人は

$$\text{期待効用 = 所得の期待値}$$

なので、このような人にとって**重要なのは所得の期待値のみで、リスクは多くても少なくてもどちらでもよい**。このような人 ($u(x) = x$ である人) を、**危険中立的**という。

一方、効用関数のグラフが図8.1のように上に凸になっている人は[1]、「所得にリスクがある状態より、所得の期待値を確実にもらったほうがよい」ことがわかる(第6章6.6節を見返してみましょう)。これを式で表すと

$$\underbrace{p u(x_1) + (1-p) u(x_2)}_{\text{不確実な所得を得るときの期待効用}} < \underbrace{u(p x_1 + (1-p) x_2)}_{\substack{\text{所得の期待値を}\\\text{確実にもらったときの効用}}}$$

---

[1] 効用関数が「**強い凹関数**」である人、ということである。第6章6.6節を見返してみること。

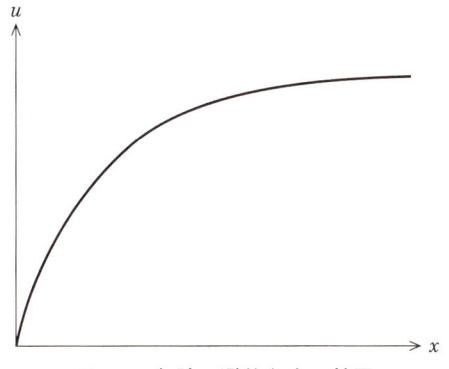

図8.1 危険回避的な人の効用

である。このような人を、**危険回避的**という。

では、危険回避的な人（Aさん）と、危険中立的な人（Bさん）がいた場合、地震がもたらす所得の変動リスクをどう分担したらよいであろうか。地震によってAさんの所得が変動する危険があるときは、図8.2のようにするとよい。

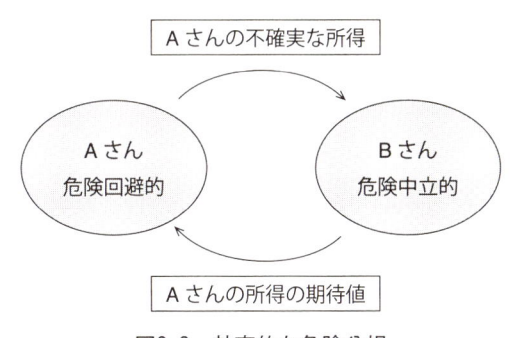

図8.2 効率的な危険分担

例えば地震が1/2の確率で起こり、地震が起きたときのAさんの所得が0円、地震がないときは100万円だとすると、

・このような不確実なAさんの所得を危険中立的なBさんが引き取り、そのかわり
・Aさんの所得の期待値50万円[2]をBさんがAさんに払えば、

---

2 所得の期待値は $(1/2) \times 0 + (1/2) \times 100 = 50$ と計算される。

Bさんの満足を下げることなく、Aさんの満足を上げることができる（つまり、「パレート改善」ができる）。その理由をていねいに説明するとつぎの通りである。

・Bさんは危険中立的なので、所得の期待値のみを見て行動する。したがって、「Aさんの不確実な所得をもらうこと」による満足のプラスと、「その期待値50万円を払う」ときの満足のマイナスは同じ大きさである。よって、Bさんの満足は（プラス・マイナスが打ち消し合って）変わらない。
・Aさんは危険回避的なので、不確実な所得を得るよりも、その期待値50万円を確実にもらったほうがよい。

図8.2のような交換を行ったあとでは、危険中立的なBさんがすべての危険を負担して、危険回避的なAさんはまったく危険を負担していない状態になる。このような状態に至ると、もはや「誰の満足も下げることなく、誰かの満足を上げる」ことは不可能である。つまり、図8.2の交換を行った結果は**パレート効率的な危険分担**を達成しているのである。以上のことをまとめておこう：

> 危険回避的な人と危険中立的な人がいる場合は、**すべての所得変動を危険中立的な人が引き受け**、危険回避的な人の所得は変動しないようにするのがパレート効率的である。

パレート効率的な危険分担

これは、現実の社会における**保険の役割**を明らかにするカギである。現実世界で消費者は、火事・自動車事故・けがや入院などのさまざまな危険にさらされており、できたらこのようなリスクを取り除きたいと思っている。これは、消費者が危険回避的であることを意味している。一方、保険会社は大きな資産を持ち、その利潤は多数の株主に少しずつ分けられるため、全体として危険を分担する能力は高い[3]。つまり、保険会社はほぼ危険中立的である

---

[3] 保険会社の収益が1億円変動しても、株主が5000人いれば、各株主のこうむる収益の変動はたった2万円で、たいしたことはない。また、そもそもリスクを引き受ける保険会社の株主になろうという人は、危険中立的な人が多いものと考えられる。

と考えられる。保険会社が火事・自動車事故・けがや入院といったリスクを引き受けるのは、社会でパレート効率的な危険分担を達成する（＝危険中立的な者が危険を引き受ける）仕組みであると考えられる。

8.2 モラル・ハザードとその対策

　以上で明らかになった効率的な危険分担の考えを使って、株主と経営者の間に発生するモラル・ハザードの問題を考えてみよう。もう一度おさらいすると、経営者は株主に雇われて仕事をしているのだが、経営者がはたしてまじめに仕事をやっているかどうかを株主は直接観察することができない。このような「隠された行動」がある場合を、「モラル・ハザードの問題」と呼ぶわけである。

　さて、経営者の行動を直接観察できなくても、

・経営者がまじめにやれば**確実に**高い収益が上がり、
・なまけていれば**確実に**収益が下がる

なら、利益を見れば実質的に経営者の行動がわかるので、情報の非対称性は存在しないことになる。そのようなときは簡単で、「まじめにやったとき＝収益が高いとき」に適切な報酬を与え、「なまけたとき＝収益が低いとき」の報酬をうんと低くすればよいだけの話である（すると経営者はまじめにやって、適切な報酬を得る）。より現実的で、かつ難しいのは「収益を見ても経営者の行動が完全にはわからない」ケースである。簡単化のために、収益は「高い」（例えば5億円）か、「低い」（例えば1億円）かのどちらか[4]であるとして説明すると、つぎのようなケースのほうがより現実的である。

・経営者が努力してもしなくても、「高い収益」と「低い収益」はどちらも起こり得る。
・しかし、経営者が努力すると「高い収益」が出る確率が上がる。

一例を挙げると、図8.3のようなケースである。このような場合は、たとえ低

---

[4] 例えば、経営者が進めるプロジェクトが成功すれば高い収益、失敗すれば低い収益がもたらされる、と考えるとよいであろう。

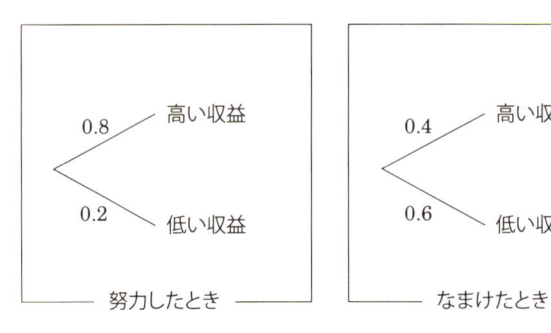

図8.3 経営者の努力と収益

い収益が出ても、必ずしも経営者がなまけたとは限らない。経営者が努力しても、運悪く低い収益が出ることがあるのである。こうした収益変動のリスクがある場合に経営者をうまく働かせるにはどうしたらよいか？ このことを考えるためには、8.1節で学んだ危険分担の効率性の考え方が重要な役割をはたすことが、予想できるだろう。

以上の議論をまとめてみよう。現実によくあるのは

① ある人（**依頼人**）が別の人（**代理人**）を雇って仕事を頼むが、
② 代理人の行動は直接監視できない（モラル・ハザードの問題がある）。
③ しかし、代理人の行動から影響を受ける観察可能な結果があり、
④ 観察可能な結果は、代理人の行動と1対1に対応しているのでなく、ランダムな要因によって変動する。

というケースである。上の例では、依頼人＝株主、代理人＝経営者、観察可能な結果＝収益であるが、このほかにも①〜④があてはまるケースは表8.1のようにたくさんある。

このうちいくつかを説明してみよう。

・地主（依頼人）は小作人（代理人）にコメ作りを依頼するが、その努力水準を常時監視することができない（モラル・ハザード）。そのかわり、収穫量ははっきりとわかる（観察可能な結果）。コメの豊作・不作は小作人の努力を反映するが、天候などのランダムな要因によっても変化する。したがって、

依頼人	代理人	隠された行動	観察可能な結果
地主	小作人	努力	収穫
上司	セールスマン	努力	売上
被告	弁護士	努力	判決
火災保険会社	加入者	火の用心	火事
自動車保険会社	ドライバー	安全運転	事故

表8.1　モラル・ハザードの例

不作であっても一概に小作人の努力不足ではないかもしれない。このようなときに、小作人にきちんと働いてもらうにはどうしたらよいのだろうか？
・火災が起こる確率はどの程度火の用心をするかによって左右される。こう考えると、火災保険会社は保険加入者に「火の用心をきちんとしてください」という業務を依頼しようとしている、とみることができるだろう。問題は、加入者が火の用心をしているかどうかはまったく保険会社にはわからないことである（モラル・ハザード）。このようなとき、どうすれば加入者に火の用心をさせ、かつ適切な保険を与えることができるだろうか？

コメント 8.1　「モラル・ハザード」という用語について：上の火災保険の例が、実は「モラル・ハザード」の語源なのです。「モラル・ハザード」というのは、保険業界で長く使われていた業界用語で、これを後に経済学者が「隠された行動が引き起こす問題」の意味に転用しました。19世紀に保険業が発達した英国では、火災保険などの保険を提供すると、加入者の不注意を助長して事故（火災など）の確率が上がることが大きな問題になりました。このことを指すものとして、「モラル・ハザード」という言葉が、水害などの「純粋に自然現象だけで決まるリスク」＝「フィジカル・ハザード」と対をなす言葉として（「保険加入者の利己的な行動によっても左右されるリスク」という意味で）広く使われるようになったのです[5]。その後、経済学者が、「モラル・ハザード」という言葉で、**行動が観察できないときは、適切な行動をとるように当事者を動機付けすることが難しくなる**」というようなことを

---

[5] Allard E. Dembe and Leslie I. Boden（2000）"Moral Hazard: A Question of Morality?" *New Solutions*, 10(3), pp.257-279.

表すようになりました。

　この、経済学者の用語法が「情報の経済学」の進展に伴って学界で大きな注目を浴びるようになり、今日では新聞などでもモラル・ハザードという言葉が、ほぼ経済学者が使うのと同様の意味で広く使われるようになりました。しかし、新聞では「モラル・ハザード」が「倫理の欠如」と訳されることが多いのはちょっと問題です。この訳はモラル・ハザードの原因と対策について、誤った印象を与えてしまいます。経済学的にいうと、モラル・ハザードの問題の原因は「行動が観察できないという情報の非対称性」であり、正しい対策は「望ましい行動をとるように、適切な動機（インセンティブ）を与える仕組みを設計すること」です。モラル・ハザードを「倫理の欠如」と訳してしまうと、問題の原因は「倫理の欠如」であり、対策は「倫理感を持たせること」という、まったく的をはずれた印象を与えてしまいます[6]。

　表8.1が示すような現実で広くみられる問題において、「代理人をきちんと働かせるにはどうしたらよいか？」つまり、「モラル・ハザードの問題をどう解決したらよいか？」を考えるのが、「**エージェンシー（代理人）の理論**」[7]と呼ばれるものである。この節では、エージェンシーの理論の基本的な考え方を説明してみよう。問題のポイントが一番はっきりわかるのは、

・依頼人（株主）が危険中立的[8]で、
・代理人（経営者）が危険回避的である

ときなので、以下ではこのケースを考えることにする。

　モデルを使って問題を解く前に、言葉を使ってモラル・ハザードの問題の要点を考えてみよう。株主はランダムに変動する収益の中からその一部を経営者への報酬として支払うのだが、前の節でみたように、危険分担の効率性の面からみると、こうした状況では収益変動のリスクはすべて危険中立的な株主が負担し、危険回避的な経営者への報酬は（収益の大小にかかわらず）

6　では、どう訳したらいいか？ということですが、なかなか「これは」という訳は思いつきません。
7　依頼人を英語でいうと「プリンシパル」、代理人は「エージェント」なので、「**プリンシパル・エージェント理論**」と呼ばれることもある。
8　8.1節の保険のところで説明したように、株主がたくさんいれば、個々の株主が負担するリスクは小さいので、株主全体としては大きなリスクを取ることができる。つまり、多数の株主がいる場合は株主全体は危険中立的に近くなるものと思われる。

8.2節 モラル・ハザードとその対策

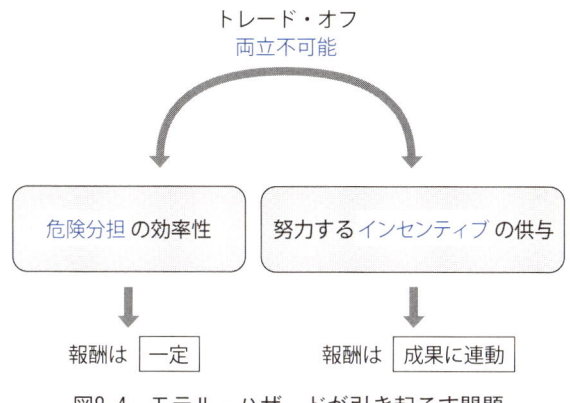

```
        トレード・オフ
        両立不可能
       ↙         ↘
  危険分担 の効率性    努力するインセンティブ の供与
       ↓              ↓
   報酬は [一定]     報酬は [成果に連動]
```

図8.4 モラル・ハザードが引き起こす問題

一定にするのが望ましい。しかし、報酬が成果（収益）とまったく連動していないとすると、経営者が努力する誘因（インセンティブ）がなくなってしまう。この、「あちらを立てればこちらが立たず」という関係（トレード・オフ）が、モラル・ハザード問題の核心である。図8.4を見てほしい。

では、この図にある**危険分担の効率性とインセンティブの供与のトレード・オフ**がある中で、最適な報酬をどう設計したらよいかという問題をモデルを使って解いてみよう。依頼人である株主は、最適な報酬体系を決めるために、

① 代理人（経営者）が他社に逃げないように、十分な報酬を与える
② 経営者が自発的に努力するように、報酬と成果（収益）をうまく連動させる[9]

という二つの制約の下で、自らの利益を最大化するであろう。このことを数式で書いてみよう。まず、

・収益は高い（$\bar{y}$）か低い（$\underline{y}$）のどちらかで、経営者が努力する場合、高い収益が発生する確率は p である
・収益が高いときの経営者への報酬を $\bar{w}$、低いときの報酬を $\underline{w}$ と書く

---

[9] 努力のコストがあまりにも高いと、そもそも努力させないのが最適になることもある。そのような場合の最適報酬は簡単で、成果に関係なく一定の報酬を支払って最適な危険分担を達成すればよいことになる。ここでは、このような自明なケースではない場合を考える。

とすると、株主が最大化しようとする利潤の期待値は

$$p(\bar{y}-\bar{w})+(1-p)(\underline{y}-\underline{w}) \tag{1}$$

と書ける。株主は危険中立的なので、自ら得る金額（収益 y − 報酬 w）の期待値を最大化することに注意しよう。つぎに、

・経営者が他の会社で働いたときの利得を U、努力するコストを C と書く

と、経営者が他の会社に逃げないで、株主の会社で働いてくれるという①の条件は、

$$p\,u(\bar{w})+(1-p)u(\underline{w})-C \geq U \tag{2}$$

と書ける（これを、「**参加条件**」という）。ここで、u は経営者が危険回避的であることを表す（上に凸な形をした）効用関数である。

最後に、

・経営者がなまけると高い収益が発生する確率は $p'(<p)$ に下がる

とすると、経営者が自発的に努力するという「**インセンティブ条件**」（前述の条件②）は、つぎのようになる。

$$p\,u(\bar{w})+(1-p)u(\underline{w})-C \geq p'\,u(\bar{w})+(1-p')u(\underline{w}) \tag{3}$$

つまり、まじめにやったときの利得（左辺）のほうが、怠けたときの期待利得（右辺）より大きい（または同じである）ことになる。左辺にはまじめにやることのコスト（$-C$）がついていることに注意しよう。

以上をまとめると、経営者の努力水準が観察できないというモラル・ハザードの問題があるとき、株主は

期待利潤(1)を、

・**参加条件**(2)と
・**インセンティブ条件**(3)

の下で最大化する

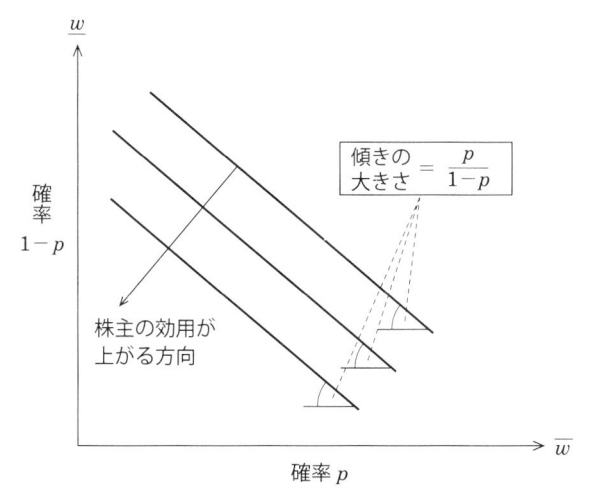

図8.5 株主（危険中立）の無差別曲線

ように、経営者への報酬 $\bar{w}, \underline{w}$ を設計するのが最適である。

これを、図を使って解くために、株主と経営者の無差別曲線を描いてみよう。まず、株主のほうからみてみると、株主の効用である期待利潤は

$$\underbrace{p\bar{y}+(1-p)\underline{y}}_{\text{期待収益}}-\underbrace{(p\bar{w}+(1-p)\underline{w})}_{\text{期待支払}}$$

という形をしており、この中で、経営者への報酬 $\bar{w}, \underline{w}$ をさまざまに変えたときに変化するのは期待支払の部分である[10]。この部分を一定に保てば株主の効用は一定なので、株主の無差別曲線は、「期待支払額が一定」

$$p\bar{w}+(1-p)\underline{w} = 一定$$

という式で与えられる右下がりの直線である（図8.5）。

無差別曲線の傾きの大きさは $p/(1-p)$（「高い収益が出る確率」と「低い収益の出る確率」の比）であり[11]、一つの無差別曲線の上ではどこでも株主の効用（および期待支払額）は一定である。また左下の無差別曲線に行くほど（期

---

10 期待収益は（経営者が努力してくれる限り）一定の値をとる定数である。

11 期待支払額＝一定という式を変形すると、$\underline{w} = -\dfrac{p}{1-p}\bar{w}+$定数 になるので、$\bar{w}$ の係数 $\dfrac{p}{1-p}$ が傾きの大きさである。

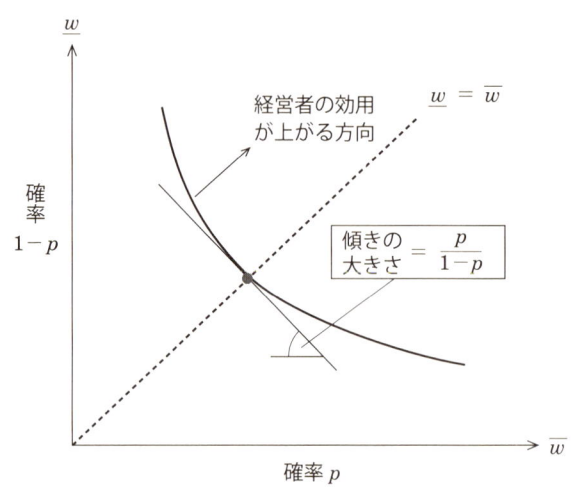

図8.6　経営者（危険回避）の無差別曲線

待支払額が小さくなるので）株主の効用が高くなる、ということに注意してほしい。

つぎに、経営者の無差別曲線を調べてみよう。結論を先に述べると、経営者の無差別曲線は、図8.6のようになっているのである。

株主の無差別曲線が直線であったのに対し、経営者のそれは**原点に向かって凸**の曲線になっている。これは、経営者が**危険回避的**だからである。

危険回避的な人の無差別曲線は原点に向かって凸である：

その理由を説明してみよう。経営者の無差別曲線は、「経営者の効用＝一定」、すなわち

$$p\,u(\overline{w})+(1-p)\,u(\underline{w})-C = 一定 \tag{4}$$

を満たすような曲線である。この曲線の傾き $d\underline{w}/d\overline{w}$ を計算してみよう。消費者行動を説明した第1章1.5節では、数式変形の背後にある直感を養うために「全微分」を使って傾きを計算したが、ここでは微分の公式を使ったよりスマートな計算法を紹介しよう。いま、(4)式を満たす曲線を $\underline{w}=\underline{w}(\overline{w})$ と書き、(4)式の両辺を $\overline{w}$ で微分すると、

$$p\,u'(\overline{w})+(1-p)u'(\underline{w})(d\underline{w}/d\overline{w}) = 0$$

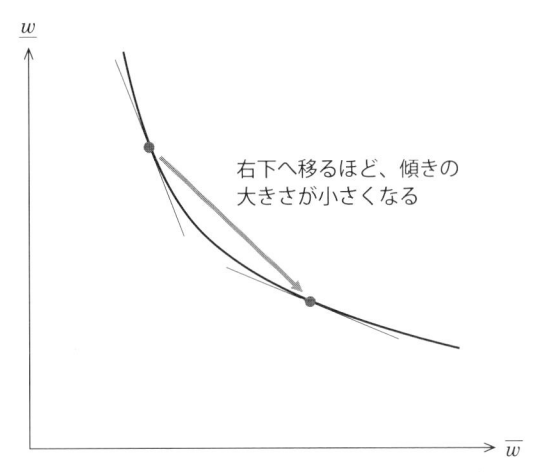

図8.7 原点に向かって凸であることの意味

(図中: 右下へ移るほど、傾きの大きさが小さくなる)

となる[12]。これを解くと

$$-d\underline{w}/d\bar{w} = \frac{p}{1-p}\frac{u'(\bar{w})}{u'(\underline{w})} \tag{5}$$

となる。つまり、傾き $(d\underline{w}/d\bar{w})$ はマイナスで、その大きさが上の式で表されるのである。

ところで、無差別曲線が原点に向かって凸であるということは、無差別曲線に沿って右下に移動してゆくと、傾きの大きさが小さくなるということである（図8.7）。

この図にあるように「右下へ移動する」ということは、「$\bar{w}$ を増やして $\underline{w}$ を減らす」ということである。では、傾きの大きさを表す(5)式において「$\bar{w}$ を増やして $\underline{w}$ を減らす」とどうなるだろうか？

危険回避的な人の効用のグラフは上に凸な形をしているので、限界効用 $u'(w)$（＝グラフの傾き）は所得 w が増えると逓減する。よって、$\bar{w}$ を増やすと $u'(\bar{w})$ は下がり、$\underline{w}$ を減らすと $u'(\underline{w})$ は上がる。したがって、

$$\text{無差別曲線の傾きの大きさ} = \frac{p}{1-p}\frac{u'(\bar{w})}{u'(\underline{w})}$$

---

12 「合成関数の微分の公式」を使って、$u(\underline{w}(\bar{w}))$ を $\bar{w}$ で微分すると $u'(\underline{w})(d\underline{w}/d\bar{w})$ になる。ここではそれを使って計算していることに注意。

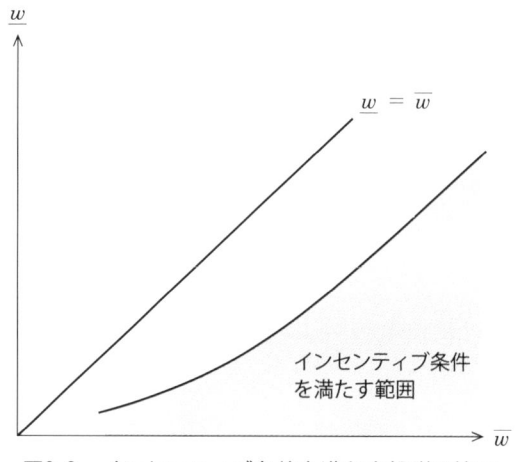

図8.8　インセンティブ条件を満たす報酬の範囲

は、図8.7のように確かに右下に行くほど低下するのである。よって、**危険回避的な経営者の無差別曲線は原点に向かって凸**であることが確認できた。

また、収益の大小にかかわらず同じ報酬を受ける点、つまり危険回避的な経営者がまったくリスクを負担しない点（$\underline{w} = \overline{w}$）では、上の式から

$$\text{無差別曲線の傾きの大きさ} = \frac{p}{1-p} \tag{6}$$

で、**これは危険中立な人（株主）の無差別曲線の傾きと同じことに注意しよう**。このことは、あとで説明する通り非常に重要なポイントである。

最後に、インセンティブ条件(3)を満たす領域を図示してみよう。(3)を変形すると、

$$(p - p')(u(\overline{w}) - u(\underline{w})) \geq C$$

となる。結論から先に言うと、この式が満たされる領域は図8.8のようになっている。その理由を以下で説明しよう。

図8.8の水色の領域の境界線が、インセンティブ条件を等式

$$(p - p')(u(\overline{w}) - u(\underline{w})) = C \tag{7}$$

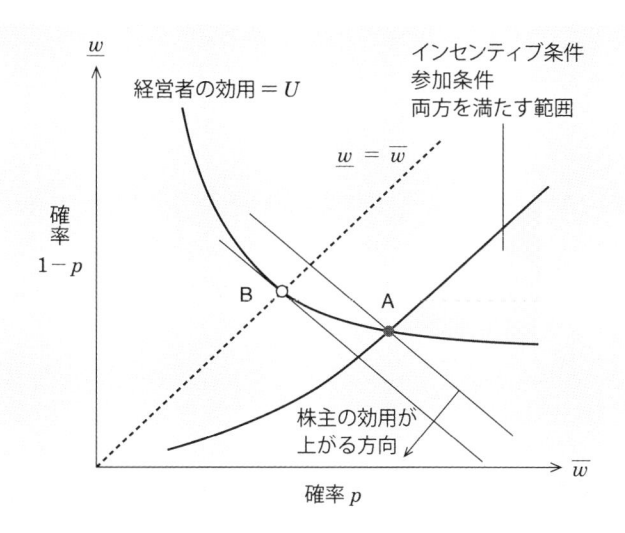

図8.9　情報の非対称性があるときの最適（A）と
　　　ないときの最適（B）

で満たす曲線である。$(p-p')>0, C>0$ なので、この等式を満たすには $(u(\bar{w})-u(\underline{w}))>0$ でなければならない。このことは、$\bar{w}-\underline{w}>0$ を意味するので、境界線は図8.8の直線（45度線）より右下にあることがわかる。これは当たり前で、努力をさせるには高い収益が出たときの報酬 $\bar{w}$ を大きくする必要がある、ということである。また、(7)が満たされている点から出発して $\bar{w}$ を上げると(7)の左辺は右辺より大きくなる。両辺を等しくするには、$\underline{w}$ を上げなくてはならない。つまり、(7)を満たす曲線（図8.8の境界線）は右上がりである[13]。

　以上のことをまとめると、モラル・ハザードの下で経営者をうまく働かせるための最適な報酬 $\bar{w}, \underline{w}$ は、図8.9のA点のように決まることがわかる。

　経営者が外部で働いたときの効用 U 以上を保証するためには、報酬は図8.9の「経営者の効用＝U」という無差別曲線より上になくてはならない。これと、先ほど図8.8で確認したインセンティブ条件を満たす範囲を合わせると、図8.9の灰色の部分が「参加条件」「インセンティブ条件」を両方満たす範囲

13　この境界線の正確な形は効用関数 u に依存する。以下の議論ではそれが、45度線より右下にある右上がりの曲線であることだけがわかればよい。

である。この中で、株主にとって一番よいのは、この領域と株主の無差別曲線（図8.9の右下がりの直線）が接する点Aである。この**点Aが、モラル・ハザードの下で、「危険分担の効率性」と「インセンティブの供与」の両方のバランスをうまくとった最適な報酬体系**である。

理解をより深めるために、経営者の行動を監視できる**情報の非対称性が**ない状況を考えてみよう。この場合、インセンティブ条件(3)を考える必要はないので、株主は参加条件を満たす範囲で最適な点を選ぶ。図8.9をもう一度見てほしい。このような点は図の点Bである。(6)式で確認した通り、経営者がリスクをまったく負わない（$\underline{w} = \overline{w}$）ような点Bでは、危険回避的な経営者の無差別曲線の傾きと危険中立的な株主の無差別曲線の傾きは同じ（$= p/(1-p)$）であり、したがって二人の無差別曲線は接するのである。

つまり、**情報の非対称性のないとき**の最適点Bでは、前の節で学んだ「**効率的な危険分担**」が達成されていることに注意しよう（リスクはすべて危険中立的な株主が負担し、経営者は収益の変動と無関係な一定額の報酬を得る）。経営者の行動が直接観察できる場合は、このような効率的な定額の報酬を与え、なまける誘因をなくすためには、「努力しなかったら巨大な罰金を科す」という罰則を付け加えればよいのである。この罰則は「努力したかどうか」が観察できて初めて実行できるものであることに注意されたい。

以上の分析と、現実の関係を示す事例を一つ挙げておこう。

事例8.1 保険における「免責」の役割：上のモデルを、
- 経営者＝保険加入者
- 努力＝火の用心
- 株主＝保険会社

と解釈し直すと、火災保険のモラル・ハザード問題のモデルと見直すことができます（参加条件に出てくる U は、保険加入者がライバル会社の保険に入ったときの利得とします）。保険会社は加入者にきちんと火の用心をしてほしい……しかし、火の用心をちゃんとやっているかどうかを観察することはできない……このジレンマ（モラル・ハザード）の問題を最適に解決するのが図8.9の点Aで、図の縦軸は火災の起こったときの保険加入者の所得、横軸は火災のないときの所得です。最適な点A

では、火災が起こったときの所得が低くなっており、これは、火災で受ける損害が例えば2000万円であったとき、その**全額は保険会社は補償してくれず、一部は保険加入者が自己負担する**ということです。

現実の保険の多くは、実際にこのような「自己負担額」が設定されており、これを「免責」と呼んでいます。図8.10は、三井住友海上の「GKすまいの保険」（家庭用火災保険、2013年10月1日以降始期契約）のパンフレットからとった保険契約例です。

■保険期間は、6年以上36年以下の整数年でお決めください。
保険期間が長くなるほど、1年あたりの保険料が割安です。

保険期間と保険料（イメージ）

保険期間	一括払保険料	1年あたりの保険料
10年	210,730円	約21,070円
20年	393,140円	約19,660円
30年	555,090円	約18,500円

〈算出条件〉（平成25年10月1日始期）
契約プラン：6つの補償プラン
建物保険金額：2,000万円
家財保険金額：1,000万円
免責金額（建物・家財）：3万円
所在地：神奈川県
構造級別：戸建　T構造（耐火）
延床面積：100m²
建築年月：平成20年12月
事故時諸費用特約：損害保険金×20%・300万円程度
地震火災費用特約：保険金額×5%・300万円程度

図8.10　保険の免責金額の例

これは、火災を含む「住宅・家財に対する事故」の保険で、年間の保険料は2万円程度です。四角で囲んだ部分の「免責金額：3万円」というのは、住宅や家財に損害が起こったとき、損害額のうち3万円は自己負担してください、あとは保険会社が払います、という意味です。このように、現実の保険がリスクを100%取り除く完全な保険を提供しない一つの理由は、モラル・ハザード（不注意）による事故の確率の増加を防ぐということであり、「免責」のある上の保険契約は図8.9のA点を達成するものとして理解できるのです。

さて、結論に入ると、上の分析をまとめた図8.9から学ぶべき重要なメッセージはつぎの通りである。A（情報の非対称性のあるとき）とB（ないとき）を比べると、

① 経営者の効用はどちらでも外部で働いたときの効用 U に等しい。
② 一方、株主の効用はBのほうが高い。

したがって、社会全体（経営者と株主両方）にとっては、情報の非対称性のないBのほうがよい状態である。そこで、

・情報の非対称性のないときの最適点Bを**ファースト・ベスト**、
・情報の非対称性のあるときの最適点Aを**セカンド・ベスト**

ということがある。ここで、Aでの株主の期待利潤が4800万円、Bでは5000万円だとすると、情報の非対称性のないBから非対称性のあるAに移ると、この差である200万円分の損失が社会全体に発生することになる。つまり、**「経営者の行動が観察できないという情報の非対称性（モラル・ハザード）」があると、社会全体に200万円のコストが発生**するのである[14]。このように、情報の経済学は、非対称情報がなぜ、どれだけ社会にコストを発生させ、それを最小化する報酬体系や制度をどう設計したらよいかを教えてくれるのである。

コメント 8.2 **200万円はどこに行ってしまったのか**：上の例の結論は、情報の非対称性があると、社会全体で200万円が失われる、ということでしたが、この200万円はいったいどこに行ってしまったのでしょうか？　このことを考えると、**モラル・ハザードがもたらす社会的コストとは何なのか**に関する理解が深まります。

情報の非対称性のない点Bでは、効率的な危険分担が実現し、経営者は収益の変動とは無関係に一定の報酬、例えば5000万円を保証されます。このとき、経営者は他の会社で働いたときとちょうど同じ満足を得ています。

一方、経営者の努力水準が観察できない（モラル・ハザードがある）と、経営者に努力させるには結果責任をとらせる必要が出てきます。つまり、収益が低かっ

14　これを、**エージェンシー・コスト**ということがある。

ら報酬を下げるという「成果主義」が必要になります。このように報酬にリスクが伴うときに、5000万円を確実にもらえる（点B）ときと同じ満足を経営者に与えるには、より多くの報酬を支払う必要があります。なぜなら、

・期待支払額がちょうど5000万円なら、危険回避的な経営者はこのようなリスクを伴う報酬より、5000万円を確実にもらうほうを好みます。
・したがって、「リスクを伴う報酬」と、「5000万円を確実にもらう」ことが経営者にとってちょうど同じ（無差別）になるためには、

$$\text{リスクを伴う報酬の期待支払額} \quad > \quad 5000\text{万円}$$

になっている必要があります。この左辺と右辺の差は、「報酬変動のリスクを経営者にとらせるための上乗せ分」なので、**リスク・プレミアム**ということがあります。上の例で出てきた「200万円」は、このリスク・プレミアムに他なりません。

　以上の議論をまとめてみましょう。「経営者の努力水準が観察できない」という情報の非対称性＝モラル・ハザードがあると、経営者に**結果責任というリスクをとらせる**必要が出てきます。このリスクに伴う超過支払額（リスク・プレミアム）が、**情報の非対称性が社会にもたらすコスト**なのです。読者は、上の説明と合わせて、「モラル・ハザードの根本にある危険分担とインセンティブのトレード・オフ」を説明した図8.9をもう一度見返してみると、理解を深めることができるでしょう。

9 逆淘汰と シグナリング

　いま学んでいるのは、「情報の非対称性があるときの経済分析の基礎」である。第8章で説明した通り、情報の非対称性があるときの問題を、経済学では2種類に分けて、

・**隠された行動**があるときを「**モラル・ハザード**」の問題

といい、

・**隠された情報**があるときを「**逆淘汰**」の問題

と呼ぶことになっている。本章は2番目の問題である逆淘汰について学んでみよう。具体的には、

　「本人しか知らない私的情報を、うまく引き出すにはどうしたらよいか」

ということを説明することにする。

9.1 逆淘汰とは？

　情報の経済学において、隠された情報がある場合を「逆淘汰（adverse selection）」と呼ぶのは、保険会社が使う業界用語から来ている。これは、「逆選択」と訳されることもあるが、selectionというのは「自然淘汰（natural selection）」というときに使われる「淘汰」という意味で、つぎのエピソードが示すように、「隠された情報があると、強いものが生き残る自然淘汰とは逆に、どんどん悪いものが生き残る」ということから来た言葉である。

　「逆淘汰」の語源となった保険市場でのエピソードはつぎのようなものである。保険市場の基本的な問題点は、「事故を起こしやすい人が保険に入り

たがる」のに対し、「事故を起こしやすいかどうかは本人にしかわからない」という情報の非対称性（隠された情報）があることである。このとき、あまり何も考えずにナイーブなやり方で保険料をつけていると、つぎのようなことが起こってしまう。

・まず、社会の平均の事故発生確率を見て、保険料を算定する。

⬇

・平均より事故を起こしにくい、優良な人にとっては保険料が高すぎで損なので、そのような人は保険に入らない。つまり、比較的事故を起こしやすい人のみが保険に入る。

⬇

・保険に加入した人の事故の確率が社会の平均より高いのを見て、保険会社は保険料を引き上げる。

⬇

・さらに事故を起こしやすい人のみが保険に入る。

⬇
⋮

・最悪の場合、保険市場が崩壊する。

こうして、「保険加入者が事故を起こしやすい人かどうか」という情報が隠されていると、良いものが生き残る自然淘汰とは逆に、質の悪い保険加入者だけが生き残って行き、保険業が成り立たなくなってしまう。このことは、保険業を営む際に注意しなければならない重要なポイントなので、上のような現象を保険業界では「逆淘汰」という名前をつけて代々言い伝えてきたのである。

　同じような現象は、中古車市場でも起こる。中古車はどこかに不具合があることが多いのだが、これは売り手にしかわからない。（大きな声では言えませんが、私は留学生時代、3万円で買った中古車を卒業時に5万円で売った記憶があります。）中古車の買い手がこのことをあまり意識せずに適当に買値を決めてゆくと、つぎのような悪循環に陥りやすい。

・まず、買い手は社会の平均的な中古車の質を見て、買値をつける。

⬇

- 平均より質の高い、優良な中古車の持ち主にとっては損なので、そのような人は車を売らない。つまり、比較的質の悪い中古車だけが市場に出回る。

    ⬇

- 市場に出回る中古車の質を見て、買い手は買値を下げる。

    ⬇

- さらに質の悪い車のみが市場に出回る。

    ⬇

- 最悪の場合、中古車市場が崩壊する。

経済学者のG.アカロフは、それまでのミクロ経済学が情報の非対称性を無視してきたのに対し、隠された情報があると市場は深刻な機能不全を起こす可能性があることを、上のような現象をモデル化することで鮮やかに示した。アカロフは、こうした市場を「**レモン市場**」と呼んでいる。「レモン」というのは「はずれの中古車（欠陥品）」という俗語で、これはレモンが（外見はちゃんとしていても）切ってみなければ腐っているかどうかわからないことから来ているらしい。

　上の例が示すように、保険市場や中古車市場をうまく機能させるには、何らかのやり方で「自分は事故を起こしやすいかどうか」「自分の売る車の質は良いかどうか」という、**本人にしかわからない私的情報をうまく引き出す工夫**をする必要がある。本章では、その基本的なやり方を、簡単な例をもとに説明することにする。

　上で説明した「質の悪いものだけが生き残って市場が崩壊する」というのは、隠された情報（私的情報）が引き起こす問題の一例だが、現代の経済学ではこの現象そのものではなく、「一部の人が私的情報を持っているために起こるさまざまな問題」を一般的に逆淘汰と呼ぶのである。表9.1は、経済で起こる逆淘汰問題の代表的な例を示したものである。

　表9.1の最後の例は労働市場に関するもので、労働者の能力（生産性）は、本人はよくわかっているが、雇う側の企業にはわからない。以下の節ではこの例に即して、どのような方法を使えばこの隠された情報を引き出せるかを、考えることにする。

	私的情報の持ち主	私的情報
中古車市場	売り手	品質
銀行融資	借り手	投資プロジェクトのリスク
公益事業の価格規制	企業	コスト
労働市場	労働者	生産性

表9.1 逆淘汰（隠された情報のある問題）の例

9.2 シグナリングの原理

私的情報を持つ人に、何らかの（観察できる）行動をとらせ、とった行動に応じてうまく報酬を与えると、

> 異なる情報を持つ人は自発的に異なる行動をとるので、どんな行動をとったかを見ると私的情報がわかる

ようになる。この場合、特定の行動が特定の情報を持っているということのシグナルになるので、経済学ではこうした現象を「**シグナリング**」と呼んでいる。

シグナリングがどうして機能するのかを検討するために、つぎのような労働市場のモデルを考えてみよう。

- 本人しか知らない私的情報＝労働者の能力（生産性）
  ここでは、生産性をギリシャ文字の θ で表し、これは高い（$\theta = H$）か低い（$\theta = L$）かのどちらかだとしよう。私的情報（θ）のことを労働者の**タイプ**ということにする。
- 私的情報を他人に伝える行動（これを**シグナル**という）＝ 学歴 x
  x は、学校に行った年数や勉強の量を表すものと考える。

労働者の効用は、つぎのような三つのものによって決まっているとする。

$$u(x, w, \theta)$$

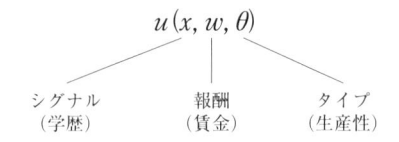

シグナル　　報酬　　タイプ
（学歴）　（賃金）　（生産性）

　重要なポイントの一つは効用が私的情報（タイプ θ）に依存しているということであり、これは、私的情報（タイプ）が変わると効用（好み）が変わる、ということに他ならない（どうしてこうなるのかは、このあと「仮定2」のところで説明します）。人間の行動を決めるのは好み（選好）なので、このことは、「持っている私的情報が変われば、行動も変わる」ことがある、ということを意味する。これが、「行動を見ると隠された私的情報がわかる」ということ（シグナリング）が成立する根本的な理由である。つまり、シグナリングがうまく機能する要因の一つは

「行動をみればその人の好みがわかる」

という経済学のいろいろな場面でよく使われる重要な洞察（「顕示選好」という考え方）と、

「私的情報が変われば好みも変わる」

という条件の組み合わせなのである。

　しかしながら、「私的情報が変われば好みも変わる」ということだけでは、私的情報が行動（シグナル）によって伝達されるとは限らない。シグナリングがうまく機能するためには、シグナル（学歴）と報酬（賃金）の間に一定のうまい関係がないとだめなのである。

　それを説明するために、さらにいくつかの仮定を置こう。まず、賃金は高いほど効用は上がると考えよう。さらに

仮定1：勉強は苦痛である（x を上げると効用は下がる）

という（現実的な？）仮定を置く。以上の仮定の下では、労働者の無差別曲線（同じ効用を与えるさまざまな（勉強量 x, 賃金 w）の組み合わせ）は図9.1のように右上がりの曲線になる。

　この図の、$u = 10$ という曲線（無差別曲線）の上ではどこでも効用は一定（$=10$）である。図の左上の方向、つまり「勉強量 x は少なく、賃金 w は高

賃金 w

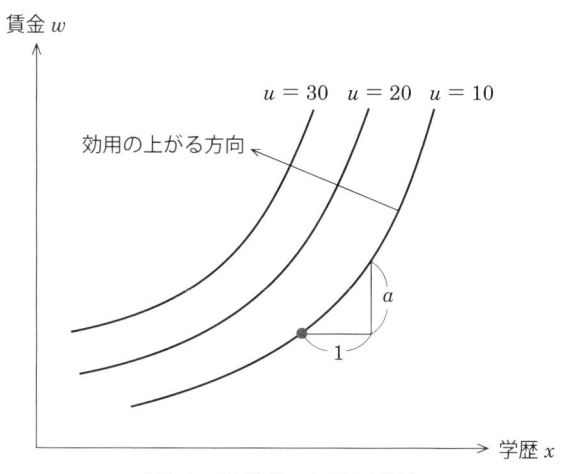

$u=30$ $u=20$ $u=10$

効用の上がる方向

図9.1 労働者の無差別曲線

い」方向に行くと、労働者の効用は上がっていく。いま、図9.1の黒丸の点から出発して、賃金は上げずに学歴（勉強量）だけを1年上げたとしよう。勉強は苦痛なので（仮定1）このままでは効用が下がってしまう。もとと同じ効用水準を維持するには、賃金を図の a だけ上げなくてはならない。例えば、$a=5$ 万円なら、もう1年勉強する苦痛を打ち消すには将来もらう賃金（月給と考えよう）が5万円上がらないといけない、ということである。この a というのは、無差別曲線の傾きに他ならない（a が大きいほど傾きは大きい）。以上をまとめると、

a（無差別曲線の傾き）＝「もう1年勉強する苦痛を打ち消す賃金の上昇額」

なので、

　　　　無差別曲線の傾き ＝ 勉強（シグナル）のコスト

であることがわかった。

ここで、さらに重要なつぎのような仮定を置く。

仮定2：能力（タイプ θ）が高いほど、勉強（シグナル）のコストは低い

能力が高い人は勉強が苦もなくできるが、能力が低い人は勉強が大変で、よ

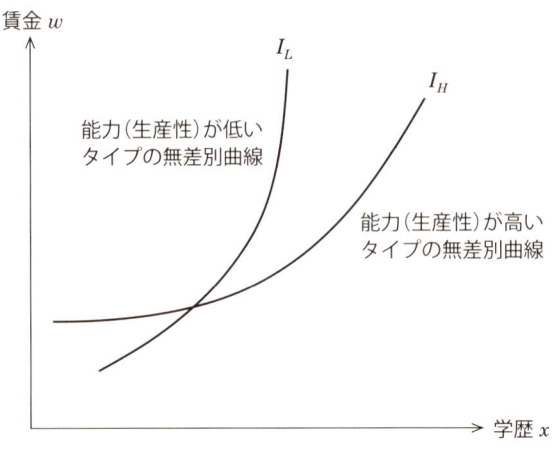

図9.2　タイプが高いほどシグナルのコストは低い
（単一交差条件）

ほど「将来もらう賃金が、勉強したおかげで高く上がる」のでなければ勉強はしたくない。勉強のコストは先に見たように無差別曲線の傾きで表されるので、仮定2を図示すると図9.2のようになる。

この図には能力が低いタイプの無差別曲線 I_L と、能力の高いタイプの無差別曲線 I_H がそれぞれ1本ずつ描かれており、能力（生産性）が高いタイプの無差別曲線のほうが、勉強（学歴 x）のコストである傾きが小さくなっている。これが仮定2が意味するところであるが、この仮定が成り立っていると、図9.2が示すように「異なるタイプの無差別曲線は（もし交わるとすれば）一回しか交わらない」。このことから、仮定2を情報の経済学では**単一交差条件**と呼んでいる。単一交差条件は、以下で見るように「能力の高いタイプほどたくさんシグナルを送る」ということが成り立つことを保証する、たいへん重要な条件である。

以上のような状況で、

A：高学歴、高賃金
B：低学歴、低賃金

という二つの選択肢がうまく与えられていると、生産性の高いタイプはAを選び、生産性の低いタイプはBを選ぶので、結果として

9.2節 シグナリングの原理

「学歴を見れば生産性がわかる（高学歴なら生産性が高い）」

ということが起こり得ることを、これから説明しよう。このことがうまく行くためには、AとBの選択肢のあいだにうまい関係がなければならないのだが、それを考えるために図9.3を見てみよう。

(a)

賃金 w

① 生産性の低いタイプが選ぶ点が、ここだとしたら…

② 生産性の高いタイプが選ぶ点Aは、どこにくる？

B
?
学歴 x

(b)

賃金 w

生産性の低いタイプの無差別曲線 I_L

生産性の高いタイプの無差別曲線 I_H

効用の上がる方向

生産性の低いタイプが選ぶ点 B

生産性の高いタイプが選ぶ点 A

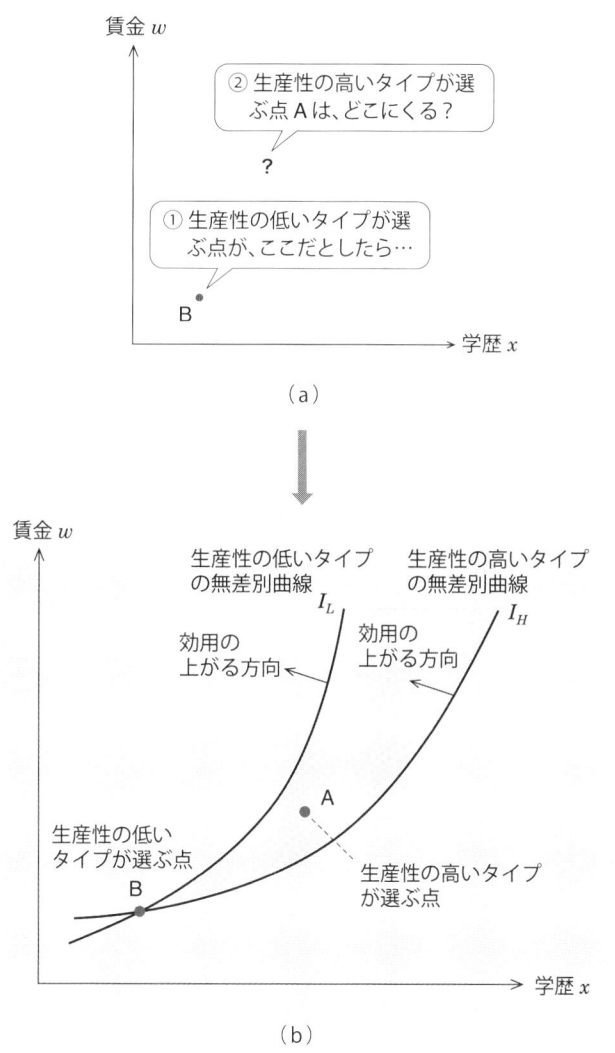

学歴 x

図9.3 異なるタイプが異なる点を選ぶための条件

図9.3(a)の点Bが、生産性の低いタイプが選ぶ点だとした場合、生産性の高いタイプが選ぶ点Aはどこに来なければならないかを考えてみよう。答えを得るには、**この点Bを通る、異なるタイプの無差別曲線を描いてみればよい**（図9.3(b)）。図の I_L は、点Bを通る生産性の低いタイプの無差別曲線である。この無差別曲線の上では、生産性の低いタイプの効用は、点Bと同じである。また、この無差別曲線の右下では生産性の低いタイプの効用は、点Bより低くなっている。したがって、

$$\begin{array}{c} \text{点Aがこの無差別曲線}I_L \\ \text{より右下にある} \end{array} \Rightarrow \begin{array}{c} \text{生産性の低いタイプは} \\ \text{点Bを選ぶ} \end{array}$$

ということになる。一方、図の I_H は、点Bを通る生産性の高いタイプの無差別曲線であり、この無差別曲線の左上では生産性の高いタイプの効用は、B点より高くなっている。したがって、

$$\begin{array}{c} \text{点Aがこの無差別曲線}I_H \\ \text{より左上にある} \end{array} \Rightarrow \begin{array}{c} \text{生産性の高いタイプは} \\ \text{点Aを選ぶ} \end{array}$$

ということになる。つまり、図9.3(b)の**灰色の領域のどこかに点Aがあれば**、

・**生産性の低いタイプは自発的に点B（低学歴、低賃金）を選び、**
・**生産性の高いタイプは自発的に点A（高学歴、高賃金）を選び、**
・**結果として「学歴を見れば生産性がわかる」**

のである。このように、異なるタイプが異なる選択肢を自発的に選ぶことを、情報の経済学では自己選択（self-selection）と呼んでいる。図9.3(b)は自己選択がうまく働く範囲を表したものである。

より理解を深めるために、具体的なストーリーを考え、Bを高卒、Aを大卒という選択だとしよう。図9.4を見てほしい。もし大卒の賃金が図のA'のように高すぎると、どちらのタイプも大学に行こうとするので「学歴によるタイプの選別」はうまく働かない。逆に、大学まで行ってもたいして賃金が上がらないと（図の点A''）、誰も大学に行かないのでやはりうまくいかない。労働者が「能力に応じて異なる学歴を選ぶので、学歴を見れば本人しか知らない能力が他人に伝わる」ということがうまく働くには、大卒の給料が高すぎもせず、低すぎもしないちょうどよい水準（図9.4の水色の部分に来る水準）

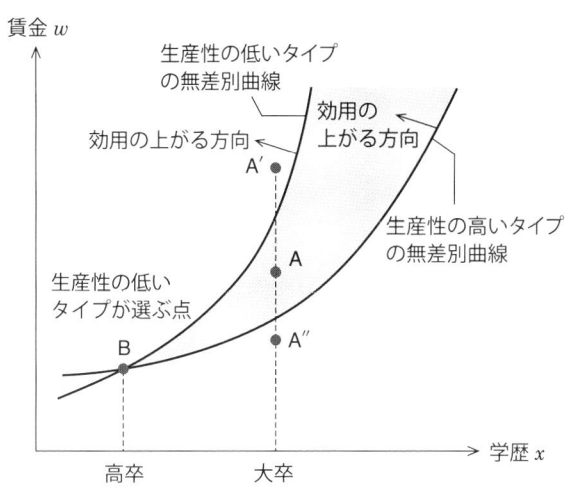

図9.4　大卒の賃金が高すぎても低すぎてもダメ

でなければならないのである。

このモデルから得られた洞察を一般化すると、つぎのようになるであろう。

・自分にとっては得だが

・自分と違うタイプの人にとっては損になる

ような行動（シグナル）をとれば、自分のタイプ（自分だけが持っている私的情報）を他人に知らせることができる

シグナリングの原理

上の例では、「大学に行くまで勉強する（そしてその結果高い賃金を得る）」という行動は、生産性の高いタイプの人にとっては得だが、そうでないタイプにはコストがかかりすぎて損になる。したがって、大学に行くという行動が、「自分は生産性が高いタイプである」ということのシグナルとして働くのである。

シグナリングの原理が働いていると思われる事例は、非常に幅広い範囲で観察される。代表的な例をいくつかまとめてみよう（表9.2）。

シグナリングが働く基本的な仕組みをもう一度整理すると、つぎのように

私的情報（タイプ）	シグナル
生産性	学歴
企業の健全性	配当
新製品の品質	高価な広告
事故の確率	保険の「免責」
マトモな社会人か？	ネクタイにスーツ
強いオスか？	巨大な角

表9.2　シグナリングの実例

なる。

- シグナルとなる行動には、**コストがかかる**
- 本人しか知らない私的情報（**タイプ**）によって、**シグナルのコスト**（またはシグナルを送った結果得られる便益の大きさ）**が違う**
- したがって、**コストが低い**（または便益が大きい）**タイプのみがシグナルを送り**、シグナルを見るとタイプがわかる

シグナリングが働くメカニズム

表9.2の例を上から順に見ながら、このことを確認してゆこう。
- **企業のソルベンシー**：企業の健全性（「ソルベンシー」と呼ばれることがあります）とは、企業が本当にもうかっているかどうかということであり、これは企業自身は知っていても、外部の投資家にははっきりわからないことが多い。いまにもつぶれそうな会社であっても、粉飾決算などをしてそれを隠すことができるのである。このような場合、企業の健全性を示すシグナルとなるのは、株の配当金である。もうかっていて金回りがよい企業は簡単に配当を出せるが、資金繰りが厳しい企業にとっては配当を出すコストは非常に大きくなる。
- **広告**：つぎの例は「広告はいったい何を伝えるものなのか」ということに興味深い洞察を与えるものである。よく、ハリウッドの映画スターが缶コーヒーを飲んでいたりする広告があるが、これはいったい何だろう。企業が伝

えたいのは「この缶コーヒーの品質には自信があります。ぜひ一度試してみてください！」ということなのだが、コーヒーの品質を知らせるなら「グルメ評論家」のような人の意見や「モニター1000人に聞いた評価」などを見せるほうがよいのではないだろうか。ハリウッドスターとコーヒーの品質に何の関係があるというのだろうか？　答えを知るカギは、ハリウッドスターを雇うには莫大なギャラがいる（そしてそのことをみんながよく知っている）ということである。広告が功を奏して消費者がコーヒーを試してみたとき、品質が良ければその人はリピーターとなるだろう（また、良い評判が広がるだろう）。こうして、企業は大きな便益を得る。一方、コーヒーがまずいと一度試した人は二度と買ってくれないので、高い広告を打っても（そして、それを消費者が信じてコーヒーを試してみたとしても）企業は損するばかりである。こうしたことから「なるほど、ハリウッドスターを雇って大金を払ってもペイするほど、品質に自信があるのだな」ということが消費者に伝わるのである[1]。

● **保険の免責**：そのつぎの例は、保険に関するものである。第 8 章8.2節の事例8.1で説明した通り、保険は通常の場合、事故による損害の全額を補償せずに、一部を加入者が自己負担するようになっている。これを、「免責」という。例えば免責が 3 万円なら、事故の被害額が50万円でも、そのうち 3 万円は加入者が自己負担しなければならない（残りの47万円を保険会社が補償する）。保険のパンフレットを見ると、この免責の金額は一つだけに決まっているのではなく、いくつかの中から自分で選べるようになっていることが多い（当然、免責の額が大きければ、保険料は安くなります）。「事故を起こしそうかどうか」ということは加入者本人はある程度知っていても、保険会社にはまったくわからない。ところが、事故を起こしにくい人にとっては、免責が多少高くても（事故が起こって免責を自己負担することは少ないので）保険料

---

[1] これに対して、「このコーヒーは本当においしいですね」と評論家に言わせるのにはそれほどコストがかからない。したがって、もし評論家のCMが効果を持つなら、質の悪いコーヒーメーカーもこれを真似ることができてしまうため、評論家を使った広告は品質を表すシグナルにはならないのである。評論家などを起用した「品質の情報をダイレクトに伝える」CMはあまり見ないのに、ハリウッドスターなどを起用した、「品質の情報はほとんど何も伝えないが、いかにもお金がかかっていることをアピールする」CMがたくさんあるのは、一見すると奇異に感じられるが、シグナリングの理論によると後者のほうがずっと確実に製品の品質を消費者に伝えるのである。

が安ければ得なので、そうしたタイプの人のみが高い免責を選ぶ。こうして、「どの免責額を選んだか」ということが、「事故の起こしやすさ」のシグナルとなるわけである[2]。

表9.2はさらに、経済以外の問題でシグナリングが起こる事例を二つ挙げている。

- **ネクタイとスーツ**：現代社会では、まともな社会人はスーツにネクタイという服装をする慣習があるが、首から妙なひもをぶら下げたり真夏の炎天下でジャケットを着て汗だくになったりするのはなぜだろう。これは、そのように「着心地が悪い」というところがまさにこの慣習のポイントで、そのようなコストがあるからこそスーツにネクタイが「まともな社会人である」こと（という、本人しか知らないことが多い私的情報）を伝えるシグナルになるのである。今一度、先に述べた「シグナリングが働くメカニズム」という囲みを見返してほしい。シグナルが功を奏して「なるほど、これはまともな人だな」と信じてもらえる便益はまともな社会人の場合非常に大きい（逆に、私のようなまともでない人間は、これが小さい）。したがって、わざわざスーツにネクタイというコストがかかる服装をすることによって、「なるほど、そうまでするのはまともな社会人なのだな」、ということが他人にうまく伝わるのである。

- **鹿の巨大な角**：最後の例は、生物学からとったものである。鹿の中にはたいへん巨大な角をオスが持っているものがあるが、これがいったい何の役に立っているかは長い間謎であった（自然淘汰の理論によると、役に立つものが生き残るはずです）。謎を解くカギは、この角がまさに「何の役にも立たない、ただコストがかかるだけ」ということなのである。オスの中には、生活力や病気に対する抵抗力が強いタイプとそうでないタイプがあるが、メスは直接これを観察できない（情報の非対称性）。このとき、強いオスであれば、役に立たない巨大な角を持って生活するコストは比較的小さいので、大きな角を持つことが強いオスであることのシグナルになる可能性があるのである（したがって、大きな角を持つオスほどメスにもてる）。ゲーム理論は、このように現代の進化生物学にも応用されているが、生物学ではシグナリングの

---

[2] 保険の免責には、第8章8.2節で見たように「事故を防ぐ努力を加入者にさせる」というモラル・ハザード問題を解く機能があるほか、「加入者が事故を起こす確率を聞き出す」という逆淘汰の問題を解く機能もあるのである。

原理のことを「ハンディキャップの原理」と呼んでいる。

9.3 労働市場のシグナリング均衡

前節の図9.3(b)を見返してほしい。この図のような位置に、「高学歴・高賃金」という選択肢（A）と、「低学歴・低賃金」という選択肢（B）があると、生産性の高いタイプは自発的にAを、また生産性の低いタイプは自発的にBを選び、結果として「学歴を見れば生産性（という本人しか知らない私的情報）がわかる」ようになる。では、A、Bという点はどのように決まるのであろうか？

このことに答えるために、M. スペンスが作った労働市場のモデルを解説しよう。スペンスは、情報の非対称性がある労働市場の均衡状態を初めてモデル化し、情報の非対称性の分析を経済学に導入した。この業績で、スペンスは9.1節で紹介したG.アカロフとともにノーベル経済学賞を受賞している。図9.5を見ながら、スペンスのモデルを解説しよう。これは、

1）まず労働者が自分のタイプを知った上で学歴を選択し、
2）つぎに企業が学歴を見て賃金をオファーする

という2段階のモデルになっている。各段階をより詳しく説明すると、つぎのようになる。

まず、労働者は若い時に、自分のタイプ（能力）を知る。そして、若者たち（とその親を含めた世間一般）は、**「このくらいの学歴だったら将来の賃金はこれくらいだろう」という予想**を共有している。こうした予想は、学歴 x と賃金 w の関係（を表す関数）

$$w = w(x)$$

で表される。この、「世間の人が予想する学歴と賃金の関係」の一例を描いたのが、図9.6（a）の曲線である。この図のように、将来労働者となる若者は、「高卒なら給料は15万円、大卒なら20万円がもらえそうだな」などと予想を立てて、この予想の下に自分にとって一番得な学歴を選ぶのである。

では、図9.6(a)の曲線の上のどの点でも自由に選べるとしたら、若者はどの点を選ぶだろうか？ 図9.6(b)は、能力の高いタイプが選ぶ点について説明したものである。この図には、能力の高い労働者の無差別曲線がいくつ

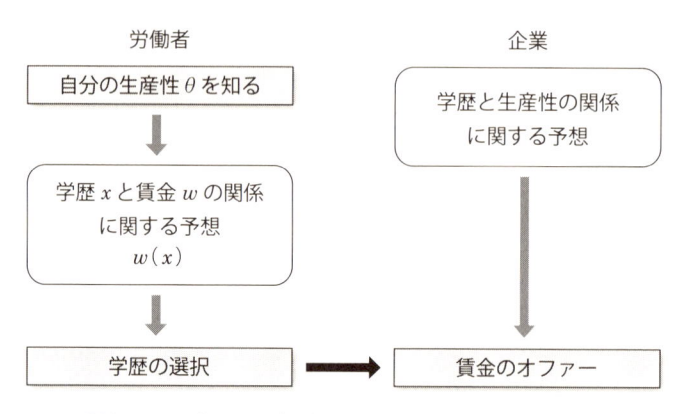

図9.5　スペンスの労働市場のシグナリング・モデル

か描かれている。左上にある無差別曲線ほど、高い効用水準を与えるものであることに注意しよう（勉強せずに［つまり x が低く］、賃金が上がる［w が高い］とうれしい）。学歴と賃金関係を示す曲線の中で、能力の高いタイプにとって最も得なのは、**この曲線と能力の高いタイプの無差別曲線が接する点A**である。したがって、能力の高いタイプはこの点Aに対応する学歴（この図では大卒）を選ぶことになる。能力の低いタイプの選ぶ点も（図には描かれていないが）同様にして、能力の低いタイプの無差別曲線と曲線 $w = w(x)$ の接点として決まることになる。

　ここで、ちょっと細かいが重要な注意をしておこう。図9.6(b)で能力の高い若者は、「大卒なら給料は月に20万円だろうな」と予想して大学に行くのであるが、いざ卒業して就職したとき、この「20万円」という予想が当たるとは限らない。ふたを開けてみると、実は18万円しかもらえない、ということも十分あり得る。このように予想が外れると、「世間が予想する学歴と賃金の関係」（図9.6の曲線 $w = w(x)$）が崩れ、新たな予想が形成される（曲線 $w = w(x)$ の形が変わる）はずである。そして、この新たな予想の下でつぎの世代の各タイプが学歴を最適に選び、その結果、予想が外れるとまた同様の調整が起こり……ということをくり返して行くことになる。

　このような調整の行き着いた先が、「このくらいの学歴だったら将来の賃金はこれくらいだろう」という**定番の予想が世間に定着して、それが安定して続く状態**である。そこでは、世間の**予想は的中**していなければならない。こうした「**均衡**」状態を、これから詳しく見てゆくわけである。

9.3節　労働市場のシグナリング均衡

(a)

(b)

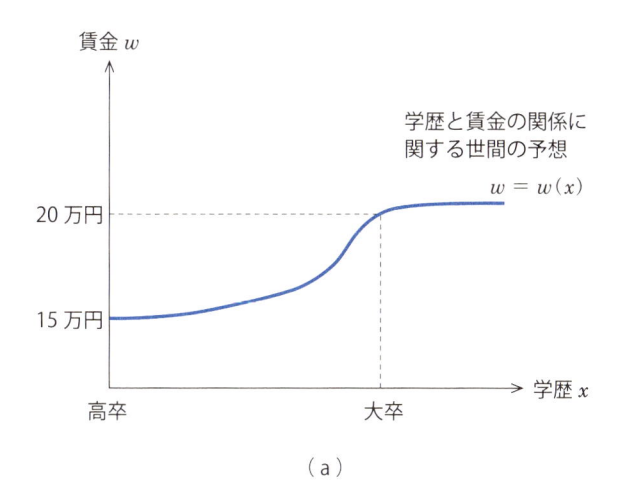

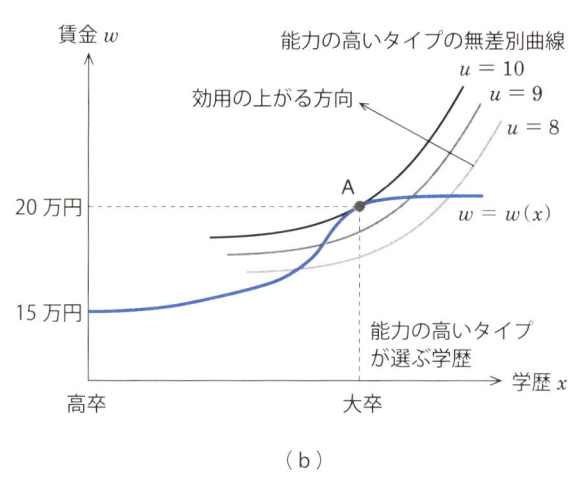

図9.6　学歴と賃金に関する予想と学歴の選択

コメント 9.1 **なぜ均衡状態を見るのか**：これから、労働者の能力という本人しか知らない私的情報が、労働市場でどのように伝達されるのかということを、**均衡状態を使って分析**してゆきます（以下で、その正確な条件を説明します）。そのような、「みんなの予想が当たって、万事がうまく回っている状態」＝均衡がいつでも成立するかどうかはちょっと怪しい気がしますし、また、「どんな均衡がどのように

して生まれてくるか」を見るためには、上で述べたような調整過程を詳しく分析するほうがよほど現実的ではないでしょうか？

　これは確かにその通りですが、そのような調整過程を分析するのは非常に複雑であり、また、どのような調整がなされるかについてはいろいろな考え方があって、理論的にも欠点が少なく、しかも現実の調整過程をよく表す「これぞ決定版」というものはなかなか見当たりません。そこで、分析がしやすく、「安定状態にある現実」を比較的よく描写できる均衡状態のほうを見るわけです。

　現実においても、

・人々の予想がつねに裏切られ、若い人が選ぶ学歴と、学歴に応じて支払われる賃金がしょっちゅう不安定に変わり続ける状態
・人々の予想がおおむね当たり、若い人が選ぶ学歴と、学歴に応じて支払われる賃金が安定しているような状態

の両方があるでしょう。そして、現実の多くの状態は、どちらかというと二番に近いことも多いのではないでしょうか。これから説明する均衡は、この二つ目の状態をざっくりと描写し説明するのに役に立つわけです。

　ではつぎに、賃金がどのように決まるかを説明しよう。図9.6のようにして、一部の労働者が「大卒」という学歴を持って労働市場に出てくると、何が起こるであろうか。労働者の本当の生産性（能力）を、企業は直接見ることはできないので（情報の非対称性）、企業は「大卒なら生産性はこのくらいだろう」という予想を立てることになる。一般に、企業（あるいは世間一般）は、**「この学歴なら生産性はこのくらいだろう」という予想**を共有していると考えられる。そこで、一例として企業が「大卒なら、生産性は20万円くらいだろう」という予想を共有していたら何が起こるかを考えてみよう。ここで、「生産性が20万円」ということの意味は、「その労働者を雇うと、企業の収益が20万円増える」ということである。このような場合、企業は（20万円を超えない範囲で）なるべく高い給料を提示して労働者を奪いあう。こうした企業間の競争によって、

賃金　＝　予想された生産性

9.3節 労働市場のシグナリング均衡

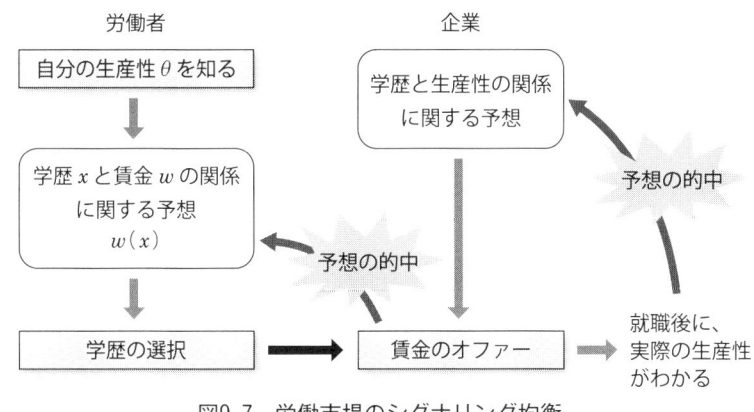

図9.7 労働市場のシグナリング均衡

となるのである（つまり、大卒の給料は予想された生産性に等しい20万円になる）[3]。

では、このスペンス・モデルでの労働市場での均衡とは、どのような状態なのであろうか？ 図9.7を見てほしい。

この図にあるような均衡状態では、つぎのようなことが起こっている。まず、労働者は若い時に自らの能力（生産性）を知り、つぎに世間で流布している「学歴と賃金の関係」の予想に従って、自分にとって一番得な学歴を選ぶ。ここで、学歴を手に入れるコストは自分の能力によって異なるので、異なった能力を持つ者は異なった学歴を選ぶ可能性が出てくることに注意しよう。いま、能力の高い者が、「大卒なら給料は20万円くらいだろう」という予想をもとにして、大卒という学歴を選択したとしよう。均衡状態では、大学を卒業してみると、確かに企業は予想した通りの20万円という給料を提示してくる（賃金に関する労働者の予想が的中する）。企業が20万円という賃金を大卒に提示するのは、「大卒なら生産性は20万円くらいだろう」という予想

---

[3] もし、すべての企業が横並びで大卒に17万円の賃金を提示するなら、どの企業も大卒を雇うことができ、しかも1人当たり20−17＝3万円の利益が出る。ここで、ある企業が1社だけ17万円よりわずかに高い賃金を提示すると、すべての大卒はこの企業に殺到し、この企業は他の企業が得ていた1人当たり3万円の利益を（ほぼ）一人占めできる。こうして賃金はじりじりと上昇し、調整が行き着いた先ではすべての企業が20万円という賃金を大卒者に提示することになる。これは、ベルトラン・モデルで「価格が限界費用に等しくなって、利潤がゼロになる」ことと同じ理由である。

を企業が共有しているからである。これらの企業は、大卒者を雇った後、真の生産性を観察する。そして、ふたを開けてみると、確かに大卒の生産性は予想した通り20万円になっている（生産性に関する企業の予想が的中する）、というのが均衡状態である。現実の社会は、「人々の予想がおおむね当たり、若い人が選ぶ学歴と、学歴に応じて支払われる賃金が安定しているような状態」にあるとみてよいだろう。このような社会は、図9.7の均衡状態（これを、シグナリング均衡という）にあると見ることができる（そのような状態を考えることの意味については、今一度、コメント9.1を見返してほしい）。

以下では、このシグナリング均衡がどのようなものかを詳しく説明する。分析から得られる洞察のエッセンスを明確にするために、ここではつぎのような仮定を置こう。

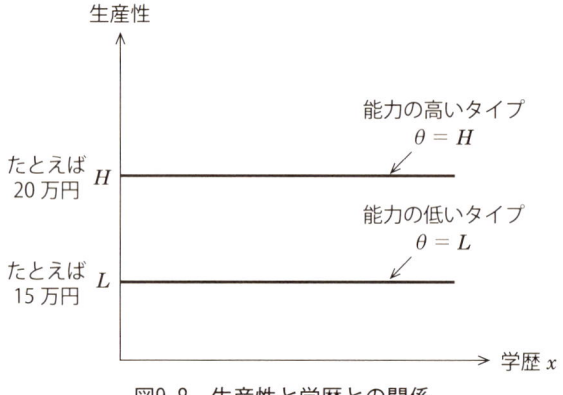

仮定3：教育はまったく生産性を上げない（図9.8）

図9.8 生産性と学歴との関係

この仮定によると、教育は生産性をまったく上げず、ただ学生に苦痛を与えるだけ、ということである。（ここで一言：ミクロ経済学の授業はどうでしょうか？ この仮定を置くと、学歴のシグナルとしての機能が最も鮮明な形でわかるのですが、これについてはのちのコメント9.4で詳しく説明します。）以上の準備の下で、シグナリング均衡を求めてみよう。

① シグナリング均衡（その1）：分離均衡

このモデルには、

生産性の低いタイプは学歴 x_L を選び、賃金 w_L を得る

生産性の高いタイプは別の学歴 x_H を選び、賃金 w_H を得る

ような均衡がある。つまり、生産性の異なるタイプが自発的に異なった学歴を選ぶため、本来は**本人しか知らない労働者の生産性が、学歴をシグナルとして企業に伝わる**ような均衡である。このように、異なるタイプが異なる行動（シグナル）を選ぶため、私的情報が外部に伝わるようなものを、分離均衡という。

分離均衡で各タイプが選ぶ点 (x_L, w_L)、(x_H, w_H) は、図9.9のようにして決まる。

分離均衡を表すこの図のポイント（つまり分離均衡の条件）は以下の二つである。図9.9を見ながら確認しよう。

（Ⅰ）各タイプの無差別曲線が、別々の点（(x_L, w_L) と (x_H, w_H)）で曲線 $w = w(x)$（学歴と賃金の関係の予想を表すもの）に接している。

（Ⅱ）高いタイプの選ぶ点 (x_H, w_H) は「高いタイプの生産性」を表すグラフ上にあり、同様に低いタイプの選ぶ点 (x_L, w_L) は「低いタイプの生産性」を表すグラフ上にある。

分離均衡の条件

なぜこのような状態がシグナリング均衡になっているのかを、均衡条件を一つずつチェックすることで説明してゆこう。説明を具体的にするため、図9.9で生産性の高いタイプが選ぶ学歴 x_H が「大卒」、生産性の低いタイプが選ぶ学歴 x_L が「高卒」であるケースを考えよう。

＊**均衡条件のチェック**

[１]**労働者の最適行動**　各タイプの労働者は、「学歴と賃金の関係に関する

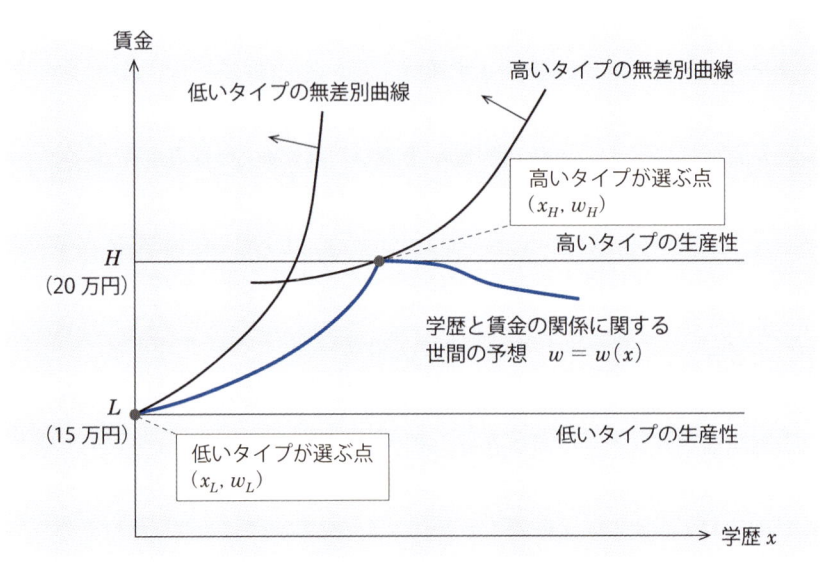

図9.9　分離均衡において各タイプが選ぶ点 $(x_L, w_L)(x_H, w_H)$ はどう決まるのか

予想」（曲線 $w = w(x)$）の下で、それぞれ最適な点を選んでいる。つまり、「高卒なら給料15万円、大卒なら給料20万円……」という予想（曲線 $w = w(x)$）の下では、生産性の高いタイプは大卒を、低いタイプは高卒を選ぶのが最適なので、そのような学歴を各タイプは選択している。（図9.6で詳しく説明した通り、各タイプにとっての最適な点は、そのタイプの無差別曲線が曲線 $w = w(x)$ に接するところである。）

［２］企業の最適行動　結果として、労働市場には高卒と大卒の２種類の学歴を持った労働者が出てくる。図9.9では、市場に存在するさまざまな企業は、高卒の者には賃金15万円（$= w_L$）を、大卒の者には賃金20万円（$= w_H$）を提示していることに注意しよう。このことの背後には（図9.9には直接描かれていないが）、「**高卒ならば生産性は15万円であろう**」「**大卒ならば生産性は20万円であろう**」という予想を企業は共有しており、その**予想の下で各企業が最善をつくして競争している**ということがあるのである（注3を見返してほしい）。

［３］予想の的中　実現する点（(x_L, w_L) と (x_H, w_H)）においては、**労働者と企**

業の予想は的中している。まず、労働者の「高卒なら給料はたぶん15万円、大卒なら給料は20万円になるだろう」という予想は当たっている。また、企業の予想は

$$\text{賃金（＝企業の予想する生産性）＝実際の生産性}$$

なので、これも当たっている。つまり、「高卒ならば生産性は15万円であろう」「大卒ならば生産性は20万円であろう」という企業の予想は当たっているのである。

少し前に述べた分離均衡の条件（Ⅰ）、（Ⅱ）との関係でいうと、ここでチェックした［1］が条件（Ⅰ）に、［2］と［3］が条件（Ⅱ）に対応している（自分でよく考えて確かめてみると、理解が深まります）。

さて、以上で均衡の説明を一通りしたのだが、「需要と供給の交点で価格と数量がすっきりと決まる」ような市場均衡のモデルとちがって、シグナリング・モデルの均衡では何がどう決まっているのか、ちょっとわかりにくいのではないだろうか。そこで、つぎのいくつかのコメントを読んでほしい。

コメント 9.2 **曲線 $w = w(x)$ はどこから来たのか？**：シグナリング均衡を表した図9.9を見てまず皆さんが抱く疑問は、「学歴と賃金の関係に関する世間の予想」と称する奇妙な形をした曲線は、いったいどこから来たのか？ということではないでしょうか。答えを言うと、これは、コメント9.1の前で説明したような調整過程の結果出てくるものなのです。つまり、世間は「将来もらえる給料は、高卒ならこのくらい、短大卒ならこのくらい、大卒ならこのくらい、大学院卒ならこのくらい……」というだいたいの予想を持っています。こうした予想に従って人々が行動した結果、実際にもらえる給料がはげしく違っていると、予想（曲線 $w = w(x)$）は改訂されてゆきます。そして、このような**調整が行き着いて、人々の予想がだいたい当たるようになったとき**の、世間が持っている予想を描いたのが図9.9の曲線なのです。

少し考えればわかる通り、均衡状態にある**曲線**（学歴と賃金の関係に関する世間の**均衡予想**）は、**一つには決まらず、たいへんたくさんの可能性があります**。要するに、先に述べた条件（Ⅰ）と（Ⅱ）を満たすような曲線はどれも、均衡状態にな

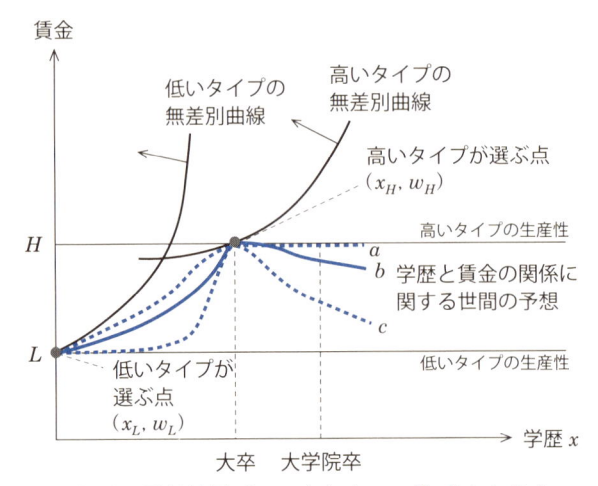

図9.10 同じ結果（(x_L, w_L)と(x_H, w_H)）をもたらす さまざまな予想（a, b, c）

っているわけです。

図9.10を見てください。この図には、前に見た図9.9と同じ結果（(x_L, w_L)と(x_H, w_H)）をもたらすさまざまな予想（a, b, c）が描かれています。そのどれもが、分離均衡になっています（これらが分離均衡の条件（I）、（II）を満たすことをチェックしてみましょう）。このように、さまざまな予想があり得るのは、この社会では**すべての人が高卒（x_L）か大卒（x_H）のどちらかなので、それ以外の学歴を持った人にどのような賃金が与えられるかを決める、はっきりとした基準が社会にない**からです。例えば、図9.10のaという予想を持った社会では、社会が高卒と大卒しかない均衡状態に落ち着く前に、何人かの人が大学院に行き、たまたまそうした人が優秀で高い賃金をもらったせいで、「大学院卒の賃金は高い」と予想されているのかもしれません。これに対し、図9.10のb、cのような予想を持つ社会は、たまたま過去に何人か現れた大学院生に対する賃金が低かった、あるいは「大学院生は変わり者で会社では役に立たない」という偏見が世間に根付いているのかもしれません。社会が均衡状態に落ち着くと、誰も大学院に行かないので、このような偏見がいつまでもなくならないわけです。

図9.10は、同じ結果をもたらすさまざまな予想があることを示していますが、予想が大きく変わると、均衡として実現する結果（どのタイプがどんな学歴を選ぶか）自体が変わります。つぎのコメントを見てください。

コメント 9.3 **分離均衡がもたらす結果はたくさんある**：人々の予想が異なると、同じ構造を持った社会でも人々が異なった行動をとる均衡が出現します。図9.11を見てください。

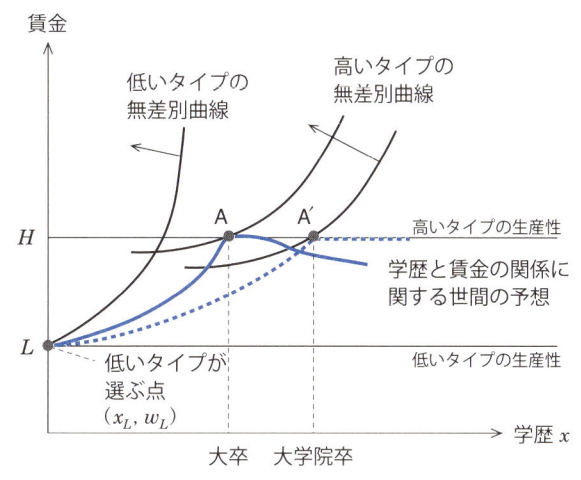

図9.11 分離均衡がもたらす結果はたくさんある

この図の点Aは、前に見た図9.9での分離均衡で、生産性の高いタイプが選んだ点です。いま、社会における「学歴と賃金の関係の予想」が、点線のように変わったとしましょう。すると、生産性の高いタイプが選ぶ点がAからA′へ変化します。この変化後の状態も、やはり分離均衡になっています。その理由は、この状態が先に述べた分離均衡の条件（Ⅰ）と（Ⅱ）を満たすからで[4]、この二つの条件（Ⅰ）、（Ⅱ）を満たすものはどんなものでも分離均衡になります[5]。

点線のような予想を持った社会では、能力の高い人が自分の能力をはっきり企業に示すには、修士という大変高い学歴が必要になります。その理由は、「大卒で終わると、賃金がそれほど高くならない」という予想をみんなが持っているため、能力の高い人がみんな修士課程まで進むからなのです。日本では、文科系の学生の大

---

[4] より理解を深めるには、図9.9について行った「均衡条件のチェック」をこの新しい状態についてもういちど自分でやってみるといいでしょう。

[5] **たいへん細かい注**：労働者の生産性が L（15万円）、H（20万円）のどちらかであるということが社会で周知の事実になっているなら、予想される賃金 $w(x)$ はこの二つの値の間に来るであろう。したがって、厳密なゲーム理論的な分析においては、条件（Ⅰ）、（Ⅱ）のほかに、$L \leq w(x) \leq H$ という条件が付け加えられる。

半は大学卒で終わりますが、理科系では修士まで進むのが普通のことです。これは、学ぶべきことの性質の違いにもよるでしょうが、もしかしたら文科系では「普通、能力の高い人は大卒で終わる。修士まで行くのは変わり者」（曲線が大卒後右下がりになっているのをご覧ください）という自己実現的な予想（均衡）が定着し、理科系では「能力のある人は修士に行くのが当たり前」という別の自己実現的な予想（均衡）が実現しているからかもしれません。

このように、私的情報を持つ人が何らかの行動をとって自分のタイプを他人に知らせようとする「シグナリング・モデル」を分析すると、そこには通常たくさんの均衡があります。どれが実現するかは、人々がどのような予想を立て、それがどのように調整・改訂されてきたかの歴史に依存します。

シグナリング・モデルにはたくさんの均衡があり、どのようなシグナルが選ばれるかは社会によって異なる可能性がある

というのが、情報の経済学が明らかにした重要な洞察です。

コメント 9.4 **東大卒の年収が高いのは教育が良いせいか？**：東大の卒業生の年収は他の人たちに比べて高いです。より一般には、教育水準と賃金のあいだには正の相関があることが知られています（**現実のデータを見ると、学歴が高いほど、賃金は高い**）。賃金は労働者の生産性によって決まるので、この実社会でのデータを素朴に解釈すると、

「教育は生産性を上げる」

と思いがちです。ところが、この節で紹介した情報の経済学に基づいた労働市場の分析は、上の解釈が全くの誤りであるかもしれない、という**まことに驚くべき洞察**を与えてくれます。われわれが分析したモデルでの、教育と生産性の関係を示した図9.8を見てください。

われわれのモデルでは、教育は全く生産性を上げません。にもかかわらず、均衡で実現する結果を見ると、学歴の高い人ほど生産性が高くなっています。その理由は、社会にはもともと生産性の低い人と高い人がいて、**教育**はこれらの生産性を変化させるのではなく、**異なった生産性を持った人を選別する**働きをしている、ということなのです。

大卒の給料が高いのは、大学に入るまでに長い間してきた受験勉強と、大学で習ったさまざまなこと（ミクロ経済学など！）が本当に生産性を上げているからなのか、それともこうした勉強は「何の役にも立たないが、能力の違う人を選別するふるいのような働きをするもの」なのか……皆さん自身で考えてみてください！

② シグナリング均衡（その２）：一括均衡

以上の分析で、学歴がシグナルとなって、本来は本人しか知らない労働者の生産性が企業に伝達される可能性があることが明らかになった。しかしながら、労働市場のシグナリング・モデルには、「全員が同じ学歴を選ぶので、私的情報（労働者の生産性）が全く企業に伝達されない」ような均衡も存在する。このような均衡を一括均衡という。

一括均衡において、すべてのタイプが選ぶ学歴と賃金 (x^*, w^*) がどのようにして決まるかを示したのが、図9.12である。

一括均衡を表すこの図のポイント（つまり一括均衡の条件）はつぎの二つである。

（ⅰ）各タイプの無差別曲線が、同じ点 (x^*, w^*) で曲線 $w = w(x)$（学歴と賃金の関係の予想を表すもの）に接している。

（ⅱ）全員が選ぶ点 (x^*, w^*) は「社会の平均の生産性」を表すグラフ上にある。

一括均衡の条件

では、図9.12で均衡が成り立っている理由をチェックしてみよう。一例として、高いタイプの生産性が20万円、低いタイプの生産性が15万円で、両方のタイプが社会には半々いるケースを考えよう。すると、「社会の平均の生産性」は17.5万円である。一括均衡では、これが全員がもらう賃金となる。また、話を具体的にするために、一括均衡で全員が選ぶ学歴 (x^*) は、「短大卒」であるとしてみよう。

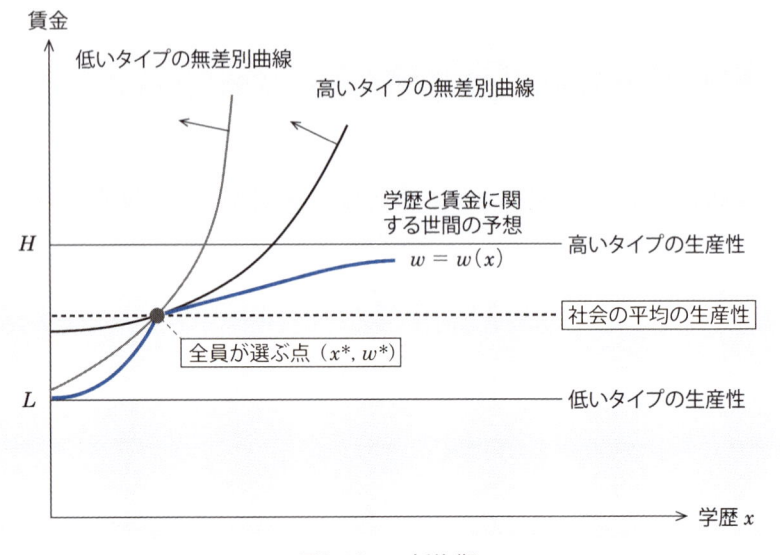

図9.12　一括均衡

＊均衡条件のチェック

[1] **労働者の最適行動**　各タイプの労働者は、「学歴と賃金の関係に関する予想」（曲線 $w = w(x)$）の下で、最適な点（曲線 $w = w(x)$ と無差別曲線が接する点）を選んでいる（全員が $x^* =$ 短大卒を選ぶ）。ここで、労働者は「短大に行けば給料は $w^* =$ 社会の平均の生産性＝17.5万円だろう」と予想していることに注意しよう。

[2] **企業の最適行動**　結果として、労働市場には短大卒の者だけが出てくる。図9.12では、市場に存在するさまざまな企業は、これらの労働者に賃金17.5万円を提示している。このことの背後には（図9.12には直接描かれていないが）、「短大卒ならば生産性は17.5万円であろう」という予想を企業は共有しており、その予想の下で各企業が最善をつくして競争しているということがあるのである。

[3] **予想の的中**　実現する点 (x^*, w^*) においては、**労働者と企業の予想は的中**している。まず、労働者の「短大に行けば給料は17.5万円だろう」という

予想は当たっている。また、企業の「短大卒ならば生産性は17.5万円であろう」という予想も当たっている。実際に雇った労働者の生産性を見ると、半分が20万円、半分が15万円で、平均は確かに予想した通りの17.5万円だからである。

分離均衡がたくさんあったように、**一括均衡も一つではなくたくさんある**。要するに、条件（ⅰ）と（ⅱ）を満たすものはどれも一括均衡になるのである（読者は、図9.12とは異なる一括均衡の図を描いてみると、理解が深まるであろう）。

事例9.1 MBA：アメリカでは、経営学修士（MBA）を取ると、給料がぐっと上がります。

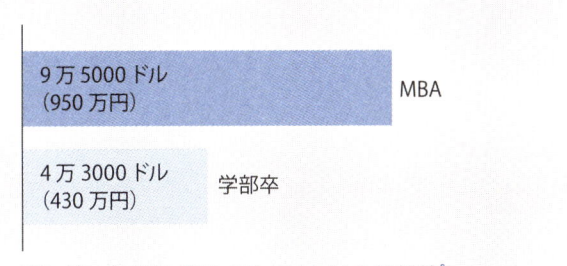

9万5000ドル
（950万円）　　　　　　　　MBA

4万3000ドル　　　学部卒
（430万円）

図9.13　2013年のアメリカにおける初任給[6]

MBAのコースに入ると、宿題や課題がどっさり出て、2年間みっちりと勉強させられます。では、MBAの給料が学部卒よりも500万円以上高いのは、このような教育が生産性を上げるからなのでしょうか、それともコメント9.4で見たように、「教育自体は生産性を上げないが、きびしい勉強が、もともと能力の高い者を選別するメカニズムとして働いている」からなのでしょうか。

わずか2年間の教育が生産性をそれほど上げるとは思えないので、MBAの高給のかなりの部分はシグナリング・モデルが示すように、「もともと能力の高い者をMBAプログラムが選別している」からだと思われ

---

[6] Graduate Management Admission Council（2013）"Corporate Recruiters Survey 2013".

ます。一方、日本でもMBAプログラムを立ち上げる動きがありますが、「日本のMBAを取ったら給料が500万円上がる」というようにはなっていません。このことを理解するために、この節で見たモデルを、

- 労働者　→　大学に進学する人たち
- 高いタイプ　→　その中で、経営能力が特に高い者
- 低いタイプ　→　それ以外の普通の大学進学者

と読み替えてみましょう。すると、アメリカでは「MBAという学歴が、能力の高いタイプであることを示す分離均衡」が成立しており、日本では「すべてのタイプが大卒で終わり、MBAを取る人が（ほとんど）いない一括均衡」が成立しているものとして理解できます。

社会がひとたび一つの均衡にはまると、なかなかそこから抜け出せません。MBAプログラムを社会に根付かせるには、

MBA に能力の高い人が集まる

$$\circlearrowright$$

MBA を取ると給料が高くなる

という、好循環が生まれなければなりません。これを実現するには、MBAプログラムをつくる大学の努力だけではだめで、**社会全体の予想が変わらなければならない**、というのがこの節の分析が与える貴重な洞察です。

もしMBAがシグナリングの機能を果たしているのではなく、MBAプログラム自体に生産性を500万円ほども上げる効果があるならば、「MBAを取ると給料が大きく上がる」ということが、もっとずっと簡単に社会に根付くはずです。MBAが社会でうまく機能する状態を作るのには時間がかかるということは、シグナリングの理論がMBAの働きをよく表していることの傍証といえるでしょう。

10 最後に、社会思想（イデオロギー）の話をしよう

　長い道のりでしたが、以上で経済学の基本的な分析手法の説明は終わりです。経済学の分析道具（理論モデル）を身につけると、市場を通じて資源配分を行う社会の、基本的な仕組みがより良く理解できるようになったと思います。しかし、ここで紹介した理論モデルの効用はこれにとどまりません。ミクロ経済学の理論モデルを念頭に置いてさまざまな社会問題を見渡してみると、さらに進んで「社会をどう見るか」「社会で何をなすべきか」といった問題（これは、社会思想・イデオロギーと呼ばれるものです）に対しても、興味深い洞察が得られるのです。「経済学の基本的な考え方を学ぶと、社会に対する新しい見方が身について、あなたが変わります」──本書の最初にお約束したことを、ここでまとめてお話ししましょう。

10.1　社会問題に対する意見の対立の根本にあるもの：共同体の論理 対 市場の論理

　まず、つぎの主張をどう思うかを考えてみてください。

- 現代社会のさまざまな問題は、企業が営利追求に走ることから起こる。企業の目的を、**公共性の追求**に変えたほうが、良い社会になる
- 働く目的を、自己利益の追求ではなく、**みんなのために働く**ことにしたほうが、良い社会になる
- 貧富の差をなくして、すべての人が**平等にものを分け合う**のが良い社会である

どうでしょうか？　われわれのハートに強く訴えかける意見ではないでしょうか。以上の、われわれの心に響く主張は、「共同体の論理」に基づくもので

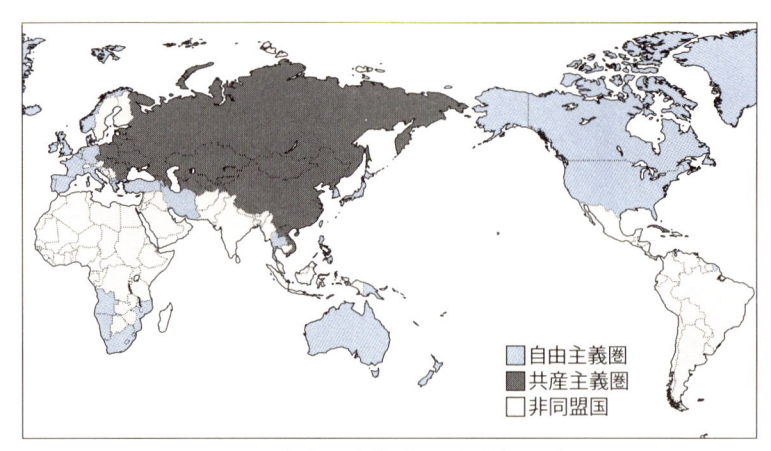

図10.1 冷戦の時代（1960年代）の世界

す。共同体の論理とは、あとでより詳しく説明しますが、家族や友人、隣人などの、顔の見える人間どうしをつなぐ、基本的な考え方です。実際のところ、20世紀においては、世界の約半分がこのような理想に従って経済を運営しようと試みたのです。これが、**計画経済・社会主義**です。図10.1は、「冷戦の時代」と呼ばれた1960年代の世界地図です。

図の「自由主義圏」が市場を使って経済を運営する資本主義の国で、アメリカをはじめイギリス、フランスなどのヨーロッパの西側の国と日本がそこに入っています。一方、「共産主義圏」となっているところが計画経済・社会主義を採用した国々で、ソビエト連邦（今のロシア）、中華人民共和国と、ポーランドやハンガリーなどのヨーロッパの東側の国々がそこに入っていることがわかるでしょう。資本主義圏は「西側」、社会主義圏は「東側」と呼ばれ、世界はこの二つの陣営に分かれて、大規模な武力衝突こそありませんでしたが、経済・政治・文化のあらゆる面ではげしく対立していました。これを、「冷戦」といいます。現在のドイツは当時、「西ドイツ＝資本主義圏」と「東ドイツ＝社会主義圏」という二つの国に分かれており、ベルリンの中心部に東西のドイツを分ける巨大な壁（ベルリンの壁）が作られ、人の行き来が厳しく制限されていました。

社会主義に基づいた経済運営は、初期の頃は目覚ましい成果を上げたものの次第に行き詰まり、20世紀末までには多くの社会主義国は崩壊し、資本主義に移行してしまいました。図10.2は、社会主義崩壊の象徴的な出来事であ

[写真提供:dpa/時事通信フォト]
図10.2 ベルリンの壁の崩壊

る1989年11月9日のベルリンの壁の崩壊の写真です。東西を分断していた壁が崩壊したことを歓迎する民衆の姿が見られます。

経済運営の手法としては、こうして共同体の論理（社会主義）は市場の論理（資本主義）に敗れてしまいました。

では、かつての世界を二分した、共同体の論理と市場の論理とは、どのようなものなのでしょうか？　実は、これまで学んできた経済学の理論モデルを使うと、このことが明確にわかるのです。以下において、われわれが学んだ数理モデルが、社会思想にどのような洞察をもたらしてくれるのかを詳しく解説してみましょう。

（1）共同体の論理とは

人類が誕生してからの長い間、人間は小さな共同体で暮らしてきました。こうした共同体においては、**顔の見える人どうしの助け合い**が重要です。共同作業では一人だけなまけたりせず、皆と協力してきちんと働き、手に入れたもの・作ったものは一人占めせずに仲良く分けるのが基本です。現代の社会でも、例えば家族の中ではこのようなやり方で助け合いが日々行われています。

ところで、上の文章を見返してみると、「一人だけなまけたりせずに」とか、「一人占めせずに」という注意書きがあります。このことに注目して、顔の見

	協力	利己的な行動
協力	3, 3	−1, 4
利己的な行動	4, −1	0, 0

（0, 0 に吹き出し：自己利益を追求すると、みんなが困る）

表10.1 共同体での助け合いは、囚人のジレンマのようになっていることが多い

える人たちどうしの助け合いの性質がどうなっているかを考えてみると、おおむね表10.1のようになっているのではないでしょうか。

　これは、**囚人のジレンマ**の利得表です[1]。全体にとって望ましいのは両者が協力する (3, 3) という状態ですが、そこでは自分一人が利己的な行動をとると得をします（利得が3から4に上がる）。このまま放っておくと、**お互いが利己的な行動をとって全体としては大変利得が低い状態になってしまう**おそれがあります（◯で囲んだ (0, 0) というナッシュ均衡が実現してしまう）。

　表10.1はあくまで一つの単純化された例で、共同体での助け合いはもっと複雑で多様でしょう。しかし、ゲーム理論の研究の蓄積によって明らかにされたのは、表10.1と同じような状況が広く見られるということなのです。共同体の顔の見える者どうしの助け合いは、**少数の者が相手の出方を伺いながら行動する世界**なので、これはまさにゲーム理論が分析対象とするような状況です。このような場合に、各人が**利己的な行動**をとると、人々の行動が落ち着いた先は**ナッシュ均衡になります**。そして、ナッシュ均衡は一般的に、**全体のためにならない非効率な結果**をもたらすことがわかっています。このことは、われわれが「ゲーム理論」のところで詳しく学んだことです（第6章6.2節を見返してみてください）。

　その理由をもう一度おさらいすると、つぎのようになります。人間が自己の利益だけを追求すると、自分の行動が他人に与える損害や便益がまったく考慮されません。したがって、「自分はちょっと得するが、相手は大きく損を

---

[1] 表の上下の行を選ぶのがプレイヤー1、左右の列を選ぶのがプレイヤー2で、各欄の数字は、（プレイヤー1の利得, プレイヤー2の利得）を表しています。

する」ような行動、例えば「一人だけさぼる」とか、「何かもらってもお返しをしない」というような行動がとられがちになります。そして、みんながこのような利己的な行動をとっていると、「お互いの足の引っ張り合い」になって全員が損をしてしまうわけです。ゲーム理論が経済学・社会科学のさまざまな面で応用されてきた結果発見された大きな洞察は、実に多くの事例でこのようなこと（利己的な行動がもたらすナッシュ均衡は、全体のためにならない）が起こるということです。

こうした問題を解決して、顔の見える者どうしの助け合いを円滑に行う工夫を、人間の共同体は長い時間をかけて編み出してきたと思われます。それは、

- 他人への**思いやりや公共心**の重視
- **自己利益**の追求に対する**反感・嫌悪**
- 利己心に基づいた**競争よりも協調**の重視

といった道徳律です。人類の誕生以降、長い間共同体ですごしてきた人間には、このような道徳律が身についているのです。以上が、「共同体の論理」です。

（2）市場の論理とは

ところが、歴史が進んでゆくと、社会の運営の仕方に新しい論理が登場します。それが、「市場の論理」です。現代の社会の特徴は、この市場の論理がとても広い範囲で使われているということです。

助け合いが必要なのは、小さな共同体に限ったことではなく、**現代社会でも同じ**です。しかし、共同体の顔の見える者どうしの助け合いとはちがって、現代社会の繁栄の基礎は、**顔の見えない膨大な数の人の助け合い**です。例えば、みなさんが日常的によく使っているものも、顔の見えない膨大な数の人たちの助け合いで作られています。図10.3は、スマートフォンがどのような人たちによって作られているかを示したものです。

みなさんが何気なくスマホを使っているとき、実はみなさんは顔の見えない世界中の膨大な数の人たちから**助けを受けている**のです。こうした人たちに、みなさんはどうやって**お返しをしているのでしょうか？** みなさんがコンビニでアルバイトをするなら、みなさんはそのお客さんを助けています。

カメラセンサ
日本（ソニー）
ジャイロスコープ
伊・仏
(STMicroelectronics)
A7 プロセッサ
韓国（サムスン）
組み立て
中国など
指紋認証センサ
台湾（TSMC など）

図10.3　スマートフォン（iPhone 5s）を作っているのは誰か

お客さんの中には、銀行員の人がいるかもしれません。その銀行の取引先がトヨタで、トヨタの車が台湾に輸出され、スマホの指紋センサを作っている台湾の会社員がトヨタの車に乗るとすれば、みなさんのアルバイトでのお助けがめぐりめぐってスマホの生産者に届くわけです。実際には助け合いのネットワークはこんなに簡単ではなく、もっともっと長く複雑ですが、確かに何らかの経路でみなさんの助け合いがスマホの生産者に届いているはずです。こうした**助け合いのネットワーク**が全体としていったいどうなっているか、あまりにも複雑で想像することもできませんね。

市場は、こうした顔の見えない膨大な数の人の間の助け合いのネットワークを、

・お金のやり取りを使った小さな取引の単位に分割し（つまり、いろいろなものを取引する**たくさんの市場を作って**）
・**利己心をうまく使って**

達成します。第 3 章で説明したように、生産者と消費者は「誰を、どうやって助けようか？」「誰が、どこで、どんな助けを必要としているのか？」などということを直接考える代わりに、市場で成立している**価格を見ながら、自己の利益を追求**します。すると、社会全体として、（誰一人としてその全容を把握できないほど大きくて複雑な）顔の見えない膨大な数の人の間の**助け合いのネットワークがうまく立ち上がる**のです。その仕組みを、われわれは経済学の理論モデルを通じて詳しく学んだわけですが、それを簡単にまとめると図10.4のようになるでしょう。

①あらゆるものに値段がついて取引され…

②自己利益を追求すると、助け合いの成果（総余剰）が最大化される

供給

需要

(a) (b)

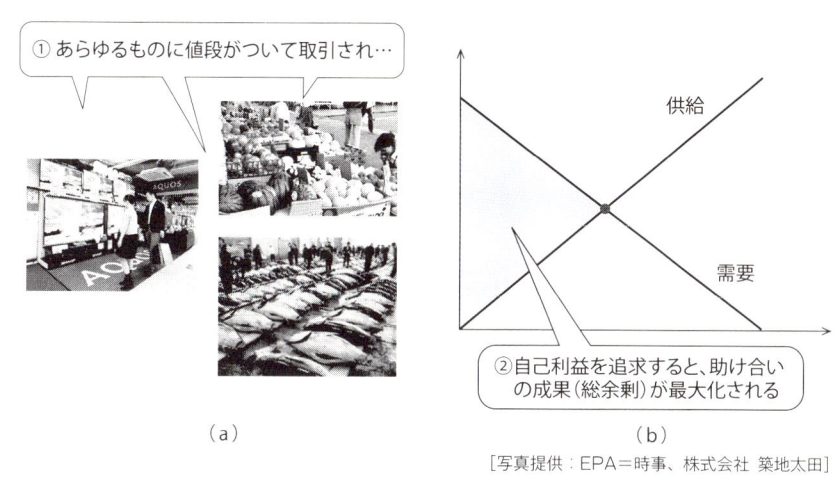

［写真提供：EPA＝時事、株式会社 築地太田］

図10.4　市場の働き

　こうした、市場を使った助け合いをうまく行うために重要なのは、つぎのようなことです。

・**利己心の追求**を許すこと、規則や因習にしばられない**選択の自由**を重視すること
・**フェアな競争**を重視すること

これが、市場を使って社会を運営するうえでの価値観です。

　以上が、「市場の論理」ですが、これは、「他人への思いやり」「利己心への反感・嫌悪」「競争より協調」をモットーにする、共同体の論理とは対照的です。これまで説明してきたことの中で重要な点をまとめると、

　共同体の論理も市場の論理も、**どちらも助け合いを引き出す工夫**ですが、それをささえる**価値観には真向からの対立**がある

というわけです。現代社会におけるさまざまな**意見の対立や思想的なぶつかり合いの背後には、「利己心の制限」をかかげる共同体の論理と、「利己心の自由な追求」をよしとする市場の論理の対立がある**、と考えると、ものごとがすっきりと整理されて理解できます。例えば、マスコミやネット上でさかんに議論されているつぎのような意見の対立は、共同体の論理（左側）と市

場の論理（右側）の対立として理解できるでしょう。

伝統的な日本の社会規範	対	アメリカ型の社会規範
格差社会への批判	対	規制緩和
反グローバリズム運動	対	新自由主義

(3) 社会主義の失敗と共同体の論理の限界

　ここで、われわれが20世紀の経験から学んだ貴重な教訓をまとめておきましょう。「他人への思いやり」「利己心への反感・嫌悪」「競争より協調」という**共同体の論理**を、家族や隣人といった顔の見える**小さな集団の範囲を超えて、経済全体の運営に使おうとした**のが社会主義です。しかしその結果、巨大な非効率性が生まれ、経済は行き詰ってしまいました。最初に見たように、多くの社会主義国は20世紀の終わりまでにほとんど崩壊してしまったのです。つまり、**他人への思いやり、公共心といった道徳律が機能する範囲は、われわれが常識で想像するよりもずっと狭かった**のです。

　ここでもう一度、最初に掲げた社会主義の理想を思い出してください。

・企業の目的を、営利追求ではなく**公共性の追求**に変えたほうが、良い社会になる

・働く目的を、自己利益の追求ではなく、**みんなのために働く**ことにしたほうが、良い社会になる

実は、みなさんの身の回りに、この原理にかなり忠実に従って運営されているものがある、しかもそうしたものは実にたくさんあるのを、ご存知ですか？　それはお役所です！　お役所の機能を見ると、上のような理想と現実の落差を実感できると思います。お役所で働いている人たちは立派な人たちも多いのですが（これについてはのちほど詳しく論じます）、残念ながら「民間ならあり得ないようなサービス」を受けたことはありませんか？　つぎのマンガ（図10.5）を見てください。

　これは、1987年に民営化されたJR各社がまだ国営企業だった頃の話です。

10.1節　社会問題に対する意見の対立の根本にあるもの　455

出所）プレイガイドジャーナル社（1977年）

図10.5　いしいひさいち『バイトくん』

いまではまったく考えられないことですが、当時、新幹線の切符を買おうとすると往々にしてこのような扱いを受け、われわれはこのマンガをみて「こんな感じ、ある、ある！」と爆笑したものです。

　共同体の論理を顔の見える小さな範囲を超えて、経済全体の運営に使おうとしたのが社会主義ですが、大きな失敗が起こりました。その失敗にはつぎのような一定のパターンがみられます。

① 他人への思いやりや公共心といった道徳律が広い範囲で働くと想定し、結果としてそれが裏切られて**巨大な非効率性**が生まれる
　　　　　　　　　　↓
② その対策として、綱紀粛正・**道徳律の強化**が推進され、**市民的自由のない相互監視社会**に陥る

社会主義失敗のパターン

旧社会主義圏ではつねに市民がお互いを監視し、国策に反すると見なされたものは次々に摘発され、厳罰が与えられました。中国の「文化大革命」はこのことを大規模に行ったものであり、またソビエト連邦での実情はノーベル文学賞を受賞したソルジェニーツィンの『収容所群島』に詳しく書かれています。もう一度、図10.5の最後のコマを見てください。われわれの素直な反応は、横柄な態度を取っているおじさんを見て、「とんでもないやつだな」「こいつが悪い！」というものではないでしょうか。私自身も、お役所のサービスに失望するたび、ついつい「こいつをなんとかしろ！」と思ってしまいます。しかし、そうだとすると、われわれは旧社会主義国が陥ったのと、同じ誤りをくりかえしていることになります。われわれがサービスの悪い役所の職員に憤慨するのと同じように、旧社会主義国も社会主義の理想どおりに動かない人を粛清したり強制収容所に送ったりしました。しかし、お役所仕事でわれわれを憤慨させる職員も、デパートで笑顔で「いらっしゃいませ！」と言っている人も、実は同じ人間なのです。たしかに、人間にはサービス精神に多少の差はあるでしょう。しかし、その中でも特にサービス精神にあふれた人たちばかりがたまたま民間企業に入り、そうでない人ばかりがたまたまお役所に勤める、というのはほとんどありえないことです。より本質をつ

いた説明は、「**悪いのは、劣悪なサービスでわれわれを憤慨させる人間ではなく、その人をそんな態度にしてしまった社会の制度設計の欠陥である**」というものです。社会主義の大きな失敗は、このことに気がつかなかったことです。

つまり、同じ人間でも、制度のデザインによって態度が大きく変わるわけです。お役所や社会主義圏ではついついサービスがなおざりとなり、同じ人が民間企業で働けば「いらっしゃいませ！」と笑顔が出るわけです。お役所仕事に憤慨するときに、われわれが取るべき正しい態度は「**制度を憎んで、人を憎まず**」ということです。そして、このことに気づかず、市民的自由のない相互監視社会に陥ってしまった社会主義の失敗からわれわれが学ぶべき教訓とは、

・**普通の人が、普通にやっていてうまく回る**のが、良い社会であり、
・そのためには**うまく制度を設計する**必要がある

ということなのです。

（4）二つの論理の役割

以上の議論をまとめてみましょう。社会をうまく運営する、つまり人間どうしの助け合いをうまく引き出すやり方について、「共同体の論理」と「市場の論理」という異質な考え方があります。これをまとめたのが図10.6です。

20世紀の歴史が与える貴重な教訓は、国民の生活水準の向上に不可欠な、膨大な人の間の助け合いを行うには、市場の論理を使うほうがうまくいった、ということです。市場は確かに万能ではなく、さまざまな欠点があります。しかし、どのような思想的立場に立つにせよ、望ましい社会を運営してゆくには、多かれ少なかれ市場と付き合っていかざるを得ないことがわかった、というのが20世紀の歴史がわれわれにもたらしてくれたことでしょう。

一方で、共同体の論理が不可欠な場もたくさんあります。家族や友人、地域社会、組織の運営、あるいは弱者を救済し政治的・社会的正義を実現する運動などにおいては、共同体の論理は強い力を発揮します。

このような観点から現代日本の思想的状況をみると、二つの大きな問題が浮かび上がってきます。第一の問題は、図10.6の一番上の「価値観」のとこ

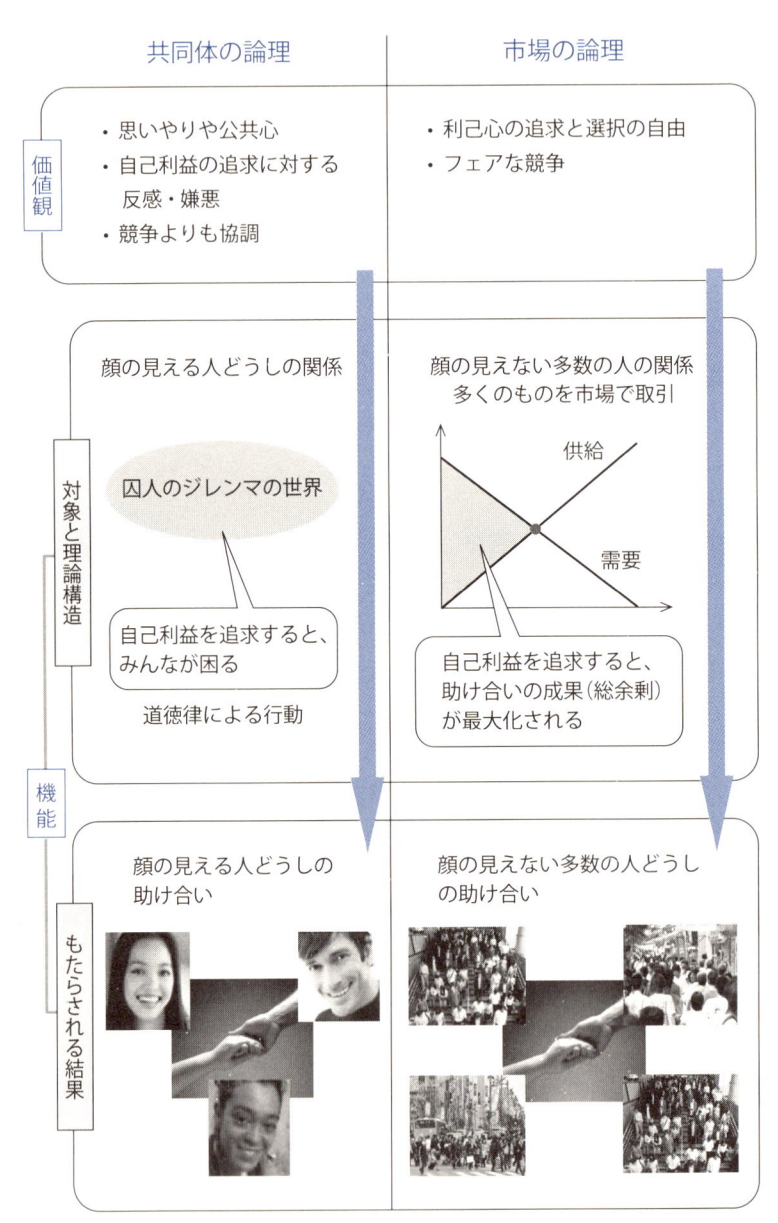

458　終章　最後に、社会思想（イデオロギー）の話をしよう

	共同体の論理	市場の論理
価値観	・思いやりや公共心 ・自己利益の追求に対する反感・嫌悪 ・競争よりも協調	・利己心の追求と選択の自由 ・フェアな競争
対象と理論構造	顔の見える人どうしの関係 囚人のジレンマの世界 自己利益を追求すると、みんなが困る 道徳律による行動	顔の見えない多数の人の関係 多くのものを市場で取引 供給／需要 自己利益を追求すると、助け合いの成果（総余剰）が最大化される
機能 もたらされる結果	顔の見える人どうしの助け合い	顔の見えない多数の人どうしの助け合い

［写真提供：時事通信フォト］

図10.6　共同体の論理と市場の論理

ろだけを見て、社会問題に対する取り組み方の是非を論じる者が大変多い、ということです。「公共心が大切か」「フェアな競争と自由が大切か」、というような価値観だけのレベルでの論争に終始していては、「お前は市場原理主義者だ」「お前は抵抗勢力だ」などという感情的なレッテルの貼り合いになってしまい、本当に国民が幸せになるにはどうしたら良いかはわかりません。より建設的に物事を考えるには、**価値観がどう機能するか**という、図10.6の矢印の部分をしっかり理解することが重要です。一つの例を挙げると、中国において市場経済を大胆に取り入れる「改革・解放」路線を作り出した鄧小平[2]は、「価値観レベルでの思想対立ではなく、それがどう機能するかを見て政策を決めることが重要である」ということを、「白い猫であれ、黒い猫であれ、ネズミを捕る猫が良い猫である」という言葉で表現しました。現在の中国の目覚ましい経済発展のもとになっているのは、この改革開放路線です。（このような改革にはもちろん負の側面もあり、経済発展の恩恵が国民に等しくいきわたるのかどうかはきちんと考える必要があります。この点については、次の節で考えてみましょう。）ひるがえって日本の思想状況をみると、公共心の大切さを強調したいあまり、市場の論理の機能（顔の見えない多くの人たちの助け合いをうまく引き出すこと＝図10.6の右側の矢印）を「すべてデタラメである」と主張する人たちが依然として大勢いることは問題です。欧米の国々に比べ、日本ではこうした「エコノミック・リテラシー」を欠いた人たちが言論界や政策決定の場で特に大きな影響力を持っているのが現状です。このような人たちは、残念ながら社会主義の失敗から何も学んでいないことになります。

　日本の思想状況の第二の問題は、逆に、社会主義の失敗によって、家族・友人・地域社会の運営や弱者の救済・社会正義の実現にとって必要不可欠な共同体の論理がその力を失い始めている、ということです。社会で虐げられている弱者の救済にいちばん力を入れてきたのは、社会主義の理想を信じてきた人たちでした。それは、戦後の言論界をリードした人たちや、戦後長い間自民党に次ぐ第2政党であった社会党、さらには多くの大学生たちを含む、大きな存在感を持つグループでした。彼らは、公共心ですべてを運営すれば、

2　経済面では改革・解放路線で中国に近代化をもたらしましたが、政治面では一党独裁体制を維持し、民主化を求める運動を弾圧しました（天安門事件）。

夢の社会が実現するということを目指して、頑張ってきましたが、それが実現困難なユートピアであることがかなりはっきりしてしまった現在、彼らの志を引き継ぐ者が急速に減っています。

では、どうしたらよいのでしょうか？　優等生的な答えは、「市場の論理が必要なところはそれを使い、共同体の論理が必要なところはそれを使えばよい」というものでしょう。確かに、これが基本の考え方ですが、ものごとはそんなきれいごとではすみません。既存の研究によると、公共心にもとづいて行動している人たちに、市場の論理による金銭的な報酬や競争を導入すると、たいせつな協力行動がくずれてしまう、ということがわかっています[3]。人間はなかなか「このときは公共心」「このときは競争と自己利益の追求」と、頭を要領よく切り替えることはできないようなのです。では、より良い社会を作るために、共同体の論理と市場の論理の間にどう折り合いをつけるか？　これが、21世紀に生きるわれわれの大きな課題であると、私は考えます。みなさん自身でこれをどうしたらよいかを、しっかりと考えてみてください。

10.2　市場の恩恵を受けるのは誰か：補償原理と社会正義

　望ましい社会を作るには、多かれ少なかれ市場と付き合って行かざるを得ない——これが、20世紀の経験からわれわれが得た教訓ですが、ここでは市場の恩恵が本当にみんなにいきわたるのかどうかを考えてみます。市場と社会正義の関係を考える鍵となるのは、伝統的なミクロ経済学の教科書では隅の方に埋もれていた一つの考え方——「補償原理」をわれわれがどうとらえるのか、というまさにこの一点である、ということが、以下の議論の中から浮かび上がってきます。

　ミクロ経済学は、

「社会の全員がAという状態よりBという状態のほうがいい、というなら、Bを選ぶべし」

という、多くの人が認めるであろうきわめて弱い価値判断（パレート改善・

---

[3]　J. C. Cardenas, J. Stranlund and C. Willis（2000）"Local Environmental Control and Institutional Crowding-Out," *World Development*, 28(10), pp.1719-1733.など。

パレート効率性による判断）だけをして、人々に利害の対立のあるときにどうしたらいいかについては何もいわない（国民一人ひとりの判断にまかせる）、という立場をとります。

　しかし、実社会ではつねに人々に利害対立があるのが普通であり、学生諸君も社会に出れば早速こうした利害関係の下でさまざまな判断をしていかなくてはなりません。そこでここでは、上のような**きれいごとではなく、正面から価値判断の話をしてみましょう。**

　技術革新が起こったり、新製品が発明されたり、新しいお店ができたりすることで、市場は日々変化してゆきます。また、政府の規制政策や関税政策が変わればやはり市場は変化します。こうした変化が市場に起こるとき、通常は損をする人と得をする人の両方が出ます。例えば、

・日本では農産物の輸入が一部自由化されて輸入野菜や果物が以前に比べて格段に安く買えるようになりましたが、国内農家は打撃を受けました。
・デジカメが発明されて写真がずっと簡単に利用できるようになりましたが、写真の現像をしていた町の写真屋さんの多くは店を閉めました。

輸入や新製品を規制する状態は、「市場にゆがみがある状態」であり、資源配分は効率的になっていません。そこで、規制を撤廃して完全競争状態を作り出し、得をする人が損をする人に**補償金を払えば、国民全員が得する**ことができる、というのが厚生経済学の基本定理が教えてくれることです。これは、第3章で詳しく説明した、経済学が明らかにした最も重要で、かつ驚くべき結果です。しかし、上記の野菜・果物の自由化やデジカメの発明の例からわかるように、**現実にはそうした補償は完全には行われない、あるいはまったく行われないまま、市場はどんどん動いてゆきます**。このことをどうとらえるか──市場と社会正義の関係は、まさにこの一点に集約されます。

　このようなとき、どのような価値判断をすべきかについては、「厚生経済学」という研究分野でさまざまな議論がなされてきました。そのうちの一つの考え方として、つぎのようなものがあります。

> 市場に（政策変更や技術革新などで）変化が起こるとき、得をする人が損をする人に**補償をすることで全員が得**をすることができるなら、そのような**補償が実際に行われなくても**、その変化を認めるべきである。

これを、「補償原理」といいます。（これは「補償しなくてよい」ということを言っているので、誤解のないように「仮想的」補償原理と言われることもあります。）市場は、放っておくとこの原理に従って動いてゆきます。

しかしながら、「補償すれば全員が得をする」なら、補償をすればよいのではないでしょうか。そういった補償をしなくてもよいとは、まったく理解に苦しむ主張ではないでしょうか。というわけで、かつては「**とんでもない原理**」として、良識ある人たちの失笑を買っていたこの考えですが、20世紀の経験から、この原理が意外な成果をもたらすことがあることがわかったのです。

一つの案件だけにこの原理を適応することは、なかなか正当化できないでしょう。損する人を放っておいていいとは思えません。しかし、これを社会における**原則として採用し、多くの案件に包括的にあてはめると、長い目で見ると多くの人が恩恵を受ける**ことが、20世紀の経験からわかってきました。「補償原理の包括的な適用は、長い目でみると多くの人を利する」という可能性を最初に指摘したのはイギリスの経済学者 J. ヒックスなので、彼の名を取ってこの考え方を「**ヒックスの楽観**」ということがあります。この可能性を図示したのが、図10.7です。

図10.7の曲線 a は、政府のさまざまな規制政策が行われているときに、社会で実現できる効用水準を表しており、実現している効用は点 U です。社会で実現できる最大の効用水準を表すこの曲線 a を、「効用フロンティア」ということがあります。

いま、酒の規制緩和がなされると、社会ではより高い効用水準が実現できるようになるので、効用フロンティアは曲線 b に変化します。このとき実現する点は V で、酒の規制緩和によって酒屋のAさんは損しますが、農家のBさんは得をします。もし仮に、得をするBさんが損をするAさんに補償金を払えば、曲線 b 上のもう少し右の点が実現し、もとの状態 U より二人とも得

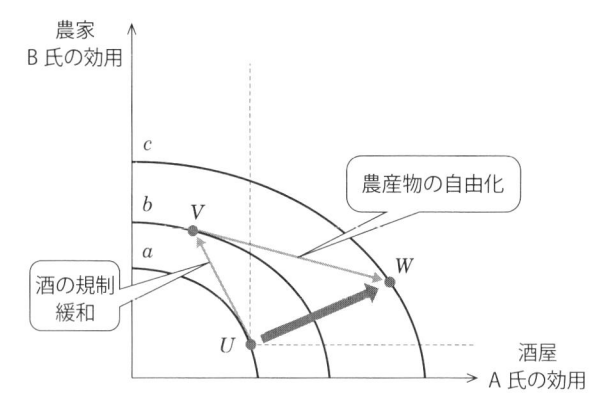

図10.7　補償原理の包括的適用は全員を利する可能性がある

をすることができます。しかし、補償原理はこうした補償はしなくてもよい、と言うのです。

つぎに、農産物の自由化がなされると、今度は農家のBさんが損をして酒屋のAさんは得をします。結果として実現するW点を見ると、出発点のU点に比べて**AさんもBさんも両方得をしています**。つまり、包括的に規制緩和を続けてゆくと、自分が損をすることもあるけれど、規制緩和の恩恵も受けることができて最終的には全員がより得をする可能性がある、ということです。

この図を見たときの普通の人の素直な感想は、「**理屈のうえではそうだけど、現実にはこんなにうまく行くのかな？**」ということではないでしょうか。むしろ、図10.8のように、「規制緩和や経済成長によって勝ち組はますますもうけ、負け組はますます損をする」ことになるのではないでしょうか。

図10.7と図10.8の**どちらが正しいのか、というのは実証の問題**です。そこで、現実においてここらへんがどのようになっているのかということを、いくつかのデータを使って見てみましょう。

まず、第1章に紹介した図をもう一度見てみましょう（図10.9）。国民1人当たりの所得水準を表したこの図を見ると、同じ民族を持ち、同じ半島に位置する二つの国でありながら、資本主義を採用する韓国と社会主義を採用する北朝鮮では大きな差が出ていることがわかります。韓国の経済成長の過程では、技術革新や新しい企業の参入で競争に敗れるものと競争に勝ち残るものがたくさん出たはずです。そして、その過程で得をする人が損をする人に

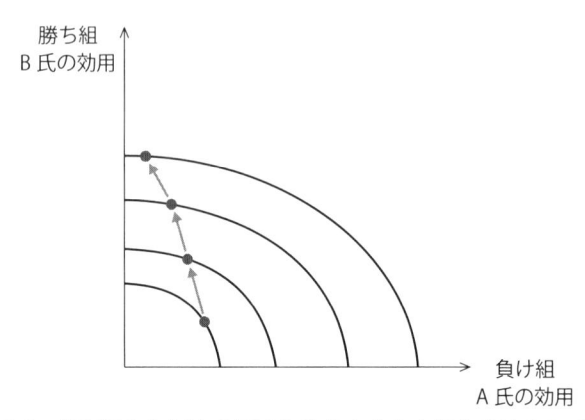

図10.8　規制緩和や経済成長は格差をますます激化させるのでは？

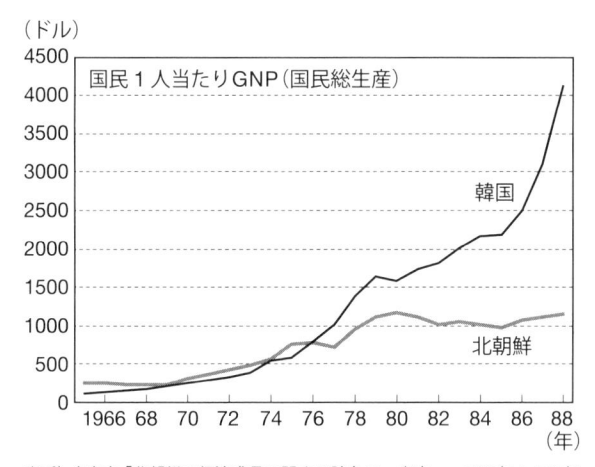

出所）金向東「北朝鮮の経済成長に関する論争の一考察——1965年から80年代までを中心に」『立命館国際地域研究』第24号、2006年3月、pp.131-141より作成

図10.9　資本主義と社会主義：経済全体のパイの大きさ

補償をいちいち与えるということは、ほとんど行われていなかったでしょう。つまり、この図で示された韓国の高い経済成長の背後には、「補償原理」に従って市場が動いて行ったという事実があるわけです。

さて、高度成長が始まる1970年と現在を比べたとき、「経済発展の恩恵を受けたのは一握りの勝ち組のみで、国民の多くは70年代より暮らし向きが悪くなっている」のでしょうか？　また、1970年代の韓国とほとんど変わない

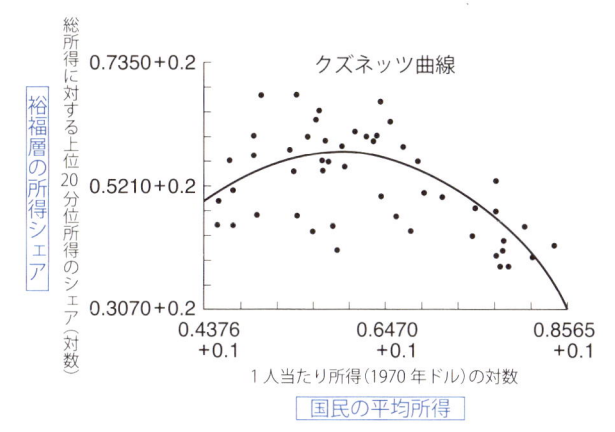

10.2節 市場の恩恵を受けるのは誰か 465

出所）ジェフリー．G．ウィリアムソン著、安場保吉、水原正亨訳『不平等、貧困と歴史』（ミネルヴァ書房、2003年）

図10.10　経済成長の成果を、どの程度「勝ち組」がもらうのか？（クズネッツ曲線）

　生活水準にある現在の北朝鮮と現在の韓国を比較したとき、韓国のほうが生活が楽と考えるのは一握りの富裕層のみで、国民の多くを比較すると北朝鮮のほうがよいのでしょうか？　直感的にいって、このようなこと（図10.8のようなこと）は、この事例においては起こっていないように思われます。

　このことをより詳しく検討するために、「経済発展の恩恵を受けるのは誰か」を示す別のデータを見てみましょう。図10.10は、国民の平均所得と、経済全体の所得の何％を富裕層がもらっているかの関係を示したもので、「クズネッツ曲線」と呼ばれています。

　この図によると、**クズネッツ曲線はおおむね逆U字型**をしています。つまり、経済成長が起こって国民の平均所得が上がると（グラフの右方向に移動すると）、最初のうちは所得格差が激化します（金持ち層の所得シェアが増える）が、さらに成長をすると金持ち層の所得シェアは逆に低下してゆきます。もし、経済発展に従って、「勝ち組がますますもうける」なら、この曲線は図のように逆U字型ではなく右上がりになっているはずです。

　こんどは逆に、経済発展と「負け組」の関係を見てみましょう。図10.11は、経済全体の成長率と、貧困層の所得の成長率の関係を見たものです[4]。この図の点に直線をフィットさせるとそれは右上がりになっており、これは経済全体が成長すると、貧困層の所得も成長することを示しています。もし、図

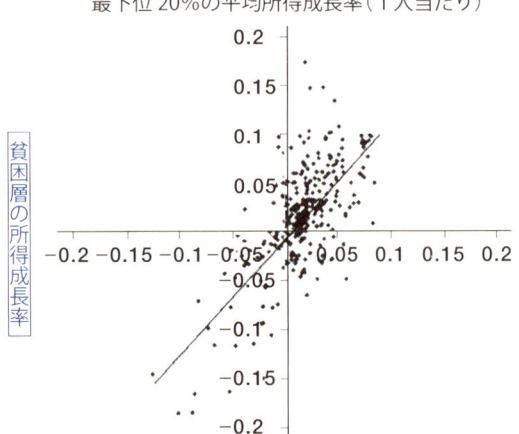

466　終章　最後に、社会思想（イデオロギー）の話をしよう

最下位20%の平均所得成長率（1人当たり）

貧困層の所得成長率

経済全体の平均所得成長率（1人当たり）
全体の成長率

出所）澤田康幸著『国際経済学』基礎コース経済学7（新世社、2003年）
元データ出所）Dollar, D. and A. Kraay（2002）"Growth is for the Poor," *Journal of Economic Growth*, 7, 195-225.

図10.11　経済成長の成果を、どの程度「負け組」がもらうのか？

10.8のように「経済が発展すると負け組はますます損をする」なら、この図は逆に右下がりの関係を表すはずです。

どうでしょうか？　「補償すればうまく行くのに、補償を実際にやらなくてよい」という補償原理をぱっと見た時の印象や、「それがみんなを利する可能性がある」という図10.7のような説明をみると、「勝ち組だけのための、強者の論理」「たんなる詭弁」にすぎないように思われますが、20世紀の経験を示したデータを見ると、実際にこれが少なからぬ人たちに恵みをもたらしてきたのです。特に、図10.9が示すように、補償原理に従って進んでゆく市場の動きを止めた場合とそうでない場合を比較すると、国民の生活水準にたいへん大きな差が出たのです。

ここで、さらに細かいデータをつかって補償原理がだれを利するかを考察してみましょう。「補償原理を多くのことに包括的に使うと、国民の多くが

4　「経済発展の恩恵が誰に行きわたるのか」を調べるには図10.10、10.11のデータが有用であることを示唆し、あわせて図の転載を許可してくださった同僚の澤田康幸教授に感謝します。

親＼子	専門職	ホワイトカラー			ブルーカラー			農業
		大企業	中小企業	自営業	大企業	中小企業	自営業	
専門職	0.47	0.20	0.13	0.04	0.05	0.08	0.02	0.02
ホワイトカラー 大企業	0.18	0.33	0.18	0.03	0.08	0.11	0.07	0.01
ホワイトカラー 中小企業	0.14	0.21	0.23	0.08	0.05	0.24	0.03	0.03
ホワイトカラー 自営業	0.12	0.15	0.11	0.34	0.04	0.15	0.08	0.01
ブルーカラー 大企業	0.12	0.20	0.11	0.07	0.19	0.25	0.03	0.05
ブルーカラー 中小企業	0.08	0.14	0.12	0.04	0.16	0.38	0.06	0.02
ブルーカラー 自営業	0.11	0.15	0.11	0.07	0.07	0.18	0.29	0.01
農業	0.05	0.13	0.09	0.06	0.06	0.31	0.09	0.21

表10.2　親と子の職業の関係

恩恵を受ける」という「ヒックスの楽観」は、**1世代のなかでは十分に働かないかもしれません**。デジカメのおかげで家業がだめになった写真屋さんは、生涯「デジカメができる前のほうが良かった」と思い続けるかもしれません。そこで、**自分の子供たちに市場の成果がどの程度行きわたるか**を見てみましょう。

もし、自分が大企業のサラリーマンだったら、子供たちはどのような職に就くのでしょうか？　もし自分が農家だったら？　将来世代の自分の子供たちが社会のどの階層に属するかで、望ましい社会のあり方についてのあなたの判断は変わってくるでしょう。幸い、日本では社会学の研究者が、親子の職業の関係について詳細な調査を定期的に行っているので、その成果を見てみましょう[5]。表10.2は、2005年における親と子の職業の関係を示したものです[6]。

この表の一番上の行を見ると、親が医者や弁護士などの専門職である時、子供が同じ専門職である確率は0.47、大企業ホワイトカラー（サラリーマン）である確率が0.20……などであることがわかります。一方、一番下の行を見ると、親が農家であった時の子の職業の分布はずいぶん違います。この場合はやはり、子は農家であることが多いのです。ほかのどの職業を見ても、子

5　三輪哲・石田浩「戦後日本の階層構造と社会移動に関する基礎分析」、三輪哲・小林大祐編『2005年SSM調査シリーズ1　2005年SSM日本調査の基礎分析——構造・趨勢・方法』（2005年SSM調査研究会所収、2008年）

6　これは、前の注5にある三輪・石田論文の補表1の数字（人数）を割合に直したものです。もとになっているデータは、2005年SSM調査の男性の現在の職業と15歳の時の父親の職業をクロス集計したもの。調査日は、2005年11月、この表のもとになったサンプル数は1924人です。

親＼子	専門職	ホワイトカラー			ブルーカラー			農業
		大企業	中小企業	自営業	大企業	中小企業	自営業	
専門職	0.30	0.22	0.15	0.06	0.07	0.15	0.04	0.03
ホワイトカラー 大企業	0.20	0.23	0.16	0.06	0.08	0.17	0.07	0.02
ホワイトカラー 中小企業	0.17	0.21	0.16	0.07	0.09	0.22	0.06	0.03
ホワイトカラー 自営業	0.17	0.19	0.14	0.15	0.07	0.18	0.08	0.02
ブルーカラー 大企業	0.16	0.20	0.14	0.07	0.11	0.22	0.06	0.03
ブルーカラー 中小企業	0.14	0.19	0.14	0.06	0.12	0.25	0.07	0.03
ブルーカラー 自営業	0.16	0.19	0.14	0.07	0.09	0.20	0.12	0.02
農業	0.12	0.18	0.13	0.07	0.10	0.26	0.08	0.06

表10.3　2世代先の子（孫）の職業分布

親＼子	専門職	ホワイトカラー			ブルーカラー			農業
		大企業	中小企業	自営業	大企業	中小企業	自営業	
専門職	0.23	0.21	0.15	0.07	0.08	0.18	0.05	0.03
ホワイトカラー 大企業	0.20	0.21	0.15	0.07	0.09	0.19	0.06	0.03
ホワイトカラー 中小企業	0.19	0.21	0.15	0.07	0.09	0.21	0.06	0.03
ホワイトカラー 自営業	0.18	0.20	0.14	0.09	0.09	0.20	0.07	0.02
ブルーカラー 大企業	0.18	0.20	0.14	0.07	0.10	0.21	0.06	0.03
ブルーカラー 中小企業	0.17	0.20	0.14	0.07	0.10	0.22	0.07	0.03
ブルーカラー 自営業	0.18	0.20	0.14	0.07	0.09	0.20	0.08	0.03
農業	0.16	0.20	0.14	0.07	0.10	0.23	0.07	0.03

表10.4　3世代先の子（ひ孫）の職業分布

は親と同じ職業に就くことが多いことがわかります。つまり、自分の子を考えた場合は、やはり自分と同じ職業が得る利害関係でものを考えるのが自然ということになります。

　では、孫の代になったらどうでしょうか？　仮に、表10.2と同じ比率で親子の職業が決まって行くとすると、表10.2から孫の代の職業の分布が計算できます[7]。これを示したのが表10.3です。

　依然として、専門職の孫と農家の孫では職業の分布が違いますが、その差は少なくなっていることが見て取れます。つぎに、ひ孫の世代を見てみましょう（表10.4）。

　ここまでくると、かなり似てきます。上から下までの各行を見ると、**自分**

7　**数学が好きな人への注**：表10.2を行列 P とすると、n 世代先の子の職業分布は行列の積 P^n として計算できます。

親＼子	専門職	ホワイトカラー			ブルーカラー			農業
		大企業	中小企業	自営業	大企業	中小企業	自営業	
専門職	0.20	0.21	0.15	0.07	0.09	0.20	0.06	0.03
ホワイトカラー 大企業	0.19	0.21	0.15	0.07	0.09	0.20	0.06	0.03
ホワイトカラー 中小企業	0.19	0.21	0.15	0.07	0.09	0.20	0.06	0.03
ホワイトカラー 自営業	0.19	0.21	0.15	0.07	0.09	0.20	0.06	0.03
ブルーカラー 大企業	0.19	0.21	0.15	0.07	0.09	0.20	0.06	0.03
ブルーカラー 中小企業	0.19	0.21	0.15	0.07	0.09	0.20	0.06	0.03
ブルーカラー 自営業	0.19	0.21	0.15	0.07	0.09	0.20	0.07	0.03
農業	0.19	0.21	0.15	0.07	0.09	0.20	0.07	0.03

表10.5　5世代先の子の職業

の職業が何であっても、3世代先（ひ孫）の代になると職業の分布はほぼ同じであることがわかります。参考までに、もっと先の世代まで計算してみると、5世代先では元の職業の影響はなくなって、どの行もほぼ完全に同じになっています（表10.5）。

このことは、日本のこのデータに限ったことではありません。表のどの欄もゼロでないときに、2世代先、3世代先……の職業の分布を計算すると、どの行も早いスピードで同じになることが、一般的にわかっています[8]。

以上のことから見て取れるのは、現在の自分の職業が何であっても、数世代先の子の職業の分布はほぼ同じであるということです。つまり、**今の自分の職業にかかわらず、数世代先の子の職業の分布は、社会全体の職業分布にほぼ等しい**のです。したがって、**社会全体のパイを大きくする市場の恩恵は、現在の職業がどんな人の子孫にも等しく行き渡る**可能性があるのです。

社会を考える際には、

「自分が社会のどの階層に生まれるかわからないと考えて、良し悪しを判断せよ」

ということを唱えたのが、J.ロールズの正義論です。この考え方を、**無知のヴェール**と言います。自分がどの階層に生まれるかわからない無知のヴェールにつつまれている状態を考えて、良し悪しを判断しろ、というわけです。上の分析は、無知のヴェールを考えるということと、将来世代の自分の子供

---

[8] **数学が好きな人への注**：職業の遷移確率を表した表10.2を行列 P とした場合、$xP = x$ を満たすベクトル x のことを定常分布と言います。P の各要素が正の時、P^n の各行は、n が大きくなるにつれて早いスピード（指数的なスピード）で定常分布 x に収束することが知られています。

たちのことを考えることはほぼ同じであることを示しています[9]。

　補償原理に従って市場が動いてゆくということは、経済発展で得をする人が損をする人に補償を与えることなく社会はどんどん先へ進んでゆくということです。そして、「市場の恩恵は、将来世代のことを考えるとどの職業の人の子孫にも等しく行きわたる」という以上の分析から考えると、「補償原理を多くの案件に等しく当てはめる」という考え方は、**将来世代の利益を代弁するもの**であると言えるかもしれません。

　そろそろ、まとめに入りましょう。技術革新や企業の新規参入、規制緩和や貿易の自由化などの変化が起こるとき、**得をする人が損をする人に補償を与えると全員が得をする**ことができます。これは、たとえてみれば社会全体のパイの大きさが大きくなることと同じであり（パイが大きくなれば、それを適当に切り分けると全員が得をする）、言葉を変えて言うと、経済が発展・成長するということです。しかし、現実には、**そのような補償は完全には（あるいはまったく）行われないまま、市場は発展を続けます**。これを認めよう、というのが補償原理です。かつては、とんでもない原理であると一笑に付されていた考えですが、20世紀の経験から、

・これを認める社会とそうでない社会では、国民の生活水準に大きな差が出た（図10.9）
・補償原理に従って経済が発展すると、必ずしも「一部の勝ち組だけがますます得をし、国民の多くの負け組はますます損をする」のではなく、発展の恩恵はある程度多くの人に行きわたる（図10.10、図10.11、表10.4）

ということがわかったのです。「望ましい社会を運営するには、どのような立場に立つにせよ、市場と付き合っていかざるを得ない」という、社会主義の失敗から得た教訓をもとにすると、現代の経済問題における**社会正義を考える一番のカギは、「補償原理を一笑に付すのではなく、正面からこれをどう**

---

[9] ロールズはこのとき、自分が**社会で一番弱い立場になるとき**を考えて判断することを推奨しました。これに対して、上で述べたのは社会の平均の人がどれだけ恩恵を受けるかで判断するやり方です。抽象的・一般的にこの二つの考え方を比較すると、どちらが理にかなっているのかよくわかりませんが、市場の働きに関しては、もう一度、二つの国を比較した図10.9を見ながら考えてみてください。二つの国で一番貧しい人を比べたらどうか、あるいは平均的な国民を見たらどうか……。みなさんで考えてみてください。

判断するか」という、まさにその1点に集約されると私は考えます。

これは、大きな課題です。どんなことか、というのは、つぎのような具体例を考えるとよくわかります。

・スマホやプリンタの発明で生活が飛躍的に便利になったが、電話の交換手や町の印刷所は大打撃を受けた

これらの人たちを救うために、スマホやプリンタを禁止したほうが、はたして良いのでしょうか？　優等生的な答えは、「禁止はせずに、損する人たちに得した人が十分な補償を与えればよい」ということでしょうが、現実には誰が、誰に、いくら補償すべきかを見出して、かつこれを実行する政治的決断を下すのはとても難しいことです。補償は不十分にしかできません。**では、どうしたらよいでしょうか？**　これが、われわれに突き付けられている思想的課題です。「正しい答え」というのはありません。みなさん、一人ひとりでしっかり考えてみてください。

市場競争に敗れた人を補償することなく、市場は発展を続けます。しかし、こうして補償原理に従って動いてゆく市場の恩恵を受ける人の範囲は、意外に広い可能性がある、というのが20世紀の経験からわかったことです。一方で、敗者のためのセーフガードも必要です。どんなセーフガードがうまく機能するのでしょうか？　また、市場競争での勝敗をフェアなものとして認める倫理感が社会に定着するのでしょうか？　われわれが考えなければならないことはたくさんあります。

以上、ここまで説明してきたことは、私自身が経済学を学んだことでどんな洞察を得たか、ということです。したがって、それは、本書の他の部分とちがって「教科書」の一部をなすものではなく、あくまで私の個人的な見解です。みなさんは、ここで開陳された一つの見方を踏み台として、社会を良くするにはどうしたらいいかを、自分の頭で考えてみてください。

最後に、われわれの経済学部では、経済学を学び始めた人にアルフレッド・マーシャルの言葉を贈ることが伝統になっています。マーシャルは市場の基本的な機能を明確にとらえたイギリスの経済学者ですが、つぎの言葉は彼がケンブリッジ大学の教授に就任したときの講演です[10]。

10　Marshall（1885）"The Present Position of Economics," ケンブリッジ大学教授就任講演より。

"It will be my cherished ambition, my highest endeavour, to do what …… I may, to increase the number of those, whom Cambridge …… sends out into the world with <u>cool heads but warm hearts</u>, willing to give some at least of their best powers to grappling with the social suffering around them."

「(教授就任のあかつきには) ケンブリッジ大がつぎのような人たちをなるべく多く世に送り出すことに、僭越ながら力を貸すこと――このことを、私の心からの目標・第一の使命としてゆきたいと思います。それは、冷静な頭脳と暖かい心を持って、社会で困っている人たちのために全力で取り組むような人たちです。」

みなさんも、「冷静な頭脳と暖かい心」を持って、社会問題を考えてみてください。ご健闘をお祈りします！

補 論

補論A　　　最小限必要な数学の解説

　本書では、高校2年までの数学（微分）をなんとなく覚えていれば、数学的な議論がすべて理解できるように、本文の中で直感的にわかりやすく解説していきます。しかし、「高校で習ったことで、この本を読むのに必要な部分を復習したい」「高校で習っていないがこの本で出てくる数学について、あらかじめ説明を受けておきたい」という人のために、ここで解説しておきましょう。細かい話や数学的に厳密な話は専門の本にまかせて[1]、本当に必要になる内容だけを厳選して、直感的に（しかしエッセンスは失わずに）理解しやすいように説明します。ここで述べるのが、中級から上級の**ミクロ経済学を理解する上で最低必要な数学の知識**です。「えっ、これだけ？」と思うかもしれませんが、その通り、これだけなのです。

A.1　関数

　ある数 x に対して、ある数 $f(x)$ を対応させるものを（1変数の）関数とい

---

[1] 数学については、解析（微積分）と線形代数の標準的な教科書で勉強することをおすすめします。このうち本書のレベルでのミクロ経済学で主に使うのは微積分です。線形代数の知識は、より上級のレベルと、経済学をデータで検証する手法を扱う「計量経済学」で活躍します。**数学的なものの考え方**を身につけることが経済学を理解する上でたいへん重要なので、しっかりした数学の教科書を読むことをおすすめするわけです。
　しかし、こうした数学の教科書で解説されているすべてのことを経済学で使うわけではありません。また逆に、経済学でよく使われるのに、標準的な数学の教科書ではあまり詳しく解説されていない（あるいはまったく解説されていない）ものもあります。このような経済学で必要な数学に的をしぼって解説した本としては、岡田章『経済学・経営学のための数学』（東洋経済新報社、2001年、上級向き）、尾山大輔・安田洋祐編著『改訂版　経済学で出る数学——高校数学からきちんと攻める』（日本評論社、2013年、入門向き）があります。

う[2]。例えば、$f(x) = x^2$ というのはその一例である。同様に、二つの数 (x, y) に対してある数 $f(x, y)$ を対応させるものを2変数の関数という。3変数以上の関数も同様に定義され、これらを多変数の関数という。

例A.1 生産量 x に対してコスト $c(x)$ を対応させるものは、1変数の関数である。また、商品が二つあり、1番目の商品の価格を p_1、2番目の商品の価格を p_2、所得を I とすると、1番目の商品の需要量はこれらの価格と所得によって決まる。これを $x_1(p_1, p_2, I)$ と書くと、これは3変数の関数である。

A.2　直線の傾き

1変数の関数で一番簡単なのは1次式 $y = kx$ であろう。1次式の関数は直線で表される。図A.1は、$y = 2x$ のグラフを描いたものである。

このような、**直線の傾きは図の a と b の比率 (b/a) で表される**ことを理解しておこう（A.3節で使います）[3]。

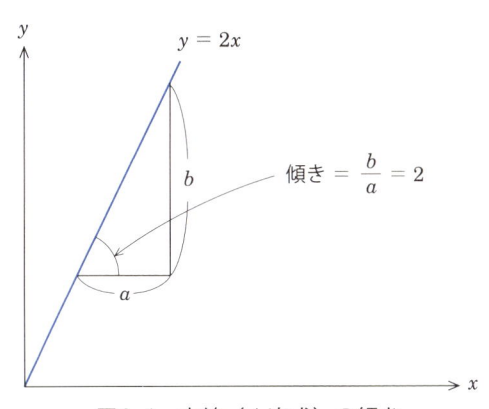

図A.1　直線（1次式）の傾き

2　正確に言うと、これは「実数 x に実数 $f(x)$ を対応させる関数」である。**実数**とは、1.025…のような小数で表されるすべての数のことである（言い換えると、実数は1次元の連続な数である）。

3　この場合、x の値が a 増えると、($y = 2x$ なので）y の値は $2a$ だけ増える（つまり $b = 2a$）。したがって、グラフの傾きは $b/a = 2$ なのである。傾きの「2」は、$y = 2x$ の x の係数であることに注意しよう。

A.3 微分

ミクロ経済学で最も重要で頻繁に使われるのは、高校2年で習う微分である。

関数 $f(x)$ のグラフの接線の傾きを、この関数の**微分**といい、$f'(x)$ とか $\dfrac{df}{dx}$ という記号で表す（図A.2）。

接線の傾き（微分）を計算するには、つぎのように考えればよい。

図A.3の左のパネル（i）をまず見てほしい。A.2節で説明した通り、a と b の比率 b/a は、図の三角形の斜辺の傾きを表している。この図のように、x が大きく（a だけ）変化したときの $f(x)$ の変化を表す b/a（図の三角形の斜辺の傾き）は、接線の傾きよりもだいぶ小さくなっていることが見て取れるだろう。

しかし、a を小さくしていくと、b/a（三角形の斜辺の傾き）はだんだん接線の傾きに近づいていくことがわかる。これを表したのが図A.3のパネル（ii）である。よって、**微分は、図の傾き b/a を、a を限りなくゼロに近づけたときの値として計算できる**。

ここで、b は「x の値が a だけ上がったときの f の増加分」なので、

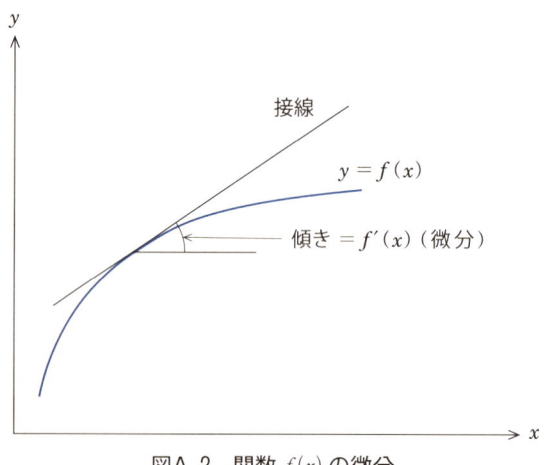

図A.2　関数 $f(x)$ の微分

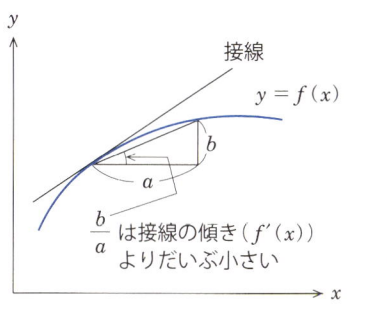

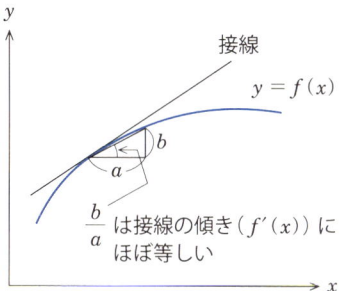

(i) a が大きいとき　　　　　(ii) a が小さいとき

図A.3　微分の計算

$$b = f(x+a) - f(x)$$

であることに注意しよう。したがって、関数 $f(x)$ の微分は b/a、つまり

$$\frac{f(x+a) - f(x)}{a}$$

を、a を限りなくゼロに近づけていけば計算できるのである[4]。このことから、微分の直感的な意味（たいへん大切で、ミクロ経済学で大活躍します）とその計算方法がわかる。

微分の意味：関数 $f(x)$ の微分とは、**x の値をわずかに増やすと、関数の値 $f(x)$ がどれだけ変化するか**（より正確に言うと $f(x)$ の値が x の変化分の何倍増えるか）を表すものである。

微分の計算については、高校２年で習った代表的な例を一つ挙げておこう。

例A.2　$f(x) = x^2$ の微分 $f'(x)$ を計算してみよう。

$$\frac{f(x+a) - f(x)}{a} = \frac{(x+a)^2 - x^2}{a}$$

---

[4] 数学の記号を使うと、
$$f'(x) = \lim_{a \to 0} \frac{f(x+a) - f(x)}{a}$$
ということである。

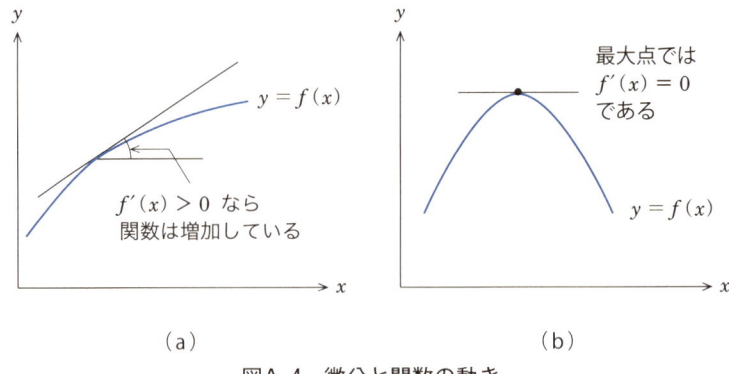

(a) 図では $f'(x) > 0$ なら関数は増加している、$y = f(x)$

(b) 図では 最大点では $f'(x) = 0$ である、$y = f(x)$

図A.4　微分と関数の動き

$$= \frac{(x^2 + 2ax + a^2) - x^2}{a} = 2x + a$$

なので、ここで a を限りなくゼロに近づけると、$2x$ になる。つまり、**$f(x) = x^2$ の微分は $f'(x) = 2x$** である。

このように、関数が簡単な形をしていると、その微分は簡単に計算できることが多い。**微分が便利なのは、それを使うと関数の動き方がわかる**からである。例えば、$f'(x) > 0$ ならば、関数はその点で増加している（図A.4 (a)）。とくに重要なのは、微分と関数の最大や最小の関係である。図A.4 (b) から、つぎのたいへん重要な関係がわかる（ミクロ経済学で大活躍します）。

微分と最大：f が最大化されているような点では、$f'(x) = 0$ となっている。

例えば、x が生産量、$f(x)$ が利潤だとすると、

利潤を**最大にする点は $f(x)$ を微分してゼロと置く**

ことで計算できることになる。

A.4　多変数の関数の微分

［ここからは、高校では習わないこと（高校で習ったことの簡単な拡張）に

なります。]

　経済学では、さまざまな商品の生産量やその価格などの、**多数の変数**が登場するので、微分の考え方をたくさんの変数がある場合にあてはめることがたいへん重要になる。そこで、1 変数の関数の微分を参考にして、多変数（2 変数 x と y）の関数 $f(x,y)$ を微分することを考えよう。

偏微分：$f(x,y)$ を、**y を止めて x だけの関数であると考えて微分**したものを f の x についての**偏微分**といい、
$$\frac{\partial f}{\partial x}$$
で表す。(∂ は、「丸まった d」なので、「ラウンド・ディー」と読みます。)

　1 変数の関数 $f(x)$ の微分を $\frac{df}{dx}$ と書くのと区別して、たくさんある変数の一部だけで微分しているということをとくに強調するために、d の代わりに ∂ という記号を使うわけである。f の y による偏微分 $\frac{\partial f}{\partial y}$ も同様に定義される。

　「偏微分」などという言葉と $\frac{\partial f}{\partial x}$ などという記号を見ると「あー、**こんな難しいもの、無理**」と思いたくなるが、よく見ると**高校 2 年で習ったこととたいして違わない**のである。

　ミクロ経済学を学ぶ上でのハードルは、こうした心理的な抵抗感、つまり、**実際はきちんと説明を受ければ簡単にわかることを、「見たことのない数式があるのでぜんぜんわからない」**と思い込んでしまう誤解

なので、ぜひこういった誤解を解いて進んでほしい。偏微分の計算は決して難しいものではないことを、例を使って説明しよう。

例A.3　$f(x,y) = x^2 y$ という関数を x で偏微分してみよう。偏微分するには、単に y を定数だと思って微分すればよいわけである。例A.2で計算した通り、x^2 の微分は $2x$ なので、

$$\frac{\partial f}{\partial x} = 2x\,\boxed{y}$$

↑ この部分は、定数だと思う

である。高校2年の微分を思い出せばこのように偏微分も簡単に計算できる。「偏微分恐れるに足らず」である。

A.3節で説明した「微分の意味」を思い出せば、偏微分の意味も理解しやすい。

偏微分の意味：関数 $f(x, y)$ の x による偏微分 $\frac{\partial f}{\partial x}$ とは、(y を止めて) **x の値だけをわずかに増やすと、関数の値 $f(x, y)$ がどれだけ変化するか**（より正確に言うと f の値が x の変化分の何倍増えるか）を表すものである。

ミクロ経済学の教科書を読む際には、微分や偏微分の具体的な数値計算をあれこれやることは少なく、**微分・偏微分の意味を理解**することと、**経済モデルでよく使われる関数を微分するときの公式**を覚えていることが重要である。その中で、最もよく使われる公式はつぎのものである[5]。

$$f(x) = x^a \text{ の微分は、} f'(x) = a\,x^{a-1} \text{ である}$$

例A.2で述べたのは、この公式の $a = 2$ の場合である。

例A.4 $f(x) = x^3$ を微分したものは $f'(x) = \frac{df}{dx} = 3x^2$ である。

つぎに、$f(x)$ という関数があり、さらに x が別の変数 z の関数になっている場合を考えよう（$x = x(z)$）。このとき、$g(z) = f(x(z))$ を $f(x)$ と $x(z)$ の**合成関数**という。ミクロ経済学では、例えば「生産量を増やすと価格が変わる」「価格が変わると利潤が変わる」というように、ある変数（生産量）の変化が別の変数（価格）の変化を経由して分析の対象（利潤）を変化させる状況を

---

[5] （ここだけの話ですが……）この公式と、本書では使いませんが、$y = \log x$ という関数の微分が $1/x$ であるということだけを知っていれば、たいていの経済学の教科書は理解できます。

分析することが多いので、つぎの**合成関数の微分の公式**がたいへん活躍することになる。

$$g(z) = f(x(z)) \text{ の微分は、} g'(z) = \frac{df}{dx}\frac{dx}{dz} \text{ である}$$

合成関数の微分の公式(1)

この公式が成り立つ理由は、直感的にいうとつぎの通りである。

① まず、z をちょっと増やすと、x は $\frac{dx}{dz}$ だけ変化する。

② つぎに、このようにして x が変化すると f が $\frac{df}{dx}$ だけ変化する。

したがって、$g(z) = f(x(z))$ 全体は、これら①②の効果が合わさったもの $\left(\frac{df}{dx}\frac{dx}{dz}\right)$ に従って変化する、というのが上の公式である。

例 A.5 $f(x) = x^3$ で、x が $x(z)$ という別の変数 z の関数である場合には、$f(x(z))$ は結局は z だけの関数になっている。これを $g(z)$ と書こう。これを z で微分すると、上の公式から

$$g'(z) = \frac{df}{dx}\frac{dx}{dz} = 3x^2\frac{dx}{dz}$$

となる（$f(x) = x^3$ の微分は、例A.4でやったように $\frac{df}{dx} = 3x^2$ であることを使って計算しています）。

つぎに、

・$f(x, y)$ という関数があり、
・さらに x と y が第3の変数 z の関数になっている（$x = x(z), y = y(z)$）

場合を考えよう。このとき、z を変化させると f の値はどう変化するだろうか？　その答えを表すのが、合成関数 $g(z) = f(x(z), y(z))$ の z に関する微分に他ならない。それはつぎのように計算される。

$$g(z) = f(x(z), y(z)) \text{ の微分は、} g'(z) = \frac{\partial f}{\partial x}\frac{dx}{dz} + \frac{\partial f}{\partial y}\frac{dy}{dz} \text{ である}$$

合成関数の微分の公式(2)

初めて見ると複雑に見えるが、これが成り立つ理由を直感的に理解することは簡単である。z をちょっと増やすと、まずこれが x を変化させることを通じて、つぎのような影響を与える。

$$g'(z) = \boxed{\frac{\partial f}{\partial x}}\boxed{\frac{dx}{dz}} + \frac{\partial f}{\partial y}\frac{dy}{dz}$$

① z が動くとまず x がこれだけ変化し、
② つぎに x が動くと f がこれだけ変化する

つまり、$\dfrac{\partial f}{\partial x}\dfrac{dx}{dz}$ というのは、z の x **を通じた** f **への影響**を表しているのである。同様に、上の式の右端の項 $\dfrac{\partial f}{\partial y}\dfrac{dy}{dz}$ は、z の y **を通じた** f **への影響**を表したものである。z を変化させると、こうした二つの経路を通じて f を変化させるので、全体として f の値は上の公式に従って変化するわけである。

例A.6 $f(x, y) = x^3 y$ で、x と y が $x(z), y(z)$ という別の変数 z の関数である場合には、$f(x(z), y(z))$ は結局は z だけの関数になっている。これを $g(z)$ と書こう。これを z で微分すると、上の公式から

$$g'(z) = \frac{\partial f}{\partial x}\frac{dx}{dz} + \frac{\partial f}{\partial y}\frac{dy}{dz} = \boxed{3x^2 y}\frac{dx}{dz} + \boxed{x^3}\frac{dy}{dz}$$

↑ $f = x^3 y$ を x で微分する
↑ $f = x^3 y$ を y で微分する

となることがわかる。

つぎに、もう一つよく使う公式を説明しよう。

$$f(x(z), y(z)) = x(z)\, y(z)$$

のときに上の公式をあてはめると、関数のかけ算を微分したらどうなるかを

示す「積の公式」を得ることができる。

$$x(z)y(z) \text{ の } z \text{ による微分は、} x'y + xy'$$

関数の積の微分の公式

念のため注意しておくと、x' と y' は、$x(z)$ と $y(z)$ の z による微分である。

また、$y = y(z)$ のときに $f(z, y(z))$ を z で微分すると、

$$g(z) = f(z, y(z)) \text{ の微分は、} g'(z) = \frac{\partial f}{\partial z} + \frac{\partial f}{\partial y}\frac{dy}{dz}$$

となる。これは、合成関数の微分の公式 (2) で、$x(z) = z$ であるケースである。とくにこれを公式 (2) とは別に覚える必要はないのだが、本書第 1 章の「スルツキー分解」を説明するところで使用するので、読者の便利のために一応ここで書いておいた。

A.5 確認の練習問題

「はたして数学の準備がきちんとできたかどうか心配だ」という人は、つぎの問題の四角をうめてみましょう。これがすらすら解ければ準備は OK です。

(1) $f(x) = x^a$ のとき、$f'(x) = \boxed{\text{ア}}$

(2) $f(x,y) = x^4 y^2$ のとき、$\dfrac{\partial f}{\partial x} = \boxed{\text{イ}}$

(3) $f(x)g(x)$ を x で微分すると $\boxed{\text{ウ}}$

(4) $f(g(x))$ を x で微分すると $\boxed{\text{エ}}$

(5) $f(x(z), y(z))$ を z で微分すると $\boxed{\text{オ}}$

念のため答えを脚注に書いておきます[6]。

---

6 ア：ax^{a-1}、イ：$4x^3 y^2$、ウ：$f'g + fg'$、エ：$f'g'$、オ：$\dfrac{\partial f}{\partial x}\dfrac{dx}{dz} + \dfrac{\partial f}{\partial y}\dfrac{dy}{dz}$

補論B　条件付最大化問題とラグランジュの未定乗数法

B.1　内点解の場合

ある関数を、与えられた制約条件の下で最大化する「条件付最大化問題」は、経済学でよく出てくるので、この解き方を解説しておこう。解説の目的は、

- 最適解を求める**手続きを覚える**
- その手続きが使えるための**正確な条件**を知る
- その手続きでなぜ最適解が得られるのかを**直感的に理解**する

ことである。正確な証明は数学の本にゆずろう[1]。

まず、ちょっとした注意点から。多くの経済問題においては、等式の制約条件を仮定しているものの、実際にはこれを不等式の条件と考えてもよいことが多い。例えば、効用最大化問題の予算制約式 $p_1 x_1 + \cdots + p_N x_N = I$ は等式の制約条件であるが、これを

$$p_1 x_1 + \cdots + p_N x_N \leq I \quad (支出 \leq 所得)$$

という不等式の条件であると考えてもよい。また、本論では明示しなかったが、多くの経済問題では各変数はゼロ以上の値をとらなければならないことが多い。

$$x_i \geq 0, \quad i = 1, \ldots, N$$

---

[1] 例えば、岡田章『経済学・経営学のための数学』（東洋経済新報社、2001年）。以下で述べる命題B.1（十分性）についてはR. Sundaram (1996) *A First Course in Optimization Theory*, Cambridge University Pressに証明が載っている。

例えば、x_i を第 i 財の消費量とすると、これはゼロまたは正の値をとらねばならない。きっちりとした議論をするには上の二つの点を考慮するとよいので、$x = (x_1, ..., x_N)$ として、

$$\max_x f(x)$$
$$\text{s.t. } g(x) \geq 0$$
$$x_i \geq 0, \quad i = 1, ..., N$$

条件付最大化問題M

という条件付最大化問題を考えよう。つまり、$f(x_1, ..., x_N)$ を、制約条件 $g(x_1, ..., x_N) \geq 0$ と $x_i \geq 0, \quad i = 1, ..., N$ の下で最大化せよ、という問題である。最大化する f のことを**目的関数**といい、この問題の解を**最適解**ということにしよう。

ミクロ経済学のモデル分析では、目的関数と制約条件が比較的きれいな形をしているケースを取り扱うことが多い。例えば、効用関数 $u(x)$ を思い出してみよう。消費者理論は、効用関数の等高線（無差別曲線）の上側は凸集合であるケースを中心に分析している。このように**等高線（無差別曲線にあたるもの）の上側の集合が凸集合である**ような関数を、一般に**準凹関数 (quasi-concave function)** と呼ぶ[2]。

これから紹介するのは目的関数 f と制約式 g が両方準凹関数である場合の理論である。図示すると、図B.1のような場合である。このような条件付最大化問題を**準凹計画問題**（quasi-concave programming）という。

例B.1 最適消費の決定問題は、図B.2のように準凹計画問題である。同様に、効用を一定の値 $(\bar{u})$ 以上にするという条件の下で、支出を最小化する問題も、最大化すべき目的関数が $f(x) = -p_1 x_1 - p_2 x_2$、制約条件が $g(x) = u(x) - \bar{u} \geq 0$ という準凹計画問題である（読者諸君はこれを図示してほしい）。

---

2 つまり、ある関数 h について、どんな定数 c についても、
「$h(x) \geq c$ を満たす x 全体の集合（これを $\{x|h(x) \geq c\}$ と書く）が凸集合である」
ということが成り立っているとき、h を準凹関数というのである。

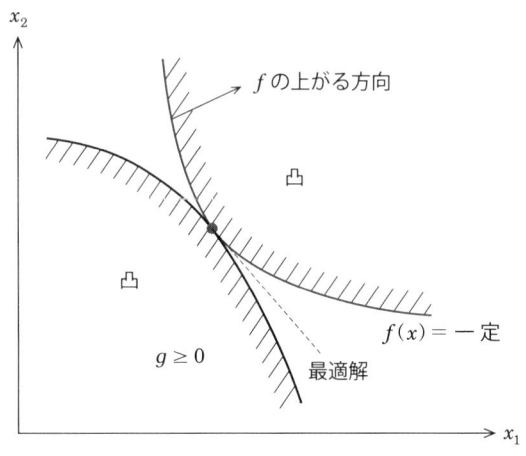

図B.1 準凹計画問題

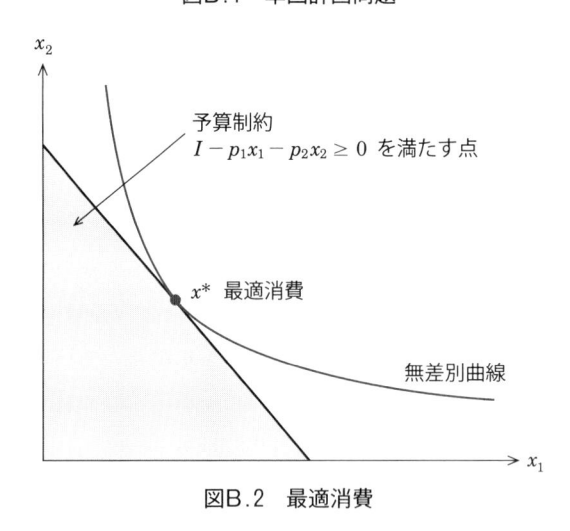

図B.2 最適消費

また、先に挙げた最適消費の例のように、ミクロ経済学で扱う多くの場合は最適点 x^* では

（ⅰ）制約条件が等号で満たされる（$g(x^*) = 0$）
（ⅱ）すべての変数の値が正である（$x_i^* > 0, \quad i = 1, ..., N$）

となっていることが多い（とくに、（ⅱ）の条件を満たすもの、つまりすべての変数が（ゼロでなく）正の値をとるものをここでは**内点**ということにする）。

このような条件を満たす最適解を見つけるには、つぎのような簡単なマニュアルに従えばよい。

①まず、$\lambda \geq 0$ という未知数を使って $L = f(x) + \lambda g(x)$ を作り、
②つぎに、L を各変数 x_i で微分してゼロとおく（$\partial L/\partial x_i = 0$）

このとき、L を**ラグランジアン**、λ を**ラグランジュの未定乗数**という。より正確にこの手続きを解説するために、つぎの条件を考えてみよう：

$$\frac{\partial L}{\partial x_i} = 0, \quad i = 1, \ldots, N \tag{B.1}$$

$$\lambda \geq 0 \tag{B.2}$$

つぎに述べる命題は、制約式を等式で満たす内点 x^* がこの条件（B.1）、（B.2）を満たせば、それが最適解であることを保証するものである。また、逆に、制約式を等式で満たす内点の最適解があれば、それは必ずこれらの条件（B.1）、（B.2）を満たすことも保証される。つまり、「制約式を等式で満たす内点解の**必要十分条件**が（B.1）、（B.2）」なのだが、正確に言うとそのためには（ほとんどの場合満たされる）ちょっとした追加的条件が必要になる。

命題B.1：条件付最大化問題Mにおいて、最大化すべき目的関数 f と制約条件 g がともに微分できる準凹関数であるとし、x^* を制約式を等式で満たす内点であるとすると、以下のことが成り立つ。

（十分性） 少なくとも一つの i について $\dfrac{\partial f}{\partial x_i}(x^*) \neq 0$ のとき、x^* が（B.1）、（B.2）を満たすならば最適解である。

（必要性） 少なくとも一つの i について $\dfrac{\partial g}{\partial x_i}(x^*) \neq 0$ のとき、x^* が最適解ならば（B.1）、（B.2）を満たす。

この命題に出てくる追加的条件（少なくとも一つの i について…）が気になる人は後で説明するが、まずは細かいことは気にせず以下を続けて読んでほしい。

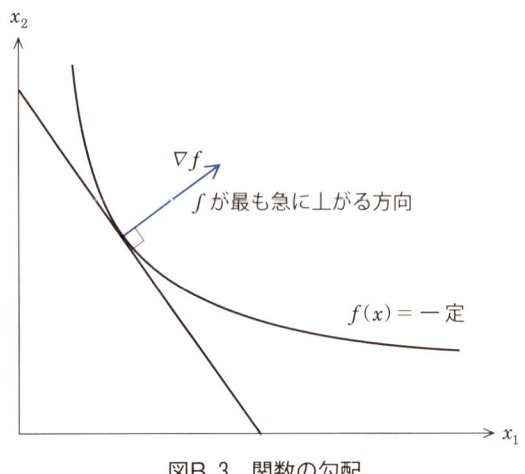

図B.3 関数の勾配

　上述のようなやり方で条件付最大化問題を一般的に解く方法を、**ラグランジュの未定乗数法**という（正確に言うと、ラグランジュの未定乗数法は等式制約 $g(x) = 0$ の場合であり、不等式の制約条件の場合を扱う最適条件を**クーン・タッカー条件**という。クーン・タッカー条件と最適解の正確な関係を述べた定理にはいろいろなバージョンがあるが、ここでは消費の理論に最も合致する準凹計画問題について紹介した[3]）。

　つぎに、**未定乗数法がなぜ条件付最大化問題の解を与えるのか**を直感的に説明しよう。上の条件（B.1）を計算してみると、これは結局

$$\left(\frac{\partial f}{\partial x_1}, \cdots, \frac{\partial f}{\partial x_N}\right) = -\lambda\left(\frac{\partial g}{\partial x_1}, \cdots, \frac{\partial g}{\partial x_N}\right)$$

ということであることがわかる。この右辺と左辺はどんな意味を持っているのだろうか？

　実は、この左辺は、f が「**最も急に上昇する方向（とその強さ）**」を示すものであることが知られている。f が「最も急に上昇する方向」ということを

---

[3] K. Arrow and A. Enthoven (1961) "Quasi-Concave Programming," *Econometrica*, 29 (4), pp.779-800を参照。ここでは、制約条件が一つだけで、それが等式で満たされる内点解のケースについて、Arrow-Enthovenの条件を整理して述べておいた。命題B.1の「必要性」の部分はこの論文に出ているものと若干異なるが、これを直接証明することは比較的容易である。

より正確に言うと「f の等高線（無差別曲線）と直交し、かつ f が上がる方向」のことである（図B.3）。そこでこれを

$$\nabla f = \left(\frac{\partial f}{\partial x_1}, \cdots, \frac{\partial f}{\partial x_N} \right)$$

という記号で表し、f の**勾配**と呼ぶことがある（この記号 ∇ は「ナブラ」と読む）。

これが「関数が最も急に上がる方向」を確かに表すことを、つぎのような簡単な例で確認してみよう。

例B.2 $f = x_1 + x_2$ とすると、その等高線は傾き -1 の直線であり、確かに $\nabla f = (1, 1)$ は等高線と直交し、f が最も急に上がる方向である（図B.4）。

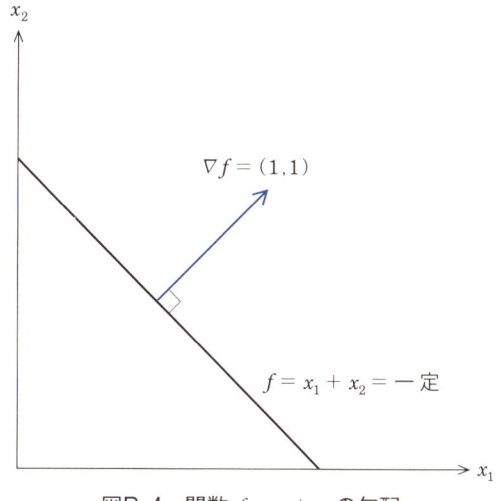

図B.4 関数 $f = x_1 + x_2$ の勾配

このことから考えると、ラグランジュの未定乗数法がもたらす最適条件 (B.1) は結局、

$$\nabla f = -\lambda \nabla g$$

と書けて、これは、**目的関数 f と制約式 g の勾配がちょうど正反対の方向を向いている**、ということを表している。これを図にすると、確かにラグランジュの未定乗数法が条件付最大化問題の解をもたらすことが直感的にわかる

$L = f + \lambda g$
を作って
$\dfrac{\partial L}{\partial x_i} = 0$
とする
$(\lambda \geq 0)$

⟹ $\nabla f = -\lambda \nabla g$
$(\lambda \geq 0)$

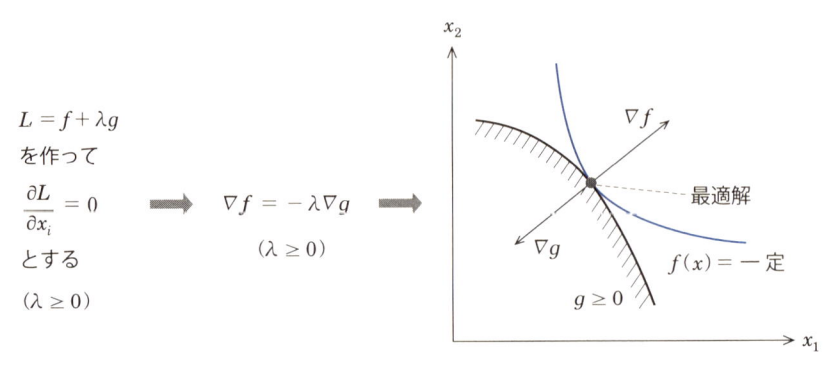

図B.5 ラグランジュの未定乗数法が最適解をもたらす理由

であろう（図B.5）。

コメント B.1 **追加的条件はなぜ必要か**：上の命題で、例えば十分性の部分に「少なくとも一つの i について $\dfrac{\partial f}{\partial x_i}(x^*) \neq 0$ のとき」という奇妙な追加的な条件がついているのが気になった人がいるでしょう。これがなぜ必要なのかを説明しましょう（ものすごく細かい話なので、興味のない人は読まなくてもいいです）。

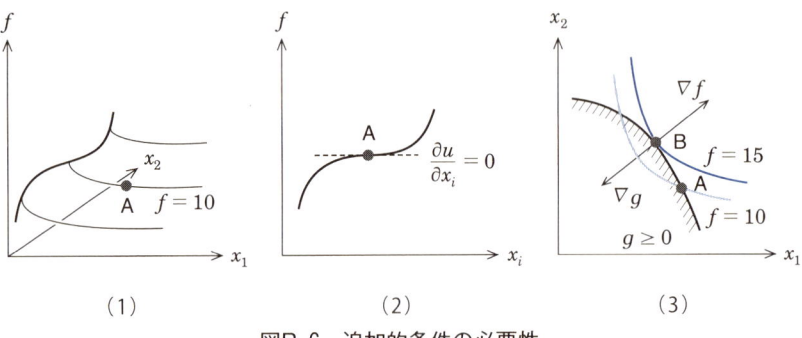

図B.6 追加的条件の必要性

いま、図B.6の(1)のような目的関数 f を考えてみましょう。この f は、等高線の上側がすべて凸になっているので準凹関数です。しかし、$f = 10$ という等高線の上では、傾きがゼロになってしまっています。例えば、A点を通るグラフの断面を見ると、図の(2)のようになっており、確かに各変数に対する傾き $\partial f / \partial x_i$ $(i = 1, 2)$ がゼロであることがわかるでしょう。つまり、A点では勾配 ∇f がゼロ

になってしまっているのです。ここで、図の(3)を見てください。先ほど見たA点は最適解ではありませんが、

$$\nabla f = -\lambda \nabla g \qquad (B.1)$$
$$\lambda \geq 0 \qquad (B.2)$$

の二つの条件が、$\lambda = 0$ で成り立ってしまっています（$\nabla f = 0$ なので）。もちろん、本当の最適解であるB点でも条件 (B.1)、(B.2) は成り立っていますが、命題B.1にある「少なくとも一つの i について $\frac{\partial f}{\partial x_i}(x^*) \neq 0$」という追加的な条件がないと、条件 (B.1)、(B.2) を満たしてはいるものの、最適解ではないような困ったものが出てくる可能性があるのです。

命題B.1の「必要性」の部分にも、同じような追加的条件が出てきますが、それが必要となる理由も同様です。

B.2 内点解でない場合

最適解はいつでも内点解 $x_i^* > 0, \quad i = 1, ..., N$ であるとは限らない。次の図B.7の場合、最適消費点 x^* では第2財の消費量はゼロであり、内点解にはなっていない。

最適解が内点解でないときを、<u>端点解</u>という。図の端点解では、本論で述べた内点解のときの最適消費の条件

$$\text{無差別曲線の傾き} = \text{価格比率}$$

が成立しておらず、無差別曲線の傾きのほうが価格比より大きくなっている。つまり、最適が $x_2^* = 0$ の端点解においては、最適条件は

$$\underbrace{\frac{\partial u / \partial x_1}{\partial u / \partial x_2}}_{\substack{\text{無差別曲線の傾き}\\ \text{（限界代替率）}}} \geq \underbrace{\frac{p_1}{p_2}}_{\text{価格比}} \qquad (B.3)$$

となる。こうした端点解が最適になるときも含めるようにして、条件付最大化問題の最適条件（命題B.1）を書き換えることができる。それは、「$\partial L / \partial x_i = 0$」という条件 (B.1) を、最適解が $x_i^* = 0$ のときに限って

図B.7 端点解

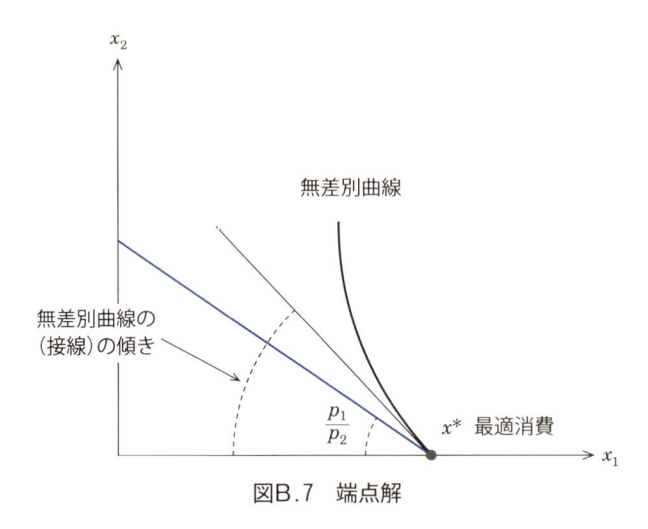

$$\partial L/\partial x_i \leq 0$$

で置き換えるだけでよい。確かに先の例では

$$\begin{cases} \dfrac{\partial L}{\partial x_1} = \dfrac{\partial u}{\partial x_1} - \lambda p_1 = 0 \\[2mm] \dfrac{\partial L}{\partial x_2} = \dfrac{\partial u}{\partial x_2} - \lambda p_2 \leq 0 \end{cases}$$

としてこれを整理すれば、端点解の最適条件 (B.3) が出ることがわかるだろう。

B.3 凹関数と準凹関数

B.1節で述べた問題では、最大化すべき目的関数 f と制約条件 g の等高線（無差別曲線にあたるもの）の上側の集合が凸集合であると仮定した。最適消費を決める問題は、この一例である。これに対して、消費の理論以外の経済学のモデルでは、最大化すべき目的関数 f と制約条件 g のグラフが、上に向かって凸の形をしているという、やや違った条件が満たされることが非常に多い。図B.8(a)は、「グラフが上に向かって凸」になっている関数を描い

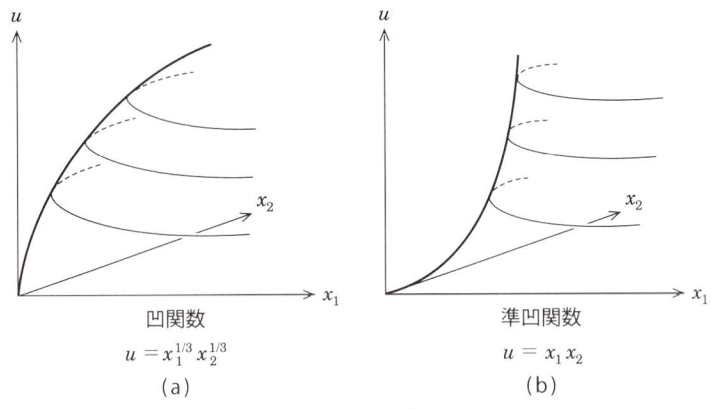

図B.8　凹関数と準凹関数

(a) 凹関数　$u = x_1^{1/3} x_2^{1/3}$

(b) 準凹関数　$u = x_1 x_2$

たものである。

「グラフが上に向かって凸」であるとは、グラフの下側が凸集合になっているということで、このような関数[4]を、**凹関数**（concave function）という。この図からわかるように、凹関数の等高線（無差別曲線）の上側は凸集合になるので、**凹関数は必ず準凹関数である。しかし、逆は必ずしも正しくない。**図B.8(b)は、準凹だが凹ではない関数の例である。

最大化すべき目的関数 f と制約条件 g がともに凹関数であるという、より強い条件が満たされるならば、未定乗数法が使えるための条件はさらに簡単になる：

命題B.2：条件付最大化問題Mにおいて、最大化すべき目的関数 f と制約条件 g がともに微分できる凹関数であるとし、x^* を制約式を等式で満たす内点であるとすると、以下のことが成り立つ。
(十分性) x^* が (B.1)、(B.2) を満たすならば最適解である。
(必要性) $g(x) > 0$ を満たす x があるとき、x^* が最適解ならば (B.1)、(B.2) を満たす。

---

[4] つまり、$\{(x, y) | y \leq u(x)\} = $（$u$ のグラフの下側）が凸集合である関数 u を凹関数という。

コメント B.2 準凹関数と凹関数の関係について：最適化問題を解説した数学の本に載っているのはふつう命題B.2のほうであり、非線形計画法とか凹計画法と呼ばれます。消費の理論では、最大化すべき効用関数が必ずしも凹でない（準凹である）ため、ここではまず経済分析でとくに有用な命題B.1を述べておきました。

ところで、効用関数とはある人の好み（選好）を表すための工夫であり、より好ましいものにより大きな数字をあてはめたものは何でもその人の好みを表す効用関数となります（第1章1.1節参照）。したがって、単調増加関数[5] $f(u)$ で効用関数 u を変換したもの

$$v(x) = f(u(x))$$

も、（いぜんとしてより好ましいものにはより大きな数字をあてはめるので）同じ人の好みを表す効用関数です。

経済のモデル分析でよく使われる（準凹な）効用関数は、適当な増加関数で変換すると凹関数になることが多いです。例えば、図B.8(b)の凹でない効用関数は、$f(u) = u^{1/3}$ という増加関数で変換すると、

$$v(x_1, x_2) = x_1^{1/3} x_2^{1/3}$$

という図B.8(a)の凹関数となります。u と v のどちらを使っても結果は同じ（その人にとって最も好ましいものが出る）なので、**計算しやすいほうを使えばよいのです。**

この例をみると、「準凹関数はいつでも適当な増加関数で変換すると凹関数になるはずなので、凹計画問題（命題B.2）だけ知っていればよいのではないか」と思いたくなりますが、実はこれは誤りで、**どんな単調変換をしても凹関数にならない準凹関数がある**ことがわかっています[6]。このような意味で、準凹計画問題と凹計画問題は別に考える必要が理論的にはあるのです。

---

[5] すなわち、$u < u'$ なら $f(u) < f(u')$ となるものです。
[6] 簡単な例が、D. Kreps (1990) *A Course in Microeconomic Theory*, Princeton University Pressの 2.6.7 に載っているので、概要はそちらを参照してください。実際はこのような病理的な効用関数が経済分析で必要になることは稀です。

補論C 補償変分と等価変分
価格変化が消費者に与える
損害や利益を、
需要曲線から推定する

C.1 補償変分

　価格の上昇が消費者に与える損害や、価格の下落が消費者に与える利益はいったいいくらくらいなのだろうか？　このことは、経済問題を考える際に非常に重要な問題であるが、こうした値は実は需要曲線から推定することができるのである。これを理解するために大いに役立つのがスルツキー分解である。その理由を説明しよう[1]。

　今一度、スルツキー分解の図解の説明に使ったストーリーを思い出してみよう（第1章1.9節(c)項）。地震で発電所が壊れ、電力不足が起こったため電力会社は電気料金を値上げしたところ、住民から「耐震設計が甘かったからこうなったのだ。値上げによる損害を補償してほしい」と訴えられた。このとき、電力会社が支払わなければならない賠償金はいくらだろうか。

　この答えを与えるのが支出関数である（第1章1.8節）。支出関数 $I(p,u)$ とは、価格体系 p の下で効用 u を達成するのに必要な支出額である。いま、電力を第1財として、値上げによって電気料金が $p_1 = a$ から $p_1 = b$ へ上がったとしよう。すると、値上げ前の価格体系は $p = (a, p_2, ..., p_N)$、値上げ後の価格体系は $p' = (b, p_2, ..., p_N)$ ということになる。いま、値上げ前に消費者が得ていた効用を u とすると、値上げしても値上げ前と同じ効用を維持するには

---

[1] 消費者が市場取引から得る便益は、初級向けの教科書では「消費者余剰」で表される、と説明されることが多い。しかし、このことが成り立つためには、消費者の効用関数が「準線形である＝所得効果がない」という特殊な形をしている必要がある（第3章3.1節(c)項を見よ）。この補論では、そのような特殊な仮定を置くことなく消費者の便益を正確に計測する方法を説明する。

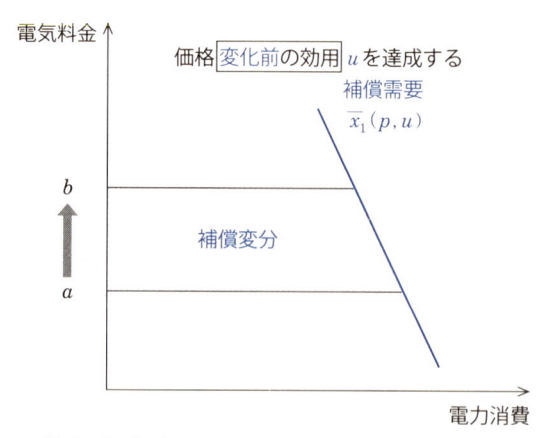

図C.1 値上げの損害を補償するために必要な金額（補償変分）

$$I(p', u) - I(p, u) \quad (C.1)$$

だけ余計にお金が必要になることになる。これが、電力会社が支払わなければならない損害賠償額である。ところで、$I(p', u)$ と $I(p, u)$ を見比べたとき、動いているのは第1財（電力）の価格 p_1 だけなので、(C.1) の値は

$$\int_a^b \frac{\partial I}{\partial p_1} dp_1 \quad (C.2)$$

と計算できる[2]。この式に出てくる $\partial I/\partial p_1$（支出関数の傾き）は、実は補償需要関数 $\bar{x}_1(p, u)$ に等しいことがわかっている（第1章1.8節で学んだ**シェファードの補題**である）。したがって、結局電力会社が支払う補償金は

$$I(p', u) - I(p, u) = \int_a^b \bar{x}_1(p, u) dp_1$$

と書けることがわかる。このような、価格**変化の前の効用（u）を維持**するための支出関数の変化分を**補償変分**という。ここで考えたストーリーにあるよ

---

2 $I(p, u)$ を p_1 だけの関数だと見たものを $f(p_1)$ と書くと、(C.1) は

$$f(b) - f(a) = \int_a^b f'(x) dx$$

であることをまず理解しよう（高校で習った公式である）。つぎに、「$I(p, u)$ を p_1 だけの関数だと見たものである f の微分 f'」は、偏微分 $\partial I/\partial p_1$ に等しかったことを思い出すと、結局 (C.1) は (C.2) と計算できるのである。

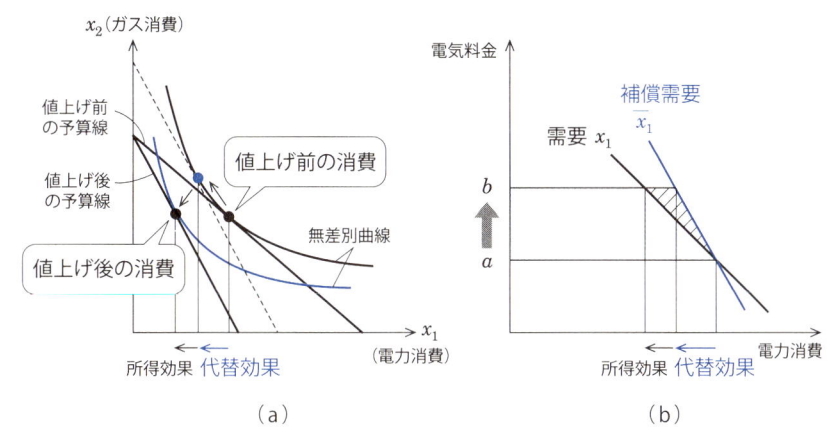

図C.2　スルツキー分解が明らかにする需要と補償需要の関係

うに、価格が上昇する場合には、補償変分は価格上昇の損害を補償するのに必要な賠償金の額を表す（これが、「補償」変分と呼ばれる理由である）。これを図示すると、図C.1のようになる。

さて、図C.1の水色の領域を計算するには、補償需要関数 $\bar{x}_1(p, u)$（効用 u を価格体系 p の下で最も安上がりに達成するときの消費量）を知らなければならないが、残念ながらこれは直接観察できるものではない。直接観察できるのは需要関数 $x_1(p, I)$ のほうである。ところが、幸いなことに、補償需要関数と需要関数の間には一定の関係がある。これを示すのがスルツキー分解である。

図C.2の(a)は、スルツキー分解の説明のときに使った無差別曲線図の再掲であり、電気料金値上げの消費量（需要）に対する影響は、このように代替効果と所得効果に分解できる（横軸の矢印が、電力需要の変化を代替効果と所得効果に分解したものである）。この(a)図の中の代替効果とは、無差別曲線に沿った動きを表すもので、定義によってこれは「補償需要の変化」のことであったことを思い出そう。これら二つの効果を、縦軸に電気料金、横軸に電力消費をとったグラフで表したのが(b)図である。

ここで、もう一度スルツキー分解を復習してみよう。電気料金が上がるときの電力需要変化は、代替効果（補償需要の動き＝無差別曲線に沿った動き：電気からガスへの代替が働くことを示す）と所得効果（値上がりによって所得が目減りした効果）に分解される。電気が上級財（所得が増えると消

費が増える財）であるならば、所得が目減りすると消費は減るので、**所得効果は負**になる（図C.2はこのようなケースを描いている）。

　よって、電気が上級財である場合には、電気料金が上がると、電気の補償需要は代替効果分だけ下がるが、電気の需要はさらにこれに所得効果を加えた分だけ下がる。図C.2(b)を見ながらこのことを確認すると、**上級財の場合には、需要曲線のほうが補償需要曲線よりも（所得効果の分だけ）傾きが緩い**ことがわかる。

　以上のことを準備として、いよいよ価格上昇による損害を補償するのに必要な金額（補償変分）を市場で観察できるデータから推計する方法を考えてみよう。補償変分は、図C.2(b)の水色と斜線の部分を合わせた領域（補償需要曲線の左側）であり、これは補償需要という市場で直接観察できないものを知らないと計算できない。しかし、図C.2(b)の水色の部分は、市場で観察できる需要曲線から計算できる。この需要曲線の左側の領域は、「**消費者余剰の変化**」と呼ばれるもので、これは電気料金値上げの損害を補償するのに真に必要な金額（補償需要）よりも、若干（図C.2(b)の斜線部分）小さいものになっている。補償需要と需要の差は所得効果なので、所得効果が小さければこの差（斜線部分）は小さい。また、図C.2(b)からわかる通り、価格変化が小さければ、この差は（補償変分の大きさに比べて）小さくなる[3]。以上をまとめてみよう。

> 上級財（所得が上がると消費が増える財）の価格が上がったとき、値上げの損害を補償するのに必要な金額（補償変分）について、つぎのことが成り立つ。
> ・補償変分 ≥ 消費者余剰の変化
> ・所得効果が小さいときや価格変化が小さいときは、上の二つはほぼ等しい

---

[3] このように、消費者余剰の変化は**補償変分の下限**になるのだが、**補償変分の上限**も、観察できるデータから計算できる。これは簡単で、**(値上げ前の電力消費量)×(電気料金の値上げ額)** である。消費者がこれだけの金額をもらえば、少なくとも値上げ前と同じ消費ができるので、値上げ前と同じ効用を得ることができる（さらに値上げに応じて消費パターンをうまく変えれば、もっと効用が高くなる可能性もある）。したがって、「値上げ前の効用を維持するために必要な金額」である補償需要は、最大でもこの金額である、ということになる。

消費者余剰の変化と補償変分が一致する特殊なケース（つまり所得効果がないケース）については、第3章3.1節(c)項（消費者余剰）で詳しく解説する。

C.2　等価変分

　最後に、補償変分とよく似た概念である「等価変分」について説明しよう。いま、変化前の価格体系を p、変化後の価格体系を p' として、**価格変化の前と後で所得 $\bar{I}$ は変わらない**場合を考える。価格変化前と後の効用をそれぞれ u と u' で表そう。定義を思い出してみると、補償変分とは**変化前の効用 u を達成する支出関数の変化分**

$$補償変分 = I(p', u) - I(p, u)$$

である。これに対して、**変化後の効用 u' を達成する支出関数の変化分を等価変分**という。

$$等価変分 = I(p', u') - I(p, u')$$

> **コメント C.1**　**等価変分の意味**：電気料金値上げのケースでは、等価変分とは何を表すのでしょうか。このことを考えるためには、つぎのことにまず注意する必要があります。値上げ後の価格体系 p' と所得 $\bar{I}$ の下で得られる最大の効用が u' なのだから、この効用 u' を価格体系 p' の下で達成するのに最低必要な金額（これが支出関数 $I(p', u')$ に他ならない）は $\bar{I}$ のはずです[4]。このことから考えると、
>
> $$等価変分 = \underbrace{\bar{I}}_{値上げ後の所得} - I(p, u')$$
>
> です。ところが、値上げ前と後で所得が変わらない状況を考えているので
>
> $$\underbrace{\bar{I}}_{値上げ前の所得} - 等価変分 = I(p, u')$$

---

[4] これは、やかましく言うと自明ではなく、証明が必要な事柄です。これに関する議論は第1章1.9節(a)項（双対性）を見てください。

となります。この式の意味するところを見ると、値上げ前の価格体系 p の下で、「所得が等価変分だけ減ったら（上の式の左辺）、効用は値上げ後の水準 u' になる（上の式の右辺の意味[5]）」ということになります。つまり、**等価変分とは、これから予定されている値上げのダメージがどのくらいかということを、現在の（値上げ前の）価格体系の下での所得の減少額で測ったもの**なのです。これは値上げのダメージと等価なものなので、「等価」変分と呼ばれるのです。

第1財の価格が a から b に上がったときの等価変分も、補償変分と同様の計算によって

$$I(p',u')-I(p,u') = \int_a^b \bar{x}_1(p,u')dp_1$$

と書けることがわかる。補償変分のときとの違いは、**価格変化後の効用 u' に対応する補償需要 $\bar{x}_1(p,u')$** が使われていることである。したがって、これを図示すると、「**値上げ後の効用**に対応する補償需要曲線」の左側の領域ということになる（図C.3）[6]。

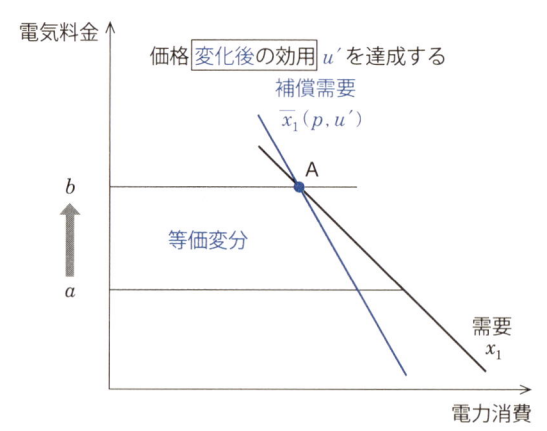

図C.3 値上げのダメージと等価な所得の減少（等価変分）

---

[5] これも、「双対性」と呼ばれる事実である（第1章1.9節(a)項を見よ）。

C.3 まとめ

以上をすべてまとめてみよう。上級財（所得が上がると消費が増える財）の価格が上昇したときの等価変分、消費者余剰の変化、補償変分の関係はつぎの図C.4のようになる。

そして、所得効果が小さいときや価格の変化が小さいときは、これら三つはほぼ同じである。とくに、所得効果がゼロならば三者は一致する。

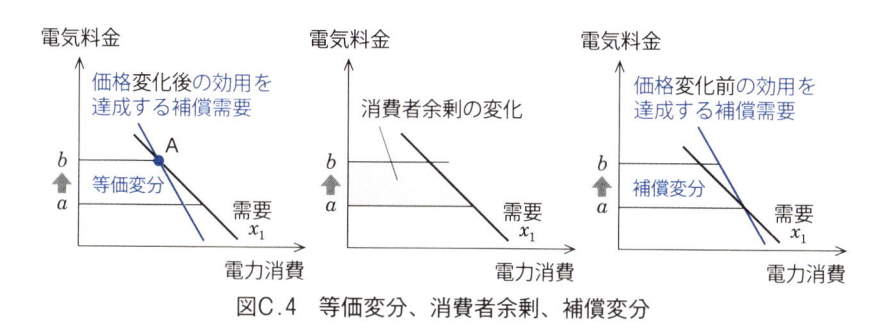

図C.4 等価変分、消費者余剰、補償変分

---

6 値上げ後の需要は、値上げ後の価格の下で、値上げ後の効用を達成する最も安上がりな方法（＝補償需要 $\bar{x}_1(p', u')$）のはずである。この理由から、値上げ後の価格 b の下で、「値上げ後の効用に対応する補償需要曲線」と需要曲線が一致している（両者は図C.3の点Aで交わる）のである（これも、「双対性」と呼ばれる性質である：第1章1.9節(a)項を見よ）。この図C.3も、図C.2と同じく、電力消費が上級財であることを仮定して描かれている。スルツキー分解によると、値上げ後の効用を達成するための補償需要曲線は、需要曲線よりも（所得効果がない分だけ）傾きが大きい。

補論D 厚生経済学の第2基本定理の証明は難しくない[1]

「どんな(パレート)効率的な資源配分も、完全競争市場と政府による一括所得移転によって達成できる」という厚生経済学の第2基本定理は、市場経済のメリットと経済政策の基本的な指針を明らかにする、**経済学における最も重要な結果の一つ**である。ここでは、それがどのように論証されるのかを、詳しく説明しよう。

こう言うと、「なぜこの定理の論証をわざわざ学ぶ必要があるのか?」という疑問が起こるかもしれないが、論証を見ることのメリットはつぎの通りである。

・論証を見ると、「資源配分の効率性の条件とはつまるところ何なのか」ということや、「効率的な資源配分には(たとえそれが市場で達成されたものでなくても)必ず理論価格が付随している」ことがわかり、

「効率性」や「価格」の本質とは何か

ということの**理解がぐっと深まる**。

・第2基本定理が成り立つ条件は、ちょっとごちゃごちゃしたものになっているが、

「どれが本質的に必要な条件であるか」

とか、

「一見強い条件のようにみえる条件が、実はかなり弱められる」

ということが、証明のすじみちを見ることによって理解でき、**「定理がどんな場合にあてはまりそうか」**(=定理の使い方)に対する理解が深まる。

---

[1] 草稿に目を通し、さまざまな改善方法を示唆していただいた東京大学大学院経済学研究科の尾山大輔准教授に感謝する。

とくにこの点は、経済学に従って政策を立案したりその是非を議論したりする立場にある人たちにとって重要なので、**経済学の考え方を理解したいという社会人・官僚・民間エコノミスト・マスコミ関係者にもぜひこの論証を見てもらいたい**。第2基本定理は「市場に多数の買手と売手がいて市場競争が行き渡っているような場合には、**政府の介入は最小限でよい**（市場はいじらずに、所得再分配政策をするだけでどんな望ましい結果も達成できる）」ことを示しているので、**市場機構に反感を持つ人たちから「数々の非現実的な仮定に依存した、全く信頼性のない主張」であると批判されることが多い。しかし、その論証をきちんと見てみると、意外に現実にあてはまりそうなもの**であることが理解できるであろう。

さらに、この定理の論証を見る最後の理由は、

・細かい注意点を除くと、**論証のロジックは意外と簡単**であることがわかる

という点である。多くのミクロ経済学の教科書では、この証明が「上級の内容なので」という理由で省略されているので、第2基本定理の証明は「何か、とんでもなく難しいものだ」と思われているフシがある。そうではない、ということをここでお見せしよう。

D.1 まずは、いくつかの準備をしよう

証明はいくつかのキーになる（比較的簡単な）事実の積み重ねである。それらをまず、ていねいに解説しておこう。

準備その1：「経済全体で何をどれだけ生産できるか」と、集合の足し算

効率的な資源配分を調べるには、

「今ある資源と生産技術をフルに使って、経済全体で何をどれだけ生産できるか？」

ということを知る必要がある。これを実際に調べるのは大変なことだが、理論モデルの上では「集合の足し算」という考え方を使って、このことがたいへん簡単かつ明快にわかることを説明しよう。

まず、各企業の活動が**生産計画**と呼ばれるもので表されることを思い出そ

う。N 個の財があるとき、企業 j の生産計画は

$$y^j = (y^j_1, y^j_2, \cdots, y^j_N)$$

と表され、その要素 (y^j_n) のうち、正のものは産出量を、負のものは投入量を表している。

例D.1 企業は製パン会社 ($j=1$)、製粉会社 ($j=2$) の二つで、財はパン ($n=1$)、小麦粉 ($n=2$)、小麦 ($n=3$) の3種類のみであるとしよう。

製パン会社　　$y^1 = (20,\ -1,\ \ \ \ 0)$　（パン20個を、小麦粉1kgから作る）
製粉会社　　　$y^2 = (\ 0,\ \ \ 1,\ -1.5)$　（小麦粉1kgを、小麦1.5kgから作る）

上の例で、二つの会社を合わせると、経済全体としては結局のところパン20個を小麦1.5kgから（小麦粉を経由して）作れる、つまり

$$y^1 + y^2 = (20,\ \ \ 0,\ -1.5)$$

という生産計画が実行できることになる。ここで、企業 j が実行することのできる生産計画全体の集合を

$$Y^j\ \ （企業 j の\textbf{生産可能性集合}）$$

と書いたことを思い出そう。この記号を使うと、「経済全体で実行できる生産計画」は、上の例においては $y^1 \in Y^1$ と $y^2 \in Y^2$ を満たす $y^1 + y^2$ である。そうした $y^1 + y^2$ 全体の集合を「二つの集合 Y^1 と Y^2 の足し算」

$$Y^1 + Y^2$$

と表すことにしよう。このような「集合の足し算」は、あとでちょっと違った形でも使うので、ここで定義を述べておこう。

経済学でよく使う数理の道具箱	**集合の足し算 $A+B$**

一般に、集合 A の要素 a と集合 B の要素 b を足すことができる場合に、$a+b$ **全体の集合を** $A+B$ **で表す。**数学の記号でいうと、「二つの集

合 A と B の足し算」とは

$$A+B = \{a+b \mid a \in A, b \in B\}$$

のことである[2]。

この記号法を使うと、経済に J 個の企業がある場合、

経済全体で実行できる生産計画全体の集合 $= Y^1 + \cdots + Y^J$

と、きわめて簡潔に表すことができる。

ここで、生産が始まる前に経済にもともとあったさまざまな財の量を

初期保有量 $w = (w_1, \cdots, w_N)$

と表せば、各企業 $j = 1, \cdots, J$ が生産計画 y^j を実行した後には、経済全体には

$$y^1 + \cdots + y^J + w$$

だけの財が与えられることになる。このような $y^1 + \cdots + y^J + w$ 全体の集合が、この節のはじめに述べた「今ある資源と生産技術をフルに使って、経済全体で何をどれだけ生産できるか」という問いの答えである。この集合は、初期保有量 w 一つだけからなる集合を $\{w\}$ と書くと

$$Y^1 + \cdots + Y^J + \{w\}$$

で表されることがわかるだろう。

以上をまとめておこう。

各企業 j の生産可能性集合を Y^j、初期保有量を w とすると、経済全体で生産できるもの全体の集合は、

$$Y = Y^1 + \cdots + Y^J + \{w\}$$

であり、この Y を**(経済全体の) 生産可能性集合**という。

---

[2] $\{a+b \mid a \in A, b \in B\}$ というのは、「$a \in A, b \in B$ という条件を満たす $a+b$ 全体の集合」を表す記号である。

準備その２：「経済全体で利潤最大化している」なら「各企業は利潤最大化している」

その理由は簡単で、経済全体の利潤は、各企業の利潤の和であるから、全体の利潤が最大になっているときは、当然各企業の利潤も最大になっているはずなのである。いま、価格体系が p、生産計画が y^j であるような企業 j の利潤は、py^j と表されたことを思い出して[3]、このことを記号を使ってはっきりと書いてみよう。

経済全体の生産計画 $y \in Y^1 + \cdots + Y^J$ の要素 y の中で、利潤 py を最大にするものが

$$\bar{y} = \bar{y}^1 + \cdots + \bar{y}^J \quad (各企業 j について \bar{y}^j \in Y^j)$$

ならば、そこでの各企業 j の生産計画 $\bar{y}^j$ は、その企業の利潤 py^j を Y^j の中で最大化するものになっている。

「全体の利潤最大化」は「各企業の利潤最大化」を意味する

その理由は簡単で、もし $\bar{y}^j$ が企業 j の利潤 py^j を最大化するものでないならば、それをもっとよいものに変えれば、経済全体の利潤を $p\bar{y}$ よりも上げることができるからである。

これとまったく同じ理由によって、集合の足し算の上での最大化・最小化について、一般的に以下のことが成り立つ。

$A^1 + \cdots + A^K$ の要素 a の中で、pa を最大（最小）にするものが

$$\bar{a} = \bar{a}^1 + \cdots + \bar{a}^K \quad (各 k について \bar{a}^k \in A^k)$$

ならば、各 k について、$\bar{a}^k$ は、pa^k を最大化（最小化）するような $a^k \in A^k$ になっている。

「全体の最大・最小」は「各部分の最大・最小」を意味する

---

[3] 記号の約束を今一度注意しておくと、「py^j」というのは、価格体系 $p = (p_1, \cdots, p_N)$ と生産計画 $y^j = (y_1^j, \cdots, y_N^j)$ に対して、$py^j = p_1 y_1^j + \cdots + p_N y_N^j$ を表すものである。

準備その 3：「凸集合の分離定理」

厚生経済学の第 2 基本定理の証明の**数学的なキモの部分**は、つぎのような簡単な幾何学的な事実である。図D.1を見てほしい。

図D.1(a)のような形をした図形 X と図形 Y が接していると、**両者を分ける直線**が引ける。そのような直線が引ける理由は、X と Y が「へこんでない集合」＝**「凸集合」**だからであり、図D.1(b)のようにどちらか（ここでは Y'）が凸でないと、二つの図形を分ける直線は引けるとは限らない。

ここで、重要なことなので、もう一度**「へこんでない集合」＝「凸集合」**の定義を思い出しておこう。凸集合とは、その集合に属するどんな点 a、b を取ってきても、その間にある点（つまり、a と b の加重平均 $ta+(1-t)b$, $0 \leq t \leq 1$）がすべてその集合に入っているようなものである。図D.2(a)は凸集合を、(b)は凸集合でないものを表している。

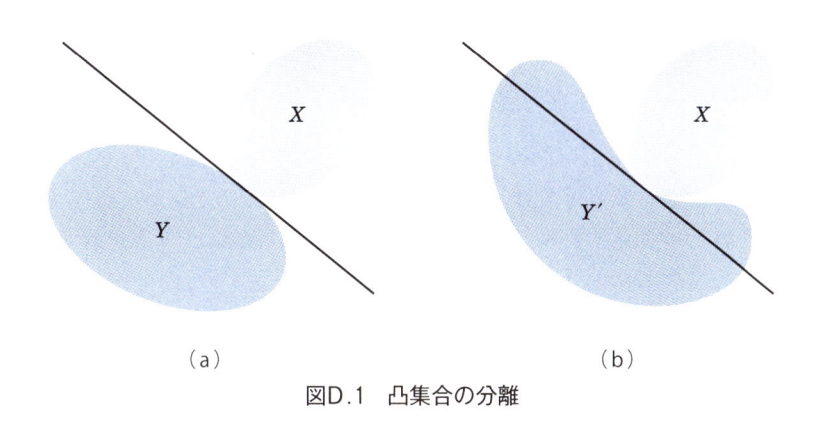

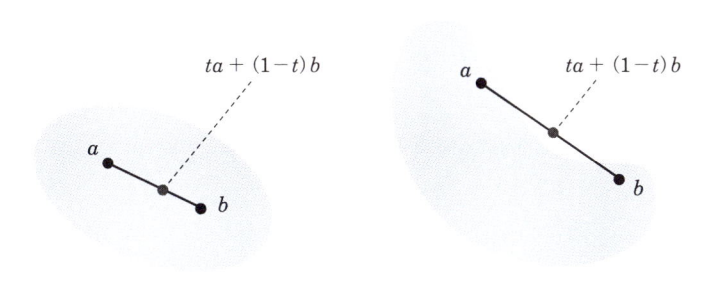

(a)　　　　　　　　　　　　　(b)

図D.1　凸集合の分離

(a) 凸集合　　　　　　　　　(b) 凸でない集合

図D.2　凸集合とは

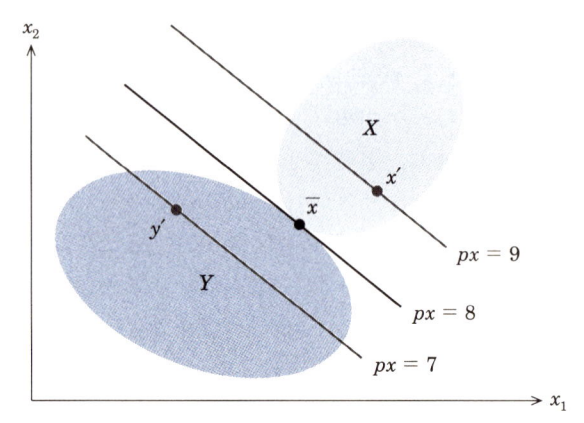

図D.3　X と Y を分離する直線 $px=8$

つぎに、二つの凸集合 X と Y を「分離する直線」とは何であるかを、もう少し詳しく見てみよう。図D.3は、図D.1(a)を再掲したものである。

この例では、X と Y を分離する直線は $px = p_1 x_1 + p_2 x_2 = 8$ で与えられている。そして、

① X と Y が接する点 $\bar{x}$ では $p\bar{x} = 8$
② X 内のどんな点 x を取っても $px \geq 8$（例えば、図の $x' \in X$に対しては $px' = 9$）
③ Y 内のどんな点 y を取っても $py \leq 8$（例えば、図の $y' \in Y$に対しては $py' = 7$）

つまり、

$$x \in X, y \in Y \quad \text{なら} \quad px \geq py \qquad (*)$$

となっていることを、図D.3を見ながら確認してほしい。

この図D.3の例は 2 次元の話であるが、N 次元の場合でもこれは一般化できる。N 次元空間の凸集合 X と Y が接しているとき、あるゼロでない係数ベクトル $p = (p_1, \cdots, p_N) \neq 0$ があって、$(*)$ を満たすことが知られている。ここで、$px = p_1 x_1 + \cdots + p_N x_N =$ 定数（$p \neq 0$）で与えられる図形は、$N = 2$（2次元の場合）なら図D.3のような直線、$N = 3$（3次元の場合）なら平面

なので、N 次元の場合は、これらを一般化する意味で「**超平面**」と呼んでいる。つまり、N 次元空間の二つの凸集合 X と Y が接しているなら、両者を（（∗）を満たすように）分離する超平面 $px =$ 定数が必ずあることが知られているのである。これを「**凸集合の分離定理**」または「**分離超平面の定理**」と言う。

X と Y が「接している」ということの正確な定義と、分離定理の正確な内容は、D.4節の「細かい注意」で述べることにする。まず最初は、このような細かい注意は飛ばして先に進み、証明の大筋を理解することをお勧めする。

準備その4：支出最小化点は、効用最大化点である（双対性）

消費の理論のところ（第1章1.9節(a)項）ですでに学んだように、**支出最小化点は効用最大化点でもある**という**双対性**と呼ばれる事実を、図D.4を見ながら復習しておこう。

・一定の効用 U 以上を与える消費計画の中で、支出を最小にする点（図D.4(a)）は、

・最小化された支出に等しい金額（この図では5）の所得がある場合の、効用最大化点となっている（図D.4(b)）。

このような双対性が成り立つためには、ちょっとした条件が必要なのであるが、そのことは追って詳しく説明する。

（a） （b）

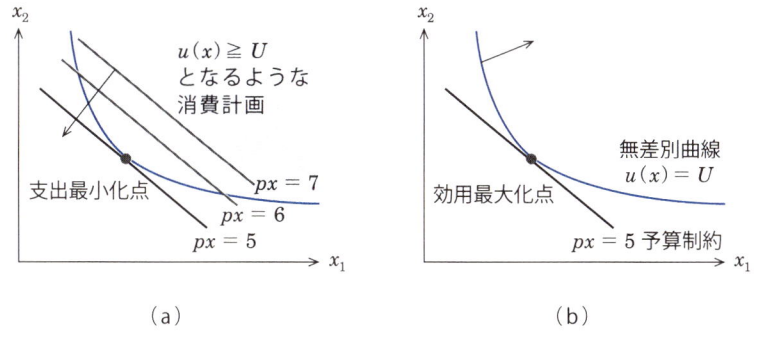

図D.4　双対性：支出最小化点は、効用最大化点でもある

D.2 証明の大筋

以上の準備の下で、厚生経済学の第2基本定理の証明をしよう。ここでは証明の大筋を説明し、細かい技術的な点はD.3節で解説することにする。

まず、パレート効率的な資源配分を何でもよいから一つ選び、これを

$$(\underbrace{\bar{x}^1, \cdots, \bar{x}^I}_{\text{消費計画}}, \underbrace{\bar{y}^1, \cdots, \bar{y}^J}_{\text{生産計画}})$$

と書くことにしよう。これが、**市場均衡と所得の再分配で達成できる**ことをこれから論証するのである。

はじめに、上記の資源配分が実行可能であるという条件について、ちょっと細かい注意をしておく。資源配分が実行可能であるということは、

$$\underbrace{\bar{x}^1 + \cdots + \bar{x}^I}_{\text{消費量}} \leq \underbrace{\bar{y}^1 + \cdots + \bar{y}^J}_{\text{産出-投入}} + \underbrace{w}_{\text{初期保有量}}$$

が成り立つことである、と考えることができるだろう。この式が等号（＝）で成り立って**いない**ときは、いくつかの財が消費されずに余っていることになる。このとき、余っている財を誰が処分しているのだろうか？　ここでは、そこまできちんと考えて資源配分の実行可能性を定義することにしよう。具体的には、生産者が余った財を処分できると考えることにする。

> **条件1**：生産者は、いらない財を処分することができる[4]。

そこで、余った財は生産者が処分しているとして、いらない財の処分も生産計画に含めておくと、実行可能性の条件はつぎのような等号で表すことができる。

$$\bar{x}^1 + \cdots + \bar{x}^I = \bar{y}^1 + \cdots + \bar{y}^J + w$$

---

[4] 正確にこの条件を述べると、つぎのようになる：「y が経済全体の生産可能性集合 Y に属するなら、$y \geq y'$ であるどんな y' もやはり Y に属する」。これはつまり、実行可能な財の量 y から出発していくらでも各財を処分できる、ということを意味するので、自由処分（free disposal）の仮定と呼ばれることがある。

効率的な資源配分は（定義によって）実行可能なので、そこでは先の等式（消費と生産のバランス）が成り立っていることに注意しよう。

以上の準備をもとに、まずは与えられた**資源配分が「パレート効率的である」ということをどうやって表現したらいいか**を考えてみよう。パレート効率的な資源配分は、おおざっぱに言うと「全員をよりハッピーにするような、実行可能な配分が他にはない」ということである。全員をよりハッピーにするためには、たくさんの財が必要になるわけだが、「全員をよりハッピーにするためにどれだけ財が必要か」を計算し、必要な財の集合 X が何らかのやり方でわかったとしよう。すると、「全員をハッピーにすることは不可能」というパレート効率性は、

「全員をよりハッピーにするために必要な財の集合 X と、生産できる財の集合 Y が重なっていない」

という条件で表すことができる。「全員をよりハッピーにするために必要な財の集合 X なんて、そんなに簡単にわかるのか？」という気がするが、実は「準備その1」で学んだ「集合の足し算」の考えを使うと、これはいとも簡単に計算できてしまうのである。まず、このことを説明しよう。

$\boxed{\text{ステップ1}}$ **消費者全員を、現状以上にハッピーにするために必要な財の集合Xを作る**

パレート効率的な配分では、各消費者 i は $u^i(\overline{x}^i)$ だけの効用を得ている。これ以上の効用を消費者 i に与えるために必要な財の集合は、無差別曲線の上側の集合 $X^i = \{x^i | u^i(x^i) \geq u^i(\overline{x}^i)\}$ に他ならない（図D.5(a)）。

「現在の（パレート効率的な）配分から出発して、**全員の効用を現状以上に改善するために必要な財の集合**」は、準備その1で学んだ「集合の足し算」を使って、

$$X = X^1 + \cdots + X^I$$

と表される[5]のである（これは、図D.5(b)のようなきれいな形をしている（凸集合になっている）のですが、その理由は後で説明します）。

ここで、集合の足し算の定義を思い出して、X が全員の効用を現状以上に改善するために必要な財の集合であることを確認しよう。この X の要素 x

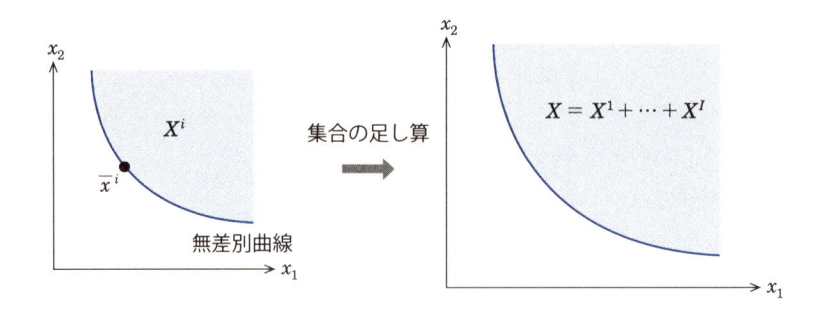

(a) 消費者 i に、現状の消費 ($\overline{x}^i$) 以上の効用を与える範囲

(b) 全員に、現状以上の効用を与えるのに必要な財の範囲

図D.5　全員をよりハッピーにする集合 X の作り方

は、$X^1, \cdots, X^I$ に入っている要素の和になっている（$x = x^1 + \cdots + x^I$, $x^i \in X^i$）。したがって、経済全体にこの x だけの財があり、このうち各消費者 i に $x^i \in X^i$ だけを分け与えれば、X^i の定義によって各消費者は現状以上の効用が得られるのである。ここでは X が持つこうした意味（「これだけ財があれば、全員を現状よりハッピーにできる」）をわかりやすく伝えるために、X を「**改善集合**」と呼ぶことにしよう[6]。

つぎに、この改善集合 X がどんな形をしているか調べてみよう。各消費者の無差別曲線が図D.5のように原点に向かって凸な形をしていれば、各 X^i は凸集合であり、この場合その足し算である X **も凸集合**になる。これは、凸集合の定義（D.1節を見返してください）から、たいへん簡単に確かめられるので、自分でなぜかを考えてみよう（答えは、脚注に書いておきます[7]）。

ステップ2　効率性によって、改善集合 X と生産可能性集合 Y は接している

改善集合 X の意味を考えると、X と（経済全体の）生産可能性集合 Y は、

5　パレート効率性の条件は、「誰の効用も下げることなく、少なくとも一人の効用を上げる（パレート改善をする）」ことができない、ということなので、$X = $「パレート改善をするために必要な財の集合」とするほうが自然ではないか、という疑問が起こるかもしれない。しかし、ここで述べたような X を使うほうが、結局のところ証明全体が簡単にできるのである。

6　X の境界線を、その発案者の名前を取って「**シトフスキーの社会的無差別曲線**」、X を「シトフスキーの上部等高線集合」ということがある。

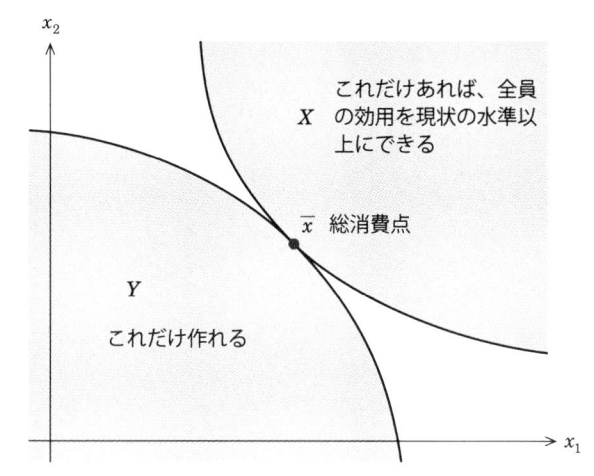

図D.6 パレート効率性は、改善集合 X と生産可能性集合 Y が接していることを意味する

図D.6のように

$$\text{現状での総消費点} = \bar{x} = \bar{x}^1 + \cdots + \bar{x}^I$$

で接していなくてはならない。というのは、もし重なっている部分があると、消費者全員を現状よりハッピーにできるはずなので、もとの配分のパレート効率性に反するからである。(この部分はもっと正確に説明する必要があります。正確な説明は、D.4節の「細かい注意」で与えることにします。)

この図は、「資源配分の効率性とは何か」という条件を高度に一般的かつコンパクトにまとめたものなので、しっかりと頭に入れておこう。

---

7 凸集合 $X^1, \cdots, X^I$ の和 X は凸集合であることの証明：X が凸であることを示すには、$a, b \in X$ のとき、$0 \leq t \leq 1$ に対して
$$ta + (1-t)b \in X$$
となることを言えばよい。X の定義によって、$a = a^1 + \cdots + a^I, b = b^1 + \cdots + b^I$ $(a^i, b^i \in X^i)$ と書けるので、
$$ta + (1-t)b = \sum_{i=1}^{I}(ta^i + (1-t)b^i)$$
である。ところが、右辺の各項 $(ta^i + (1-t)b^i)$ は、X^i の凸性により X^i に含まれる。したがって、$ta + (1-t)b$ は「X^i に含まれるものの和」になっているので、$X = X^1 + \cdots + X^I$ に含まれるのである（よって X は凸集合である）。

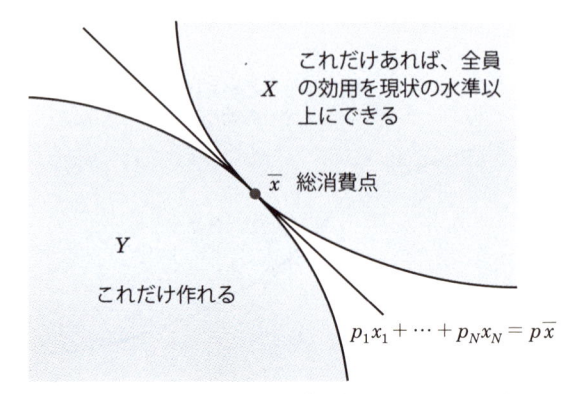

図D.7 　X と Y を分離する理論価格 $p=(p_1,\cdots,p_N)$ がある

ステップ3 　改善集合Xと生産可能性集合Yを分離する理論価格がある

ステップ1で見たように、各消費者の無差別曲線の上側が凸集合なら、その和である

$$\text{改善集合 } X \text{ は凸集合}$$

である。このことから、各企業の生産可能性集合 Y^j が、生産の理論のところで見たように凸集合になっている場合、

$$\text{経済全体の生産可能性集合 } Y \text{ も凸集合}$$

である[8]。すると、準備その3で学んだ「**凸集合の分離定理**」によって、X と Y を分離する係数ベクトル $p=(p_1,\cdots,p_N)\ne 0$ があることがわかる（図D.7）。

この p こそが、**パレート効率的な資源配分に付随する理論価格**なのである。注意してほしいのは、ここでの議論の出発点になっている効率的な資源配分

$$\underbrace{(\overline{x}^1,\cdots,\overline{x}^I,}_{\text{消費計画}}\underbrace{\overline{y}^1,\cdots,\overline{y}^J)}_{\text{生産計画}}$$

は、「どんなものでもよい」ということである。とくに、これは市場によってもたらされたものでなく、計画経済においてスーパー・コンピューターを用

---

[8] 　$Y=Y^1+\cdots+Y^J+\{w\}$ であり、1点からなる集合 $\{w\}$ は（凸集合の定義を満たすので）凸なので、Y は凸集合の和であり、したがって凸である。

いて計算されたものであってもよい。そのように「**市場を使わずに得られた資源配分であっても、それが（パレート）効率的ならば、必ずそれに付随する理論価格[9]がある**」というのが、図D.7が示すことなのである。

コメント D.1 「これが価格の正体だ！」という上の説明がどの程度現実的かを、ちょっと想像力を働かせて考えてみましょう。上の説明は、高度に抽象的なので、「現実離れした信頼できない作り事」のように思えますが、はたしてそうでしょうか。経済全体で「これだけ作れる」ことを示す集合 Y を見たことのある人は誰もいませんが、現実に作れるものと作れないものが確かにあるので、詳しく調べれば「作れるものは何か」を表す Y という**集合は現実に確かにあるはず**です。また、消費者全員の満足を現状より上げるために必要な財の集合 X も、誰も見たことはないようなものですが、各人をよりハッピーにするのに必要な財の量は詳しく調べればわかるはずです。したがって、**集合 X というものも、確かに実在するはず**です。そして、効率的な資源配分が成り立っていると、両者は確かに接しているはずなので、「分離超平面の定理」という数学的な事実によって、確かに理論価格が存在することがわかるのです。**市場経済**というのは、たくさんの市場を作り、消費者や企業がそれぞれ勝手に自分の利益を求めることによって、**誰も見たことのない集合 X と Y の接点と、それに付随する価格をすべての財について求めるという気が遠くなるような膨大な計算問題を、多数の消費者と生産者がうまく役割分担して同時並行的に計算を進める方法**（計算機科学でいうところの「並列分散計算」）によって計算する巧妙な仕組みであると見ることができるでしょう。

品物やサービスの一つひとつに「価格」という名前の妙な数字がくっついており、人々がこの数字に従って損得の勘定をして取引をする「市場機構」というのは、考えてみれば奇妙なものです。そして、このような市場機構がたいへん便利なものとして長い間生き残ってきたのも不思議なことではないでしょうか。いったい価格とは何なのか？　市場メカニズムとは何なのか？　アダム・スミス以来、人々は価格とは何か？という問いに対して、「価格はその商品を作る費用を反映するものだ」（＝費用価値説・労働価値説）とか、「価格はその商品が役に立つ程度を表すものだ」（＝効用価値説）など、いろいろな説明を与えてきましたが、長い経済学の歴史を

---

[9] 「理論価格」とは、「仮にその資源配分を市場で実現するとしたら、各財にいくらの価格がつくか」ということだと理解してほしい。

経てわれわれが到達した高度に一般的な解答が図D.7なのです。この図を見ながら、「**価格とは何か？**」ということを、今一度じっくり考えてみてください。このことからわかるように、厚生経済学の第2基本定理の証明こそが、価格や市場の働きを明らかにする、ミクロ経済学の「**奥義**」なのです！

ステップ4 理論価格の下で、与えられた消費計画と生産計画は最適なものになっている

図D.7をもう一度見返してみよう。図の総消費点 $\bar{x}$ は、価格体系 $p = (p_1, \cdots, p_N)$ の下で、X の中で経済全体の支出額を最小にする点になっている（図D.8(a)）。また $\bar{x}$ は、Y の中で経済全体の利潤[10] py を最大化する点でもある（図D.8(b)）。

この図D.8からわかることをこれから説明するのだが、議論が長くなってきたので、このあたりで「そもそも何をやっているのか」を思い出してみよう。効率的な資源配分は一般的にたくさんあるのだが、その中のどの一つ

$$(\underbrace{\bar{x}^1, \cdots, \bar{x}^I}_{\text{消費計画}}, \underbrace{\bar{y}^1, \cdots, \bar{y}^J}_{\text{生産計画}})$$

を持ってきても、これが市場均衡と政府の所得再分配の組み合わせで達成できることを論証しているのである。総消費 $\bar{x} = \bar{x}^1 + \cdots + \bar{x}^I$ は、各企業の生産と経済にもとからあった財 w の和に等しいので、

$$\bar{x} = \bar{y}^1 + \cdots + \bar{y}^J + w$$

となっていることに注意して、図D.8の意味を考えてみよう。

まず、図D.8の(b)の方から見てみよう。この図が示すように、点 $\bar{x} = \bar{y}^1 + \cdots + \bar{y}^J + w$ において、経済全体の利潤が $Y = Y^1 + \cdots + Y^J + \{w\}$ の中で最大化されているなら、「準備その2」でやったように、各企業の利潤 $p\bar{y}^j$ も Y^j の中で最大化されていることになる。つまり、**効率的な資源配分** $(\bar{x}^1, \cdots, \bar{x}^I, \bar{y}^1, \cdots, \bar{y}^J)$ **における各企業の生産計画は、ステップ3で求めた価格**

---

[10] 集合 Y の要素 y は、各企業 j の生産計画 y^j と初期保有量 w を使って $y = y^1 + \cdots + y^J + w$ と書けるので、$py = py^1 + \cdots + py^J + pw$ は正確に言うと**経済全体の利潤**（各企業の利潤 py^j の合計）**に定数 pw（初期保有の価値）を足したもの**である。

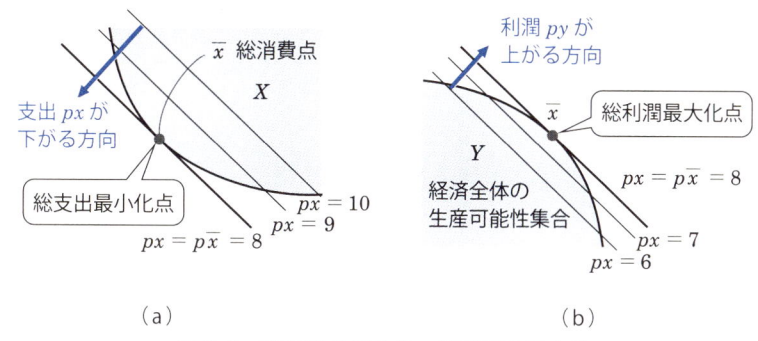

図D.8 総支出の最小化・総利潤の最大化

体系 p の下で利潤を最大化するものとなっているのである。

つぎに、図D.8(a)を見てみよう。この図が示すように、点 $\bar{x} = \bar{x}^1 + \cdots + \bar{x}^I$ が、消費者全体の支出を $X = X^1 + \cdots + X^I$ の中で最小にするものなら、先とまったく同様の理由によって、各消費者の支出 $p\bar{x}^i$ も X^i の中で最小になっているはずである。つまり、効率的な資源配分 $(\bar{x}^1, \cdots, \bar{x}^I, \bar{y}^1, \cdots, \bar{y}^J)$ における各消費者の消費計画は、ステップ 3 で求めた価格体系 p の下で、$X^i = \{x^i | u^i(x^i) \geq u^i(\bar{x}^i)\}$ の中の点、すなわち現状以上の効用を与える消費計画のうち、支出を最小化するものとなっているのである。すると、準備その 4 で確認した「双対性」によって、各消費者 i の支出最小化点 $\bar{x}^i$ は、**最小化された支出 $p\bar{x}^i$ を所得としたとき**の効用最大化点となっていることがわかる（図D.4を見返すとよくわかります）。

よって、各人の所得をこの値 $p\bar{x}^i$ にすることができれば、効率的な資源配分における各人の消費点 $\bar{x}^i$ を、「予算制約の下での効用最大化点」として市場を使って実現できることになる。そこで、各人の所得を $p\bar{x}^i$ にするにはどうしたらよいかを考えてみよう。ここで、消費と生産のバランスを示す式 $\bar{x}^1 + \cdots + \bar{x}^I = \bar{y}^1 + \cdots + \bar{y}^J + w$ に着目すると、

$$p\bar{x}^1 + \cdots + p\bar{x}^I = p\bar{y}^1 + \cdots + p\bar{y}^J + pw$$

なので、各企業の利潤 $p\bar{y}^1 + \cdots + p\bar{y}^J$ と初期保有の価値 pw を、**政府が所得再分配政策によって適当に分配すれば、確かに各人 i の所得を $p\bar{x}^i$ にすることができる**[11]。

というわけで、このような所得再分配政策を行えば、どんな効率的な資源

配分

$$(\bar{x}^1, \cdots, \bar{x}^I, \bar{y}^1, \cdots, \bar{y}^J)$$
$$\underbrace{\quad\quad\quad}_{消費計画}\underbrace{\quad\quad\quad}_{生産計画}$$

も、ステップ3で求めた価格体系 p の下での効用最大化点、利潤最大化点として（つまり完全競争市場均衡として）実現できるのである。以上が、厚生経済学の第2基本定理の証明の概要である。

D.3 一目でわかる証明の流れ

以上、長くなったので証明の概略を一目でわかるように図示してみよう。細かいところを除けば、厚生経済学の第2基本定理の論証のロジックは、以下の通りとてもわかりやすい。

・まず、パレート効率的な資源配分を、何でもよいから一つ

$$(\bar{x}^1, \cdots, \bar{x}^I, \bar{y}^1, \cdots, \bar{y}^J)$$
$$\underbrace{\quad\quad\quad}_{消費計画}\underbrace{\quad\quad\quad}_{生産計画}$$

持ってくる。

・「経済全体でどれだけ財が作れるか」を示す集合 Y（経済全体の生産可能性集合）を、集合の足し算を使って

$$Y = \underbrace{Y^1 + \cdots + Y^J}_{各企業の生産可能性集合} + \underbrace{\{w\}}_{初期保有量}$$

というやり方で作る。

・各消費者に、与えられた効率的配分での効用以上を与えるために必要な財の集合 X を、

---

11 念のため、**一括所得移転**政策とは何かを具体的に説明しておこう。いま、与えられた効率的な資源配分に付随する価格体系 p の下での消費者 i の支出額（$p\bar{x}^i$）が500万円だが、所得（初期保有の価値 pw^i と各企業 j からの利潤分配額 $\theta_{ij}p\bar{y}^j$ の合計）は400万円しかなかったとしよう。このとき、政府は他の消費者から合計100万円を徴収して i さんに渡すことで、i さんの所得を500万円にできる。このように、生産活動や消費活動の大きさとは無関係に定額のお金を移転することを、「一括所得移転」というのである。

D.3節 一目でわかる証明の流れ

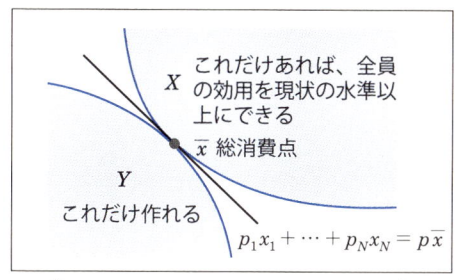

上段（総消費点）
- X：これだけあれば、全員の効用を現状の水準以上にできる
- $\bar{x}$ 総消費点
- Y：これだけ作れる
- $p_1 x_1 + \cdots + p_N x_N = p\bar{x}$

XとYを分離する価格がある

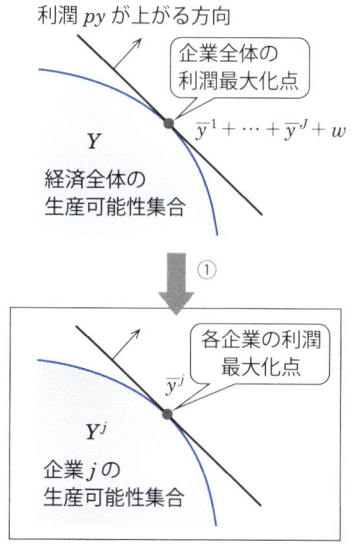

左下（生産側）
- 利潤 py が上がる方向
- 企業全体の利潤最大化点
- Y 経済全体の生産可能性集合
- $\bar{y}^1 + \cdots + \bar{y}^J + w$

①

- 各企業の利潤最大化点
- $\bar{y}^j$
- Y^j 企業jの生産可能性集合

各企業の生産計画は利潤最大点になっている

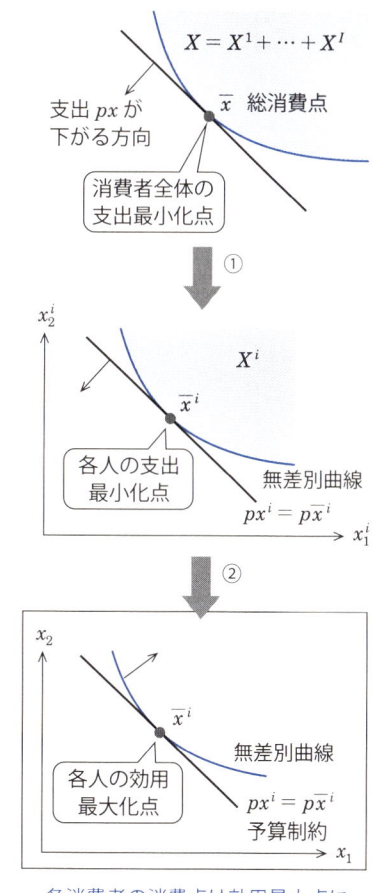

右下（消費側）
- $X = X^1 + \cdots + X^I$
- 支出 px が下がる方向
- $\bar{x}$ 総消費点
- 消費者全体の支出最小化点

①

- x_2^i
- X^i
- $\bar{x}^i$
- 各人の支出最小化点
- 無差別曲線
- $px^i = p\bar{x}^i$
- x_1^i

②

- x_2
- $\bar{x}^i$
- 各人の効用最大化点
- 無差別曲線
- $px^i = p\bar{x}^i$ 予算制約
- x_1

各消費者の消費点は効用最大点になっている

図D.9　一目でわかる第2基本定理の証明

各人の無差別曲線の上側の集合：$X^i = \{x^i | u^i(x^i) \geq u^i(\overline{x}^i)\}$

の足し算として、

$$X = X^1 + \cdots + X^I$$

というやり方で作る。

・与えられた資源配分が効率的であるので、X と Y は接しており、そのとき両者を分離する価格体系 $p = (p_1, \cdots, p_N)$ がある（「凸集合の分離定理」：これが証明のコアの部分です）。このことから、図D.9のようにして、与えられた資源配分の生産点と消費点は、この価格体系の下での利潤最大化点と効用最大化点になっていることがわかる。

図D.9の矢印①は、「全体の最大・最小は部分の最大・最小を意味する」という集合の足し算の基本的な性質である（D.1節「準備その2」を見よ）。矢印②は「支出最小化点は効用最大化点でもある」という「双対性」である。

・最後に、各人の所得を $p\overline{x}^i$ にすることができれば、与えられた効率的配分は価格体系 p の下での市場均衡として実現できることになる（各消費者は与えられた所得の下で効用最大化し、企業は利潤最大化をしていることになる）。ここで、消費と生産のバランスを示す式 $\overline{x}^1 + \cdots + \overline{x}^I = \overline{y}^1 + \cdots + \overline{y}^J + w$ に着目すると、

$$p\overline{x}^1 + \cdots + p\overline{x}^I = p\overline{y}^1 + \cdots + p\overline{y}^J + pw$$

なので、この式の右辺（各企業の利潤 $p\overline{y}^1 + \cdots + p\overline{y}^J$ と初期保有の価値 pw）を、政府が所得再分配政策によって適当に分配すれば、確かに各人 i の所得を $p\overline{x}^i$ にすることができる。　　　　　　　　　　　　　**（証明終わり）**

D.4 細かい注意

これまでの議論でちょっと飛ばしてきた細かい部分を説明して、証明を完璧なものにしよう。

① 改善集合 X と生産可能性集合 Y が接することの説明

D.2節のステップ2、「効率的な資源配分がなされていれば、みんなをハッ

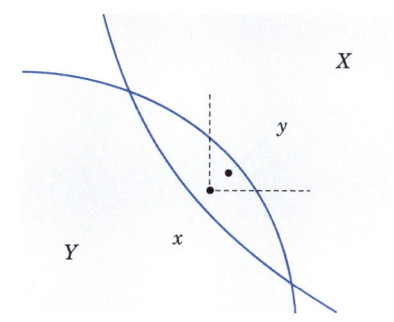

図D.10 改善集合 X と生産可能性集合 Y が
重なっている（接していない）状態

ピーにする集合 X と生産可能性集合 Y は接しているはずだ」ということの正確な説明をしよう。

まず、図D.9の一番上の図を見返してほしい。そこでは、「左下にある」Y が「右上にある」X に接している。すると、両者を分離する各財の価格はマイナスにならないことが、図から見てとれるであろう[12]。このことを、これから正確に説明しよう。

まず、「右上にある」X と「左下にある」Y が接しているのではなく、重なってしまっている図D.10を見てほしい。

右上の X と左下の Y が接しているとは、このようなことが起こらない、ということである。この図で、点 $x = (x_1, \cdots, x_N)$ は改善集合 X に属しているが、これよりも各財の量がすべて多い別の点 y（すべての n について $y_n > x_n$、これを「$y > x$」と書く）が、生産可能性集合 Y に入ってしまっている。このようなことが起こらない、ということが、「右上にある」改善集合 X と「左下にある」生産可能性集合 Y が接しているということの正確な意味である。これをつぎのようにまとめておこう[13]。

---

[12] 2財（$N = 2$）のときの図D.9の一番上の図を見てほしい。もし、$p_1 < 0, p_2 > 0$ なら、直線 $p_1 x_1 + p_2 x_2 = p\bar{x}$ は**右上がりになってしまう**。右上の X と左下の Y を分離する直線 $p_1 x_1 + p_2 x_2 = p\bar{x}$ は図のように右下がりになっていなくてはならないので、各財の価格はマイナスにはならないわけである。

[13] つぎに述べる条件（$*$）は、X と Y が全く共通点を持たないケースでも成り立つので、正確に言うと X と Y に共通点がある場合に、（$*$）が「右上にある X と左下にある Y が接している」という条件になるのである（X と Y は総消費点（$\bar{x}$）という共通点を持つことに注意しよう）。

$$x \in X \text{ かつ } y > x \text{ なら、} y \notin Y \qquad (*)$$

さて、効率的な資源配分をもとに改善集合 X を作ると、上の条件（$*$）が必ず満たされることを示そう。そのためには、つぎのことが成り立っていればよい。

> **条件 2**：実行可能などんな資源配分においても、「（どれかの財の）消費を増やすと効用が上がる」人が、一人はいる[14]。

では、右上にある改善集合 X と左下にある生産可能性集合 Y は確かに接している、つまり条件（$*$）が成り立っていることを証明しよう。もしこの条件が成り立たず、「$x \in X$ かつ $y > x$ であるような $y \in Y$」があったとしよう。すると、

(1) X の定義から、それに属する x を適当に消費者に分け与えると、全員の効用を効率的資源配分以上の水準にできる。

(2) この点から出発して、条件 2 から、ある消費者にある財をより多く与えると、その消費者の効用が上がる（そのような消費者と財が存在する）。式を見やすくするためにその財を第 1 財と呼び、これだけをちょっと増やした（$x_1 < y_1$）別の点

$$y' = (y_1, x_2, \cdots, x_N)$$

を考える。議論の前提として $y = (y_1, \cdots y_N)$ は Y に入っているので、y より少ない財を作り出している点 y' も、条件 1（生産者はいらない財を処分できる）によって生産可能である。すると、y' を作り出すことにより、「全員の効用を効率的資源配分以上の水準にし、少なくとも一人の消費者の効用を厳密に上げることができる」ことになってしまい、これは効率性の定義と矛盾する。このような矛盾が起こったのは、右上の X と左下の Y が接しているという条件（$*$）が成り立っていないと仮定したからなので、条件（$*$）は必

---

[14] この条件が成り立たないのは、全員が「もうどの財の消費を増やしても効用が上がらない」というような、とうていありえない状態である。つまり、この条件は通常は必ず成り立っていると考えられる。

ず成り立っていなければならない。

② 凸集合の分離（超平面）定理の正確な記述

凸集合の分離定理にはいくつかのバージョンがあるが、ここではつぎの形のものを使う[15]。この定理では、**右上にある X と左下にある Y が接している**ときの条件（＊）を使っているので、両者を**分離する価格が正またはゼロである**（マイナスにはならない）ことも保証されていることに注意されたい。

凸集合の分離定理：X と Y が N 次元空間内の凸集合であり、条件（＊）が成り立っていると、どんな $x \in X, y \in Y$ についても

$$px \geq py$$

が成り立つ $p = (p_1, \cdots, p_N) \neq 0, p_n \geq 0, n = 1, \cdots, N$ がある。

③ 支出額がゼロだと、双対性が成り立たないことがある

第1章およびこの補論D.1節の「準備その4」で述べた「支出最小化点は効用最大点になる」という**双対性は、支出額がゼロのときには成り立たないことがある**。いま、支出最小化点 $\bar{x}^i$ が、たまたま図D.11のようになっていたとしよう。

図の水色の部分が、現状の消費点（$\bar{x}^i$）以上の効用を与える領域 X^i である。図の価格体系 p においては、第1財の価格がゼロ、第2財の価格が正になっている。図からわかるとおり、現状の消費点 $\bar{x}^i$ は、この価格体系の下、水色の領域の中で、確かに支出額 px を最小にする点になっている。

注意してほしいのは、最小化された支出額はゼロであるということである。この最小化された支出額に等しい所得（$= 0$）の下での予算線は、図D.11の水平の黒い線 $px = 0$ であるが、**支出最小化点 $\bar{x}^i$ は、この予算線の下での効用最大化点にはなっていない**。予算線を右のほうに移動していけば、効用が

---

15 これは、つぎの形の定理をここでの議論にあわせて見やすく書き換えたものである：
「Z を N 次元空間の凸集合とし、Z はすべての要素が正である点を含まないとすると、すべての $z \in Z$ について $0 \geq pz$ が成り立つ $p = (p_1, \cdots, p_N) \neq 0, p_n \geq 0, n = 1, \cdots, N$ がある。」
これを、$Z = Y - X$ についてあてはめると本文中で述べたものとなる。

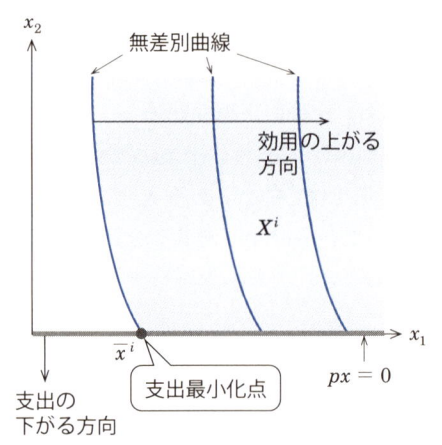

図D.11 支出額がゼロの場合、双対性が成り立たない例

どんどん増加するからである。つまり、この例では、「支出最小化点が効用最大化点になる」という双対性が満たされないのである。

厚生経済学の第2基本定理の証明の最後の部分（ステップ4）を示すには、このような病理的な例を排除する必要がある[16]。そのためには、

・最小化された支出額がゼロではない
・効用関数 $u^i(x^i)$ が連続関数である[17]

ことが成り立っていればよい。

補題D.1（双対性が成り立つ条件）：価格体系 $p \geq 0$、$p \neq 0$ の下で、費用最小化問題

$$\min_{x^i} px^i$$
$$\text{s.t.} \quad u^i(x^i) \geq u^i(\bar{x}^i)$$

---

[16] 図D.11は、つぎのように考えると厚生経済学の第2基本定理が成り立たない例になっている。企業がなく、消費者が i さんだけであり、初期保有量が $w = \bar{x}^i$ である経済を考えると、改善集合は $X = X^i$、生産可能性集合は $Y = \{\bar{x}^i\}$ である。X と Y を分離する直線は図D.11の $px = 0$ だけだが、この価格体系 p の下では $\bar{x}^i$ は効用最大点にはならないのである。

[17] 数学が得意でない読者は、「効用関数が**連続関数である**」ということは、消費量を変化させると効用が連続的に変わる（いきなりジャンプしない）ことだと理解しておけば、附論で述べる証明は理解できる。

の解が $\bar{x}^i$ であるとき、条件 (i) **最小化された支出額がゼロではない** ($p\bar{x}^i \neq 0$) と条件 (ii) **効用関数 $u^i(x^i)$ が連続関数である**が成り立っていれば、$\bar{x}^i$ は効用最大化問題

$$\max_{x^i} u^i(x^i)$$
$$\text{s.t.} \quad px^i \leq p\bar{x}^i$$

の解にもなっている。

証明は簡単であるが、ちょっと細かいことになるので、最後の附論で述べることにする。双対性が成り立つために使った条件をここに記しておこう：

> **条件 3**：各消費者の効用関数は、連続関数である。

D.5 定理の正確な記述

以上の細かい注意を考慮して、厚生経済学の第 2 基本定理を、それが成り立つのに必要な条件とともに正確に述べてみよう。定理を見やすくするために、本書ではつぎのような用語を定義しよう。

定義：資源配分 $(\bar{x}^1, \cdots, \bar{x}^I, \bar{y}^1, \cdots, \bar{y}^J)$ に対する理論価格体系 p とは、つぎの二つの条件を満たすもののことである。

(**利潤最大化**) 各企業 j の生産計画 $\bar{y}^j$ は p の下での利潤最大点である。
(**支出最小化**) 各消費者 i の消費計画 $\bar{x}^i$ は、現状 ($u^i(\bar{x}^i)$) 以上の効用を与える消費計画の中で支出を最小化するものである。

この定義を使うと、つぎのことが成立する。

厚生経済学の第 2 基本定理
条件 0（凸性）：各消費者の無差別曲線の上側は凸集合である。また、各企業の生産可能性集合は凸集合である。
条件 1：企業はいらない財を捨てることができる。
条件 2：実行可能などんな資源配分においても、「(どれかの財の) 消費

を増やすと効用が上がる」人が、一人はいる。

上記の条件が成り立っていれば、どんなパレート効率的な資源配分 $(\bar{x}^1, \cdots, \bar{x}^I, \bar{y}^1, \cdots, \bar{y}^J)$ に対しても利潤最大化条件・支出最小化条件を満たす理論価格体系 $p \geq 0$[18], $p \neq 0$ が必ず存在する。さらに

条件3：各消費者の効用関数は、連続関数である。
条件4：p の下での各消費者の支出額はゼロでない（$p\bar{x}^i > 0$）。

が成り立っていれば、パレート効率的な資源配分 $(\bar{x}^1, \cdots, \bar{x}^I, \bar{y}^1, \cdots, \bar{y}^J)$ は、政府が一括所得再分配政策を行うことによって、価格体系 p の下での完全競争市場均衡として実現できる。

最後の条件4が成り立たないのは、「たまたま理論価格がゼロの財だけを消費しているので、支出額がゼロであるような人がいる」という非常に奇妙な場合であり、通常はまずこういうことは起こらないであろう。しかし、念のため、条件4が成り立つための（わりと現実的な）条件を一つだけ述べておこう[19]。

補題D.2 以下の条件が成り立っていれば、理論価格体系の下での各消費者の支出額はゼロではない（条件4が成り立つ）。
条件4a：すべての財の量を同時に正にするような実行可能な生産計画がある。
条件4b：すべての消費者に対して、つぎの条件を満たす財が一つはある。
・その財の消費を増やすと効用が上がる。
・労働投入を増やせば、その財の生産を増やせるような企業がある。
条件4c：余暇がゼロである（24時間働いている）消費者はいない。

---

18 ベクトルの不等式については、p.230を参照せよ。
19 条件4が成り立つための、各人の効用や各企業の生産技術に関する条件で、わりと現実的でわかりやすいものは何か？という問いに答えるのは結構難しく、ここでは苦労して条件4a～4bを考えた。より一般的な条件として、消費者間の「資源連関性」の条件が知られている。これについては、アロー・ハーン『一般均衡分析』（福岡正夫・川又邦雄訳、岩波書店、1976年）第5章第1節を見よ。

証明は、ちょっと細かい論点なので、最後の附論で述べることにする。

D.6 多数の消費者と生産者がいるなら、厚生経済学の第2基本定理はほぼ成り立つ

「どんな効率的な配分も、完全競争市場と政府の一括所得移転で実現できる」という第2基本定理の論証が成り立つための最も**重要な仮定は、経済全体の生産可能性集合 Y と改善集合 X がともに凸である**ということである点が、以上の説明からわかっていただけたと思う。先に説明したように、これは、各企業の生産可能性集合が凸であり、また各消費者の無差別曲線が原点に向かって凸であれば成り立つのだが、こうしたミクロ経済学の教科書に出てくる条件は現実では成り立たないことも十分ありえる。このような条件に疑いを持つ人には、「**第2基本定理はしょせん机上の空論で、現実において成り立っていないのでは？**」という（当然な）疑問が起こってくるであろう。

そこでここでは、「経済にたくさんの消費者と生産者がいると、たとえ個別の企業の生産可能性集合と個別の消費者の無差別曲線が凸になっていなくても、経済全体の生産可能性集合 Y と改善集合 X はほぼ凸になる（したがって第2基本定理が成り立つ）」と考えてよいことを説明しよう。例えば、図D.12を見てほしい。

この企業1では、労働投入が少ないときは労働投入を増やせば増やすほど効率性が上がる（労働の限界生産性＝境界線の傾きが上がる）ようになっており、生産可能性集合が凸になっていない。現実にはこのような企業がたくさんあってもおかしくないであろう。

経済全体にこの企業一つしかないと、経済全体の生産可能性集合 Y も図D.12と同じ（凸でない）形をしているので、第2基本定理は成り立たない可能性がある。例えば、この企業一つと一人の消費者しかいない経済で効率的な配分が図D.13の $\bar{x}$ のようになっていたら、X と Y を分離する価格がないので、第2基本定理は成り立たない。

ここで、同じように生産可能性集合が凸でない企業がたくさんあり、また消費者もたくさんいたらどうなるかを考えてみよう。そこで、図D.13のような生産可能性集合を持つ企業と消費者がそれぞれ K 社、K 人いるケースを考え、企業全体での生産可能性集合 $Y^1 + \cdots + Y^K$ ($Y^1 = \cdots = Y^K$) の形を調べてみる。これは、企業数（＝消費者の数）が増えるとどんどん大きくな

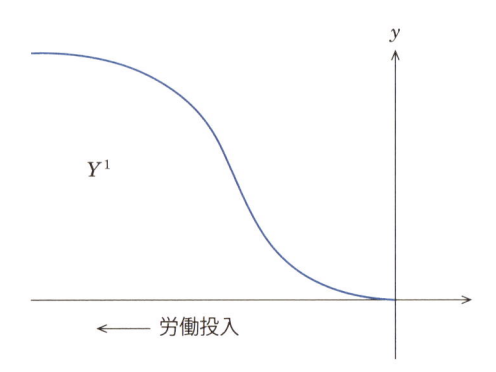

図D.12　凸でない生産可能性集合を持つ企業

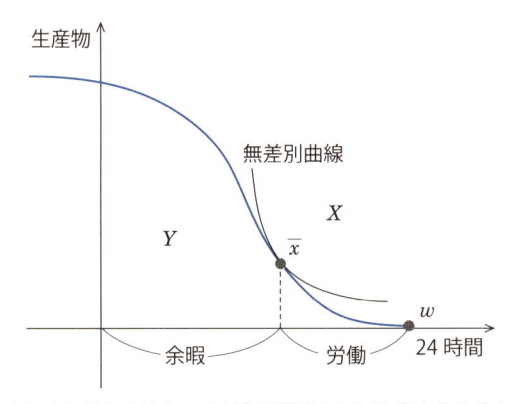

図D.13　Y が凸でないため第2基本定理が成り立たない経済

ってゆくので、適当にスケールを調整して図を描こう。重要なのは、消費者1人当たりがどのような生産可能性集合に直面するかということなので、**企業全体の生産可能性集合を消費者1人当たりのものにスケールダウンした** $\frac{1}{K}(Y^1+\cdots+Y^K)$ の図を描いてみよう[20]（図D.14）。

図からわかるように、**企業数が多くなるにつれて、全体の生産可能性集合は凸集合に近づいてゆく**のである。なぜ、このようなことが起こるのだろうか？　図D.15を見てほしい。

いま、企業が二つのケースを考えよう。1企業当たり1の労働投入（全体

20　元図は、東京大学大学院経済学研究科博士課程の塚田憲史さんに作成していただいた。塚田さんに感謝します。

(a) 2 企業

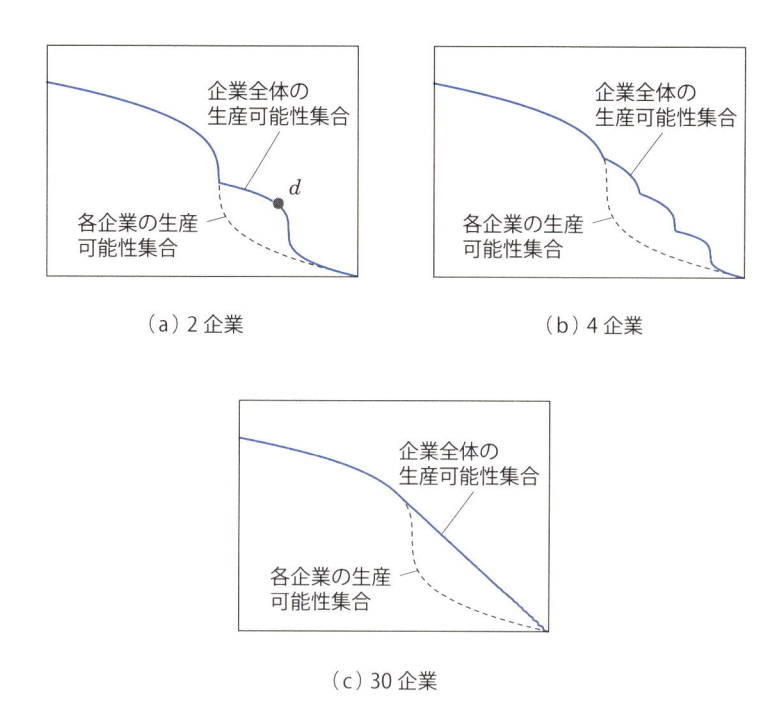

(b) 4 企業

(c) 30 企業

図D.14　企業数が多くなると企業全体の生産可能性集合は凸になる

としては2の労働投入)をするとき、各企業が同じように1だけ労働投入をしたのでは、全体として達成できる点は1企業のときと同じ、図の a 点になってしまい、個別企業のできることと全体の平均でできることに差は出ない。しかし、全体として2の労働投入を、「企業1は2だけ労働を投入し、企業2は0の労働投入をする」ように割り振れば、企業1は図の b 点を、また企業2は図の c 点を達成して、全体の平均としては図の d 点が達成できるのである。前に見た図D.14(a)の d 点は、このようにして達成したものである。企業数が多くなると、図D.15の直線 L の上の多くの点は、「全体の何割かの企業は b 点をやり、残りの何割かは c 点をやる」ということで達成できるようになるのである。企業数が30だと、直線 L を30等分した各点は、このようにして達成できることになる。図D.14(c)が示すように、企業数が30もあると、全体として生産可能性集合はほぼ完全に凸に近い形になっている。

消費者についても同様である。たとえ個別の消費者の無差別曲線が原点に

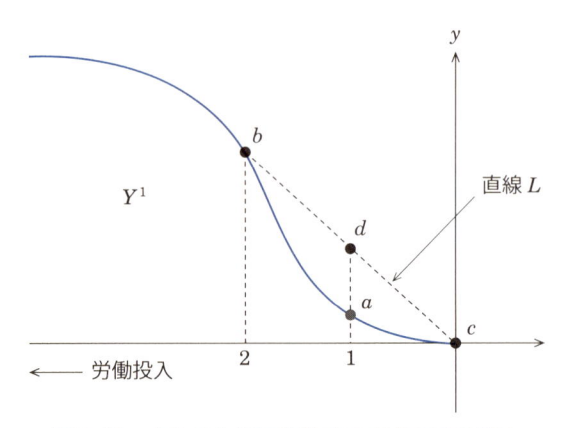

図D.15　全体の生産可能性集合が凸になる理由

向かって凸でなくても、消費者の人数が多いと全体としての改善集合 X は凸集合に近づいてゆく。これからわかる通り、**経済に十分多くの消費者と生産者がいる場合には**、経済全体の生産可能性集合と改善集合 X はほぼ凸集合であると考えてよいので、**厚生経済学の第2基本定理が成り立つと考える根拠がある**ということになる[21]。

> **コメント D.2　おめでとうございます**：どうですか？　この補論全体を読むと、市場価格の秘密がぐっと深く理解できて、経済のしくみをよりよく理解できた気分になれたのではないでしょうか。ここまで本書をしっかり読み込んでくれた皆さんは、経済学の基礎知識は万全で、経済学的な見方で世の中を見て、各種の経済問題や経済政策の当否を自分の頭で考える力がついています。また、より進んだ経済学の各分野を学ぶ用意も整いました。そうした皆さんに、「**経済学、免許皆伝**」としたいと思います！

---

[21] ここで説明したことは消費者と企業が多数いる「大規模経済（large economy）」を扱う理論のさわりの部分である。興味ある読者は例えばW. Hildenbrand（1974）*Core and Equilibria of a Large Economy*, Princeton University Pressを見られたい。集合の和と凸性の関係はShapley-Folkmanの補題と呼ばれ、Wikipedia（https://en.wikipedia.org/wiki/Shapley%E2%80%93Folkman_lemma）に説明がある。

附論 補題の証明

① 補題D.1の証明

もし、結論が正しくなくて、予算制約を満たし、$\bar{x}^i$ より高い効用を与える消費計画 x' があったとしよう。x' は予算制約を満たすので

$$px' \leq p\bar{x}^i \tag{1}$$
$$\underset{\text{支出}}{} \quad \underset{\text{所得}}{\phantom{p\bar{x}^i}}$$

であり、また x' は

$$u^i(\bar{x}^i) < u^i(x') \tag{2}$$

を満たすように選んだことに注意しよう。もし(1)が不等式（<）で成立しているなら、現状（$\bar{x}^i$）以上の効用を与える $\bar{x}^i$ よりも安上がりな点 x' があることになって矛盾である（現状（$\bar{x}^i$）以上の効用を与える最も安上りなものが $\bar{x}^i$ である、というのがこの補題の前提である）。そこで、(1)は等式で満たされる。また、条件(i)から、$0 < p\bar{x}^i$ なので、両方を合わせると

$$0 < px'$$

であることがわかる。いま、t を1よりわずかに小さな数として、新たな消費計画 tx' を考えると、$p(tx') < px'$ となっている。なぜなら、$0 < px'$ より $0 < (1-t)px' = px' - p(tx')$ だからである。これと(1)より、

$$p(tx') < p\bar{x}^i$$

である。つまり、tx' の支出額は $\bar{x}^i$ より低い。また、効用関数の連続性から、t が十分1に近ければ $u^i(tx')$ は $u^i(x')$ にほぼ等しい。これと(2)から、

$$u^i(\bar{x}^i) < u^i(tx')$$

である。つまり、消費計画 tx' が、現状（$\bar{x}^i$）以上の効用を与える。これは、$\bar{x}^i$ が現状以上の効用を与える消費計画の中で、支出を最小化するものであることに反する。

このような矛盾が起きたのは、「予算制約を満たし、$\bar{x}^i$ より高い効用を与える消費計画 x' がある」と仮定したからである。矛盾を起こさないためには、

$\bar{x}^i$ が予算制約を満たす消費計画の中で、効用を最大化するものでなければならない。　　　　　　　　　　　　　　　　　　　　　　　　（証明終わり）

② 補題D.2の証明

条件4aにあるような生産計画 $\hat{y}^1, \cdots, \hat{y}^J$ を行った後、経済には財が $w + \hat{y}^1 + \cdots + \hat{y}^J$ だけあり、そこでは各財の量がすべて正になっている。理論価格体系は $p \geq 0$、$p \neq 0$ なので、

$$p(w + \hat{y}^1 + \cdots + \hat{y}^J) > 0 \tag{3}$$

である。厚生経済学の第2基本定理の中で与えられた効率的な配分における各企業の生産計画 $\bar{y}^j$ は、理論価格体系の下で利潤最大点なので、$p\bar{y}^j \geq p\hat{y}^j$ である。これと(3)から

$$p(w + \bar{y}^1 + \cdots + \bar{y}^J) > 0 \tag{4}$$

ここで、消費と生産のバランスを示す式 $\bar{x}^1 + \cdots + \bar{x}^I = \bar{y}^1 + \cdots + \bar{y}^J + w$ に着目すると、これと(4)より、

$$p(\bar{x}^1 + \cdots + \bar{x}^I) > 0$$

つまり、消費者のうち最低一人は支出額がプラスになっている人がいる。すると、補題D.1から双対性が成り立ち、その人の消費計画 $\bar{x}^i$ は価格体系 p の下で効用最大点となる。ここで、この人にとっての条件4bにある財の価格がゼロだとすると、その財をタダでもう少しもらえば効用が上がることになり、$\bar{x}^i$ が効用最大点であることに反する。したがって、その財の価格は正である。ここで、賃金がゼロなら、この財を作っている企業はタダで労働を少し増やすと価格体系 p の下で利潤が増えることになる。これは、各企業の生産計画が価格体系 p の下での利潤最大点であることに矛盾する。

したがって、賃金は正である。第3章3.3節(b)項で説明したように、第1財を余暇とすれば、各消費者の第1財への支出額は「賃金×余暇の消費量」であり、これは条件4cから正である。よって、各消費者の支出額は（余暇に対する支出額が正なので）正である。　　　　　　　　　（証明終わり）

索引

ア 行

1次同次…**148**, 149
一括均衡…**443**, 445, 446
一括固定税…**177**, 178, 228
一般均衡モデル…197, **207**
インセンティブ条件…**408**
インフレーション…**212**
エージェンシー・コスト…**416**
エージェンシー（代理人）の理論…**406**
エスカレーターの右空け…**330**
枝…**364**, 371
エッジワースの箱…**219**, 222
MBA…**445**
エンゲル係数…**193**
エンゲルの法則…**193**
オイラーの定理…**149**
凹関数…**125**, 126, 129, **493**
凹計画法…**494**

カ 行

外部経済…**258**
外部性…**257**, 287, 333
外部費用の内部化…**260**
外部不経済…**258**
価格転嫁…**4**, **294**
価格競争…**340**, 391
価格支配力…**251**, **288**
価格体系…**24**
価格弾力性…**78**, 79
価格の歪み…**251**, 253
下級財…**49**, 73
寡占…**288**, **335**, 374
価値尺度財（ニュメレール）…**211**
可変費用…**98**, 297
カルテル…315, **397**
関税…**188**, 251
間接税…**175**, 176
完全競争…7, **92**
完全代替財…**18**, 55

完全分配定理…**149**
完全補完財…**19**, 55
完備性…**12**, 17
機会費用…**164**
危険愛好的…**346**, 350
危険回避的…**346**, 350, 401
危険中立的…**346**, 350, 400
技術的外部性…**258**
（技術的）限界代替率…**119**, 243
——逓減の法則…**120**
技術の選択…**318**
基数的効用理論…**16**
期待効用モデル…**344**, **346**, 350, 400
期待値…**344**, 345
ギッフェン財…**52**, 53
規範的（normative）…2, 6
規模に対する収穫…**117**, 147
逆淘汰（Adverse Selection）…**398**, **418**
業界標準…**319**
供給関数…**103**, 187
供給曲線…**103**, 186
供給法則…**146**
競争の制限…**251**
共同体の論理…**447**, 449
金銭的外部性…**258**
クールノー・ナッシュ均衡…**338**
クールノー・モデル…**336**, 374
クーン・タッカー条件…**488**
クズネッツ曲線…**465**
くり返しゲーム…**391**, 393
グローバリズム…**234**
計画経済…**448**
経済政策の一般的指針…**252**
経済政策の大原則…**287**
経済全体の生産可能性集合…**283**, 505, 514
契約曲線…**222**
計量経済学…**163**
ゲーム…**308**
——の木…362, **364**, 371
——理論…**307**, 335, 390, 451

結合生産…**143**
限界効用…**36**, 40, 42
　——均等の法則…**46**
限界収入…**290**
限界生産性…**90**, **153**
　——逓減の法則…**90**, 153
限界生産物の価値…**98**, 134, 150
限界損失…**259**, 261
限界代替率…**22**, **43**, **45**, 82
　——逓減の法則…**22**, 24
限界的に1単位増やす…**40**
限界費用…**100**, 103, 113
限界評価…**275**
限界費用価格規制…**299**
限界変形率（Marginal Rate of Transformation, MRT）…**245**, **284**
顕示選好の理論…**17**, **30**
減反…**187**
コア（核）…**237**
公益企業…**297**
広義の可変費用…**107**
公共財…**274**, 287
合成関数の微分の公式…**481**
厚生経済学…**174**, **461**
　——の第1基本定理…**227**, **231**, 234
　——の第2基本定理…**228**, **240**, **247**, **525**
勾配…**489**
効用価値説…**159**, 515
効用関数…**14**, 81, 347
効用フロンティア…**462**
効率性の条件…**241**
効率的な危険分担（リスク・シェアリング）…**399**
合理的行動…**13**, **15**, 304
コース（R. Coase）…**86**
　——の定理…**269**, 333
コーディネーション・ゲーム…**318**
固定費用…**98**, 105, 297
コブ・ダグラス生産関数…**155**
コミットする…**384**, 390
混合戦略…**354**
　——均衡…**354**, 356

サ　行

財…**17**
最低価格の保証…**389**
最適政策の時間不整合性（time inconsistency）…**383**
最適生産計画…**144**, 199, 210
最適反応…**310**, **336**
　——関数…**338**
サミュエルソン条件（公共財最適供給の）…**287**
参加条件…**408**
産業の長期供給曲線…**168**
産業の長期均衡…**166**
サンク・コスト…**99**
サンクトペテルブルクのパラドックス…**345**
シェファードの補題…**66**, 496
シカゴ学派…**269**
死荷重（deadweight loss）…**176**, 248
時間を通じたゲームの戦略…**366**
識別（identification）問題…**163**
シグナリング…**421**, 428
　——均衡…**431**, 436
シグナリングの原理…**427**, 430
資源配分（resource allocation）…**1**, **207**, **230**
　——の歪み…**238**, 252
自己実現的な合意（self-enforcing agreement）…**333**
自己選択（self-selection）…**426**
自己代替効果…**61**, 72
事実解明的（positive）…**1**, 3
支出関数…**63**, 66, 496
市場供給…**157**, 158
市場均衡…**158**, 178, 227, 228, 234, 240, 258
市場均衡の存在定理…**213**
市場需要…**157**, 158
市場の欠落…**269**
市場の失敗…**257**, 268
市場の論理…**451**, 453
自然独占…**297**, 298
実質賃金…**94**, 95
私的限界費用…**259**
私的財…**274**, 275
私的情報…**268**, 282, **398**, 420
シトフスキーの社会的無差別曲線…**512**

支配戦略…**314**
シフト・パラメター…**160**
資本…**116**
　　——のレンタルプライス…**122**
社会主義…**254**, **448**, 454
社会的限界費用…**259**, 261
奢侈品…**80**
じゃんけん…**353**
収穫一定…**117**, 147, 148, 153
収穫逓減…**117**, 147
収穫逓増…**117**, 147
従価税…**175**, 188
自由財…**213**
自由主義経済思想…**255**
自由処分（free disposal）…**510**
囚人のジレンマ…**311**
自由貿易…**180**
　　——の利益…**191**
従量税…**175**, 188
受益者負担…**282**
シュタッケルベルク解…**376**, 378
シュタッケルベルク・モデル…**374**
需要関数…**49**, 187, 497
需要法則…**52**
準凹関数（quasi-concave function）…**485**, 493
準凹計画問題…**485**
(純粋) 交換経済…**219**, 222
純粋戦略…**354**
準線形の効用関数…**170**, 173
上級財…**49**, 498, 501
条件付の行動計画…**362**, 366
消費計画…**17**, 26
消費者余剰…**169**, 190, 270, 293, **498**
消費の非競合性…**274**
消費の非排除性…**274**
情報効率性…**254**
情報集合…**365**
情報の非対称性…**283**, 343, **398**, 406, 419
初期保有量…**200**
序数的効用理論…**16**
所得効果…66, **72**, 173, 498
所得弾力性…**80**
所得の限界効用…**47**
信頼性のない脅し…**363**, 371

推移性…**12**
数量競争…**336**, 374
ステージ・ゲーム…**393**
スルツキー分解…**71**, 76, 497
生産可能性集合…**88**, **116**, **144**
生産関数…**88**, 126, 153
生産計画…**143**, 197, 503
生産者余剰…**105**, 112, 191, 299
生産フロンティア…**283**
正常財…**49**, 73
正常利潤…**163**, 301
正の外部性…**258**
製品差別化…**341**, 391
セカンド・ベスト…**416**
積の微分の公式…**483**
ゼロ次同次関数…**210**
ゼロ和二人ゲーム…**355**
選好…**11**, 14
　　——の凸性…**24**
全要素生産性（TFP）…**155**
戦略…**308**, 362, 366
　　——的状況…**305**
操業停止価格…**111**
双対性…**67**, 509, **524**
(総) 費用関数…**98**
総余剰…**174**, 178, 191, 263, 271, 293
損益分岐価格…**106**, 111

タ　行

大規模経済（large economy）…**530**
代替効果…66, **72**, 497
代替財…**61**
単一交差条件…**424**
短期…**91**, 116
　　——限界費用（SMC）…**141**
　　——の生産関数…**91**, 116, 125, 126
　　——平均費用（SAC）…**139**, 141
男女の戦いゲーム…**328**, 332, 364, 372
端点解…**131**, **491**
中位投票者の定理…**323**
超過供給…**158**, 209, 215
超過需要…**158**, 209, 215
超過需要関数…**206**, 208
長期…**91**, 116

——限界費用（LMC）…**141**
　　——的関係…**391**, 394, 397
　　——と短期の供給曲線…**141**
　　——の生産関数…**116**, 127
　　——平均費用（LAC）…**139**, 141
強い凹関数…**349**, 400
強い凸関数…**350**
TPP…**180**
定型化された事実（stylized fact）…**331**
デノミネーション…**210**
デブルー・スカーフの極限定理…**237**
展開型…**362**, **364**, 371
等価変分…**499**
同時手番…**308**, 310, 321, 363
等費用線…**123**
等利潤曲線…**93**, **376**
等量曲線（isoquant）…**119**, 121
道路交通ゲーム…**324**
独占…**288**, 290, 339, 342
　　——価格…**291**
　　——の弊害…**293**
凸関数…**125**
凸集合…**23**, 125, 239, 347, 485
凸集合の分離定理…**509**, **523**
トリガー戦略…**394**
取引コスト…**86**

ナ 行

内点解…**131**, 487
ナッシュ均衡…**310**, 327, 329, 331, 333, 337, 357, 362, 371, 390, 450
　　——の存在…**357**
ネットワーク外部性…**318**
ノイマン・モルゲンシュテルンの効用関数
　　…**351**

ハ 行

ハイエク（F. Hayek）…**254**
排出権取引市場…**269**
ハッタリ…**362**, 371
パレート改善…**33**, **178**, **221**, 236, 460
パレート効率的…**221**, 228, 252, 511
　　——な危険分担…**402**
反応曲線…**338**, 377

比較静学…**161**
ピグー税…**261**, 265
ピグー補助金…**262**
非効率性が起こる一般的原因…**251**
ヒックスの楽観…**462**
費用価値説…**159**, 515
費用逓減…**298**
ファースト・ベスト…**416**
不完全競争…**288**, 335
複占…**336**
不動点定理…**214**
負の外部性…**258**, 265
部分均衡分析…**157**, 180, 275
部分ゲーム（Subgame）…**363**, **368**, 371, 374
　　——完全均衡（Subgame Perfect Equilibrium）…**363**, **371**, 374
プライステイカーの仮定…**92**
プリンシパル・エージェント理論…**406**
ブルーレイ…**319**
プレイヤー…**308**
分岐点…**364**, 371
分権的意思決定…**254**
分配（distribution）…**1**
分離均衡…**437**, 441, 446
分離超平面の定理…**509**
平均可変費用…**107**, 109
平均費用…**100**, 106, 115, 298
　　——価格規制…**300**, 302
ペナルティ・キック…**354**
ベルトラン・モデル…**340**, 374
ベルリンの壁の崩壊…**449**
包絡線…**137**, 139
補完財…**61**, 62
保険…**402**
補償原理…**253**, **462**
補償需要（関数）…**56**, 59, 66, 496
補償変分…**496**

マ 行

マイヤーソン・サタースウェイトの定理…**273**
見えざる手…**254**, 333
無差別…**11**
　　——曲線…**18**
無知のヴェール…**469**

免責…**414**
モラル・ハザード…**398**, **403**, 405

ヤ 行

誘因整合性…**254**
ユーロ危機…**385**
要素需要法則…**146**
余暇（レジャー）…**201**, 204
予算制約式…**24**, 83
予算線…**25**

ラ 行

ラグランジアン…**487**
ラグランジュの未定乗数法…**48**, **84**, **487**
リスク・プレミアム…**417**
立地ゲーム…**322**, 323
利得…**308**, 314, 351
　　──表…**311**
リニエンシー制度…**315**
リンダール均衡…**279**
ル・シャトリエの原理…**141**
冷戦…**448**
レモン市場…**420**
老人医療費補助制度…**27**
労働供給曲線…**204**
労働供給量…**201**, 204
労働の限界生産性…**90**, 101, 126
労働の限界不効用…**204**
労働の平均生産性…**89**
労働分配率…**156**
ロールズ（J. Rawls）…**469**
ロンドン混雑税…**265**

ワ 行

割引因子…**396**
ワルラス法則…**209**, 218

著者紹介

神取道宏(かんどり・みちひろ)

1959年生まれ。スタンフォード大学博士(Ph.D.)。ペンシルバニア大学助教授、プリンストン大学助教授、東京大学経済学部助教授を経て、1999年より東京大学大学院経済学研究科教授。理論経済学では最大の国際学会であるEconometric Societyの終身特別会員(フェロー)。専門はミクロ経済学、ゲーム理論。社会規範、進化ゲーム、くり返しゲーム等の先駆的研究で知られる。

ミクロ経済学の力
けいざいがく　ちから

2014年9月30日　第1版第1刷発行
2018年11月20日　第1版第7刷発行

著　者―――神取道宏
発行者―――串崎　浩
発行所―――株式会社　日本評論社
　　　　　〒170-8474　東京都豊島区南大塚3-12-4
　　　　　振替 00100-3-16
　　　　　電話 03-3987-8621(販売)、03-3987-8595(編集)
　　　　　https://www.nippyo.co.jp/
印刷所―――精文堂印刷株式会社
製本所―――株式会社難波製本
装　幀―――図工ファイブ

検印省略　©KANDORI, Michihiro, 2014
Printed in Japan　ISBN 978-4-535-55756-7

JCOPY 〈(社)出版者著作権管理機構 委託出版物〉本書の無断複写は著作権法上での例外を除き禁じられています。複写される場合は、そのつど事前に、(社)出版者著作権管理機構(電話:03-3513-6969、FAX:03-3513-6979、e-mail:info@jcopy.or.jp)の許諾を得てください。また、本書を代行業者等の第三者に依頼してスキャニング等の行為によりデジタル化することは、個人の家庭内の利用であっても、一切認められておりません。

経済学の学習に最適な充実のラインナップ

入門｜経済学 [第4版]
伊藤元重／著　　　　　　　（3色刷）3000円

入門｜ゲーム理論と情報の経済学
神戸伸輔／著　　　　　　　　　　　2500円

例題で学ぶ 初歩からの経済学
白砂堤津耶・森脇祥太／著　　　　　2800円

例題で学ぶ初歩からの計量経済学 [第2版]
白砂堤津耶／著　　　　　　　　　　2800円

マクロ経済学 [第2版]
伊藤元重／著　　　　　　　（3色刷）2800円

[改訂版] 経済学で出る数学
尾山大輔・安田洋祐／編著　　　　　2100円

マクロ経済学パーフェクトマスター [第2版]
伊藤元重・下井直毅／著　　（2色刷）1900円

経済学で出る数学 ワークブックでじっくり攻める
白石俊輔／著　尾山大輔・安田洋祐／監修　1500円

入門｜マクロ経済学 [第5版]
中谷 巌／著　　　　　　　（4色刷）2800円

例題で学ぶ初歩からの統計学 [第2版]
白砂堤津耶／著　　　　　　　　　　2500円

スタディガイド 入門マクロ経済学 [第5版]
大竹文雄／著　　　　　　　（2色刷）1900円

入門 公共経済学 [第2版]
土居丈朗／著　　　　　　　　　　　2900円

マクロ経済学入門 [第3版]
二神孝一／著 [新エコノミクス・シリーズ]（2色刷）2200円

入門 財政学
土居丈朗／著　　　　　　　　　　　2800円

ミクロ経済学 [第3版]
伊藤元重／著　　　　　　　（4色刷）3000円

実証分析入門
森田 果／著　　　　　　　　　　　3000円

ミクロ経済学パーフェクトマスター
伊藤元重・下井直毅／著　　（2色刷）1900円

最新 日本経済入門 [第5版]
小峰隆夫・村田啓子／著　　　　　　2500円

ミクロ経済学の力
神取道宏／著　　　　　　　（2色刷）3200円

経済論文の作法 [第3版]
小浜裕久・木村福成／著　　　　　　1800円

ミクロ経済学の技
神取道宏／著　　　　　　　（2色刷）1700円

経済学入門
奥野正寛／著 [日評ベーシック・シリーズ]　2000円

ミクロ経済学入門
清野一治／著 [新エコノミクス・シリーズ]（2色刷）2200円

ミクロ経済学
上田 薫／著 [日評ベーシック・シリーズ]　1900円

ミクロ経済学 戦略的アプローチ
梶井厚志・松井彰彦／著　　　　　　2300円

ゲーム理論　※2018年11月刊行予定
土橋俊寛／著 [日評ベーシック・シリーズ] 予価2000円

しっかり基礎からミクロ経済学 LQアプローチ
梶谷真也・鈴木史馬／著　　　　　　2500円

財政学
小西砂千夫／著 [日評ベーシック・シリーズ] 2000円

※表示価格は本体価格です。別途消費税がかかります。

〒170-8474 東京都豊島区南大塚3-12-4　TEL:03-3987-8621　FAX:03-3987-8590　**日本評論社**
ご注文は日本評論社サービスセンターへ　TEL:049-274-1780　FAX:049-274-1788　https://www.nippyo.co.jp/